伊沢多喜男関係文書

芙蓉書房出版

伊沢多喜男（昭和12年撮影）

西巣鴨の自邸で羽根突きをする伊沢
（昭和10年頃の正月）

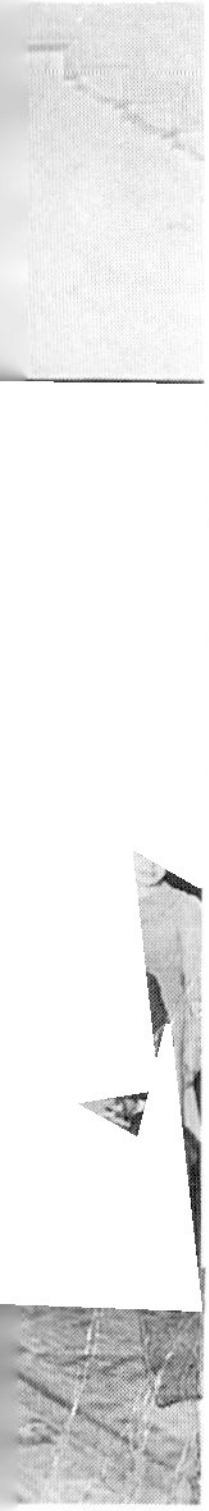

文谷会による枢密顧問官就任祝賀会
（学士会館、昭和16年1月）

伊沢と家族が東京の蔡培火氏の店「味仙」
に招待された際の記念撮影（昭和14年6月）

東京駅にて、四女みやと
（大正15年）

口絵写真提供／藤浪みや子

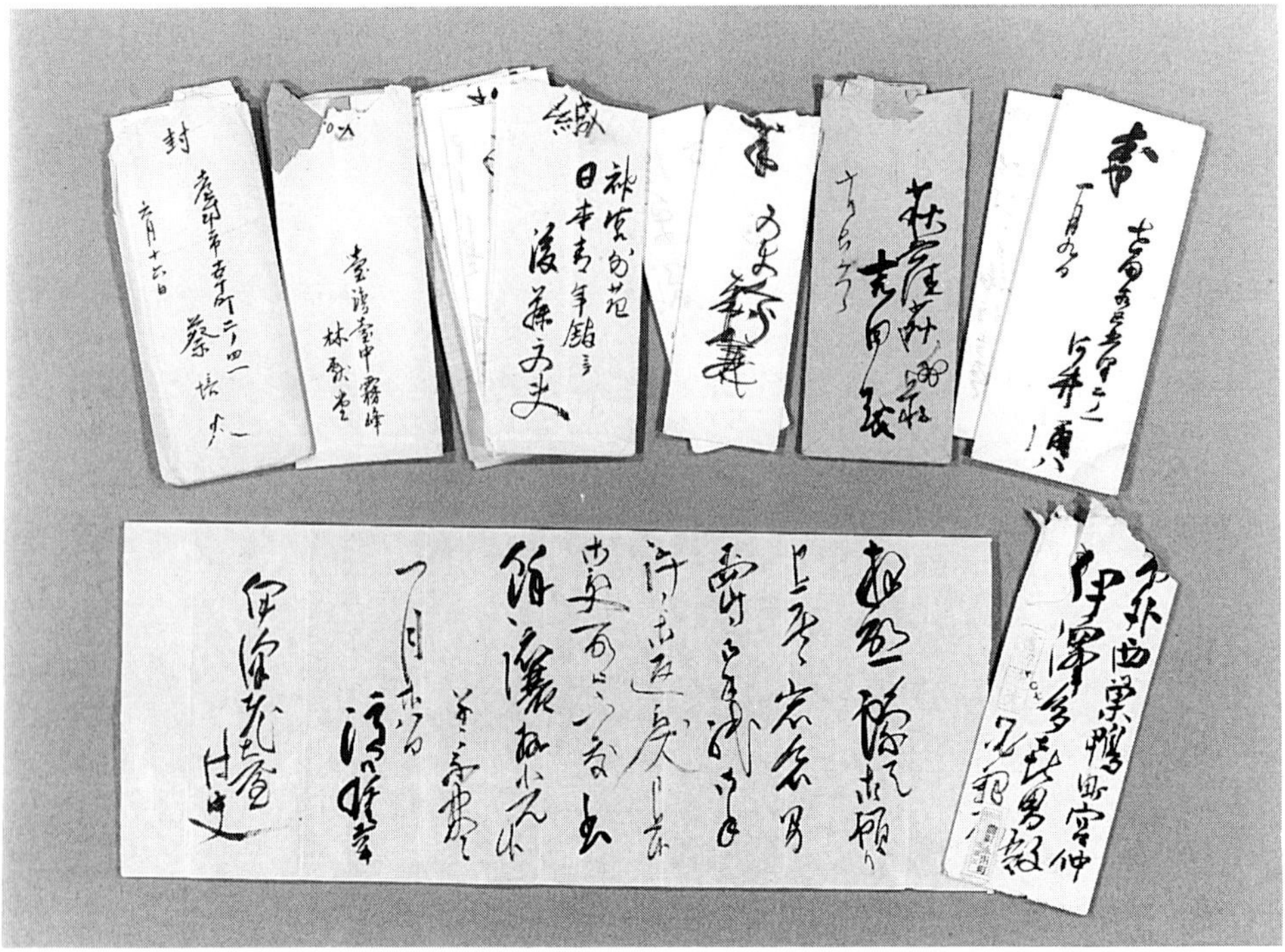

来翰（上段右から河井弥八・吉田茂・大浦兼武・後藤文夫・林献堂・蔡培火、下段は浜口雄幸）

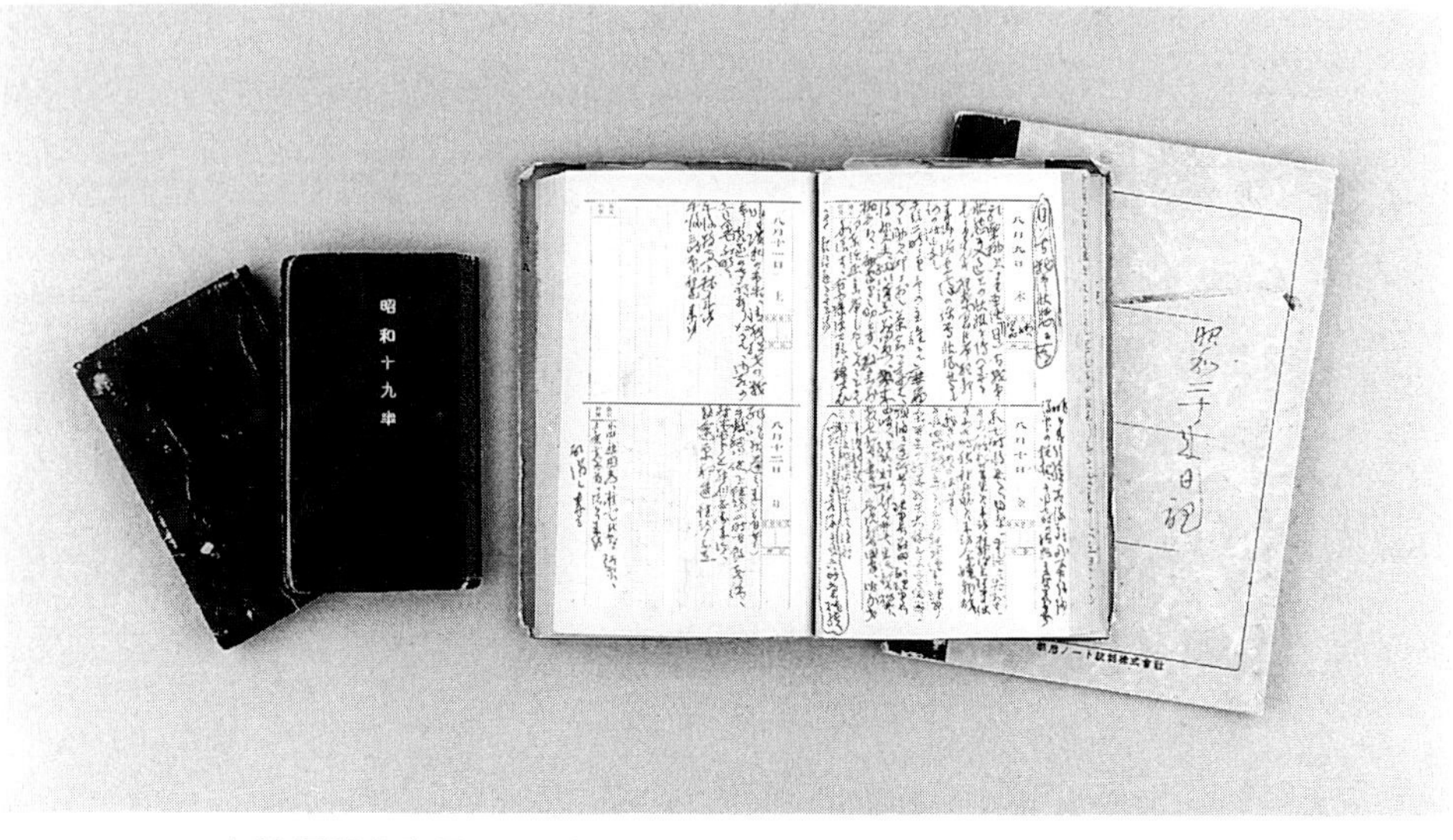

右は伊沢多喜男日記（昭和20年）、**左は手帳**（昭和19・20年）

序

伊沢多喜男の名を知る人は、今日あまり多くはないであろう。むしろその長兄で「蝶々」や「蛍の光」などの小学校唱歌の制定者、近代教育の開拓者である伊沢修二、あるいは次男で劇作家として活躍した飯沢匡（本名伊沢紀）の方が著名であるかもしれない。

伊沢多喜男は、明治二年長野県上伊那郡高遠町に生まれ、同二八年帝国大学法科を卒業後、内務省に入り和歌山県などの各県知事をへて大正三年警視総監に就任し、大正五年貴族院議員、一三年台湾総督、一五年東京市長、昭和一五年には枢密顧問官となった。この間、立憲民政党の創設（昭和二年）、浜口（同四年）、斎藤（同七年）両内閣の組閣に参画し、また配下に多数の有力官僚を擁して「伊沢閥」とも呼ばれる勢力を政界官界に有した。伊沢は、大正・昭和戦前期の政界に活動した内務省出身の最も有力な官僚政治家の一人であった。

伊沢多喜男については、これまで昭和二六年に刊行された『伊沢多喜男』（羽田書店）を唯一の伝記とする以外、まとまった研究や関係文献はない。それは、伊沢は議会壇上に活躍した政党指導者でも赫々たる武勲を有する軍人でもなく、主として地方官を歴任した内務官僚であり、その後の貴族院議員、枢密顧問官時代を含めて、現実政治と行政の実際にしばしば関わったが、求められても一貫して表舞台に立つことを拒み、また主義政綱を明瞭に表明することが少なく、その行政官及び政治家としての全体像が一見してわかりにくいものであったことにも依るであろう。伊沢がときに「政界の黒幕」と呼ばれたのは、その評が当を得たものかどうかは別として、彼のこうした経歴と政治姿勢に由来するものであった。

このようにこれまで伊沢多喜男が充分に注目されてこなかったことは、日本近代史研究において政党史や軍事史研究などの分野に比して、官僚や行政に関する歴史研究の立ち後れを反映しているともいえる。しかし政党や軍部と同様に、ある意味ではそれ以上に官僚は戦前期日本の国家機構を支え、官僚行政は今日に至るまで政治、経済などあらゆる分野で国民生活に深く関わっている。官僚と政治の関わりを歴史的に解明することは、今日いっそう重要な課題といわなければならない。伊沢多喜男は、まさにそうした課題に迫るにふさわしい格好の歴史的な対象である。

伊沢多喜男の関係文書は伊沢逝去後は、女婿黒河内透氏が預かり保管されていたが、伊沢の日本近代史上の重要性に着目してその存在を紹介し、本格的な文書整理を初めて行ったのは、当時東京大学助教授であった伊藤隆氏（現政策研究大学院大学教授）である。文書の一部は、同著『昭和初期政治史研究』（昭和四四年、東京大学出版会）に参照され、さらにゼミ生らとともに整理されて仮目録が作成された。これによって文書の存在がようやく知られるようになり、昭和五五年一二月に国立国会図書館が主催した「議会開設九十年記念議会政治展示会」、および平成二年三月衆議院憲政記念館の「昭和の政党特別展」において書翰資料が出陳されたが、その後はいくつかの例を除いて同文書が本格的に利用されることはなかった。

平成六年八月、横浜市の戦前期の政治家の資料調査の一環として、大西比呂志は黒河内透氏に参考資料の提供につき協力を依頼した。伊沢は、戦前の横浜政財界の有力者と関係が深く、大西が関わる横浜市史の編集事業の過程で半井清市長（柳瀬正敏家所蔵）や近藤壤太郎神奈川県知事（近藤八郎家所蔵）、また横浜開港資料館の吉良芳恵の調査によって横浜商人中村房次郎（松崎仁家所蔵）の各文書から、多数の伊沢多喜男関係資料が発見されていたからである。黒河内氏は折しも病床に伏しておられ、ご子息の信氏から資料の内容に通暁しておられた伊沢多喜男の孫にあたる河井公二氏を紹介していただき、大西は河井氏を窓口に関係資料を借用、複写させていただいた。

さらに同文書を日本近代史研究の資料として活用するために、河井氏にご協力をお願いし、同文書は大西が所属した早稲田大学現代政治経済研究所に一時保管された。平成八年六月にはこの趣旨を達成させ、同文書に基づいて実証的な伊沢多喜男と近代日本における官僚政治研究を行い、また同文書を広く歴史研究に役立てることを目的に、伊沢多喜男文書研究会を発足させるにいたった。現在までの本研究会のメンバーは、大西比呂志（代表者、早稲田大学講師）、吉良芳恵（日本女子大学助教授）、広瀬順晧（駿河台大学教授）、櫻井良樹（麗澤大学助教授）、季武嘉也（創価大学教授）、中島康比古（横浜市立大学講師）、加藤聖文（早稲田大学大学院文学研究科博士課程在籍）、黒川徳男

（國學院大學講師）である。

発足以来、本研究会は後述の関係ご子孫の方々、関係機関の支援を仰ぎながら、同文書の整理や関係文献の調査収集を行い、宮内庁書陵部の協力を得てマイクロフィルムに撮影し、また定例の研究会を開催して資料の分析、研究を行った。この過程で、同文書に多数の横浜市政財界の人物との往復書翰が確認されたため、同文書は横浜開港資料館に一時保管され、公開に向けて資料の製本化と目録整備が進められた。その間、一部資料は平成一〇年年二月に開催された同館の企画展示に出陳された。

本書は、以上のような伊沢多喜男文書研究会の活動にもとづき、ご子孫のもとに残された「伊沢多喜男文書」、および他所に残された関係資料をあわせて、それらのなかから重要と思われる書翰や書類を選択して翻刻し、『伊沢多喜男関係文書』として出版するものである。本書の編集は、大西と吉良があたり、収録資料の解読と筆耕、校正は前記の伊沢多喜男文書研究会の全メンバーが共同で作業を行った。

本書には、右の「書翰」「書類」に加えて、本研究会が調査しえた伊沢多喜男に関するすべての資料を網羅した「伊沢多喜男関係資料総目録」（作成：加藤、黒川、中島）、「略年譜」（中島）、「伊沢多喜男関係文献目録」（加藤）、「解説」（大西）を付した。また伊沢多喜男四女の藤浪みや子氏に、「父伊沢多喜男の想い出」を寄稿していただいた。

本書の刊行にあたり、伊沢多喜男ご長男故伊沢龍作氏夫人の伊沢清子氏、ご次男故伊沢紀氏夫人常枝氏、および前出藤浪みや子氏には、多大なご支援を賜った。また、資料を長期にわたり管理保管くださった故黒河内透氏ご夫妻、およびその利用ほかについて全面的にご協力をいただいた河井公二氏に対し、一同を代表してお礼申し上げたい。とくに毎回の研究会に参加され種々有益なご教示をいただいた河井公二氏には、格別のお世話になった。本書の上梓は、現在病床に伏しておられる同氏に、まずご報告しなければならない。

また別記の方々、機関にも資料の掲載などにつきご協力いただいた。とくに横浜開港資料館からは、資料の保管・利用ほかに特段の便宜を図っていただいた。末尾ながらお礼を申し上げる。あわせて「伊沢多喜男文書」は、近く横浜開港資料館および伊沢の郷里長野県高遠町立歴史博物館において、複製で閲覧出来る運びであることを付記する。

本書は、われわれにとって伊沢多喜男と近代日本における官僚政治研究の、いわば資料編として位置づけるものである。これら資料に基づく研究成果は近く別の形で発表する予定であるが、本書が伊沢多喜男の再評価のみならず、広く同時代の政治や行政を解明する基礎資料となることを期待したい。

二〇〇〇年九月

編集を代表して　大西比呂志
吉良　芳恵

〈ご協力いただいた方々と機関〉（五十音順）
近藤八郎氏　松崎仁氏　柳瀬正敏氏
国立国会図書館憲政資料室、衆議院憲政記念館、山口県文書館、横浜開港資料館、横浜市史編集室、
早稲田大学大学史資料センター

Ⅲ　伊沢多喜男関係資料総目録　603

書翰詳細目次

一、発　翰

1　昭和(14)年9月16日
2　昭和14年10月23日
3　昭和17年9月19日
東条英機……65
1　昭和17年4月2日
2　年月日不詳
永井柳太郎……66
1　昭和(9)年7月15日
永田(傳之臤)……66
1　昭和(7ヵ)年9月6日
中村房次郎……66
1　昭和2年8月5日
2　昭和2年9月15日
3　昭和11年4月25日
4　昭和12年3月27日
5　昭和13年12月18日
6　昭和13年12月18日
7　昭和14年2月12日
8　昭和14年2月23日
9　昭和14年2月27日
10　昭和14年3月29日
11　昭和14年4月1日
12　昭和(14)年4月5日
13　昭和(14)年4月5日
14　昭和14年4月23日
15　昭和14年6月4日
16　昭和15年7月5日
17　昭和15年8月28日
18　昭和(15)年11月17日
19　昭和(16)年1月5日
20　昭和16年5月19日
21　昭和17年6月20日
22　昭和　年7月9日
23　昭和　年9月1日
24　昭和　年9月3日
25　昭和　年11月26日
中村正雄……77
1　昭和(19)年9月9日
(中村正雄)……78
1　昭和(22)年(7)月
2　昭和(22)年(7)月
半井　清……79
1　昭和7年10月15日
2　昭和8年7月12日
3　昭和9年7月25日
4　昭和10年3月30日
5　昭和16年1月11日
6　昭和16年2月19日
7　昭和(16)年3月2日
8　昭和16年4月26日
9　昭和(17)年9月29日
10　昭和(19)年8月29日

二、来翰

〈凡例〉

一、本書は、Ⅰ書翰として、伊沢多喜男が作成した「発翰」（書翰草稿・控えを含む）及び伊沢あての「来翰」、Ⅱ書類として、伊沢による「談話速記」、「意見書類」、「講演」、「人物回想」、「昭和二十年日記」、Ⅲに、これらを含む「伊沢多喜男関係資料総目録」からなる。さらに、伊沢多喜男四女の藤浪みや子氏の寄稿「父伊沢多喜男の想い出」、「解説」、「伊沢多喜男関係文献目録」「略年譜」「家系図」を収録した。

一、書翰は、発翰は受取人を、来翰は差出人を、それぞれ五十音順（漢字表記の外国人は音読み）に排列し、同一人の書翰は年月日の順とした。年月日が不詳の書翰は、判明する月日の順に各人の末尾に収めた。

一、各書翰の見出しの年月日は、本文記載を基本として、内容から判断したものは（　）、推定したものは（　ヵ）で示した。元号は内容から判断した。

一、書類のうち、原題のない資料は〔　〕内に仮題を付した。

一、各資料の末尾に〔註〕を付し、書翰については封筒表裏の記載や年月日確定の根拠、同封物の有無、他の書翰との同封関係などを記し、書類については資料の形態、数量などを記した。書翰の封筒表裏に記された書き込みで重要と思われるものは「　」で示した。

一、翻刻にあたり、漢字は原則として常用漢字を使用したが、常用漢字になくても慣用的に用いられている表現は採用した。

（例）聯隊　仝様　干係

一、俗字や略字などは正字を採用した。

一、人名の旧漢字は、原則として新漢字に改めた。

一、ひらかな、カタカナは、原則として原文通りとした。変体かなや合成字は、ひらかなとした。

一、句点を適宜補い、濁点、改行は原則として原文に従った。

一、傍線、傍点、ふりがな等がある場合は、そのまま収録した。

一、明らかな誤字は訂正し、誤用や脱字、文意不通の場合は、初出時に脇に（ママ）を付し、固有名詞の明らかな誤りは〔　〕内に正しい字を付した。

一、原文中、破損・汚損などで判読不明の箇所は字数分を□□で示した。

一、原文中の欄外記述は〔欄外〕、別紙がある場合は〔別紙〕と注記して、それぞれ収録した。
一、原文に添付された新聞切抜きや資料類のうち、標題のみに止めて収録しなかった場合がある。
一、原文の記述の前後が欠落している場合、（前欠）（後欠）と記した。
一、著しくプライバシーを損なう記述は削除し、（中略）と記した。
一、各書翰の内容を摘記した「総目録」は、本書に翻刻収録しなかったものも含んでいる。本書に翻刻収録した書翰、書類には※を付し、各書翰の所蔵先は番号で示した（一覧を参照）。
一、本文中には、今日では不適当な表現もあるが、史料集としての性格によりあえてそのままとした。

I 書翰

一、発翰の部

明石元長

1　昭和　年2月19日

貴翰拝誦。「連日の努力終ニ其効なく苦杯を喫す」云々の御申越に候処必しも然らず相当の反響は各方面に与へたるもの存候。貴族院之実相に関し体験を得られ候ことは一大収穫と存候。貴酬のみ如此に候。　草々頓首

二月十九日　多喜男

明石賢台侍史

〔註〕封筒欠。昭和　年2月10日付伊沢多喜男宛明石元長書翰に同封。

安達謙蔵

1　大正(14)年5月15日

拝啓　予テ御話致したる愛媛新報株券所有之件ハ憲政会が其勢力を愛媛県ニ維持発展せんが為には極メテ必要のことゝ被存候。

愛媛新報と憲政会愛媛支部とは殆ト同身一体にて一之消長は直ニ他ニ大影響を及ぼすの実況なるを以て愛媛新報を今日のまゝニ捨ておき他の占拠する処ならば愛媛支部も自然衰滅ニ傾くべきは明なる儀と被存候。清水氏より事情詳細御聴取の上香川熊太郎の持株買収其他可然御配慮相成度切望致候。

小生明後日出発帰任之筈ニ有之候。頗ル多忙を極メ候為メ不得拝晤遺憾ながら書中を以て申置候。要件ノミ。　草々頓首

五月十五日　多喜男

安達賢台侍史

〔註〕封筒表　憲政会本部　安達謙蔵殿　托清水隆徳君。同裏　伊沢多喜男。年は内容による。

2　大正14年5月16日

拝啓　愛媛新報之現状に関し清水氏より別紙之通り報告あり御参考之為メ御送付致候。

昨日も申進候通の次第ニ付可然御配慮之程切望致候。　草々

五月十六日　多喜男

安達賢台侍史

〔註〕封筒表　芝区新桜田町二七　憲政会本部　安達謙蔵殿親展。同裏　伊沢多喜男。年は消印による。「別紙」なし。

荒川五郎

1　昭和9年6月5日

拝誦　御親切深謝に不堪候得共今はヤリカケにて中止する訳には参らず継続致す外無之次第に候。不悪御諒恕被下度候。余ハ譲拝晤。

草々頓首

六月五日夕

多喜男

荒川賢台侍史

〔註〕封筒表　目黒区下目黒三ノ五八七　荒川五郎殿親展。同裏　伊沢多喜男。年は消印による。

伊沢徳子

1　昭和3年6月24日

前略　町田、太田、川崎三氏と同行京都に行き二十六日午後八時東京駅着（特急）にて一応帰京することに変更致候。軽井沢行ハ帰京後電話にて打合せの上決定す。右之通り柴田善三郎氏ニ電話相成度候。

草々

六月二十四日

多喜男

徳子殿

追テ京都ハ都ホテルに宿泊之積也。変更すれバ電報ス。

〔註〕封筒表　東京市外西巣鴨宮仲二五一七　伊沢徳子殿急親披。同裏　名古屋市中区広路町八勝館　伊沢多喜男。年は消印による。

石垣(倉治)

1　昭和(11ヵ)年6月6日

拝啓　然者賢台台湾へ御赴任之際将来総務長官更迭之場合には可成賢台を其後任たらしむべく尽力せんと御話致し賢台は其厚意は謝するも自分には其希望なし云々と答へられたり。シカシ拙生として八爾来此事を記憶し機会ある毎ニ中川総督には此意味の提言をなし来れり。然るニ長官更迭之ことは四年間実行せられず其間時勢も非常の変化を来し今日に至りてハ当時計画せる事は実行困難となりたる様存候。

右ニ対する賢台現在之心境如何腹蔵なく御申越被下度願入候。

実は賢台とは台湾御赴任後一回も面晤したることなく又御多忙の為とは存候得共余り書信を受けたることも無之如何に暮らし居らるゝや又如何なる心地に在るや不明にて彼是相惑ひ居候次第に候。

近状承知致度呈書如此に候。

草々

六月六日　　多喜男

石垣賢台座下

〔註〕封筒欠。宛名・年は内容による推定。

石田　馨

1　昭和(11)年8月13日

拝啓　然バ貴庁官房主事並ニ警務部長より宮沢警視（文作）に勇退を勧告致したる趣本人ハ多年警視庁ニ奉職最高級者に有之候。単ニ高級なりとの理由にて淘汰するものとすれば当然最初ニ選はるべきものと存候。此方針の可否は別問題とし既ニ両部長より勇退を勧告せられたる以上は是を既定之事実ニして其善後策を講する外無之義と存候。

(一)本人は身神共ニ健全にして未ダ老柄と云ふ程にハなし。

(二)本人ハ長く警視庁ニ在勤せるも何等非難すべき行為ありたるを聞かず所謂励精恪勤之能吏にして歴代総監部長等ニ愛用せられたり。

(四)《ママ》上記之如き人物ニ勇退を勧告する場合に付相当之地位を斡旋しやること適当の処置なるへし。

(五)本人は警視庁勤続を希望するも若し不能なりとせば市役所等に転じ度希望の様也。是に対し御尽力を乞ひ度。其成功せざる間ハ警視庁ニ留任することを許されたし。

(六)総監より市長其他ニ交渉せらるれば市へ転勤のことは余り難事にあらさるべし（過去の事実ニ徴し）。書中意を尽さず御判読被下度候。

先ハ願用如此に候。　草々頓首

八月十三日　　多喜男

石田賢台侍史

〔註〕封筒欠。年は内容による。昭和11年9月14日付伊沢多喜男宛石田馨書翰に同封。

井上敬次郎

1　大正(10)年10月21日

拝誦　今回御勇退ニ付早速御挨拶を蒙り恐縮に存候。将来不相替御高誼相願度切望致候。小生欧洲より帰朝匆々にて取込み居り拝趨も難致候ニ付乍略儀以書中御答礼申上候。

余は譲拝鳳。　頓首

十月二十一日　　伊沢多喜男

井上賢台侍史

〔註〕封筒表　市外代々木富ケ谷一四六三　井上敬次郎殿親展。同裏

市外西巣鴨宮仲　伊沢多喜男。年は内容による。

岩田宙造

1　昭和(20)年(10)月

拝啓　有史三千年未曽有之国難に直面せる今日司法大臣の重任を拝せられ候こと日本臣民として無上の光栄たると同時ニ其責務の重大なるを痛感せられ候ことゝ存候が只管自重自愛皇国護持と其発展の為メ御瘁励之程切望致候。扨て拙生が道義国家確立の為メ数十年来微力を致し其主たる方途の一として司法の公正なる運行を実現せしめんと努力したるは或は御熟知のことかと存候。然るに微力殆ト寸効なく司法の現状は腐敗堕落暗黒其物と言ふも過言にあらず。惟ふに敵国外敵なくとも国家は遂に滅亡すべきかを虞れたる次第に候。然るに今回賢台の法相就任を見るに至り老生数十年来の願望は遂に酬ひられ国家は遂に救はるべしと絶大の期待と希望と以て満たされ皇国の幸慶何物か是に比せんと欣躍致居候。

端的率直に言へは司法の革正は平沼（塩野）と闘ひ勝つにあり。山県公も西園寺公も大正四年以来終生是を企図し遂に其目的を達成し得ずして死せり。拙生も大正四年以来今日まで悪戦苦闘を続け来れるも其効なし。拙生の親友等は『山県、西園寺両元老の力を以てしても成効せざりし難事を卿の微力を以てして如何ぞ是を達成し得べきぞ』と忠告するもの有之候。『予は成敗必しも顧みず君国の為には敢て蟷螂の斧を揮ふを辞せず』と答へて今日に至り候。此くて過去三十余年間に於て検事予審判事等の悪意の迫害を受けたること一再に止まらず又右翼暴力団、暴力軍人（例之二二六事件等）の襲撃目標となれこと《(ママ)》幾回なるを知らず。今日まで未決拘置を受けず又暗殺を免れたるは真に天祐神助と言ふの外なし。

予は加藤伯と苦節十年を共にせる間終始司法の革正を説き同伯は全然同意見なりしも護憲三派内閣成立の際には横田千之助を法相となすことを余儀なくせられ第二次加藤内閣に於て江木翼法相たりしも例の朴烈事件等にて傷けられ、浜口内閣に於ては渡辺千冬法相となり小原直次官たりしも小橋文相の越後鉄道問題、松島遊廓問題等続出し常に平沼、鈴木（喜三郎）等の司法部内の悪勢力の為メに苦められ爾来彼等の魔力は牢として抜くべからず。寔に痛嘆に堪えず候。（後欠）

〔註〕封筒欠。宛名・年月は内容による。

大坪保雄

1　昭和(20)年6月2日

拝誦　宗良親王奉讃会総裁並ニ副総裁之件ニ付てハ篤と御協議を要すと存候。要ハ同親王奉讃の事業を全国的之大運動とするか長野県なる地元的運動とするかに在り。原枢相を総裁ニ推したるハ前者の趣旨よりせるなり。従て今回原総裁の後任者を選ぶ場合に於ても将た又副総裁を選定する場合に於ても此根本問題を優先決定すること肝要と存候。過日御話之節チット触れたる仁は川田順に候が是はホンの一候補者として思ひ付きのまゝ申述べたるに過ぎず。香坂昌康君なども一候補者なるべくか。同君は其祖先か直接宗良親王ニ事へたる豪族にして相当深き因縁と懇意ありと存候。

原博士関係の東大植物学教室の一部軽井沢疎開之件種々高配順調ニ相運び候趣深謝致候。

長野県国民義勇隊組織之件着々進展の模様に候処是が果して官製にあらずして国民間より盛り上るものなるや否や又副本部長、事務局長等が如何なる人物なるや（伊藤は数回会談したることあり）十分承知せず従て御申越の顧問とやらは容易ニ御引受け難致と存候間御含の上可然御処理被下度、或程度公然となりたる後に於て是を応諾せざるハ可成避くるを可とすと存候間予メ申上置候。特ニ老生齢八十に近かく心身共ニ衰耄出来得る限り過重の負担を軽くしたく況んや新しき負担の如きは絶対に避け度希望に候。此辺十分御含の上老人をいたはり被下度願入候。

不日軽井沢の住人と相成るべく其節拝晤万縷可申述候得共不取敢御返翰ノミ如此に候。

草々頓首

六月二日

多喜男

大坪明府閣下

〔註〕封筒欠。宛名・年は内容による。

大野緑一郎

1　昭和10年5月31日

拝啓　今般関東局総長ニ御栄任に付早速御挨拶を蒙り深謝致候。過日御離京之節御話申上候通り日満両者之関係は前途尚ホ遼遠賢台等之努力尽瘁ニ待つもの多大に候。長岡君其他ト御協戮最善の効果を挙けられ候様所禱候。木下信君其他身上之件此上とも御配意被下度願上候。御答礼旁々右申述度如此に候。

頓首

五月末日

多喜男

大野賢台侍史

北支之天地風雲急なるか如し。痛心罷在候。

〔註〕封筒表　新京北安胡洞九〇九　大野緑一郎殿親展。同裏　東京西巣鴨　伊沢多喜男。年は消印による。

2　昭和11年8月19日

拝誦　今回朝鮮総督府政務総監ニ御就任に付早速御丁寧なる御挨拶に預り恐縮に存候。将来一層御厚誼之程祈上候。御答礼旁々右申述度如此に候。頓首

八月十九日　多喜男

大野賢台侍史

〔註〕封筒表　京城朝鮮総督府　大野緑一郎殿親展。同裏　信州軽井沢別邸　伊沢多喜男。年は消印による。

小畑忠良

1　年月日不詳

貴翰拝誦。過般ハ御多忙中遠路嫵(ママ)々御来訪被下候処何等御接遇も出来不申漸汗此事に候。長時間に亙り老人の繰言御聴取被下候のみならず種々高教を受け所獲多大深謝之至に候。

時局愈々切迫真ニ国家の危機に候得共如此際に於てこそ沈着冷静国家千百年の長計を樹立し堅確果敢に実行するを要す。伊庭、鈴木其他の諸先輩が建設せる住友精神こそ此危機を救ふべき大指針と存候。賢台が此方面ニ於て青壮年を指導せんとの努力に対し深甚の敬意を表する次第に候。只管住友精神の完成を望む。此くて聖戦目的は完遂せらるべく世界人類は救済せらるべしと確信致候。（後欠）

〔註〕封筒欠。宛名は内容による。昭和20年3月8日付伊沢多喜男宛小畑忠良書翰に同封。

風見　章

1　昭和(12)年9月12日

拝啓　老骨東都之苦熱に難堪議会終了早々当地ニ逃避致候。昨夏近衛首相と日夕来往涼風と清月を楽みたることを想起し国家之為とは申しながら如灼炎天下ニ尽瘁せられ居ること御同情に堪えず候。

例之幣原台北大学総長親任待遇之件此上とも御配慮速ニ相運ひ候様相願度候。新聞紙ニ森岡長官帰台之記事有之懸念のまゝ重ねて御依頼致候。

近衛首相引籠中の処昨日午餐ニ出席相成りたりとのこと安心致候。シカシ元来蒲柳之質非常之注意摂養を必要とする

次第ニ付可成速ニ此地ニ避暑せられ候様致度切望致候。是に対してハ世上彼是之批評あるハ勿論と存候得共至誠国を愛する者ハ他之嘖(ママ)々者流之言の如き顧る要なく自重自愛長く君国之為メ尽すへきものと存候。此事も賢台よりも御勧誘被下度候。　草々

九月十二日　多喜男

風見翰長殿侍史

〔註〕封筒欠。年は内容による。

上山満之進

1　大正(15)年7月15日

拝誦　過般来御面晤致したかりしハ同感なり。実ニうるさき不愉快なる世間に候。

生の衷情や各種の事実等清野君ニ相話し置きたり。御聴取被下度候。

十七日には可成上京致度存居候得共同日ハ宮中と市会ニチツト顔を出たすのみにて直ニ退京の積なり。事務引継ハ後藤長官代行すべく当分其にて御辛棒相願度候。憫むべき病人御憐察被下度候。　草々

七月十五日　多喜男

上山賢台侍史

今回ハ多分軽井沢ニ転地すべし。御都合にて同地へ御来訪被下候はゞ生ニハ結構なり。

〔註〕封筒欠。宛名・年は内容による。

賀屋興宣

1　昭和(18)年7月15日

貴翰拝誦。過般台湾統治問題に関し卑見開陳致候処国務御多端の際にも拘らず御懇書を賜はり深謝此事に候。

過般も申上け候通り塩糖会社重役問題は台湾批政積弊の尖端の表レにして其根幹を成す癌を除くにあらざれは根治すべきにあらず。田口君が社長候補者として其解決に乗り出したる意気は大に壮とすべく又同君の人格手腕を以てし賢台始メ中央政府の諸公が問題の真相を十分知悉して是を指導援助せらるゝに於ては刃を迎へて解決すべきは何等疑ふの余地なしと存候。只最近巷間伝ふる処によれば田口君に推薦せる某重役候補者（K）は岡田現社長の親近にして岡田所有の株券壱千株を数ケ月前に譲渡せられたる者なりとのことなり。如此現然たる事実ある者を拉し来りて中正公平なる重役候補者として是を強ひんとするが如きは余りニ

傍若無人の振舞にあらずやと存候。況んや此K某の背後には世上の指弾を受けつゝある徒輩の跳梁しつゝありと云ふに於ておやに候。但シ是れ固より道聴途説に過ぎす事実無根ならば幸甚也。御書面にもある如く賢台には単ニ現重役並ニ総督府の懇請によりホンの橋渡シをせられたるに過ぎず。其以上のことは田口君並ニ総督府の責任たるは勿論に有之彼是不平や怨言を述ぶる程の野暮天には無之候得共御懇書拝受に対し御礼申述べ候序ニ聞込のまゝ呈書如此に候。

時下酷暑之候為邦家只管御自愛之程祈上候。　頓首

七月十五日　多喜男

賀屋蔵相閣下侍史

老生宿痾の腰痛容易に癒えず閉口此事に候。事局重大之際焦慮に堪えず候得共如何とも致方無之今夏も軽井沢ニ転地静養致度く本月二十二日夜離京の予定に候。

〔註〕封筒欠。年は内容による。昭和18年7月12日付伊沢多喜男宛賀屋興宣書翰に同封。

河井弥八

1　昭和11年8月29日

本月二十七日附貴翰拝誦仕候。宮相、首相、一木男等の所見態度等委細分明大体小生の想像致居りたる通に候。於此勅選問題の成否は一ニ懸つて宮相の熱と力とに在る次第に候処御書面の模様にては甚だ心許なく憂慮に不堪候。

湯浅内府に対してハ去ル二十日長文の書面を認メ尽力方懇請致候処最近葉山より

御来旨之件ハ宮相ニ於ても大ニ努力しつゝあり、小生も一方宮相ニ対し又首相ニも希望申出置候。シカシ仲々六ケ敷事柄とて言質を得るまでには参り不申候。

叙勲之事ハ最近昇等せる直後なる為メ成否不明なるも小生も宮相も最善を尽す考に候云々。

右之如き回答に接し候。内府の此書面ハ大ニ信頼するに足るものたるハ同君の人格に徴して明なる処に候。熱なる湯浅君は此上とも十分尽力し呉るゝなるべく小生も其中帰京の上篤と協議懇請致度と存候。御来旨の如く又別記書面の如く一木、湯浅両氏に於て十分尽力致し呉れ候ことなれば此上は其成行に任せ静処せられ候事全然賛成に候。

御返事旁々右申述度如此に候。　草々頓首

八月二十九日　多喜男

河井賢台侍史

昇三郎再昨日来訪一泊之上帰西。公二は本日出発帰西致候。小生の帰京ハ来る十日以後と相成るべく候。

〔別紙〕

拝復　残暑仍難凌候折柄益御清康奉賀候。陳者御来示之件宮相ニ於ても其辺大ニ努力致居候。小生も一方宮相ニ対し一方又首相ニ希望申出置候。併し御承知之通仲々六かしき事柄迚言質を得る迄ニは参り不申候。叙勲之事は最近昇等之事迚果して出来候事か否か小生ニも知り兼候へとも出来る事なら運ひ度しと宮相も考へ居候。従て最善之方法を講じ候事と存候。一応右拝酬迄委曲は拝青之時を期し候。

敬具

八月二十七日

湯浅倉平

伊沢賢台侍史

〔註〕封筒欠。別紙封筒表　信州軽井沢一〇三二　伊沢多喜男殿親展。同裏　相州葉山ニテ　湯浅倉平。内封筒表　伊沢多喜男様必親展。同裏　湯浅倉平。宛名は内容による。年は別紙消印による。

2　昭和(21)年9月27日

両回の御懇書拝誦。

一、佐藤君邸宅の件は委細下条君に托し候得共余り香からぬ様存候間成行に任せ可申候。

一、橋本君同成会入会御同慶に存候。此上は適当に御指導彼の向上に努められ度、拙生も先代とは深き長き交友に有之出来得る限り補導致度、本人より同成会入会の電報に接し候ニ付直ニ返書を送り候。

一、拙生来る一日当地発上京両三日間麻布区新龍土町内田孝蔵方に滞在の予定に候。着京の上は直ニ電話にて御通知可申上候。

一、高配により同成会益々発展御同慶ニ存候得共、丸山、次田君等を欠如することは大ニ寂寞を感する点全然御同感に候。

余ハ譲拝鳳。

草々頓首

九月二十七日

多喜男

河井賢台侍史

〔欄外〕館林君健在なりや呉々も宜敷候。報徳会は益々光輝を発揚し慶賀の至候。

〔註〕封筒表　東京都麴町区貴族院同成会控室　河井弥八殿親展。同裏　長野県軽井沢一〇三二　伊沢多喜男。年は内容による。昭和
年5月28日付河井弥八宛伊沢多喜男書翰を同封。

3　昭和21年10月30日

本月二十一日附貴翰唯今拝誦。

昼夜御奮闘只管感激の外無之合掌々々。

「同成会員変転限なく」云々御来旨之処会員は変り候得共会其れ自身は土曜会無所属団の精神を堅持し貴族院の真骨頂を伝承致居候ハ是レ偏ニ賢台御努力の賜に有之、有終の美を済しつゝありと存候。神奈川、福島の補欠は同成会系より選出せしむべく老生も努力致し居り成効可致と存候。現同成会員は一両名を除き全部老生別懇の連中に有之（塩田、原）矢張故郷の如き感有之候。会員懇親会を当地にて御開催被下候はゞ満悦に候。会費一人前四十円内外ならば一泊清談をなし得べく候（飯米だけは御携行のこと）。貴酬のみ取急き申述候。余ハ譲拝鳳。　草々頓首

十月三十日

多喜男

河井賢台侍史

〔欄外〕横光君可然御指導被下度候。静岡県其他の知事公選、参議院議員選挙に付御考慮を乞ふ。

鈴木登君の前途に関し御研究を乞ふ。

館林君在京なるや、御来訪相願度候。

〔註〕封筒表　河井弥八殿親展。同裏　信州軽井沢　伊沢多喜男。年は内容による。

4　昭和22年10月23日

本月十七日附御懇書拝誦。同成会会同ニ出席し得さりしこと遺憾千万に存候。御連名之葉書拝受感銘此事に候。食糧特ニ甘藷に関する具体方策御垂示被下精読大体に於て大賛成只管国家人類に対する熱愛に敬服する外無之候。毎々申上候通り懸け替なき貴重なる賢台幾重にも御自重之程切望至嘱に候。

本運動に関する副長的協力者は何誰なるや。老生も長き前より考慮致居候得共安易ニ適任者を発見せず衆、参両議員等殆ド全部ハ自己本位にして犠牲的精神を以て精進せんとする者なく、万々一賢台が倒るゝ場合に於て是を双肩に担ふて邁進勇往する者なければ中道にして挫折すべき虞は多分に有之候。信州なとにはありソーなものと存じ頻りに青壮年等を引見致居候得共未だ是と申す者を発見不致候。篤と御考慮被下度候。老生は予てより本運動の使徒となり一兵卒として相働き度く熱願致居候処最近健康益々衰へ数丁の徒歩すらも又数時間の接客も大なる疲労を感する様なる腑甲斐なさに有之慚愧痛恨の至に候。

当邸に於ても一昨年来食糧自給自足を目途して女婿黒河内を中心とし家族全体協力して約一反歩の開墾と耕作に従事し昨年は馬鈴薯、南瓜、豆類相当の収穫を挙げ配給以外の物資ハ購入せず大に意を強ふし候。然るに本年は馬鈴薯はベト病ニ冒され、蕎麦は風雨ニ倒され収穫予定の三分一に及ばすカボチヤと豆類ハドーヤラ普通作に候得共是にてハ

昨年の如き生活は六ヶしくと存居燃料も邸内の立木を伐り自給是は本冬も差支無之候。家族一同動物質の食餌は殆ド食せず菜食なるも健康上何等差支無之孫四人何れも元気に候。

本年当邸にて甘藷三種試作、初ての試なるも成績必シモ不可ならず。昨日収穫せるが其大部分は野鼠に食ひ荒され遺憾々々。此鼠害を防ぐ方法如何高示相仰度候。

――　――　――

批評を求められたるにより左に無遠慮なる卑見を述ふ。

(一)本運動は政府に倚存せず、経費は全部会員の会費支弁を原則とす。政府が進んで是を補助せん(ママ)と場合は拒まず。

(二)衆、参議員が其選挙区に於て本運動をなすは弊害多きにあらずや相当警戒を要すと思はる。

(三)(ママ)本運動は其主体を報徳社として是に類似の団体を従とし出来得れば八千万国民全部の一致協力をなさしむること。

(三)自給自足は絶対必要なり。Self helpの見込なき者に誰が食料やクレジットを恵与するもあらん。況んや世界的ニ食糧不足の現状に於てをや。

(四)主食糧の自給自足必す出来る。賢台の十数年来主唱し実行せる績を見聞し老生は深く是を信ず。老生は敗戦デンマークの復興を見よと説きつゝあり。敗戦当時の丁国の立地条件ニ比すれば吾国のソレは比較にもならざる有利のもなり(ママ)。他力本願、乞食根性を根柢より払拭し勇往邁進せば他の援助を受けさるのみならず食料其他ノ輸出国となり世界人類に貢献寄与し得るに至ること期し待つべきなりと信ず。

(五)米作偏重改むべし。適地適作即チ甘藷、馬鈴薯、雑穀、燕麦、ライ麦、蕎麦、稗其他何でも可なり。当地の如きは豆類、カボチヤの如き成績宜し。

(六)米食偏重を改むべし。台湾の如き米作適地多産地に於て台湾人は高価なる産米は是を日本に輸出し彼等は安価なる甘藷を常食とするも彼等の健康は良好にして労働力は旺盛なり。

(七)大ニ粉食を奨励すべし。パン、麵類其他合理的調理法の研究、製粉器械、其動力例之水車、電力、共同作業等細目に関し指導を要す。中国人ニ学ふ点多し。

(八)甘藷増産国民運動の具体案に関して拙生等何等容喙の余地なく只管敬服礼讃の外なし。二千貫会員の全国に充満、発展し一大国民運動となり延て国家、社会と人類とを匡救せんことを切願す。

(九)此種の問題ニ付相当理解を有する者には御書面を示し忌憚なき批評を求め処(ママ)

(イ)作付面積五十万丁歩の余地ありや。其地方別、土質、高度、湿度等ニ如何――適地ハ五十万丁歩の如きハ易々たり。

(ロ)養蚕と競合とすることなきや――無し。或程度まで収穫物価格の問題にて内地的ニ又国際的ニ決定せらるべし。
(ハ)果樹、蔬菜と競合せずや――前号に同じ。
(ニ)治山、治水との関係――大に憂慮すべきも為政家が根本的、綜合的立地計画を確立して進まば前途洋々たり。
右余り管単にて不得要領と存候得共御判談被下度候。

草々頓首

二十二年十月二十三日

多喜男

河井賢台座下

再伸　叙上の書束は公私混淆支離滅烈(ママ)に候のみならず執筆能力甚しく衰耄の為メ一日一時間にも足らず、少くとも断続五六回の苦作に候。余程の御努力ならでハ判読御困難に候。
中央政界も地方各方面も紛糾混究候得共世界全体も同様若ハヨリ以上に候。此苦悶は人類進歩の一階梯にして或意味よりすれバ慶すべしとも存候。参議院、緑風会、旧同成会の有り方に就ても種々御苦心の事と存候も老生自身の有り方に就ても親近者間に於て区々の意見あり老生自身に於て相惑ひ居候。幼年禅門に出入し多少食ひカジリ居候積に候処凡夫の悲サ、イザとなれは自身の事は自身に分らず只管御忠告御高示願上候。田中、次田、小林君又館林、高村君等の意見等承知致度存候。

又拝

此地ニ越冬か避寒か未定に候。

〔註〕封筒表　東京世田ヶ谷区北沢二ノ一　河井弥八殿親展。同裏　長野県軽井沢旧道　伊沢多喜男。

5　昭和　年5月28日

五月二十八日

多喜男

拝啓　過般来山口、広島等御視察相成候趣余りに身体を虐使することは感服不致候得共君国を憂ふる御熱誠に対し深甚の敬意を表し候。
吉田首相と交渉の結果来週上京面談の事と相成候。余り遅くなり五菖十菊の嘆に不堪候得共今からでも遅くないこともあり其事に致候。
来週まで御滞京ならば貴邸御厄介ニ相成り拝晤を得度若し其前御帰郷ならば当地若ハ熱海内田孝蔵別邸にて拝晤公私種々高見拝承致度と存候が御都合相伺度候。余ハ譲拝晤。

草々頓首

河井賢台侍史

〔註〕封筒欠。昭和(21)年9月27日付河井弥八宛伊沢多喜男書翰に同封。

（河井弥八）

1 年月日不詳

拝啓　木曽之御視察を了へ既ニ御帰京相成候ことかと存候。扨て過日一木男ニ面会貴族院議員之事と叙勲のことを相話し候処議員之件に付てハ電話にて御話致したる通にて中川君を取消すことは難色あり寧ロ断り候得共宮相には最も強く迫るべしと言明せられ候ニ付必ズ相当強力ニ話し呉レ候事と確信致候。

叙勲に就てハ『最近ニ勲一等ヲ陞叙せられたる許りにて重ねて旭日大綬章ニ陞ることは困難ならん』とのことなりしニより拙生は「最近の陞叙ハ満洲事件之功労ノミに対する行賞にして其他の功績は全然無関係也。今回退官ニ当り宮内省在勤中の功労に対し行賞せらるゝは当然なるのみならずシカせざれは河井君ハ（後欠）

〔註〕封筒欠。宛名は内容による推定。

川島浪速

1 昭和23年2月20日

昭和二十三年二月二十日

拝啓　久闊多罪御寛恕可被下候。信濃毎日新聞の所報に依れば久しく御病臥之趣只管御摂養速ニ御回春之程祈上候。神は必す賢契を加護し玉ふものと確信致候。

令嬢芳子様之件に関する賢契の御心情恐察に余あり。信毎記事を読み万斛の涙に候。只管神（天）の摂理と冥助とを祈られ度候。　頓首

多喜男八十叟

川島浪速老兄玉案下

拙生今尚ホ殺されもせず死にもせずビク〳〵生存、全魂、全力を尽して世界人類の為メ寄与貢献せんと努めつゝあり（陛下の聖旨也）。

〔註〕封筒欠。昭和23年1月26日付伊沢多喜男宛川島浪速書翰に同封。

河田　烈

1 昭和(9)年7月11日

啓上　此度ハ御重責にて御苦労千万に存候得共為邦家只管御尽瘁之程切望致候。小生当地ニ来れる為メ岡田首相ニ御挨拶も不致不本意且つ失礼千万に候。賢台より可然御執成し置き被下度候。

一昨日来度々電話致候得共遂ニ不得通話不得止其儘今朝出発過刻到着致候次第ニ付呈書御挨拶旁々右申上候。

草々頓首

七月十一日

伊沢多喜男

河田賢台侍史

最近ニ（出来得れバ）首相ニ拝晤致度存候。一両日前ニ御通知被下候はゞ差繰之上下山拝趨可致候。

（後藤君と御協議を乞ふ）

〔註〕「河田書記官長　山本達雄男　永井柳太郎氏　添田文部政務次官書束原稿」に同封。年は内容による。

木村小左衛門

1　昭和10年8月26日

拝啓　久敷御入院中之処此頃御全快御退院相成候趣大慶至極に奉存候。小生ハ如例七月初旬より当地ニ避暑中にて何方へも御無沙汰ニ打過候段御諒恕被下度候。賢台御回春祝賀之為メ書画帖調整云々の御通知有之候処留守宅より其用紙を送付し来らず候為メ其儘ニ相成居候。若シ御手許（又ハ発起人方ニ）ニ用紙之残余有之候はゞ数葉（書換の準備之為）御送付被下間敷や。甚タ勝手ながら願入候。御祝辞旁々右申述度如此に候。草々頓首

八月二十六日

多喜男

木村賢台座下

〔註〕封筒表　東京市本郷区上富士前町七三　木村小左衛門殿親展。「（礼状済）用紙送ルコト」。同裏　信州軽井沢　伊沢多喜男。年は消印による。

2　昭和11年10月28日

拝啓　昨夜は御寵招に預り特ニ御同席の諸君は御昵懇之方やら青年活気ニ富める方々にて快適ツヒはめを外ずし少々てれ臭き感有之候。不取敢御礼ノミ申述度如此に候。草々

十月二十八日

多喜男

木村賢台座下

〔註〕封筒表　本郷区駒込富士前町（大和村）　木村小左衛門殿親展。同裏　西巣鴨二丁目　伊沢多喜男。年は消印による。

黒河内透

1　昭和17年7月28日

披見致候。

緒民誼に対する答礼使として平沼等の民国に派遣せらるべしとの風評は相当広く具体的に伝へられ今日にてハ八九分通りの発議となり居れり。而して其顔触も有田、永井、遠藤等なりとのことも聞及ひ居れり。シカシ予は寧ろ是を信

せさらんとす。広き視野より観察して如此大ゲサな顔触にて答礼することが必要なりや否や。否ナ寧ろ吾邦の国威を失墜する虞なきにあらず也。民国外務大臣に対する答礼ならば帝国外務大臣以下の程度の人物にて十分なり。前首相たる平沼が出懸ける如きは余りに非常識なり。是が曩に来りたる民国主権者汪兆銘に対する答礼使の意味なれば或は考へ得べし。シカシ其にしてハ時機余りに後れたり。為さゞるに如かず。

世の中の事は八九分通りデマと誤解にて進行し行くものなり。万事虚心坦懐直接に話し合ふこと肝要也。中間に人を介すれば間違多きもの也。予は過去に於て幾多の苦き経験を有す。今日に於ても亦然り。予が老軀を提けて日夜奔走尽力するは国家の中心人物が更に障壁を撤し肝胆相照的の態度を以てザックバランに話し合ふ機会を作らんとするにあり。予か近衛と東条を近かしめんとし今日又或両者を直接会談せしめんと策しつゝあるも皆此理想の表れなり。大東亜建設は先ツ帝国一億人の総親和より始まる。一億一心は中心人物の親和より始まる。中心人物の親和は先ヅ現総理と前総理の親和より始まる。現、前首相の親和すら得ずして何の大東亜建設ぞや。

東京市問題の如きも又々醜状暴露前門の狼を防いて後門の虎を迎へんとしつゝあり。長大息に堪えず。シカシ物窮すれば通ず。神は東京市を捨てさるべし。

当地も相当暑し。シカシ東京の苦熱に比すれば爽涼如秋とも云ふべき乎。週末来遊を待つ。里ん子もま里子も至極機嫌宜し安心あれ。

腰痛は徐々に軽減しつゝあり。シカシ不相変国事に尽しつゝある為メ過労を免れず。兎角未だ大悟せず一日でも長生して国家に奉公すること肝要なりとは思ひ居候得共其為しつゝある処は命を縮むることのみなし居るなり。如此矛盾の生活はなし。憫むべき哉。　草々

七月二十八日　老龍

透殿

〔註〕封筒表　東京市豊島区西巣鴨二丁目二三九三　黒河内透殿親展。
同裏　信州軽井沢一〇三二　伊沢多喜男。年は消印による。

2　昭和(20)年5月6日

前略　戦災ニ付見舞を受け多謝々々。

来るべきものが来れるにて何等異とするに足らず。災後の心境は実ニ清々しく勇気も多少恢復したるが如し。御安心あれ。

同期生諸君知事其他勅任ニ進出愉快にもあり焦慮することもあるべし。シカシ人生塞馬の如し何が国家の為にも自己

の為にも幸なるやハ分らず。
四月三日上京同十九日当地ニ帰れるが其間政変やら戦災やらにて昼夜殆ト不眠不休老驚重荷疲労困憊の極に達し今日に至るまで恢復せず昏々として半睡の状に候。　草々

五月六日　多喜男

黒河内透どの

可成速ニ軽井沢ニ転地致度存候得共諸種の事情ハ是を許さずグツ〳〵致居候。人心兎角動揺致候得共此くてハ亡国の外なし。一億一心只管職域奉公敢闘すべく此くて必勝疑なきハ予の多年の首唱にして艱難ニ会ひ益々其信念を強め居候。

いよ子りん子まり子最も幸福なるか如し胎児も必ず心身共々健全なるべし。

〔註〕封筒表　北海道庁経済第二部　黒河内透殿親展。同裏　静岡県伊東町松原中村別荘　伊沢多喜男。年は内容による。

近衛文麿

1　昭和(13)年12月17日

拝啓　過般来御病気にて御引籠中之処早速御全快御登閣相成り為邦家慶賀之至に候。扨て予テ高配を蒙り居候吾同成会は追々死去者を出し候ノミならず最近菅原氏枢府へ転出尋で高田氏死去之為メ益々其会員数を減じ交渉団体としても其存立を危ふするニ至り候。

就てハ今回勅選せられたる八氏中四名だけは同成会中ニ入会相成候様是非御配慮相成度懇願仕候。八氏中其何人たるかは問はず会員一同大歓迎致候次第に候。而して其御勧誘下さるべき人名御内示被下候はゞ老生親しく面会勧誘に努むへきは勿論に候。尚ホ次回ニ欠員を生し候節は小生よりも両三名候補者提出可致候間御考慮被下度予メ相願ひ置候。老生は今日まで何等相願ひたること無之候得共今回は忍ひ難きを忍び敢て懇願候。衷情御諒察被下度候。

当用ノミ余譲拝鳳。　頓首

十二月十七日　多喜男

近衛首相閣下

最近ニ一名欠員生ずへくかと想像致候。

〔註〕封筒欠。年は内容による。

2　年月日不詳

拝啓　昨日ハ久振ゴルフ御同遊元気横溢之プレー振拝見積日之不安一掃欣快無此上候。事局克服の為には積極的ニ健康増進の為メ大努力をなさるゝ必要ありと存候。世上嘖々(ママ)

者流之批評の如き余り顧念せられざる様致度存候。

―――――――――

山下御使用之こと一案と存候。シカシ彼ハ御承知之通りワキ師に候。適当のシテ役御心当り有之候はゞ妙ならん。又其時機及ビ使ひ方等に付ては十分之御考慮肝要と存候。其中拝晤卑見申述候。

―――――――――

今回之精神総動員ハ定連之中央機関にては其効果少なかるべく口頭禅に堕せざる熱烈なる実行運動たることを望み候。

―――――――――

河井弥八君之貴族院議員に就てハ不容易高配を蒙り深謝此事に候。成れハ第一流之貴族院議員たるべしと存候。（後欠）

〔註〕封筒表　近衛公爵閣下秘親展。同裏　信州軽井沢　伊沢多喜男。

小橋一太

1　昭和(12)年6月29日

拝啓　昨日ハ態々御来訪被下候処折柄不在にて不得拝晤遺憾此事に存候。東京市政に関してハ多少意見有之其中拝晤披瀝致度存候得共強く正しく又朗ニ進み候こと肝要と存候。群少之囂々の如きは市長之毅然たる態度により自ら閉塞すべく存候。

賢台今回之当選ハ乍失礼ボス退治の逆作用之顕レにて必シモ賢台支持者の多数を得たる次第には無之と存候得共其今後之施政の如何により敵とも味方とも相成候こと丶存候。御努力御尽瘁切望致候。

御礼旁々右申述度如此に候。　草々頓首

六月二十九日　多喜男

小橋賢台侍史

〔註〕封筒欠。宛名・年は内容による。

近藤壌太郎

1　大正12年11月15日

成毛君之休職は実ニ意外にて気毒千万に存候。

新任之鈴木知事ハ老生特別熟懇之間柄に存候。其人格之立派なること蓋し当代地方官中之第一人と存候。貴下には如此名長官之下ニ事へ候事又と難得機会に有之寸暇を惜みて願は修養せられ度切望致候。御上京之節ハ御成越相成度候。　草々

十一月五日　伊沢

近藤君座右

〔註〕封筒表　奈良県警察部　近藤壌太郎殿親展。同裏　東京市外西巣鴨町宮仲　伊沢多喜男。年は消印による。

2　昭和6年12月19日

披見致候。

政変之結果ハ身上危険之虞有之やの趣驚入る外なし。シカシ政友会流の筆法を以てすれバ必シモ其事なきを評し難く痛嘆此事に候。此暴挙に対してハ御来旨之如き態度にて臨むこと勿論に有之候。総テ泰然冷然御自重之程切望致候。余ハ譲面晤。　草々

十二月十九日

伊沢

近藤君座右

〔註〕封筒表　前橋市警察部長官舎　近藤壌太郎殿親展。同裏　東京市外西巣鴨宮中　伊沢多喜男。年は消印による。

3　昭和17年7月24日

拝誦　菅船長に対する精神運動着々進捗既に三万人の浄財寄附者を獲得せル見込立ち候趣善事を敢行する賢台の態度只管敬服之外無之候。現代特ニインテリ層は兎角議論倒にて何事も成し得ず国家の前途深憂に不堪候。国民学校の課外読本教材として御配布相成りたる趣其印刷物余部有之候はゞ十部御送付被下度願上候。

別紙御一覧御批評被下度願上候。　草々

七月二十四日

多喜男

近藤賢台侍史

此地も相当暑し、貴地の褥熱想察に余あり、御自重を望む。河野一郎関係の犯罪検挙に対し悪評を試むるものあり、選挙終了後の今日普通犯罪を検挙するに何の躊躇あるべき、徹底的に又周到の注意を以て是を敢行し彼等をして一言半句なからしむる様御努力相成度切望ス也。

―――――

別紙の進言は首相も内相も総監も余り歓迎せざる苦言にして予の理想を敢行するの勇気なきは万々承知し居れり。

〔註〕封筒表　横浜市紅葉ヶ丘知事官舎　近藤壌太郎殿親展。同裏　長野県軽井沢一〇三二　伊沢多喜男。別紙「警視総監代理情報係長数野警部に手交せる覚書写　昭和十七年七月二十日　特秘　新東京市長銓衡ニ関スル枢密顧問官伊沢多喜男氏ノ意嚮」（タイプ3枚）。

4　昭和19年8月17日

本月十日附貴翰拝誦。

過日高松宮殿下の特別の御召により参邸種々優渥なる御下問と御言葉を拝せられたるのみならず妃殿下御同席にて晩

餐をも賜はりたる趣賢台之光栄感激察するに余あり。老生としても深く殿下の高徳ニ感泣すると共ニ賢台の光栄ニ対し満腔の祝意を表し候。

実ハ老生往年台湾総督在任当時同殿下を台湾に迎へ奉り総督官邸に御宿泊相願ひたること有之其際貴重なる御紋章附銀製花瓶御下賜又上京之際の特ニ御召を蒙り晩餐を賜はる等過分の殊遇を辱ふし常々感激致居候処同総督退任之際には別ニ御召を受けたること無之是レ固より当然にして幾多大臣総督等退官の場合に於ても亦然りと存候。然るに賢台が一地方長官として其退官に当り今回の如き殊遇を蒙りたること決して尋常一様のことにあらず。

殿下が深く近藤神奈川県知事なる者の本質治績等を御嘉賞あらせられたる結果と拝察せられ臣子の分として是に過ぐるの光栄あるべからず重ねて深甚の祝意を表し候。

本月六、七日頃神奈川県知事官舎気附にて御退官に対し敬意を表したる一書を送りたり。御入手相成りたるや若し未着ならば御取調を乞ふ。

別紙信毎切抜御笑覧被下度是は大分間違あれども大体は把へ居り候。可成速なる機会ニ御来軽被下度鶴首待上居候。

余ハ譲拝晤。　草々頓首

八月十七日

多喜男

近藤賢台侍史

賢台御勇退にて中村房次郎君ハ大ニ落胆致居候事と被存、気毒に不堪候。

〔註〕封筒表　浦和市常盤町一〇ノ二八　近藤壌太郎殿親展。同裏　長野県軽井沢町一〇三二　伊沢多喜男。年は消印による。「別紙」なし。

5　昭和20年2月3日

拝誦　御来旨に依れば過般来御病臥中之処其後後快方の趣慶賀此事に候。

現内閣特ニ内務省人事は甚だ感服せざるも今回の町村新潟県知事抜擢ハ賞讃に値すと存候。

半井君横浜市長ニ重任近来の快心事に候。賢台にも相当御尽力の結果と被察唯々御満悦と存候。

老生不相変健康不如意、萱場、留岡両君同道速ニ御来遊を待つ。　草々

二月三日

多喜男

近藤賢台侍史

〔欄外〕電話あれば適当の旅舎準備可致候。

〔註〕封筒表　浦和市常盤町一〇ノ二八　近藤壌太郎殿親展。同裏　伊豆、伊東町中村別荘　伊沢多喜男。年は消印による。

6　昭和21年11月22日

二十一年十一月二十二日　　多喜男

近藤賢台侍史

貴翰拝誦。既に信州旅行を了へ御帰浦相成候こと丶存候。老生明後日（二十四日）上京両三日間麻布区新龍土町十二、（電話赤坂一八一三）内田孝蔵方に滞在可致候。

一、平山君の事は畑君等の希望も尤もと存候。御貴意に任せ賢台並ニ老生等は顧問と言ふが如きものとなるも一案かと存候。

一、松本事件の終結は高見の如く検事論告其他を材料とすること可ならん。

一、軽井沢駅にて黒河内妻に物品御手渡し被下、又黒河内を御連中の一員に加られたる趣御懇情深謝致候。

一、可成速なる機会ニ拝晤を得度鶴首待上候。　草々頓首

再伸㈠横浜市長後任問題に関し過般（十一月十七日）横浜に行き半井、平沼、原、中村等と会合種々協議致候処未だ成案を得ず。

㈡原、中村の事業に関しても種々考慮進言を要する件あり。右の件々に関し最近上京の機会ニ彼等と協議致度存居候。賢台も何か御意見あらば其前ニ拝承致度、無けれバ其後にて結構に候。

〔欄外〕若槻君ニ面会致候処同夫妻は栗林君よりの贈品ニ対し深く感謝致居候。

〔註〕封筒表　浦和市常盤町一〇ノ二八　近藤壌太郎殿親展。同裏　静岡県伊東町松原中村別荘　伊沢多喜男。

斎藤隆夫

1　昭和(20)年5月27日

拝誦　戦災ニ付御慰問被下深謝此事に候。焼夷弾の邸内に落下せるもの百数十箇隣家死者二附近死傷多数に上り、其間に於て腰抜けの老骨が微傷も負はす避難し得たることは天祐神助ニ有之深く感激致居候。余生は固より百生報国を念願致候。

「戦ふクレマンソー内閣」を読み、ヒットラーの終末を知り感慨無量只管体力の衰耗を嘆する外なし、賢台にも御病臥の趣精々御自愛速ニ御恢復の上御健闘相成度切望致候。東京には住処を難得、止むを得ず不日軽井沢ニ転住可致候。御礼ノミ。余ハ譲拝鳳。　草々頓首

五月二十七日　　多喜男

斎藤賢台侍史

〔註〕封筒欠。年は内容による。昭和20年5月21日付伊沢多喜男宛斎藤隆夫書翰に同封。

（坂田幹太）

1　年月日不詳

拝誦　過般伊東へ御来訪被下候処折柄不在にて遺憾千万に候。賢台には益々御健剛御活躍又留岡組事業も不相変好調是又結構に候。

然るに老生は無理なる信州旅行を敢行せる為メ五月十八日当邸に辿り着きたる後二ヶ月余を経過せる今日に至るも疲労惘（ママ）憊は恢復せず昼夜昏臥の実状に候。シカシ凡夫の悲哀は何とかして吾国を救ひ世界人類に寄与貢献したく燥り居候。

松山（尾）鑛山に関する仕事を引受相成り度趣委細敬承、中村正雄君（現社長）は老生別懇なるのみならず同礦山の社賓を提供せられ居候間（未だ承諾せず）無理なる要請にあらざる限り聴き入れ呉れ候ことゝ存候。即チ別紙紹介状同封致し候間一（後欠）

〔欄外〕就職を要請せられ居候様なる次第に有之多少の決定は出来得る。

〔註〕封筒欠。宛名は内容による。「別紙」なし。昭和23年7月22日付伊沢多喜男宛坂田幹太書翰に同封。

坂本俊篤

1　昭和13年12月31日

拝誦　太田孝作氏之件ニ関し御来旨之趣敬承仕候。然る処武井覚太郎君に対し寄附勧誘ニ関してハ老生ニ自信も熱意も無之結局此問題ハ御断り候方可然と存候間不悪御諒承被下度候。

芽出度御招歳を祈り余ハ期永陽候。　頓首

昭和十三年十二月三十一日

多喜男

坂本賢台侍史

〔註〕封筒表　牛込区甲良町三二　男爵坂本俊篤殿親展。同裏　伊沢多喜男。

幣原喜重郎

1　昭和(7)年8月4日

拝誦　大平氏貴族院議員云々之件原田君ハ如何なる見当をつけ居るか不相分候得共小生ニハ見込相立ち不申大体に於て貴見と同様に候。即チ慎重の態度を取られ候方可然と存候。不取敢御返辞ノミ申述度如此に候。　早々

八月四日

幣原賢台侍史　　多喜男

〔註〕封筒欠。年は内容による。昭和7年8月4日付伊沢多喜男宛幣原喜重郎書翰に同封。

2　昭和(20)年10月9日

拝啓　唯今のラジオ放送に依れば本日親任式を行はせられ茲に幣原内閣は成立致したる趣為皇室国家慶賀措く能はず賢台に於ても御満悦の事と恐察致候。有史三千年未曾有の国難に際し大政燮理の重任に膺ること皇民の一人として無上の光栄なると共に其責任の至大至重なるを痛感せられ候事と恐察致候。

過般も御話致したる通り今回の事たる一身の利害よりすれば到底問題にあらず。身命は勿論名誉も幸福も一切を犠牲とし只管承詔必謹匪躬の誠を致さんとせらるゝものに有之其悲壮の御決心に想到し満腔の敬意と礼賛を禁する能はず候。過般拝晤の節大命降下の場合に於ては『消耗品』たる覚悟を以て奮起せられたしと御勧メ致したる拙生の心事御恠《ママ》察被下候事と存候。

組閣は従来とは全く異り所謂戦争犯罪人或は戦争責任者として排除せらるべき虞ある者を避けさるべからず。此限定せられたる範囲に於て適材を獲《ママ》んするは殆ト不可能に近き難事なるに拘らず其成果に至りては寧ろ驚嘆すべく賢台の御満足は勿論拙生としても欣躍至極に候。

一昨日は組閣工作の最中御繁忙の際特に御電話被下恐縮に存候。其節も申上候通り風邪発熱喉つぶれの為メ上京殆ト不能に近く又一面より言へば如此際会に於て拙生の如き物騒なる人物が組閣本部に出入するが如きは徒らに世上の視聴を惹き無用の猜疑を招くの虞あり此先却て賢台に累を及ぼすこと多かるべきを憂ひ御遠慮致したる次第に候。シカシ是非共必要の場合は万難を排し（長野県の自働車にて上京すべく準備は整へ置きたり）上京すべきも然らざる限り此地に在り電話等にて連絡することに決意し其通に実行したる次第に候。

拙生病気は幸に追々快方に赴きヨリ以上悪化することなしと存候間御安心被下度候。但し例により歩行は至極困難に候間必要なき限り殆ト終日臥床致居候。不取敢御祝辞旁右申述度如此に御座候。　頓首

十月九日　　多喜男

幣原賢台侍史

〔註〕封筒欠。年は内容による。

3　年月日不詳

拝啓　過般は午餐に寵招長時間快談の機会に恵まれ深謝此事に候。五日間の東京忍苦生活と殆ト不眠不休の身心虐使の為メ疲労困憊の極に達し三四日間昼夜昏睡の態たらく御悵《ママ》察を乞ふ。是に付けても賢台の元気益々旺盛なるを見る頼もしく又健羨の至に候。不取敢御礼ノミ如此に候。

草々頓首

〔註〕葉書。東京都世田ケ谷区岡本町一二二九　幣原喜重郎殿　静岡県伊東町　伊沢多喜男。

幣原　坦

1　昭和(12ヵ)年7月8日

拝誦　数年来御願望之機会到達遂ニ辞職御決行相成候趣万止むを得ざることには候得共台湾教育前途の為メ否ナ帝国前途之為メ転た不安世情を禁する能はず候。シカシ後任者には相当適任の人を得らるべしとの御見込の様に有之慶賀此事に候。

此際に当り台北大学創立前より十数年に亘り御努力御尽瘁之結果遂ニ今日之大成を得るに至れる御功績に対し深く敬意を表し候次第に候。特ニ小生としてハ最初より幾多の無理なる注文を申入れ不容易御迷惑を相懸けたることを想起し感慨深きもの有之候。御返事旁々右申述度如此に候。　頓首

七月八日　　多喜男

幣原老台侍史

〔註〕封筒表　幣原坦殿親展。同裏　東京市豊島区西巣鴨二の二五一七　伊沢多喜男。年は内容による推定。

(幣原坦二)

1　昭和22年9月9日

八月三十日附貴翰センサー、オープンにて昨日拝受精読深謝致候。益々御健剛国家人類之為ニ御尽瘁之趣慶賀之至ニ候。

降て拙生不相変健康不如意なるも是は老耄当然の事ニ有之御放慮可被下候。

当地は天高気澄み百鳥囀じ真ニ一年間の最好ノ季に候得共所謂名士なるもの蝟集再昨日の如きは朝七時より夜半まで七人を送迎「悠々不老」の境地には頗ル縁遠きものに候。

拙生不相変仁、勤、倹を標語とし其具体策としては報徳社運動を力説致居候。此くて敗戦デンマークの復興に学ばゞ食糧の如きは聯合国の補助を受くるを要せさるのみならず

逆に大に是を輸出し世界人類ニ寄与貢献すること決して難事にあらずと存候。

或人は「閒居」を望む趣に候得共果して其境地に達せるや否や、玉川や鎌倉の閒居にてハ却つて不善を為すの虞ありと存候。妄言多罪。

安藤君等は賢台の為メ種々考慮致居候趣伝承私かに慶賀致居候が其後の情況如何。

八千万日本人が一心一体となるも新日本の建設は不可能に近き難事なり。然るに政党や階層や悉く相争ひ八千万は八千万の心を以て争ふの現状を見聞してハ真ニ憂慮ニ堪えさるは全然御同感に候。シカシ吾等は徒に悲観落胆すべきにあらず御来旨の如く大に啓発運動に邁進すべくと存候。

当邸の大部分は開墾畑作地と致候処昨年はジヤガ藷約七十貫、カボチヤ百三十貫、蕎麦二俵其他相当の収穫あり。今日まで配給以外のヤミ物資は一物も買ひたることなく家族一同健全其物に候。幼孫四人肥満嘻々安定幸ニ御放慮被下度候。世間でも耐乏生活と申し候得共拙宅にてハ是が通常生活にて別ニ苦痛には無之候。貴酬旁々右申述度如此に候。

草々頓首

二十二年九月九日

頑龍

春邱雅契玉案下

令夫人様其他に宜敷願上候。

〔註〕封筒欠。宛名は内容による推定。

下村 宏

1　大正(14)年11月30日

拝誦　木村に対してハ其余生を社会事業方面ニ尽さしむべく勧説致候得共郷里仙台にて同様之方面ニ働き度く此くすること本人之為メ利益なりとの意味より応諾不致候間其儘に致候。

背景云々とのことに候得共総督以上之背景ハ台湾には無之筈と存し其意味不明に候。

下岡氏長逝実ニ痛嘆之至に候。小生の健康に対し彼是御注意被下難有存候。幸ニ頑健御放慮可被下候。

製脳会社改革之事を悪評する者あるも所謂盗人猛々しきニ驚き候。改革前之経費を改革後の其に比較するに一ヶ年約二十万円の節約となり総経費の約二割五分ハ従来濫費せられ居りたる訳にて其乱脈驚くべしと存候。特ニ雑費、旅費等の名目にて重役の濫費せるもの其大部分を占め居候。御返事旁右申述度如此に候。

草々

十一月三十日

多喜男

下村賢台侍史

専売局関係の不正事件ハ益々出て丶益々甚しく只管驚愕之外無之候。

〔註〕封筒表　下村宏殿秘親展。同裏　伊沢多喜男。年は内容による。

2　昭和6年9月9日

拝誦　台北並に高雄より石井君と連名之葉書拝受大正五六年頃の往事を追懐して感慨無量なりしこと丶存し候。為せしこと悉く非にあらす又是にもあらず。其中期拝晤。草々

九月九日　　多喜男

ゴルフ不相変下手なり。御安心のこと。

〔註〕絵葉書。東京市麴町区有楽町東京朝日新聞社　下村宏殿。信州軽井沢　伊沢多喜男。年は消印による。

3　昭和(7)年2月15日

拝啓　「呉越同舟」御恵贈難有早速アチコチ拾ひ読致候。乍毎時忙中此業績を挙け来る怪力には驚嘆之外無之候。「建功神社」大体同感我意を得たりの感有之候。同神社建設は大体小生之創意に出で其設計に関しても種々理想を述へて注文したること有之候。其結果必しも小生の注文と合致ハ不致候得共技師の苦心は多とすべく被存候。国家多事曩に浜口君を失ひ今又井上君の受難あり将来の事真ニ深憂に堪えず候。

本月十二日東朝紙上「神玉会」の大広告相当注視すべきに非すや。

御礼旁右ノミ。　草々

二月十五日　　多喜男

下村賢台侍史

過日来腸胃を害ひ閉居ゴルフにも出動出来ず遺憾々々。

〔註〕封筒表　麴町区有楽町東京朝日新聞社　下村宏殿親展。同裏　市外巣鴨宮仲　伊沢多喜男。年は内容による。

住友吉左衛門

1　大正(10)年3月12日

貴翰拝誦　春寒料峭之候に候処益々御清勝奉賀候。扨て小生儀此度万国商事会議ニ参列之為渡欧致候ニ付為餞別金壱万五千円御贈与被下御芳情之程深謝に不堪候。出発前是非一度拝趨親敷御礼申述度存候得共不取敢御受ノミ申上度如此に御座候。　敬具

三月十二日　　伊沢多喜男

男爵住友吉左衛門殿侍史

〔註〕封筒欠。年は内容による。大正10年3月10日付伊沢多喜男宛住友吉左衛門書翰に同封。

関屋貞三郎

1　昭和12年1月12日

拝誦　「行啓記念講演」御贈与被下難有拝受仕候。早速拝読感激不尠候。客臘来旅行一昨夜帰京之為メ御礼状遅延御海恕被下度候。

草々

一月十二日

多喜男

関屋賢台侍史

河井ハ今回御落第之模様、今後とも一層高配相願候。

〔註〕封筒表　麹町区紀尾井町三　関屋貞三郎殿親展。同裏　伊沢多喜男。年は消印による。

2　昭和12年9月16日

拝啓　河井君貴族院入りの件最近余程有望と相成候趣高配之結果と深謝候。小生も首相初メ夫々手配致候得共此上とも御尽力願上候。小生来ル二十日には帰京可致其上にて拝晤を得べく候得共不取敢右申述度如此に候。

頓首

九月十六日

多喜男

関屋賢台侍史

〔註〕封筒表　東京市麹町区紀尾井町三　関屋貞三郎殿親展。同裏　信州軽井沢　伊沢多喜男。年は消印による。

3　昭和(20)年4月30日

拝啓　過日岩波邸にて拝顔の節は余り多人数にて御懇談の機も無之遺憾に存候。然ば昨日岩波君当地へ来訪賢台に托せられたりとて縞ズボン一着持参致され難有拝受致候。戦災者に対してハ無此上贈品ニ有之着用之度毎ニ御厚情を想起可致と存候。約四十年定住の本拠烏有に帰し少々マゴツキ候得共其中には何とか相成るべく其迄の間ハ当地ニ滞在、夏期は軽井沢に行くべく候。御礼ノミ。

草々頓首

四月三十日

多喜男

関屋賢台侍史

〔註〕封筒表　東京都麹町区紀尾井町三番地　関屋貞三郎殿親展。同裏　静岡県伊東町松原中村別荘　伊沢多喜男。年は内容による。

4　昭和20年10月4日

拝誦　過般約十日間滞京昨夕帰軽致候処電話も自働車も不自由の為メ御訪問も不致実ニ不相済存候。急転せる時局に関し高教を受け度儀多々有之候得共不果其意遺憾千万に候。最近上京之際是非拝晤を得度存候。唯今松平前宮相の来訪を受け懇談致候。　草々

〔註〕葉書。東京都麹町区紀尾井町三番地　関屋貞三郎殿　長野県軽井沢　伊沢多喜男　十月四日。年は消印による。

5　昭和21年4月17日

拝誦　過般枢府に列せられ慶賀且ツ御苦労千万に存候。国家の前途只管匪躬の誠を致され度切望仕候。老生心身共ニ衰耄昼夜昏臥老駑伏櫪之嘆に不堪徒らに憂心忡々御怟《（ママ）》察を乞ふ。

総選挙の結果は予想通り混沌、政局は前途は混乱を極め候事と存候得共是は生みの悩にて悲観すべきにあらず悠久なる国家の前途には光明あると存候。　草々頓首

〔註〕葉書。東京都麹町区紀尾井町三番地　関屋貞三郎殿　伊豆伊東中村別荘　伊沢多喜男　四月十七日。年は消印による。

6　9月20日

拝誦　去十五日より貴地ニ御再遊之趣之処小生同日出発之為メ行違と相成不得拝晤遺憾此事に存候。小生も今回五日滞沢致度存候処兎角陰雨勝なる上ニ知友追々帰京致し寥莫にも相成候為メ少々帰期を早めたる次第に候。軽井沢ハ今より其特色を発揮し一層爽快を覚え候事と存候。緩々御滞在高原之秋色を満喫せられ度候。

京地ハ不相変陰鬱余り愉快には無之候。御返事旁々右ノミ。

草々

九月二十日　　多喜男

関屋賢台侍史

〔註〕封筒表　長野県軽井沢別邸　関屋貞三郎殿親展。同裏　東京市外西巣鴨宮仲　伊沢多喜男。

添田敬一郎

1　昭和(9)年7月20日

拝啓　此度は文部省政務次官ニ御就任相成り慶賀此事に候。世上或ハ役不足にあらずやとの評も有之御気毒の様にも存候得共文教之重大性特ニ今日之時局に於ては其地位之高下等を論するの遑無之国家の御為とあらば幇間撃拆敢て辞せすの概あるべき筈況んや松田文相を輔くもの貴台を措て他ニ適任者なきに於てをやに候。

七月二十日　多喜男

添田敬一郎殿

〔註〕「河田書記官長　山本達雄男　永井柳太郎氏　添田文部政務次官書柬原稿」に同封。年は内容による。

（館林三喜男）

1　昭和(22ヵ)年

拝誦　河井尊岳過日態々御立寄り被下厚情感謝に不堪候。同君の参議院議員立候補は国家、人類匡救の為メ絶対に必要、是非共御奮起切望致候。イナ河井君の如きは其立候補の如何に拘らず第三者が是を擁立し当選の上承諾を乞ふべきものと存候。老生の如きは此第三者として卒先犬馬の労に服すべきは当然に候処御熟知の如き健康の状態特に過般上京滞在半ヶ月の劇務は心身の衰耄も甚しく帰来昼夜昏臥致居し様なる実情に有之到底物の用には立ち不申痛恨此事に候。シカシ出来ることは何でも致すべき候間御遠慮なく御申付被下度候。

静岡県其他にて此の選挙に動員すべき主なる人物のリストあらば御送付相願度、又運動方針の大体に就き御協議致度候間賢台若は尊岳、或は御両人御来訪被下度、老生上京は当分困難なるを遺憾と存候。（後欠）

〔註〕封筒欠。宛名・年は内容による推定。昭和22年2月25日付伊沢多喜男宛館林三喜男書翰に同封。

田中武雄

1　昭和(20)年3月2日

（前欠）に関してハ大体高見の通りに有之両者とも甚だ感服せず此くて互ニ相傷き自ら墓穴を掘る者にて痛嘆の外無此候。大和一致一億一心となるも此難局を突破し聖戦完遂の大義を翼賛すること殆ト不可能に近き難事なるに指導者の中核が終始動揺相剋するか如きは到底思ふべからざる処なるは全然御同感に候。

クリミヤ会議の日本処分案が如何なるものなるかは全然是を知らざるも敵機が曩きに大廟を襲ひ最近宮城を爆撃せるは現然たる事実ニして彼等が生理的ニ肉体的ニ吾等を殲滅せんとすると同時ニ精神的にも霊的にも地球上より抹殺せんとしつゝあるは争ふべからざる処にして和平の如きものは決してあるべからず。吾等一億国民は世界を対手として最後まで戦はさるべからず。死中活あるも活中には活あることなし。此根本国策を確立し万往邁進せば必勝は勿論追て世界人類を救済するを得べく又此くすることは吾等の大使命なりと信ず。其意如何高教を仰ぐ。

病余頭脳混乱蕪文乱筆御判読を乞ふ。余ハ譲拝鳳。

草々頓首

三月二日　　　　多喜男

田中賢台侍史

〔註〕封筒欠。年は内容による。昭和20年2月28日付伊沢多喜男宛田中武雄書翰に同封。

（田中武雄）

1　昭和（20ヵ）年

去る二十八日附貴翰拝誦。

旬日翰長辞任善後、令嬢結婚折衝其他公私繁劇特に空襲、大雪此間に処する賢台の奮闘察するに余あり。よくも健康の続くものかなと求報三嘆致候。希くは只管御自愛匪躬の誠を致され候様千祈万禱致候。

正月中旬以来若槻、近衛、後藤、内田、星野其他相当多数の政客と会見多少政界の状勢は相分り居候積に候得共兎角隔靴掻痒の嘆を免れず何とかして上京致度焦慮致居候得共過般の発熱以来心身共に甚しく衰弱旅行の勇気を欠き荏苒籠居を続け居る次第ハ怟《（ママ）》察被下度候。

賢台の進退に関しては例の一輩の排斥が最大の原因にあらずやと想察致居候得共真相果して如何。前叙の政客等も彼是評し合ひ居候得共孰れも皮相の観測にて其真髄に徹せず遂ニ老生をして首肯せしむるに足らず候。老生は賢台の進退が果して老生の想像の如くなりとせば国家興亡の岐るゝ重大事なりと信じ親しく拝晤の上其真相を知らんとする次第に候。

旬日翰長の進退に関しては多くの政客の観測全然一致し居り事実は明瞭に候。其態度に関してハ大体高見の通に有之。

再伸　翼政会総裁、海軍大将が素禄なりとは驚くべし。但し広島県平民小林某の招請に応する人ありや否や。


〔註〕封筒欠。宛名・年は内容による推定。昭和20年2月28日付伊沢多喜男宛田中武雄書翰に同封。

堤康次郎

1　昭和（14）年9月16日

拝啓　今回之貴族院多額議員選挙ニ際り野田君が強敵吉田君と戦ひ大勝を博したるは寧ロ驚喜に堪えさる次第に候。畢竟賢台御努力之効遂ニ此結果を齎したるものと被存嘸々御満悦之事と存候。
就ては御断力により野田君をして同成会入会国事を共にす

るを得せしめられ度切望致候。其中拝晤委曲可申述候得共取急き書中御依頼致度如此に候。

草々頓首

九月十六日

多喜男

堤賢台侍史

老生十九日には下山帰京可致候。

〔註〕封筒表　東京市品川区上大崎中九四〇五　堤康次郎殿親展。同裏　信州軽井沢　伊沢多喜男。年は内容による。

2　昭和14年10月23日

拝啓　過日来御病臥之趣所謂鬼の霍乱と申すべく驚入候。しかし早速御平然之模様慶賀此事に候。精々御摂養御全快之程祈入候。

扨て予テ御配意被下候野田君同成会ニ入会之件時機を失せざる様此際大馬力をかけ御勧誘被下度切望致候。数日前民政党にて多額議員招待之際にも野田君ハ奮て出席せられ平沼、両小坂（順造、梅吉）君等ニ対し同成会入会之意向を洩らし居りたる趣に有之賢台より今一息強く勧誘せられ候はゞ十中八九は成功すべしとのことにて只管賢台之御帰京を待望致し居りたる次第に候。平沼君より野田君宛入会申込書を送付致置候間御含ミ置被下度候。

尚ホ老生親敷面会勧誘致候事が必要ならば喜んで面会可致候間御含の上可然御取計被下度候。御留守宅へ電話致候処本日ハ多分御帰宅相成るべしとのことに付不取敢呈書如此に候。余ハ譲拝晤。　草々頓首

十月二十三日

多喜男

堤賢台侍史

〔註〕封筒表　品川区上大崎中九四〇五　堤康次郎殿親展。同裏　伊沢多喜男。年は消印による。

3　昭和17年9月19日

拝啓　昨日寵招を蒙り明治天皇行幸の聖蹟に於て午餐を饗せられ候こと終生之光栄にして深く感謝致候。同席之賓客は原嘉道君を始メ安井英二近藤壌太郎両君孰れも現代に於て稀に見る処の人格者に有之主人たる賢台之苦心ニ存する処想察に余あり五島慶太君病気之為メ欠席せられたることは遺憾に候得共世上の事満点は却て戒むべし多少欠く所あること可なりとすと存候。同君は必ス不日全快すべく其節更めて御招き相成候はゞ老人も万障一排参加可致相楽み居候。
昨日招延之所感は堤式躍如の一言に尽くと存候。場所、賓客、料理、給仕、接待振実ニ至れり尽せりの堤式に候。現

代之青砥藤綱益々御努力其完成を望むこと切也。老生八生れなからの信州人にて死ぬまで此儘にて行くべく遂ニ孔子にも釈迦にもなり得ざるべし。シカシ数千年後には人類中に一人の大聖者出現其志を継き皇運を扶翼し奉り世界人類を救ふ者あるべしと相楽み居候。

老生大西郷は見たることもなきも従道侯には両三回多数の席にて面会したることあり当時別ニ偉い人とも思はず深き印象とては無之候得共後より其行蔵を聞き深く傾倒致居候。賢台にも其旧邸に住む縁故により其人を研究し其人を学はゞ所獲甚大必す大成せらるべくと確信熱心ニ御勧め申上候。特ニ小西郷之裸踊は最も賢台の学ぶへき点と存候。次回招待を受くるまでにはセメテ此芸だけでも修行相成り御馳走として展開せられ度今より御約束致置候。其節老生座ル方を勤メステデコ歌を高唱可致候。

御礼旁々右申述度如此に候。　草々頓首

九月十九日　多喜男

堤藤綱殿座下

昨夕当地に来候処空気之清浄温和と四囲静寂之為メ安眠を得神気爽快に候。今日の瀧の如き暴雨も却て静けさを増すの感あり当分滞在元気恢復の上にて又々飛ひ廻り可申候。

〔註〕封筒表　東京市目黒区上目黒八丁目二九八　堤康次郎殿親展。同裏　伊豆伊東町松原中村別荘（電話三六三）　伊沢多喜男。年は消印による。

東条英機

1　昭和17年4月2日

昭和十七年四月二日（下条康麿君と協議）

本官感する処有之辞任致度候也。

理由は適当の機会に於て可申述候。

右執奏相成度候也。

年　月　日　枢密顧問官伊沢多喜男

内閣総理大臣東条英機殿

〔註〕封筒欠。昭和19年7月11日付伊沢多喜男宛東京憲兵隊本部書翰に同封。

2　年月日不詳

肇国の精神を体し欽定憲法の理念を実現する為本官辞任致度候。右執奏相成度候也。

年　月　日　枢密顧問官伊沢多喜男

内閣総理大臣東条英機殿

〔註〕封筒欠。昭和18年6月29日付伊沢多喜男宛藤原銀次郎書翰に同封。

永井柳太郎

1　昭和(9)年7月15日

拝啓　過日ハ御退閣ニ付御多忙中態々御来訪被下恐縮に存候。早速御答礼旁々拝趨可致之処溽熱と過労の為メ疲弊困憊を極メ急遽当地ニ逃避し来候次第ニ有之欠礼之段御海恕被下度候。

拓相御在職中之実情並ニ将来之御経綸等に関し種々承り度其中避暑旁々御来遊之程切望致候。

尚別邸内に有名なる「にれの家」なる別棟有之後藤文夫君堀切善次郎君等の来泊せること有之候。テント以下の設備なるも後日の語り草に投宿被下てハ如何。

御答礼旁々右申上度如此に候。

七月十五日　　草々頓首

多喜男

永井賢台侍史

〔註〕「河田書記官長　山本達雄男　永井柳太郎氏　添田文部政務次官書柬原稿」に同封。年は内容による。

仲田（傳之𨥆）

1　昭和(7ヵ)年9月6日

拝啓　多額議員選挙期日も追々切迫致来候処貴県下は全く無競争にて大多数御当選は愈々確実ニ相成り慶賀之至に候。就ては御当選之上は予テ御勧誘致したる通り是非拙生共の所属たる同成会に御入会相成度切望致候。

同成会は往年谷干城曽我祐準等諸氏の創設せる土曜会と有地品之允、一木喜徳郎氏等の中心たりし無所属団の合併成立せる団体にして所謂一人一党主義を確守し至公至平を持し来れるものに有之特ニ多額議員の大多数と菊池恭三、渡辺千代三郎氏の如き関西地方実業議員を抱擁し居るを特色と致居候。委細ハ拝晤の上可申述候得共不取敢呈書得貴意度如此に候。

九月六日　　頓首

多喜男

仲田賢台侍史

〔註〕封筒欠。宛名・年は内容による推定。

中村房次郎

1　昭和2年8月5日

八月三日付之御懇書唯今拝見今回之多額選挙に関する事実並ニ高見委曲敬承仕候。制度之缺欠、選挙人の無自覚、官権之不公正孰も大体御同感に候。直接其衝に当られたる賢台之御遺憾サコソと拝察致候。
御来旨之通り衆議院議員補欠選挙ハ大ニ趣を異にし居り又前車の戒も有之候間必ス御成効の事と期待罷在候。冀くは「腕の喜三郎」輩をして誤れる自信を得せしめざらしむる様御努力之程切望に不堪候。
御懇書ニ対し御礼旁々右申述度如此に候。　草々
八月五日
多喜男
中村賢台侍史

〔註〕封筒表　横浜市月岡町　中村房次郎殿親展。同裏　長野県軽井沢一〇三二　伊沢多喜男。年は消印による。

2　昭和2年9月15日

拝啓　横浜市衆議院議員補欠選挙は圧倒的之大勝利にて慶賀之至に候。偏ニ御努力御奮闘之結果と驚嘆之外無之候。小生本日帰京不日拝晤を得べくと存候得共不取敢御祝詞ノミ申述候。　草々
九月十五日
伊沢多喜男（軽井沢）
中村賢台侍史

〔註〕封筒表　横浜市月岡町九　中村房次郎殿親展。同裏　信州軽井沢　伊沢多喜男。年は消印による。

3　昭和11年4月25日

拝啓　過日は三渓園へ御案内被下春陽之半日を悠遊真ニ近来之清興に存候。
横浜ニ三渓園あることは意外千万にて又大ニ意義深きことゝ存候。只人ニ千万年之寿なし此名園の保存と進歩は大ニ今より考へおくべきことゝ存候。
御礼旁々右ノミ。　草々頓首
四月二十五日
多喜男
中村賢台侍史

〔註〕封筒表　横浜市月岡町　中村房次郎殿親展。同裏　伊沢多喜男。年は消印による。

4　昭和12年3月27日

拝誦　四月十四日三渓園と磯子とへ御誘引被下難有存候。早速幣原君に相話し候処同君は大喜にて応招可致と申居候。大平君は目下京都に在り早速相伝へ可申同君も喜んで応諾可致と存候。小生は勿論参上可仕候。
不取敢御返事ノミ。余は譲拝晤。　草々頓首
三月二十七日
多喜男
中村賢台侍史

〔註〕封筒表　横浜市老松町二三　中村房次郎殿親展。同裏　伊沢多喜男。年は消印による。

5　昭和13年12月18日

拝啓　昨夜ハ寵招難有存候。本日菊池君を往訪懇談致候処快諾致候間御諒承被下度候。只第一助役たることは平和を害するの虞あるにより避けたしとのことに有之聴き置き申候。

不取敢御内報致候。　草々

十二月十八日

多喜男

中村賢台侍史

御上京之節御電話被下度候。

〔註〕封筒表　横浜市老松町　中村房次郎殿親展。同裏　東京市豊島区西巣鴨二の二五一七　伊沢多喜男。年は消印による。

6　昭和13年12月18日

拝啓　昨夜は寵招を蒙り難有奉謝候。

菊池君之件ハ御聞取の通りの次第ニ付早速同人ニ交渉相試み可成速ニ進捗致度存候。シカシ何分にも余り深き交際なき人物を説得する次第に有之容易ニ捗取りかね候ことも可有之と懸念致居候。

御礼旁右申述度如此に候。　草々頓首

十二月十八日

多喜男

中村賢台侍史

〔註〕封筒表　横浜市老松町　中村房次郎殿親展。同裏　東京市豊島区西巣鴨二の二五一七　伊沢多喜男。年は消印による。

7　昭和14年2月12日

拝啓　先月二十日頃偶然賢台御病臥之趣承り候処余り旧聞に属し既ニ久しき以前に御全快のことかと存候得共如何御起居相伺度候。実は老生も其翌日即チ二十一日夕より軽微なる風邪にて病臥爾来一進一退今日まで三週間以上閉居候為メ何方へも御無沙汰致し不相済候。右様之次第にて間の抜けたる御見舞状を差上け御笑草にも不相成と存候得共気懸ニ候間呈書致候。

老生の風邪ハ何等心配ハ無之只起き上り長時間談話などすると熱が上昇するのみにて其他には別条無之ニ付只管平臥読書致居候次第に候。只議会中にて気に入らぬ事のみ多く友人を電話に呼出し又ハ来訪を促し褥中より彼是我意を主張致候為メ静養には不相成様存候。是が老生の病根也。

御悵《（ママ）》笑のこと。床上之執筆御判読被下度候。　草々

二月十二日

中村賢台侍史　　多喜男

菊池君就任後の市役所は如何。青木君も良き女房役を得て喜ひ居候こと丶存候。

〔註〕封筒表　横浜市月岡町　中村房次郎殿親展。同裏　東京市豊島区西巣鴨二の二五一七　伊沢多喜男。年は消印による。

8　昭和14年2月23日

貴翰拝誦　御持家之図面御送付被下拝見仕候。想像せるよりも手広之建家にて拙生拝借致候には大き過ぐるやの感有之候得共実地拝見之上にて決定致度と存候。

不取敢御返事ノミ。余は譲拝青。　草々頓首

二月二十三日　多喜男

中村賢台侍史

〔註〕封筒表　横浜市根岸芝生台　中村房次郎殿親展。同裏　伊沢多喜男。年は消印による。

9　昭和14年2月27日

拝啓　一昨日之古稀御祝筵には是非参列可致本意之処病後頗ル憶病に相成り当日も遂ニ外出の勇気出でず欠礼仕候段不悪御諒恕被下度候。平沼君には健康が許せは出席すべきも多分六ケしかるべしと申置候。

最早略ホ安心と存候間緩かければ明日ハ久振にて登院致し度かと存居候。

御詫旁々右申述度如此に候。　草々頓首

二月二十七日　多喜男

中村賢台侍史

〔註〕封筒表　横浜市根岸芝生台　中村房次郎殿親展。同裏　伊沢多喜男。年は消印による。

10　昭和14年3月29日

拝啓　昨日ハ御多忙中参上長時間御邪魔申上恐縮ニ存候。帰途市長公舎ニ立寄り青木君之招により晩餐を饗せられ候。菊池君も来会三人鼎坐談笑九時過きまでに至り候。市長助役間は実ニ和気靄々にて老生も世話人として大ニ安心致候。尚ホ鵜沢助役之後任に関しても市長より懇談之次第有之是に付是非賢台の高慮相煩はし度き儀有之候。御上京之節御電話被下度候。

――――

昨日御話之伊東別荘は当分拝借致度と存候が其町名、番地等御報被下度願上候。余ハ譲拝鳳。　草々頓首

三月二十九日

多喜男

中村賢台侍史

〔註〕封筒表　横浜市根岸芝生台　中村房次郎殿親展。同裏　伊沢多喜男。年は消印による。

11　昭和14年4月1日

拝啓　小島君助役ニ昇進之件は断念する外無之旨青木市長ニ相話し同君も致方なかるべしと相答へ候。御含まで御内報致候。

伊東御別邸へ明日より参るべく候。是又御了承置被下度候。

草々頓首

四月一日

多喜男

中村賢台侍史

〔註〕封筒表　横浜市根岸芝生台　中村房次郎殿親展。同裏　伊沢多喜男。年は消印による。

12　昭和(14)年4月5日

（前欠）伊東御別荘は去ル二日より拝借悠々静養致居候。寒風と寒雨に悩まされ候得共東京は一層甚しく特に降雪之模様に候間大に助かり候ことに候。堂々たる大別荘にて余りモッタイなく候得共静なること無此上御蔭にて安眠元気追々恢復致候。尚ホ当分御厄介ニ相成り可申候。

不取敢御返事旁々右申上度如此に候。

草々頓首

四月五日

多喜男

中村賢台侍史

昨日若槻男を往訪閑談数刻ニ及び小泉三申君の書幅を貰ひ受け申候。是は此別荘には適当ならんと存候間献呈可致候。

〔註〕封筒欠。年は内容による。昭和14年4月4日付伊沢多喜男宛中村房次郎書翰に同封。

13　昭和(14)年4月5日

四月四日付貴翰拝誦。来ル十四日御遭難記念之御招宴ニ預り奉謝候。実は過日之御話の際には被招待者中に町田君の名なかりし様存候ニ付喜んで拝趨可致旨御答へ致置候処今回之御書面にて同君御招待之趣を承知ハタと当惑致候次第に候。

小生は客臘来町田君とは断乎絶交之決心（先方は何と思ひ居るや知らざるも）致居候ニ付万一宴会等にて同席致候場合には御主人ニ対しては勿論他の来客諸君に対しても頗ル

不快の感を与ふる結果と相成るべくと存候。詳細之事情は書面にては悉し得ず候得共同君之不徳残忍ナル行動（或第三者ニ対し）に対しては到底恕すべからざる憤懣を感じ居る次第に候。

前陳之次第ニ付折角の御催に候得共乍遺憾御断り申上度存候が如何のものにや。何か適当之御考案有之候はゞ御申越被下度候（例之甲組は午餐トシ乙組は晩餐とするか如し）。

―　―　―

伊東御別荘は去ル二日より拝借悠々静養致居候。寒風と寒雨に悩まされ候得共東京は降雪とのこと是に比すれば此地は極楽に候。想像以上の堂々たる大別荘にて是を独占すること如何にも勿体なく候得共静穏清浄御蔭にて十分安眠を得元気日々恢復致候。尚ホ当分御厄介に相成り可申候。

不取敢御返事旁々右申述度如此に候。　草々頓首

四月五日夕　多喜男

中村賢台侍史

追テ昨日若槻男を訪ひ閑談数刻、談偶々小泉三申ニ及び同君より若男に贈れる詩書（自作）一本を貰ひ受け候。是ハ此別荘にはふさはしき物と存候間献呈可致候。

〔註〕封筒表　横浜市根岸芝生台　中村房次郎殿親展。同裏　伊豆伊東町松原中村別荘　伊沢多喜男。年は内容による。

14　昭和14年4月23日

拝啓　去ル十八日来御厄介ニ相成居候処明日一応帰京数日後又々参り度存居候。御蔭にて健康は余程恢復致したる様存候間御安心被下度候。滞在中若槻男来訪邸内隈なく案内致候処茶席の方は余程感心致居候。其他毎日泊り客一両名宛有之お豊サン大多忙に候。

満庭之躑躅（ママ）花二三分咲き初メ申候。来月初には満開存候。

余ハ譲拝鳳。　草々頓首

四月二十三日　多喜男

中村賢台侍史

過日も相願候通り食料其他の雑費は是非共小生ニ支払はせ被下度、豊サンに堅く御命令被下度重ねて願上候。

〔註〕封筒表　横浜市根岸芝生台　中村房次郎殿親展。同裏　伊東町中村別荘　伊沢多喜男。年は消印による。

15　昭和14年6月4日

拝誦　来十六日夕御籠招被下奉謝候。同席之諸君も何れも別懇之人々に有之喜んで拝趨可仕候。

不取敢御礼旁々御返事申上度如此に候。　草々頓首

六月四日　多喜男

中村賢台侍史
本日より又々伊東へ参り候。
〔註〕封筒表　横浜市根岸芝生台　中村房次郎殿親展。同裏　東京市豊島区西巣鴨二の二五一七　伊沢多喜男。年は消印による。

16　昭和15年7月5日

拝啓　過日は御病中参上長時間御邪魔致候が別ニ御障は無かりしやと御案し申上候。両三日来之溽暑ハ到底難堪候ニ付伊東行は中止、四五日中ニ軽井沢へ避暑致度存居候。就てハ九月中旬までは御訪問も出来不申候間御諒承被下度候。過日も御話申上けたる通り千金之身健康の御恢復第一ニ候。紛々たる世累は当分断絶して顧みざることニ御決意相願度切望致候。尚ホ出来得れば軽井沢へ御避暑相成度健康恢復ニ対する効果は驚くべきもの可有之切ニ御勧め申上候。
過日之御挨拶旁々右申上度如此に候。　草々頓首
七月五日　多喜男
中村賢台侍史
自働車は御接待ニ預り候。帰途市長邸を訪ひ大岡助役も来合せ十時頃辞去帰京致候。
〔註〕封筒表　横浜市根岸芝生台　中村房次郎殿親展。同裏　東京西巣鴨二丁目　伊沢多喜男。年は消印による。

17　昭和15年8月28日

二十七日付御懇書拝誦、追々御快方之趣特ニ如此確とせる御書面を認られ候程度まで御恢復のことを知り驚喜致候。
昨日公用にて長野の出張之帰途新営之象山神社に参拝町長（松代）と会談之機会に於て賢台之高崇なる人格ニ言及し共ニ感激したる次第に候。長野にてハ新知事とも前陳のことを語り申候。如此ことは賢台の最も好まさる処なるは万々承知致居候得共俗世界は如此ものに候。
新体制準備委員の顔触ハ略ボ予想せる通にて世人は大ニ失望致候こと丶存候得共是が吾国の現状なり。此中より何か芽生へ可申候。
九月十日頃には下山可致其節又々拝晤を得べく相楽み居候。　草々頓首
八月二十八日夜　多喜男
中村賢台侍史
〔註〕封筒表　横浜市中区旭台四　中村房次郎殿親展。同裏　信州軽井沢　伊沢多喜男。年は消印による。

18　昭和(15)年11月17日

拝啓　昨日は御静養中参上御邪魔致候。帰途青木市長邸に過ぎり懇談を重ね候処自己の辞任並に其善後策に就てハ全

然賢台並ニ老生の意見と一致し居り大に安心満悦致候。同君は不日賢台を往訪委曲御懇談可致と存候間其節は腹心を披瀝し御談合被下度切望致候。

老生が青木市長と話したる要領如左。

(一)予は半井氏と二時間余に亙りて横浜市長就任を懇談し同氏も深く感激したる模様なりしも結論としては断然拒絶せり。

(二)半井氏は拒絶せるも予は必しも失望せず。仮すに時を以てせば成効の見込なきにあらずと信ず。其期間は本年末までか来正月中旬頃までなり。

(三)従って君(青木君)は如何に苦しくも犠牲的精神を以て来正月中旬までは辛棒せられたし。

○是に対し青木君は『可成速かに辞任したきも止むを得ずんば来正月中旬まで留任すべし』と答へたり。

○伊沢問、赤尾と対談の際半井君最適任なりとのことは何人が言ひ出したるや。

○青木答、予は是非共最近に辞任したし。就ては後任は誰にするか、矢張嘗て神奈川県知事たりし人の中より物色するが適当ならん。ソーなれば半井君の外にはなからんとは両人期せずして一致したる処にして青木赤尾両者中何れが先に言ひ出したかハッキリ記憶せざるも多分予が言ひ出したるものならん云々。

問　赤尾が半井問題を市会議長に話すことは暫く待てと言ひたる理由如何。

答　其理由は明かならざるも予の想像によれば現下市役所内部の人事問題を繞りて市会議員(民、政両派とも)の大多数は菊池助役に対し非常に反対しつゝあり。此際市長辞任問題が洩るゝに於ては菊池攻撃は益々其勢を盛にし市会、市役所内に大紛擾を捲き起すべし。赤尾は主として此点を憂慮し市会議長にも話すことを待てと言ひたるならん云々。而して「予は辞任を一二ヶ月後に扣へ居る今日市吏員の異動等は可成避けたき考なり」と附言せり。

昨日青木市長とは同公舎にて晩餐を共にし午後九時頃まで彼是懇談致候間本問題は勿論種々の題目にも言及致候得共其詳細は拝晤に譲り不取敢要点のみ申述候。　草々

十一月十七日　多喜男

中村賢台侍史

〔註〕封筒表　横浜市根岸芝生台　中村房次郎殿親展。同裏　東京西巣鴨二丁目　伊沢多喜男。年は内容による。

19　昭和(16)年1月5日

拝啓　老生二日より当地に避寒静養中之処矢張毎日俗用蝟集閉口此事に候。横浜市長ニ半井氏をとの企図は老生幾多

の苦心と犠牲を払ひ必成を期し居候処新聞記事其他悪条件続出今日に於てハ殆ト絶望と相成遺憾至極に候。名工鏤心の傑作も是を破壊するには一嬰児も尚ホ之を為し得べく天運と申す外無之候。其中拝晤委細御話可致候得共不取敢書中得貴意度如此に候。　草々頓首

一月五日　多喜男

中村賢台侍史

温泉ハポンプの故障か源泉之涸渇か原因ハ不詳なるも不相変不通。シカシ山上の浴場へ借用に出懸け居候間別ニ不都合は無之御安心被下度候。

〔註〕封筒表　横浜市根岸芝生台　中村房次郎殿親展。同裏　伊豆伊東松原中村別荘　伊沢多喜男。年は内容による。

20　昭和16年5月19日

拝啓　其後は御無音に打過候処追々御健康御恢復之趣にて乍蔭慶賀致居候。

東京港開設問題及ひ是に関聯せる米貨債問題は相当有利に解決せる模様に有之慶賀致候。本問題に関してハ有吉君其他より時々伝聞此辺にて手打ニする方賢明之策也と存じ賛意ヲ表したる次第に有之賢台ニ於ても大体御同感と存候。

其後半井君には絶えて面会不致候得共市役所内部も至極平穏、統制を保たれ市会方面之評判も良好之模様にて御同慶に存候。只内務省方面には彼是悪声を放つ者も有之是は誤解に出つる者と悪意に出つる者と有之候様被存候ニ付極力弁解ニ相努メ居候得共容易には払拭致し難く候。

過日伊東御別荘にて『二八会』相開き候節は庭園の手入其他非常の御配意を蒙り奉謝候。会員一同大満悦にて此会ハ確ニ成効老生も無此上相喜び居候。委細ハ拝晤之節御話可申候。御無沙汰御詫旁々右申上度如此に候。　草々頓首

五月十九日　多喜男

中村賢台侍史

〔註〕封筒表　横浜市根岸芝生台　中村房次郎殿親展。同裏　東京市豊島区西巣鴨二ノ二五一七　伊沢多喜男。年は消印による。

21　昭和17年6月20日

拝啓　老生当地滞在余り長く相成候間来ル二十三日引上け帰京のことに決意致候。尤も不相変歩行困難に付熱海より特急富士に便乗コムパートメントに横臥、病人扱にて特別ニ鉄道当局の諒解を得申候。帰京後ハ可成速に軽井沢に転地静養致度と存居候得共果して長途の旅行に堪え得るや否や不明に候。

今回当地滞在中特に臨時引湯の件ニ関してハ独断専行不容

易御迷惑相懸け候にも拘らず御咎も無之流石厚顔の拙生も御好意に対し何とも御礼の言葉を見出し得す只管感激致居候。
三幸園温泉恒久的引湯の件ハ所有主岩田某と交渉致候処相当問題有之簡単には進捗不致候。尤も予て申上候通り岩田は決して悪質の人物に無之又老生に対してハ相当好意を有し居候間決して理尽、不当の事ハ申出て不申候。貴邸内鑿井（仮りに中村温泉と命名し）問題御決定後徐ろに岩田と御交渉相成候はゞ其にて可然と存候。而して此場合には予て申上候伊勢堅八郎君に依頼致置きたるにより同君と岩田と交渉し適当に処理可致と存候。
予て御報告之通り岩田との口約ハ一ヶ月引湯料金五円とし七月末日までと致居候得共是は必要に応じ延長し行けば半年ヤ一ヶ年は応諾致し呉れ候ことゝ存候間（其間に中村温泉問題を御解決相成候はゞ）御家族様方御来邸の場合にも安心して御入湯出来可申かと存候。
両三日中ニ帰京可致候間此際御礼旁々要件ノミ申上度如此に候。歩行不自由の為メ拝趨難致自然秋季までは拝晤不能かと存候間呈書にて失礼致し候。気候不順只管御摂養之程切望致候。

草々頓首

六月二十日

伊東にて　多喜男

中村賢台侍史

近藤知事数日前来訪一泊緩談致候。彼は彼一流のヤリ方を致居候。世上種々批判ハ可有之候得共彼には一片の私心無之至誠奉公之念に燃ゆるは確かに候。

〔註〕封筒表　横浜市根岸旭台　中村房次郎殿親展。同裏　伊豆伊東町中村別荘　伊沢多喜男。年は消印による。

22　昭和　年7月9日

拝誦　中タツ鉱山行之件ニ関し再度御書面被下難有存候。追々暑く相成り両三日中ニ軽井沢ニ避暑致度かと存候間此度は失礼可致か。シカシ日取御確定相成候はゞ御報せ被下度又フラ〳〵と御伴する気になるやも難計候。

草々

七月九日

多喜男

中村賢台侍史

〔註〕封筒表　横浜市老松町二三　中村房次郎殿親展。同裏　東京市豊島区西巣鴨二の二五一七　伊沢多喜男。

23　昭和　年9月1日

八月三十一日付貴翰拝誦。先便之高見は老生拝承したるのみにて未ダ何人にも他言致し居らず候ニ付今回の御書面之通り相含み適当ニ処理可致候。但シ大岡氏とか永田氏とか云ふことは大西君之話頭に上りたるに過ぎず此両人以外の人を選ぶに至るやも計られず要は青木、菊池両君の才量ニ任す外なきは申すまでも無之候。

御返事旁々右申述度如此に候。　頓首

九月一日　多喜男

中村賢台侍史

〔註〕封筒欠。

24　昭和　年9月3日

拝啓　本日大西一郎君の来訪を乞ひ助役問題に関し各方面の事情を聴取し又大岡永田両氏之比較論等相尋ね大ニ参考と相成り候。

其結果本日菊池君ニ対し

大岡、永田両氏共至極の適任者にて孰レを採るも可なるべきも各般之事情を考量せば此際は大岡の方順当にて摩擦故障少かるべし云々

と申送り候。

御含みまで右御内報致置候。　草々

九月三日　多喜男

中村賢台侍史

老生首相の招宴ニ列席の為メ八日には上京可致候得共一泊にて九日には帰山致度と存候。

〔註〕封筒表　横浜市根岸芝生台　中村房次郎殿親展。同裏　信州軽井沢　伊沢多喜男。

25　昭和　年11月26日

拝啓　相沢君より承り候へば其後御快方の趣に候得共追々向寒の候と相成候ニ付只管御摂養の程祈上候。降て拙生儀四ヶ月振にて当御邸に御厄介に相成候処物資は東京よりも窮屈、温泉も時間制にて一日一時間程度に候得共清浄の空気と日光とには無限に恵まれ特ニ唯今は錦木櫨等の紅葉真盛に有之快適此事に候。当冬期中ハ又々引続き御厄介に相成可申此くて疲憊せる健康を恢復せば多少にても御奉公致し得べくかと相楽み候。

相沢君に托候。

一、白米壱升。是は静岡県より新嘗祭ニ献穀の残余にして同県在住の親友より特ニ分贈せられたる参升中の一部に候。

一、石鯛塩物参片。是は当地の友人が親しき漁夫に頼み其自家用中の一部を貰ひ受け分贈せられたるものに候。

右ハ実ニ菲薄に候得共拙生の心許りの献芹の誠に候。幸ニ御賞味を得ば本懐至極に候。

時下向寒之候只管御静養切願切望。　頓首

十一月二十六日

多喜男再拝

中村賢台侍史

〔註〕封筒表　横浜市根岸旭台　中村房次郎殿　托相沢君。同裏　豆州伊東松原中村別荘滞在　伊沢多喜男。

中村正雄

1　昭和(19)年9月9日

七月二十八日附御懇書拝誦。承は尊大人房次郎殿過般宮中より無上の御恩賜を御受け相成候趣洵ニ慶賀の至に候。乍失礼一庶民にして如此恩寵に浴せられたる事例は稀有と云ふよりも或は空前のことなるべく老生の寡聞未た嘗て聞知せさる処に候。畢竟尊大人が数十年に亙り横浜の為には勿論国家公共の為メ隠れたる否ナ隠くすことに努めたる貢献が遂に天聴に達したる結果と推せられ『如何なる位階勲等にも優りて難有恩命』との御来旨に対し全然同感に候。老生に対し感謝を《ママ》意を表せられ候得共全然当らず老生としては今回の事に関し毫も関係無之次第に付乍失礼此御謝辞は謹んで返上致候。只老生は賢台並に御家族様と共に此優渥なる恩寵に対し只管感泣致候。決戦下の今日鉱業報国の為メ懸命の御努力をなし君恩の万一に報ぜんとするとのこと此父にして此子あり敬服の外無之全霊全力を尽し職域奉公に邁進せられ度切望此事に候。尊大人其後の御容態如何。此頃半井市長よりの内報に依れば追々衰弱加はり相当懸念すべき御病状とのこと或は事実ならんか《ママ》思はれ痛心の至に候。老生としては少くとも月一回位は御見舞致度念願の処御熟知の如き健康状態にて旅行は勿論一丁の歩行も困難なる為メ乍思如何とも致方無之衷情御悵《ママ》察被下度候。是までハ近藤知事在職の為メ老生同様若ハ以上に注意致し呉れ候得共同君退職の今日に於てハ半井君に依る外無之従て同君に呈書懇々依嘱致置候。同君は御承知之通りの人格者に有之又尊大人に対しては満腔の敬意を表し居候間必ス出来得る限の親切を尽し呉れ候事と確信し安心致居候。伊東別荘は老生拝借後五ヶ年有半に相成り過日も御話し致したる通り尊大人の御厚意はさること乍ら其恩に狎るゝことは心苦しき限に候得共其節賢台の御話の如く老生が使用せさる場合は直ニ国家に提供すべしとの御意向とのことに有之蓋し尊大人の平素の御心構よりすればバ必す然らんと推察致候。老生は此五ヶ年有半に政界学界、事業界における第一流人物を此別荘に迎へたること約三百人、此以上に有効に利用せられたる別荘は他ニ多く其比を見ざるべく聊か尊大人の御厚意に酬ひ得たるかと自信致居候。将来は如此効率を挙ぐること困難と存候得共此方向は変更せさるべく候。
只過般御話し致したる通り同別荘使用の全権は老生に在り疎開者は是を歓迎すること勿論なるも是等は総て老生の統制下に在ること望む次第に候。本件に関してハ賢台より今一応明確なる御回答を得度候。
草々頓首
九月九日
伊沢多喜男
中村正雄殿

〔註〕封筒欠。年は内容による。昭和19年7月28日付伊沢多喜男宛中村正雄書翰に同封。

（中村正雄）

1　昭和(22)年(7)月

拝啓　電報にて御申越之件左の如く取計ひ候。
(一)七月三日当地に於て貴電受領。
(二)同日前東京都長官松井春生君（当地滞在）を招致し貴電を示し天皇陛下松尾鉱山臨幸懇願方を委嘱した。其要旨如左。
(イ)松尾鉱山は硫化鉱産出量に於て日本第一なり。
(ロ)同鉱山は先代中村房次郎氏の経営方針を襲踏し其経営振の優秀なること他に比すべきものなし。即チ労資両者の関係は全然共存共栄親子の如き相愛の現れにして厚生福祉施設の如き実に至れり尽せりなり。例之教育施設、病院、消費組合、山神奉祀等ニ一として備はらざるなし。サレバ同鉱山には所謂渡り鉱夫なるものなく地方農民は同鉱山にて労働し得ることを最大の幸福となし相競ふて採用を希望し常に多数の候補者群来し鉱業主は其中より優秀なる労働者を撰擢するを得たり。（後欠）

〔註〕封筒欠。宛名・年月は内容による。昭和22年8月1日付伊沢多喜男宛中村正雄書翰に同封。

2　昭和(22)年(7)月

拝啓　貴電七月三日当地にて受領。同日当地滞在中の前東京都長官松井春生君を招致し
(一)松尾鉱山は硫化鉱産出量に於て日本第一なり。
(二)同鉱山は先代中村房次郎氏以来其経営は労資共存共営和協親和の方針を採り真に理想的のものにて学校、病院、山神奉祀、消費組合等ニ厚生福祉施設の如きは至れり尽せり《(ママ)》と言ふべく鉱山経営者と労動者の関係は親子骨肉の如しと評すべし。
(三)(後欠)

〔註〕封筒欠。宛名・年月は内容による。昭和22年8月1日付伊沢多喜男宛中村正雄書翰に同封。

半井　清

1　昭和7年10月15日

拝誦　日光之紅葉狩に御誘引被下難有存候。御指示之通十七日午前八時半上野発にて川崎君と同行可致候。日程は御申越之通にて結構に有之十八日は夕刻ニ晩餐之約束有之候ニ付其までに帰京致度候ニ付御含置被下度候。

御受旁右申述度如此に候。　草々頓首

十月十五日　伊沢生

半井賢台座下

〔註〕封筒表　宇都宮市知事官舎　半井清殿親展。同裏　東京市豊島区西巣鴨町二丁目二五一七　伊沢多喜男。年は消印による。

2　昭和8年7月12日

拝誦　那須遊之記念写真二葉御贈与被下深謝致候。馬上の分は特に珍景にて絶好の記念に候。

来十五日より軽井沢一〇三二別邸に避暑九月中旬まで滞留之積に候。御来遊待入候。御礼旁右ノミ。　草々

七月十二日　伊沢多喜男

〔註〕絵葉書。宇都宮市坊田町官舎　半井清殿。年は消印による。

3　昭和9年7月25日

拝啓　過日宮城県知事ニ御栄転千万芽出度奉存候。貴地には東北大学を始メ中央的官庁も多く特に東北の中心に有之彼是御骨折れのことゝ存候得共為邦家一層御尽瘁切望致候。貴地には拙生の次男伊沢紀《タダス》なる者東京朝日新聞仙台支局員として勤務（昨年より）致居候。自然彼是御世話ニ相成り可申又弱輩ニ付終始注視御監督被下度偏ニ願入候。

御祝辞旁右申述度如此に候。　草々頓首

七月二十五日　多喜男

半井賢台侍史

〔註〕封筒表　仙台市知事官舎　半井清殿親展。同裏　信州軽井沢別邸　伊沢多喜男。年は消印による。

4　昭和10年3月30日

拝誦　愛知揆一氏身上之件詳細御調査御内報被下深謝致候。実ニ至れり尽セリの御調査にて当時の情況見るが如く満悦此事に候。

不取敢御礼申上度如此に候。　頓首

三月三十日　多喜男

半井賢台侍史

〔註〕封筒表　仙台市知事官邸　半井清殿親展。同裏　伊沢多喜男。年は消印による。

5　昭和16年1月11日

拝啓　益御清穆奉賀候。然れば此度は予ての理想実現之為メ御勇退相成り賢台として八嘸々御満足之事と存候得共地方長官地位向上之為には遺憾千万に候。

老生は地方長官之地位向上之為には半井大坂府知事の後任として超大臣級の人物を以てすべしと主張し一の具体案を提げて当路者ニ進言致候処相当其効果ありたるかに相感し居候。然るニ其発表を見るに至りて期待に反すること夥しく失望此事に候。賢台としても多少御同感の点も可有之かと存候得共理想と実現とは常ニ相当之巨離《ママ》あるものにて一歩にても理想に近けば可なりとあきらむる外無之候。賢台之将来之方途に対してハ勿論御自身に於て深く考慮致し居られ候ことに候得共老生共多年辱交之者に於て尽すべきを尽し候こと国家に対する義務ニ有之微力ながら彼是奔走致居候こと有之候（横浜問題には無之）。成否は保し難く又御迷惑なれば御断り相成候て毫も差支無之儀に候間御聞流し置き被下度候。何日頃御上京に候や可成速ニ御面晤致度鶴首待上候。

御勇退ニ付御挨拶旁々右申述度如此に候。　頓首

一月十一日　多喜男

半井賢台侍史

賢台之勇退だけは他之異動とは引離し客臘中ニ発表為致度存候処遂ニ其事行はれず十把一束之異動中ニ加へられたるは遺憾也。シカシ是も必しも大事にあらず。　又拝

一月十一日

〔註〕封筒表　大坂府庁気付　半井清殿親展。同裏　伊豆国伊東町松原中村別荘　伊沢多喜男。年は消印による。

6　昭和16年2月19日

拝啓　青木君一両日前東京市ニ引き上げ来候趣之処風邪之為メ未た来訪せず老生も旧病にて往訪するを得ず遺憾に存居候。

さて甚だ卒爾に候得共青木前市長ニ対する慰労金之儀はウンと御奮発下され度切望致候。

一、彼が在職中市の為ニ尽せること甚大也。

二、彼は辞職決意後病を強して善後の為ニ尽し真ニ死を堵して市之為ニ奮闘せり。此事ハ老生が最も能く知る処なり。

三、彼は意想外ニ貧乏にて今回受くべき退職給与金が唯一の財産となるなり。

右記之事情ニ候間是非共最大之御配意御尽力相願度候。執

レ拝晤之上委細可申述候得共如此ことハ可成早く御耳ニ入れ置く方可然と存候。呈書如此に候。余ハ譲拝晤。

草々頓首

二月十九日

多喜男

半井賢台侍史

過日来病臥本日始メて外出、執筆致候。

〔註〕封筒表　横浜市役所　半井清殿親展。同裏　東京西巣鴨　伊沢多喜男。年は消印による。

7　昭和(16)年3月2日

拝啓　市長御就任後余り長からざる期間ニ拝晤を得過去二十年来之横浜市政史及最近之事情等に関し愚見申述度存候処其後健康兎角思はしからず東京と此地とを往復静養に努め居候為メ遂ニ不果其意遺憾此事に候。

前叙之次第にて当方より往訪ハ困難ニ付甚タ乍勝手御差繰の上御来訪被下度尚ホ其節は電話にて御打合被下度願上候。

此地は横浜より約二時間にて東京之拙宅へ御来訪下さるゝと時間的には大差無之特ニ停車場より徒歩五分の近巨（ママ）離にて至極便利に候。

老生は来週月曜（十日）にはチット帰京致候得共其余ハ大体当地滞在之予定に候。余ハ譲拝晤。

草々頓首

三月二日

多喜男

半井賢台侍史

伊東町松原中村別荘（旧小泉別荘）　電話伊東三六三番

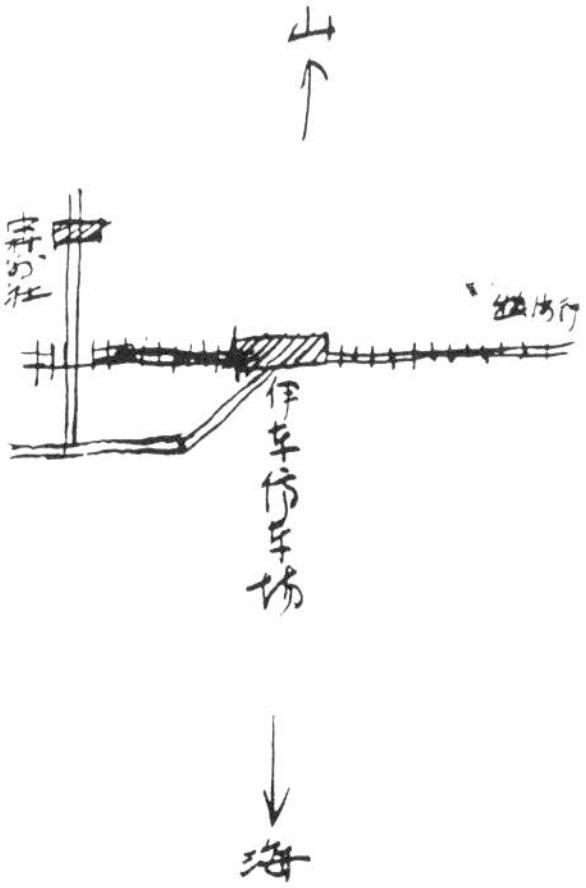

当別荘へ御一泊被下候はゞ最も妙也。

〔註〕封筒表　横浜市市長公舎　半井清殿親展。同裏　伊豆伊東松原中村別荘　伊沢多喜男。年は内容による。

8　昭和16年4月26日

拝啓　予て高配之青木前市長退職慰労金之件市会之決議を経て贈呈済と相成候趣老生としても大ニ安心深謝致候。青木君よりは未だ何等ノ報告は無之候得共賢台並ニ中村君等の配慮に対し感謝致居候ことゝ存候。

予テ老生より彼是御依頼致し置きたる次第も有之候は此際

御礼申述度余ハ譲拝晤。　草々頓首

四月二十六日

多喜男

半井賢台侍史

御上京之節御電話御打合の上御来訪被下度チト御話し致度儀有之候。

〔註〕封筒表　横浜市老松町公舎　半井清殿親展。同裏　伊東松原別邸　伊沢多喜男。年は消印による。

9　昭和(17)年9月29日

拝啓　一昨夕は久振にて懇談の機会を得たるのみならず近藤知事と骨肉も啻ならざる協調融和の状を目睹すること得敬服且ツ満悦之至に候。将来永久に此状態を続行せられ候はゞ横浜市の為メ神奈川県の為メ至大の幸慶と存候。所懐申述度。　草々頓首

九月二十九日

老龍

半井賢台侍史

〔註〕封筒表　横浜市市長公舎　半井清殿親展。同裏　東京市豊島区西巣鴨二ノ二五一七　伊沢多喜男。年は内容による。

10　昭和(19)年8月29日

拝誦　中村房次郎君の病状御内報被下深謝此事に候。老生と同君の関係は篤と御承知の通に有之従テ同君の病状に就ては寸刻も念頭を離れず出来得れば頻々慰問致度存候処老生も御承知の如き健康状態にて旅行は殆ト不可能なる為メ今春一度往訪したるのみにて打絶え居り候次第に候。近藤君知事在職中ハ時々消息を伝え呉れ候得共同君退任後の今日ニ至りてハ独り賢台を煩はす外無之候。御迷惑恐縮に候得共随時御通報被下度願上候。

近藤君の勇退に就てハ全然御同感に候。同君数日前当地に来訪長時間に亘り彼此語り合ひ候処其態度は洵ニ光風霜月些の怨言を述べず又他の悪声は絶対に口にせず此くまで大悟徹底し居れるかと乍今更感嘆致候。老生は如此偉人の吾日本国に一人でもあること知りて大ニ意を強ふせる次第に候。老生は賢台が横浜市長として後輩近藤に対し知事としての礼を尽し近藤が賢台に対し先輩半井先生に事ふる両者の謙虚なる態度に対し終始多大の敬意と賛嘆とを禁する能はざりし次第に候。後任知事の為人は老生全然之を知らず只管近藤の如くあれかしと切望する次第に候。

中村房次郎君万一の場合に於ける論功行賞の事は終始御勘案相成居候こと丶存候。中村君自身としては勿論其遺族に於ても毛頭如此事を念願し居らざるのみならず寧ロ是を避けんし《(ママ)》居ることは明瞭に候。シカシ皇室国家としては中村

君の如き人物を表彰してこそ信賞の効果は顕著なるべしと確信致候。予メ出来得る限の材料御蒐集相願ひ度老生ハ四十年来の信友に有之或は何人よりも彼の価値を熟知する者かと存候。実は老生は彼の「椽(ママ)の下の力持」的態度に傾倒するまゝ其二三の具体的事実を記述し令息正雄君に相示し候処同人は深く老生の好意に感謝し一二誤謬の点を指摘訂正したるものも所持致居候。シカシ正雄君は如此記述は生前は勿論死後に於ても公表せらるゝは父の志にあらずと述べ候。此正雄の所述は其通りなるも老生等友人としては勿論国家としては自ら異りたる立場より考へさるべからず。否ナ先に叙へたる如く世道人心を指導する上に於て中村及其遺族の意思に背きても最も厚き論功行賞をなすべく例之勲一等とか男爵と言ふ如き破格の行賞を為すべきものと確信致候。

老生が曩に東条首相ニ進言して野口潤(遵)君を勲一等に（四階級を飛ひ越へて）陞したるたる(ママ)か如き破格の銓議は決して不可能にあらず亦大なる善政と存候。

老生旅行可能なれば直ニ馳参詳細卑見開陳致度と存候得共叙上の如き健康状況にて如何とも難致遺憾千万に候。

貴酬旁々卑見披瀝致度書中不尽意御推読被下度候。

草々頓首

八月二十九日

多喜男

半井賢台侍史

追て老生勅許を得ば此地に転地、十月中旬ま(ママ)滞在之予定に候。

〔註〕封筒表　横浜市西区老松町二　半井清殿親展。同裏　長野県軽井沢一〇三二　伊沢多喜男。年は内容による。

11　昭和20年2月3日

拝啓　新聞紙の所報に依れば今般横浜市長に御重任の事に決定相成候趣慶賀の至に候。是れ全く賢台の人格手腕の然らしむる処にして当然過ぐる程当然には候得共過般来旧政友系の一部に陋劣なる反対運動あるを聞知し苦々敷次第と存居候処大勢到底敵対し得ざるを覚り其盲動は遂ニ葬り去られたる模様、彼等小人輩歯牙に懸くる足らず此上とも一層横浜市の為メ御尽瘁之程切望に不堪候。

老生不相変健康不如意終始当地ニ籠居何等賢台に対しても貢献するを得ず遺憾千万に候得共何等か役立ち候事有之候ば出来得る限の事は致度存候間御遠慮なく御申越被下度願上候。

中村政(正)雄君は其家庭関係も事業関係も相当困難の事情ある模様老生も乍蔭出来得る限り援助致居候得共賢台に於ても可然御援助被下度願上候。

御祝辞旁々右申述度如此に候。　草々頓首

二月三日

多喜男

半井賢台侍史

中村君に御面会の序有之候節可成速なる機会に於て当地に来るべく御勧告被下度候。

〔註〕封筒表　横浜市長公舎　半井清殿親展。同裏　伊豆伊東町中村別荘　伊沢多喜男。年は消印による。

新渡戸稲造

1　昭和(7)年4月13日

御懇書拝誦候。仰越之舌禍ハ国民一部の無理解真ニ慨嘆に堪えず候得共畢竟吾人先覚者之努力の足らさる結果に外ならず候。

今回御渡米之趣御苦労千万に存候。フルナの弁を以てするも畢竟黒は黒、白は白にて到底鼠にもならさるべく其要もなしと存候。

本夏軽井沢にて閑談を楽み居候処其事も叶はざるべく遺憾々々。

御帰朝後拝晤万可申述候。貴酬旁右ノミ。　草々

四月十三日　伊沢多喜男

新渡戸賢台座下

〔註〕封筒欠。年は内容による。昭和7年3月28日付伊沢多喜男宛新渡戸稲造書翰に同封。

長谷川清

1　昭和(16)年4月3日

拝啓　益々御清穆奉賀候。然は過日ハ蔡培火生ニ托し御音況を辱ふし奉謝候。老生幸ニ頑健御放慮被下度候。

斎藤長官帰台直前来訪せられ台湾統治ニ関する大体方針に付時余ニ亘り縷述られ又其具体的事実ニ付ても例示せられ候処孰レも老生が予テ尊台ニ開陳せる意見と合致し安心且ツ満悦致候次第ニ候。其後内台人各方面よりの通信、来訪者之所陳等を綜合するニ或時代に於ける不当なる差別観や焦燥強圧的同化政策之如きは徐々ニ是正せられんとするもの丶如く長き霖雨後之晴天を見るの感有之候。此御方針にて永く御尽瘁被下候はゞ台湾は名実共ニ完全なる吾国之領土となり本島人は無比之忠良なる陛下の臣民となること期して待つべく彼の欧洲各国之殖民地の如き搾取之目的物たるとは全然其概を異にするものたるは勿論と存候。

別紙台湾より来信の一部貴覧に供し候。記述失礼千万の点

も有之候得共又他山之石と可相成か。御寛恕之上御通読被下度候。

時候兎角不順為邦家御自愛之程祈上候。　頓首

四月三日　　多喜男

長谷川督憲閣下

林献堂今夏は軽井沢に避暑せず霧峰ニ滞在すべしとのことに有之彼の心事を察し相喜居申候。

〔別紙〕
長谷川総督の統治方針は前総督の本島人圧迫方針に反し大局より見て尊台の統治方針に近きものと感ぜられ候。先般台中初巡視の際も民意をきく為め知事官舎に当市在住内台人小生等七名を招き夕食を共にし腹蔵なき意見を述へよとのことに有之候。本島人としては林献堂張泉生（府評議会員）黄朝清に候。林献堂を招くが如きことは近年に無きことに候。長谷川総督は勉めて民間の者に接近し其の意見をきゝ其の行動も積極的にて（前総督の官邸に引籠り居るとは異り）其ノ熱意には感服の外なく候。此の調子で行けば相当の治績を挙けらるゝことゝ存じ候。唯心配なるは(一)年月を経るに随ひ所謂民勅連に湾化せらるゝ事と(二)今日の官界の陣容にては官吏が果して総督の意思の通り行動するや否やに有之候。（後欠）

〔註〕封筒欠。本紙裏面「長谷川台湾総督宛昭和十六年三月」。年は内容による。

浜口雄幸

1　大正(12)年8月20日

拝啓　其後は御無音に打過候処御起居如何。小生家族同道七月二十六日より当地に避暑本月中は滞在之積に候。

加藤子爵も本月初より来沢度々面晤致し居候。最初は東京持参の腸カタルにて元気なかりしも追々快方数日前には全快の状態にて頗ル元気となりしが去ル十三日夕過シ二階階段の中途よりすべり落ち腰部を打ち臥床せられ候。固より大したことには無之候得共階段の上下等には疼痛を感する趣にて両三日は横臥し居りたり。昨日見舞ひたるに既に床を離れ椅子に倚りて対談し元気は平常と異る所なきも尚ホ階段の上下はなさゝる方宜しとのことにて二階（寝室ハ二階にあり）より降下せず候。シカシ是も一両日にて差支なきに至るべく存候。未た摂政宮殿下へは伺候せざるを以て当地の或部にては其二階墜落を評判致居候。

加藤首相の病気は余程重態之模様に有之当地にて或確かなる報導を得申候。其一は船越（揖?）海軍中佐は東宮附とし

て那須に扈従し引続き当地に来る筈なりしに急ニ御許を得て東京に帰り其代として他の海軍武官当地に来れり。是れ首相の病気重態となれる為メ然るなりとの評あり。

其二には首相病気重態なるが為メ万一の場合を懸念し摂政宮之左右より長文の電報発信せられたり。

其三には去ル十六日野田卯太郎が急遽当地より東京に帰れること、当地滞在中の高橋是清の動静頗ル動きつゝあること
等より想像して首相の病勢頗ル重態なりと存ぜられ候。

加藤子爵とも此間に処する方法に就き言及致候が「腰痛にて起居自由ならず且ツ自分か慌てゝ東京に帰るか如きは却て面白からさるを以て自重するを可とすと考ふ」とのことに有之、小生も同感を表し居候。上述の如く加藤子の腰痛は殆全快致し居り其他健康状態は非常に良好に候間何時にても必要の場合は出動し得ることは確と存候。

江木千之君には今朝面会致候処彼は『不相変政友会が奔走して政友会若ハ政友会後援の内閣を作るなるべし、西園寺の耳には政友系の者の言のみ入り松方も亦同様なり、清浦の如き、平田の如き井上（馨）が大隈内閣論を提唱せる如き直言をなすの勇気なし、畢竟薩派と政友、研究等の苟合により又々政友系の変態内閣出顕すべきか浩嘆の外なし』と嘆息致居候。

小生も帰京の上微力相尽し候必要可有之かと存候得共健康十分ならさるのみならず当地に在りても相当のことは出来候様存候間当分此儘に致居候。必要之場合には何時でも帰京致すべく候間御急報之程願上候。

先ハ御内報旁々右ノミ。　草々

八月二十日　多喜男

浜口賢台侍史

〔註〕封筒表　東京市外雑司ケ谷亀原二〇　浜口雄幸殿親展。「加藤高明氏並ニ加藤（友）首相重症に関する消息等他報」。同裏　長野県軽井沢五三三　伊沢多喜男。年は内容による。

2　昭和(4)年7月1日

拝啓　御多忙之模様にて御面会ハ困難と存候。御呈書微意申述候。
(一) 小生入閣云々の下馬評新聞紙等ニ掲げられ迷惑千万に候。小生の心事ハ予テ御熟知之通ニ有之今更改メて開陳の要なしと存候。
(二) 渡辺千冬子ニ対してハ大臣若ハ是ニ準する地位を与へらるゝこと必要にして又利益かと存候。是非高配を煩はし度候。
(三) 田中隆三氏優遇之事ハ御考慮中のことゝ存候。

山本男が是に就て相当熱心なるは察するに余ありと存候。床次脱党之際軽井沢にて山本男と共ニ田中引留ニ多少関係したること有之特ニ申述候。

㈣井上準之助氏蔵相との風評あり小生ハ感服せず。

㈤川崎卓吉氏内閣書記官長最も適任と存候。速ニ貴意御確定之上即刻貴邸ニ詰切らしめ各般之事務執掌せしめらるゝ必要あらん乎婆心申述候。

㈥法制局長官は塚本清治（親任待遇）警視総監ハ丸山鶴吉ハ如何。

尚ホ種々申述度儀も有之候得共一応擱筆致候。　草々

七月一日　多喜男

浜口賢台侍史

御用之節ハ電話次第直ニ参上可致候。

〔註〕封筒欠。年は内容による。

3　昭和(4)年7月1日

舌代
㈠渡辺千冬君に対してハ大臣若ハ是ニ準する地位を与へられ度。
㈡田中隆三君優遇ニ関し慎重考慮の要ありと存候。
㈢井上準之助氏蔵相の風評あり。小生ハ感服せず候。
㈣小生入閣云々の下馬評あり。小生之心事ハ予テ御熟知之通。
㈤川崎卓吉氏内閣書記官長、塚本清治君法制局長官（共ニ親任待遇）適任ならん乎。
㈥貴族院、七日会等の方面ニ関し相当御配意切望致候。
草々

七月一日　多喜男

浜口賢台侍史

〔註〕封筒表「浜口氏組閣当時の書牘案」。年は内容による。

4　昭和(4)年10月12日

（前欠）よれば若槻氏軍縮会議全権委員たることを快諾せさる為メ行悩み候趣御痛心之事と存候。シカシ同氏が新聞記者に語れる語調より察し到底其応諾を見る能はざるは殆ド疑なきか如くニ有之旁々此際速ニ其交渉を打切り他之候補者の詮衡ニ移ること肝要と存候。曠日弥久ハ最も戒むべしと存候。

小生をして忌憚なき意見を述へしむれば若槻氏は桂首相の下ニ大蔵大臣として加藤（高明）内閣之内相として将タ又浜口首相の下ニ蔵相として適材適処ならん。シカシ若槻内閣の首相としてハ三党首会合を敢てして憲政会ニ致命傷を

与へ枢府之理不尽なる反抗に屈従して内閣を投け出し再ひ起つべからざる大失敗を重ねたる政治家なり。彼は良器也。然れとも棟梁の材にあらず。能吏なり。優秀なる補佐者なり。然れども首脳となり中心となり大政を燮理し或ハ列強と折衝するか如きは其任にあらざるなり。若槻氏が自ラ其器にあらすとして受諾を拒みつゝあるは己を知るの明あるものとして推賞すべしと存候。善後策としてハ

(一) 幣原氏を起たしめ其代理ハ閣僚中より臨時任命すること(江木氏の如きも一案か)

(二) 斎藤氏を起用し首相若ハ外相をして臨時代理せしむること

(三) 其他山本達雄氏の如きも必シモ見込なきにもあらざるべき乎

兎ニ角若槻氏の問題ハ此際速ニ御断念相成候様切ニ希望致候。

若槻氏は拒絶するならば呼ひかけられざる前ニ断るべきものなりしなり。今日ニ至りて断りたるは少く他人行儀なりとの批評あり。余ハ譲拝晤。　草々

十月十二日夜

浜口賢台侍史　　多喜男

明朝出発御西下之趣ニ付呈書如此に候。

〔註〕封筒欠。年は内容による。

5　昭和(5ヵ)年1月19日

拝誦　革正調査会委員として松平、青木両氏快諾致候事ハ太田氏より詳細御聴取之事と存候。是にて対研究会関係之危機を救ふことを得一安心致候。今後も度々此種の難局を生せざる様訴居候次第に候。

———

産業調査会委員之件過日御話致したる通に候処岩倉男より別紙之通申来候間為御参考供電覧候。岩倉氏ハ露骨ニ卒直(ママ)ニ開陳し黒田氏ハ婉曲ニ言ひまはし候得共其帰結は略ホ同様に候。即チ公正会之中心勢力(を代表する者)が松岡氏に対し相当深刻なる反感を有することは争ふべからざる事実に候。只当面大臣とか他会派に属する議員等か正面より松岡ハ如何と問へば至極結構なりと答ふるハ当然にて是を単純に其通ニ聴きて進行せば最近の松平、青木問題と同様なる難渋を来し候事と存候。婆心申述候。

———

黒金君党総務たるべしとの新聞記事有之只管其実現を希望致候。此事ハ同人選挙には至重の関係有之次第に付枉けても御指名切望致候。

———

当用ノミ申述度此如に候。　頓首
一月十九日
多喜男
浜口賢台侍史

〔註〕封筒欠。「別紙」なし。年は内容による推定。

針塚（長太郎）

1　六月五日

拝誦　過日ハ遠路態々御来訪被下奉謝候。其後健康之恢復遅々たるのみならず内外之政情は朝に夕を計るべからず果して講演ニ出張し得るや否やと懸念致候為メ誰か適当なる講演者をと存じ二三交渉致候得共孰れも不成功に了り候。今日も尚ホ継続努力致居候得共成功覚束なく焦慮致居候。右様之事情に付老生は多少の無理は致候ても出張致度とは存居候得共其場合に於ても碌ナ講演の出来さるは勿論会員の期待に背くこと大ならんと存候。此辺御含の上適当ニ御措置（例之貴会にて適当の講師を選定する等）相成候様願上候。

宿泊之場所は戸倉温泉とのこと至極結構に候。戸倉ならば笹屋旅館ニ願度く要は静閑第一にて室の良否ハ問ふ処ニ無之候。出迎は無用ニ付御断り申上候。十五日午前一〇、五五分上野発戸倉着之予定。変更の節は電報可致候。御返事旁々用件ノミ申述度如此に候。　草々

六月五日
多喜男
針塚賢台侍史

〔註〕封筒欠。宛名は内容による推定。伊沢多喜男宛信濃教育会封筒に同封。

副見喬雄

1　昭和16年7月7日

貴翰拝誦。過般御上京之節ハ御多忙之処再度御来訪台湾統治全体並ニ御所管之事項ニ関し詳細高見を承り深謝此事に候。現総督既定之方針を堅持し勇往邁進せられ候こと切望ニ堪えず嘖々《ママ》者流之癖説ニ動かされ後退するが如きこと万々無之と確信致候得共総督一人の力にては其成功容易ならず長官を始メ総督府全体一心となりて是を助くること最も肝要と存候。只管御尽瘁を望む。

揮毫之御催促恐縮に候。是は老生にとりてハ第一の苦手にて殆ト不可能に近き御注文に候。乍余事総督長官ニ可然御伝言被下度候。　頓首

七月七日
伊沢多喜男
副見賢台侍史

〔註〕封筒表　台湾総督府交通局　副見喬雄殿親展。同裏　東京市豊島区西巣鴨二ノ二五一七　伊沢多喜男。年は消印による。

牧野伸顕

1　昭和(22)年

（前欠）襲可致候。実は家兄修二が台湾を去りたる事情は朧気には承知致居候得共本具申書により的確詳細に知悉するを得乍今更彼の堂々たる出所進退を喜ひ候次第に候。新聞紙等にて御承知之事と存候得共拙生も議長副議長其他数名之古参顧問官（全部）と同時ニ逐放令該当者として指定せられ候。是に対してハ親近者間に於て熱心なる訴願論者と非訴願論者あり孰れも拙生の為メ将た又国家社会の為め忠ならんとする至誠に出づるものに候間深甚なる敬謝を以て静かに傾聴致居候。清水澄君の自殺は痛恨至極に候。

（後欠）

〔註〕封筒欠。宛名・年は内容による。昭和22年9月20日付伊沢多喜男宛牧野伸顕書翰に同封。

町田忠治

1　昭和(6)年9月2日

拝誦　他会派との権衡上必要ならば小生は喜んで農政の方御引受け可致候。其場合には鉄道会議員の方を辞し是を何人にか譲り度（例之加藤、藤沢）存候。要之一人にて多くの委員を占有するハ面白からすと存候。

御返事旁右ノミ。草々

九月二日
多喜男
町田賢台侍史

〔註〕封筒欠。年は内容による。昭和(6)年9月1日付伊沢多喜男宛町田忠治書翰に同封。

水野昌雄

1　昭和(13)年11月30日

拝啓　過日遠路御来訪被下難有存候。然は其節御話したる東坡南遷図に関し思ひ違ひの点想起致候間訂正致候。

予ガ台湾総督となりたるを祝し該図幅を贈られたり云々は誤にて予が貴族院代表として万国議院商事会議の為メ渡欧せる際餞別として贈られたるが事実なり。鉄斎翁は西園寺公が帝国の全権としてパリ会議に出席せること丶予の貴族院代表として万国会議ニ列せることを聯想し又西公が海南島附近を航行せること丶予も亦同島附近（印度洋航路）を航海せることなどを聯想して贈られたるものと想像せられ候。即チ西公も予も共に帝国の代表なること、又共に海南島附近を航行せることが東坡南遷と相当縁故ありとの心地より此図を贈りたるものと存候。

函書に大正十年とあり予の渡欧は大正十年なれは此方事実ならんと思はれ候。何ニセ二十年前のことにて記憶甚だ確ならず候。

不取敢要件ノミ申述度如此に候。　敬白

十一月三十日　多喜男

水野賢台座下

〔別紙1〕
拝誦　御質疑に対しては別紙に記入致候。
東坡の南遷と老生の台湾総督就任とは同一視すべきにあらず。彼は左遷なり。我は閫外重臣として栄位に就けるなり。其間栄辱大に異るものありと信ず。「氏之南遷也」なる句を用ひて左遷なるが如き感を起さしむるは如何のものにや。但し南遷(3)の遷字が必シモ左遷を意味するとのみは思はず只東坡の南遷と同一義に於て是を（後欠）

〔別紙2〕
拝誦　御質疑に対し別紙に記入御回答致候。
東坡の南遷と老生の台湾総督就任とは「相似」のものにあらず。彼にありては左遷にして逆境失意なり。我に在りては閫外の重臣として優渥なる君寵に浴し寧ロ順境得意の時なり。「相似」にあらずして寧ロ「相反」なり。従て「氏之南遷」なる句を用いて左遷不遇なりしかの感を起さしむるの虞なきにあらざるは如何のものにや。昨日の書面に記述せるが事実にして此方が文意としても感興をひくと思ふが如何にや。理窟にては興趣は湧かす候。老生は此く思ひ候。妄言多罪。

〔註〕封筒欠。年は内容による。昭和13年12月1日付伊沢多喜男宛水野昌雄書翰に同封。

宮沢

1　8月21日

披見致候。

身上之件ハ辞命を受取るまでは未定にて安心すべきにあらず。御油断なく御努力肝要と存候。　草々

八月二十一日　　多喜男

宮沢君座右

〔註〕封筒欠。

望月

1　9月2日

拝啓　軽井沢の三日間は幸に好晴にて大出来なりしと存候。イツモ如此には参らずと存候得共重ねて御来遊待上候。今夕近衛公の招宴にて「あかね」に参り候処既ニ御出発後にて不得拝芝遺憾に存候。昨夜は福原君と深更まで力戦の模様戦績ハ拝晤可承候。

草々

九月二日

多喜男

望月賢台座下

〔註〕封筒欠。

森　徹夫

1　昭和(11ヵ)年8月19日

啓　電話にて御申越により別紙題字御送付致候。唯今「涼風清談」之第一回分到着一読致候処マクドナートに対する英国民の態度に関する部分は記者之聞き違もあり小生の言ひ表はし方不十分の点もあり読者の誤解を招く虞なしとせずと存候ニ付適宜訂正又ハ抹消方御取計相願度存候。尚ホ今後之分に関してハ御互ニ迷惑せざる様慎重之御注意希望致候。要件ノミ申述度如此に候。

八月十九日　　草々

沢

森徹夫殿

〔註〕封筒欠。「別紙」なし。年は内容による推定。

2　昭和(11)年8月31日

拝誦　「涼風清談」好評にて貴社幹部之賞談を博し候趣発案者たり実行者たる貴下之御満足さこそと被存慶賀此事に候。残暑殊之外烈敷当分下山致難被存候。御自愛是祈候。

草々

八月末日

多喜男

森賢台座下

〔註〕封筒欠。年は内容による。昭和11年8月29日付伊沢多喜男宛森徹

夫書翰に同封。

（山崎巌）

1　昭和(20)年(9)月(12)日

拝啓　過般上京滞在八日に亙り候処折柄マ氏東京進駐等にて内相たる賢台には昼夜兼行日も亦足らざるの御多忙にて遂に拝晤の機会を得ず遺憾千万に奉存候。近衛国務相にも東京にては面談することを得ず当地に於て再昨九日及一昨十日両日に跨り二三時間懇談致候。時局に対する卑見は端的卒直に披瀝致置候間適当の機会に於て御聴取被下度候。東京にては法相厚相外相宮相等を始メ朝野の名士数十人と会談大体の政情は相分りたる様（途中欠）

追伸　高村調査官に托し御伝言致したる台湾人問題に関する卑見は既に御聴取下されたることゝ存候。由来台湾問題に関する内務省（拓務省）否ナ歴代内相の認識並に動向は大なる過誤に陥り、熱誠を以て陛下の赤子たらんとする台湾人を排除し差別せんとしたるは顕著なる事実なり。卑見を以てすれば日華の親善は将来益々必要に有之是が為メ五十年間吾統治下に在り聖代の恩波に浴せる台湾島民を仲介として活躍せしむるは最も自然にして又賢明の策なりと信ず。過般内務省が招請せる鮮台関係者の顔振を見るに台湾関係者の殆ド全部は台湾人とは寧ろ対蹠的の地位に在る人々にして是等の人々の意見により当面及将来の台湾問題日華親善問題を処理解決せんとせば甚しき悪結果を招来すべきを虞るゝ次第に候。二三の台湾総務長官を加へながら最も台湾人に同情し又彼等より最も信頼せられ居る後藤文夫、木下信の両総務長官を除外したるが如きは其顕著なる表れと存候。御紹介致したる劉明電君にハ面会下されたるや。相当傾聴すべき意見を吐露致候事と存候。

〔欄外〕高村調査官ニ托し御伝言致したる対台湾人問題に関する意見は御聴取下されたることゝ存候。対台湾問題に関する内務省否ナ歴代内相の方針、動向は概ネ過誤に陥り認識を誤り居り、今日の如き重大時期に於ても尚ホ悟らさるかの感あり。台湾協会一派の人々に依り動かされ居ることは根本的の誤なり。後藤文夫、木下信等を特更に除外したるか如き其顕著なる表れなり。

〔別紙〕

㈠幣原喜重郎問題

⑴首相候補者に擬する者あり（暫定）

⑵「マカツサー《ママ》」折衝局総裁

㈡日華協会問題

⑴日支親善問題

(2)対蔣問題
(3)台湾人をミデアムとすべし
楊肇嘉、蔡培火、呉三連、劉明電、林献堂

〔註〕封筒欠。宛名は内容による推定。年月日は内容による。

山下亀三郎

1　昭和17年7月21日

拝誦
浅間庵を勝手に使へとは近来の傑作妙案也。釣舟から浅間への飛躍は驚く也。達磨は面壁九年にして大悟せり。不老翁は二ケ月余の天井と睨みつこにて此心境の大変化大進歩を成し遂けたり。和製頑爺《ガンヂー》驚喜満悦此上なし。

就ては今夏中大勉強の上少くとも百人位は招集し度、尤も本箱と下箱とは其レ〱流儀あり。御馳走のやり方も顔触も丸で違ふことあるべし。此くて浅間庵は大繁昌、庵主は固よりお客も本箱も大満足受合なり。只亭主役たる下箱は御苦労千万にて閉口なるも是も国家の為也。大に努力する覚悟也。

レントゲン、血液検査熱心に勧告下され御厚意之程身に沁みて難有必ず実行可致候。只此地には其設備無之不得止九月上京後と相成り可申候。『ソンナ呑気なことを言ふな即日上京実行すべし』と叱らるゝことは万々承知致居候。

此地連日快晴気澄み天高く爽涼如秋百鳥林間に囀じ快適此上なし。腰痛も追々軽減此分なれば四五日経ば鶴屋辺までは散歩出来得べしと相楽み居候。

来軽中の面々は近衛、細川、松井、内田等にて今夕人力車にて初めて外出近衛邸にて夕食之筈也。

御返事自余ハ譲後便。　草々頓首

七月二十一日　多喜男

山下賢台座下

〔欄外〕山上へも毎日雑客来訪兎角過労に相成候。お墓へ行きてもコンナもの平行つて見ぬから分らず候。

浅間庵主人に「早速伺候せよと」御申付置き被下度候。


〔註〕封筒表「昭和十七年七月二一日付山下亀三郎君宛返書案、浅間庵自由使用の件」。昭和18年8月5日付山下亀三郎宛伊沢多喜男書翰を同封。

2　昭和(18ヵ)年6月25日

拝啓　貴著「沈みつ浮きつ」精読近来稀に観る好著統制経済の世の中にあらずば洛陽の紙価天井知らずに昂騰すべし。逢ふ人毎ニ好評嘖々著者本人は勿論辱知之老生まで肩身の広きこと此上なし。快哉〱。

例により悪まれ口チクリ曰く蘇峰の序文と汪精衛招宴の一章はあらずもがな也。妄評多罪。

——・——

最近一度緩談の機を得度し。

熱海へ出張あらば最も妙也。

大磯は腰痛の老人には甚た厄介なれども行かぬこともなし。

電話打合せのこと。

六月二十五日夕　　怒庵

沈浮雅契玉机下

〔欄外〕本月二十九日にはチツト帰京之予定也。

〔註〕封筒欠。年は内容による推定。

3　昭和18年8月5日

山下賢台座下　　恕庵生

八月一日付貴翰拝誦。

御疲労の趣当然なり。老船を虐使すれば動けなるもの（ママ）なり。素人でも其位のことは分る。御用心〳〵。但し本人も同様に候。

「名誉冠」は度々飲用したることあり。確に天下の銘醸なり。況や特製なるに於てをや。鶴首着荷を待居候。

浅間座開演初日は生憎の大雨にて賓客には大迷惑なりしも幸に両大人とも定刻には来着先ツ〳〵中位の成績也。御入念の機軸は第一の御馳走にて観客大満悦、大喝采なり。

拙作木更津甚句は即興にて物にならず果して絃に乗るや否や若福婆に歌はせ修正せしめられ度候。

「浅間は降るともお富士サンは晴れろ」とか「軽井沢降るとも御殿場は晴れよ」とかも一案か。

浅間庵主人へ御伝言の山本君へ合作を送れとの注文は難題なり。矢張貴方へ送付するもの丶中より適当の物御選定の上贈与せらる丶を可とす。牙なき獅子や象は一応相済み候。此辺よりは気楽に小鳥狩を可致候。是なら五十羽でも百羽でも一網にて獲らるべく、過去当地に於て度々経験したることあり。自信十分なり。

呉れ〳〵もボロ船虐使を慎み顧問会議の如きは半年に一度も出席すれば十分なり。切に御自愛を祈る。

老生即今川崎卓吉、浜口雄幸、湯浅倉平等の記念事業に没頭しつ丶あり。生き残れる者の義務として精魂を尽し居るも、寂寞を感ずること多大なり。陰気臭いことのみならべ多罪。

昭和十八年八月五日　　以上

〔註〕封筒欠。昭和17年7月21日付山下亀三郎宛伊沢多喜男書翰に同封。

山本達雄

1　昭和(9)年7月13日

拝啓　此度ハ遂ニ御退閣の止むなき至り遺憾此事に奉存候。過日拝晤ノ節愚見開陳致候通り斎藤内閣ハ所謂満身瘡痍加之綱紀問題にて天下の信を失し到底存続を許さゞる状勢にありたりと存候。其後継としては是非老閣之御奮起を希ひ度重臣方面に対し進言献策も致候処遂ニ容るゝ処とならす今尚遺憾に存居候次第に候。

岡田内閣ハ内政方面に関してハ後藤文夫君を中心として其組閣を進め兎ニ角成立致候事国家の慶事に候。今後の施政幾多の難関に逢着すべく首相始メ閣僚諸君の労苦察する余ありと可申候。

内閣成立の前後昼夜奔走致したると盛夏の如き溽熱の為メ疲弊悃(ママ)憊其極に達し老骨の不甲斐なさを痛嘆致候。其為メ遂ニ拝趨をも不致急遽一昨日当地ニ逃避致来候。疎懶の罪只管御海容奉希候。

其中御来沢の趣ニ付万縷ハ拝晤に譲り呈書如此に候。　頓首

七月十三日　　多喜男

山本老閣侍史

〔註〕「河田書記官長　山本達雄男　永井柳太郎氏　添田文部政務次官書柬原稿」に同封。年は内容による。

湯沢三千男

1　昭和(18ヵ)年1月4日

本月二日附湯河原よりの貴翰拝誦。其経過順調元気御恢復本日より御執勤之趣為邦家慶賀の至に候。

山崎次官ニも相話置候台湾に関する件は適当に御処理相成度、枢府本会議に於て所見開陳首相も同意致居候儀ニ付姑息弥縫にてハ済まされず候。

御祝辞旁々右申述度如此に候。　頓首

一月四日　　多喜男

湯沢賢台侍史

〔註〕封筒欠。年は内容による推定。昭和18年1月2日付伊沢多喜男宛湯沢三千男書翰に同封。

米山梅吉

1　昭和(20)年5月13日

四月十八日附貴翰拝誦。河井君往訪御快談之趣朋あり遠方より来る唯々楽しかりしことなるべく健羨の至に候。御来

旨の如く閣僚其他人事に関しては余り感服せず世評も香からず憂慮に不堪候得共戦局愈々苛烈興亡の契期に立てる今日徒に批評を事とすべきにあらず。一億一心勝たさるべからず。特に拙生は鈴木首相とは大隈内閣時代よりの親交者に有之私情より言ふも只管其成功を望む次第に候。只拙生としてハ不相変健康不如意少しく働けば甚しき疲労困憊を感じ自ら腑甲斐なさを痛感致候。

拙生も四月十三日—十四日の東京空襲にて巣鴨本邸は戦災に罹り丸焼と相成候処幸に拙生初メ家族一同微傷だに負はず是れ全く天佑神助に有之感激致居候。特に親戚友人等が不容易懇情と親切を寄せ呉れ沁ミ〳〵感謝致候。災後の心境は寔に清々しく元気も勇気も相当恢復したる感有之候間御省慮被下度候。

貴酬旁々右申述度余ハ譲拝晤。　草々頓首

五月十三日

多喜男

米山賢台侍史

再伸

東京に定住処を得度く諸処調査研究致候得共急に適当のもの無之当分は宿なし喪家の狗あらずして喪家の老駑に候。就てハ当分は軽井沢別邸を以て居住地とし冬期間は当地或は熱海に避寒致度存候。東京はホテル住ひの外無之明日も定例枢府会議にて上京之予定に候が多分帝国ホテルに宿泊の積に候。

――――――

巣鴨邸には焼夷弾の落下百数十箇、隣家は死者二人を出だし附近にて死傷せる者相当多数ありたるに拘らず腰抜の拙生が無難なりしは確かに神助に候。

〔註〕封筒欠。年は内容による。「封筒表　東京都豊島区巣鴨二ノ二五一七　伊沢多喜男殿御直。同裏　静岡県駿東郡長泉村下土狩　米山梅吉」に同封。

不明

1　昭和(2ヵ)年

拝啓　益々御清穆奉賀候。扨て今夏は皇后陛下御慶事相近き候為メ御準備其他彼是御多忙を極められ自然避暑の如きは思ひもよらぬことゝ被存御苦労千万に存候。小生先月二十二日より当地ニ在り只管身神の静養ニ相努メ居候処幸ニ健康益々佳良元気愈々旺盛ニ至り候。此頃の日課ハ主として散歩と「ゴルフ」ニ有之読書接客の如きは最も稀に候。過日石原健三氏来訪又山本達雄氏ニ面会致候処十五銀行問題より延テ一木宮相問題に及び候。種々談話も有之候が

(一)十五銀行ハ普通の銀行と差別して特別の扱をなすべきも

のにあらず。全然一律ニ処置する外なし。未払込株式を払込ましむるハ勿論責任者之私財提供預金の幾部切捨も止むを得ざる也。

(二)華族にして十五の影響を受け其体面を維持する能はざるものに対して皇室より何等か救恤を施さるゝハ或ハ止む得ざるべけれど是も極メテ少数僅少の金額ニ止むへきものならん。

(三)無智なる華族が其財産管理の方法を誤り衰滅し行くは寧ロ当然にて別ニ惜むニ足らす。又貧乏華族が徐々衰退し行くも強テ救済の要なし。

(三)《ママ》十五銀行の危機を知りながら其株式の華族の世襲財産たる資格を解かさるのみならす進んで之を他のものと変更せんとするを妨けたるは宮相の責任問題なり。況ヤ今回のパニックニ当リ宮内省か自己の預金の大部を十五より引出しながら華族に対してハ警告せさるのみならず寧ロ世襲財産の変更預金引出を妨けたるか如き形迹あるは不都合也云々の攻撃非難ニ対してハ論者の所説幾分の理由なきにあらざるも宮相の立場より観察すれバ孰レモ不得止寧ロ当然の措置にして強テ非難すべきにあらず。(後欠)

〔註〕封筒欠。年は内容による推定。大正(15)年7月29日付伊沢多喜男宛梅谷光貞書翰に同封。

2　昭和(9)年

拝啓　岡田内閣成立前御多端中度々参堂又電話等にて彼是差出かましき進言等致し恐縮に存候得共只管君国を思ふの至誠と御寛恕被下度候。

三五、六年の国際的危機と軍部、特に海軍部内之空気等を考察すれば岡田君に大命の降下せるは適当のことに有之今更彼是私議すべきにあらざるは勿論に候。組閣に当り内政方面に関してハ後藤君を中心として是を進めたるは最も適当と存候。只斎藤前首相が彼是注文を付けたる形迹ありたると首相の周囲ニ多少の有象無象（善意ならん）蝟集盲動せる為メ後藤君の自由手腕を制肘せられたるやの観あるは遺憾に存候。何は兎もあれ一時流産を惧れられたる岡田内閣が無事成立せることは国家之慶事に候。前途多難首相始メ閣員諸君の労苦察するに余あり。只管其健全なる進展を切望致居候。

此際大命降下前後の状勢に関し冷静なる第三者として無遠慮なる意見開陳をなすことを許され度候。

斎藤内閣は其二ケ年の施政中満身瘡痍如之綱紀問題にて信を天下に失し最後の断末魔に至りて倒壊せるものにて他の綽々たる余裕を存して悠々勇退せるものとは全然同日の比にあらず其趣を同ふするものあらず。果して然らば斎藤子爵の如きは後継内閣に対して片言隻語《ママ》をも発言すべき資格なき筈なり。然るに仄聞する処によれば特に重臣会議に列席して加之後継首相の候補者に関し進んで発言を敢てしたりと或者は其愛国の至誠比勇気を発せるものとして敬服すべけんも或者ハ其無遠慮と其無恥に驚くならん。現に辞表を提出しつゝある首相並ニ綱紀問題の責任を痛感して辞表を提出せる蔵相高橋君が後継内閣首班ニ関する重臣会議の席上ニ恬然参列するか如きは会議の性質よりするも廉恥の観念よりするも到底許すべきあらずと信ず。過日の重臣会議により内大臣、枢府議長、総理大臣待遇者か列席するとの新例を生じたるは機宜の処置として賛意を表するも辞表提出中の首相、蔵相が之ニ列するは其何故たるを知らず況や彼等ハ総理大臣待遇者にあらず、辞職後に至り特に其待遇を賜りたるものなるに於てをやに候。（後欠）

〔註〕封筒欠。年は内容による。

3　昭和11年1月

拝啓　酷寒之候益々御清穆奉賀候。扨て今回之衆議院議員総選挙ニ当り立候補せられたる木下信君は老生三十年来之相識にして其人格識見閲歴声望等真ニ申分無之全国弐百之候補者中断然群を抜く者と確信致候。現下内外多事国歩艱難の事局に際し同君の如き卓越優秀之偉材を議政の府ニ送るは国家社会に対する多大の貢献たると同時に吾等郷党の誇と存候。就ては是非共貴下之御援助と御尽力とにより其当選の栄を得せしめ度只管切望致候。
謹んて呈書御依頼申上度如此に候。　頓首

昭和十一年一月

東京市豊島区西巣鴨二丁目
伊沢多喜男

〔註〕封筒欠。印刷。

4　昭和(18)年

拝啓　過日ハ御多忙中態々御来訪被下深謝此事に候。然れは其節一寸相触れたる都長官之件唯今ラジオ放送に依り大達茂雄君に内定之趣無此上最適任者と存じ為邦家慶賀之至に候。東条首相閣下へは賢台より可然御伝言被下度願上候。老生腰痛恢復遅々に候得共悪化は不致其中には全愈可致候間御放慮被下度候。（後欠）

〔註〕封筒欠。年は内容による。

5　昭和(18ヵ)年

拝啓　昨日ハ貴重なる時間を割き御引見被下候処老骨例に依り下手の長談義にて嘸々御迷惑なりしことゝ被存又老生としても余り要領を得ず自己に対し甚タ遺憾に存候。従て尚ホ数日滞京賢台には勿論他之各方面の人士とも懇談致度と存候処約半ヶ月の耐乏生活其上に昼夜兼行老駑を酷使したる為メ疲労困憊其極に達し近親者一同強硬に静養を要請致候為メ遂ニ当地ニ遁避致候。御悋諒（ママ）被下度候。昨日開陳せる恩賞院（仮称）之件は篤と考慮相仰き度、原案作成前ニ主任者（例之法制長官）と懇談得度と存候。

（後欠）

〔註〕封筒欠。年は内容による推定。

6　昭和（18ヵ）年

拝啓　昨日ハ貴重なる時間を割き御引見被下深謝此事に候。然る処老骨の所陳下手之長談義にて要領を得ず唯々御迷惑なりしことゝ想察致候。尚ホ一両日滞京の要件有之候ひしも二週間之耐乏生活は老駑には余りの重荷、近親者一同の強要により百事一擲昨午後三時の直行列車にて急ニ当（後欠）

〔註〕封筒欠。年は内容による推定。

7　昭和（20）年（9）月（14）日

（前欠）本日東郷元外相当地出発上京せり。同君は吾官憲の保護の下に東京に自働車行をなせり。此事には老生も干与せるが東条の場合とは全然其趣を異にし当然とは申しながら大に満足し居れり。同君とは両回電話せるが其態度は正々堂々たるものにて今後東条君の如き遺憾なる態度を採ることなきは予の確信する所必ず陛下の為メ国家の為メ最善を尽すべしと想察す。御安心を乞ふ。
賢台には在京中是非拝晤の上卑見開陳致度存候処遂に其機を得ず遺憾に存候。（後欠）

〔註〕封筒欠。年月日は内容による。

8　昭和（22）年（7）月

拝啓　時下向暑の折愈々御健勝にて国務に御精励の段奉慶賀候。
偖て岩手県下の松尾鉱山関係者一同天皇陛下の東北御巡幸の御計画を洩れ承り是非共同鉱山にも御臨幸の光栄を賜り度き熱望に有之同鉱山側より直接御高配方申出有之たるものと存じ候へ共小生にも是非骨折られ度き旨同鉱山の中村正雄社長より申越し来り候。閣下には既に詳細御承知の通り同鉱山は小生の知り居る限りに於いては刻下最も重要なる肥料製造には不可欠の硫酸原料の産出鉱山として本邦一二の重要鉱山に候。併シ単に右に止まらず其の経営方面に於いても先代社長中村房次郎以来極めて優良にして殊に労務者の厚生施設並にその待遇は極めて優秀にして労資の関係も洵に円滑に推移し来り此方面に於いても本邦一二の優良鉱山と存し候。従つて東北御巡幸の候補地としては鉱山方面にては唯第一の候補地たる資格有之既に御推挙のことを内定致し居る由も存ぜられず候へ共若シ万一洩れ居ることと有之候ハバ此の度は真に全従業員一致御臨幸を熱望申上げ居る次第に候へバ洵に御迷惑のことゝハ存じ候へ共出来得る限り御臨幸の光栄に浴することの出来る様閣下の格別の御高（ママ）を賜り度く奉懇願候。言ふ迄もなく若し陛下御臨幸賜はらバ鉱山関係者一同光栄に感激し愈々増産に邁進シ時艱突破に資する所尠からざるもの有之べく又経営の成績も更に向上発達を見邦家に益する所多々有之べしと存じ候。
小生拝趨親しく御願に及ぶべき所と奉存候へ共老年不自由に候へバ恐縮乍ら以書中此段御依頼に及びたる次第に候間何卒不悪御諒承相成同鉱山の事情十分御取調御臨幸有之様格別の御高配相成るやう謹んで御願申上候。

敬具

月　日　姓名

(1)安本長官、永野副長官
(2)商工省大臣、次官、(鉱産局長)
(3)農林省大臣、次官、農政局長
(4)宮内府長官、行幸主任官

〔註〕封筒欠。年月は内容による。昭和22年8月1日付伊沢多喜男宛中村正雄書翰に同封。

9　昭和　年3月10日

拝啓　益々御清祥奉賀候。扨て封入の別紙推薦状にて御覧被下候通別記の候補者はいつれも其人格識見に於て市会議員として最適任なるのみならず多年積弊ある東京市政革新のためには欠くべからざる人士と被存候条是非共其当選を期し度念願致候。就てハ貴台之貴重なる一票は必ズ是等候補者に御投票被下度切望致候。先ハ右御推薦旁々貴意を得度如此に候。

頓首

三月十日

豊島区西巣鴨二丁目　伊沢多喜男

追テ幸ニ右御同感に候節御知友各位に対し進んで貴名の推薦状を発送せられ候儀は法命上何等差支無之のみならず寧ロ吾等市民としての責務なりと信し居候。為念申添候。

〔註〕封筒欠。「別紙」なし。

10　年月日不詳

（前欠）御送付相成拝見致候。大体ニ於て御同感に有之候。新聞紙上に散見する貴族院同成会之意見ハ多少の誤報アルモ大体小生等の意見ヲ記したるものにて畢竟貴見と大差なきものに候。
之に付けても日本人の外交意見之如き軽薄驚くべく昨ハ（ママ）露国ソウエートを以て鬼の如し人道上恕すべからず宜しく銃

砲剣戦之力を以て撲滅すべしとなし大兵を西伯利亜ニ送れる張本人が今日ハ翻て露国政府は仏の如し渇仰崇敬唯其意を迎ふるに日も足らず吾国民の大部も是に共鳴して盛に親露論を唱へて止まず。真ニ驚くべく嘆すべしと存候。曩に予が露国ソウエートは如何ナルモノカ尚ホ不明なり是を鬼ナリト断定シ戦滅セントスルハ早計なりと論ぜるとき彼等は予を以て過激派なり、叛逆者なりと罵れり。而シテ今日露を以て仏なりと断定するは早計なりと論ずれは彼等は予を以て頑冥不霊なりと嘲る。何たる軽卒ぞや。何たる不真面目ゾヤ。況ンヤ今日俄ニ日露独之三角同盟を口にするものあるが如き何タル不謹慎ぞや。彼等に国家を思ふの念寸毫にてもありや否ヤ。仮りニ日露独之同盟可なりとせば最も秘密ニ最も真面目ニ深思熟慮を重ね可なりとの断案を得ば疾風迅雷之を断行セザルベカラズ。今日ノ事ノ如き到底国家を念とする者の事にあらず。大ニ排セザルベカラズ。

（後欠）

〔註〕封筒表「年月日宛先不明　日露外交に関する意見の一端（伊沢多喜男）」。

11　年月日不詳

拝誦　今回県の命により満洲移民視察の為メ現地に出張相成候趣責務重大の苦労千万に候得共十分御奮励御視察相成度切望致候。

予て御話し致したる通り日本移民特に満、鮮、台等の移民は

（一）国家の保護に依存し独立自営の気魄に乏しきこと

（二）誤れる優越感に拘はれ土着民軽視し両者間の共存共栄を妨くる因をなすこと

（三）（後欠）

〔註〕封筒欠。

12　年月日不詳

（前欠）と各方面の人士に接し吾国の現状を観察すると共ニ世界人類将来のあり方は如何にあるべきかを研めんとた（ママ）る次第に候。

信州の山河は如何、戦時中無謀なる木材消耗の結果荒廃其極に達し基年ならずして砂漠化すべきは火を睹るよりも瞭候。本年の洪水期に達ば河川の汎濫堤防の決壊、農産物流失等不祥事の頻出するは到底避くべからず。特ニ老生が四十年前より微力を致せる学校林の如きは捨てゝ顧みられさるのみならず甚しきに至りては其一部の稚樹を伐採して薪炭に供して赤裸とし土砂崩壊の箇所を散見するに至りては余りの事に長大息を禁する能はず候。

信州人心の帰嚮は如何、生活苦に悩み正義、道徳信仰の如

きは顧るに遑あらず。自己の自由は主張すれども他人の自由を尊重することを知らず。穿き違ひ行き過きの民主主義に堕して社会秩序と共存共栄の尊ふべきことを知らず。
（後欠）

〔註〕封筒欠。「封筒表　東京都豊島区西巣鴨二ノ二五一七　伊沢多喜男殿。同裏長野県神祇教学課長　長野県林務課長」に同封。

13　年月日不詳

拝啓　益々御清祥奉賀候。扨て東京会議員選挙は目焦の間に相迫り市政郭清改善の挙否は偏に市会議員の良否に懸るは申迄も無之儀に有之小生共多年市政の改善に微力を致し来れる者にとりては実ニ重大の時機に直面せる次第に候。別紙封入の推薦状は吾等同人が東京全市に求めて其人格識見に於て市会議員として最適任なるのみならず多年積弊ある東京市政革新の為には欠くべからざる人士と確信致候。就ては貴下の貴重なる一票は是非とも是等候補者に御投票被下相共に市政改善の目的達成に努られ度切望致候。（後欠）

〔註〕封筒欠。「別紙」なし。

14　年月日不詳

拝啓　枢府は議長、副議長始メ追放令ニ触るゝ者十名ニ及び候模様残余の者は皆碌々（老生の如きは其尤なる者に候）結局事実全議にて或意味より却つて国家の為メ欣快とも存候。

岩は鳴らない松なら風に
　打たるや響かぬよ寺の鐘

〔註〕封筒欠。

15　年月日不詳

拝啓　今朝近衛公に面会いたし候処、時局観、小生等とは大分距離がある様に思はれます。公の見解に従へば

1、若槻首相が引退に就て言質を与へさりし事は確実なり。しかも必ず辞職すべし。

2、而して後継内閣に関し加藤子逝去の後若槻大命を拝したるか如く若槻引退後浜口大命を拝すと言ふか如きは仮りに本党との聯盟成るとするも絶対に見込なし。

3、故に後継内閣が本憲両派の勢力を基礎として組織せらるゝものとすれば勿論浜口に非ずして床次なるべし。

4、然かも本憲の聯盟にては確実に大命降下を予断する事は困難なり。（絶望とは言はさるも）

4《ママ》、然るに目下本党少壮派の活動なるものは本憲聯盟に存するものゝ如く、これにては心細し、須らく一歩を進めて新政党組織に邁進すべし、これ本憲両派にとり唯一の生き

る途なり。
5、而して床次かその党首たる事を条件とせば本党に異議のあるへき筈なく憲政会の内情を見るに寧ろ床次を容れて本憲を打つて一丸とせる新党組織を応諾するを智とすべく、浜口氏はこゝまで了解すべしとの消息もあり云々。
要するに現状の儘に推移して内閣瓦解せば勿論田中内閣の出現必然なり。本憲の聯盟成立するとせば略ほ五分五分新党樹立出来れば床次内閣は必然的に出現すべしとの見解に有之候。

右は勿論園公の意向と云ふ程には無之かるへきも園公に接近せる公の意見が生等の見る処に比しかく田中内閣の出現に就て程度を異にする事は注意を要する点に有之候。（後欠）

〔註〕封筒欠。

二、来翰の部

青木周三

1　昭和(14)年　月1日

拝復　今回再選ニ付テ態々御親書被下恐縮ニ奉存候。猶細々御推示一々拝承仕候。先是菊池君ヨリモ略同様之御意見拝承何時モナカラ御親切之段感激致居候。

小生先日来微恙之為引籠居候処未タ完全恢復トハ不参由ニ候得共弗々来週ヨリ出勤セハヤト存候。本日平沼君来訪大分大手術之結果声之具合モ以前ヨリハ遥ニ宜敷相成此分ナラハ安心シテ可然ト存居候。其節米山君之話抔致呉候（以上ハ先週ノ書掛タルモノ）。中村君ニ対スル御注意拝承是亦御指示ニ従ヒ精々実行可致候。

一応打切余ハ後便可申上候。　草々

一日　青木周三

伊沢老兄

〔註〕封筒表　信州軽井沢　伊沢多喜男殿親展。同裏　横浜市老松町青木周三。年は内容による。

青木得三

1　昭和13年2月1日

拝復　華墨難有拝誦仕候。

御病臥中にも拘らすゼネブァ倶楽部誌所載の拙文に御注目の栄を賜はり特ニ尊翰を忝うしたるは小生の洵に感激ニ堪へさる所に御座候。今日より当時を追想致候へは微力なる小生の如き者か尊台の御懇篤なる御指導と加ふるに御同情ある御激励御鞭韃に依り彼の難事遂行の一端に参与し得たること寔に望外の栄誉に有之候。唯同案の立案を命令せられたる故浜口先生の在世せられさるの一事は小生の千恨万悔せさるを得さる所に有之候。尊台には何卒特ニ御自愛且御摂養被遊幾久しく天寿を保たれ候様偏ニ祈願罷在候。尊翰を拝誦して感慨転た禁すること能はさるもの有之茲に敢て蕪辞を連ねて年来御厚情の万一に酬ゆる次第に有之候。小生の衷情何卒言外に御推読被遊度此段奉希候。　敬具

二月一日　青木得三

伊沢尊台侍史

〔註〕封筒表　豊島区西巣鴨二ノ二五一七　伊沢多喜男様煩親展。同裏　渋谷区千駄ヶ谷一ノ五六二　青木得三　二月一日。年は消印による。

明石照男

1　昭和(21)年1月8日

拝啓　新春益御勇健目出度奉賀候。陳者過般ハ御懇書を賜はり忝く且つ恐縮仕候。御書中御申聞の会派ノ件ハ昨日次田氏ニ此儀相談致候処同氏ハ同和会へとの事被申候。暫く相考可申候。然る処小生東拓の参与理事を致居申候関係上或ハ近々所謂貴族院より追放さるゝ中ニ入り可申此儀御高(ママ)万願上候。右御厚礼申上旁得貴意度如此御座候。　敬具

一月八日　明石照男

伊沢老台侍史

〔註〕封筒表　静岡県伊東町松原中村別荘　伊沢多喜男様親展。同裏　神奈川県大磯町東小磯五六七　明石照男。年は内容による。

明石元長

1　昭和20年7月26日

謹啓　時下愈々御清穆ニ被為在候段大慶至極ニ奉存候。先般東京御邸宅御焼失の趣残念の至ニ有之併し御身御安泰何よりの御事と慶祝仕候。拙宅も五月二十五日戦火を蒙り目下内藤家ニ寄宿罷在候。予ねて覚悟の上にて内藤家ノ一屋残りたるハ誠ニ難有ことに存居候。先日御伝言難有存上候。実ハ先般来是非拝眉御高話拝聴仕度存居候次第に有之御垂示の如く軽井沢人士に接すると共ニ風光を賞するの余裕も得度念願罷在候。只兎角身辺の雑事ニ追はれ何のお役にも立たざるに拘らず何やら国家の事が心配に相成り東京にうろ〳〵致居候。御厚情誠に難有その内是非参上可仕候。小生最近の心境ハ貴族院議員も抜け出し華族も抜け出し森羅万象無ニ帰したるが如き心地致居候。併し修養未熟にして怒りっぽきことは一向進歩致さず反省罷在候。これからの日本ハ鎖国的耐乏生活武士道教育武士道精神これを復活維持し得れば国運興隆疑ひなしと存候。嘗って御教示のこと思ひ出し居候。

時局特ニ重大の時期に際会の昨今切ニ御自愛の程為邦家奉祈候。

先ハ御無沙汰御詫旁々御礼迄如斯御座候。　敬具

七月二十六日　明石元長

伊沢先生座下

〔註〕封筒表　長野県軽井沢町旧軽井沢一〇三二　伊沢多喜男閣下侍史。同裏　東京都四谷区内藤町一内藤方　明石元長。年は消印による。

2　昭和22年2月2日

前略　過日ハ御懇示難有奉存候。

其の後某党より参議院にて後援致度旨好意的勧誘有之候も考慮の結果所信通り衆議院より顔を洗って出直すことに決意敢へて政治の本道を邁進致度この方は断り申候。未だ確たる成算無之候も何とか最少限の費用を調達猪突する覚悟ニ御座候。何卒何かと御援助相仰ぎ度奉悃願候。

尚楢橋氏とは更ニ懇談を了し政治的進退を共にすることに話し合ひ仕候。楢橋氏の立場もあり小生の所信よりするも暫く無所属にて選挙にのぞむつもりに有之候。別段資金の点は話し合ひを不致候。

拝眉の上御教示相仰ぎ度きことも多々有之候も数日中一度帰省致す心算ニ有之不取敢以書中御報告旁々御後援の程御依頼申上候。

選挙区ハ福岡一区に御座候。　　敬具

二月二日　　明石元長

伊沢多喜男閣下

〔註〕封筒表　静岡県伊東町駅前中村別荘　伊沢多喜男閣下親展。同裏　東京杉並区井荻町一ノ四一　明石元長。年は消印による。

3　昭和　年2月10日

謹啓　刀折れ矢尽き疲労困憊の末御垂示の如く不可能を可能ならしめんとする努力ハ遂ニ苦盃を喫し申候。
至誠通せズ慨然たるもの有之候。幸ひに先輩同志の御高教ニより犬死の一歩手前ニ踏み止まり申候。去り乍らこの期ニ及んで尚正気躍動せズ時局の前途暗澹を痛感致居候。貴院の実相ニ至つてハ深刻の体験を得万感有之候も何れ拝眉の上御報告可申上候。　　匆々謹言

二月十日　　明石元長

伊沢先生座下

〔註〕封筒表　豊島区西巣鴨二丁目二五一七　伊沢多喜男閣下内展。同裏　中野区仲町二七　明石元長。昭和　年2月19日付明石元長宛伊沢多喜男書翰を同封。

縣　忍

1　大正6年8月14日

拝呈　残暑尚厳敷御座候処益々御清康之段奉大賀候。其後ハ久々御無沙汰仕り御海容被下度候。扨御垂示の件別紙取調書封入致候間御高覧被下度願上候。尚不備の点有之候ハヾ御示し被下度早速取調御報告可申上候。調書中前回の分と致候ハ本件ニ就て曩ニ調査致候事有之趣御来示ニつき当時の状況一応取調候処内容不明に就き前回調査せし者ニ重

ねて内偵せしめし分を前回の分と致置候次第に有之候間御了承被下度候。今回の分と致せしハ別人ニ内偵せしめしものに有之候。

時節柄御身御大切に可被遊候。　草々頓首

八月十四日　縣忍

伊沢多喜男殿侍史

〔註〕封筒表　東京市外巣鴨村宮仲　伊沢多喜男殿親展。同裏　神戸市中山手通官舎　縣忍　大正六年八月十七日。「別紙」なし。

秋元春朝

1　昭和11年8月22日

昭和十一年八月二十二日

今年は是非一度遊ひに来てくれ。昨日は近衛公が来た。

草電で来るなら吾妻駅で下車してくれ。

(旧軽駅長を通して吾妻駅長迄何時に着くと電話を依頼してくれ)。

自働車で来るなら峯の茶屋鬼押出岩を通り北軽井沢村（法政大学村）を経て吾妻駅の手前に門柱があるから右に入ればよろし。

友人でも誘ひ是非来てくれ給へ。

群馬県吾妻郡応桑草津電鉄吾妻駅気付　秋元

〔註〕封筒表　伊沢大兄　秋元。「秋元春朝」。同裏　軽井沢町旧宿旅館つるや。

安達謙蔵

1　昭和6年11月14日

拝啓　長女死去に付態々御吊詞を辱ふし御厚情奉深謝候。扨先日大浦氏御往訪之折小生養嗣子就職之件に付同氏より老台に御高配を依頼せられ候由拝承致申候。就ては甚恐縮千万に候へ共可然御推薦願入申候。尤も養子大学卒業之成績は平均点七十点三分にして性格ハ堅実の質に有之候。茲に露骨に其人物之長短の概約を披陳して御参考に資し申候。又別紙履歴書封入致置候間御落手被下度候。先願用迄中縮度匆略如此ニ御座候。　粛具

十一月十四日　謙

伊沢老台侍史

尚明日当地を引払帰京し来二十一日より郷里に向け出発月末帰京之筈ニ心組居候。

〔註〕封筒表　東京市外巣鴨村字宮仲　伊沢多喜男殿台下。「養子就職ノ件」。同裏　鎌倉町稲瀬川　安達謙蔵。年は消印による。「別紙」なし。

安倍能成

1 昭和 年8月20日

拝啓 過日ハ御静養之涼域に推参仕り長時間に亙りて卑説を御聞き賜り其上仁霊荘に一泊の栄を得候事誠に有難く御礼申上候。小生ハ僅かの酒にて厚顔無恥になる浅ましき人間にて色々欠礼之事も多かりし事と存候。何卒御海容願上候。帰京以来既に一週日に相成候。二三日前からの雨にて頓に秋冷を覚え候。

何れ又他日機を得て御高説を承りたく乍遅延御礼のみ申上候。乍末筆御令閨様へもよろしく御伝願上候。 敬具

八月二十日朝 安倍能成

伊沢大人侍曹

〔註〕封筒表 長野県軽井沢町旧道駅附近 伊沢多喜男様。同裏 東京市淀橋区下落合四ノ六五五 安倍能成 八月二十日。

有田八郎

1 昭和17年11月11日

拝啓 先日は拝趨意外之御馳走ニ相成厚く御礼申上候。然る二今回ハ御手紙を頂き重ねて御指教を忝うしたる事誠ニ感謝ニ不堪候。御来示之通り大東亜省之事は全く今後之運用如何ニ繫り候次第ニ付総理をして誤り無からしむる様今後共御配慮相願度候。

当今の人仮令大局ニ通する者あるも敢然所信ニ邁進する気魄ニ欠き国家興亡之関所ニ立ち乍ら曠日弥久所謂趙抗兵を談する之愚を学ふ者多きハ誠ニ長大息之至りなる事全然同感ニ有之候。只此上ハ一人ニても多く同志を求めて相共ニ所信ニ邁進する事と致度ものニ御座候。何れ其内機を見て拝芝重ねて御示教相仰度と存居り候。

若槻男伊東ニ居らるゝ折一度御訪問申上げ親しく御話承り度と存居り候ニ就てハ若し御会ひの折も有之候ハゞ不取敢小生希望之次第御伝へ置き相願度御依頼申上候。

右不取敢一筆如此ニ御座候。 敬具

昭和十七年十一月十一日 有田八郎拝

伊沢老台侍史

〔註〕封筒表 伊豆伊東松原中村別荘 伊沢多喜男様。同裏 東京市淀橋区下落合一ノ四二六 有田八郎 十七年十一月。

有吉忠一

1 大正(14)年4月22日

拝啓　御無事御帰任之由大慶の至りニ奉存候。陳者御滞京中ハ小生身上ニ関し種々御厚配被下候段難有奉謝候。其後未た何等正式之交渉に接し不申候へ共地元の方ハ兼て御話の人々の考の如く進行致居哉に被見受候処小生の件ニ付てハ依然として不明にて是又未た何等決定不致居候間御情了置被下度候。扨て御出発前電話にて御話の山崎氏之件其後直ニ安藤氏ニ面会致度交渉候処同氏近来行政整理の結果興津試験場長兼務致居其方ニ出張不在中にて乍思延引致居昨今漸く面会篤と依頼候処同氏の説によれハ今直ニ山崎氏を課長の位置ニ据ゆる事ハ到底実現ハ困難と被感るゝも普通の技師ならハ目下一人補任を要する哉ニ聞及居ニ付充分尽力可致との事ニ有之候。仍て一応貴台ニ御相談の上にて返事致度と存し決答を保留致置候処昨日観桜之御宴にて偶然河井氏ニ面会候間同氏の意見を尋ね候ニ同氏ハ必しも課長にあらす共本省勤務相叶候ハヽ結構なりとの意見ニ有之候ニ付幸安藤氏も御宴ニ参列致居候ニ付兎ニ角本省入りに付き尽力方依頼致置候間御承知被下度併し若し本件ニ関し御意見も候ハヽ至急何分之儀御申越被下度更らに右により乍不及尽力を試み可申候。右不取敢御報迄如此ニ候。　敬具

四月二十二日

忠一

伊沢老台侍史

〔註〕封筒表　台湾台北官邸　伊沢総督閣下親展。同裏　東京府代々幡町代々木大山一〇五〇　有吉忠一。年は内容による。

有吉　実

1　昭和18年4月21日

謹啓　其後御無沙汰申上平に御海容被下成度候。扨今度尼崎市長退職仕り挨拶状差上候処早速御応書拝受仕り御芳情深く感佩罷在候。在職約九年何等貢献する処無之候も就任当時人口七万二千の少都市か二回の合併に依り目下人口三十二万を算し全国都市中十一位を占むるを得候事は退職に当り責めての快心を覚え候。退職の理由は相当複雑なる事情も有之上京の砌詳細拝顔の上申上度存居候。

時下御自愛専一に被遊度右先は不取敢御礼申上度如此御座候。　敬具

有吉実

伊沢閣下仁曹

〔註〕封筒表　東京市豊島区西巣鴨二ノ二五一七　伊沢多喜男閣下親展。同裏　尼崎市竹谷町三丁目　有吉実　四月二十一日。年は消印による。

安藤七郎

1 昭和12年3月30日

謹啓 愈々御清穆奉賀候。
今回は星庫之助教養上に関しての御厚志難有拝受仕候。責任を以て教育に留意し御指示に添て御厚志に御酬ひ申度覚悟に御座候間何卒万事御指導を賜り度不取敢御礼申上候。
拝具

三月三十日 安藤七郎

伊沢多喜男閣下

追て後日の為め当方より差上へき覚書等の件に就ては後日拝眉御指図を願候事に致度申添候。

〔欄外1〕築地本願寺別院ニ於て坂田幹太君立会之上教育費として金参千円を交付せるに対する挨拶状也。

〔欄外2〕昭和十二年

〔註〕封筒表 東京市西巣鴨二ノ二五一七 伊沢多喜男閣下御親展。「川崎卓吉君遺子養育之件」。同裏 名古屋市東区東矢場町六 安藤七郎。〔欄外1・2〕は伊沢多喜男の加筆。

伊江朝助

1 昭和4年7月7日

拝啓 益御清栄奉大賀候。田中内閣倒壊浜口内閣の成立邦家ノ為慶賀此事ニ奉存候。陳ハ友人辻本正一君沖縄県内務部長在職中政友会の悪党連の為ニ倒れ目下非常に窮困ニ陥り居候得共人物ハ極直情径行の男にて候間此際何とか適当の地方官ニ就任相叶様御尽力賜り度奉希候。右乍略儀以書中御願申上度如此御座候。 頓首

七月七日 伊江朝助

伊沢先生老台

〔註〕封筒表 市外西巣鴨宮仲町二五一七 伊沢多喜男様。同裏 市外杉並町天沼五七六 伊江朝助 七月七日。年は消印による。

2 昭和17年10月11日

拝啓 昨日ハ有益なる高話を傾聴し不覚長座御邪魔申上嘸御疲労被遊候事と恐縮仕居候。昨日も一寸申上候通り批評なき社会は社会文化の退歩と確信仕居候。乍然戦時中ハ一般的ニハ差控へる事も亦不得已次第に可有之候得共上層部間殊に最高諮詢府諸公ノ政治批判ハ法規上ハ兎も角として至極必要の事と存居候。邦家非常の秋殊ニ向寒の砌一層の御自愛奉祈候。 頓首

十月十一日朝

伊沢大人閣下
伊江朝助

〔註〕封筒表　豊島区西巣鴨二ノ二五一七　伊沢多喜男閣下。同裏　中野区高根町三〇　伊江朝助　十月十二日朝。年は消印による。

3　昭和(20)年8月25日

拝復　益御健勝奉賀候。只今御罹災御転居ノ御通知を拝し御同情ニ不堪候。小生亦御同様の運命ニ遭ひ家族ノ疎開等々に忙殺せられて遂御無音申上失礼仕居候。
大東亜戦争も最悪ノ場面に陥り金甌無欠ノ国体ニ瑕疵を留め痛恨の極ミに御座候。乍然幸聖天子上ニ在しますありけくは明治維新当時の西郷木戸大久保ノ如き補弼の偉人ノ再来を俟つ事切なるもの有之候。君国復興ノ為一層の御尽瘁奉祈候。尚残暑ノ候御自愛可被下候。
頓首
八月二十五日
伊江朝助
伊沢老閣下

〔註〕封筒表　長野県北佐久郡沢町旧軽井沢一〇三二　伊沢多喜男閣下貴酬。同裏　東京都中野区上高田二ノ三四七　伊江朝助。年は内容による。

池田成彬

1　昭和21年6月2日

拝啓　初夏之候益御清適奉慶賀候。偖昨年十二月小生一身上に関し問題相醸候節は早速御慰問を辱ふし又今回疑雲一掃不起訴と相成候に就ては御鄭重なる御祝詞を蒙り返す々々の御高情誠に感謝の至に不堪厚く御礼申上候。不取敢乍略義書中御挨拶のみ申上度如此御座候。
草々頓首
昭和二十一年六月二日大磯にて
池田成彬
伊沢老閣侍史

〔註〕封筒表　静岡県伊東町中村別荘　伊沢多喜男閣下。「保存」。同裏　神奈川県大磯町西小磯　池田成彬。

池田秀雄

1　昭和17年4月24日

粛啓　御手紙難有拝見仕り候。病床中とありて案じ居り候処愚妻よりの電話によれば神経痛にて御困臥の由其の際弁士の件につき無理なる御願申上げ今更申訳無之候。其の際にも拘らず戸田、宇賀両氏御差向け下され御礼の申様も無之候。
一寸驚き候事は小生の親友諸岡医学博士最初の演説会にて口をすべらし以後応援演説を差止められ困却仕り候まゝ電

報にて御願申したる次第にて候。其の後の情勢は順当にして悲観する必要無之と存じ候。此の上は楽観もせず悲観もせず善戦する覚悟にて有之候。何卒おからだ御大事に願上候。令夫人様に宜く御鳳声願上候。　拝具

四月二十四日　池田秀雄

伊沢先生

〔註〕封筒表　東京市豊島区西巣鴨二ノ二五一七　伊沢多喜男閣下親展。同裏　佐賀市松原町曙旅館　池田秀雄。年は消印による。

2　昭和23年2月15日

拝啓　先日は非常に御歓待にあづかり且つ御宿までさせて頂き御礼の申様も無之ひたすら感激罷在り候。さて其の後田中耕太郎氏事務所二三回訪問致候も面会の機なく時日を空く遷延せんも心苦く候間御紹介状持参去る木曜日中村政（正）雄氏を訪問面会仕り候。会談は先日御思召を承りし趣旨により中村家父子の先生に対する厚意を感謝すると共に今回伊東の別荘を寮に売却せらるゝも先生の御住居は従前の通りとし猶ほ将来も従来通り後援を願ひたしとの御趣意は如何なるものにて候や先生は松尾鉱山は国家的事業なれば大に張り切つて援助せんとの考なれど一文も身に着くる考なきも相当の費用を要すべしと思はれるがと申候処中村氏は伊沢先生は父の時代より御世話に相成りたれば東京の御自宅も焼けたる事なれば悠々自適晩年を送られ事《ママ》をのみ念とし御老体なれば別に仕事の御世話の事は考へざりしも先生に於て左様の御思召ならば猶ほ考へ見んとの事にて有之小生は御一考を乞ふとて暇を告げ申候。猶ほ中村氏は近日直接御目にかかりに伺ふとの事にて有之候。之は先づ第一回の偵察として右御報告申上置候間何なりと御指図下され度願上候。先は御報告まで。
令夫人様へ宜く御鳳声願上候。　拝具

二月十五日

伊沢多喜男先生

〔註〕封筒表　静岡県伊東市松原区中村別荘　伊沢多喜男様。同裏　東京都目黒区上目黒四ノ二一二二　池田秀雄。年は消印による。

池田　宏

1　大正7年1月1日

拝啓　御揃益御機嫌克新年を此ニ迎へ被遊候御事と奉大賀候。
旧年中ハ何かと御庇護ニ預り難有御礼申上候。本年は倍前之御引立を賜はり度奉懇願候。

客臘中御心配相懸け候大阪柴田君よりの辞表は同君の強いての懇望ニ依り前任大久保氏より取次かれたるは事実ニ御座候得共大久保氏より水野次官へ宛て辞表却下相成候様懇請あり尤も其懇請の有無ニ係らす柴田氏の措置頗機宜を得何等誤錯なかりしのみならす日夜精勤非常の勲労は内外斉しく認識する所ニ有之局長以上ニ於ても能く御承知之事ニ有之柴田氏へは軽挙を警め置候処其翌日ニ至り同氏より電報ニて辞意聴許相成候様配慮致す可き旨小生まて申越候。然るに素より同君の去るを許さゝる事情も有之候ニつき小橋局長を経て委細愚見開陳致置候。右之次第極内々ニ御承知置奉願上候。

草々敬具

一月一日

池田宏

伊沢多喜男閣下

〔註〕封筒表〔欠〕巣鴨宮仲　伊沢多喜男閣下必親展。同裏　東京青山原宿　池田宏。年は消印による。

2　年月日不詳

啓上仕候。時下御揃益々御壮栄奉大賀候。陳者今日は御心に懸けさせられ感銘深き御懇書を賜ハり何とも難有謹みて御礼申上候。

新聞には維新政府の顧問として赴任致候様に伝へられ居候得共之は間違にして唯現地よりの懇請黙し難く時々彼地に渡船して相談に応する程度に有之全く名誉職として時局下に在る国民としての応分之奉仕を致し度と存居候のみに御座候。

併かし御訓言は正さに小生の拳々服膺致度と存居候処に有之来月初旬には一寸帰京の予定に致居候間其節は拝趨御指導を仰き度と存居候へとも出発前には御礼の為め参上の時間を得難く乍失礼寸楮御挨拶申上度如斯に御座候。

乍末筆不順の節折角御自愛専一に奉祈候。

敬具

池田宏

伊沢多喜男閣下

〔註〕封筒欠。

生駒高常

1　昭和6年8月13日

拝啓　過日立山方面週日の山旅の帰路錦地ニ於て御深切なる御高配を辱ふし文化の恵沢ニ加へて更ニ一日林間の幽趣を味ひ清涼なる安息を得申候段幾重ニも御礼申上候。

帰京後暑熱裡ニ各外地の行政整理問題等有之相当混雑いたし居候。堀切次官ニハ早速貴旨相伝へ置候。或ハ出遊せらるゝこと御困難の様子かと存ぜられ候。小河君ハ目下朝鮮

出張中ニ御座候。先ハ不敢取御厚礼申上度如斯御座候。　頓首

八月十三日　　生駒高常

伊沢多喜男様

〔註〕封筒表　長野県軽井沢　伊沢多喜男様平安。同裏　東京市外玉川村奥沢五九七　生駒高常。年は消印による。

2　昭和9年9月4日

拝啓　在満機構問題ニ付てハ為邦家御高慮を辱ふし感激ニ不勝候。

昨日ハ法制局ニ於て拓務省案を説明致候事ハ大場局長より御聴取被下候事と奉存候。本日翰長より次官への電話ニ基き明日午前十時陸軍省ニ於て橋本次官ニ対し小官及課長一名位ニて懇談致す事と相成候。但し陸相が先日首相ニ対し一、整備案促進方、二、陸軍案を妥当と認むる事を力説せられ首相は数日の猶予を求めその結果三省局課長会議の計画も進められたる事情ニ鑑み大臣の間の促進とハ別箇の意味ニ於て陸軍次官ニ会見することゝ相成候次第ニ御座候。尚本日首相ハ坪上次官より昨日の会見の経過を説明致候ところ拓相ハ出来る丈筋を立てゝ解決し度き積りなるも陸軍は現地ニ於て現在有する権限ハ之を放さゞる上更ニ満鉄等の支配をも握らんとする意向ニて逼り来る情勢なり云々と聊か心細くとれる御話有之候。尚本日陸軍省満蒙班の一将校他用ニて来省の際当省の一課長より何故拓務を排除せんとするかと問ひたるに別ニ人ニ付て彼是云ふニハ非す只拓務ニ政党の力の入り来る虞大なるを警戒する也と申せし由ニ御座候。

明日会見の際ニハ充分陸軍の真意を確かむる積りニ御座候も大場局長今朝出立後の情況御報告申上候。　敬具

九月四日　　生駒高常

伊沢多喜男様玉案下

〔註〕封筒表　信州軽井沢　伊沢多喜男様御直披。同裏　東京市世田谷区玉川奥沢町二ノ五九七　生駒高常。年は消印による。

3　昭和11年9月4日

拝啓　先日参上仕候節ハ種々御懇諭を賜ハり洵ニ難有奉存候。其際御話有之候台湾総督ニ関する事ハ昨三日官邸ニ於て拓務大臣ニ御面会致候際確かに御伝へ致置候。拓務大臣も洵ニよき御注意と思ふ故小林総督ニ御話致すべき旨申されの候。

上京後香坂氏邸ニ於て又日本クラブニ於て香坂氏及田沢氏ニ御遇ひ致し御懇切なる御話有之小生ハ地方ニ於ける仕事

の状況を申上け今直ちニ日本青年館ニ入る事能ハざる事情申上候へ共尚一度後藤様ニ御目ニかゝられ度旨申され候ニ付昨夜九時二十分着ニて軽井沢ニ於て後藤様を御訪ね致、夜半急行ニて帰沢仕候。結局此際ハ今少しく地方官を続け度心算ニ御座候。再三再考方御勧告を被り深く感激致居候次第ニ御座候へ共以書面右の旨更ニ申上ぐるの止むなき次第と存居候。

残暑尚きひしき折柄益々御壮康之程祈上候。　頓首

九月四日　生駒高常

伊沢多喜男様玉案下

〔註〕封筒表　長野県軽井沢　伊沢多喜男様御直披。同裏　金沢市上柿木畠一　生駒高常。年は消印による。

4　昭和12年8月6日

拝啓　先日拝眉の節ハ身上の件ニつき御懇切なる御高配を頂き恐縮且ツ感佩の至りニ奉存候。公社創立委員ニも昨日附ニて任命を受け候由ニ有之尚偶然聞知致候ところニよれハ公社側より受くるものハ青年団方面よりのものを全部辞退するも支障なき程度のものゝ如くに御座候条御休慮の程願上候。

右御厚礼旁々御報告申上度如斯御座候。　頓首

八月六日朝　生駒高常

伊沢多喜男様玉案下

〔註〕封筒表　豊島区西巣鴨二丁目二五一七　伊沢多喜男様御直披。同裏　世田谷区玉川奥沢町二ノ五九七　生駒高常。年は消印による。

伊沢修二

1　明治43年2月21日

再度之貴翰披見致候。偖乙女婚嫁ニ付過分之金員御贈与被下誠ニ辱く存じ候。愈三月十日ニ結婚と決定致候。右ニ就ては頗ル六ケ布事情有之候へ共百難を排して決行致度呉振麟之精神ニ有之至誠之情如何ニも敬服ニ値すべく此点ニ於ては毫も疑ふべき余地も無之趣形式上ニ於てハ何分用捨して両人之願望を達せしむべき事と決心致候。右之次第ニ付婚式ハ総て質素なる日本式とし親族之外ハ何人も婚席ニ列せしめざる事ニ致候。且又其結婚も大森なる稲畑別荘之見込ニ候へ共時期切迫する迄ハ稲畑へも頼議せざる積りニ御座候。呉振麟ハ何事を犠牲としても此一大事ハ遂行すべき決心ニてこれが為メ外交官を退くに到るべき哉と存じ候。右等之事情御含置被下前広ニ他ニ吹聴せざる様御注意被下度候。

一　例之原案執行も御見込之通ニ相運候事欣喜之至ニ候。先日平田内相ニ面会之節同氏よりも懇々談話有之愛媛へ其許を赴任せしめしハ全く内相自身より頼ミたる次第ニ付どこ迄も保護可致ニ付一ケ年間位ハ面倒ニても耐忍を望む云々と頗ル打解けて内話有之候。右御含迄ニ申入置候。又煙害問題之請願ハ周桑之方ハ調査未了ニ葬り去り越智郡之方採択可相成と存じ候。これハ昨年も既ニ採択相成居候ニ付不採択ニも成り兼候事とも承知相成度候。

一　立花も逐々快方ニて短時間之応接ニハ殆ど間違なき迄ニなり候。一週間程前よりハ呉博士も加ハり陸軍々医も共ニ治療ニ従事致居万事遺憾なく相運居候間御安心相成度候。

右要件而已。　　　　　　　　　　　　匆々

二月二十一日　　　　　　　　　　　兄より

多喜男殿

〔註〕封筒表　松山市知事官邸　伊沢多喜男殿親展。同裏　東京市小石川区小日向第六三町。年は消印による。

2　1月4日

懇篤之来書ニ接し深謝之至ニ御座候。拙生年来之宿癖今更悔悟往事ハ不得止来時は猶期すべし。実は先夜大ニ感悟する所あり。翌朝直ニ出発佐々木先生ニ面会之上其来意の全く我頭の治療を請ふニ在るを以てし先生之開示ニより大ニ得たる所あり。今年よりは昔日の修二ニ非るものと御承知被下度。今年の年始状中吾弟の書状ほどうれしきものはなき心地致候。

しづ浦ニてよめる

浦わの波たゝず

名にしおふしづの

霞こめたり沖も

磯辺も

一月四日　　　　　　　　　　　　　　修

多喜男殿

二白　旅費として一円封入致し置候。

〔註〕封筒欠。

3　2月4日

貴墨拝誦。不相変無事ニ奉務珍重之至ニ御座候。小生も碌々勤勉致居候間御安神可被下候。偖奉職地之事ニ就ては毎々彼是被申越候へ共甚以不得其意儀と存じ候。元来官吏たるものハ一旦いづれニなりと奉職致候上ハ其処ニ在りて孜々勤功を積ミ自ら人々の信用を得てこそ好位置ニも進む

ことを得べき歟。当時の若年輩のやゝもすればバ運動などゝ唱へ彼是奔走致候事ハ誠ニ片腹痛き次第ニて到底ろくなことの出来べき道理なし。以後改心現時の職ニよく勤むるハ他日好位置ニ到ルの礎なりと覚悟ヲ定め可被成候。

一　母上へ之奉養金于今信三郎よりも其方よりも一切致さゞる趣ニて東上致せり。必死之書状到来致誠ニ遺憾之至ニ御座候。右は出立前信三郎へも篤と申聞置候次第ニて今更不都合有之候ハ何歟行違ニても可有之歟誠ニ案外無限候。其方よりも以後毎々五円宛必ズ時期を誤らず送金致奉養の道を尽される様可被成候。万一難行届儀ニ候ハヽ、其理由小生迄速ニ可被申越候。唯約束致候事を実行せざるニ就てハ言語仝断と申外無之候。

右要件而已如此ニ御座候。

二月四日　　修二

多喜男殿

〔註〕封筒欠。

4　3月23日

前略　別紙署名之森田義郎ハ永らく雑誌日本人ニ執筆致居り人物ハ賢確ニして国学ニ通じ居有為の為人ニ有之候。時ニ奇矯の行アリ奇禍ニ罹りし事も有之候へ共誠ニ心情愛スベキ者ニて老生も大ニ信任致候次第ニ付御熟考の上本人之素望相達し候様御措置被下候ハヽ、本懐之至ニ候。　匆々

三月二十三日　　修二

多喜男殿

〔註〕封筒欠。「別紙」なし。

伊沢多喜男執事

1　6月23日

本日までの御留守中来訪者、電話を申上げます。

六月十一日	来訪	高橋慎一郎	御主人様おいでですか。小石川の楽石社に此の本「日清字音鑑」が有りましたから御主人様に御目にかける為に持って参りました。又いづれ編集の時にはお借りすることになると思ひますが一応御目にかけて下さい。
十二日	来訪	須佐建啓	御主人様おいでですか。こちらえ出て来ましたので一寸御目にかかり度いと思ひましたが、それでは御帰りになられましたら私が御伺ひしました事をお伝へ下さい。
同日	電話	畑市次郎	先生おいでですか。何日頃御帰りですか。では又。
十三日	来訪	本田忠男	御主人様おいでですか。東京へ出て来ましたので御挨拶に上りました。御帰りになられましたら宜しく申上げて下さい。
同日	電話	長野県代議士 小野秀一	御主人様おいでですか。何日頃御帰りですか。では又電話します。
十四日	電話	山中義貞	御主人様は唯今東京においでですか。何日頃御帰りの御予定ですか。議会が終つて御主人様がまだ御帰りになりません様でしたら伊東の方へ御伺ひしたいと思つて居ります。
十五日	電話	小野八千代	御主人様おいでですか。一寸御伺ひしたいと思ひましたが、それでは又。
十六日	電話	木下信 御令夫人	(十六日御奥様来訪) 閣下おいでですか。何日頃御帰ですか。
同日	電話	戸田千葉様より 御紹介 鈴木キヨウケン	御主人様おいでですか。御目にかゝり度いと思っていますが何日頃御帰りですか。では又、来週の火曜日頃電話します。
十七日	電話	日本窒素 市川様	御主人様おいでですか。何日頃御帰りですか。では、伊東の電話番号を教えて下さい。

十八日	電話	山中義貞	御主人様はまだ伊東ですか。伊東の電話番号を教えて下さい。
同日	電話	伊原五郎兵衛	先生は唯今東京ですか、伊東ですか。何日頃御帰りですか。
十九日	電話	坂野鉄次郎	御主人様おいでですか。一寸御伺ひしようかと思ひましたが、用事が有って今晩帰りますから御帰りになられましたら宜しくお伝へ下さい。
二十日	来訪	有吉実	今度此方へ移って来ましたので御挨拶に上りました。御帰りになられましたら宜しく。
同日	来訪	岩武照彦	一寸此方へ参りましたから御挨拶に上りました。御帰りになられましたら宜しくお伝へ下さい。
二十一日	電話	羽田武嗣郎	御主人様おいでですか。何日頃御帰りですか。
同日	電話	蔡培火	先生おいでですか。では又電話します。
同日	電話	宮本吉太郎	御主人様御在宅ですか。どちらへおいでですか。では又。
二十二日	電話	小林光政	先生は唯今どちらですか。
同日	電話	小林次郎	先生おいでですか。何日頃御帰りですか。では、どうも有難たう。
同日	電話	江野沢様	御主人おいでですか。御主人様が私に会ひ度と言って居られる、と云ふことを小林次郎様から伺ひましたので電話をしました。それでは又電話します。
同日	来訪	中村房次郎様	御主人様おいでですか。伊東の別荘のことに付いてお話致し度いと思って参りました。それでは又伊東の方へ御伺ひ致しますかも知れません。
同日	来訪	代理相沢様 後藤文夫	御主人様おいでですか。明日枢密院の方が有るから、おいでになるかと思ひまして一寸御伺ひ致しました。それでは宜しく申上げて下さい。

〔註〕封筒表　静岡県伊東町松原中村別荘　伊沢多喜男様。同裏　東京市豊島区西巣鴨二の二五一七　伊沢多喜男執事　六月二十三日。

伊沢富次郎

1　明治29年6月4日

其後ハ意外ノ御疎遠ニ打過候処先以不相替御精勤之趣奉大賀候。偖小生台湾行キニ付種々運動之結果彼地へハ何時参リテモ宜敷様相成居候得共宮城病院ノ方何分面白不参困入申候。其儀ハ他ニアラズ小生モ仙台へ赴任以来既ニ足掛ケ十四年ト相成リ特別ノ効労モナケレドモ又著ルシキ失策モナケレバ若シ辞職ノ暁ニハ一時賜金三ケ月分（判任待遇ハ五ケ年以上勤続シテ其資格ヲ得ルモノナレバ）下渡サル、モノト心得居候処院長ノ言ハル、ニハ病院ノ都合ニテ諭旨免官スレバ兎ニ角自己ノ都合ナレバ如何ナル事情アルモ下渡スコトナラスト申渡サレタリ。ナル程表向キハ院長ノ議論通リナレドモ大概ノ役所ナレバ其長官ガ諭旨免官位ニ取計ヒ呉ル、ハ当然ナレド当院長ニ限リ其手続ニ致し呉レズ候ニ付去月十日酒匂吾母ヨリ病気危篤ノ電報ヲ打モラヒ去月二十三日其期限ノ切ル、際自己ノ病気ヲ申立テ診断書ヲ副ヘ差出シ願書本月十二日迄当地ニ滞留スルコトヲ許可サレタリ。最初ノ考ヘニテハ余リ長ク欠勤スレバ必ス諭旨免官ニナルコトト心得候処未ダニ其運ビニ不参誠ニ困入申候。併し今トナリ辞職スルモ余リ残念ノ至リニ付先方ヨリ諭旨免官トナル迄何日ニテモ診断書ヲ差出置ク考ヘナレド一般ノ官吏ト異リ判任待遇ナレバ其効力ナキモノニヤ。御地ニモ定メテ県立病院モ有之候事故地方税ヨリ支弁スル判任待遇病院吏員ノ資格有無御面到ナガラ至急御取調べ御郵送被下度願上候。尤モ当病院吏員ニハ恩給基金モ製艦費モ差出シ不申候間左様御承知被下度候。　早々不一

六月四日　冨次郎拝

多喜男殿貴下

〔註〕封筒表　愛知県名古屋市チカラ町三丁目横井方　伊沢多喜男殿至急。「台湾へ赴任ノ件」。同裏　東京府下王子村岡沢方　伊沢冨次郎　六月四日午后五、三〇。年は消印による。

石井菊次郎

1　大正13年10月24日

拝啓　益御清適奉賀候。

先般聯盟総会のためゼネバ府滞在中御栄任ノ吉報に接し欣躍罷在候も当時内外多忙之ため賀詞ヲ呈するの機ヲ逸し申候。蕃族ヲ治ムルニハ蛮雄ヲ要ス。今般ノ御就任ハ如何にも適当ト為邦家喜ひ居ル所ニ御座候。二十年前湯遊ヲ試たる台湾ハ其後驚く可き発展ト承リ及候得バ定めて立派なるトハ存候得共一タン内地ニ進メハ怪腕ヲ振ふの余地ハ満々たるもの可有之括（ママ）目して整全ノ美績ヲ御待申居候。鴉牙会議之為メ賀来氏両三日中渡来ノ由ニ付御近況ヲ親しく聴取し得ルならんト存候。英土ノ事局急ヲ告ケ候タメ臨時聯盟理事会ヲブラッセル府ニ開くことヽ相成小生明後日出発之已ムナキニ至リタルニツキ或ハ行違ヒ面会不相叶哉も難斗候。

乍延引祝詞ヲ兼ネ一筆得貴意度。　草々頓首

十月二十四日

伊沢老台侍史

石井菊次郎

〔註〕封筒表　台湾台北　伊沢総督閣下　His Excellency T.Izawa, Formosa Japan. Ambassade du Japon 7. Avenue Hoche 年は消印による。

石井光次郎

1　昭和20年4月11日

拝啓　その後ハ打たへて御無沙汰罷在候処御左右如何あらせられ候や伺上候。小生不相変頑健此冬ハ風邪一つ引かず慌しき時局下に何彼と奔命致居候。今回の政変により下村博士入閣その跡釜に据るやう博士より内談有之候も放送事業の総元締たるにハ小生の力量足らず又一方新聞社も種々困難なる状勢下に置かれをる際逃げ出すやうな事も出来ずかた〴〵御辞退申上候。多分大橋八郎君放送協会長就任の運びに相成事と存居候。春暖の候とは申しながら尚不順の天候つゞき居候折柄一層御養生の程祈上候。断へず気にかゝりながら御伺も致さぬ御わび旁一筆申述候。　草々敬具

四月十一日　　光次郎

井《(伊)》沢先生玉案下

伊東御在住と思ひ本文認め申したところ、東京にお帰りの由、その内拝芝御機嫌伺度存じてをります。

〔註〕封筒表　豊島区西巣鴨二ノ二五一七　伊沢多喜男様親展。「世田ケ谷区宇根町七九一砧寮内」。同裏　東京市丸の内東京朝日新聞社　石井光次郎　昭和二十年四月十二日。

2　昭和(20)年5月4日

拝啓　過日の大空襲に巣鴨方面相当被害有之様承知お邸の方如何かと案じながら大阪旅行等の為め御伺致す機会を失し居候処数日前お邸及紀君宅共ニ罹災被遊候趣判明致し丁度御上京中のやう拝察何彼と御難渋なされ候事と御心配申上候。枢密院事務局にて伊東御在住の由をきゝ御無事御避難の事と存じまづ〳〵安心罷在候。小生大井の家幸ひに未だ被害無之家族共ハ昨今来大磯に疎開の為めみな〳〵元気に暮居候。乍他事御休心賜ハり度候。先ハ延引申訳なく御わび旁々御見舞まで申上候。　草々敬具

五月四日　　光次郎

伊沢様玉案下

〔註〕封筒表　静岡県伊東町松原中村別荘内　伊沢多喜男様親展。同裏　大磯町東小磯三六　石井光次郎　五月四日。年は内容による。

3　昭和22年5月17日

伊沢先生　　光次郎

五月十七日

拝啓　御元気回復被遊候事と存上候。妻木氏のこと毎日気にかゝりをり候へ共適当のところ思ひ出せず日を送り申候。この頃在福岡西日本石炭鉱業会に対し顧問又ハ嘱託にて何とか考慮願ひ度き旨申送り仝時に妻木氏にもその旨申述べをり候。お気に召さぬか先方より断はるれば又何とか致度存居候。

小生の追放問題いよ〳〵一両日中に決定発表せらるゝ筈に御座候。朝日新聞社が追放せられ小生ハその枠内にて貫目といふ事に有之やむを得ぬ事と存候。当分引退静かに後途を策し度御指導仰ぎ度存居候。

草々頓首

〔別紙〕

謹啓　其後は御無沙汰申上候。陳ハ石井氏此度公用並に選挙の為め九州入被致候ニ付き身上の件催促の意味にハ毛頭無之候得共敬意を表する為め寸時拝眉を得度と存し同氏の行動に終始注意外出も不致其機を待ち居候得共選挙騒きにて新聞にも頓と掲載無之最后に昨二十五日久留米より自動車にて福岡に来られ夫れより門司発の急行にて御帰京の旨新紙の報ありしに依り停車場に参り相待ち候も一向其様子なく駅長に尋ね候処全然知らぬとの事終に機会を失し申候。身上の件は同氏の事なれバ充分心懸け被下居る事と存候得共何分年齢の為め捗取らぬ事と被存候。

妻木栗造

〔別紙欄外〕貴覧後御返却被下度候。

〔註〕封筒表　静岡県伊東町中村別荘　伊沢多喜男様親展。同裏　東京品川区大井金子町　石井光次郎　五月十七日。年は消印による。

4　昭和(22ヵ)年9月25日

拝啓　益々御健祥の御事と御喜び申上候。八月ハ那須に参り大いにゴルフを楽しみ申候。時に七十台を出して乃公未だをとろへずと気焔を挙げて参り候。引つゞき御地に伺ふ予定のところ何彼と雑事に逐ハれをる中に秋風の候と相成候。山の秋ハもの淋しきものに有之一そ近々伊東へお帰りの上御伺致し度と勝手にづぼらきめこみ居候。御許し被下度候。

下村氏等戦犯容疑から助かつたと喜び居候処今度ハ思ひがけなく先生の追放ときゝ嫌な気持致し候。それもこれもお会ひしていろ〳〵申上度と存居候。いつ頃下山なされ候や御伺致度ずつと長く山に御滞在なればそちらに御伺致すべく候。世界いたるところの暗雲日本の空もうつとうしい事に御座候。

草々頓首

九月二十五日　　光次郎

伊沢先生玉案下

〔註〕封筒表　長野県軽井沢町旧道　伊沢多喜男様親展。同裏　東京品川区大井金子町五八六二ノ二　石井光次郎　九月二五日。年は内容による推定。

5　昭和　年8月14日

拝啓　芳墨かたじけなく拝誦仕り候。退官追放後伊東にお伺致すつもりにて郷里の芳醇一本も用意致しをり候処何彼と機を失し申訳無御座候。明日より那須に参りゴルフ致す約束に有之帰京後必ず御伺致すべく候。

妻木氏の件尚交渉をつゞけをる向も有之候へ共色よい返事来らず恐縮に存居候。下村先生に御来示の旨伝へ候処感激致しをられ候。但し旅行ハ今尚遠慮致し度き様子に拝察致候。御健勝祈上候。

草々敬具

〔註〕封筒裏　東京品川区大井金子町五八六二ノ二　石井光次郎　八月十四日。

石垣倉治

1　昭和11年9月5日

拝啓　平素ハ其内上京もがなと存じ御無沙汰致し今更御詫の申様も無之只々御寛恕願上候。

今回総督更迭ニ伴ひ小生愈々断末魔に逢着辞意を決し前総督退官発表前辞表を提出致し置き候。然る処前総督ハ此際自分進達するより後任者ニ引継ぐが穏当なりとて携帯帰京せらるゝ筈ニ御座候。決意前御意見御伺申べき筈の処其の途ニ出てず勝手の段是れ又御寛容被下度願上候。

顧みれば渡台以来満三ケ年を過き其間全く無為曇天の日のみ送り来りたる感ありて何等御高配ニも酬へ兼ね汗顔の至りニ御座候。何卒御容し被下度願上候。縷々申上度儀も種々御座候へ共何れ拝芝の機ニ御譲り申度不取敢書中右御報告申上候。

九月五日

拝具

倉治

伊沢閣下御執事

〔註〕封筒表　東京市豊島区西巣鴨二ノ二五一七　伊沢多喜男閣下。同裏　台北市南門町官舎　石垣倉治。年は消印による。

石川重男

1　昭和6年2月12日

粛啓　貴地厳寒之砌御障りもあらせられす愈々御清穆ニ被為渉候や謹て御伺申上候。扨て先般ハぶしつけニも参館拝芝願出候処御繁用中ニも不拘特ニ貴重なる御時間を割かせられ拝眉の機会を与へられ尚小生身上ニ関する極めて露骨非礼なる願意陳情ニ対して御叱りもなく数々御懇篤なる御言葉を賜はり洵ニ身ニ余る光栄と御芳情之程感謝の至りニ不堪深く御礼申上候。数ならぬ声固より閣下の御耳を汚かすハ重々恐縮の限りとハ承知仕り候へ共小生としてハ御諭しニより暗黒の裡ニ一大光明ニ接したる心地勇気百倍此上ハ魯鈍ハ笞ち粉骨砕身至誠奉公御知遇ニ相報い度覚悟致居候。太田総督閣下も当時御私邸ニ召され種々御懇篤なる御諭旨を賜はり候ハ偏へニ閣下御推輓の結果と只管感銘罷在り候。何卒乍此上御引立御指導を賜はり度伏して奉悃願候。太田総督閣下ハ御莅任後本島中央並ニ地方ニ亙り寧日なく御視察御勉強被遊其御徳望ハ上下の深甚なる尊敬と思慕の中心と相成居候。高橋総務長官閣下も直ニ霧社の実地視察を遂けられ警察官一同ニ対し熱と力と愛と信とを鼓吹せられ多大の感動を与へ居られ候。新総督新長官を迎へ本島治安ハ微動だニせず百姓堵ニ安じ文化産業の発展ニ一路邁進し得べき事と祝福致居候次第ニ有之、霧社事件の跡始末も当局其人を得処置亦適切ニして諸事着々進行総督長官も大ニ御安堵致され居候。此儀何卒御放慮被遊度御願申上候。着台以来御赴任行事ニ次て霧社ニ随行日夕雑務し忙殺罷在り茲ニ御延引謹て御懇情御祈申上度如斯御座候。時下為国家御自愛御加養之事偏へニ御祈り申上候。　恐々謹言

二月十二日

石川重男拝

伊沢閣下御侍史

〔註〕封筒表　市外北豊島郡西巣鴨二五一七　伊沢多喜男閣下御侍史。「身上之件」。同裏　台北市千歳町二ノ三八　石川重男。年は消印による。

石黒英彦・潘光楷・加藤完治・石原静三

1　昭和2年9月5日

拝啓　全島視学講習会及小公学校長講習会開催し友部の日本国民学校長加藤完治氏の来島を得て本日より開講し、午後全員百九十名芝山巌に詣づ。台湾教育即新領土教育の根本精神に触る加藤君もまた此の一行に加はり霊前に額き感慨無量の態に有之、帰途加藤君と共に更に士林庄長潘光楷氏を訪ひ伊沢先生と共に六十数年の御活動のさまを承はり奉公の一念に燃え不抜の信念の下に万難を排しつゝ新領土皇化の為めに尽されたることを一行深く感銘致候。こゝに遙に一筆申上候。　再拝

二五八七、九、六《ママ》

石黒英彦

伊沢閣下御侍史

謹啓　本日意外ニ貴人ノ御来訪ヲ辱シ種々御懇談ヲ賜ハリ

光栄と存ます。

三十年前芝山岩在学当時ノ旧事ニ就き御下問ありて当時故伊沢恩師並ニ六氏先生ニ直接教ヲ受タル不肖ハ実ニ感慨無量ノコト又当時ノ実況ヲ陳上ノ光栄ヲ有シ感謝スル次第デ御座イマス。

昭和二年九月五日

台北州下士林庄長

伊沢修二先生台湾学務部長御在任当時第一回学生

潘光楷

伊沢師叔大人

伊沢閣下

加藤完治

未だ拝顔の栄を得ず候へ共親友石黒英彦君を通して常に閣下の御話を伺ひ居候。本日当地に参り伊沢修二先生の御教育の跡を御尋ね致し、更に士林庄長潘光楷氏を訪問し直接同氏の口より其の当時の有様を話され誠に難有、感銘に堪へず、此の地に来て大先輩の大和魂に接し思はず教育せられ申候。茲に謹んで閣下に対し御礼申上候。

台湾教育発祥之御職を奉し本日石黒局長閣下并ニ加藤先生を御案内芝山岩に参拝致しました。

士林公学校長石原静三

〔註〕封筒表　東京市外北、豊、西巣鴨二五一七　伊沢多喜男閣下。同裏　士林庄役場にて　石黒英彦　九月五日。

石田　馨

1　昭和11年8月18日

拝復　残暑難凌候処益々御清祥に被渉大慶至極に奉存候。陳者御来示の人事に関してハ仝人の経歴功績人物等小生としても充分之を認め居候事ニて今回のことは寔に心苦しき事無此上存候へとも全般に亙る人事関係上万已むを得さる仕儀御諒察を相願ふ外無之候。尚仝人の今後に付てハ出来得る限りその希望を相達し申候様過日来極力努力致居候。未たその結果を明確に致し得さる事情に候へども引続き尽力可致候。乍恐縮閣下に於かせられても何卒その辺御含の上可然御尽瘁を賜はり候へハ幸甚至極に可存候。乍略儀不取敢貴酬旁、時下御自愛専一に奉祈上候。　再具

尚々本件は已に内申済にて手続進行中に有之候間不悪御諒承被下度候。

十八日

馨

伊沢閣下侍者

〔註〕封筒表　長野県軽井沢　伊沢多喜男様御直披。同裏　東京市麹町

区隼町官舎　石田馨。年月は消印による。

2　昭和11年9月14日

拝復　益々御清祥奉賀候。宮沢氏の件本人の希望相達せられ安心致し候。右に関してハ種々御配慮給はり候事と小生よりも御厚礼申上候。時下御自愛祈上候。　頓首

九月十四日　　馨

伊沢賢台侍史

〔註〕封筒表　信州軽井沢一〇三二　伊沢多喜男様。同裏　麹町区隼町一三　石田馨。年は消印による。昭和(11)年8月13日付石田馨宛伊沢多喜男書翰を同封。

石原健三

1　昭和2年4月15日

拝啓　過日は推参御馳走ニ相成り拝謝ニ不堪候。さて昨日塚本書記官長より今朝首相官舎ニ参り呉度旨電話有之候処片岡直輝弔問之為早朝下阪之筈ニ付相断り出立致候ニ途中特使之者汽車中ニて塚本氏書状持参其文意は

枢府欠員之中一名丈け至急補任すること丶し首相枢相相談之上小生推挙致度是非共承諾可致電報ニて返答を求むとの言ニ候ニ付小生は十七日には帰京之積ニ付其上ニ相願度尤も差逼りたる事情もあるならば拝諾致事ニ御承知相成度由返書特使ニ相渡候。右は一応御意見も相承り候上ニて決意致度存候処何か至急を要する事情も有之哉ニ被存不取敢返答致置候次第宜敷御諒承被下度候。就は委曲は帰京拝晤ニ相譲り可申候。　不宣

四月十五日後九時　　石原生

伊沢老台

〔註〕封筒表　東京市外西巣鴨宮仲　伊沢多喜男様　於大阪　石原健三。年は消印による。

磯貝　浩

1　8月12日

粛啓　当年の炎暑ハ殊の外烈しく候処高堂御揃益御清祥之段奉慶賀候。尊台ニハ為国家極めて御大切なる御身ニ有之候へは呉々も別天地なる御別邸ニ於て十分御静養御自愛被成下度奉祈候。御心にかけられ私共選挙ニ付き御尋ねを頂きいつもなから御厚情之程忝く奉存候。御蔭を以て全く無風状態ニ有之幸の事と奉存候。何卒御安慮被下度候。先ハ

右御報告旁御礼申上候。早々拝具
八月十二日　磯貝浩
伊沢様侍史
〔註〕封筒表　長野県軽井沢別邸ニて　伊沢多喜男様侍史。同裏　名古屋市熱田　磯貝浩　八月十二日。

一木喜徳郎

1　大正(15)年7月17日

拝啓　市長就任愈々御確定市之為将又国家之為不勝慶賀候。何卒十分御静養之上全力を市政刷新に注かれ候様切望罷在候。渋谷徳三郎氏の件丸山君迄委細御話申置候間自然御耳に入候機会も可有之予め御含之程願上候。
宇高寧と申人物素早稲田政治経済科にて大隈内閣時代読売記者続て報知記者となり其後実業界に身を投し支那之企業に従事致し居最近帰朝致候者に有之小生と之交渉に於てハ従来何等不都合なく確実なる人物之様認められ候。就てハ同氏参上致候はゝ御寸暇之際御引見被下度任希望御紹介申上候。先ハ右得貴意度如斯御座候。敬具
七月十七日　喜徳郎
伊沢老台侍史
〔註〕封筒表　伊沢多喜男殿親展。同裏　宮内省　一木喜徳郎。年は内容による。

2　昭和12年5月15日

拝啓　過日御回付之草案文書堆裏に埋没ハタト失念致し居り芳翰に接して恐縮致候。即ち一二試に欄外に記し置候へ共固より空説を申すにハ無之大体原案にて結構と存候間可然御取計被下度候。草々敬具
五月十五日　喜徳郎
伊沢老兄侍曹
〔註〕封筒表　市外西巣鴨町二五一七　伊沢多喜男殿。同裏　本郷曙町七　一木喜徳郎。年は消印による。

稲畑勝太郎

1　昭和12年4月19日

拝啓　昨日電話にて申上候通御依頼之品一個石腸より御受取被下候御事と存上候。御承知之通小生も老体且つ数年前より次第に健康を損し候為事業方面も第一線より引退の方針を進め居候。随て自然社界よりも遠ざかり居候為政界ニ

関する後援等は昨年を以て打切と致居候次第に候。御依頼の品ハ貴台へ拝呈仕候間前陳之事情御諒承之上此の種のことは何卒今回を以て打切と御承知被下度候。　拝具

四月十九日　稲畑勝太郎

伊沢賢台侍史

〔註〕封筒表　東京市豊島区西巣鴨二丁目二五一七　伊沢多喜男閣下親展。同裏　京都市南禅寺福地町　稲畑勝太郎。年は消印による。

2　昭和(22)年3月17日

拝啓　益御清勝奉賀候。扨過日河井様御来阪ニ相成巻煙草御投恵を忝し有難奉謝候。老生不在ニて失礼仕候。扨貴族院も弥々解散之時機相迫申候。老生も二十三年余以御蔭議員ニ列シ最后之議会ニハ是非参列致し度今日迄汽車交通之好時期を考へ候得共期□之運ニ到ラズ意を決し両三日中ニ東上致し度と存居候。其節ニハ是非東京ニ於テ貴台及若槻先生ニも拝顔ヲ得最后之御別れも致し度候に付東都着之上ハ直ニ御一報申上候間東都ニ於テ御面会之出来候様願上度候。尚其節シロゲンも携帯差上度と存し候。先ハ右御礼旁如此候。　頓首

三月十七日　かつ太郎

伊沢盟兄侍史

乍末筆令夫人ニよろしく奉願上候。

〔註〕封筒表　静岡県田方郡伊東町松原中村別荘方　伊沢多喜男殿。同裏　京都市南禅寺　稲畑勝太郎。年は内容による。昭和　年3月18日付伊沢多喜男宛稲畑勝太郎書翰を同封。

3　昭和　年3月18日

拝啓　春暖相催候処愈御清祥之段奉大賀候。陳者河井昇三郎様へ御托し被下候煙草正に拝受仕候。時節柄洵に難得品御厚情幾重にも奉深謝候。近日中に老生上京議会に出席の予定に候。先ハ右御礼迄如斯ニ御座候。　敬具

三月十八日　稲畑勝太郎

伊沢多喜男様侍史

〔註〕封筒表　静岡県田方郡伊東町松原中村別荘内　伊沢多喜男様侍史。同裏　京都市左京区南禅寺福地町四五　稲畑勝太郎。昭和(22)年3月17日付伊沢多喜男宛稲畑勝太郎書翰に同封。

4　3月3日

拝啓　益御清栄奉賀候。然ハシロゲン御入用之旨御申越ニ相成本日幣店ニ御希望之旨通知致し置候。同支店より御受取被下度候。本品も住友化薬会社ニ権利相移し為以来手廻り兼絶対ニ商品トシテハ皆無ニ相成小生之預ケ分幾分乎御

用立可申候得共将来も入手益困難ナル旨御含ミ置被下度候。終ニ望ミ貴君の御健在ト御自愛奉祈上候。　草々頓首

三月三日　稲畑勝太郎

伊沢多喜男閣下

〔註〕封筒表　静岡県伊東町中村別荘　伊沢多喜男閣下。同裏　京都市左京区南禅寺福地町四拾五番地　稲畑勝太郎。

5　15日

拝啓　益御清勝奉賀候。御懇篤ナル尊書拝読致候。御中越之如く我国今日之有様ハ誠ニ言語ニ尽し難く明治の初年より邦家建設之為メ努力シタル我々ニ取て遺憾無之恰（ママ）も後の祭ニて不得止有様ニて晩年の老生ニ取てハ唯タ死ヲマツノミニテ誠ニ先輩ニ対シ申訳無之次第ニ御座候。従業者等も勝手ナル容求ヲ申出テ民主々義のハキ違ニてハ我国復興の見込も覚束なく老生の声前途も草々人道ト文化の為メ貢献スルヨリ外無之候。誠ニ寒心ニ不堪義ニ御座候。目下軽井沢も追々寒く相成御老体如何ト心配致し居候。御自愛専一ニ奉祈上候。河井氏ハ老生之最も信用スル人格者ニ有之敝方ニも如斯信頼る人が御世話被下事ハ天祐ト喜居候。先ハ右ニて。　草々頓首

十五日　かつ太郎

伊沢老兄侍史

令夫人ニ宜敷御伝声被下候。明年一ケ年ヲ経過スレバ明後年ハ老生八八ニ相成婆さんハ八〇ニ相成候。呵呵

〔註〕封筒表　信州軽井沢　伊沢多喜男殿。同裏　京都市左京区南禅寺福地町四拾五番地　稲畑勝太郎。

井上　英

1　昭和11年9月6日

拝啓　先日は久方振にて御温顔を拝し欣喜の至に奉存候。扨其際御賢慮相煩はし候小生一身上の問題に付ては帰京の途次車中に於て種々考慮を重ね候結果先方の申込を辞退致すへく決意帰京致候処上京中の旭川市会議員等より重ねて熱心なる懇請に接し候為め更に一二先輩の意見を聴取候結果遂に前志を翻し申込を応諾することに決意致候。

有吉副会長には小生より直接御承認を求むるの外道なしと存じ一昨四日仝氏を病床に訪問逐一衷情を披瀝し御承認を願ひ候処幸に寛大なる御取扱を蒙り感泣致候。市会議員の所には直に承諾の内意を相伝へ市会を八日又は九日に招集選挙のことに打合せ申候。御承知の通旭川市は人口十万に

満たざる一小都市に有之寒気酷烈加ふるに就任の上は小生として家庭を二箇所に構ふの不便を予想致居候へ共先日も具陳候通漠然たる将来の希望を抱き徒に現状の推移任せ却て御迷惑相かけ候事ありては如何と存じ且は運命打開の意味に於て就任の決意を相固め候次第に御座候。何卒衷情御憫察の上不悪御思召下され度切に御願申上候。何れ正式決定の上は改めて御報告可申上候へ共右不取敢御報旁御願迄如斯に御座候。乍末筆御令室に宜敷御鶴声給はり度願上候。

敬具

井上英

伊沢多喜男閣下

〔註〕封筒表　長野県軽井沢　伊沢多喜男様貴展。同裏　東京市渋谷区代々木大山町一〇七〇　井上英　九月六日。年は消印による。

井上　要

1　昭和7年10月12日

拝啓　残暑之候益御清安奉賀候。国事益多難を極め御尽瘁之段敬慕之至ニ御座候。此次之貴族院議員選挙ハ民政々友共ニ仲田伝之鯲を推し当選仕候処同人之処属ニ付種々協議も仕候へ共事情右之成行ニ付本人之希望も有之結局研究会ニ加盟之事と相成不本意ニ候へ共決定仕候間何卒御含置被下度此段申進候。　拝具

十月十二日

井上要

伊沢多喜男殿閣下

〔註〕封筒表　東京巣鴨宮仲二五一七　伊沢多喜男様。同裏　松山市外高浜　井上要　本宅松山市豊坂町。年は消印による。

井上孝哉

1　昭和11年9月3日

拝啓　昭和八年春石原武二に関し御心配相かけ御同情を蒙り候処去月二十八日東京控訴院に於て事実無根の理由を以て無罪の判決を受け昨夜上告期間満了致判決確定致候間乍憚御安心被成下度小生ハ数年間悪戦苦闘寝ても覚めても暗雲に覆はれたる如き心地にて苦辛惨憺致候処今ハ全く戦勝の気分にて昇天の意気更生の感深きもの有之候。御同情に対し不取敢御礼申上度如此御座候。　草々敬具

九月三日

井上孝哉

伊沢多喜男様

御奥様に宜敷御伝声被下度奉願候。

〔註〕封筒表　豊島区巣鴨宮仲　伊沢多喜男様。同裏　東京市渋谷区幡

ケ谷本町二ノ七四九　井上孝哉　九月三日。年は消印による。

井上準之助

1　昭和(6)年9月1日

伊沢老契侍史

九月一日　　井上準之助

拝啓　益御清健ノ段珍重ニ奉存候。偖テ経済知識ナル雑誌社ニ於テ故浜口君ノ追悼号ヲ発刊致度ク尊台之追悼ノ辞ヲ掲載致度キ由ニ付テハ近頃誠ニ御迷惑ノ御願ニ御座候得共御引見被下度候。後藤君ハ同誌ノ全責任者ニ有之小生ハ頗ル信用致居リ候間御腹蔵ナク御談話被下候ハヽ仕合ニ奉存候。先ハ御願迄如此ニ御座候。　頓首

〔註〕封筒表　伊沢老台。「井上準之助君の紹介状」。同裏　永田町官舎　井上準之助　紹介後藤登喜男君。年は内容による。

井上匡四郎

1　昭和11年4月24日

拝啓　例之件ハ其後新聞ニ依り兎ニ角無滞進捗致候様承知致安心仕候。勿論小生ハ此間の事情ニ就ては少しも存じ不申候。然し亦同時ニ市政之革正ハ望み難き儀と存居候。小生としては貴意ニ対し強て御断り致す理由も無かりしが亦進んで御請け致す自信も無く不決定に空過致御返事も申上ず不都合の儀不悪御許容願上候。然し此重任ニ対し御知遇を辱ふしたる儀は其成否は問題にあらず御高志ニ対し感謝ニ不堪候。右御詫旁御礼まで如此に御座候。　匇々不具

四月二十四日　　井上匡四郎

伊沢老台梧下

〔註〕封筒表　豊島区西巣鴨二ノ二五一七　伊沢多喜男殿侍史。同裏　東京市芝区高輪南町二八　井上匡四郎。年は消印による。

2　昭和(12)年4月30日

拝啓　小生明一日出発万国商事会議へ出席の為め西比利亜経由巴里へ直行十六日着の予定にて会議ハ十七日より開催せられ候。間ニ合ふ積りニ候。

出発前拝容を得度存候処丁度御結婚の為め御西下中の由拝承甚だ残念ニ存候。

却説その節御配慮を煩したる平生氏の日鉄会長問題ニ就ては小生製鉄界の将来より考察して多少関心を有し候為め愚考申置御考願度存候。

先日伍堂商相と懇談致候節同相の談ニ依れば平生氏の日鉄会長問題は自分としては引継事項中に属する事にて前閣時

代ニ已ニ決定せるものなり、此れは自分（伍堂）の考にては前閣にて陸軍の主張を閣内ニ於て尤も支持せる者ハ平生氏にして従て軍部の気受け甚だ宜しく同氏の就任ハ軍部の主張ニ依るものなり、陸軍の人事局長（前閣か現閣か不明）の如き殊ニ強き主張者なりとの事に候。

小生ハ勿論同氏の如き視野の偏狭なる独尊的にして且亦老令頑固なる性格は会社の現状ニ対し甚しく気遣しく且亦同氏か製（ママ）政策ニ対する特別の知識を有するとも思考せられさるニ於テは将来ニ於て亦満鉄社長と同様の弊風を醸起すべき源因ともならん注意すべきものなる事を主張致置候。

此に対し同相ハ目下中井社長か outsider との会議の際鋼管会社の白石氏等に大ニ圧迫せられ居る情勢は平生氏なれは宜しからんと思ふ等主張せられ決行の決心を示し居申候。

他方日鉄側よりの情報（主として中井、及松本健次郎）ニ依れば現閣組閣の際商相の相談ハ先きに平生氏ニ成せるか同氏ハ文部大臣の外ハ受諾せさる由を答へ伍堂氏を推挙せるか伍堂氏ハ林総理よりの交渉の際自分は商相の資格無し自分ハ飽くまで本邦の鉄政策ニ努力致し度故自分をして日鉄会長たらしめ度由を申出たる由、此れか平生氏の中済ニ依り此時伍堂氏か商相、平生氏か将来日鉄会長たる事の諒解を得たるものなる由。

中井氏ハ平生氏とは懇意なる故過日平生氏を訪問せし時に平生氏も前閣時代より交渉を受け居たる事を明言せるか自身としてはヤッテも見たし亦心配もして居ると云ふ態度なる由報告致居候。

或ハ伍堂氏との間ハ将来ニ於けるタラヒ回し的意途の不明不言の中にも存在するにあらさる哉をも疑はれ申候。

前記の如く平生氏の場合軍部の支持（軍部其者か甚だ不明なるか故ニ）が弱退せる場合は直に更迭問題を起し満鉄社長と同様の経路を辿る事に成るを深憂致候。

依て貴下より平生氏に熟慮辞退すべき御説得被下候事は本邦製鉄事業の将来を救済すべき次第と相信申候。日鉄会長の如き自ら其人あるべく伍堂氏としても小生は其人格学識より未だ其任ニあらさる事を確信致候。伍堂氏の今日あるは同氏を深く知る者も奇異の感を包くものにして一言にて申せは就任当時ある新聞の批判に読みたるか如く「よく泳ぐ」の一言ニ尽くる事と存候。

先ハ右愚考まで。八月中旬帰京候。巴里ハ Hotel Maurice, Rue de Rivoli, Paris.

四月三十日

井上匡四郎

伊沢大兄梧下

〔註〕封筒表　豊島、西巣鴨二ノ二五一七　伊沢多喜男殿親展。同裏　東京市芝区高輪南町二八　井上匡四郎。年は内容による。

3　昭和(19)年10月15日

拝啓　秋冷之候愈御清穆奉欣賀候。
過日妻死去之際ハ早速御懇篤なる御吊慰ニ預り拝謝仕候。
御蔭を以て最近ハ家庭も予想以上ニ円満ニ団欒罷在亦同人
健康も至極好良ニ経過致居候処突如脳出血の為め急逝仕候
次第に御座候。
過去之生活ニ於て永年闘争を続け来りし往時を追想し寂寥
と気の毒の感ニ打たれ居申候。
戦局ハ日々足元ニ迫り来りしの感ニ不堪候。今回之戦果ハ
未だ追加せらるべきを期待仕候も大局に於てさしたる影響
を来すべくとも考へられす依然憂慮ニ不堪相覚へ申候。要
ハ対支対蘇関係を画期的ニ善導致すより他ニ方策無きか如
く思料仕候。此儀につき宇垣老大之訪支ニつき色々噂有之
候も真相ハ帰東の後なりしは明瞭不致老大此間之機を失し
ては再起之幸運ハ絶無の事と相信申候。世界の大勢ハ独逸
の敗衰と比例して微妙なる動を現し我邦大政治家の手腕を
待望仕候。最近天候大ニ不順充分御自愛有之度祈上候。先
ハ御礼旁右まで。
匆々不具

十月十五日

井上匡四郎

伊沢老台侍史

〔註〕封筒表　長野県旧軽井沢町一〇三二　伊沢多喜男殿親展。同裏　東京都世田谷区上馬三丁目九〇四番地　井上匡四郎。年は内容による。

伊原一郎平

1　4月12日

（前欠）新ニ別紙到来候間御参考迄御高覧ニ供し申候。何れ帰国後状勢等御報申上べく候。神経痛以今全癒ニ不至運筆意ニ不任御判読被下候。
匆々頓首

四月十二日　出発ニ際して

伊原一郎平

伊沢老台御侍史

貴族院請願ハ柴田殿御努力之結果通過採択相成候得共監督局長の答弁ハ余程悲観的ニ御座候。

〔註〕封筒欠。

今松治郎

1　昭和20年8月2日

拝啓　其後御無沙汰致し居り候処先生には御壮剛に御過し被遊候哉御伺申上候。降て小生清水に寓居中の処、御承知の如き状況に有之家族を郷里に疎開せしむるに決し、同伴

帰国、目下田舎に滞在致し居り候。

此方は田舎の事故目下の処待避等の必要は無之候へ共寔は相当騒々しく七月下旬には松山、宇和島も焼曝を受け、何処が安全ともわからぬ、目下の状況に御座候。小生は今暫くこちらに蟄居致し、秋風と共に東に上り、伊豆方面に寓居致す心組に有之、其節の拝眉を楽居り申候。

現在の様に、都会と云はず、田舎と云はず落付きなくては戦勝は覚束なく、この際、民心を引立たしむる政治の必要を田舎に参つて特に痛感仕り候。

色々御不自由の事と存じ候。御用の節は署長を通じ岩沢警察部長に何なりとも御命じ被下様御願申上候。

尚呉々も御身御大切に被遊様奉祈上候。　敬具

八月二日　今松治郎拝

伊沢先生玉案下

〔註〕封筒表　〔転送先住所〕長野県軽井沢一〇三二　伊沢多喜男先生親展。同裏　愛媛県北宇和郡二名村　今松治郎　八月二日。年は消印による。

2　昭和(20)年8月22日

残暑きびしき候先生御起居如何被遊候哉伺上候。過日は戦争意外の結末をつげ遺憾此事に御座候。対ソ、対重慶に打つ手も有之しに非ざるや、鈴木前内閣の四ケ月半徒に拱手無策、罪万死に値するものと愚考仕り候。内閣総辞職にて納る事にては無之と存候。今後外交問題はもとより内に食糧問題復員問題延て治安維持等々一として大問題ならざるは無之候。新内閣果して之等の問題を片付け得らるゝや寒心に耐へず候。かゝる時こそ老人乍ら宇垣さんの出盧を求め之に清新の人材を配し時局を担当せしめる事現下の難局打開を期し得らるゝに非ずやと存ぜられ候。小生愚考の適材の一、二を挙くれば外務寺崎太郎（前アメリカ局長）、内務萱場軍蔵、文部安岡正篤、商工岸信介、農林西原亀三、運輸大麻唯男、等々多士済々に御座候。

田舎農家の空気も香しからず、なげやりの貌ちにて、如何に千石氏が百姓を煽てゝも効果薄に存ぜられ候。

九月には東上致し度存居り候処今回の終結をみ敵進駐を見るのも癪の種に存候間如何せんと考慮中に御座候。

残暑きびしく且つは気分もくさ〳〵する今日此頃、特に御自愛専一に被遊様御祈り申上候。　敬具

八月二十二日　今松治郎拝

伊沢先生玉案下

〔註〕封筒表　〔転送先住所〕長野県軽井沢一〇三二　伊沢多喜男先生親展。同裏　愛媛県北宇和郡二名村にて　今松治郎　八月二十二

日。年は内容による。

彌永克己

1　昭和(20)年6月12日

拝啓　東京御邸宅先頃御遭難之趣敵機の暴逆苦々しき限ニ御座候。併し御内方皆様御無事ニ被遊候事ハ何より御仕合ニ有之御歓申上候。其後御障はり無御座候哉御伺申上候。四月二十四日早朝之空襲ニ東京弊宅も犠牲ニ相成り併し既ニ疎開後ニて現地の危難を免れ又一部の荷物を持出して差向之生活ニ困まり不申候事ハ不幸中之幸ニ御座候。

小生ハ表記場所ニ疎開仕候。小生三女の嫁ける小平権一家の郷里ニ有之同家族疎開致候処長男帝大理学部ニ伴ふて当地ニ家を構ふる事ニ相成り二女の嫁ける安倍能成家族亦参り児女等同村ニ集合して小生共夫妻ニも一所を希望候間之ニ従ひたる次第ニ御座候。茅野駅より約二里山奥の寒村ニ有之万不便ニ有之特ニ友なきを苦痛と致候へども児孫等と日々相往来し警報を知らずニ眠り候安穏さハ当地の特典ニ候。

小生長男所有軽井沢別荘ニ付種々御配慮を賜はり奉謝候。劉明電氏には軽井沢ニ於て会見仕候。誠ニ御粗末なる茅屋ニて嘸ぞ御不便之点多かるべく候も御辛抱御利用被下候事ハ小生の本懐とする所ニ御座候。

小生其地別荘ハ松方義輔君ニ貸与致候。小生が欲する場合には何時ニても参り同居するとの条件ニ致候七八月頃の好季節には是非訪遊致度先輩旧友と会し畑の野菜ニ鼓舌する事が楽しみニ存候。

先ハ右御見舞旁々如斯御座候。　敬具

六月十二日　克己

伊沢老台玉案下

〔註〕封筒表　長野県軽井沢　伊沢多喜男様侍史。同裏　県下諏訪郡米沢村字鋳物師屋　笹岡清人方　彌永克己。年は内容による。

岩倉道倶

1　昭和5年1月6日

伊沢学兄　一月六日　岩倉道倶

拝啓　過日ハ態々御来駕多謝仕候。本日同人華族会館にて相談仕候。明日外相の説明を求むる事と相成申候。
之れは別儀に御座候。小生明日出問の通告を貴族院に仕候。題ハ「軍縮会議の七割主張について」総理外務海軍各当局に出議仕候。右申上候。

〔註〕封筒表　市外西巣鴨宮仲二五一七　伊沢多喜男様希親展。同裏

牛込区市谷仲ノ町二四　岩倉道倶。年は消印による。

2　18日

拝啓　昨日黒田君にも面談仕候結果大兄と黒田君の産業合理化委員の顔ぶれに関する御話を承り猶重ねて茲に申上るの止むなきに立ち至り候。

事ハ少しく古く候も電力統制之委員会設置之時郷男より懇嘱有之り相当重要なる会につき公正会に敢て政府より話のある時は中嶋男を推挙する様幹事連を説とくされたしとの事にて其の手配中郷男より急電にて如何なる手違か政府に於て松岡男に決定せるにつき前の中嶋推挙ハ取り消され度しと申入有之候。此の時既に松岡君の自選に非ざるやの非難を生じ申候。此間も去る日、華族会館に於て金解禁の跡始末として当然なさゞる可からざる財界の整理につき公正会有志三十名程懇談会を開き候時井上男爵より此の当面の問題につき意見のある人ハ先つ以て吾人同志の調査会に於て議をねり公正会の輿論を作り然る後に公正会の空気として政府に声援する様致され度し調査部あり吾人熱心に之れに従事せるに関せず斯る時局適切の問題につき密かに一人政府当路に進言する如きは慎まれ度しと右三十名の会合の席上述べられしは正に松岡君をさしての事に候。右二つの事情ハ確かなる事実にして小生の日本倶楽部に於ける前述と共に御熟慮下され度く候。政府として公正会の公の支持ある中嶋を排して互に私恩を売る如き関係を生じやすき疑ある松岡を取るとは賢愚言を要せざる議と存じ候。若し如何にしても松岡を取りたしとならば先以て財界よりとして中嶋を取り然る後に公正会より松岡を取らる可きと思ひ候。誠にくど〳〵しく候も有のまゝを申上候。　敬具

十八日　　岩倉道倶

伊沢老台玉机下

二白　本書ハ総理に示さるるも差支無之候。

二白　松岡氏ハ中嶋と共に公正会調査部の理事に候。

〔註〕封筒欠。

岩田宙造

1　昭和20年9月24日

内藤判事之件ニ付ては聞合せ候所御話之通り極て優秀之人物ニて本省にても希望し居候所ニ有之何れ内部之都合出来候ハヾ思召に副ふると可相成候。御含置願上候。　拝具

岩田宙造

伊沢賢台侍史

昭和二〇年九月二四日

〔註〕封筒表　長野県軽井沢一〇三二、伊沢多喜男様親展。「岩波茂雄君関係」。同裏　東京都渋谷区緑ケ丘八　岩田宙造。一枚目欠。

岩波茂雄

1　昭和20年9月14日

次田さんはマージャンや囲碁や競馬が好きで書画などは御好みでない由ですからラクダの外套地を差上げることにし議会で御会ひした時一寸御話ししましたが喜んで貰つて下さいます由近く差上げたいと存じています。ウイスキー（ジヨニウオーカーのブラツク）を先生の喜寿の御祝ひのしるし迄に差上げたいと思ひますから何卒御嘉納下さい。十一月二十四日の御誕生日に差上げたいのでありますが此の意志を成る可く早く実現しておき度いと思ひますから便宜を得しだい御届け致しておきます。御納め願ひます。

嘗て御心配願つた藤森省吾君特攻精神で知事の招聘に応じたが遂ひに亡くなりました。別に意外でもありません。新機構の新発足に於て藤森君が初代局長たりしことは教育会長野県支部に磐石の重きを為すもので之れによつて教育会の新方向は決められ教育会の妙な空気は更められ非常に短期間でしたが有意義であつたと思ひます。後は上条さん達に心配していたゞくことになると思ひます。藤森の葬儀に弔詞を読んだが読み始める頃より工合悪く今は病床の人となつています。然し医師の診断は重いとは申しません故御心配下さいませぬやう。

よくなり次第又御邪魔します。昔店にいた者に迎へられ其の家に厄介になつています。上条さん達が毎日やつて来て呉れます。

岩田さんのことに就いて御返事を御待ち致します。

九月十四日

岩波茂雄

伊沢多喜男先生御侍史

〔註〕封筒表　長野県軽井沢町　伊沢多喜男様御親展。同裏　長野市妻科一五五寺島寺治方　岩波茂雄　九月十四日。年は消印による。

2　9月7日

謹啓　残暑尚酷敷候処其後御障あらせられず候哉伺上候。

さて先般は突然参上種々御世話様に相成り候上翌日は友人まで御招き下され素晴らしき御馳走を忝うし御芳情感謝の至りに有之友人の感激も一方ならぬもの有之候。右厚く〱御礼申上候。

次に其節御話のありし高山書店は取調べし処高山書院青年書房昭光社商工行政社の四つの名称を使用して居る事実有之創立当時の経営者は誠文堂（之は相当の本屋と見られて

居るが悪質）に勤めて居た烏山鉱造と云ふ人でそれに商工省に役人をして居た高山と云ふ人か出資をして居た関係上高山書店といふ名称をつけた。烏山氏の歿後（昨年）現在は其社に編輯員をして居た人が経営に当つて居る由に候。四つの名称など用ゆる点もおかしく出版に対する理想などなく利益本位の方かと察せられ候。又小生か引立てゝ来た取次社などに時々金を借りに来た事などある由に候。右御返事相後れ申訳なく候。　拝具

九月七日　岩波茂雄

伊沢先生

〔註〕封筒表　長野県軽井沢町旧軽井沢一〇三二　伊沢多喜男様。同裏　東京神田一ツ橋二ノ三　岩波茂雄　九月七日。

宇垣一成

1　昭和17年4月27日

換舌　四月二十七日

聊か御不快之由拝承、折角御加養専一に奉存候。却説御面談御願申上候件は過般関西旅行中大阪にて老台か野口遵氏の事に関し色々と御高配を賜はり居り候趣伝承、就ては其御礼を申述へ併せて今後の処一段と宜しく御願申上度旁世間話も承はり度と存ぜし義にて別に急を要する次第にも無之候間何れ御全快後改めて貴意を得可申、先は御見舞旁御礼且御願迄如斯に御座候。　敬具

一成

伊沢老台侍史

〔註〕封筒表　東京市内豊島区西巣鴨二丁目　伊沢多喜男様直披。同裏　四谷内藤町一　宇垣一成　四月二十七日。年は消印による。

梅谷光貞

1　大正(15)年7月29日

拝復　唯今ハ御懇書難有奉深謝候。先般意外にも不祥の騒擾事件を惹起いたし候ハ小生として誠ニ重大なる責任を感じ且衷心遺憾の念を禁ずる能はさるものニ有之候。実ハ其根本原因たる警察官署廃合問題に関してハ十分慎重考慮の結果断行いたし地元民の反対殊ニ三警察署廃止地ニ於てハ特ニ其反対の強硬なるべきハ覚悟の上ニて決行いたしたる次第ニ有之候も地元陳情員等続々上京内務省又ハ政党本部等を訪問随分自分勝手の陳情を致し居る様察せられ候ニ付十分其真相を中央当局ニ明ニするの必要を感じ小生ハ六月末頃より軽微の脳貧血ニて赤十字病院長の勧めにより静養中ニして小生の上京も出来得ることならば中止せられたし

との事ニ有之候へ共責任感の上より特ニ一名の医師を帯同病を冒して上京内務省に其真相を陳述いたし置候次第ニ有之候。其際是非老台にも御面会の上事情十分ニ御話し申上度実ハ熱海迄も罷出かとも存候も病症少しく昂奮の状況ニ有之不得止総督府出張所ニ後藤総務長官を訪問面会を得て其事情を申述べ其夕刻迄に帰任静養いたしたる様の始末ニて十分ニ其真相を親敷開陳するの機会を得ざりしハ遺憾千万ニ奉存候。其後警廃問題ニ干する参考書類県会議事録警察廃合参考地図等ト一括して御参考迄ニ御手許迄ニ送附いたさしめ置候間御覧を賜はり候事と奉存候。従て警察署の整理廃合の理由ニつきてハ概要御諒解を得候事と存候。只引続きて激発せる騒擾事件につきてハ如何ニも申訳なき次第ニ存居候。実ハ其当日の県民大会并ニ民衆の示威運動ハ責任ある統率者の下ニ規律節制を重んじて之を行ひ警察当局より制限命令せる条項をも責任者に於て十分了解し責任を以て何等不穏不都合の行為なからしむるとのことニ有之其前日小生ハ特ニ警察部長に其取締状況を質問いたしたる際にも極めて規律節制を重んじて決行せらるゝ様説明を聞き申候ニ付夫ならば余りニ特別厳重なる取締を必要とせず殊に小生に対する弾該《ママ》行為なるを以て出来得るだけハ寛大の取締ニより彼等民意の暢達を十分ならしむるの誠意もあり又教育国と自称する信州人に対しての敬意もあり種々なる点よりして当日の警備を薄く致し居候ニ却りて非常なる狂暴なる行為ニ出でられ全く其予想を裏切られ候ハ誠ニ遺憾千万ニ奉存候。今ニ於てハ全く小生の不明の致す所と云ふの外なく国家ニ対しても県民ニ対しても将又中央政府に対しても全く申訳なきことゝ存じ殊ニ小生の身上に干してハ終始特別の御厚情を賜はり候老台ニ対してハ一層其感を深ふするものニ有之候。小生ハ是非可成速ニ御面会の機会を得て其真相の如何を直接御話し申上度存居候へ共騒擾当日直ニ赤十字病院に入院治療中ニ有之候様の始末ニて未だ親敷御面接の機を得ざるハ遺憾ニ存候。併負傷ハ既に全治し唯風邪併発の為め今尚軽微の発熱あり又多少脳部に鈍重の苦痛を覚え申候ニ付滞院中ニ有之候へ共今明日中ニハ退院の上自宅療養いたし其後経過の状況ニよりてハ可成速ニ上京の上総理始め内務当局に其真相を説明し其上京の途次軽井沢ニ下車老台ニ御面会の機を得度と期待いたし居候。申上度事ハ多々有之到底筆紙に尽し難く是非面会の機を期し申候。意外の事件にて非常の御心配と御高配とを煩はし候ハ重々恐縮の至りニ不堪候。事件の善後処分ニ干してハ最善の努力を試みて其収拾に遺憾なきを期し居申候。尚小生の進退ニ関してハ電報ニて内務次官迄何分の御指揮を仰く旨直ニ申送り置候次第之等の問題につきても自然特別の御考慮ニ浴することゝ存居候。宜敷御裁断の上適当なる御措置希望仕候。
尚警察署廃合理由臨時県会議事日誌并ニ廃合参考地図御手許迄再び御送り申候条御熟覧を賜はり度候。本日ハ横山勝太郎氏を始め東園、三室戸両子爵御来訪あり其他事件発生以来憲政会の斎藤隆夫、政友会の秦総務其他二三の代議士政友本党の桜内総務又貴族院の船越池田両男爵等も御来訪有之病床ニ於て多少ハ説明申上置候。右様の始末ニて詳細は面陳可致先ハ不取敢御厚志ニ対し御挨拶を兼ね右近状申述度如斯ニ御座候。　敬具

七月二十九日　於病床

梅谷光貞

伊沢老台侍史

〔註〕封筒欠。年は内容による。昭和（2ヵ）年付宛先不明伊沢多喜男書翰を同封。

江木　翼

1　昭和7年2月16日

此の馬鞭てども〳〵心身共に疲労困憊一寸も動けなく相成り君と会見せし翌日か二月九日時も恰も井上の狙撃頃と同しく午後八時前後数千グラムの吐血をした。所謂斃て後已もの乎非乎。然しまだ多少の生気を存す。御安神是祈。

二月十六日夜九時半

翼生

伊沢老兄

仰臥乱筆推読是祈。

〔註〕封筒表　市外西巣鴨字宮仲　伊沢多喜男殿親剪。同裏　東京赤坂区表町三ノ二四　江木翼。年は消印による。昭和7年2月21日付伊沢多喜男宛江木翼書翰を同封。

2　昭和7年2月21日

御びやうきのよしせつかく大切〳〵多謝々々。
絶対安静当分ハあへぬニ付勿来。

二月二十一日

江木翼

〔註〕葉書表　市外西巣鴨字宮仲　伊沢多喜男殿。年は消印による。昭和7年2月16日付伊沢多喜男宛江木翼書翰に同封。

3　3月5日

今度ハ中々快方トハ参らず病源ハッキリ不致。医師ノ方ニハハッキリ致し居ルヤモ知レズ。少しづゝハ衰弱が退却スルカト思フ位ニ候。貴公亦医師ノ厄介トハまことニ困リ者也。どうぞひどくナラヌヨウ御用心肝要〳〵ト存候。幣原も二月八日からねつき候よし一両日前ニ至りて初めて承知。吾々がいぢめしが為発病せしかとも思ひ恐入レル所也。貴

公ハ何トシテモ早やく回復致し威勢ヲ添へて呉玉へ。
草々再拝
三月五日
江木生
伊沢盟兄侍史
〔註〕封筒表　市外西巣鴨町宮仲二五一七　伊沢多喜男殿親展。同裏　東京赤坂区表町三ノ二四　江木翼。

江口定條

1　昭和14年5月3日

伊沢高台揚下　五月三日　定條

過般旧御城下高遠城趾ニ観桜之宿願を遂け余り感興多かりし為端書差上候処御懇書拝見奉謝候。

扨乍唐突小生共聊か平生時事を憂ふる同志之者数名にて神田一橋如水会館内香邨寮ニ於て時々寄合ひ清談濁談に論議を闘し来り候処来六日（土曜日）午後六時同処ニ於て一会相催し候節御繰合せ付候ハヽ、高台ニ御臨席願度一二之者申居自然御都合宜敷候ハヽ、御光来相願度独伊との軍事協定抔之色々差迫まりたる問題有之候際ニも有之御都合相付候ハヽ、仕合之至ニ御座候。来会の同人ハ小幡酉吉林久治郎林弥三吉中将工藤豪吉少将原敢次郎海軍中将水野梅曉等の諸氏ニ有之候。今日電話ニて伺候処本日中にハ御帰京之御予定の由承り候故取急き以書中右御案内申上候。　草々頓首

〔註〕封筒表　豊島区西巣鴨二丁目二五一　伊沢多喜男殿。同裏　東京市四谷区本村町三六番地　江口定條。年は消印による。

大浦兼武

1　大正(4ヵ)年　月29日

敬誦　交渉委員ニ御当撰之趣小生も遥カニ喜ヒ満足致候。勅撰久保田ノ逸タルハ御互ニ遺憾千万ニ存候。尚又例ノ本郷ノ御懇意伊藤トカ云フ人ニ市長一件御勧誘方宜敷願上度候。例ノ大審院ノ方ハ大臣ニ宛林亀より
キレイニスミマシタ
右電報アリ其ノキレイニスミタトノ云フ言論新聞ニモ頓と見当ラス目下弁護士ニ聞クコトヲ岩村カ研究中ナリ。分リ次第当方より可申上候。昨今彼是と多忙奉拝察候。　頓首
二十九日
兼武
伊沢賢兄侍史
〔註〕封筒表　市外巣鴨宮仲　伊沢多喜男殿親展。同裏　かまくら　大浦兼武　二十九日正午。年は内容による推定。

2　大正5年12月31日

二十七日付の尊書昨夜到達敬読。如貴報稀有ノ大風雪殊ニ北陸道最モ甚シキ由当地至て無事ニ候。幸倶楽部等ニ対スル御感想真ニ思ヒ遣ラレ候。研究会ナラハ猶一層御感覧多々可有之ト存候。是レカ則チ耐忍スヘキ場合ト存候。昨日久保田氏来訪此度ノ交迭咄委細承リ候。実ニ奇々妙々に感シ候。同氏も今比より出発高松辺松山等より其地巡遊スト申居り候。別府温泉へハ二三ノ豪傑アリ夫レニ加ヘハ新聞ノ能キ種子ナラント大笑ヒニ候。先ハ折角緩々御保養奉専祈候。　敬具

十二月三十一日

兼武

伊沢賢兄侍史

追て御出発前ノ貴書拝見。越後ノ方も御断リ之趣石黒氏如何セシカ無論御意見ノ通リニ将来行ハレル事ト推察致候。熊谷氏湯浅氏ニ宜敷御伝声被下度候。

（註）封筒表　別府日名子屋　伊沢多喜男殿親展。同裏　鎌倉　大浦兼武。年は消印による。

3　大正6年9月27日

敬誦　例ノ一件下岡氏ト御相談ノ結果御内報之趣拝承危険ノ点ハ御尤ニ存候得共他ニ名案ナキニ苦ム次第ニ候。一木氏ニ其後何ニモ良案ナキや。若シ御互ノ仲間ニ名案ナシトセハ多少危険デも前案ノ通リニ試ミテハ如何。二三日前山本ノ新聞記者之談話セシ口気ニヨレハドコカラカ持込ミ居ルモノ、如ク小生ハ感覧致候。愚図〳〵スル内ニ毒ニ巻カル、憂ヒ有之候。尚御勘考被下度候。右迄。　頓首

二十七日朝

兼武

伊沢賢兄侍史

（註）封筒表　市外巣鴨宮仲　伊沢多喜男殿親展。同裏　かまくら　大浦兼武。年月は消印による。

4　大正6年9月30日

尊書拝見。番町より豊川云々敬承。是レモ不得止ノ御高案御尤ニ存候得共万々一加藤仙石等ノ発言などと云ふ事ガ洩レテハ面白く無之早稲田ノ方ハ万々一洩レテも当時ノ首相内務次官ト云フ関係ニテ其ノ人物ニ注意適材ヲ適所ニ配置ヲ希望スルハ当然ノ次第ニ付先ツ〳〵影響薄キ様ニ存候。唯御意見ノ通リ学校問題も頼マレ其ノ上ノ事故夫レハ懸念ニ候得共却て目立ザル御相談ガ出来ル機会度々アルヘクト奉考候。未タ面会セサレハ信常君ト御内談被下候テハ如何。心付ノ儘更ニ申上候。

一木氏ニ其後此ノ事件御相談相成候哉。又学制調査会も初幕開カレ候由ニ相見エ候。評判如何。　草々頓首

三十日朝十時

兼武

伊沢賢兄侍史

〔註〕封筒表　市外巣鴨宮仲　伊沢多喜男殿親展。同裏　鎌倉　大浦兼武。年月は消印による。

5　大正6年11月7日

拝啓　例ノ市長問題若槻床次山本久保田等チラ〳〵新聞ニ相見エ候。若シ若槻へ交渉参リ候ハヽ、同氏より久保田ヲ持出ス手順ハ如何。昨今ノ模様御注意可被下番町ヨリ豊川へ内談セシ事ハ相届キ候哉如何。

二三日前佐柳氏来訪本人勇み立チ居リ候。木間健も昨日参リ此レモ適当ノ仕事ト喜居リ候。段々浪人片付き御同慶ニ存候。

草々頓首

十一月七日

兼武

伊沢賢兄侍史

追て昨今大審院開廷ノ由ナルモ一向新聞ニ見当ラス実際如何哉。注意可被下候。

〔註〕封筒表　市外巣鴨宮仲　伊沢多喜男殿親展。同裏　かまくら　大浦兼武。年は消印による。

6　大正6年11月17日

尊翰敬誦。例ノ市長問題現下ノ模様御詳報誠ニ明瞭ニ相分リ候。彼ノ伊藤ノ論感服之外無之是レハ無論真実ノ咄ト信シ候。何ニカ物ニナリソウニ被感候。久保田一木両氏ノ入院尽力論ハ至極結構ニ存候。矢張リ首相ニ突込ム手順最モ上策ト存候。無所属幹部云々高木ヨリ内談之趣至極賛成ニ候。必ス一木氏ノ注意ト存候。右ニ付てハ差出ナク可申上事も無御座候得共追て好機ヲ以て心付ノ処ハ可申上候。

例ノ開廷延期後音も香もナシ不思議ナリ。久保男ノ方ニハ内幕分リソウニ被思候。御序ニテモ何ントナク久男ニ御話試ミ可被下候。又例ノ人間ト引離シ方も久男熱心ニ心配致シ居レリ。コレモ何ニカ考エアルヤ如何。御聞試ミ被下度候。

右頓首

十一月十七日朝

兼武

伊沢賢兄侍史

〔註〕封筒表　市外巣鴨宮仲　伊沢多喜男殿親展。同裏　鎌倉　大浦兼武。年は消印による。

7　大正(6)年12月10日

尊書拝見。速ニ御帰京之趣敬承。大阪ノ方ハ好都合一先御安心ナルモ西京ノ方ハ遺感《(ママ)》ナリ。仮令大阪何事もナクテも矢張リ京坂交換ノ道ハ出来サルヤ。左モナケレハ木内ノ鼻息ニテハ内務ニ於テ唯平ノ地へ押込ムカも難計其辺ノ御見込如何。下岡氏如貴諭来訪委細承リ候。尚御閑暇ヲ得て御来遊被下候節委細可申上ト存候。　不取敢右頓首

十二月十日朝　兼武

伊沢賢兄侍史

達雄帰京市長一件御注意ヲ乞フ。

〔註〕封筒欠。年は内容による。

8　大正7年1月11日

尊翰拝読。過日ハ御繁忙中御来訪被下乍例御厚情之段深謝ニ不堪候。例ノ一件一方ニ意外ノ進行尚意外ニ存候。時ニ或ル筋之レヲ聞カバ必ス反対スル筈。田ハ最初ニ辞爵ヲ司法官へ約束シ之レヲ欺キタリトノ説アレハナリ。右ハ御承知ノ事ト存候。夫レヲ宮相も承知ノ上進行手続キヲ為シタリトハ奈何ナル動機カ不思議ニ感シ候。一木氏ト宮相トノ会見ノトキハ唯一方進行丈ケノ咄ナリシヤ如何。内々御聞合被下度候。　右迄頓首

一月十一日　兼武

伊沢賢兄侍史

〔註〕封筒表　東京市外巣鴨宮仲　伊沢多喜男殿親展。同裏　鎌倉　大浦兼武。年は消印による。

9　大正7年2月20日

両度ノ尊書拝見。真ニ意外ノ出来事唯々驚愕ノ外無之遺憾千万ニ存候。右ニ付御詳報之趣誠ニ明瞭ニ相分リ仕合ニ御座候。（後欠）

〔註〕封筒表　市外巣鴨宮仲　伊沢多喜男殿親展。同裏　鎌倉　大浦兼武　二十日朝。年月は消印による。

10　大正7年5月20日

尊翰拝誦。益御壮剛奉欣賀候。地方官表御廻し被下誠ニ難有存候。例ノ難問題も一木博士ノ方云々敬承。右ハ未夕小田原老公ニも面会セサル事ト存候。昨日太田氏来訪平子トノ咄合委細承リ候。御序デニ御聞取可被下候。地方長官会議一体ノ空気如何ニ候哉。又後藤ト新聞屋ノ喧嘩随分賑カニ相見エ候。此又一奇観ニ候。　右迄頓首

五月二十日　兼武

伊沢賢兄侍史

〔註〕封筒表　市外巣鴨宮仲　伊沢多喜男殿親展。同裏　かまくら　大浦兼武。年は消印による。欄外に伊沢による本状読み下し文あり。

11　大正7年8月2日

拝啓　其地へハ疾クニ御出養之事ト存居リ今朝愚書差上候処只今久保田政周氏来訪本日漸ク御出掛ケ之趣且ツ例ノ進行振リ委細承リ候。小生も誠ニ安心喜悦之至ニ存候。今早朝久保田男来訪昨日東京ニテ浜尾男より右事件相談ヲ受ケタルモ余リ賛成セサル口振リニ有之候。併シ別ニ反対ニハ無之候。小生思フニ唯此ノ上ハ多数党ニ何ニカ故障ノ起ラヌ様ニ進行致サセ度兎角多数派ニハ利己主義ノ野心家カ細工ヲスル事ハ世上ニ多ク甚懸念ニ付十分御注意可被下候。右迄。頓首

八月二日午前十一時

兼武

伊沢賢兄侍史

〔註〕封筒表　浜名郡新居町中ノ郷加藤方　伊沢多喜男殿親展。同裏　鎌倉　大浦兼武　八月二日午前十一時。年は消印による。

12　大正7年8月11日

華墨拝誦。毎々人の条約ニ御解決之事多ト存候。横浜市ノ方非常ノ御尽力ニ依リ只今稀有ノ全会一致ノ決議加ニ優遇策も好都合ニ相運ヒ候哉ニ新聞ニて承知無此上欣賀ニ不堪候。都内ノ政界ハ目下米価問題ノ重大ナル影響此レノ善後策騒動ニ御座候。右頓首

八月十一日

兼武

伊沢賢兄侍史

御同列諸君へ宜しく御伝声奉願候。

〔註〕封筒表　静岡県浜名郡中ノ郷加藤方　伊沢多喜男殿親展。同裏　鎌倉　大浦兼武。年は消印による。大正(7)年(8)月22日付伊沢多喜男宛大浦兼武書翰を同封。

13　大正(7)年(8)月22日

二十日付の尊書只今到達新居より御引揚ケ之趣相承如何ト存候処ニ御座候。如高諭天下騒然痛歎ニ不堪国家ノ前途憂慮此ノ事ニ候。善後策モ一時ハ一時トシ永遠ノ策ヲ講究スル事最モ肝要ト存候。扨舞台ノ善後策中々困難ト存候。高見如何。此ノ際四方御注意御内報被下度候。右頓首

二十二日正午

兼武

伊沢賢兄侍史

追て貴所よりノ郵便ハ大凡ソ三日目早キモ二日目ニ参リ候。集メ来ル時刻御調へ置其時間前ニ御投函御試ミ被下度希望仕候。

〔註〕封筒欠。年月は内容による。大正7年8月11日付伊沢多喜男宛大浦兼武書翰に同封。

14　大正7年8月29日

尊書拝見。二十六日夕七時付二十八日前十一時着。上院各派議論一致政府ニ警告相纏リ候趣其ノ総代ノ人物ニ少々心細キ感有之候。其ノ応援振リハ如何。已ニ政府ハ調節委員組織セント相見エ候。実際如何。今日ノ政界唯之混沌ノ模様ナルモ水野カ警察官ノ増給ヲ内閣ニ逼リ若シ行ハレサレハ退却スト云フ。果シテ真カ。不取敢右迄。　頓首

八月二十九日前十時　　兼武

伊沢賢兄侍史

〔註〕封筒表　市外巣鴨宮仲　伊沢多喜男殿親展。同裏　鎌倉　大浦兼武。年は消印による。

太田政弘

1　昭和4年2月9日

拝啓　其後御病勢如何ニ御座候や。一日モ早く御快復之程切望仕候。扨て昨夜御指示有之候帝都治安ニ関する決議案ハ湯浅氏と相談夫々各派ニ分配仕候。而して研究会ニ於て直ちニ臨時常務委員会の開会を要求附議の結果満場一致ニて原案を認め来ル十二日臨時総会を召集附議することニ相成候。他会派ニ率先研究会の常務会ニて決定相成候ことハ誠ニ好都合と存候。

次ニ渡辺子爵よりの伝言ニ有之候か例の優詔問題ニ関し近衛公と相談の結果来ル十二日午後四時東京クラブニ於て老台始め黒田、石塚、湯浅、赤池等の人々と極秘ニ会談を遂け度赴（ママ）ニて是非老台の御出席を煩ハし度旨伝言の委嘱を受け申候条御了知被下度夫迄ハ精々御加養御平復之程祈上候。先ハ取急き右二件丈御報告申度寸堵如此ニ候。　敬具

二月九日　　太田生

伊沢老台几下

〔註〕封筒表　東京市外西巣鴨宮仲　伊沢多喜男殿急秘親展。同裏　貴族院第五控室　太田政弘。年は消印による。

2　昭和5年4月24日

拝復　時下秋冷之候老閣益御清祥奉大賀候。其後御芳翰ニ接し候ニも不拘目前の多忙ニ趁はれ乍思も欠礼仕居候段面目無之候。不悪御海容願上候。

平山氏身上の件ハ差当り適当の地位も無之当分腰掛の積りニて水産組合の方ニ採用仕候得共給与も菲薄甚た気ノ毒ニ存居候。何れ其中適当の機会ニ何とか考慮可致左様御了承願上候。

枢府干係ハ新紙上ニてハ意外ニ険悪、如何やと案し居候処

幸ニ打解の由必竟老兄の内助の効預りて力ありしことと欣喜仕候。何れ小生も来月二十日前後ニハ上京の心組ニ有之候条書外ハ拝晤の機を楽しみ居申候。先ハ平素の欠礼御詫迄申上度如此ニ御座候。敬具

四月二十四日　太田生

伊沢老閣仰座下

〔註〕封筒表　市外西巣鴨宮仲　伊沢多喜男殿親展。同裏　旅順旭町官舎　太田政弘。年は消印による。

3　昭和(6)年(2)月

霧社事件の顚末ハ別冊総督府の発表で大要はつくして居る。細い事ハ色々あるがつまらないから省く。

原因については次の様な事柄がある。

(一)十月一日の国勢調査に関し霧社附近の「イナゴ」といふ地方の製脳地に入った台湾人が万大社蕃に対して煽動した。「十月一日の国勢調査は蕃人から金をとる為で将来相当の金額を各蕃社に割あてられるだらう。日本は貧乏で弱く到底台湾を治め切れぬ。其中支那へ台湾を返して軍隊も帰って了ふ。支那は日本の幾十倍といふ大国だ。其内地図を持って来て見せてやらう」。之を聞いた蕃人ハ寄々協議し出役苛酷な上に金を出すとなると到底生活出来ぬ刃にかけても反抗せんと声言した。此事を蕃大駐在所から霧社分室に報告したが分室主任佐塚警部はそんな事があるものかとて同報告書に何等意見を付せずに郡に進達し郡は警察課長郡守供閲のまゝにしておいた。

(二)大正十五年一月一日霧社分室では附近各社蕃人を集めて新年祝賀会を催し酒及干魚を恵与した。蕃人等はその酒で別席で酒宴を開き其席上マヘボ頭目発議して曰く「官憲に怨を晴すは今なり。見よ駐在所は巡査一二人なり。加ふるに油断此上なし。此機に多年の計画を実行すべし」と。一同之に賛同し協議まとまらんとした時酩酊の為同志喧嘩起り遂に実行に至らすに解散した。

此事を霧社勤務残間警部補が五月になって聞き込み郡に報告し郡より州に報告したが何等の措置がなかった。其他駐在所員は電話又は書類で蕃人等の不平不穏を分室に屢々報告するも佐塚分室主任となってから一笑に附して受理せるや否やも判らぬ取扱で従って何等の措置をしなかった。従って一般警官は「如何に報告し矯正せんとするも上司が相手にせぬから駄目だ。蕃人が薬を貰ひに来たらやる位にしてそれ以上働くのは損だ」と称して惰気溢り緊張を欠いでいた。

(三)出役問題

反抗の重大原因をなす出役の苛酷なりしは事実で其の範囲も広く建築材料の運搬、道路補修、駐在所転免の荷物運搬交通其他各方面に使役せられ其の報酬は一文も無いといふ。従来蕃地諸工事に従事した蕃人々夫賃は一厘も蕃人に与へず職員に弁当代として分室主任が分配した。佐塚主任が最近来てからは之を職員に賞与として給与する事にしていた。こんなわけであるから霧社及其附近では警官の宿舎等まことに立派で又職員の家財道具等分不相応のものを持っていた。

小学校の寄宿舎の建築は蕃人には何等干係のない事柄である。従って警察が干与せぬでもいゝ事だ。州内務部系統の事務であるのに何故関係したか。請負的に工事をして其金の分配がしたかったのでは無いかとも云ふ者がいる。しかも此度は材木を引摺って来る事を禁じたので担送に慣れぬ蕃人等は苦しさに泣いていた。霧社の入口まで は女子供大勢に手伝って貰って持ってきて入口からは蕃丁が担いで来た様な風をして警官に引渡したとも云はれる。

蕃人出役に金を与へたのは浦里附近から持ち上げた水道用竹材運搬だけで其価竹代共二十五銭（二人分）。竹代を除けば一人十銭にも足らぬとも言はれる。

(四)蕃婦関係

霧社方面で内地人台湾人と蕃婦との間に色情関係多き事は有名である。職員と蕃婦との場合は発覚せば既往に於ては転勤さして居た。然るに転勤を命ぜられた職員は蕃人旧慣による不吉を払ふべき行事（豚を屠り社衆に振舞ふと共に祖先に詫びる）を為さずして赴任する為蕃人等は自ら豚を屠り祭事を営んでいた。本島人等の場合は其本島人が豚を買っていたらしい。

然るに近来霧社附近は蕃婦も惰落し軽薄となり内地人本島人に接近せんとし殊に脳杜脳寮の増設に伴ひ多数の本島人の入るに及び関係する者多きを加へた。警察職員中にも相当あったらしい。こんな事から蕃婦は蕃人の男を嫌ふ様になった。

(五)佐塚分室主任に対する憎悪

佐塚は霧社蕃とハ仇敵の間柄なる白狗蕃頭目の女婿である。従って佐塚に支配される事は敵蕃に支配される様に感じた。

(六)大正九年サラマオ討伐の際には霧社蕃を操縦し奇襲隊として働かせた。それで「サラマオを降伏さしたのは吾々蕃人である。日本人に何が出来るか」と云っていた。

(七)マヘボ頭目モーナルダオは蕃人間の土地の売買ある毎に買占めて広い土地を有し蕃丁等に小作さしていた。従って勢力強く財的に圧倒的で多量の穀物を蔵し威を振ひ一般蕃人から虎の如く恐れられていた。

(八)霧社の開放早過きたのではないか

最近脳寮脳杜を多数に入れた為民蕃接触が複雑になった。然るに分室は霧社の賑盛に眩惑し取締がゆるかった為台湾人は巧みに蕃人の歓心を獲ち得て密接なる関係を生じた。其結果事件に於ける被害者殆んどなく本島人は事件中皆堂々と下山していた。

(九)職員の配置当を得ざりし事

之は直接なる原因ではないが蕃地蕃人の心情を知らざる警察官（左遷的に蕃地にやられた者）が多かった。以上の事柄は或は因となり或は果となる等して此大件《ママ》の発生を導いたのであった。従ってこんな蕃地の状況に憤慨し又は不安を抱いて職を辞して帰還した者相当あるといふ。残間警部補の如きも凡てが公正ならざるに慨して退職した。そして浦里で同僚の処に立寄り一夜泣き明し「俺の去った後は必蕃人蜂起すべし」と称して去ったといふ。

兇行が計画的であった事は疑はないがそれが督府発表の如く十月二十四日から始まったか或は十月初旬吉村巡査殴打事件後間もない事であったかに付てはもとより判然せぬが三四日間であれだけの事はできぬ。もっと以前から各社間に連絡がついていたゞらうと云ふ者もある。

而してこれ等の気配を警官が何等予知し得なかった。殊に運動会の現場に来ていた兇蕃は蕃衣の下に蕃刀をかくしていたがそれにも感付かずにやられて了った。

此点は何といっても遺憾な事である。極めて短時間でもよいから事件の発生せんとする事を予め内偵し得たならあれだけの結果にはならなかっただらう。

更にさかのぼれば蕃人蕃地の事を全部警察の手に於てする制度即あまりに権限の広すぎる警察官蕃人の生殺与奪を一手に握る点は警察官がすべて高潔で公正であれば問題はあるまいが下級の方で多数の者は仲々さうはいかぬ。自ら専横となり暴政を行ふ様になるのである。霧社事件は其の代表的のものと観るべきではなからうか。早く制度にも改革を与へる必要があらう（郡役所と警察署の分離）。

〔註〕封筒表　東京市外巣鴨宮仲　伊沢多喜男殿必親展。「台湾総督辞任関係」。同裏　台北官邸　太田政弘。年月は内容による。新聞切抜「霧社事件の顚末（一）六日総督府で発表」（『台湾日日新報』）を同封。

4　昭和(6)年(2)月

一、総督の女問題

女の名は佐藤ふさとか云ひ嘉義ホテル女将の姪に当る者と云ふ話である。美人ではないといふ事だ。

総督が初度巡視として阿里山に登った時給仕としてついて行ったが登りの汽車中では極めて慎ましく小さくなっ

て居た。然るに山上で宿泊の夜寒いので総督の室へ入って火を燃いて煖める為一晩中付添った。此時が関係の生じた最初である。又当時の山本属（今の秘書官）は総督の隣室に泊ったので其の方へも女は出入した。それで女にかけては敏捷で凄腕である山本は総督よりも先にやっつけて了った。その冷飯を総督は食ったのではないかとも噂されている。

そして下山の際には登りに反して女は態度が非常に図々しくなり、いぎたなく汽車中で居眠りをしていたのは前夜の為である。

次いで七月末から八月上旬総督が令嬢をつれて新高登山をした折の事だ。此女も随行した。阿里山で暴風に遇って数日間滞留した。女はすっかり令嬢達を丸めこんで麻雀を教へたりして信用を得て了った。何も知らぬ令嬢達は女とすっかり仲良しになって道中其の女を離さなかった。従って山登りの序列も総督、令嬢次いで女、その後から随行の役人や新聞記者達であった。一行の中にも之に憤慨した者もあったさうだ。

阿里山から登って台中へ下り霧峰の林献堂を訪問してから再び嘉義へ引返して一泊したのは令嬢達が嘉義ホテルの女将に会ひたがった為に父にせがんでさうさせたのだといふ事である。

女将はやはり令嬢達の機嫌をとってお気に入りになっていたのである。

総督の此登山には会計課の或る男が「まさか旅費の請求はすまいと思ったのに請求して来た」といったさうだ。

此登山より先に総督官邸へ此女が来て泊ったといふ噂もある。その時は別棟の日本間に置いて山本属以外何人も入らせなかったといふ。

又草山の貴賓館においたといふ説もある。

さて此女が妊娠したので九月末総督上京前に内地に帰して金を与へて大阪で嫁入りさしたとも云ひ又別府においてあるので帰台の途中別府によったのは其の為だともいふ。

此女と云ふのは前に許婚があったのだがそれと結婚していなかったのは女が素行修まらぬ為であってそれを嘉義ホテル女将が預っていたのを女将がおしつけたものであると。

此問題について赤石完蔵の如きは極めて詳細に調べて総督のことを蔭では口を極めて非難している。

一、新聞記者買収問題

総督帰台前日十月二十七日霧社事件勃発するや全島顎然《ママ》として驚いた。そして世論喧々囂々責任を論じて遂には当局の進退に及ぶといふに至った。先に数週刊紙は総督の登山問題を論じて切抜をされた後である週刊新聞は真先にたってやかましく論難せんとする。

日刊は又日刊で霧社へ新聞記者を入れぬので騒ぎ暴挙の原因に関する記事の差止めで不平を云ふ。又三新聞に対する抹殺が一様にやれぬので文句をいふと言ふ様の状態で事件発生当時のうるさい事は甚しかった。

尚それに日月潭工事を島内の請負業者にのみ与へて内地からの割込を拒絶せよといふ事を土木業者が運動をはじめて記者連中に運動をはじめて居た。長官にも其代表者が会ったが長官の返事が希望通りでなかった。これを金にしやうとする記者もあって引懸ってをった。

其うちに記者は一社一名だけ霧社に入れる事になり週刊月刊は十名余り慰問として出かけるといふ様な事になった。此連中は一人当り霧社で五十円位貰った。

又十一月初旬頃やかましい口や筆を封ずる為日刊週刊月刊（宮川次郎台湾実業界）十数名は大頭は千円位（台日社長?）から七八百円小者も百円か二百円位警務局長から貰って霧社事件総督の素行問題日月潭請負問題の鳴をしづめるに至った。警務局から出した金は一万二千円位になるだらう。

次いで内地から大朝大毎の特派員をはじめとして二六、万朝、大勢、毎日の一団が来た。

大朝大毎は流石大新聞でそんな事はなかったが東京から来た二流新聞の一団は小村拓務次官の名刺を持ち廻って各製糖会社、電力、製脳、台銀、三好、後宮、安保等から合せて二千近くを集め警務局から二千円とるつもりであったが千円位を貰って引あげた。総督府の出し前が予想より少い為か二六では盛んに悪口を書いている様だ。

其後日月潭工事問題に関し土木協会は五千円を出して安保蓑和両弁護士を上京せしめて運動を頼んだ。台湾では名士たる両弁護士が東京でどんな運動をしてどれだけ効果をあげたか心もとない事である。而してまた土木協会には南瀛新報の小川（元台南新報記者）が交渉して各記者に百円二百円合計二千円位出さしたが中には拒絶した者（橋本白水）もあって今の処歩調が合はない状況である。

島内では督府に対して記者は割合に静かになっている。一万二千円のおかげてある。

一、台南司法官瀆職事件

五年四月台北から台南へ行った瀧口といふ検察官が呉といふ通訳に引づり込まれて収賄した額二万円之を遊興費につかった。此事件は最近予審終結して一部極大略が島内新聞に掲載された。しかし内地の大朝大毎の報道の方がより詳細である。我々にはこれ以上よくわからぬ。

取調に台南州の警察官は関係があるので台南の石橋官長は高雄の警官をつかった。その為両州警察が多少いがみあったらしい。いがみあはぬでも変な空気にはなった。そして台南の警察からも幾何かのきづ者出たやうだがどうもはっきりせぬ。

瀧口の同僚の検察官や判官で一緒に飲んだ者は相当ある。

一、霧社事件

突発後の事件の経過は書く必要はあるまい。善後措置は極めて迅速に順当にうまくいった。二十七日に事が起って二十九日の朝霧社は回復したのだから誉めてやらずはなるまい。台南（一五〇）台北（一九〇）花蓮からも応援警官を出し台北隊は非常によく働いて名声を拍《ママ》した。新竹か《ママ》もおくれて一五〇出した。練習所からも出た。軍隊は最初は第二陣を承って出たが遂にハ前線に進出して働いた。犠牲者を比較的多数出した。

はじめ軍隊は警察の後方援助として行き（飛行機は別である。最初から状況偵察と爆撃の為に飛んだ）前線へは出たがらなかった。然るに警察隊が突進して三日目には霧社を恢復して了った。こうなると軍隊は少し焦って来た。督府に向って軍隊を前線に出すことを要求する様になった。既に霧社も回復したので督府は軍隊を前線に出すことを余り好まなかった。何となれば今後警察だけでもやれる自信が出来たのと軍隊との交渉連絡は中々面倒である。しかも討伐として軍隊が前線に出るのは総督から軍司令官への要求によるもので軍隊の失敗があってもそれは依頼者たる総督の責任に帰するからである。しかし軍としては出動しても第二線にいて功績を挙け得ないでは面目上甚だ困るのでしきりに進出を求めて来たのである。守備隊司令官は二十九日の夜台北を出発して霧社に乗り込む。而して遂に其後は軍隊警察共同して前線に出ることになった。警務局長は中々尻を上げなかった。世間でハ守備隊司令官と比較して何故早く行かぬかといって非難した。しかし既に霧社はとったが台北州から行った中央山脈を南下した隊と霧社の連絡は未だとれぬ。花蓮港庁から能高越をした隊との連絡も未だとれぬ。それを指揮するのは台北からでないと非常に困難になるので局長はその連絡がとれるまでもぢ〳〵しながらぢっと待って居たのだ。中央山脈を南下した隊も花蓮港からの隊も霧社に這入ったので局長は直ちに出かけた。而して状況を視察し指揮をして四五日後帰って来た。総督に報告したり新聞記者をなでたりしてから又出かけた。

守備隊司令官は十一月下旬に帰った。鬚をはやしたまゝ帰った。一両日後見たらきれいにそっていた。

軍司令官は総督に特に会見して討伐地に於ける警察官の

紀律が厳格でない酒を飲むとか何とか云ったさうだ。警官が兵卒程軍隊式に働けないのは当然である。酒をのむのは軍人の幹部だってのんでいた。兵卒にまで行渡らなかったかもしれぬが、警官に対しては出身地方の人民から慰問品が沢山行き酒も行ったらう。之は平素地方と縁故が深かった為である。その酒をのんでも大した事ぢゃない。

軍隊は其後功を急いで進み過ぎた。勿論その為に討伐の為の効果は大いにあげたが犠牲者を多く出した。総計死傷者三十名近くになった。警察は五名位であった。

蕃人相手の戦は平地の戦争や欧州大戦とは全然違っている。

最初警察の機関銃を駐在所から奪はれた。それで蕃人は非常に優勢だと軍隊は宣伝した。しかしよく調査して見ると霧社及附近の駐在所には機関銃は元から置いてなかったのである。三八式騎銃を三四十とられてそれで一斉射撃をすると機関銃の様に聞えたのである。その後台南の歩兵隊が進み過ぎて蕃人の重囲に包まれ十幾名死傷した際機関銃を二挺奪はれた。之を軍隊は絶対に秘していたが十一月末頃段々部分的に解かれたものが出て来た。憲兵はそれをしきりに秘密にして集めた。

軍の服部参謀は守備隊司令官と共に出動した。帰った後十一月末から十二月初旬まで中等学校や大学等で霧社事件の講演をした。そして軍隊の功績を称して警官の紀律なきをけなした。警察は機関銃をとられたとも云った。無暗に発砲して危険であったとも云った。警官は鶏を沢山喰っているのに軍隊には一羽しかくれなかったしかも醤油がなかったとも云った。兵隊は勇敢だが警官はふるへていたとか警察の兵器は旧式ばかりだとも云った、等々。

軍隊は霧社を警察が易々と占領したのがよほど気に障ったらしかった。

大激戦の予想であった霧社占領が兇蕃一人にも会はずとったのであった。丁度一時蕃人が引あげた後へ行ってうまくとり返したのだった。軍司令官の上京に服部参謀も随行した。軍部は仲々かけ引がうまい。東京でも相当宣伝したゞらう。

事件が突発的なりや計画的なりやは論議喧しき問題である。原因が何処に存したかに就いても諸説紛々である。督府は事件を突発的なりとし原因に付ては出役問題蕃婦関係等二三をあげている。而してそれ以上に立入った穿鑿は厳しく言論記事を取締った。

しかし出役にしろ蕃婦関係にしろいづれも霧社附近駐在警官の専制的暴政の結果である。又事件発生の徴を予知

郵便はがき

料金受取人払

本郷局承認

1763

差出有効期間
平成13年1月31
日まで

1138790

東京都文京区白山
1－26－22

㈱芙蓉書房出版

読者カード係　行

ご購入書店

（　　　　区市町村）

お求めの動機	広告を見て（新聞・雑誌名）	書店で見て	書評を見て（新聞・雑誌名）	DMを見て	その他

■小社の最新図書目録をご希望ですか？　（希望する　しない

■小社の今後の出版物についてのご希望をお書き下さい。

読者カード	ご購読ありがとうございました。ご意見をお聞かせください。大切に保管し今後の出版企画の資料にさせていただきます。

■書名

(ふりがな) お名前	年令　　　歳 職業　　　男・女

ご住所　　郵便番号

☎　　（　　）

■本書についてのご意見、ご感想などをご自由にお書き下さい

注文書			
	書名	円	部
	書名	円	部
	1.書店経由希望(指定書店名を記入して下さい) 書店　　店 （　　区市町村）	2.直接送本希望 代金引替便で送本しますので、書籍代＋送料をお支払下さい	

し得るに拘らず之を知らざし《ママ》は全然怠慢であった。以下之を記すとしやう。（次便にゆづる。二日後れる）

〔註〕封筒欠。年月は内容による。

5　昭和6年12月30日

拝復　時下歳末ニ差迫まり何かと御多忙の事と拝察仕候。過般上京中ハ種々御厚情ニ預り候ノミナラス此度ハ又御懇切なる芳翰を辱ふし乍毎度御高情深謝ニ不堪候。塚本君電報行違の為め辞表提出の赴《ママ》寔ニ遺憾ニ存候。小生ハ御懇示ニ従い自重可致と存候。唯情報ニよれハ警視庁関東庁等ニ対し小生の功績調を為しつゝある由且つ非公式ナガラ拓務省より東京出張所の高木主任ニ対し台湾ニ於ける小生の功績調至急提出サレタシトノ照会ありたる赴ニて同人より尚秘書課ニ右調書電送方申越ありたる由此等より考ふるニ或ハ明春早々政府より小生の東上を促し来るニ非ずやと愚考被致候。

議会の解散ハ必至の勢の様ニ被考候儘選挙の結果を見て進退を決するハ最も適当の時期かとも考へ候得共前陣の如き事情ニて其の以前ニ辞任を要求サレタリトセハ如何可致かと存居候。御賢慮の程拝承致度候。何れ急速を要する様の事情有之候節ハ先般差上置候暗号電報ニて御相談申上度と存候。先ハ取急き御芳情ニ対し深謝の意を表し度寸楮如此ニ御座候。　　敬具

十二月三十日　　太田生

伊沢老閣玉几下

〔註〕封筒表　東京市外巣鴨宮仲　伊沢多喜男殿必親展。同裏　台北市官邸　太田政弘　六年十二月三十日。昭和（7）年1月27日付伊沢多喜男宛太田政弘書翰を同封。

6　昭和（7）年1月27日

拝啓　時下厳寒之候愈御清祥奉大賀候。扨て小生身上ニ関してハ毎々御高配を煩はし深謝ニ不堪候。憤慨の余り時々尊慮を労したる段不悪御諒恕被下度願上候。御懇示ニ因り拓相ニ対し総務長官休職事由糺問書ハ去ル二十二日の便船ニて提出致置候条本朝到達の筈。トテモ満足なる回答ハ難得事と存候得共電報ナラバ両三日中書面ならバ三十日神戸発の便船ニて二月二日ニハ多分到着のことと期待罷在候。若し二日ニモ回答なき節ハ三日電報ニて催促可致而して其の返電の有無ニ拘ハらず小生ハ此を以て一転機と為し断然八日の便船ニて当地出発上京の途ニ相就き十二日夜にハ着京親しく御面談を楽しみ居申候。又拓相秘書課長より依命電報ニて井上警務局長ニ辞表提出方申込みニ対してハ同局長より「辞表は総督ニ提出スルコトアルヘキモ直接ニ大臣

ニ提出スヘキモノニ非ラス貴電ハ如何なる意味なるや通知ありたし」との意味の返電を為致置候。二十六日の閣議にハ附議サレサリシ模様なるも或ハ二十九日の閣議ニて休職と可相成かと存候。其節ハ本件ニ対しても早速抗議的糺問電報可致候得共此事ありとしても小生ハ八日の離台ハ機宜を得たる進退と確信仕候ニ付き御含み被下度候。

右ハ小栗、井上、平山三君の進言ニも有之、小生としてハ小栗、井上両局長の衷情をも諒とせざるを得す。且つ此上荏苒日を曠ふすることハ小生心事の潔白ニ疑を懐かしむる虞なきニ非ず（頃日来石原雅太郎氏来台中井上、小栗両人ニ語りて曰ク総督ハ三月一日の定期叙勲期の到達を待て辞職する考ニて夫迄ハ決して辞職せさるへしとハ東京方面にて独り政友系ノミナラス民政系の人々も嗤笑し居れり云々）と話サレたる由且つ昨今ニ於ける官場内の人心の弛緩ハ想像ニ余りあり。一面政府の措置ハ憤懣ニ不堪も長く不定不安の状態ニ置くハ一面台湾統治の大局より見て小生としてハ大ニ責任を痛感せさるを得ず此辺ニて退却ハ最も機宜を得たるものと確信致したる次第ニ御座候。御諒承被下度願上候。

何れ四日中ニハ上京御裁可の電請を致す考ニ有之候条是亦申添候。

先ツハ此頃来の御高配を深謝し併て愚衷申上度如此ニ御座候。

敬具

一月二十七日

太田生

伊沢老閣

二伸　御序ニ若槻、幣原、川崎、塚本四君ニも前陳御伝言願上候。

〔註〕封筒欠。年は内容による。昭和6年12月30日付伊沢多喜男宛太田政弘書翰に同封。

7　昭和17年8月11日

拝復　一昨日ハ御芳翰拝誦昨日ハ亦平山君来訪御尊慮の次第敬承乍毎度御懇情感泣の外無御座候。石塚氏の意外ニ早き逝去ハ驚愕の至りニ候得共此度ハ格別の御尽力を得て後任補充の光栄ニ預り度もノと奉存候。

本件ニ就てハ小生従来とて何等他ニ策動不仕亦将来とて勿論のこと仮りニ小生の動員の如きハ半文の価値なき義唯々老台の御高配ニ因てのみ実現の成果を可得と期待罷在候次第ニ有之候。平山君の言ニ依れハ有力候補者多数有之候由従て御迷惑の程ハ恐察仕候得共何卒乍此上特ニ格別の御高配の上実現出来得られ候様悃願此事ニ奉存候。先つハ取急き貴答旁々御願迄申上度寸楮如此ニ御座候。

敬具

八月十一日

太田生

伊沢老台虎皮下

〔註〕封筒表　長野県軽井沢一〇三二一　伊沢多喜男殿必親展。同裏　東京市渋谷区代々木大山町一〇六〇　太田政弘。年は消印による。

8　昭和18年5月8日

拝啓　昨日ハ久振ニて拝晤の機ヲ得特に近来の珍味の御饗応ニ預り御芳情深謝ニ不堪候。

其の節談偶々小生身上ニ関する件ニ及ひたる際最後ニ小生の申上様不徹底に了はりたるやに想はれ遺憾ニ存候。此の件ニ就てハ小生ハ他の何人にも倚頼せず唯一意尊台の厚き友情ニ縋かりて好果を得度と翹望罷在候ものニ有之次期の欠員の生したる場合にハ何卒格段の御高配ニ預り度在来何かとの御配慮ニ感激しつゝ今一度の御高配を賜はり度一生最後の熱望として重ねて悃願仕候。

先つは昨日の御歓待ニ対し御厚礼旁々聊か不徹底の申上様是正迄申上度寸楮如此ニ御座候。　敬具

昭和十八年五月八日　太田政弘拝

伊沢老閣玉几下

御令夫人ニも可然御鳳声之程願上候。

〔註〕封筒表　豊島区西巣鴨二ノ二五一七　伊沢多喜男殿必親展。同裏　東京市渋谷区代々木大山町一〇六〇　太田政弘。

大平駒槌

1　昭和(2)年5月10日

拝啓　其後御変も無御座候や御尋申上候。過日は御上洛小生之進退ニ付種々御高諭被成下度(ママ)御厚誼之程乍毎時感激拝謝仕候事ニ御座候。丁度御帰東之翌日安広社長より「オイルセール」追加予算会議ニ付至急帰社すへき電命有之多忙出発仕候様之次第小生希望之如く二日以後ニ御入洛被下候ては行違ニ相成り候ニ先月末御出被下候て誠ニ好都合なりしことゝ今更相悦候様の事ニ御座候。安広社長は自ら進んて退任申出つるは求めて政変禍中ニ投することゝなる故其事は絶対的ニ回避すへきも政府ニ於て退任を希望シ給へは其意向ある場合は何等異議を挟ます直ちニ快諾すへき意思確定致候ニ付老台等御思召之如き最後迄当城を死守致候事は到底安広氏ニは期待し得さることゝ存居候。小生の進退は右社長之肚裏次第にて自ら判定すへきことゝ存候間是亦御承知置願上候。安広氏は予定之通六月二十日総会ニ出席之為同月四日の便船にて七日着京之心算に御座候。同氏は其留任ニ付幾分之希望を残し居らるゝ様ニも小生は断して其事無之ものと相信候。其筋之意向相分り候はゝ参考迄ニ

御一報相煩度存居候。

臨時議会も無事終了政府万歳ニ御座候。我党余程シツカリするニ非らされは又々苦節十年ニ候。其間如何ニ国運発展を妨止せらるゝことゝ真ニ憂惧ニ不堪候。老台は固より浜口幣原氏アタリの非常なる御奮発切望ニ不堪候。先は右御礼旁御様子申上度如斯ニ御座候。時下折角為邦御保重只管奉禱上候。御奥様ヲ始メ御皆様へ宜敷御伝声希上候。敬具

五月十日

駒槌拝

伊沢老台御侍史

〔註〕封筒表　東京市外西巣鴨宮仲二五一七　伊沢多喜男殿煩親展。同裏　大連市児玉町　大平駒槌　五月十日。年は内容による。

2　昭和(4)年11月21日

謹啓　其後申訳もなき御無音ニ打過候か各所よりの来信ニ依り近頃御壮健御活動之赴(ママ)伝承大悦仕候事ニ御座候。小生も先々無事にて日々繁忙ニて日を送り候間乍他事御放慮願上候。扨先日御入洛之節ハ拙宅御訪問被成下候赴にて荊妻より大悦来状有之候。御多用中被懸貴意御懇情之段厚く御礼申上候。先日幣原氏よりの書にては御渡支之御計画も被為在候様承及候ニ付御来連之日鶴首相俟居たる義ニ御座候か最早近々政治季節ニ入り御離京六ケ敷かと被察候か如何之御都合に御座候哉。数日間之御逗留にても当地迄御来遊如何ニ御座候哉。

仙石氏病気ニ付テは一時非常ニ心配仕候か来連後ハ当地之乾燥せる空気同氏之病体ニ適し候ものにヤ日増ニメキ、、順快昨今ハ病前ニ優るとも可申健体ニ復され日々職務励精持前之明晰なる頭脳にて日々事務裁量相成候。些の疲労も無之由ニ御座候。昨日奉天へ張学良訪問ニ出向せられ明日帰連引続き山積せる事務を片附けられ来月中頃上京之予定ニ御座候間是亦御安意被成下度候。

本日之東電にてハ越後鉄道之為小橋文相引掛り居る模様に候か果して事実ニ候哉。政党政治の常弊とハ申せ実ニ痛嘆ニ堪えさる事ニ御座候。折角金解禁等も順調ニ参り人心民政党ニ帰シ来り候場合甚遺憾之事ニ存候。

先ハ右御清訪之御礼旁御左右御尋申上度如此ニ御座候。呉々も為国家御自愛之程切ニ奉祈上候。乍末筆御奥様へ何卒宜敷御鳳声奉願候。敬具

十一月二十一日

駒槌拝

伊沢老台御侍史

〔註〕封筒表　東京市外西巣鴨宮仲二五一七　伊沢多喜男様御親展。同裏　大連市児玉町五番地　大平駒槌　十一月二十一日。年は内容による。

3　昭和5年3月23日

拝復　其後御不音申上候処春初以来御風気御引籠中なりし由幸に速ニ御平快安堵仕候も最早御無理ハ堅き禁物と被存候ニ付何卒十二分ニ御静養御全快を俟つて御活躍被成下候様不堪切望候。仙石総才ニ御面会種々御懇談の次第委細御来示ニ預り御高情千万難有奉深謝候。近頃社業も著しく不振油断出来さる悲況相見へ候ニ付てハ総才帰連之上ハ此成績ニ鑑み更ニ一段深刻ニ改革緊縮之要を高唱実現せらるゝことゝ被察小生ニ於ても此状勢にては万不得已事と被存候ニ付仙石老を助け改革の実効を挙けらるゝ様尽力仕度決意罷在候。只現重役中之重なる者ハ長く満鉄ニ在る為め情実纏綿其連繋殆んど留度もなき有様にて仙石総才の想察以上ニ御座候間御厄介なる人事関係を如何ニ適切正当ニ取捌き其目的を完全ニ達成せらるゝヤ甚掛念ニ不堪義ニ御座候。昭和製鋼初メ各種之懸案山積仙石老ニハ定めし重荷を負へるの感深かるへく被推察候。併し御来示ニ依れは非常之御元気之由ニ付必らすヤ快刀乱麻を断たれ候ことゝ確信国家之為め其健康を乍蔭祝福致候次第ニ御座候。

国民正義ニ目醒め民政党大勝利為ニ内閣之基底も牢固定めし御満悦のことゝ万察仕候。願くハ玉砕を期して飽迄善政主義を貫徹せらるゝこと不堪希望候。例之件都合克く御運被下種々御配意ニ預り候段奉拝謝候。小生当初の希望を変更すること甚不本意ニ付一応老台ニ御高配相願ひ希望達成ニ相努めんこと再三思惟仕候も幣原氏之切なる御来意ニ対候以上彼此れ申出候余地無之様愚考仕候ニ付乍不承諾同氏之来意ニ従ひ候様の次第委細の事情ハ親敷御面話可申上不取敢右之事情御諒察置被下度願上候。

先般御申聞之大森氏優先採用の事ハ此度上京致候詮衡委員木村人事課長ニよく申含置候ニ付大なる支障起らさる限りハ御期望ニ相副ひ得候かと想察仕候。此度御申越の両氏の事も早速右木村君ニ申送置候も本年ハ我社採用人員ハ官私大学法経商にて僅ニ十数名之れニ対して四五百名之応募者而も負けす劣らず何れも皆相当之縁故を辿り猛運動を試み候状勢ニ付此両名も御期待之通り採用の事ニ相成候哉否甚心元なく存候。精々好意を以て取扱ふ事ニ申送置候も右之次第予め御承知置被下度尚御寸暇も候はゝ東京支社ニ木村君を一度御往訪御希望之次第御申聞置被下候はゝ段々好都合かとも存候。可然御考慮願上候。

臨時議会相済ミ候はゝ満洲ハ年中之最好時季ニ可相成ニ付是非御差繰御来遊奉待上候。

京都宅御清訪色々御懇談相賜はり候由家内より相悦申参候。乍毎時御厚情之程深く御礼申上候。御聞及被下候通り長男兎角学業ニ気乗薄く不勉強本年ハ他にも事情有之候か先落第と被存候。勿論豚児ニ対し好成績など期待ハ不致候も万一学業不成績の為自然不良之仲間入等致さは社会ニ対しても相済まさることゝ夫而已憂慮罷在候。御推察被下候はゝ辱き事ニ存候。当春休を幸ニ当地ニ来遊致度由にて儀容仕置候。此度ハ篤と申聞覚醒せしめ度ものと存候か効果之有無ニ付ては甚憂慮ニ不堪存候。何分稚気全く離脱不致人生行路難なと夢寐にも感し居らさる痴漢ニ付此匡救ハ相当至難の事と存候。右之事情ニ付何卒乍此上宜敷御心添之程切ニ御願申上置候。小生も差急き任ニ赴きし為家事の打合も十分ならず家内よりも毎々帰洛を促し来り同情すへき事情も有之候ニ付仙石老帰連緊急事一段落相就き候はゝ請暇帰宅仕度万望致候。是亦御察し被下度願上候。

太田君には時々面話之機あり毎々老台之御噂申上候。同君ハ閑散悠々自適とも可申羡望ニ堪えさる境涯ニ御座候。

先ハ右貴答旁々御芳意拝謝仕度如斯ニ御座候。呉々も御自愛奉祈候。乍失礼御奥様へ何卒宜敷御伝声奉願候。　敬具

三月二十三日　　駒槌拝

伊沢老台御侍史

〔註〕封筒表　東京市外西巣鴨宮仲二五一七　伊沢多喜男様御親展。同裏　大連市児玉町五　大平駒槌。年は消印による。

大谷五平

1　昭和(21)年8月20日

謹啓　誠に御無音に打過ぎ申訳之無候。八月上旬山形県地方へ川柳行脚に参り候処発病仕り（例の胆石病）川柳家の家に臥床、漸く此程送られて帰宅仕りたる始末に候。御言葉に添はず大政翼賛会といふ私の最も嫌ひな集団の中へ県内の事情の為め局長になつたのか祟り議員を辞め候。今回其の補欠に橋本氏出馬致し候も同氏の日頃の御心柄の通りやれ池田成彬、芦田均、石橋湛山イヤ何の誰かし等々の推薦毎日の如く参り却つて其無用を考へさせらるゝ有様に御座候。病後の事故、同氏と共に御訪ね申上ぐる事能はず候も九月にても入つたら三橋四郎次大兄と共に一度是非参伺御挨拶申上き（ママ）存意に之有候。
乱筆御判読被下度候。

八月二十日　　大谷五平

伊沢多喜男閣下

〔註〕封筒表　長野県軽井沢町　伊沢多喜男閣下。同裏　福島県白河町番士小路　大谷五平　八月二十日。年は内容による。

大坪保雄

1　昭和20年3月6日

拝呈仕候。

春寒料峭の砌愈々御健勝に被為渉国事御尽瘁之段慶賀此事に奉存候。

陳者県政各般につき平素特に御心にかけさせられ難有奉深謝候。生来の不敏者随分行届かさる点のみに有之候処尚御見捨無く御高導のこと奉祈候。先般内政部長を代理としてお伺致させ候処其の折の御注意事項等につき早速御礼なり御報告可申上候処引延の儘遂に病に冒され今日まで失礼を続け来り候段申訳無き限に奉存候。毎々御高配を煩はし居候上伊那高等農林の方は其後諸般の準備取進め生徒募集のことも順潮に進み居り一応御放慮賜度奉願候。一番大事の校長は御高示の通り少くも創立当初の数年間は各般の事情上現農林校長村上君を適任と存じ目下内申中に有之内申通りとすれバ来る十日頃には発令の運びと相成るかと存候。当分普通農林と兼務を以て諸事運営の円滑を期し度と存じ罷在候。

県翼壮団長改任及び団指導については随分中央の動き等を見定め誤り無きを期し度と存候。

中部横断鉄道即成の問題ハ小生の無力仲々御期待に添ひ得す候段洵に申訳無き事に存し申候。今後共御鞭撻を賜度奉願候。

鳥居川水系水利統制問題ハ新潟県側に少からさる難点有之候ひしも強引に主張を続け結局昨年末各方面の了解を以て解決今春早々に現地に於て起工式も済ませ目下工事進行中に有之候間何卒此事は御省慮奉願候。直江津築港問題に関してハ更に直接拝顔の砌御高示賜度と存候。

現下戦局真に危急硫黄島攻守戦の如きも全く小生等凡慮の意表外の結果ニ終らんとする如く洵に痛憤事に有之候処目今の状態よりすれバ全く敵の本土来襲も充分予期して準備すを要すべくその場合に処して長野県は地理的特性上挙けて各般の疎開乃至避難の引受けを為すことを要すべく、その態勢の整備に努め居候次第に有之候。今日の事態と相成りてハ挙国只武器と食糧の生産充実に之れ努むべきかと愚考仕候処何卒戦争最高指導につき此上共の御尽瘁奉祈候。時下何卒右ハ洵に乍延引不取敢御報告申上度如此御座候。　敬具
御玉愛専一に奉祈候。

三月六日

大坪保雄

伊沢閣下御侍史

二伸　小生不注意より風邪に冒され延いて中耳炎を併発し遂に去る二月七日より登庁不能の儘一ケ月を過し申候。御

無沙汰を申上候処過日ハ特に御懇篤なる御見舞を辱くし洵に難有奉存候。厚く御礼申上候。今日の時局に一ケ月近くもの期間を登庁不能にて過し候段真に申訳無き限りに存候。幸に其後経過も順潮にて昨五日より登庁執務罷在候。健康も元気も充分恢復致候まゝ愈々励精負荷の重責を果し度存念罷在候。何卒御放慮賜り尚一層御叱正の程奉願候。

〔註〕封筒表　静岡県伊東町松原中村別荘　伊沢多喜男閣下親展。同裏　長野市縣町官舎　大坪保雄　三月六日。年は消印による。

2　昭和(20)年5月30日

拝呈仕候。愈々御清穆奉慶賀候。

陳者過日ハ重大御公用を以て且ハ御久々にての御上京にて各般極めて御繁多の処を拝眉を願出て失礼申上候。然る処愈々御健勝の処を拝し真に慶賀此事に奉存候。私事帰任を急き候まゝ其後の御挨拶をも不申上洵に礼を失し候段御寛恕奉願候。其節ハ信濃宮御造営奉賛会総裁御就任のことを懇願申上候処従来の怠慢を御叱りも無く懇願の微衷御酌取賜り且ハ副総裁として御願すべき適当の方に就ても御懇示賜り洵に難有奉鳴謝候。其の折御高示賜り候御心付の仁、吉野悲歌の著者ハ川田順氏に有之候や。洵に御迷惑の儀に候へ共改めて御伺申上候。而して奉賛会の副総才として御願申上けて宜敷候に於てハ早速閣下御推薦の趣をも認めて御本人に副総才御就任方懇願申上度と存候。事情御諒察の上宜敷御高示の程奉願候。

尚東大植物学教室の一部軽井沢に疎開の事につき閣下の御添書を以て原寛氏本日当地に参られ候。閣下の御添書ハ三月二十一日附と相成り居りその頃の原博士の主たる御用件ハ輸送の方にありたるかと被察候処本日の御話に依れバ大体予定の疎開は既に完了せられ今後の経営につき種々御話有之候。その方は夫々係の者にも示し置き候。一応の経過御報告申上候。

本県国民義勇隊の組織ハ町村より郡と下部より結成せしめ幸にして各方面共相当の県民一般の熱意にて結成を終了いたし候為本日県本部の結成式を挙行する運と致し候。副本部長には一般の声として最も強く中原謹司氏等が伝へられ候へ共県内各般の情勢より師管区、地区の両司令官とも相談の上東筑笹賀村出身の陸軍中将丸山政男氏の出馬を願ふことゝしその内諾をも得候。運営の中核たる事務局長には諏訪中洲村長の伊藤一氏を起用することゝし之亦幸に承諾を得申候。右不取敢御報告申上候。何卒御含賜り今後可然御高導賜度奉願候。尚義勇隊員の結集を愈々鞏固ならしむる為特に閣下に県本部の顧問を御願申上くることゝし別途御願状差上候筈に御座候処御迷惑恐入り候儀には候へ共枉けて御承引万端御高導賜度此の機会を仮りて切に御願申上

候。右ハ御伺に兼ねて一二の御報告申上度如此御座候。時下御玉愛奉祈候。　敬具

五月三十日

大坪保雄

伊沢閣下御侍史

〔註〕封筒表　静岡県伊東町松原中村別荘　伊沢多喜男閣下親展。同裏　長野市縣町　大坪保雄　五月三十日。年は内容による。

3　昭和(20)年7月3日

拝復仕候。御無沙汰申上居候処其後愈々御清穆被為渉候段慶賀此事に奉存候。陳者御高示の京浜方面在住の外人の軽井沢収容の件に関してハ御示しの如く錦地の地柄其他より彼等多数者の新規来住は不適当と存じ居候ひし処更に此度大宮御所愈々御疎開のこと御決定の趣も拝承致し当地の宮家に於かせられても御疎開のこと有之やにも拝察せらるゝ事態と相成り其場合に於てハ御警衛上のことは申すに及ばず一般防諜上にも支障尠からさるへく被存候まゝ新規来住予定外人の数を此際極力減少し之等は北海道等に転換せらるゝ様特に考究措置せられ度旨のことを既に警保局長宛には強く申し送り置き候。尚近く警察部長を上京せしめ更に要望せしむる心組致し居候。只今の処右の外人は主として万平三笠の両ホテル及び日大夏季大学（現在陸軍にて使用中のものにて交渉中）健民修練道場（之ハ厚生省に交渉中）等比較的大いなる建物に集団的に収容する計画に有之、個人有の別荘ハ空別荘一〇八中三八戸につき契約済なる処之等の別荘には万平に現在滞在しある人々又ハ三笠ホテルの外務省関係官等に割当て移転せしむることに致し外人を容るゝものはその内の少数に過ぎざる計画の様に有之候。尚今後も右の方針ハ堅持致し度く従て本県の方針としてハ現住者に立退を求め又ハ近く東京等より疎開し来る予定ある者の別荘につきてまで之の貸与を求むることは致さゞる心組に御座候。御諒承賜度と存候。万縷ハ近く拝眉の機を得て申上度存候処右不取敢御報申上度如此御座候。時下御玉愛奉祈候。　敬具

七月三日

大坪保雄

伊沢閣下御侍史

〔註〕封筒表　北佐久郡軽井沢町一〇三二　伊沢多喜男閣下親展。同裏　長野市縣町官舎　大坪保雄　七月三日。年は内容による。

大場鑑次郎

1　昭和(9ヵ)年9月8日

拝啓　先日ハ突然御邪魔申上候処特別ニ御歓待を蒙り厚く御礼申上候。尚其之節色々御高諭を賜はり乍毎度感激之至りニ奉存候。昨日はまた芳墨を下され恐縮ニ奉存候。小生も生駒氏ニ連絡をとるハ勿論太田塚本次田等之諸先輩ニも助力を願ひ居り候。情勢ハ益々切迫するのみにて焦慮罷在り候。

偖て御下問之憲法違反云々の件ハ明文として的確なるもの無之軍人ニ政治運動を罰する陸海軍刑法之条文之外（前議会速記録）ハ軍人ニ賜ハりたる勅諭ある外ニハ憲法として八其之精神ニ合せさる事ハ明なるもこれといふ引用すへき明文ハ無之趣ニ有之候。憲法の精神ニ副ハさる事ニ付てハ九月三日東京日々美濃部博士説ニよるも明ニて同氏ハ「軍人か政治ニ参与することハ恒久之制度として賛成出来ず日本憲法の精神より観てもそれハ当然のことであり云々」之説尤もと存候。

尚陸軍之治安維持之責任之有無ハ議定書ニハ国防云々とあり主として外患ニ対する防衛なること当然と被存候得共所謂内乱之範囲程度ニ付てハ文意明白を欠く嫌有之候間御参考迄議定書写差上候間御覧被下度候。

先ハ御礼旁々御答迄。　　　　　　　　　　匆々敬具

九月八日　　　　　　　　　　　　大場鑑次郎

伊沢先生玉案下

〔註〕封筒表　信州軽井沢一〇三二　伊沢多喜男様。同裏　東京市目黒区上目黒一ノ九七　大場鑑次郎。年は内容による推定。

2　昭和(10)年10月21日

尊書拝誦仕り候。

烟害問題ニ関して詳細なる御高諭ニ接し感激之至りニ不堪候。微力御期待ニ副ひ得さるへきやを危み居候得共何とか幾分なりとも正道ニ近つけ度考にて意を用い居り候間御承知被下度奉願候。実ハ小生も莅任以来烟害問題之邪道ニ踏入り居る事ニ気つき候間先日代表者を招き大体之指導精神を予告し置き候次第ハ先日拝顔之節申上候通にて右方針ニて進み昨日代表者ニ対し初めて調査廃止と賠償金寄附金之区別撤廃等之意見を提示致置候。代表者ハ少々当惑気味ニ相見え数日考慮する事と相成申候。

昨夕帰宅後尊書拝披仕り御高諭之条々何れも卑見ニ裏書を賜ハり候感を致し胸中開潤を覚え申候。実ハ上京親しく御高教を仰き度と存じ居候処種々之都合ニて当分離県致兼候間不悪御諒承被下度奉願上候。微力所思之何分之一を実現し得るや心中常々焦慮罷在り候。何卒今後共御鞭撻之程奉願上候。先ハ乍乱筆取急き御返事申上候。　　　敬具

十月二十一日

大場鑑次郎

伊沢先生御座下

〔註〕封筒表　東京市西巣鴨町二丁目二五一七　伊沢多喜男様。同裏　松山市官舎　大場鑑次郎。年は内容による。

岡　正雄

1　昭和(22)年4月17日

拝啓　昨日は突然参上仕り久々にて御謦欬に接し御歓待をも忝ふ致し難有奉深謝候。旧に依つての口不調法野人の非礼として不悪御寛容被下度候。帰途若槻様に拝眉親しく厚き御懇情の程を伝承致し洵に感激の至りに不堪候。何卒乍此上御高配を賜り候事を得候ハヾ幸甚之に不過候。

仰に依り単に思浮び候まゝを書き記し候に不過あまりに粗略には候へ共別紙取急き御高覧に供し度如斯に御座候。

乍末筆御奥様へ厚く御鳳声之程奉願上候。　匆々敬具

四月十七日　岡正雄

伊沢多喜男様御侍史

〔別紙〕

慰霊祭典に付て（舌代）

(一)趣旨

軍閥に依つて強行された今次戦争の禍害の犠牲となつた幾百万の生霊就中神人共に許さない滔天の大罪悪として国民を挙げて憤恨慚愧に堪へしめない虐殺事件に因る痛ましい犠牲者に対して慰霊の誠を致す事は我国民の道義上の義務であり信仰に活きる宗教団体等の必然的に主唱計画せらるべき事柄でありまして之が正義と平和とを基調として戦争を永遠に放棄しました新生日本の憲法実施の黎明を期して行はれますならば其意義の特に深いものがあると存じます。

(二)慰霊の範囲

一、我軍隊の残虐行為に因り亡くなられた外人の霊。

二、右戦争に因り亡くなられた内外の軍人其他従軍者の霊。

三、其の他右戦争の犠牲となつて亡くなられた内外一切の霊。

(三)主催者

宗教各団体の聯合主催とし適当なる団体等を援助者とするが妥当かと思ひます。

(四)施行の時期と場所

一、成るべく五月中遅くとも六月中旬頃迄には行ふこと。

二、東京都を中央とし各道府県庁所在地で一斉に行ふては如何でせう。

(五)施行の方法等

一、国民の祭典とし設備は欧米の例を参酌して質実、清浄、崇厳を旨とする事。

二、東都の祭典には靖国神社祭典の例に準じて天皇皇后両陛下の御親拝を仰ぎ且聯合各国側代表者等の参列を請ひ地方の祭典には該地方駐屯軍主脳部等の参列を請ふ事。其他の参列者参拝者等は各地方毎に適当に定める事。

三、祭典の儀式方法等は権威ある有識者を加へた各宗教団体を代表する委員会で講究することゝし委員は断然従来の弊を一掃し己を空ふして協議を遂げ且煩瑣に過ぎた形式と徒らな因襲とを去り真に慰霊の誠を致すに遺憾なからしめ国際的にも恥かしからざるものたらしむる事が最も肝要だと存します。

四、祭典はあまり長時間に亙らしめない事。

五、祭典の経費は主として浄財の寄附等に求め不足は公共団体等に依り適当に補塡の方法を講ずること。

〔註〕封筒表　静岡県伊豆伊東町中村別荘　伊沢多喜男様親展。同裏　浦和市北浦和町一ノ六三野口方　岡正雄　四月十七日。年は内容による。

岡田周造

1　昭和(9)年(9)月

舌代　過日之御申聞ニ基き取調候処別紙之通りニ有之一応御覧置願上候。

岡田周造

伊沢閣下

〔別紙1〕

高発第四一号

昭和九年九月十日　高遠警察署長

長野県知事　岡田周造殿

伊沢多喜男建碑ニ関スル件内申

首題ノ件内偵スルニ左記ノ通リニ有之候条此段及内申候也。

左記

一、主催者　上伊那郡高遠町長　広瀬常雄

二、建碑ノ目的　別紙趣意書ノ通リ

三、建碑ノ場所　上伊那郡高遠町大字東高遠字大屋敷（伊沢多喜男氏出生ノ地現所有者桜井小次郎）

四、碑石ノ構造

1、碑石　仙台石

高サ十三尺、巾七尺、厚サ約九寸ニテ　〔図略〕

型
2、台石　野石
　高サ四尺、巾七尺、厚サ四尺
3、碑文　表面「伊沢多喜男出生之地」ハ高遠町長広瀬
　常雄揮毫予定

五、建碑建設動機、寄附金募集其ノ他参考事項

一、建碑ノ動機

　建碑ノ動機ハ昨年五月伊沢先生来高セル際高遠町青年会長植田留男外青年会役員等伊沢先生来高ヲ機会ニ座談会ヲ催シ伊沢先生ノ臨席ヲ得タル事アリ。之等青年役員ガ広瀬高遠町長ヲ主催トシテ寄附金ニヨリテ建碑セントスルニ至リタルモノ。

二、寄附金募集状況

　昭和八年九月十日願出（募集区域高遠外六ヶ村）
　予算額　一、九〇〇円
　内訳（1）碑建設費　一、七〇〇円
　　（2）除幕式費　一〇〇円
　　（3）紀念品代　五〇円
　　（4）募集準備金　五〇円
　「経過」既ニ募集シ得タルハ一、一〇〇円ニテ残部ハ目下募集従事員ニ於テ集金中ニテ碑石ハ東京中野ニアリ台石ハ高遠産ニシテ既ニ搬出シ現場ニアリ。
　十月初旬ニハ除幕式ヲナスベク主催者ニ於テハ起工進行ニ努力中ナリ。

三、参考事項

　碑石表面碑文ハ前記ノ通リナルモ裏面碑文ハ未定ニシテ建設后折リヲ見テ研究篆刻スル意嚮ノ模様ニ有之。

〔別紙2〕

龍水伊沢先生頌徳碑建設趣意書

山高く水清き我郷人の理想は其徳操の嵩高清冽なるにあり。伊沢多喜男先生は我郷土の生みたる偉人なり。先生か権勢を恐れす金力に屈せす正義に即して我国政の実際を指導し陰然として根本政界に偉力を有せらるゝは真に我郷の誇りならすや。しかも郷土を愛する深く郷人の為に計る先生の如きはなし。
此の嵩清なる人格を久遠に紀念する為め茲に諸賢の赤誠により先生頌徳之碑を建て以て後進を激励せんとす。幸いに御賛同あらん事を。

　昭和八年　月　日

　発起人　広瀬常雄

有志者　敬白

（本紙ヲ応募者ニ配布）

〔註〕封筒表　伊沢閣下御直。「伊沢多喜男君頌徳碑問題」。同裏　岡田周造。年月は内容による。

2　昭和(11)年3月10日

粛啓　今回ハ非常之事件突発致し洵ニ御痛心之事ニ奉察上候。扨て先般之衆議院議員総選挙之結果ニ就てハ目下各種統計等取纏め中ニ有之候得共一応之もの別紙之通り出来候ニ就てハ御参考迄ニ御送申上候。余ハ其内拝趨万々可申上候。時下折角御自重奉祈上候。　拝具

三月十日　周造拝

伊沢閣下御侍史

〔註〕封筒表　伊沢多喜男閣下。同裏　内務省　岡田周造。年は内容による。「別紙」なし。

岡田文秀

1　昭和(8ヵ)年11月29日

拝啓　過日は祝祭日を御邪魔致し恐縮に存上候。種々御懇篤なる御言葉を賜り深く感激仕り候。殊に例の告発事件に関しては御心配を煩し難有奉存候。一昨日不起訴に決定相成候間乍憚御休心被下度候。前々より主務省方面へは誤解なき様意を用ひ候へとも二三新聞の悪宣伝と日大不良弁護士団の姦策とに依り多少省内に誤解する者を生し候事ハ誠に遺憾に存候。幸県民は一人として小生を非議する者無之鵜沢（民）本多（政）の両代議士鵜沢貴族院議員等続々山本内相に面接して事の真相を具陳し小生の為弁護を致し又県会議長初政民両派の県議重たちたる者上京して内相に陳弁致候等の事有之山本内相も過日小生が訪問致し候節ハ反て慰諭の御言葉ありし次第に有之今日にては最早主務省方面の誤解も去りたる事と存候間是亦御休心被下度候。後藤農相初中央並地方を通し小生を慰撫激励せらるゝ官途の人々少からさる中に反つて内務本省内に於て小生の行動に多少の疑念を有せらるゝ者有之候は真に心外に存候。多年に亙る地方行政の弊根を断ち抜本塞源的に革新の道を講せんとする場合肝腎の主務省が事勿れ主義を歓迎せらるゝか如き傾向あるは甚遺憾に存候。固より小生経験浅き為未熟の点ハ重々可有之候へとも至誠奉公の一念は堅き覚悟に有之今後とも御叱正御指導の程偏に奉願上候。　頓首

十一月二十九日　文秀

伊沢多喜男様虎皮下

〔註〕封筒表　東京市豊島区西巣鴨町二丁目二五一七　伊沢多喜男様必親展。同裏　千葉市寒川　岡田文秀。年は内容による推定。

2　昭和9年11月28日

拝啓　過日は御書面を賜り難有拝見仕候。其後日夜多忙の為未た拝眉の栄を得す遺憾に存候。然る処既に臨時議会も始まり閣下にも一層御繁忙と拝察仕候。いつれ会議終了後参上衛生行政其他の御高見拝聴致度楽しみに致し居り候。乍延引右御返事申上候。　頓首

十一月二十八日　文秀

伊沢大人様侍史

〔註〕封筒表　豊島区西巣鴨二ノ二五一七　伊沢多喜男様。同裏　内務省　岡田文秀。年は消印による。

3　昭和(15ヵ)年12月25日

拝啓　本日は長時間種々御高見を承り且又卑見をも御聴取被下いつもなから難有感銘罷在候。猶小生の身上に関して御心に懸け被下候段深く奉謝上候。慈父の懐に入りたる心持を以て身勝手のことを申上汗顔の至に存候へとも小生かねて近衛内閣に大なる期待をかけ近衛公の意図せらるゝ戦時下国民の政治経済等の体制整備に関し微力を致す機会あらむことを私に念願致し居り候処今日迄其の機に恵まれす而も新体制運動の方向は全然誤まられ痛嘆の至に不堪候。後世史家が公に対し一大筆誅を加ふる可能性さへ憂慮せらるゝ有様と相成大人と共に国体と憲政の擁護に深憂の至誠を傾倒せさるを得さるに至り候事は真に遺憾千万に存候。又企画院の現況は頗る怖るへきもの有之過般問題と相成候経済新体制の如き開院当初の立案は思想的にも日支戦争遂行の生産確保の上にも由々しき誤れる方向に国家国民を誘導する怖るへきものなりし事は今や周知の事実に有之之が英断的改造は早急必至の案件と存候。所謂新体制運動の改革の為には企画院と法制局との人的構成を一新し新陣容を以て新たなる構想を為すの要最緊急と愚考確信仕候。大人の御配慮に依り大人の驥尾に附して微力を現下非常国難の時機に致し身命を国家に尽すことを得は小生の幸のみにあらすと存候。何卒特に御賢察を賜り度伏して御願申上候。向寒の砌一入御摂養奉祈上候。　敬白

十二月二十五日　文秀

伊沢大人閣下侍史

〔註〕封筒表　豊島区西巣鴨二ノ二五一七　伊沢多喜男様必親展。同裏　荏原区中延町一〇五一　岡田文秀。年は内容による推定。

4　昭和（19ヵ）年4月29日

拝啓　今年の春は余寒去りかね候処漸く春暖を覚え候好季と相成候。其後御障も無之被為入大慶に存上候。小生熱帯の地より帰還大に自重致し居り候へし処終に風邪に冒かされ尚静養罷在候為以書状御報告申上候。数日前海軍省人事局長拙宅に来訪六月一日付を以て海軍司政長官退官の事に取計ひ度も御都合は如何との交渉に有之固より在京のまゝ無為にして俸禄を食むは如何なるものかと存し候へとも海軍にて当分其の儘にとの話にて万事海軍の方に一任致し居り候事にて異存有るへき事にも無之候間諒承の旨答へ置き候。後の事につきては上司に御願致しあるも今のところ具体的に案も無之由仝局長の挨拶有之候。右の次第参上御報告可申上筈に候へとも尚数日静養を要し候為乍失礼書状にて御報告申上候。小生ハ御承知の如く志政治に有之此の機に勅選の推薦を得は将来の為真に幸に存候も海軍の熱意も甚心もと無之心中私に快々たるもの有之御高察奉願上候。いつれ拝眉の上縷々御耳をけがし度存候も右御報告旁々御高配賜り度以書状失礼仕候。　　　敬具

四月二十九日

岡田文秀

伊沢大人閣下侍曹

〔註〕封筒表　東京都豊島区西巣鴨二ノ二五一七　伊沢多喜男様御直披。同裏　荏原区平塚七丁目一〇五一　岡田文秀。年は内容による推定。

岡田良平

1　大正12年10月10日

拝啓　小生知人柴崎と申者より別紙意見書送り来り、地方在住者の意見を見るに足るへしと存候ニ付貴覧ニ供し候。昨今世論の稍々着実ニ赴きツゝあるハ新聞上ニて看取すへく慶賀之至ニ御座候。先ハ右得貴意度如此御座候。　　頓首

十月十日

良平

伊沢老台

〔別紙〕

火災保険金支払ノ不可

今ヤ帝都復興ノ気勢大ニ揚リ来レルト倶ニ火災保険金支払問題囂々トシテ起リ世人ハ之カ支払ヲ保険業者当然ノ義務トスルモノヽ如シ。然レトモ少シク考慮スレバ此事タル罹災民以外ノ国民（被保険者）ノ権利及利益ヲ無視シ一時一部ノ人々ノ急ヲ救ハンガ為メニ永久ニ法治国トシテ基礎ヲ

危クシ国家自ラ国法ヲ紊シ国民ニ教ユルニ貧富平均ノ過激思想并ニ損害転嫁ノ暴論ヲ以テスルコト、トナルベシ。勿論此前古未曾有ノ大天災ニ当リ罹災民タル被保険者ガ理論及国法ノ如何ニ関セズ保険金ノ支払ヲ熱望スルハ当然ノ至情ニシテ吾人亦之ニ同情セザルニアラズト雖為政者始メ多数有識階級ガ妄リニ愚論ニ雷同シ多数罹災者ノ意ヲ迎ヘテ少数保険業者ヲ圧迫スルガ如キハ不法ノ甚タシキモノト云フベシ。想フニ震火災ノ被害斯ノ如ク大ナラズ僅カニ三四十ノ被保険者ガ地震ニ因ル火災ノ為メ被保物件ヲ焼失シタルモノナランカ怖ラクハ斯ノ如キ暴論ヲ生マザルベシ。火災保険金支払ヲ可トスル論者ハ『保険ハ互救互助ヲ目的トスルモノナルガ故ニ此非常時ニ於テハ宜シク約款ニ拘泥セズシテ速カニ保険金ヲ支払フベシ』ト主張シ甚シキハ大詔ノ所謂『個人若クハ会社ノ利益保障ノ為メニ多数災民ノ安固ヲ脅カス如キアラバ人心動揺シテ底止スル所ヲ知ラズ』トアルヲ引用シテ以テ脅迫的語調ヲ以テ之ガ支払ヲ要求スルモノアリト雖モ之レ等ハ皆悉ク自家ノ利益擁護ノ為メニアラズンバ一時的政策ノ為メニスル方便論ナラザルナク国家万年ノ大策トシテ執ルベキ説ニアラズ。抑々天災ハ各自之ヲ負フベキモノニシテ他人ノ負フ能ハサルモノナリ。以テ他人ノ救ヲ求ムベク以テ他人ニ責ヲ帰スベキモノニアラズ。論者ノ説ノ如キハ罹災民ニシテ罹災民タラシメズ罹災民以外ノ人即チ保険会社及株主并ニ罹災民以外ノ多数ノ被保険者ヲシテ自ラ罹災者タラシメントスルモノニシテ換言スレバ己レノ受ケタル天災ノ損害ヲ謂レナク他人ニ転嫁セシメントスルモノナリ。仮リニ非常時ナルノ理由ト眼前ノ罹災民ノ強請トニ阿附若クハ恐怖シテ之カ要求ヲ容レンカ保険会社並ニ株主ハ之ガ為メニ破産シ延イテ多数ノ罹災民以外ノ被保険者ハ全ク保険契約ノ効果ヲ失フニ至ルベク且今日保険業者ノ倒産若クハ保険業其物ノ滅絶ハ延イテ諸会社諸事業ニ及ビ経済界ノ大動揺ヲ発生スルコト此際保険金ヲ支払ハザルガ為メニ生ズル経済界ノ動揺ト何等其結果ニ於テ選ム所ナカルベシ。即チ保険金ノ支払ハ国家全体ノ見地ヨリスレハ数十万ノ貧民（罹災民）ヲ救ハンガ為メニ新タニ他ニ同数ノ貧民ヲ作ルモノニシテ甲ガ天災ニ依リテ受ケタル災害ヲ人禍ニ依リテ乙ニ転嫁スルモノナリ。而シテ其結果ハ折角勃興シ来レル保険事業ヲ根底ヨリ破壊シ論者ノ所謂互救互助ノ方法ヲ永遠ニ絶滅セシムルモノニシテ国家ノ不祥之ヨリ大ナルハナシ。特ニ吾人ノ怖ル、所ハ国法ノ紊乱ニアリ。若シ此際災民ノ脅迫的強請ニ動カサレ若クハ阿附雷同ノ愚論ニ迷ハサレテ保険業者ニ強ユルニ保険金支払ヲ以テセンカ之ニ依リテ一時民衆ノ狂熱ヲ冷ヤスヲ得ベシト雖モ之ヲ国家永遠ノ立場ヨリ見レバ一部少数罹災民（保険契約者ハ恐ラクハ四五十万人ニ過キザルヘシ）ノ利益ノ為メ多数国民（七千万）ニ権利ノ尊重スベカラザルコト、法ノ頼ムニ足ラザルコト、集団ノ力ヲ以テスレバ強訴暴論脅喝モ亦容易ニ之ヲ貫キ得ベキコトヲ教ユルノ結果ニ陥ルベク国法ノ威力之ヨリ失墜シ政府ノ威信全ク地ニ墜チ天下之ヨリ大ニ乱レ亦救フベカラサルニ至ルヤ必セリ。為政者タルモノ深ク心ヲ茲ニ致シ国家永遠ノ大策ヲ慮リ須ラク大英断大自信大決心ヲ以テ保険業者ヲ保護シ断乎トシテ保険金支払ヲ拒絶セシムベク之レ却テ国家救済ノ大本旨ニ適フモノト云フベシ。

大正十二年十月

新潟市長柴崎雪次郎

〔註〕封筒表　市外西巣鴨宮仲二五一七　伊沢多喜男殿。同裏　小石川原町　岡田良平。

小倉正恒

1　昭和3年7月15日

拝復　時下益御清安奉大賀候。陳ハ此度弊製鋼所争議解決致候ニ付テハ早速御祝辞ヲ辱シ御懇情洵ニ難有奉深謝候。今回全然当方希望之条件ヲ以テ解決所期之目的ヲ貫徹致候ハ一ニ御同情御庇護之賜ト深ク感佩罷在候。尚河井支配人之御尽力ニ負フ所不尠此又感謝罷在候。唯紛争久シキニ亙リ世間ヲ騒カシ御心配相懸恐縮致居候ニモ拘ハラズ却テ御鄭重ナル御祝詞ニ預リ只々痛入候次第ニ御座候。不取敢拝謝旁御答礼迄寸楮如此ニ御座候。　草々頓首

七月十五日　小倉正恒拝

伊沢老兄侍史

〔註〕封筒表　東京市外西巣鴨宮仲　伊沢多喜男様。「製鋼所争議解決之件」。同裏　大阪市北浜五丁目住友合資会社　小倉正恒。年は消印による。

2　昭和　年5月1日

拝啓　新緑之好時節益御清安奉大賀候。然ハ友人高木亥三郎氏川崎市長立候補致候ニ付テハ老兄ヨリ多大之御推輓相蒙候由拝承感謝此事ニ奉存候。然ル処本人志願達成迄ニハ幾多之難関有之候趣何卒乍此上格別之御高配相願度只管奉懇願候。尚委細之事情ハ本人ヨリ御聞取被下臨機之方策御高示之程奉願候。取急右御願迄寸楮如斯ニ御座候。

草々頓首

五月一日　小倉正恒

伊沢老兄侍史

〔註〕封筒表　東京市外西巣鴨町宮仲二五一七　伊沢多喜男様。同裏　大阪市住吉区相生通一ノ二四　小倉正恒。

尾崎敬義

1　昭和5年12月22日

拝啓　益々御清適に被為在候段欣賀此事に奉存候。陳ハ予て得貴意候通り其後財界の推移ハ不安裡に徐々底堅めを為しつゝある有様なれども何といふても極度の神経衰弱に陥り居候ことなれば此際政界に余り波瀾多きことハ尤も警戒すべきことにて自然浜口首相の御再起は此の意味に於ても絶対の必要事に可有之其内御面談の期も有之候ことゝ存候間此点特に御賢慮煩度奉存候。尚満洲問題ハ対支政策の根幹と相成候ものにて今日の如き満鉄首脳者の態度にてハ洵に百年の悔を残すものと奉恐察候。此点も何とか御一考相願度所詮ハ其地位に適任者を得ることに有之政党的情実を排して国家の大計を樹て候様御配慮被成れ度願上候。日頃兎角御疎遠に打過ぎ居り乍ら突然斯る事を申上候段恐縮千万の至に存候得共現状に於て首相に対し尤も公平なる忠言を与へられ候方ハ尊台様を除きてハ差当り無之様被存候儘無遠慮失礼を省みず右御懇願申上度何れ其内一度拝参何彼と緩々御教示相仰ぎ度と存し居候。　早々不尽

十二月二十二日　尾崎拝

伊沢先生侍史

〔註〕封筒表　市外西巣鴨二五一七　伊沢多喜男様煩親展。同裏　青山原宿　尾崎敬義　十二月二十二日。年は消印による。

小高　親

1　昭和18年4月7日

伊沢伯父上様　小高親拝

前略　漸く春らしくなりました。益々御尊台には御元気の由大慶に存じます。

扨て河井君より或は既に御聴取の事と存じますが今回会社の改職、仏蘭西人重役、社員退陣を機会に小生の使命も一応終ったものと考へ其処に種々な事情も在り突然では御座いましたが帝国酸素会社を辞任いたす事になりました。

将来の事に就ては河井君及び住友の重役達の熱心なる御慫慂もあり十年余り仏蘭西人と生活を倶にして来た体験を活用して何か国家的事業に御奉公したいと念願しております。前記諸先輩達は交易営団が最も適所ではないかと云ふのです。私もその線に沿ふて進みたいと考へて総裁に内定している石田礼助氏に御目に掛って私の希望を率直に申上げておきました。

同氏は同窓の先輩で住友の総理事とも親密の間柄で御座い

ます。

本件につき親しく御目に掛って貴殿の御意見も伺ひまた御声援を煩したいとも存じ、また住友の北沢常務理事からも左様勧告されておりましたが余り厚ヶましいと存じ御遠慮申上げました。

何分交易営団には三井系の外、官界からも錬達の士が多く推されるものと思ひますので見当がつきません。

万一何かの機会に、御迷惑にならない程度で一と言御声援を賜りたく会社辞任の御挨拶を兼ねて右御願ひ申上げます。

小生としては自分の有する最善の力を国家に捧げる意味で復《（ママ）》雑なる仏蘭西人の心裡状態や習慣風俗を誰よりもよく識っている積りにつき仏印辺りの交渉なら必ず御役に立つと信じております。

尚、必要あらば御一報次第いつでも拝参いたします。

右御挨拶と御願ひまで。　頓首

昭和十八年四月七日

〔註〕封筒欠。

小畑忠良

1　昭和20年3月8日

謹啓　過日は初めて参堂仕り拝眉を得候だに望外の仕合せの処御懇篤なる御教悔賜り且つ御好意に甘へ意外の長座種々御款待を蒙り候上旅宿の事迄御高配相受け誠に難有く御芳情深謝罷在候。其れと共に自ら省みて無作法の程恐縮至極慙愧此事に存上候。已に五十才を過ぎながら相不変の書生と御笑ひの上御寛容御願申上候。

御高話の折節それとなく御諭し相受け候御教示は肝に銘じ今後一身を処する上の指針と致し度く存候。何卒今後共御指導の程奉懇願候。

いづれ機を得て再度御拝顔御許し願度と存居り候。

先は乍略儀書中御礼迄如此御座候。

三月八日　小畑忠良

伊沢先生玉案下

〔註〕封筒表　熱海《（ママ）》市松原中村別荘　伊沢多喜男様。同裏　東京都淀橋区下落合四ノ一七一二　小畑忠良。年は消印による。年月日不詳伊沢多喜男宛小畑忠良書翰を同封。

小原　直

1　昭和11年9月9日

拝復　残暑猶難去候処愈々御健勝に被為渉候趣奉賀候。小生も此夏ハ富士山麓に約一ケ月間閑《（ママ）》去罷在先月末帰京仕候。

此処三日ハ格別の暑熱にて起居に苦み居候。扨て今般貴族院議員に任せられ候ニ付てハ早速御懇書を賜り難有奉存候。院内所属に付ても御示教を賜り是又難有奉存候。唯議員生活の初年生院内の空気情勢等全く不案内に御座候得は暫く静観の上態度を決定致度と存候。将来とも種々御指導に預り度茲に御礼旁々御挨拶迄如此ニ御座候。何れ御帰京相成候上機を得て拝眉致度と存候。　草々

九月九日　　直

伊沢大人侍史

〔註〕封筒表　長野県軽井沢　伊沢多喜男様親展。同裏　東京市中野区仲町二三　小原直　九月九日。年は消印による。

2　昭和　年4月11日

貴書拝見仕候。毎々御厚意奉感謝候。本日飯田市役所へ集合十六日御来飯を御待ち申す準備会を開き申候。其場所ニて貴書ニ仕る浜松市長の件話し候処豊橋市ハ先年より御仰の如く熱心なれとも浜松市ハ豊橋とハ枝線等の関係ニて仝様ニ無之様なるか如何ニやと申す者有之候。治山水会ニハ本部の代田市郎出頭ニ付御面談可申候間此段御談話被下度願上候。委曲同人より御聞取被下度候。十三日の治山治水会ニハ小生も出頭可致候処多忙ニて欠席十六日拝鳳御迎へ申度候間不参の儀県知事へ御話し被下度願上候。　拝具

四月十一日　　小原老生　長のニて

伊沢先生侍史

〔註〕封筒欠。

柯文徳

1　昭和6年3月1日

拝啓　余寒尚厳しき折柄閣下には愈々御機嫌麗はしく被為渡国事に御奔走御尽力遊ばされ居候事と拝察慶賀至極に奉存候。扨て私事過般来より就職の件に関し御高配相賜はり殊に松木様に迄御紹介相賜はり候御愛情唯々感泣の他無之茲に謹みて御礼申上候。然る処松木様には昨年末御上京以来未だに御帰台無之不尠焦慮罷在候処幸ひ平山様には再度本島に御栄転遊ばされ候故早速拝眉閣下の御近況を伺ひ旁々私事就職の件に付き御願申候処既に閣下より平山様並に総督閣下にも私共一家に対し何かと御高配相賜はる様御申聞け相賜はり候趣拝承仕候折は何と御礼可申上哉其辞を知らず御高恩の程唯々感涙に咽ぶのみに御座候。平山様よりは拙父に対し何かと別に御配慮可被下趣に有之不肖に対しては私一家の名誉の為め今一応理事官として仕官しては

如何との御意見有之候故拙父とも充分考慮仕候結果平山様の御意見に従ふ事とし御引立て相賜はる事と致し候。就ては国家多事の折柄御多用中甚だ勝手釜敷恐縮には存候得共目下総督閣下も御上京中に候へば閣下より何かと一言御言葉相賜はり候はゞ幸甚に奉存候。私事としては曩に御高配により督府に属官として拝命仕候関係上今又属官として仕官仕候節は現在の立場より見て面白からず却て朋輩より嘲笑さるゝ虞有之候に付出来得る事なれば理事官として直ちに御採用相賜はる様御高配相賜はり度候。万一不可能に候へバ電力会社に奉職致度存念に御座候。何卒右御賢察の上可然御高配相賜はり度日頃の御慈愛に甘へ私事の心事御打開け申候段何卒不悪御宥恕被成下度此段御願申上候。匆々

昭和六年三月一日　柯文徳

伊沢閣下御侍史

追て甚ダ失礼に候得共令夫人令息にも宜しく御鳳声の程御願申上候。　又拝

〔註〕封筒表　東京市外巣鴨町西巣鴨字宮中　伊沢多喜男閣下侍史。「台湾電力就職謝辞」。同裏　台北市京町一ノ二一　柯文徳。

香川熊太郎

1　昭和4年9月25日

拝啓　閣下には其後御健康御回復遊ハされ候哉御伺ひ申上候。

過日ハ突然推参御無礼仕候。御病後御静養中ニ不拘御引見を賜ハりいつに変らぬ御厚情誠に難有く謹て御礼申上候。

偖民政党入党之件ニ付てハ其節御高訓之次第も有之小生亦其の積りにて出京致候処市村知事、岩泉其他諸氏より電報参り居り尚ほ引続き武内氏の支部長辞任其の他の情報を齎らし情義を尽して只管入党を促がし安達、江木両相よりも度々御招きに預り懇篤なる御勧誘を蒙り進退に当惑致し候へとも其際四囲の事情入党の不得已立場に相成候様感じ候間安達江木両相の御紹介丈けでハ聊満足致し難き心地仕候ニ付特に武内氏をも加ふる事を条件とし安達閣下の御手元迄入党届差出し置候。

然る処帰郷後仄聞する所に依れバ武内氏ハ小生の入党を歓バさる模様に有之候間不取敢安達閣下へ其旨具状該入党届ハ条件不備に付撤回方申込置候。

右様の次第にて事態不得已と認めたる事早計御高訓ニ反したる報ひハ覿面誠に慚愧之至りに存候へとも推薦者の面目をも考慮したる次第何卒不悪御思召被下度御笑ひ置被下度候。

右早速御挨拶可申上候処多忙ニ紛れ失礼仕候。茲に御礼旁

事情御報告申上候。
時下秋涼釣魚の好時節と相成候間入湯御静養旁是非御来遊被成下度旧知一同楽み奉待候。　敬具
時節柄殊ニ御病後一入御保養専一ニ奉存候。　頓首

昭和四年九月二十五日
香川熊太郎

伊沢多喜男様侍史

〔註〕封筒表　東京市外西巣鴨町宮仲二五一七　伊沢多喜男様親展。同裏　松山市出淵町一丁目　香川熊太郎　九月二十五日発。

梶井　剛

1　昭和22年8月15日

伊沢多喜男尊台
八月十五日　梶井剛

拝復　御静養中に勝手なる御願仕候処早速長文の御芳書小林知事へ御差出被下候由御懇情難有厚く御礼申上候。先日田波長官に御願に罷出候処以御蔭御快諾を得候ニ付不日後援会の発足も出来得可喜居候。何分現下の状態にては金融全く梗塞仕候為め万事不如意と相成り学校の財政には苦慮致居候へ共敗戦の今日汗を以て働出す以外にハ途無之と存居候。教育の最も大切なる時に政府予算にても兎角後廻しとなるか如きは残念至極に御座候。山崎君にも明日会ふ筈に御座候間貴意御伝申上可候。　早々

〔註〕封筒表　長野県軽井沢町旧軽井沢一〇三二　伊沢多喜男様。同裏　東京都渋谷区代々木富ヶ谷一四〇〇　梶井剛　八月十五日。年は消印による。

片岡直方

1　昭和(21)年6月5日

拝啓　時下愈々御清栄奉賀候。陳者先日ハ折角御静養中ニ突然罷出で長時間御邪魔仕り誠ニ欠礼之段平に御海容被下度願上候。早速御紹介により小林書記官長殿に面会致し御親切に種々御指図相受け申候。河井弥八氏折悪しく御旅行中にて御面会の機を失し候段誠ニ遺憾千万に奉存候。扨て所属会派の件ニ付きてハ大先輩としての尊台が微力なる小生ニ対して熱情溢るゝ計りの涙ある御垂示の数々身に沁みて難有深く敬聴仕候。実ハ会派所属の儀ニ付きてハ御推挙を受けし三土氏とは既ニ御約束済みの事ニ有之候も尊台ニ対して率直に明白ニ御断りする事も礼儀を失する事と存じ態と差控へ居り候次第ニ御座候。尚其後も篤と再三再四熟考致し候処男子として一度御約束致し候事を変更するハ甚だ身勝手之事と存ぜられ候結果誠に御芳志に背き何とも申訳け無之候へとも乍不本意貴意ニ副ひ兼ね候間不悪御了承

被下度切ニ御願ひ申上候。時下折角御自愛専一ニ願上候。
今後共一層御指導賜り度奉存候。先ハ御詫び旁々右御挨拶
迄如斯ニ御座候。　　敬具

六月五日　　片岡直方

伊沢多喜男様御侍史

追て好便ニ托し本書差出し候間不悪御了承被下度願上候。

〔註〕封筒表　静岡県田方郡伊東町中村別荘内　伊沢多喜男様必親展。
同裏　兵庫県川辺郡中山寺　片岡直方。年は内容による。

片岡直温

1　昭和8年1月5日

拝啓　国家多事の際倍々御健勝に被為渉慶賀至極に奉存候。
偖て老生義斎藤内閣の政治を観望して過去を追憶して別便
拝呈の一書を作成仕候。
然るに文筆の素養なき老生のことゝて冷汗三斗的のものに
相成面目無之もし新春の御笑艸として御一瞥を賜り候はゞ
本懐不過之。
書余拝光を期し申度候。　　匆々敬具

昭和八年一月五日　　片岡直温

伊沢多喜男先生侍史

〔註〕封筒表　東京市豊島区西巣鴨二丁目二五一七　伊沢多喜男殿侍史。
同裏　京都市伏見桃山　片岡直温　一月五日。

片倉兼太郎

1　昭和(14)年8月14日

朶雲拝見残暑厳敷候処弥々御多祥奉賀上候。
先般は御繁多中拝趨種々厄介様に相成御礼申上候。多額議
員之選挙に付ては御かげ様に順調に進行罷在候間御了承之
上何分之御高配願上候。実ハ小生信州へ旅行本朝帰京御挨
拶延引不悪御了承之程願上候。右乍失礼書中御挨拶申上候。
敬具

八月十四日　　兼太郎

伊沢老台侍史

〔註〕封筒表　長野県軽井沢　伊沢多喜男様侍史。同裏　東京市小石川
区金富町六番地　片倉兼太郎　八月十四日。年は内容による。

片山義勝

1　昭和4年7月9日

謹啓　益々御清康御座被為在大賀至極奉存上候。爾来御無沙汰ニ打過候段何卒御仁恕被下度候。偖予て至大之御同情御引立を蒙り居候愚弟片山三郎儀先般台北ニ転任仕候。田舎より中央ニ罷出候事にも有之、之は必然馘首之前提ならんかと非常ニ心痛仕候次第之処運之尽きさるものにや内閣更迭ニ相成一安心仕候。老台ニハ今度こそ必す閣僚ニ御列し被遊候事と乍蔭打悦且期待致候処実現を見す私かに心外ニ奉存候。併し何卒蔭からても愚弟之事御保護を与へられ候やう偏ニ懇願仕候。偖又其後之評判ニ依れは朝鮮か又ハ満鉄かと之事ニ有之少々喰ひ足らぬ御事とは拝察仕候得共奮て御就任之程奉切望候。小生ハ満鉄鮮銀の勤務之関係上殊ニ満洲ニ付てハ玄関（満鉄）も承知致し又裏口（鮮銀）も知悉致居候。御就任之場合ニハ必す推参裏口の問題等御参考ニ申上度心組致居候次第ニ御座候。

右三郎之儀御懇願申上度書中如此御座候。今頃ヒヨコ〱拝芝ニも致し候時ハツマラヌ評を受け候憂も有之（証人の為）故らニ乍失礼書中奉得貴意候。御仁恕可被下候。

匆々敬具

昭和四年七月九日　　片山義勝

伊沢賢台侍史

〔註〕封筒欠。

桂　作蔵

1　昭和21年12月25日

拝啓　極めて多難なる昭和二十一年も愈々暮と相成り候処閣下には益々御健勝ニ在らせられ為邦家幸ニ存候。年内は格別なる御教導を賜り議員、参与官の一学年を過し得候事厚く御礼申上候。九十一議会も本日を以て終り候間更ニ御教を乞ひ度且愛媛県の事情等も御報告申上度参上を楽みに致し居候処突如の関西震災にて本夜大阪に出発地方長官会議ニ続いて震災地を見舞ふ事と相成り心ならずも欠礼仕候。先生の常ニ愛媛県にお心を懸け被下候事県民一同非常に感激在罷候。何れ一月には参上御引見を賜り度と存候。

先は年末に際し御挨拶申述度如斯ニ御座候。御大切なる閣下には御多幸なる御迎年を謹て奉祈候。

敬具

十二月二十五日　　桂作蔵

伊沢閣下

〔註〕封筒表　静岡県伊東町　伊沢多喜男閣下。「来訪面晤」。同裏　東京麹町区霞ヶ関内務省　桂作蔵　十二月二十五日。年は消印による。

加藤完治

1　昭和17年12月25日

先日は参上親しく御高見拝聴致し難有存候。又御丈夫の御様子に接し誠に悦ばしく存候。扨て其際一寸御話申上げし生徒を連れて北支に参り種々体験せし職員二名本日参上致させ候につき彼の地の実状十分御聴取相成度く或は何かと御参考に相成るかとも存候。尚又真面目な職員にて小生腹心のものに有之候へば十分御指導賜はり度右御願申上候。厳寒の候君国の為御自愛奉祈候。　早々

昭和十七年十二月二十五日　加藤完治

伊沢多喜男様御侍史

〔註〕封筒表　伊豆伊東一宮房次郎氏別邸内　伊沢多喜男様。同裏　茨城県内原　加藤完治　十二月二十五日。

金岡又左衛門

1　昭和(11)年7月20日

拝復　御書拝誦仕候。

酷暑之砌愈々御清適奉賀候。偖て退職積立金法実施準備委員之件に就き御成立の趣委曲拝誦仕候。実ハ去る十四日本県河川治水問題並に日本商工会議所の要件にて東上候処内務省より行違ひ十三日国許へ架電あり十四日鍋島政務次官午前態々小生の宿所帝国ホテルへ来訪尊台よりの御指名の意を享けての懇請あり乍菲才御請せし次第に御座候。右につき明日東上二十二日より内相官邸委員会に出席所用中帝国ホテルに滞滝する予定に有之候間右様御含置被下度候。過日御滞京中小阪〔坂〕順造氏と昭和会館に落合、幸倶楽部員（公正会連）として奥村調査局事務官より亘長時間電力国営問題を聴取致候。富山県としてハ如御承知目下五十一万基の既発電力を有し尚開発中出願中〆壱百万キロの発電計画あり以て本邦随一の電気王県として旺に飛躍、各種重要工業を誘致企業致居り候折柄本県として我等企業家として一大変革に遭遇せし次第に候得共政府立案の根本方針を聞取せハ国家百年の大計樹立上一言の異議挟む可き者に無之と心中相期し居候。啻々其の実行方法につき真剣に爾後研究致度と存居候。

此程軽井沢高原に御避暑にて何よりの事に候。何卒緩々御保養為邦家奉悃禱候。其内機会を得ハ拝芝可仕候。此地産夏肴いなだ一昨日東京巣鴨御宅へ発送致置候。御笑味被下度候。

右不取敢拝酬迄。　匆々不尽

七月二十日

金岡又左衛門

伊沢老台研北

〔註〕封筒表　信州軽井沢町一〇三二　伊沢多喜男殿。同裏　富山市袋町　金岡又左衛門。年は内容による。

2　昭和11年7月25日

拝啓　陳者退職積立金手当金施行調査委員会ハ二十二、三、両日内相官邸にて開催十四名の特別委員に附託せられ候故小生二十四日一先帰県致候。

第十七条の諮問案たる利益ある場合$\frac{3}{100}$迄積立する基準を個人ハ純利益金額に基き法人ハ配当率に基くの案に対し小生二十三日（新聞記事の赤線）質問を発し候（尤も二十二日松岡駒吉氏ハ其の点一問を試みしも政府当局より配当率も利益額も同じく重役にて査定する者なりとの答弁に松岡君ハ沈黙して肯定せしやに候）。

即ち配当率ハ重役会の一存にて適宜査定するも純利益金額ハ労資の共力に依て赢ち得たるものにて重役会にて勝手に利益を隠蔽し不当の社内保留、消却ハ税務署ハ断じて承認せず、従て配当率ハ重役にて工作を加へる余地あるも純利益金額ハ工作を加へる余地なし。又た社内保留、消却ノ特別積立、繰越等種々工作を施し配当率を低下する事あるも株価は却て上昇すべし如此実情に於て法人積立基準ハ個人と同様利益金を標準とすべしと主張候処今度ハ松岡委員猛然起ち金岡委員に全腹の讃意《ママ》を表するものなりと冒頭し約一時間半に亙り王子製紙増資の方法など指発して痛論淋漓三十人委員ハ酷暑の中随分長講を聴かされ申候。之れハ多分特別委員会にて法人の基準ハ利益金額に修正さるゝに非ずやと被観申候。

滞京中ハ帝都ハ防空演習にて四日間に亙り暗黒世界と化し而て所謂る防護団なるものは出動して緊張を通り越し御祭礼気分面白気分となりて恫喝し廻り、小売商店、消費階級ハ商売ハ全然上ったり不安の状態にて寧ろ滑稽の事に候。

右左《ママ》当御報申上度如此ニ候。

炎暑難凌御自愛専念是禱上候。

七月二十五日　　匆々

金岡又左衛門

伊沢老台机下

〔註〕封筒表　信州軽井沢町一〇三二　伊沢多喜男殿。同裏　富山市袋町　金岡又左衛門　七月二十五日。年は消印による。新聞切抜「最低標準賃金の引上を要望　退職金両法施行調査総会で」（『大阪毎日新聞』昭和11年7月25日付）同封。

上山満之進

1　大正15年7月14日

拝啓　御健康如何候也。先頃来御目に掛り度候へども世間のうるさゝに差控居候。本日小生首相と面会、御後任を勧められ候間内諾致し候。御承知置被下度候。就てハ此次御上京之折ハ公私共是非拝芝致度鶴首奉待入候。呉々も御自愛専要奉存候。御令政様へ宜敷御伝声被成下度候。

草々頓首

大正十五年七月十四日

満拝

伊沢大兄

〔註〕封筒表　熱海□（破レ）々木別邸　伊沢多喜男様親展。「台湾総督就任挨拶状」。同裏　東京芝三田綱町一　上山満之進。

2　大正15年10月21日

拝啓　平山氏を経て微衷申上候と同時に浜口にも電報致候処今早朝返電有之結局御決意動かし難しとの事承知致遺憾之至に候へども最早如何ともすべからずよく〳〵の御心事と拝察致暗涙を呑み候。此上は何卒十分御静養相成速に再ひ活躍の舞台に御立被下度切望是のみに候。差当り何地へ御転地相成候也御健康相許し候ハヽ御来游相成高雄辺ニて御越年ニ成候事最も有効の様に被存候処貴意如何。御不自由なく御煩さるもなく悠游さるゝ様取計らはせ可申候。実ハ御辞意の事出発前日拝芝之節まて一切気付不申候為め新聞電報に接し候も又々例の揣摩と相存打捨置候処通信度を累ぬるに従ひ疑念相生し漸く昨日飛電致候次第に有之然るに之は十日の菊に終り候。繰言ハ本来大の嫌ひなれとも又々愚痴か出て候。御諒恕被下度候。呉々も御加餐第一に候。尚乍筆末御令政様に可然御伝声被成下度候。草々頓首

大正十五年十月二十一日午前八時

満拝

伊沢大兄

〔註〕封筒表　東京市外巣鴨宮仲　伊沢多喜男様親展。「東京市長辞任之際の来書」。同裏　台北　上山満之進。

3　昭和(2)年8月30日

拝啓　久敷御無沙汰致候。

調査書毎度難有奉存候。此問題ハいつれ上京之節御高見相伺可申候。

但し上京期の予定ハなしなるべく上京せぬ積又長官も同様。

馬鹿らしき人事問題の紛糾無暗に腹は立ちたれども喧嘩をして逃出すよりも（夫か痛快なるは勿論なり）多少は譲りても（夫が多少面目を害するは覚悟の前也）引続き在任すること台湾の為めなりと自惚れ且は御奉公の途なりと確信したる結果か御承知之仕末なり。

今や台湾は落付きたり。

人事異動ハ大体に於て評判よし。

東京方面には（台湾にも多少はある由）今以て蠢動するものある由困つたうぢ虫共なり。萱蝿の払へとも去り難きに似たり。

小生の決心は依然として変らず田中も今更何とも言ひ様なし（最近にも田中より伝言をなせり）又何とか言つたれは迚ア、そうかと応せらるゝ筈なし今は罷めたくとも辞められぬ立場に小生は在り。

東京新聞に小生を気違ひにして仕舞ふたる由台湾にては物笑ひなりかゝる宣伝は逆に小生の位地を擁護する結果となる。

地方長官会議も無事に済み今は予算の編成中にて又近々評議会も開く計画なり。長官大車輪御安神を乞ふ。

時候御自愛専一奉祈上候。　早々

八月三十日　　満之進

伊沢大兄

中迄もなきことなから此書状秘密に相願候。

〔註〕封筒表　東京市外巣鴨宮仲　伊沢多喜男様親展。同裏　台北　上山満之進。年は内容による。

4　昭和3年3月7日

久敷御無沙汰申居候処愈御勇健之御様子毎々新聞紙上にて承及大慶存居候。小生事不相変頑健此頃ハ蕃地視察に夢中に相成総選挙なとは対岸の火災視致居候。先頃霧社巡游数首を獲候。其一別紙にて供貴覧候。偖浜口君病気にて隠退可致由新聞に伝はり居候か事実如何候也本来何病候也同学之友人済々多士の中に就て小生ハ常に白眉を浜口に推し居り私交も御承知之通尋常ならず然るに突然右新聞報導に接し驚入候。両党の情況如何浜口組閣の有無ハ小生の多く重きを置く所にあらす特に現在の立場に於てハ此種のことは心に思ふさへ罪悪なるへし唯々天下両分の重要なる位地に在り有為の材たる親友の病の軽からさるを痛く遺憾と致し容体御一報被成下度候。御通報を得候上にて本人に見舞状差出可申容体未詳之今日ハ差控就てハ御面会之折有之候ハヽ可然御致声之程奉願候。

総選挙之結果ハ世人と同しく小生にも意外候。両党の勝敗ハ小生の関する所に無之も何卒速に政局の安定する様国民として痛切に希望致候。

選挙中特の外御飛躍之よし種々珍談も可有之候へども今の小生には聞くも詮なき事なれは御尋ねも不致候。唯々益御加餐為国家御尽瘁相成候様奉祈候。

時折ハ東京の塵見物も面白く議会中一寸にてもと存候へども四月末にハ久邇大将宮御来台之筈に付五月中ハ離任難致

存居候。

台湾大学令案後藤石黒幣原諸兄の熱烈なる努力により四ケ月掛りにて閣議通過一昨日ハ枢密院精査委員会も相済み大に安神致候。

台湾ハ万端無事平穏候間御安神可被下候。　草々頓首

昭和三年三月七日

台北にて　上山満之進

龍水盟兄研北

〔別紙〕

蓬萊長有四時春節入
厳冬排季新不問家山
風雪急香雲暖処度
嶙峋
　戊辰一月游霧社時内地政戦方酣
粲政　蔗庵満初草

〔註〕封筒表　市外巣鴨宮仲　伊沢多喜男様親展。同裏　台北文民町上山満之進。

賀屋興宣

1　昭和13年12月23日

拝啓　先夜は参上長座失礼仕候。其節は種々御高教に預り難有奉感謝候。迂生貴族院に於ける所属会派についても御教示の趣誠に有益に拝承仕候。乍然種々考慮の結果折角御親切なる御詞に背き申訳無き様の感し仕候も研究会に入会仕る事に相定め申候。何卒御了承を賜り度く先は右申上け度く如斯ニ御座候。乍末筆向寒の砌益々御自愛奉祈候。
敬具

十二月二十三日

賀屋興宣拝

伊沢様侍史

〔註〕封筒表　豊島区西巣鴨二丁目二五一七　伊沢多喜男様御直披。同裏　世田谷区代田一ノ七八八　賀屋興宣　十二月二十三日。年は消印による。

2　昭和18年7月12日

拝啓　昨今暑気漸く相加はり候処益々御建勝（ママ）に居らせられ大慶に奉存候。先般は御芳墨を賜はり難有奉存候。小生方御無沙汰のみ申上け平に御海容奉願候。陳者塩糖会社の件に関して御高教の段謹みて拝誦仕候。小生も仝会社の事情種々聞きこみ時局柄苦々しき事と存し邦家の為めにも更新出発の程祈り居候。小生多忙と事情復雑（ママ）の為め小生如きが解決に乗り出すへき立場に無之と存し自新重役を選定する

なとの考へは毫も無之候ひしも現新重役一同か新社長に田口氏を推し度く且全然無条件にて万事仝氏に一任する旨申出であり総督府側に於ても右は希望する所なる旨の内意承知致候ニ付右現重役の意嚮総督府及田口氏に伝へ共々御承引を得たる次第に有之全く殆御役に立つ様なことには無之候。然し此上は田口氏には誠に御苦労と存し候も仝社の更生其使命に進み得る様御努力御成効の程祈り居る次第に有之候。何れ拝眉の上申上ケ度く存し居り候も余りに御無音失礼申上候ニ付寸楮御機嫌伺ひかたく〳〵如斯に御座候。乍末筆御健康切に奉祈候。　敬具

七月十二日　　興宣拝

伊沢閣下

〔別紙〕

「劉明電名刺」

(名刺表)

第一生命保険の常務取締役

稲宮又吉

田口氏の為に

塩糖旧株二百株（一万四千円）を買った

(名刺裏)

小石川区水道端二ノ四三　電話大塚七〇七〇　田口弼一

関沢

藤田欽也

赤松大佐

西方義馬

旧株二千株

仝日

草間時光

塩糖新株一、〇〇〇株

名義書換期日

昭和十七年十月三十日

〔註〕封筒表　静岡県伊東町松原中村別荘　伊沢多喜男閣下御直披。同裏　東京市麹町区永田町大蔵大臣官邸　賀屋興宣　七月十二日。同年は消印による。昭和18年7月15日付賀屋興宣宛伊沢多喜男書翰を同封。

唐沢俊樹

1　昭和6年8月17日

謹啓　酷暑の候先生にハ愈々御清適奉賀候。扨て本日ハ近藤氏の件ニ付き御書面頂戴仕り候処同氏の件ハ全く本人の人物と次田次官の御裁定の結果ニ外ならず小生として過当なる御礼の御言葉を頂き全く赤面の至ニ存上候。茲ニ不取

敢御挨拶申上候。尚今春参邸の節ハ誠ニ御無礼申上又其の後も御無沙汰のみ仕り申訳無之御海容被下度候。其の節も御願申候上伊那出身小沢秋成画伯何卒御引見相願度何れ御帰京の時も不遠と被存候ニ付御都合御伺ひ参堂仕り度併せて御願申上候。

草々頓首

八月十七日

唐沢俊樹

伊沢先生御侍史

〔註〕封筒表　長野県軽井沢　伊沢多喜男様。同裏　東京市麹町区外桜田町一　唐沢俊樹　八月十七日。年は消印による。

2　昭和18年6月25日

謹啓　御書面有難く拝見いたしました。都長官の人事ハ相当難航でありましたが第一矢命中いたし、これならば御叱責あるまじくと安心いたし、又塩水港の方ハ多少聾桟敷ですが数日前情報入手、之れも思当る節あり安心して居りました。御帰京の上御目ニかゝり万々申上げます。

六月二十五日

唐沢俊樹

伊沢先生御侍史

〔註〕封筒表　伊豆伊東町中村別荘　伊沢多喜男様。同裏　東京市麹町区霞ヶ関内務次官々舎　唐沢俊樹　六月二十五日。年は消印による。

唐沢信夫

1　昭和22年3月4日

拝啓　先日は久方ぶりに参上致し、大へん御馳走に預り、謹んで御礼申上げます。

張り切つて活動出来ることを楽しみに、喜び勇んで帰省し、木下さんにも報告し、さてこれからと作戦をこらして居る処へ、黒河内さんからの御電話で、失望と言ふよりガツカリして仕舞ひました。

然し、先日御伺ひ致しました際、御心境は充分拝察致して居りますから、総ては御心のまゝに、善処なさることが結構と存じます。たゞ私と致しましては、如何なる時と場合を問はず、いざと言ふ際には『君の馬前に一命を捧げる』決意だけは常に決意して居りますから、何卒此の真情だけは御諒解下され、呉々も御身御大切に遊ばされ、邦家の為め御健闘下さいますよう、神かけて御祈り申上げます。

敬具

二伸　勝田重太朗氏が、参議院に立候補することになりました。何れ参上致しますが、何卒よろしく御願ひ致します。

三月四日

赤穂にて　唐沢信夫

伊沢先生

〔註〕封筒表　静岡県伊豆伊東　伊沢多喜男様。「当分保存」。同裏　長野県上伊那郡赤穂町　唐沢信夫。年は消印による。

河井重蔵

1　大正12年11月1日

拝啓　愈御健勝奉大賀候。偖大災ニ付特別ノ御支障無之趣大慶無此上事ニ御座候。甚タ乱暴論ニ候モ拙老ハ帝都ノ復興ニ付世人ト想意ヲ大ニ異ニシ大体焼跡ヲ全部ノ収用□□(破レ)約五千町歩内外ナラン而シテ其内ヨリ約七分方ノ土地（三千五百町歩）ヲ道路敷地トシ道幅ノ如キ百間内外トシ其余ヲ住宅地トシテ自然ノ発展ニ任セ総テ賢実ナルモノノミノ住居地トシ彼ノ衰店住居ノ者ノ数ヲシテ弐三百万ノ人口ナリト誇ルモ何等利スル処ナシ徒ラニ人口ノ密集ヲ欲スルカ如キ無益ノ事ト被存候。三百万ニアラサレハ文化経済政治ヲ為ス不能ト云フニモアラサルヘク不完全ナル発達ノ為今回ノ如キ事アリ七十年毎ニハ必ス来ルヘキ震火災アル事ハ明確ナル事ナレハ独リ東京市ノ為ニアラズ日本帝国ノ為ナレハ飽迄ニ賢実ナラサルヘカラズ故ニ先ツ政府ハ道路敷ヲ制定セハ其他ノ事ハ一切自治ニ任セハ足レリト信ス道路ノ巾ヲ一百間内外スレハ特更ニ公園ヤ明地ヲ設クルノ必要無之直ニ自己ノ宅地ノ前ハ公園ナリ万一ノ際ニハ之レニ出ルノミ他ニ奔ルノ必用ナシ東京市トシテハ焼残ノ人口ニテ過分ナリト被存候。

人口ノ密集ノ為ニ流行病ヲ起シ風紀ヲ乱シ悪徒ノ横行ヲ極メ衛生上ノ不利ヲ招キ何等利スル処ナキ様ニ被存候。水源地ノ如キ無限ノ水ヲ貯ヘサルヘカラズ。

横浜ノ如キ人口十五万ヲ以テ計画セバ充分ニシテ貿易ノ如キ些ノ差支ナカルヘシ一所ニ三百万人ノ集団ナケレハ製造工業起ラスト云フ事モナカルヘし地方分立主義ヲ以テセサルヘカラズ大阪ノ如キ神戸名古屋ノ如キ市部ノ如キ此上人口ノ密集ハ禁セサルヘカラズ然ルノミナラズ人口ノ減少モ量ラサルヘカラズ鉄道輸送ノ如キモ之ニ備フル不能今日ノ状態ヲ見テ其完全ナラサルヲ知ルヘし今后都市ノ発達ニ就テハ道路ノ巾ト人口トノ制限ヲ設クルノ必用有之事ト信ス今回ノ災害ニ就キ地方一般ノ損害非常ニシテ金融逼迫極度ニ達シ其不安甚タシク現震災地ト同様ナリト云フモ過言ニアラズ

焼跡地五千町歩
　此買上代金　弐拾弐万五千円
　　壱反歩　四万五千円
　　壱坪　　百五十円
内三千五百町歩　国有
　代拾五億七千五百万円

千五百町歩　　住宅地
代六億七千五百万円
此分ハ売却或ハ貸付等ヲ為スヘシ
第一ニ道路ヲ定メ家宇ノ高サヲ定メ（六十尺以内歟）住宅ヲ自由ニ建設ヲ許スヘシ。此他ノ事項ハ緩々進行スヘキノミ此他種々ノ意見申上度モ省略仕候。要スルニ人口ノ密集ヲ禁止タキ事ニ御座候。
籾精白ニ付御調査ヲ賜リ千万忝ク奉謝候。大体ニ於テ有利ナルカ如シ。当地方ニテモ夫々試験ノ結果増米ヲナシ正米壱石ニ付七八升位ノ増加ヲハ得ニ付種々ノ疑問ヲ生シ候モ総テ有利ナルカ如シ乍此上精々審査ヲ遂ケ邦家ノ利益ト相成候様切望仕候。
我国三万町歩ノ収穫籾ハ三億万俵（壱俵四斗入壱反歩拾俵正米弐石）
此搗増米壱千五十万石
此他虫食害ノ為ニ失フモノ三百万石ニシテ壱千三百五十万ノ利益アルノミナラズ精白トスル為ニ三百万石ノ減損ヲ為スヲ以テ食料ノ不足農村救済ノ一助トシテ一日モ早ク其利ヲ得度事ニ御座候。
此頃ハ御風気ノ趣折角御自重被下度御序モ有之候ハヽ御高臨被下度切望仕候。拙老モ本月四五日頃出京仕度存居候。又其際参舘仕度候。先ハ乍延引御挨拶旁如斯ニ御座候。御家内様方宜シク御致声御願上候。

大正十二年十一月一日

重蔵敬白

伊沢多喜男殿玉案下

〔註〕封筒表　東京府北豊島郡西巣鴨町宮仲二五一七　伊沢多喜男殿玉案下。同裏　静岡県遠江国小笠郡南郷村上張　河井重蔵　東海道線掛川駅東南約十町。

河井昇三郎

1　昭和12年12月19日

拝啓　其後慮外の御無音申上ケ申訳無之候。寒威日々募り候折柄御起居如何ニ御座候也御伺申上候。小宅一同以御蔭無異御休神被下度候。小生新任初にて殊ニ年末ハ愈々多忙ニ過し居候へ共新年三日間ハ一同にて帰省の心組ニ致居候。鷲尾氏よりの来翰拝見仕候。小倉氏とハ一度よく談合致したること有之候処別子ニ於ける功績ニ就てハ住友として謝意を表すへき心組あること充分ニ観取被致候。只航空会社ニも就職ニ相当の収入ある際よりハ他日を期し居るものと被存候。小倉氏よりの手紙も其心持にて読み得るものと存候。
歳晩一層御自愛御機嫌克く御迎年祈上候。　　敬具

十二月十九日夜

昇三郎

伊沢父上様

〔別紙1〕

拝啓　時下寒気日々相増し申候処益御健勝ノ段奉賀候。昨日ハ長時間御邪魔仕り昼食迄賜り御懇情ノ程誠ニ難有奉深謝候。

其節小倉様ノ方へ河合氏〔伊沢書込　何某殿　「河井」なる名を挙けたることなし、彼の想像独断也〕へ種々小生ノ為メニ御話被下候由ヲ承り御厚情ノ程誠ニ難有奉感謝候。其節何カ此点ニ就キ通セサル所アルヤニ覚へ恐縮致居候。実ハ小倉様ヨリ九十月の交始メテ親切ナル手紙ヲ頂キ小生ハ此レニ対シ長文ノ御返事ヲ差上ケ且ツ訪問シタキ故御都合ノ時日ヲ承タシト書添置候。然ル処此度小倉様ヨリ頂キタル別紙御手紙ニ有之候様ノ次第ニテ御返事ナキ故其儘ニ打過キ申候。次テ先般上京尊台ニ拝面シ帰リタル後町田氏等ノ同情ニヨリ航空輸送ニ入社スルコトト相成早速其旨小倉様ニ御手紙差上ケタル処別紙封入ノ如キ御親切ナル手紙ヲ頂戴仕候事故昨日ハ小倉様ニ関スル御尋ネニ対シテ「御手紙ヲ頂戴シテ居リマス」ト御返事申上候様ノ次第ニ御座候。小倉様ニ同情ノアルコトハ存シ居難有相感シ居候へ共上記往復以外ニハ無之小生ヨリ押シテ訪問シタリ厚ヶ間敷申出ツルコトハ差控へ居リタル次第ニ御座候。何カ尊台ノ御厚情ヲ無ニシタル如キ結果ト相成リ候事モ有之候ハヽ、甚タ恐縮ノ至リト存候へ共事情右様ノ次第ニツキ何卒御諒承賜度又河合氏へも宜敷申上被下度候。何卒今後何カト御指導被下度切ニ御願申上候。

次ニ昨日御話有之候上海航空ハ目下未タ軍用ノミニテ来月ヨリ一般旅客ノ扱ヲ為サンカト云フ議モアル由ニ御座候。御了承被下度候。右要用迄。　敬具

十二月十三日

鷲尾勘解治

伊沢多喜男殿侍史

〔別紙2〕

拝復　向寒之砌益御清穆被為入奉大賀候。陳者今秋初旬ニ御入念なる尊翰拝受早速貴答可申上筈之処公私之用務に忙殺せられ荏苒過し居る内十月初旬より又々腫物之為自宅ニ引籠り月余ニ及ひ未だニ医師を煩はし居候様之為体ニテ乍思其意を得ず失礼罷在候処此度は再び御懇書ニ接し恐縮汗顔之至疎懶之罪平ニ御海恕被成下度候。三石鉱山は結局御辞任致され今回日本航空会社常務ニ御就任之趣敬承洵ニ慶祝此事ニ奉存候。

実は秋初御懇書ニ接候以来三石之方は早晩御勇退可相成ものゝやう直感致乍僭越其後之御仕事ニ付彼此憂慮致居候事とて今回之御就任ニ就き一層之御喜を感する次第ニ御座候。御来示之通り人間は力の能ふ限り何等かの仕事を持つへきものと平素信じ居り此点よりも御同慶至極ニ存し衷心欣喜ニ不堪候。今後は不及乍御力添可申上何彼と御用之節は公私共無御遠慮御申聞被下度候。何れ東京大阪何れかにて御面晤申上委細申上度存候。時下向寒之砌御自愛専一ニ奉祈上候。先ハ右御詫旁御喜申述度書中如此御座候。　草々

十二月初九　　小倉正恒拝

鷲尾尊台侍史

〔註〕封筒表　東京市豊島区西巣鴨二ノ二五一七　伊沢多喜男様平信。
同裏　兵庫県芦屋平田一八九三　河井昇三郎。年は消印による。

2　昭和　年9月12日

拝啓　御手紙忝く拝誦。前便御端書にても昨今貴地ハ倍快適の由結構至極ニ奉存候。御心配相懸候へ共小生病気ハ殆全快、明後日より略平日の通り出勤可致候間乍憚御安意被下度候。

総理事も諸説出で大ニ心配せるも東大にてハ頗る楽観致居り阪大も之ニ帰著し阪大にて多少の手当する程度にて一先つ落著之予想に有之一同愁眉を開き申候。御本人ハ呑気にて週ニ二回位出社致居候。何れにせよ早く後図を定め置くこと内外ニ対し切要と相成居候。

宮子のことハ最初小生ニ対し話しありたる後見教授ニ面晤之上御来示ニより伝へ可申候へ共先方ハ最早相当希望あることの前提を以て御調査並ニ御考慮煩ハし度と存候。

別子渡辺吾一氏煙害関係にて拝参せる歟と存候。三村氏の苦衷も有之何分の御叱正並ニ御援助賜ハり度願上候。

迂兄弥八のこと呉々も宜しく奉願上候。其後何の音信も無之候へ共衷心寂寞のことゝ察し居候。

連日炎暑耐へ難く候。村山水道部長最も困惑せる歟と存候。御揃ひ御機嫌克く御帰京可被遊候。　敬具

九月十二日　　昇三郎

伊沢父上様

〔註〕封筒表　長野県軽井沢一〇三二　伊沢多喜男様親展。同裏　兵庫県芦屋平田一八九三　河井昇三郎。

河井弥八

1　大正15年8月24日

拝啓　此程ハ度々参上仕り種々御懇情を蒙り候段洵ニ難有

奉深謝候。御健康之程ハ思ひ候よりも一段御良好ニ相見え衷心祝著千万ニ奉存候。

一昨夜ハ酒井伯之車ニて旅館ニ帰還仕候。夫より二時間許り伯と談話相試申候。伯の談ハ時局ニ対する有爵議員之行動ニ付真正堅固なる志操より発せられ感心致候。其要点ハ研究会最高幹部之行動を非とし近衛公之自重を切望し有爵議員之少壮有為之士のみ集つて真剣に政務之調査を励み度、斯くして貴族院之実質的改善を企図し度とのことに御座候。又伯の人物観ハ頗穏健中正ニ有之是迄伯を知らさりし小生としてハ寧奇異ニ存申候。

御少閑之砌御訪問御指導相成候ハヽ、是亦国家への御奉公不尠儀と奉存候。

昨日ハ車中甚暑く帰宅之後も軽井沢のみ恋しく存候処本日ハ朝来涼気大ニ動き心身清爽を感し申候。

時節柄別して御自愛被遊度切ニ奉祈上候。　匆々頓首

八月二十四日　弥八

伊沢様侍史

追て御奥様へ宜敷御鳳声希上候。

〔註〕封筒表　長野県軽井沢町　伊沢多喜男様親展。同裏　東京市麹町区紀尾井町三番地官舎　河井弥八　八月二十四日。年は消印による。

2　昭和4年7月9日

拝啓　暑気俄ニ相加り候処緩々御安祥奉大賀候。陳ハ過日ハ態々御来訪被下種々御高説相承り洵ニ難有厚く御礼申上候。

政務官の御選任地方官の更迭等着々進捗せられ其間不一方御尽瘁之御事と拝察仕候。

此次ハ植民地長官満鉄総裁等にも波及せられ候へきかと愚考致候処満鉄総裁御選任之場合ニハ過去の政戦場裡の殊勲者を挙けられ候ことハ面白からす矢張り大平氏の如き人物を挙けられ候ハヽ、至極適当と存候。

大平氏満鉄御辞任後ニ於て同氏ニ対する批評を聞くに松岡氏も大ニ同氏を推賞し居り其他従来同社の要部ニありし人々も同氏にハ絶対に心服致居候ニ付何とかして総裁として御就任を願候ことハ相叶申間敷候哉折角御賢慮を被煩度切望仕候。小生明十日ニハ或ハ帰京可仕歟とも存候処当分ハ此地ニ滞在罷在候ニ付乍失礼以書中得貴意候。差出ヶ間敷儀ハ何卒御海容被下度候。　匆々頓首

七月九日夕　弥八

伊沢賢台侍史

〔註〕封筒表　東京市外西巣鴨町宮仲　伊沢多喜男様親展。同裏　神奈川県葉山町一色一八八四　河井弥八　七月九日。年は消印による。

3　昭和(11)年8月27日

拝啓　高原秋気動き御快適無比被為在候御事と奉拝察候。当地も朝夕ハ涼しく相成候得共日中ハ矢張り相当蒸暑さを感し申候。

過日ハ参邸種々御馳走ニ相成殊ニ小生身上ニ関してハ不一方御懇情を蒙り候段感銘筆紙ニ難尽候。拝別之翌二十日白根次官を訪ひ（大臣葉山滞在中）種々相尋候処

一　発令ハ早急ニハ参らす候も大演習御発輦（十月）前の見込なり。

二　後任の選定未成とて小生の意見を求められ候。小生ハ三矢氏か最適任と答申候。

三　勅選へ推薦之為宮相ハ葉山ニ於て首相ニ懇談依頼せり。首相ハ目下欠員八名あるも内五名ハ岡田内閣ニ対する義理上殆確定的なり其余の三名ニ付ても二席ハ現内閣閣僚之為用意し置くの必要あり故ニ小生の事ハ候補者之中ニ入れて考慮するハ勿論なるも実現ハ中々容易ならすとの意向なり。

四　就テハ宮相ハ徳川公ニも推薦を依頼するを有利とすとの意見なり。此点如何。

右ニ対し小生ハ宮内省の力と責任とニて堂々政府ニ迫るニ非されハ実現不可能なるへし故ニ小生ハ強いて之を拒否せさるも飽くまても本筋の交渉を希望す而して小生としてハ宮相の外一木湯浅の前両大臣ニ御依頼申上けたるのみニて一切静処すと答へ候。

五　白根次官も二十日朝此問題之為藤沼書記官長を訪問せしに書記官長ハ厚意を以て迎へられ小生をハ有力なる候補者と認むるも現内閣ハ前内閣ニ対する義理上五席を必要とす少くとも三人ハ約束済なりと答へ尚現閣僚之為ニも二席を要し其他官吏関係のみにても今井田中川等の諸氏をも考慮する要ありと答ふ。

六　今回宮内省より推薦せらるゝハ小生一人なり哉との問ニ対してハ次官ハ然りと答ふ。

次ニ去二十二日一木男を往訪致候。男爵外出之為短時の会見ニ不過小生は白根次官訪問之要旨を告け且男爵ニハ小生之為態々宮相を訪問せられし由ニて之ニ対し深甚之感謝を述へ候処

一　七月二十九日宮相を往訪し勅選推薦之事を強く依頼せしに宮相も固より同意ニて十分尽力すへしと答へたり其後宮相来訪あり葉山ニて首相ニ依頼せりとて其内容之報告あり（其要旨ハ前記三と同一ニ候）。

二　右欠員補充方法ニ関してハ小生ハ藤沼書記官長か白根次官ニ答へたる所ニよれハ多少之変更ハ不可能ニ非さるへしと申上候。

三　小生叙勲ニ付てハ男爵ハ尊台御注意ニ依りて心付きた

る次第ニて是亦当然なりと信したるを以て宮相ニ申出てたり然るに宮相ハ最近叙勲ありし故との理由を以てソレまでの考慮なかりしも男爵の主張強かりし為宮相ハ十分研究之上尽力すへしと約束せり。

男爵ハ下条総裁とハ特ニ懇意なるを以て宮相か叙勲之手続を取る場合ニハ自ら総裁を訪ひ十分依頼すへしと語られ候。

四　徳川公の尽力を乞ふハ如何との大臣の意向ニ対し小生の所見申上候処全然御同感之様被見受候も其事ハ宮相より既ニ公爵へ依頼せられし由内話ありし由被申候。

五　勅選の決定ハ中々容易之事ニ非す殊ニ近年ニ至り益々困難を加へたりとて男爵か勅選せられし当時之事を告け急速実現之期待を戒められ候。

右之大要早速御報知可申上之処帰来所用山積致居且又静岡へ参候事なと有之乍思遅延仕候段何卒不悪御諒恕被下度候。尚甚恐縮之至ニハ候へ共今後共宜敷御配神被下度殊ニ湯浅内大臣を煩し候様致度切望此事ニ御座候。

先ハ右御挨拶旁々要用のみ如此候。

時下格別御自愛被遊度尚御奥様へ宜敷御鳳声奉願上候。

匆々頓首

八月二十七日

弥八

伊沢賢台侍史

〔註〕封筒表　長野県軽井沢町一〇三二　伊沢多喜男様親展。同裏　東京市世田谷区北沢二ノ一　河井弥八　八月二十七日。年は内容による。

4　昭和12年1月9日

拝啓　酷寒之候ニ候処益御清祥奉大賀候。陳ハ此頃ハ御旅行被遊候趣誠ニ健羨之至ニ奉存候。

林中将之意見書以別便拝送仕候ニ付御一覧被下度候。小生過日新年宴会之時偶然隣席と相成候ニ付一部懇望仕候処十部送越され適当の御方へ差上候様被申出候次第ニて一部拝進仕候。

小生郷里ニ所用有之候ニ付本日出発帰郷仕候。二十日頃ニハ戻り度と存居候。参堂拝芝可願上候処乍略儀以紙中得貴意候。時節柄格別御自愛被遊度尚御奥様へ宜布御鳳声奉希上候。

匆々頓首

一月初九

弥八

伊沢老台侍史

〔註〕封筒表　豊島区西巣鴨二ノ二五一七　伊沢多喜男様親展。同裏　世田谷区北沢二ノ一　河井弥八　一月九日。年は消印による。

5　昭和12年9月15日

拝啓　秋冷の候益御清祥奉大賀候。陳ハ唯今尊書拝見小生身上ニ関し不一方御厚配を蒙り難有奉感銘候。

実ハ去十一日徳川公の需ニ依り参邸仕候処両三日前公爵か首相ニ面会せしに公爵よりハ何等の話も致ささりしに首相より今回鵜沢氏議員辞職ニ付河井之事も念頭ニ在り尤此際ハ河原田を推さんとの考もありと告けられたる由ニて公爵の御考ニてハ是迄とハ異り余程有望となりたり但し未安心ハ出来すとの御内話有之候。而して公爵ニハ首相ニ対し馬渕氏之支持を打切り強く小生を推薦せられしか如く首相より進て斯る内話ありしハ宮相不断之努力之結果なるへしと之事ニ御座候。

小生ハ公爵の御注意もありし故何人ニも之を話さす唯尊台ニ御目ニ懸り度と存候も軽井沢御滞在之事を承り候為其儘打過し申候。

更に十三日夕公爵邸ニ家政相談人会あり晩餐之後居残りを命せられ候処公爵より十一日午後関屋氏来訪新聞紙ニて馬渕氏叙勲之事を知り此際公爵ニハ河井之為ニ尽力せられ度と懇請せられ候由ニて公爵ハ之ニ対し首相と談話之趣を告けられ候との事ニ御座候。更に公爵ハ同日宮相を訪ひ此事を告け宮相より首相ニ対し更めて依頼せられ度と依頼せられしに宮相ハ首相軽井沢へ赴かれし為直ニ書状を差出されたる由ニ候。而して関屋氏ハ前日既ニ宮相を訪ひ徳川公往訪之結果を告け尽力を希望せられたりと宮相より聞及たりとの御話有之候。

昨夜一木男爵へ寿像贈呈之為発起人之晩餐会あり関屋氏ニ面会致し候処同氏より是迄の御話あり其内ニハ尊台ニ御話せし事長書記官長訪問書記官長をして徳川公へ依頼せしめし事なと有之候。小生ハ白根次官と同席致候ニ付次官ニハ謝意を表し大臣ニ宜布伝へられん事を依頼せしに次官ハ既ニ関屋氏之大臣訪問之事を承知致居り大ニ有望なりと被申候。

是迄の経過ハ大要右之如くニ有之徳川公の小生ニ話されたる内容ハ関屋氏へ話されたる内容と著しく強弱之差有之候。之ハ公爵か小生ニ対して大事を取りて御話せられしものと推想仕候。

大要之状況右之通ニ有之不一方御配慮御尽瘁之段感謝之至ニ不堪候。小生ハ不相変何等之行動ニ出てす候ニ付其点ハ御了解置奉希上候。

先ハ右御返事旁得貴意度如此候。

時下格別御自愛被遊度尚御奥様へも宜布御鳳声奉願上候。

匆々頓首

九月十五日正午

弥八

伊沢様侍史

〔註〕封筒表　長野県軽井沢町　伊沢多喜男様親展。同裏　東京市世田谷区北沢二ノ一　河井弥八　九月十五日。年は消印による。

6　昭和21年8月19日

拝啓　爾来御疎遠ニ打過き申訳無之候。秋暑如燬之候倍々御清健奉大賀候。

小林氏過日参上候由云々御近状相承り欣幸ニ存候。長野県立農林専門学校長村上明彦氏より九月中下旬之中ニて同校に来り報徳ニ関する講話をせよとの交渉有之直に承諾致置候。右ハ予て尊台より承及候学校ニて御案内なくとも一度推参致度存居候ニ付誠に仕合ニ存候。次ニ小生去十六日帰村致候処十七日夕刻同校教官岩瀬義夫氏生徒九名を引率して来訪せられ候。食糧増産問題ニ付尊台より御話承居候由申され候。依て希望に任せ農事講師をして実地に就き説明を致させ同夜ハ報徳社ニ一泊せしめ候。此頃ハ以御蔭千客万来ニて中々繁昌致居り感謝に不堪候。

常会（毎月四日）出席数

六月千百人、七月千二百、八月千三百

ニ有之候。

同成会も今回農学博士寺尾博士を加へて二十九名に達し候。近々三十名に達し候見込ニ御座候。

時下切ニ御自愛奉祈上候。御奥様へ宜布願上候。匆々頓首

〔註〕葉書表　長野県軽井沢町　伊沢多喜男様侍史　東京貴族院第八控室　河井弥八　八月十九日午後三時。年は消印による。昭和21年9月13日付伊沢多喜男宛河井弥八書翰に同封。

7　昭和21年9月13日

拝啓　秋冷遽に至り候処御揃倍々御清穆奉大賀候。其後ハ又々御疎遠ニ相成恐縮ニ不堪候。

扨昨日公二殿御来院被下御近状詳細相承り候処今夏御健康愈々御増進相成皆々様愈御機嫌麗敷被為在候趣ニて誠に芽出度奉存上候。

次ニ佐藤助九郎氏之御配慮ニ依る家屋御使用之儀ニ付御思召拝承仕候。

右件ハ下条氏最よく承知し居られ同氏之談ニ依れハ今回新築ハ三戸ニて入口より第一之家（十五坪）第二之家（二十六坪）ハ既ニ竣工し奥之家ハ昨今漸く完成之模様ニ有之第一之家ニハ下条氏長男入住し第二ノ家ハ佐藤氏令弟居住中ニ有之由ニ御座候。而して奥之家ハ佐藤氏之居宅に充て第二之家ハ貴台之御使用を乞ふ積りなりとの事ニ御座候。家賃ハ大に御気懸り之事とハ存候へ共建築費相応之事ハ不可能ニ有之候間下条氏ハ平価一坪四円ニ付一円を加へ五円として計算し七十五円を納むる事ニ致一ケ年分九百円を支払度旨申入候由ニ御座候。貴台御使用之家も此方法ニ依り借

料御支払相成候ハヽ宜敷と被申居候。佐藤氏ハ未た奥之家に移転せさるも追々転居せらるへきニ付此際急速御交渉御進行相成度右ニ関し若し直接御進行御支障御座候ハヽ下条氏より交渉可致ニ付御用命被下度との事ニ候。右ハ小生本日下条氏より承候儀ニ有之同氏ハ昨日ハ登院不相成候ニ付此段得貴意候。

憲法之審議ハ精細を極め進捗容易ならす候。其他補償打切問題関係法案ハ未提出無之自作農創設農地再分配案ハ衆議院ニて漸く委員附託となりたる程度ニ候へは又々会期之延長ハ難免と存候。斯様ニ永引き候ハ都会来住者の堪へ兼候事ニて自然登院率も降り居候。

同成会ハ小坂氏御辞任後渡部信氏（元帝室博物館総長）を加へて三十名と相成候。漸く而立之境ニ達し候間何卒御安神被下度候。而して最近多額議員之補選ニ依り神奈川松尾嘉右衛門氏入会確定（平沼氏御紹介）、宮城佐藤惣之助氏確定と見られ候。此外勧誘中ハ東京鏑木忠正氏、福島橋本万右衛門氏、北海道伊藤豊次氏ニ有之岩手瀬川弥右衛門氏ハ同和会に旧縁有之候ニ付勧誘遠慮致居候。同成会ハ先般御教示之如く数よりハ質を主とし精選主義に徹底致度心懸居候。小生ハ本会議委員会之有無ニ拘らす必毎日登院致居候。内外多事殊に紛雑不少折柄ニ付何人か常詰之者必要ニ候間常番と心得雑役ニ服し候次第ニ御座候。炎暑も漸く相去り以御蔭元気回復致候間乍憚御休神被下度候。但し近来之交通難ニてハ貴地へ拝問仕兼候間何卒不悪御容赦被下度候。

以上当用旁近状申進度如此候。乍末筆御惣家様へ宜布御鶴声奉希上候。　匆々頓首

九月十三日夕　弥八

伊沢老台侍史

〔註〕封筒表　長野県軽井沢町旧軽井沢一〇三二　伊沢多喜男様親展。同裏　東京都世田谷区北沢二ノ一　河井弥八　九月十三日。年は消印による。昭和21年8月19日付伊沢多喜男宛河井弥八書翰を同封。

8　昭和(21ヵ)年9月16日

拝啓　御はかき忝拝見仕候。

御近状拝承連日来客攻に悩ませられ候由御疲労御心配申上候。

憲法委員会ニ対する御批評も尤ニ御座候。アレデモ委員会内ニ各派一名より成る聯絡委員を設け促進を計り居候。今後参議院ニ付一層之紛雑難免と存候。

伊那農林へ出講之件拝承仕候。校長御退職之由なるも未何等之申越無之候。

日時之指示無之候ハヽ出頭不致候。一昨十四日放送局之申

入ニ依り「貴族院の思出話」録音致候。上程日時不明ニ候へ共自然御聴取御叱正被下候ハヽ欣栄奉存候。拝答旁当用如此候。　匆々頓首

九月十六日

〔註〕葉書表　長野県軽井沢町旧軽井沢一〇三二　伊沢多喜男様侍史
東京世田谷区北沢二ノ一　河井弥八。年は内容による推定。

9　昭和（21カ）年9月20日

拝啓　三橋氏ニ御託しの尊翰忝拝見仕候。同時ニ同氏より御伝言難有拝承仕候。
一、下条氏ニ尊翰を示し且貴旨御話申述候処都合繰合せ参上可致多分二十四日ならんと被申候。又佐藤氏新築之家屋ニ付てハ兄弟之間意見之相違あり此上ハ尊台より助九郎氏ニ対し直接一書御送被下候事最有効なりと申居られ候。佐藤氏健康漸次良好ニて近日上京之希望有之か如く被存候ニ付義弟佐藤代議士ニ就き尋候処矢張り上京不致由ニ御座候。
一、橋本万右衛門氏入会ニ付三橋氏より貴意拝承仕候処同氏十八日来院入会を申込候間直ニ其手続を致候。不行届之廉可有之候へ共何卒不悪御諒恕被下度候。
一、同成会懇親会ハ十月一、二、三日の中ニ錦水ニて開催可仕目下準備中ニ御座候。日時決定候ハヽ直ニ以電話可申進候ニ付御光臨被下度候。時節柄格別御自愛奉祈上候。尚御奥様ニ宜布御鳳声奉希候。　匆々頓首

九月二十日　弥八

伊沢老台侍史

〔註〕封筒表　長野県軽井沢町旧軽井沢一三〇二　伊沢多喜男様。同裏
東京都世田谷区北沢二ノ一　河井弥八　九月二十日　二十一日八時貴族院ニテ投函。年は内容による推定。

10　昭和22年4月22日

拝啓　今度の選挙に関してハ終始一貫熱烈なる御高援を賜り誠に難有厚く御礼申上候。以御蔭第三位にて当選致し茲に真に国民之公僕たるを得感銘ニ不堪候。就てハ今後一層之御庇護を蒙り度切望此事ニ御座候。

選挙は一種の戦争ノ（ママ）に有之一週間之立遅れハ相当之打撃ニて之か挽回ハ頗困難ニ御座候。幸にして諸方面より有力なる多数応援弁士を得て街頭演説に効果を収め申候。公二秀子等之弁論大に人心を惹き徳川議長之街頭飛入演説最一般之心を収攬致候。

何れ拝芝御挨拶申上け更に将来ニ関し御指示相仰可申候得共不取敢御挨拶旁此段得貴意候。　匆々頓首

四月二十二日

弥八

伊沢賢台侍史

追て時節柄切ニ御自愛奉祈上候。尚御奥様へ宜布願上候。又拝

〔註〕封筒表　田方郡伊東町松原中村様別荘方　伊沢多喜男様侍史。同裏　小笠郡掛川町上張　河井弥八　四月二十二日。年は消印による。

11　昭和(22ヵ)8月28日

拝啓　陳ハ去二十五日田中博士より御近状詳細相承り愈々御清勝国家再興之為不相変御尽瘁被為在候段恭賀之至ニ不堪候。小生ハ近来脚力衰退従て何となく元気銷耗致候得共兎ニ角毎日登院食堂ニて弁当を食ふことたけハ相欠不申候間御憐察被下度候。

公ニニも殆連日面会致候。議院出入中何か意義強き仕事を得闊達なる識見を養ひ候様為致《(ママ)》ものと念し居候。

報徳ニ関する御熱意真に難有感銘仕候。窮迫せる時局に対し逡巡を許されす只管焦慮致居候。

昨年六月一日聯合軍総司令部民間情報教育部新聞課長Daniel C. Imboden少佐掛川町之大日本報徳社ニ来訪せられ十一時より二時半迄詳細視察せられ候。其節ハ小生主として会談ニ当り佐々井鷲山両副社長及加藤博士（仁平氏文理大）大ニ説明を助けられ候。少佐の報徳ニ関する予備智識ハ五月上旬静岡新聞社ニて報徳村経営ニ関する座談会記事ニ依つて深く喚起せられ遂ニ来社となりたる次第ニて最初より二宮先生ニ対する尊信著しきもの有之候。(1)二宮先生の経歴を聴取して歎賞しAbraham Lincolnニ比較し又Jeffersonニも斉しと断せられ候。(2)先生の信仰ニ関してハ神儒仏三味一粒丸の譬を以て答へこゝに所謂神道とハ神代無始の世より現時ニ至るまでの生々発展の理法と之か実行を謂ひ軍国主義及極端之国家主義に非すと説明致候。(3)報徳の意義と道義及経済一致観とを告け(4)其骨子ハ至誠Sincerity勤労Industriousness分度Economization推譲Contributionに在り実現の方法ハ救急Relief復興Rehabilitation開発Opening of Land及永安Prosperityなりと説明し(5)実地施行ハ毎月定時ニ開会する常会Regular Meetingに依り全員の発言する芋ンじ会に依り常会盛大なれハ報徳栄え農村繁栄すと庵原村其他の事例を挙けたるに少佐ハコレこそ真のDemocracyなり日本に斯かる民主主義ありしハ実に欣快に堪へすと称揚せられ候。中食ニハ米国上流家庭之粋を極めたる簡素なる料理を呈し報徳農家自製のパンを供したるに大ニ驚喜し米国に帰りたるか如し又貴下は良きコックを有すなと申され候。食時ニハ打解け話ニ入り小生より広島市荒廃所見と之か再建ニハ米国の

力を要す、掛川地方にハ近年兇悪なる犯罪なし之ハ報徳の浸潤に由るならんと裁判所長の言なりなと誇張致候。食後図書館にて先生の著書（実物）壱万巻を積める書架と其内容を見更に別室ニて麦甘藷増産方法及成績写真を示し全国へ指導者派遣の事なと説明致候。之ニ依りて国内自給可能なりと結論致候。

少佐ハ翌日報徳村庵原村を視察して其成績を確認し其後高松宮殿下に拝謁して詳細所感を言上し又McAuthur元帥にも充分なる説明を致され候由ニて深く元帥の感興を惹居る趣ニ候。而して富田高慶先生著報徳記ハ英訳を了し米国ニて印刷中と存候。

九月四日小田原市報徳二宮神社ニて先生誕生百六十年祭を行ひ次て報徳聯合会発会式を開催しImboden少佐及夫人を招待致候。少佐ハ二宮先生の民主主義を称揚し我国家再建之道ハ一に之に依るへき旨を強調せる演説を為され候。

十一月二十四日にハ民間情報教育部企画課婦人部長Lieutenant Eothel B. Weed嬢Miss Mirriam Farleyと共に来社せられ候。小生主として接迎の任ニ当り種々説明を為し又質問に答へ候処最良く社の性質及事業を了解せられ候。而して米式最上の簡素なる昼餐を饗し其序ニて生花ウス茶を披露致候処頗満足せられ候。中尉ハ婦人運動研究の目的を有せし由ニて小生ハ日本家庭に於ける主婦の地位を説明し米国に於けるか如き婦人運動なき所以を申述へ候。偶ま生花茶の湯の如きは家庭内ニ於ける婦人の固有文化を立証することゝ相成り好都合ニ御座候。

本年三月十七日天然資源局ニ出頭し農業部農業経済課長Robert S. Hardie氏及Mr. Daviesと会見し小生の持論たる日本食糧自給可能論を詳述致候。之ハ甘藷増産に依るものニて報徳社の農事指導講師ハ現に全国各地ニ於て増産実績を挙け居ることを報告致候。而して増産要旨ハ作物の生理研究に基き合理的栽培を為すに在り、之は米国学者Dr. W. O. Wilcox氏のAgrobiologyニ依る方法と同一なりとて同博士著Nations can live at Homeの一巻を示し申候（会談一時間半）。

最近の報徳社渉外関係ハ大要右の如くニ有之詳細記述したる印刷物等無之候ニ付茲許摘要御報告申上候。

終戦以来国家の再興ハ報徳に依るの外なしとの意見ハ期せすして全国に瀰漫し食糧増産技術渇仰と共に大ニ報徳社ニ対する要望増加致候。年五回の講習ハ毎回の申込定員の四倍に達し毎月の常会ハ出席七八百名を下らす候。各種出版物ニ対する需用激増致出版と同時に売切と相成候へ共用紙の配給乏しき為乍遺憾需《（ママ）》ニ応し兼候。

尚資金の半額ハ無価直となり又ハ配当無之財務行詰り困難致候。政府より之援助も断られたるにハ無之も何等の回答無之候。活動資金無之候も活動ハ停止不致候。
先ハ右大要拝答旁得貴意度如此候。時下切ニ御自愛奉祈上
候。　　頓首

八月二十八日夜　　弥八

伊沢大先覚侍史

国会も近々休会に入るへく候。不取敢帰村各地出動可試候。
尚貴地へも出来得る限り参上致度候。何れ後便ニて更めて
御依頼可申上候。　　又拝

〔註〕封筒表　長野県軽井沢町旧軽井沢　伊沢多喜男様親展。同裏　東京都世田谷区北沢二ノ一　河井弥八　八月二十九日朝投函。年は内容による推定。

12　昭和(22)年10月16日

拝啓　秋冷相加り候処御障りも不被為在候哉御案し申上候。
扨此程ハ昇三郎高子殿より御近況相承り倍御勇健之事万々
御祝着申上候。
甘藷増産ハ救国之第一義と存し候ニ付是非共急速ニ実現致
度去二日帰村之節甘藷普通作のもの四種四株を蔓付のまゝ
取寄せ去十三日より参議院食堂ニ陳列し別記之私見摘要書
を貼出し両院議員、来院者多数ニ説明致候。首相、芦田、
木村、斎藤各大臣を初めとし政府側日銀、勧銀、中金なと
より来看者有之候。本日ハ進駐軍よりも来観有之候。就て
ハ参議院之方ハ之ニて打切り来週より衆議院ニ展示会相催
すへく候。
斯くして後参議院農林委員会之議を纏め政府をして明年度
予算ニ計画を計上せしめ同時ニ両院議員之選挙区ニ千貫会
二千〆会を結成せしめ指導者を派遣致すへく候。〔伊沢書
込　予算計上困難。費用醵出方法如何〕
尚出来得へくハ決議案として食糧増産緊急対策之上程に及
ほし度存候。
就てハ別紙御高覧之上何分之御批評と実現方ニ対し御高援
を仰度切望此事ニ御座候。吉田前首相ニハ其後御目ニ懸り
候へ共食糧自給論を呈したるまゝニて打過申候。尚先般自
由党政務調査会ニ於かれ説明之機会を得候ハ総裁御配慮之
結果と存候。時下切ニ御自愛奉祈上候。　　匆々頓首

十月十六日夜　　弥八

伊沢老台侍史

追て先日同成会有志懇親会ハ真に水入らすの親しき会合ニ
有之一同御来会を得さる事を遺憾ニ存候。各自署名之葉書
御入手被下候事と存候。館林より宜布可申上旨申出有之候。
近日伊万里へ旅行之由ニ候。　　又拝

〔別紙〕

一、日本は主食糧の自給が出来ないか。
昨年八八十六万一千屯（米換算約五百八十万石）を輸入した。

今年は既に百六十万屯（米換算約千百万石）を輸入した。

明年以後の輸入はどうか。〔伊沢書込　自給自足出来ぬ者に誰も食糧やクレジットを給与する者はない。Self helpが絶対必要だ。〕

二、自給自足は絶対必要。
輸入食糧の代価が払へぬ（経済白書）。

国民生活の根本を立てよ。

石炭鉄の生産よりも肝要だ。

三、主食糧の自給自足は必ず出来る。
米作偏重を修正すべし。〔伊沢書込　適地適作、甘藷、馬鈴薯、燕麦、ライ麦、蕎麦、稗、何でも可なり。〕
米食偏重を改むべきだ。

甘藷増産主食糧自給策

一、国民所要主食総量を米一億石と推定す（三合配給基準）

二、自給計画
米　六千万石
麦類　二千万石（米換算）
甘藷　二千万石（米換算）
馬鈴薯　〔伊沢書込　？〕
雑穀　其他　〔伊沢書込　？〕

三、甘藷増産初年度計画
作付面積五十万町歩　〔伊沢書込　其地方別如何、高度、土質、湿度等如何。〕
収穫三十億貫（米換算二千百万石）

四、農村の製粉事業（麦、甘藷、馬鈴薯等）促進　〔伊沢書込　其細目、例之電力、水車等々。〕

五、昭和二十三年分予算より強力実施

甘藷増産国民運動

一、増産力極めて強大
段当収穫千貫（米換算七石以上）は確実
実物供覧

品種名	藷量	反当株数	段当収量
沖縄百号	五五五匁	二〇〇〇本	一〇〇〇貫
農林五六	九〇〇匁	一八〇〇本	一五〇〇貫以上
兼六《ケンロク》	一二一五匁	二二〇〇本	二〇〇〇貫以上
泊黒《トマリクロ》	一二四五匁	二二〇〇本	二〇〇〇貫以上

二、増産要旨
品種の選択
良苗の育成
実物供覧　写真供覧
植方改善
三、増産運動
二千〆会結成
指導者派遣

緑風会　河井弥八

〔註〕封筒欠。年は内容による。

13　昭和22年11月3日

拝啓　向寒の候倍々御清穆御自適之高風景仰仕候。扨二十三日附尊書難有拝見仕候。曩ニ拝送致候卑見ニ対し御懇切なる御垂示を蒙り一々感銘仕候。御心配被下候小生の後継者選任之件誠ニ難有奉存候。小生も四月以来肝胆を砕き候得共今以て見当不申小生の老頽相加るに従ひ焦慮罷在候。唯掛川町出身東大農学部助教授神谷慶治氏ハ最適任ニ有之矚望致居候。

甘藷増産之事ハ三ケ年ニて成功致度目下心身を捧居候。之も肝胆相照之人無之候へ共両院議員を中心とする外無之候(別葉ニ続ク)。

〔註〕葉書表　長野県軽井沢町旧軽井沢一〇三二　伊沢多喜男様　東京世田谷区北沢二ノ一　河井弥八　一一月三日。年は消印による。

14　昭和22年11月3日

過日両院ニて甘藷見本（株のまゝ）展示致候処片山、芦田、木村、斎藤諸相来看せられ議員も多数感興を惹かれ候。此事業ハ国会と政府を動かすこと肝要と存候間其方法として農林常任委員会之行動を求むへく候。学者方面ニてハ京都帝大教授大槻正男博士ハ最熱心ニ有之又同大学ニハ理学部ニ芦田博士農学部ニ今村博士あり大ニ助勢せられ候。只全国的組織ハ報徳社のみニてハ成立せす、この点参衆両院議員ニ依るハ已むを不得と存候。本年藷作ハ旱天ニ不拘相当之豊作ニ有之候。岐阜県付知町ハ之ニ依て食糧自給を得たるか如く下伊那郡下条村小松原部落も連年豊稔を喜居候。時節柄何卒御自愛被遊度切禱此事ニ候。

匆々頓首

〔註〕葉書表　長野県軽井沢町旧軽井沢一〇三二　伊沢多喜男様　東京世田谷区北沢二ノ一　河井弥八　一一月三日。年は消印による。

川上親晴

1　昭和(12)年8月16日

拝啓　何つもなから御無沙汰罷在候処先日は却て御芳書を頂き感謝至極ニ御座候。賢台ニハ時下御別条も在らせられす先日来御地別荘ニ御静養中之由慶賀之至ニ奉存候。先般の特別議会ハ邦家空前の重大性を有する議会ニて是非参席の所存ニ御座候処昨年末蒙古ニて戦死致候親戚小浜大佐の遺骨漸ク此の比原地より帰還去四月二十九日当地ニて葬儀を行ふ事と相成居り老生は親戚の関係上其前後当地を離れ難き事情有之其為メ歴史的重大なる議場ニ列し得さりしハ遺憾の至りニ御座候。

老生は久しく田舎住ヒニて近時著しく老衰し碌々無為閑居罷在候事心慨至極ニ御座候。御笑察可被下候。先日内相官邸ニ於ける御揮毫は少しも当年の意気ニ御変り無之真ニ敬服の至りニ御座候。老生ハ只タ生存するのミニて徒らに心慨罷在候のミ御憫笑可被下候。

さて又タ多年隠忍を続ケ来りし日支問題も時運漸く到り天我をして悪逆無道を膺徴（ママ）せしむ国民ハ如何なる苦痛をも忍ひ徹底的ニ天意ニ対へさるべからす徒らに外国の顔色抔顧慮するのときにあらす宜しく政府の御監督御鞭撻の所切に切に御祈り奉申上候。晩暑尚甚敷折柄切ニ御自重御祈申上候。先は御芳志ニ対し感謝の意を表し上候。　匆々敬具

八月十六日　川上親晴

伊沢賢台御侍史

〔注〕封筒表　長野県軽井沢別荘　伊沢多喜男様御直。同裏　鹿児島県加治木町　川上親晴　八月十六日。年は内容による。

川崎卓吉

1　大正8年8月24日

拝啓　其後御疎音ニ打過欠礼候処益後清穆慶賀此事ニ候。小生方一同頑健幸ニ御安慮被下度候。着任当時ハ暑気烈敷相感候も八月ニ入りてより涼風相生じ東京よりは却て凌きよく被存候。併し本年ハ領台以来第三位之暑気なりし由ニ候。マラリヤハ絶体ニ無之由なるもチブス患者随分多く特ニ本年ハ近年ニなく虎病の流行を見台湾衛生の名誉を傷付候感有之候ハ遺憾之至候。何分対岸支那とジヤンクの往来頻繁なる為兎角其影響を蒙りし候ハ独り病気のみニあらさる由ニ候。家族一同本日虎レラ予防注射を致候間大丈夫と存候。

総督病気小生渡台後も一度危険状態ニ瀕したる事有之候も其後経過よろしく不遠転地療養を試み候由、右様の状態ニテ未御面会の機を得ず統治之方針其他指導を受くるの機会なく不便ニ存候も無拠次第ニ候。当府ハ上下を通して在住二十年ニ近き連中之人多く新来のものニ対してハ目を欲つの気味有之殊ニ新設局の方針等内外環視致居候も虚心坦懐研究ニ没頭し意見の発表等ハ見合居候。只今回迄の直覚感

ハ外観の非常に立派なるニ多くの人幻惑せられ居候様なるも内容ハ必ずしも然らさる様に存候。

警務局の動揺ニ就てハ御高見も有之候。着任の上ハ呉々慰撫する積之処小生着任数日前ニ川淵君辞表提出局長も感情を害し居候際とて如何とも難致同氏の行動ハ稍穏当を欠き様存候も辞職の上帰還せしむるハ今後内地より人物を採用する上ニ於て支障を生する虞ありと存じ局長長官を取なし幸ニ学務課長を内地より採用致度考有之候ニ付交換方内務次官迄申出候次第ニ候。幸ニ同氏ハ警察部長ニ採用せられ候も学務課長付きてハ何共未返事無之候。実ハ教育令発布の結果教育機関大拡張辞任校長も居る事故内地にて視学官の経験ある現在内務部長か警察部長の位置にある人を得度鼓参事官より内務省ニ交渉中ニ候も万一御心当あらば御尽力願申候。現在視学官の位置にある人にても適才ならば差支無之候。川淵君等の帰還甚不穏当の嫌有之候も事情を聞けば又同情すべき点も有之為同人呉々御聞取遣被下度候。併し大久保君の如き帰京者たりとて格別の得にも可不相成本間君の如き僅一年位故在留を勧め候も已ニ話も余程進み居候由付致方なく候。併し何とかして警察の綱紀を緊張せしむること統治上最も肝要と存じ候。此事何れ機を見て長官ニ意見具陳の積ニ候。

朝鮮ハ上下一新の気味あり赤池君等の奮発誠ニ喜ふべく同志連れ立ちての事故愉快と存候。丸山氏も同行手当ニ付も追々人才を得度存上候。不取敢学務課長之適才御心当有之候は御配慮願上候。

湯地氏ハ多数の部下を率ひ来り一教団たるの観ありし由ニ候。反感も意外大なる様被存候。小生ハ目下の処単身重囲にあるやの感も致候も可成長官と意思を疎通し協力刷新ニ当り度存居候。御気付の点有之候はゝ御指示願上候。長官も同様の考らしく被存候。

明日より十二日間之予定を以て南部及蕃界視察之積ニ候。感想重て可申上候余り欠礼候。明日の船ニ間ニ合すべく下らぬ事書き列ね候。御推読願上候。

草々敬具

二十四日

卓

伊沢高台侍史

官舎ハ古亭街総督仮官邸ニ候。結構ハ仲々大きく候も器具調度類無之内地にて大分御殿様ニなりたるものにハ大ニ不便を感候も之も新来新設局の為にして追々我儘も云へる事と存じ候。新聞のおそきは最も閉口候も其代り南支南洋の事ハ多少知識を得候。

〔欄外〕例の収入問題ハ長官の取計にて相当考へ呉候間御安神被下度候。

〔注〕封筒表　東京市外巣鴨村宮仲二五一七　伊沢多喜男様親展。同裏

台北古亭街官舎　川崎卓吉。年月は消印による。

2　大正8年9月19日

拝啓　益御清穆慶賀之至ニ候。扨水野氏より交渉の件ニ付早速御垂示を辱し感謝之至ニ候。其後斎藤総督より明石総督ニ対する電報ニ依れば位置ハ京幾（ママ）道知事にして台湾の都合も可有之も朝鮮の形勢重大なるを諒せられ割愛を乞ふ云々と有之候。明石総督も前水野総監より電報ニより警務局長なるべくと想像せられ朝鮮の形勢も大ニ考慮を要すること故事情か君を要する事なれば仮令君一身ハ迷惑なりとも承諾せよ台湾の方都合あしきとて筋道さへ立ては同意するの外なかるべしとの事なりしが斎藤総督の電報ニより京幾道知事と相分り同知事とせば重大なる形勢と大なる関係ありとも不被認との意見なりし如く返事ニ付きてハ彼是非常ニ苦心せられたる模様なるも下村長官と協議の結果謝絶相成候。長官ハ初めより大不賛成ニ候。小生も警務局長なれば職責も重大、同僚の関係も都合宜敷ニ付総督の快諾を得れば一奮発するも可なりと存じ居候処知事ニてハ余り気進ます総督の御意見ニ一任し御示しの通り赤池丸山も協議ニ加はりしかと見へ両君連名の電報も水野総監の電報と同時ニ来り夫にも朝鮮の形勢益重大統治上最も重要なる位置云々の文句有之候為皆野口君の後任と想像したる次第なるも京幾道知事ハ京城警察の関係より重要なるにや少し了解ニ苦しみ候。

総督の病気漸く全快今回此問題にて渡台後初めて面会仕候。福島県庁も政友会の蹂躙ニ委候様相見候。佐藤内務部長も愈本音も表し全国稀なる成績を有する農工銀行重役改選も全然政友会の注文通と相成候。憲政会も余程奮発せざれば形勢一変の虞有之候。

虎病大分下火と相成しも船便ハ門司検疫の為全く不定閉口候。明日の便船ニ間ニ合はす為取急其後の事情申上置候。

右要用迄如此候。　草々敬具

十九日　卓

伊沢老台侍史

〔註〕封筒表　東京市外巣鴨村宮仲二五一七　伊沢多喜男様親展。同裏　台北古亭街　川崎卓吉。年月は消印による。

3　昭和(3)年9月13日

拝復　貴翰拝誦益御清穆慶賀之至ニ候。近々御帰京之由之処東京ハ残暑厳敷昨今も一向後退せず夜分も寝付かれさる様之次第ニ付可成御滞在相成候様可然と存候。

クラブ携帯遠征仕度之処八月中の練習も格別之進捗もなく夫ニ少々指を痛め候為見合居候。又民政党内之紛擾に対する遠慮旁差扣居候。御滞在中出懸之事或ハ六ケ敷乎と存し候。

党内之脱退者一応喰止し事と存候も今後大々的活動必要と存候。独とり党員自体のみならず党外之気分を一新する要あり夫には相当之金力を要すること勿論ニ付幹部連ニ進説中ニ候。此等之点よりせば速かなる御帰京願はしく候。浜口総裁は来十八日西行之筈病気ハ全然回復之由ニ候。

新聞記事之件一二度話題となりたる事有之候も格別御懸念之事無之乎と存じナニシテモ政党うるさきものニ候。総裁にも誠ニ御気之毒ニ不堪候。右取急御返事まで。草々拝具

九月十三日　　　卓

伊沢老台侍史

〔註〕封筒表　軽井沢旧軽井沢一〇三二　伊沢多喜男様親展。同裏　小石川区駕籠町二一四　川崎卓吉。年は内容による。

川島浪速

1　昭和23年1月26日

粛啓　御玉章拝接欣誦仕候処御懇情紙面に溢れ感銘至極奉存候。拙老こと其後一生を奔波の如く空過致せし為意外之御疎闊に打過申候事何卒御寛恕被下度候。往年を回想すれば何十年前支那留学生等ニ付多大御配慮を願上候事今日今昔之感に堪へさる次第最早尊台も八十路に御踏入り被遊候事依然往年之御風貌を印象し居りし拙老には意外之想を覚へ候得共自己を顧れは已に八十四の老盲たるを見れは不思議無き次第に候。林木兵衛氏より伝承候へば一見六十代の如く御健康も察するに足るとの事甚心強き次第拙老の如きさへ此国状を見せ付られては安心して瞑し難く感し居り候。何卒益御加養御長生下され再ひ誤らぬ様政界人を御指導下され度切禱仕候。何れ拝芝之機を得て親しく領教も致度存居候。養女芳子に就て深く御同情被下候段感銘之至奉存候。右一筆御礼御挨拶迄如此御座候。　敬具

昭和二十三年一月二十六日

伊沢多喜男閣下侍史　　　川島浪速拝

追て過般風邪罷在候へとも昨今快癒致居候間乍他事御放念被下度候。

〔註〕封筒表　静岡県伊東市松原中村別荘　伊沢多喜男様。「当分保存」。同裏　長野県上水内郡信濃尻村黒姫山荘　川島浪速　一月二十六日。新聞切抜「国籍だけが残念／帰化させたら反逆罪ならざりしを……芳子を語る川島浪速翁」（『信濃毎日新聞』昭和23年1月11日付）を同封。昭和23年2月20日付川島浪速宛伊沢多喜男書翰を同封。

河村金五郎

1　8月28日

拝啓　残暑烈しく候処益御清祥奉賀候。然は此度広瀬久忠任官ニ就ては不一方御配慮を煩はし忝く奉存候。御蔭を以て好地位ニ就任相叶一同喜悦罷在候。尚此上とも御指導御鞭撻被下度御願申上候。不取敢寸楮御礼申述候。書余拝芝を期し候。　敬具

八月二十八日

金五郎

伊沢老兄机下

〔註〕封筒表　長野県旧軽井沢一〇三二　伊沢多喜男様親展。同裏　東京渋谷町緑岡三　河村金五郎。

喜多六平太

1　大正14年7月3日

拝啓　大暑の砌尊堂益御清栄奉賀上候。其後は打絶へ御無音欠礼之多罪幾重にも御容赦賜はり度候。却説甚た唐突なる申出にて唯々御迷惑とは存上候へ共実は貴地築地三丁め居住当流認書教授に従事致居候大村武なる者有之候。先年暫く東上野生方内弟子として芸道研究致居候事も有之若年乍ら当方にて教授公任致候者に御座候。人物も比較的真面目にて御地同好者間に於ても相当信用ある者に御座候。右の者今回流道発展の為御地にて当方一門を招聘致演能会相催度希望を有し居候。就ては幸に貴下御在任を何よりの好機として種々便宜を得度或ひは御無理なる御願に推参仕候也も難斗然る折は公務御多端の折柄御迷惑は万察上候へ共何卒一応御引見の上何分の御指示に与り度野生より偏に奉懇願候。

甚だ無遠慮なる申条にて失礼万々とは存上候へ共平素の御厚宜に甘へ以書中右御依頼申上候。時候不順の折柄折角御自愛祈上候。　艸々頓首

七月三日

喜多六平太

伊沢多喜男殿

〔註〕封筒表　台湾台北市総督官邸　伊沢多喜男殿親展。同裏　東京市麹町区飯田町四丁目三二　喜多六平太　大正十四年七月三日。

木下　信

1　昭和17年7月20日

拝啓　一昨日ハ御静養中を長時間御邪魔仕り御教示を蒙り候のみならず小生身上に関して迄種々御高配を賜り唯々感

佩の外無之厚く御礼申上候。

本日早速吉永総監を警視庁に訪ひ東京市長に関する閣下の御志向を語り向後の善処に就き申進め置き候。昨日情報課長拝趨の趣ニ付き万般御承知の義と存候が本日大久保市長並ニ三助役も共に辞表提出せし由に候。近日中詮衡委員等の下に後任問題も協議せらるゝ事と存候が今回の市長辞任ニ関してハ右翼等の活躍に待つもの多きとの事ニ候へバ後任市長に関する発言権も此等系統に相当強味ある事と被察候。御含み被下度候。

尚本日後藤翼賛会事務総長を御尋ね致し首相秘書官赤松氏への紹介状を頂き候ニ依り兎に角明日にも赤松秘書官を訪問依頼致度存候。其の結果に就てハ後便御通知申上度不取敢出先にて取急ぎ右迄御報告申上候。　　　　敬具

七月二十日　　　　木下信

伊沢閣下玉案下

〔註〕封筒表　長野県北佐久郡軽井沢一〇三二　伊沢多喜男閣下親展。同裏　東京市大森区田園調布三ノ一一〇　木下信　七月二十日。年は消印による。

2　昭和(19)年11月14日

拝啓　一昨々日ハ参趨御丁重なる御馳走頂戴仕り候段厚く御礼申上候。

扨て一昨日鉄道次官ニ面会すべき所小生ハ止むを得ざる用務の為伊原氏と打合せの上伊原氏並ニ飯田市長市瀬氏次官に面会陳情致され候。

昨日伊原氏よりの電話ニ依れば次官ハ全然駄目にて殆んど問題にせず此の旨閣下に伝へられたしとの事ニ候。本日日本倶楽部にて市瀬飯田市長と会見仕り状況承り候所に依れば次官ハ到底来年度に買収などハ不可能の事を頑として繰り返《ママ》かし申居り候由ニ候。先般赤穂町にて伊那電社長が従業員を集めて話されたる際伊那電の国有問題に就てハ次官ハ呵々大笑したるのみにて此の様子なれば国鉄ハ問題とならざるニ依り従業員諸君ハ安心して働けとの訓示をされたるとの噂を聞き候が次官の態度、心境ハ相当強き力にて臨まざれば変はらぬものと被察候。此の上ハ閣下より大臣を通して工作の外なしと伊原、市瀬両氏の嘆声ニ候。何分共宜しく御願申上候。

別紙創立委員会議録訂正分一部御送付申上候間御高覧被下度尚一昨々日御手許に差上候陳情書案御加筆御修正の上御送付被下度御願申上候（案文ハ小生帰り間際ニ差上げ候所その内郵送すべしとの御話にて袂に御入れの様子ニ存候）。

右御報旁々御願迄如此ニ御座候。　　　　敬具

十一月十四日

信

伊沢閣下

（註）封筒表　□〔破レ〕島区西巣鴨二ノ二五一七　伊沢多喜男様親展。同裏東京市大森区田園調布町三丁目百拾番地　木下信。年は内容による。「別紙」なし。

3　昭和(22)年2月16日

拝啓　冱寒の候を如何御過ごし被遊候哉。政局と云ひ世相と云ひ益々多難深刻を極め候事とて閣下にハ愈々御多用に被為亙安居静養を許されざる事と拝察申上候。何卒此の上とも御加餐被下御清健の程祈上候。其の後一度拝趨の心組に候へ共田舎住ハ田舎住丈の雑事頻出致し且つ久し振りの信州生活にて時々風邪などに見舞はれ徒らに時の過ぐるの迅速なるを嘆じ居ることに候。

扨て第一に御伺ひ申上度ハ参議院議員選挙御出馬の御意向如何の事に候。過日三沢寛一君を手良村に訪ひ三沢久男、松島鑑君も同席にて談偶参議院の事に及び閣下の御進出に就ても相談申候が異口同音の一事ハ全国的候補者としてハ安心ならず御出馬とならば長野県よりとの意見に候。全国的声望高き閣下としても運動宣伝の集中的活躍ハ全国的にてハ力の入れ様心元なきことに候。之れ等に関し御高見御漏し給はり度きことに候。二十五、六日頃なれば唐沢信夫君も上京致し得るやも知れず候が一応御洩らしを得ば幸甚に候。

総体に政界の不安不明朗ハ現内閣及与党に対する不満汪溢し殊ニ南信就中南信三郡ハ従来政治的重心を持ちしもの殆んど全部追放に該当し而かも追放者ハ全然無気力か然らずんば傍観的態度と相成り唯社会党共産党の横行に委し町村長議員すら其の候補者無之現状に候。殊に中箕輪村ハ共産党の中心地にして堀口満貞君の三男ハ上伊那郡地区の委員長と相成り余りの積極的横暴ハ漸く世の指弾を招く程に候。知事、県議等の候補者も適当者に苦しむ様に候が閣下の処にてハ可然人物意中の人として御決定に候也とも推し候が如何に候也。明日長野市にて進歩党支部役員会に招電を受け候が数日来風邪にて臥床、本日漸く起床の有様なれど汽車の乗車券極端に不如意にて明日も出席不可能と諦め居り候。追放該当者なることが如何にミジメなるかハ御想像意外と存候。

保守陣営ハ大同団結と政策の大転換以外にハ国家危急の打開に参与し難き様私見として考へ居り候。本日唐沢信夫君の使者来訪あり同氏の事業も着々進行中にて三月中旬にハ初号発刊の様子にて喜び居り候。昨日の降雪尺余に及び寒気甚しく硯も筆も氷りて思ふに任せず指ハ冷く書を為さず候為め不取敢上記の事のみ拙書相認め申候。

二月十六日　　　　信

伊沢閣下

〔註〕封筒表　静岡県伊豆伊東町松原中村別荘　伊沢多喜男閣下親展。
同裏　長野県上伊那郡中箕輪村　木下信　二月十六日。年は内容による。

4　昭和(22)年3月8日

拝啓　御病中を押しての貴翰拝誦仕候。初め閣下が参議院議員として御出馬に就てハ御老令にもあり御健康も如何かと懸念は致し候ものゝ実に邦家の重大時期に閣下の如き政治家が御奮発被下候事只感激の外なく出来得る丈け微力を致し候事ハ勿論一国民としても当然の義務と存じ居り友人とも常に談じ候事に候。従って二月にハ是非一度拝趨致度念じ居り候処二月初めより多少風邪気味の処無理を押し居り候為中ばより相当激しき発熱を来し医師も肺炎を虞れ解熱につとめ候結果か病勢ハ衰へしも中耳炎を併発せし為め徒らに転輾反側の有様にて僅か十日程の臥床に二枚重ねの布団の下がすつかり　《マヽ》を生じたる有様にて爾来体力意外に衰へ左耳ハ未だ難聴耳鳴にて困却罷在候次第にて遂に機会を失し且つ小林次郎君よりの電報に対しても発熱中にて何等の御役にも立ち得ず二月二十六日夜に到りて漸く小林君に電報を発せし一面松本所在の唐沢信夫君に倅をして電話にて交渉せしめし様なる不始末に御座候。唐沢君の電話にて万事黒河内氏処理中と伺ひ安堵仕候。然るに翌日唐沢君より使者にて閣下ハ御健康の事情にて御出馬ハ御断念の趣黒河内氏より電話ありたるに依り友人にも其の旨通知せよとの事を伝へられ越へて二日唐沢君来訪せられ詳しく事情を話され候に依り残念とは存じ候得共致し方なしと諦め候事に御座候。従って其の後来訪の三、四の者にも伝へ置き候。

御手紙拝見致し候処によれば多少小生等も早まり候様被思が如何とも致し難く来訪の明尾、清水等も御断念と心得て帰り候事なれば昨日御手紙拝誦後早速病後初めて伊那町迄出掛け三沢寛一君と会見の機を得て尊翰を示し相談仕り候が何んとしても時機既に遅れ且つは今後選挙運動に携る如き立場の者ハ殆んど総て追放又ハ追放せらるべ《マヽ》虞あるもののみにて如何とも致し方なきにより我等閣下の為にハ犬馬の労を惜むべからざる者としてハ誠に申訳なき事ながら此の際先生を推挙するハ却って御迷惑をおかけするのみに非ずやとの懸念も生じ三沢君よりハ小生より閣下に右の旨を御報告する様にとの事にて本書相認め申候。追放該当者ハ一切選挙に関係すべからざる指令発せらるゝ由新聞紙上報導の如くんば本郡の如きハ三沢寛一、広瀬、清水、瀬戸、高坂、大槻を初め旧町村長も大部分該当者にして将来ある青年壮年者も従来吾等と共鳴せし者ハ多く退陣を余儀なくせられ郡内の事情ハ驚くばかりの大変転に御座候。壮年団主脳者の追放該当ハ将来に対する最大の打撃に御座候。上伊那郡ハ挙郡的活動ありし丈け打撃も大にして残念に候。村上明彦君なども追放を懸念隠退状体ハ惜しき事に候。拝眉の上御話申上げねば中々事情ハ御察を得難きかと存じ候へども小生の現状ハ当分上京を致し難く、不愉快なる田舎の小天地に在りてハ益々世事の真相に遠ざかり聾桟敷の不快ハ堪えられぬことながら当分静養を第一として読書三昧を覚悟致居候。右一応事情のみ申上度拙書相認め申候。知事候補ハ自進の結束の不進展と明朗を欠く今日迄の経過にてハ小林、物部両氏のいづれにしても安易の結果ハ予想せられず候。

三月八日　信

伊沢閣下玉案下

〔註〕封筒欠。年は内容による。

5　昭和　年8月31日

粛啓　其の後意外の御無音ニ打過多謝此の事ニ御座候。平ニ御寛恕願上候。軽井沢にての淡交会ニハ是非参加数次の惨敗に対し雪辱致し度願望ニ候ひしも姉の腎臓炎急変し連日三十九度を上下する発熱の為め乍遺憾出陣罷兼ね候次第御諒知被下度、其後倖に漸次快方ニ向ひ心配なしとの医師の診断を得て一昨夜帰京仕候。

扨て本日ハ降雨の為めか東京も冷涼秋を思はしめ候。軽井沢ハ寧ろ御寒き程にてハ無之也と拝察致候。御帰京も遠からぬ義と存候が何時頃の御予定ニ有之候哉。実ハ小生高遠閣の件ニ就き猶亦閣下頌徳碑の事ニ関し可成至急拝眉を得度く冀望罷在候ニ就てハ若し御帰京の義当分無之御模様ニ候はゞ貴地ニ拝趨致度甚だ恐縮ニ候へ共右ニ就き御一報を賜はらば幸甚の次第ニ候。尚既ニ御承知の義と存候が台湾官界の綱紀弛廃甚しく猪股一郎（後藤佐和二氏の女婿）の依願退職も例の麻袋問題ニ関するものあるやの噂ありとの事今朝生駒管理局長よりの電話にて聞き候。又能沢外茂吉の依願退職ハ電力会社理事就任の為めの由なるも彼れ亦全然純白（麻袋問題ニ関し）漠なるや否や疑問なきに非ず中川平塚両氏の工作にハ不純なしと断ずる訳にも参らぬ様被存候。いづれにしても既ニ猪股、能沢等の退職ニ伴ふ広汎の人事異動ハ拓務省の決裁済の由生駒氏より洩れ聞き申候。能沢の台電理事就任ハ即ち時の問題と存候。今日の中川氏ハ我等の力にては阻止も及ばず拓務省にても種々の噂ハ聞くも警務局長より何等の報告もなく手も足も出でずとの趣台湾官場の為め痛嘆至極ニ御座候。御含み置き被下度万縷拝眉ニ譲り申候が不取敢右迄申述候。尚々今回の異動にハ河野博速君任官ハ不成功の由一驚を喫し候。

敬具

八月三十一日

信拝

伊沢老台玉案下

〔註〕封筒欠。

草野豹一郎

1　昭和（12ヵ）年1月31日

拝啓　復もや組閣難に陥り候様被報をり候か如何相成り候ものに哉。司法部の現状は過日御話申上候通りに候へは此際は帝人事件に公的にも私的にも無関係なる者か大臣たることを要する意味に於ても立石名古屋控訴院長か最適任の様痛感被致候へは何分の御声援を賜り度伏て奉悃願候。先は取急き右申上度蕪辞如此ニ御座候。

頓首

一月三十一日

豹拝

伊沢尊台侍史

〔註〕封筒表　伊沢尊台親展。同裏　草野豹一郎。年は内容による推定。

久保田政周

1　大正7年8月16日

拝啓　米価問題ニて各地騒擾を極め居候模様ニ有之新聞記事差止の結果人心競々《ママ》不安之念に駆られ居候。速ニ此急変を治め更ニ人心を一新するの途を講せさるへからず。真ニ国家之一大事と被存候。次ニ市長之件昨日市会副議長及参事会員一名（矢野議長北海道旅行中ニ付代理）参邸候間承諾之旨決答致置候。発表迄は尚一週間以上を要する事と存候。貴翰御申越之優遇問題建議実行之点ニ付てハ御裁可前ニ取運ひ候義と存居候得共小生より云為するも如何やと存差扣居候得共若し賢台より御確め被下候ハヽ、幸甚之至ニ御座候。種々御迷惑之義を御願ひ申上恐縮ニ候得共重ねて右御依頼申上度候。先ハ御返詞旁得貴意度如此候。草々不具

八月十六日

政周

伊沢老台侍史

〔別紙〕

一木
有吉
江木
加藤
等トノ交渉顛末、誤解ナキヤ

(一)久保田氏ハ何人ニ対シテモ内諾ヲ与ヘタルコトナシ
(二)横浜市ノ決議ノ条件
横浜市有力者ノ誠意熱心
先輩ノ熱望
友人ノ勧誘
(三)横浜市ハ如何ナル方法ヲ以テ歓迎スルカ
(イ)物質的、交際費、自働車、官舎
東京、大阪、名古屋
田尻、池上、佐藤、荒川、安藤
(3)《(ママ)》東京府ノ一万五千円
(1)報酬　東京一万二千円、大阪一万五千円
名古屋九千円
(2)交際費　東京府ノ一万五千円
(3)自働車、東京市、府、大阪、名古屋、
(4)官舎
(ロ)精神的
有力者ノ全幅ノ後援、奥田ニ対スル中野、
彼等自身ノ寄附
(四)久保田ノ高潔
就任後ニ於テハ自ラ原案ヲ提出セズ
私財ヲ投シテ活働セン
友人トシテ寧ロ阻止スルヲ当然トス

(五)一木氏ノ立場
何等誠意ノ認ムベキモノナキニ久保田ヲ勧誘スルガ
如キ暴挙ニ出ヅルコトナシ
予ハ進ンテ反対セントス

〔註〕封筒表　静岡県浜名郡新居村中ノ郷加藤殿方　伊沢多喜男殿親展。
同裏　東京市牛込区中町十一番地　久保田政周。年は消印による。
別紙は伊沢多喜男作成と推定。

2　大正7年11月19日

拝啓　先般関西地方へ御旅行之処已ニ御帰京と存候。扨小生不計去八日より風邪ニ罹候処肺炎之症状有之絶対安静を要し幸に経過宜しく三浦博士之来診を乞ひ充分之手当致し候為め速ニ退熱致し目下予後充分之加養を為し引籠り居候。本月中には外出相叶ひ可申医師は申居候。右様之次第にて御無沙汰致居候共最早心配も無之候間御放念被下度候。扨例之件佐々木氏ニ於て精々御尽力中之由ニ候得共先方ニ於て穏当ならさる申立致し居候趣ニ内聞致候間一応佐々木氏之来浜を煩ハし篤と実際聞取候上何分之御相談致し候筈ニ有之候得共其上にて又々御考慮を煩ハし速ニ解決致し候様呉々も御依頼申上候。先は近状申上旁重ねて御願まて如此候。

草々不宣

十一月十九日

政周

伊沢老兄侍史

〔註〕封筒表　市外巣鴨村宮仲二、五一七　伊沢多喜男殿親展。同裏　横浜市根岸芝生台　久保田政周。年は消印による。

久保田譲

1　大正14年5月31日

貴翰拝読。豊岡地方震災御見舞被下御芳情多謝之至。御来示ノ如ク老生旧里ニシテ幾多関係有之祖先墳墓住宅破損親族中焼失破壊ノ災害ニ罹リタルモノ数多有之候ヘ共幸ニ生命ハ無事ニ有之不幸中ノ幸是事ニ御座候。右不取敢御礼申上候。

早々不一

五月末日

譲

伊沢賢台座右

秩父宮殿下御巡遊ニ付御鞅掌且御配念之程拝察ニ余リアリ乍併為ニ新領土之民心ニ好影ヲ与ヘ台湾統治上便益不尠ト存候也。

〔註〕封筒表　台湾台北官舎　伊沢総督閣下親展。同裏　東京小石川愛宕町　久保田譲。年は消印による。

久米孝蔵

1　昭和17年12月14日

拝啓　過日上京に際してハ御多用中再度長時間御引見賜り、色々と貴重なる御指導に預り小生輩につき、何時もなから不相変御厚情只々感銘此事に存上候。此度に於ける小生の進退ハ小生として、快適に決着し気心軽く終始仕り候ハ一へに御指導の賜にて染々御高配の程奉謝上候。

十二日朝帰神直に津田氏と会見御教示の内情の外輪丈けを報知候処氏も相当に啓蒙の様子にて実ハ小生の帰着を待受け其上、仝日午後長谷川総督と大阪にて会見の順を立て居り候。

仝氏も長谷川氏との情誼ハ兎に角とし一応引受けを打ち切る事に決定仕り候。

以上の次第にて総督会見後の事ハ承知不仕候へ共其の通りに進行したる事と察居申候。津田氏ハ十四日上京の由に御座候。此度ハ何から何まて御世話様に相成真に御礼辞の様も無之候。先ハ御挨拶まて奉得貴意候。

敬具

十四日

久米孝蔵

伊沢尊台玉案下

乍末筆寒気も次第にきひしき折柄折角御自愛之程奉祈上候。

〔註〕封筒表　東京市豊島区西巣鴨（宮仲）二ノ二五一七　伊沢多喜男様親展。同裏　神戸市葺合区熊内町一丁目十六番邸　久米孝蔵。年月は消印による。

来栖三郎

1　昭和(22)年1月2日

謹て新春の御挨拶申述候。

客年中種々御厚誼に与り深謝仕候。過般御懇書を賜り候節は丁度別所温泉に参り書き物を致し居り二十三日帰軽致候次第に候。当地昨今の寒さは左したる事無之候得共客臘中の降雪にて満地白皚々たる有様に候。

客歳末より小生渡米交渉の経緯より在欧当時の事共、さては戦争中の経験なとボツ〳〵書き始め一応鉛筆がきの草稿を了り申候。別所行きも実は之か為に有之、其内に英文に致す積りに候。

米国雑誌等より両三度勧められ候得共また確約は不致、日本側出版の方も大体仝様にて只今の処約束は無之候。何か御忠言も有之候ハヽ、御垂示を賜り度候。

先頃前田多門氏御来訪被下尊台より御示唆も有之候由を以て軽井沢会の指名委員の席末を汚す様御勧め有之、後輩の自分として甚た僣越の様に被存候得《ママ》貴意も有之候趣ニ付御受仕候。何卒今後とも宜敷御指導を賜り度候。

昨今の鉄道事情に加へ、丸の内ホテル接収と相成候次第格好の宿所も無之自然上京も心に不任候得共其内何とかして拝芝の機会を得度と存候。

先は新年の御挨拶旁々近況御報迄。　匆々

壱月二日　来栖三郎

伊沢多喜男様

〔註〕封筒表　静岡県伊東町松原区中村別荘内　伊沢多喜男様。同裏　軽井沢　三郎生。年は切手による。

2　昭和22年1月26日

拝啓　過般は御繁忙中にも不拘態々御返書を賜り難有御礼申上候。

先以て書きものに対する御高見は誠に拝謝に不堪。実は家内の者共も符節を合はせ候様の意見に有之自分も其積に致し公表は適当の時期迄待つ事とし、今後とも稿を取り度と存居候。

最近の政情新聞紙上にて大体follow致居候。其間種々御苦心の段も拝察我国の為誠に大事の場合切に〳〵御成功を祈り候。

あら磯に国も中るけと打寄する

浪のしふきに虹を見るかな
国破れ山河はあれと何かせん
たたことあくる人のみにして
さる友人に送りし最近の腰折れ二首御笑覧にそなへ候。
先頃御留守宅御見舞申上候処皆々様頗る御元気の様に御見受け申上候。其内鉄道の方幾分楽に相成候ハヽ、是非上京拝芝の機会を得度と存居候得共何卒折角御自愛の程祈上候。
最近は坂本君も引続き上京中にて話相手も無之閉口致居候。
匆々

一月二十六日

来栖生

伊沢多喜男様

〔註〕封筒表　静岡県伊東町松原中村別荘　伊沢多喜男様。「午後来訪、懇談せり」。同裏　軽井沢一五六〇　来栖三郎。年は消印による。

黒沢富次郎

1　昭和21年12月12日

拝啓　時下愈々御清勝之段奉慶賀候。

陳者今般貴族院議員補欠選挙に際し御推挙を蒙り不肖自分揣らずも立候補仕り候処慮外の成果を得て当選の栄を荷ひ候事偏に御高庇の賜と申す外無之真に感激に不堪候。魯鈍克く国政審議の重責を果さむは難く切に今後の御高教を奉仰候。

近日上京親しく参堂致し万申上度候へ共茲に取急ぎ書中御礼申上候。

敬具

昭和二十一年十二月十二日

黒沢富次郎

伊沢多喜男様侍史

二伸　尚有権者各位に対して別紙の通り御尊名を拝借致し挨拶状差出申置候。事後乍ら何卒御承引賜り度御願申上候。
又拝

〔註〕封筒表　東京都麻布区龍土町内田眼科院様内　伊沢多喜男様。同裏　長野県南佐久郡穂積村　黒沢富次郎。「別紙」は昭和21年12月11日付伊沢多喜男・植原悦二郎・小坂順造・片倉兼太郎連名の当選礼状。

黒田長和

1　昭和6年11月14日

拝啓　前略御書翰落手愉快ニ拝誦いたし候。彼の国民思想の問題ニ就てハ常々私ニ心掛居候へ共いまた中々勉強を要し読むべき書のいまだ開かざるもの多々有之候を悔ひ居候次第ニて何もまとまりたる考へもなく候。
貴兄も此問題ニ就て同様の興味を被為感を恐察し空谷跫音

ハ亦小生の感せしところニ御座候。近くゆる〳〵拝眉して御教示を仰かんと楽み居候。御送附の世界之力ハ一閲いたし候間御返送申上候。先ハ御返事まて。　不具

十一月十四日　黒田長和

伊沢多喜男殿

〔註〕封筒表　市外巣鴨宮仲二五一七　伊沢多喜男殿。同裏　赤坂福吉町　黒田長和。年は消印による。

呉三連

1　昭和17年11月14日

伊沢多喜男先生侍史

拝啓　向寒の折柄先生には愈々御健勝に渡らせられ慶賀至極に存居候。小生九月中頃渡華以来御高庇により頗る元気にて創業に忙しく致居候間乍他事御休神被下度候。陳者小生の独立事業経営に関し御激励の御言葉をいたゞき誠に恐縮感激に堪えず候。目下事務所の修築中にて商売も未だ緒につかず創業の困難をつく〴〵体験致居候。飽までやり遂げるべく努力中に御座候。

最近の華北は内地と同様統制経済が八釜しく低物価政策が現実に採り上げられそれに伴ふ公定値段の実行が提唱され世俗的なる一攫千金の夢は到底許されず候。かゝることはまた時局に添はざるものと信じ総て手数料主義にて経営致度所存に御座候。

昨今の華北は敵地区に対する封鎖極めて厳重にて十月八日より十二月二十日まで治安強化運動期間と定められ現在活潑に展開致居候。全華北到る処

我們必要建設華北而完成大東亜戦争
我們必要確保農産減低物価
我們必要粛正思想安定民生

等の標語が掲げられこれが宣伝趣旨の徹底を期シ居候。これらのスローガンは華北の現状に鑑み極めて大事な事に御座候へども華北民衆の心よりなる協力を必要とシ現在如何なる効果を挙げつゝありや不明なるも当局の努力は極めて真剣なるもの有之候。

商業もかゝる政策の制約を受け物資の搬出入は特務機関の許可を要する場合多く従て取引もいさゝか活気に乏シく候。併シ国策の線に沿ふて最善の努力を払度今後よき成果を納めて帰京の節御報告出来ることを期し居候。

先は右御礼旁近況お便りまで如斯御座候。　敬具

十一月十四日　呉三連拝

〔註〕封筒表　東京市豊島区西巣鴨町二ノ二五一七　伊沢多喜男先生侍

史。同裏　山東省徳県棗市街五九号三進商会　呉三連　民国三十一年十一月十四日。

2　昭和20年1月3日

拝啓　寒気きびシき折柄先生にはお変りありませぬか。小生過般帰京の際は久振りでお目にかゝり種々御教示を忝ふし有難く存ます。御期待に添ふより今後出来るだけの努力を致たいと存ます。家族も無事着津新しい土地で越年致ましたが土地の事情に通せずいさゝか不便をかこつて居ります。先は右御便り旁お礼まで。　敬具

一月三日

天津市第一区談路街十四ノ二　呉三連

〔註〕絵葉書。東京都豊島区西巣鴨二丁目二五一七　伊沢多喜男先生侍史。年は消印による。

3　昭和　年5月18日

伊沢多喜男先生玉机下

拝啓　初夏の候愈々御健勝の御事と存じ衷心お喜申上候。小生も三年前天津より台湾に帰来お蔭様にて全家族無事消光致居候間乍他事御放念被下度候。

御別致候てより早四年余と相成この間日本も中国も非常に激変し更に演変を続けつゝ有之今後どうなるやら予想もつかず全く困惑致居候。

この度台湾旅行社主催にて日本観光団組織され親友石錫能君も参加シ二十日東京着の予定にてお伺の節は御引見の上台湾の近況小生の近況御聴取被下度願上候。更に御教示有之候節は石君にお托し下さるようお願申上候。

最后に先生の御健康をお祈申上候。　草々敬具

五月十八日　呉三連拝

蔡培火、羅万俥、劉明朝の諸兄立法委員として中央政界に活躍致居り去る十六日広東に赴き候。

〔註〕封筒表　伊沢多喜男先生　台湾省台北市幸町　呉三連。

香坂昌康

1　昭和3年2月11日

演説要旨

○在官当時予ノ公平ナル態度

○退官後自然ヲ楽シミツ、傍ラ

○政治ノ現状ヨリ国家ノ将来ニ向ツテ沈思黙考ス

○憂国ノ情禁ズル能ハズ

○議会ノ解散

○国家ノ為、黙止、安眠ヲ許サズ

○粛正運動ニ加ハルニ至リシコト

○普選ノ首途
○有権者ノ増加
○若シ此ノ時ヲ逸セバ
○手ヲ懐ニシ居リテ吾人ノ望ム廓清ヲ期シ得ベキカ
○国民ノ多クハ疑フ
○県会議員選挙
○宮崎県知事ノ件
○フエヤプレー
○国民ガ自己ノ代表者ヲ選出スルニ際シ若シ自由意志ヲ以テ為シ得ザルナラバ其結果如何
○普選第一歩
○汚スト否ト
○将来ニ対スル影響
○憲政史上重大ナル一事
○心アル国民一般ニ憂フル処
○有力ナル新聞社ノ共同宣言
○正シキ輿論
○国民ノ真意ヲ表ハスコト
○干渉、圧迫、誘導等ニ依リテ妨グルコトアラバ
○我国憲政ノ将来ニ及ボスコト
○吾人ノ望ム処、選挙ノ公正
○何人モ異議ナカラン
○第一ニ望マシキハ官憲ノ態度
○国家ノ官吏タルノ信念
○毅然トシテ法ヲ行フコト
○総理大臣ノ訓示、公平ヲ説ケリ　願ハクハ言行一致ヲ望ム
○若シ誤マツテ取締ニ甲乙ノ差アル場合
○其者ノ不都合ナリト云フ位ニ止マラズ
○憲政ノ基礎ヲ危クスルモノ
○言論抑圧……普選唯一ノ武器
○憲政ノ発達ヲ阻害スルコト極メテ大
○我国憲政ノ為メ
○立憲政治ノ基礎ヲナスモノ
○政治ノ無理ヲヨリ生ズルモノ
○国民ノ思想上ニ
○取締ノ任ニ当ル人ニ望ム
○大道坦々
○天地ノ心ヲ以テ天下ノ大法ヲ行フ
○東予方面ノ状況（県議取締、現在）
○司法大臣ノ訓示
○第二ニ有権者ニ望ム
○何事ヲモ恐レザルコト
○正々堂々所信ニ向ツテ

○何レノ政党ガ真面目ニ真ニ国家ヲ憂ヘテ政治ヲナシツ、アルカ
○正シキ判断
○正義ニ立脚
○国民一般ノ正義心ニ基ク
○国民ノ真意ヲ表ハスコト
○正シキ投票ニ依リ正シキ政治ノ基礎ヲ確立スルコト
○新有権者タル青年諸君
○不当ナルコトニハ断々乎トシテ之ニ当ルコト
○御歌会　御製ノ御歌
○聖旨
○新政
○明ルキ取締、明ルキ選挙、明ルキ政治
○大御心ニ副ヒ奉ルコト
○選挙干渉（時代錯誤）
○官民共ニ心シテ聖旨ヲ副ヒ奉ルヲ期セサルヘカラズ
○干渉、圧迫ナドアリトセバ之ニ対抗シテ正義ニ向ツテ進ムコト
○我国憲政ノ発展ニ努力

〔註〕封筒表　東京市外巣鴨宮仲二五一七　伊沢多喜男様親展。同裏　道後鮒屋旅館　香坂昌康。年月日は消印による。

2　昭和5年11月21日

拝啓　愈御清祥慶賀至極ニ有之申候。却説陸軍特別大演習並ニ地方行幸も無事終了昨朝八時三十分宇野沖ニ於て御召鑑を奉送仕り茲ニ全く任務を終り申候。其間何等の事故も無之天機極めて麗はしく御還幸被遊候ハ洵ニ欣賀之至ニ有之深く相喜び居候事ニ有之候。宮内省方面ニ於ても又参謀本部方面ニ於ても少しの不平苦情も無之大ニ感謝せられ其他一般民衆ニ於ても県の措置に対し大ニ感謝の情を表し候様の次第ニて先づ〳〵好成績にて万事を終り候ハ是全く御稜威の結果ニ有之候へとも亦県民の赤誠、各係員の細心なる努力の結果ニ有之候事と相信し申候。而して如斯好成績を以て終始致し得候ハ曩年御訓育ニ基く処亦多大なるもの有之候を考へ深く御礼申述候事ニ有之候。いづれ近日中御礼の為め上京可仕委細ハ其節ニ譲り先ハ右不取敢御報告旁御礼申述度如斯御座候。向寒の候御自愛専一ニ祈上候。

敬具

十一月二十一日

香坂昌康

伊沢閣下侍曹

〔欄外〕昭和五年秋

〔註〕封筒表　東京市外巣鴨宮仲二五一七　伊沢多喜男様親展。同裏　岡山市弓ノ町　香坂昌康　十一月二十一日。

3　昭和　年2月28日

拝啓　其後意外之御無音ニ打過申候。却説先日電話にて承り候大島ニ関する冊子以別便御送り申上候ニ付御一覧被下度候。昭和三年以後の印刷ハ無之これが最も新しき分に有之候。従て統計など現在のものとハ多少異なり居候かと存候。又詳細なる地図との事ニ有之候処同島ハ要塞地帯の為刊行を許されず略地図添付致置申候。尚々御必要之件は御申越被下度候。委細ハ拝芝の節に譲り申候。　敬具

二月二十八日

香坂昌康

伊沢閣下侍曹

〔註〕封筒表　豊島区西巣鴨二丁目二五一七　伊沢多喜男様親展。同裏　芝区芝公園　香坂昌康　二月二十八日。

4　8月7日

拝啓　一昨日ハ突然参上仕り御休養中御邪魔申上候処各地御案内被下洵ニ難有深く御礼申述候。久々にて御勇健なる状を拝し種々御高説を承りつゝ明媚なる風光ニ接し限りなき愉快相覚え申候。四時二十分之高原列車ニ投し八時都塵之裡ニ入り申候処暑気甚しきニ驚き申候。生駒氏之件申上候通り現下青年指導の適任者を現任地方長官ニ求むれバ全く他ニ人なしと存申候。是非実現を得候様御高配被成下度偏ニ御願申上候。先ハ御礼申述度如斯御座候。令夫人ニも宜敷御致声願上候。　敬具

八月七日

香坂昌康

伊沢先生侍曹

其中天候を見定め白馬ニハ是非登り度存じ居候。　再拝

〔註〕封筒表　軽井沢旧軽井沢　伊沢多喜男様親展。同裏　東京淀橋西大久保　香坂昌康。

高村坂彦

1　昭和(20)年6月25日

謹啓　益々御清栄之段奉慶賀候。小官在京中ハ格別之御指導を賜り厚く御礼申上候。過般大阪に転任を命ぜられ空爆下の治安確保に精進罷り在り候間何卒御安神賜り度候。御尊邸も戦災を蒙られ候由にて何かと御不便の御事と拝察奉り候。

戦局は全く危急を告げ皇国は文字通り興亡の関頭に立つに至り申候。閣下の常に御努力相成られ候一億一心の実現此の危局に際会して尚且困難なるは痛嘆に不堪候。然りと雖も神州断じて護持せざるべからず。閣下の格段の御活躍を切願に不堪候。

愈々御自愛被遊御健勝の程衷心より御祈り申上候。拝眉御垂戒を賜る機会を得ざるを寔に残念に存じ奉り候。先づは以書中如斯御座候。　敬白

六月二十五日　高村坂彦

伊沢多喜男閣下

〔註〕封筒表　長野県軽井沢町旧軽井沢　伊沢多喜男閣下。同裏　大阪府庁　高村坂彦　五月《ママ》二十五日。年は内容による。

2　昭和22年9月22日

謹啓　時下秋冷之候と相成申候処益々御勇健之御事と奉拝察候。誠に御無沙汰申上恐縮に奉存候。敗戦の痛手に今回又天災にて寔に目も当てられざる有様に御座候。国際総連に於いては米ソ対立愈々表面化し二十世紀の人類文化は其の儘人類を滅亡の危地に追ひ込まんとする重大危機に有之哉に存じ候。救世主的世界的違《ママ》大なる人物を欲せざるを得ざる次第に御座候。国内政局も仲々容易ならざるもの有之先生には益々御自愛御健勝之程切願に不堪候。

御無音御詫び旁々御機嫌御伺ひ申上度如斯御座候。　敬白

九月二十二日　高村坂彦

伊沢多喜男先生

〔註〕封筒表　長野県軽井沢字旧軽井沢　伊沢多喜男先生御侍史。同裏　東京都下吉祥寺一九一〇　高村坂彦。年は消印による。

郡山義夫

1　昭和18年6月12日

拝復　時下梅雨之候ニ御座候処益御清祥大慶此事ニ奉存候。偖て一昨日上伊那農業学校上伊那中学校並高等女学校学校林創設費として多額の御寄附を辱致し誠ニ難有謹みて厚く御礼申上候。配分は教学課長林務課長と協議の上処理仕可候。尚御寄附の手続ニ付ても係者と打合の上御返事申上度候。

学校林の創設ニ付いてハ今後一層徹底致させ度尚先般御教示の通り切角の植林か消滅せさる様十分管理ニ注意を可致候。何卒将来も御気付御示被下度候。偖て先般参上の節色々御高示ニ預り候当面の仕事ニ付き其後の経過を御知申上候。

一、翼壮団長問題ハ既定の方針にて進居候。不取敢藤井団長の発令を見目下県内下部の役員を選定致居候。

二、大糸線開通促進ニ付てハ御高配を辱致居候。感謝ニ不堪候。過日上京の節陸海軍の関係筋へ夫々説明接衝方を懇願致置候。猶企画院農林商工鉄道内務各省にも陳情了

解を求め置候。尚三県代議士有志過般実地を視察致し材料を蒐集此十四日ニ東京ニ於て各省関係官の参集を得て懇談会を開く由、羽田、松本両代議士か斡旋を約由ニ御座候。仰の通本問題ハ政治的解決を必要と致候。小生と致しても出来る丈積極的ニ同線の開通促進ニ努力致す所存ニ御座候。何卒此上共ニ御力添賜度候。切望ニ不堪候。東京方面の情報にては形勢甚不利と承知致居候。

三、林道の開設、長野高等工業学校の寄附金及県種畜場の移転拡張の三件を付議致為め来る二十五日臨時県会を召集致事ニ決定仕候。高等工業の県及長野市の負担を出来る限り軽減せしめ度目下文部当局と交渉を致居候。大体合計二百万円程度ニ上度と考居候。

四、此度県庁内機構を少々改正致候。従来動もすれハ部課割拠の弊あり此度綜合的企画を為し尚連絡を緊密ニ致為め官房ニ行政審議室を設ける事ニ致候。課の分合も少々致候。然し要ハ人ニありと存し庁員の訓練ニ努力致度候。先般上京の折信山会の先輩諸賢ニ面晤を与へられ幸甚ニ存候。厚く御礼申上候。先は右御礼旁近況御知せまで如此御座候。時下不順の折柄御保養専一ニ祈上候。軽井沢ニは何日頃御出ニ相成候也其内上京も致度考居候。　敬具

六月十二日　　郡山義夫

伊沢先生侍曹

〔註〕封筒表　東京市豊島区西巣鴨二ノ二五一　伊沢多喜男様御直披。
同裏　長野県庁　郡山義夫　六月十二日。年は消印による。

2　昭和18年7月30日

拝啓　時下厳暑之候ニ御座候処益々御清安大慶此事ニ奉存候。偖て大糸線開通促進ニ付一方ならぬ御厚配を賜り感佩仕候。其後の情報ニ依れハ鉄道当局依然として強硬ニ取片付方主張致居その代貨物自動車を以て鉱物其他の資源を運搬致様申居候由聞及候。然し事実此地方は冬季間積雪量極めて多量到底自動車の輸送致かたく鉄道ニ由るに非されは全然運輸不可能ニ付何卒此上共一層の御配慮賜度切願申上候。在京代議士諸氏にも連絡は致置へ（ママ）共先重ねて御願申上度如此御座候。時下炎暑の砌切ニ御自愛御加餐祈上候。　敬具

七月三十日　　郡山義夫

伊沢先生侍曹

軽井沢には何日頃御光来被遊候也御伺申上候。

〔註〕封筒表　東京都（ママ）巣鴨区西巣鴨二ノ二五一　伊沢多喜男先生御直披。
同裏　長野県庁　郡山義夫　七月三十日。年は消印による。

3　昭和(21)年3月16日

拝啓　時下益々御清祥之段奉賀候。偖て過日御邪魔申上色々御高示御懇情を辱致し誠ニ難有厚く御礼申上候。偖て其後県内の模様一向ニ転向不致終物部氏出馬の事と相成り後任知事の発令を見るに至り誠ニ遺憾至極ニ御座候。微力遂ニ為す処無く今日ニ立到候誠ニ面目無之小林氏及先生に申訳無之次第ニ御座候。平ニ御寛恕賜度候。一昨日東京よりの電話ニて小林氏ハ出馬せざる事ニ決意相成候由止むを不得次第と存候。第一回の公選知事として県出身者を得さりし事ハ残念至極ニ御座候。今日と相成候ては保守陣営を強固ニ致し次善の策として物部氏を推すの他無之と存候。尚小林氏病気の由何事も思ふ様ニ参らす候。小生も親類ニ不幸あり晤談を得す目下在阪中ニ御座候。先ハ右御詫まで如此御座候。時下切ニ御加餐祈上候。　敬具

三月十六日

郡山義夫

伊沢先生玉案下

〔註〕封筒表　静岡県伊東町松原中村別荘　伊沢多喜男様御直被。同裏　大阪府下高石町村岡八五六　郡山義夫　三月十六日。年は内容による。

4　昭和(22)年5月1日

拝啓　時下新緑之候益々御清祥之段奉賀候。偖て総選挙も愈々昨日を以て全部終了致御同慶ニ奉存候。参議院議員として木内四郎氏衆議院議員として増田甲子七氏夫々御当選誠ニ慶祝ニ存上候。先生にも陰ニ陽ニ御配慮賜候御事と拝察仕候。尚先般の知事選挙ハ林氏当選誠ニ感慨無量ニ御座候。其後長野県々政運営上一新機軸を為すものと刮目致居候。偖て明後日を以て新憲法実施ニ相成り多年枢密院又ハ貴族院にて御苦心相成候先生には一入御感慨深き御事と推察申上候。日本も愈々茲ニ衣更えを致し新発足致す事を衷心より祝福致候。何卒先生には益々御加餐御静泰を切ニ祈上候。先ハ右御挨拶まで如此御座候。　敬具

五月一日

郡山義夫

伊沢老先生玉案下

〔註〕封筒表　静岡県伊東町松原町中村別荘　伊沢多喜男様御直被。同裏　大阪府下高石町村岡八五六　郡山義夫　五月一日。年は内容による。

5　昭和22年8月16日

拝啓　過日貴地参上之節長時間御邪魔申上け且御歓待を辱致誠ニ難有厚く御礼申上候。中央方面之消息御聞かせ被下田舎者には誠ニ難有厚く感謝申上候。本日一先帰阪可致候。時下酷暑の砌一偏御加餐祈上候。御令閨様初御一堂様ニ宜

敷御伝被下度候。
八月十六日　　　　　　　　　　　　　　　敬具
郡山義夫
伊沢先生玉案下
二伸　信濃毎日新聞社の伊東淑太氏に貴意御伝致置候につき其内訪問申上る事と存候。帰途浅間山之爆発に出遭暗示を受申候。御地別に御障無之候也。

〔註〕封筒表　長野県軽井沢町　伊沢多喜男様御直披。同裏　大阪府下高石町村岡八五六　八月十六日。年は消印による。

小坂順造

1　昭和11年11月18日

謹啓　此頃来拝訪之心組ニ有之候処会社ノ雑用ニ日々相追れ失礼仕り候。尚明日ヨリ二十四日迄用務有之長野へ参り不在ニ候間書中大要申上候。余ハ拝眉ノ節ニ譲り候。

一、過般貴革委員ニ御推せん被下去ル十四日初会議ニ列席仕り候事を光栄ト致し候。

二、会議ノ中重要ナル発言ハ黒田男爵ヨリ
貴族院ノ職務ニ関シ各種ノ意見行ハレ居ルガ此貴族院ノ職務ニ関スル意見ノ確定ヲ見ザレバ論議ハ水掛論トナルニヨリ政府ハ先ヅ此大方針ヲ示スノ要アリ。

三、小野塚博士ヨリ政府諮問案ノ意義ヲ問ヒ政府ニ於ケル参考案アラバ示サレ度シ。

四、次田委員参考案ハ成ル可ク早ク提出ス可シ。

五、渡辺子爵ヨリ改正趣旨ハ各人各様ノ見界アリ。
近来人気ノ動向ヲ斟酌シテ政事的ニ此問題ヲ取扱ハントスル向モアル様ナレトモ本委員会ハ充分根本的ニ研究シテ政事的ノ取扱ヲサケ慎重ニ討議スルノ要アリ。

六、参考書類配布シテ散会
一般ノ気分ヲ見ルニ取急ギ会議ヲ進ムル気分ハ無之候。大体気乗甚ダ薄ク相見エ候。　　　　　　　　　　　　　敬具
十一月十八日
小坂順造
伊沢閣下

〔註〕封筒表　豊島区西巣鴨二ノ二五一七　伊沢多喜男閣下親展。同裏　十一月十八日　東京渋谷区金王町十八　小坂順造。年は消印による。

2　昭和(13)年1月20日

御風邪ノ由御注意願度候。若シ小生立ツニ至ルトセバ
一、非常時局ニ際シ国民ハ其生命財産安寧自由ヲ挙ゲ当局ニ一任ス、当局ハ至誠謙虚ノ心ヲ以テ事ニ当ル可キナリ若シ非常時局ニ対スル国民ノ遠慮ヲ奇貨トシ自己ノ勢ヲ

張ラントスルモノアリ或ハ非常時局ノ重圧ヲ背景トシ我意ヲ強行セントセバ其弊計ル可カラズ。

人事ニ言及。

二、挙国一致ノ際ハ勉メテ味方ヲ作リ敵ヲ孤立セシメテ之レヲ撃破セルことハ日清日魯ノ役ニ於ケル経験ナリ。然ルニ今時対外関係ノ言説ノ不謹慎ト其影響。

末次内相ノ中央公論ノ論文。

其反響。

末次内相ノ言論取締ニ関スル所見。

三、十二月二十六日発表共産主義者ノ検挙概要ノ内ニ「今ヤ共産主義自由主義思想ハ共産主義思想発生ノ温床トナル危険性アリ」云々。

日本ニ従来行ハレタル自由、民主ノ意味ニ共産主義ト共通ナルモノアリトハ解シ難シ。元来自由主義民主主義意味不明ナリ其意味ヲ明確ニセヨ。

又政府ノ推賞スル主義ハ何かヲ明ニセヨ。

只心当リトシテ以上ノモノヲ書キ連ネ候。　　匆々

一月二十日

小坂生

伊沢閣下

〔註〕封筒表　豊島区西巣鴨二ノ二五一七　伊沢多喜男閣下。同裏　東京渋谷区金王町十八　小坂順造。年は内容による。

3　昭和22年2月20日

拝啓　十五日附尊書昨夜拝見仕候。本日枢府会議にて拝眉万端申上度存じ候処前日伊東ニ御帰り相成り候趣にて拝眉を得ず残念ニ存じ候。小生去ル五日以来風邪にて発熱致し引籠り居り候事と野蛮国日本郵便が市内にて十五日より十九日迄配達ニ日子ヲ費し候事の為メ御挨拶も延引仕り候。小林君の件は同君ガ余り慎重ニ構へて立候補の話しを避け居りし為メ自由派ニ利用セラレ同君立候補の意志ナシトノ宣伝ニヨリ先ニ自進両派の県会議員等ガ一致物部推せんノ発表ヲナシタルことサマタゲトナり居り去ル十八日自進両派ノ懇談会ニテモ先ツ物部ヲ第一候補ニ推せんの事と相成り候由。但シ物部ハ一部の人ノ推せんニ応ぜすとの意向なるにより小林君ヲ第二候補とせる由聞及び候が植原君の策動効ヲ奏シ先ヲ越サレシ感有之候。甚タ不愉快ナル成行きニ有之候へ共此寒サニテハ動キ難キ身体の現状を以てしてハ致方無之候。後の動きを見ル積りニ候。　　匆々

二月二十日

小坂順造

伊沢閣下

〔註〕封筒表　静岡県伊東温泉中村氏別邸　伊沢多喜男閣下親展。同裏　世田谷区岡本町壱〇四壱　小坂順造　二月二十日午後。年は消

印による。

4　昭和22年3月13日

拝啓　去ル九日小林次郎君来訪して其前夜ニ信州組千代田ホテルニ参集シ小林君ニ立候補ヲ勧誘シ小林君ハ之レニ応じテ翌日新聞記者ニ挨拶ヲ発表セリ故今後の方策ヲ如何ニス可キカト小生ニ相談アリタル故小生は東京にて掛声ヲスルハ楽なれ共実際小林君ヲ投票者へ連絡スル役ヲナスこと即チ小林君ヲ選挙ノレールニ乗セルノハ誰かヲ決セネバナラズ。

夫レ故今一応会合シテ話シ合フ必要アル可シト十三日交詢社ニ集会ヲ催スことトシ通知ヲ出スことハ小林君ノ事務室ニ依頼致し候。

本日二十七八名へ案内十五名来会小生集会ノ挨拶ヲナシ

(一)長野方面の情報ヲ話シ合フこと

(二)小林君ヲ此際擁立スルニハ既ニ物部立候補ヲ決シ県知事ヲ辞任シ自進両派ノ県会議員一致推せんト云フ場合ニ於テハ各自帰郷シテ県会議員ヲ一人一人翻意せしむる位の決心ナクテハ叶ハズ此点如何ニ考フルか

(三)若シ小林君陣引キヲナストスレバ如何ナル形式ヲ採ルか

討議スルニアリトナシ

只此通知ヲ出シタル時ト異ナルハ(一)小林君病気ニ罹リタルことナリ(二)運動手後レトナリタルことナリ此レ等ニ付キ種々意見発表セラレタルモ

結局小林君自身ノ決心ニヨルノ外ナシト云フことトナリ笠原君ニ之レヲ小林君ニ伝達セシメ小林君ノ返答ニヨリ更ニ考フルトナス。

以上御報告申上候。　敬具

三月十三日夕刻

小坂順造

伊沢閣下

〔同封伊沢多喜男書翰草稿〕

本月十三日夕御発信の貴翰拝誦。同日会同の結果等詳細御通報被下深謝致候。御来旨に依れば小林次郎君の知事立候補は本人の意志如何に依るべしとのことに決定相成りたる趣委細諒承致候。本件に関しては老生には別に意見有之候得共今日となりては死児の齢を算するに過ぎずと存じ敢て開陳不致候。只今回の会同に就き主催者の一人として老生の姓名を列記せられ候処是は全然寝耳に水にて一片の協議も交渉もなく恣に老生の名を濫用せるものにて其乱暴に呆れ居候。憶ふに是は取扱者の過失とは存候得共此儘にては黙過する能はず甚だ御手数恐縮に候得共被案内者全部に対し叙上の旨御通知被下度願上候。尤も是は小林君に申込むべきか、賢台に申入るべきか明ならず候得共矢張賢台を煩はすこと適当と存じ申上候次第に候。

〔註〕封筒表　静岡県伊豆伊東温泉中村別荘　伊沢多喜男閣下親展。同裏　東京市世田谷区岡本町壱〇四壱　小坂順造。年は消印による。

5　昭和(22)年3月21日

拝啓　十六日附貴翰拝読仕候。御来諭の件御尤も千万ニ存じ候。小生ニ於て必ず夫れ夫れ手続可致候。小生トシテハ九日朝（？）小林君来訪八日ニ千代田ホテルニテ信州の十数氏ト会合ノ席上強ク勧告せられし故立候補承諾新聞記者にも発表せる旨話し有之候て選挙長の人選ヲ乞はれ候故、郷里方面よりの通信ニヨルニ

一、物部ガ中央ヨリ推サレ且又地方の県会議員等ガ夫レ夫れの利害関係ニテ結び附き中々固き地歩ヲ占メ居ルト信ゼラル事

二、小林君ハ中央ニテ政事工作ニヨリテ物部ヲ退却セシムル事ヲ信じ居ルモ小生考ニテハ小林陣営ノ鞏固ナル時ニ於テノミ可能ニシテ現状ニテハ不可能ナリト考ヘタルこと

三、東京テ人々ガ掛声ヲカケテモ誰ガ一体小林君ニ投票スル信州人トノ間ニ橋渡シノ役ヲナスか、八日の晩ニ小林君ニ強硬ニ勧誘シタル人々ハ少ナクトモ自身帰省シテ県会議員一二名宛ハ翻意セシムル位ノ努力スルニアラザレバ此際ハ問題ニナラズト考ヘタル故先ツ東京丈ケニテモ小林陣営ヲ張ル用意考ヘ日本郵便ノ速度ヲ計リ十三日正午トシ小生ハ会場ノ交渉ヲ引受ケ通知ハ大体信山会ニ常ニ出席スル人ト云フことニテ小林君担当スルことニ致シタリ、閣下ニ対スル御交渉ハ小林君ニ於テスルモノト小生考ヘ居リシモ小林君急病ノ為メ其事不能トナリシモノラシク小生ハ十三日迄小林君ノ病気ヲ知ラズ其為メ閣下ニ無断尊名拝借ノ失態ヲ演ズルことト相成リ候。

然シ結論トシテハ物部ハ引カズ十三日の集会ノ模様ニテハ結果知ル可きのみと被存候。

不取敢貴答迄。　　　　匆々敬具

三月二十一日　　　　小坂順造

伊沢閣下

〔欄外伊沢書込〕其後面会釈然とせり

〔別紙〕

拝啓　去る十三日の会合の発信人に伊沢多喜男氏の名を連ね候処右は事前に同氏に相談したることも無之、又計画に賛同せられしことも無之小生の手違ひによるものに候間右改めて御通知致し候。　　　　草々敬具

三月二十二日
小坂順造
伊沢多喜男殿

〔註〕封筒表　静岡県伊東町中村別荘　伊沢多喜男閣下。同裏　東京市世田谷区岡本町壱〇四壱　小坂順造。年は内容による。「別紙」はタイプ。新聞切抜「信山閣」(『信濃毎日新聞』9月4日付)同封

6　昭和(22)年9月19日

九月十九日
拝啓　過半来軽井沢ニ御転地御健勝之由伝聞喜び居り候。小生も七月二日当地参り候も無類の暑気ニ恐れをなし其儘滞在中ニ有之月末陛下新潟県御巡幸の際直江津町ノ小生経営工場御巡視の光栄ヲ得ル由ニ付き二十八日同所へ参り奉迎仕り夫れより長野ニ帰り拝謁願出候所存ニ有之其節拝眉の機会を得る事と相楽しみ居り候。御無沙汰御詫旁近況申上度。
匆々敬具
小坂順造
伊沢閣下

〔註〕封筒表　北佐久郡軽井沢町旧道　伊沢多喜男様　上水内郡柳原小坂順造。同裏　九月十九日。年は内容による。

7　昭和　年10月24日

拝啓　向寒之候愈々御健勝奉賀上候。軽井沢紅葉ノ好期節ニ付き一遊致し度きは山々ニ候へ共途中乗車の困難を考へ去ル十三日夜直行帰京仕り久し振にて幣原吉田両先輩ニも御面会致し寄り〳〵旧友ニモ面会致し候。山本男鎌倉ニて老病去る十五日訪問候も十数日来殆んと意識充分ナラズ最早回復困難の御事と存じ候。
何一つ心を楽ましむるもの無之白雲紅樹の間ニ悠々せられ候事ニ越したる事ハ無之候。帰京候も交通機関の不自由困難ハ小生を玉川別邸ニ封じ込メ候も気分ハ至って宜しく元気ニ有之候。久闊御無沙汰御詫旁近況申上度。　匆々敬具
十月二十四日
小坂順造

〔註〕葉書表　長野北佐久郡軽井沢町旧道　伊沢多喜男様。同裏　東京市世田谷区岡本町壱〇四壱　小坂順造。

小坂武雄

1　昭和7年1月2日

拝啓　謹て新年の御慶申上老先生の益々御清健を奉祈上候。私事も昨年末新居落成仕り今年は何れニも参らず我家に新年を迎申候。旧臘近藤壌太郎君ニ会し先生方参上候承り候へ共転任の友人と先約候為同行参上不叶残念ニ存申候。若槻内閣の崩壊ハ余りアツケなく何人も其真相を知るに苦居

候。安達氏ニ対し兎角の噂も有之候へ共要ハ首相ニ其人を得ざりしニ由るものと存じ民政党の将来心細く感申候。我国六十年の勃興ハ上ニ維新の宏業を翼賛せる腹の出来た人物あり手足道具として取急ぎ技師を養成したるもの若槻氏の如きハ優秀なる道具として出来上りたる人物明治教育の弊をマザ〱と見せつけられたる心地仕り候。新春早々生意気なる中条ニ候へ共今後の日本ハ人物の養成ニ力を注ぐ必要迫れりと存じ申候。　敬具

昭和七年一月二日

武雄

伊沢先生

〔註〕封筒表　東京市外巣鴨町宮仲　伊沢多喜男様。「若槻内閣倒壊評若槻評」。同裏　長野市妻科五十番戸　小坂武雄　昭和七年一月二日。

2　昭和9年9月13日

九月十三日

武雄

伊沢先生

拝啓　一昨日は突然の御来長にて面喰ひ甚失礼仕り候。県庁側の御接待の様にて押しかけも如何と考へ候間あの儘失礼仕り候。

高遠公園頌徳碑に対する貴文筆写相遅れ申訳無之候。此に同封御送り申上候。御査収被下度御案内申上候。　敬具

〔別紙1〕

昭和九年九月　小坂武雄

本編は昭和九年九月五日附信濃毎日新聞記載の記事（参考添附）を見られて直に小坂武雄宛に送られた書翰の写しである。七日午前十一時に配達を受けた小坂は先生御起草の別紙に依らず殆んど書翰通りに原稿を作り八日附夕刊＝七日配達＝に別紙の如き記事を掲載した。

超えて十一日飯山町正受庵で先生にお目に掛った節高遠町ではあの記事に依つて頌徳碑はやめる事になつたとお話があつた。

原文先生の御手記は暢達なペンの走り書きで小坂之を頂戴し写しを御返し申上げる次第。

伊沢多喜男氏談（九月五日）

今日の信濃毎日新聞を見ると僕の頌徳碑を高遠公園に建設せんとする企てがあるソーダ。郷党の好意はさること乍ら生前に頌徳碑を建てらるゝが如きは如何にも堪え難い。遺憾である。折角だが是非中止して貰ひたい。特に伊沢が建碑の除幕式に出席するとの記事もあるが如此事は全然無根である。

七日電話にて「全然無根」の言葉を他に変更する様との御注文があつた（武雄記）

〔別紙2〕

拝啓　過日は態々御来訪被下深謝致候。然ば本日の信毎に依れば高遠町他九ヶ村の有志発起にて小生の頌徳碑を高遠公園に建設せんとし相当準備も進捗し居る趣此事に付ては予て仄聞する処も有之当時木下信君大槻茂君他を通じて極力其阻止に相努め来り候処殆んど顧みられず遂に今日に至り候。此事に付てハ小生には固より何等の交渉無之従って直接に反対意見を述ぶる機会は無之候得共発起人の中心（？）人物たる高遠町長の如きは小生か迷惑を感じ居ること又主義として反対なることは承知し居る筈なるに不拘之に対し殆んど顧みる処なく着々進行し来る心事は如何にも不可解に候。シカシ同人等に悪意なきは勿論に候間「伊沢先生は口ては迷惑相に云ふが頌徳碑を建てられて悪い気持のする筈はない」位に考へ居るものと存候。果して然らば其好意は難有く思ふも余りに田舎者風の考へ方にて迷惑無此上次第に候。

人生棺を蓋うし定まる。生前に頌徳碑を建つるか如き原則時に不可なり。況ンヤ予の如き何等頌せらるべき徳なきは勿論今後如何なる失錯を仕出来して世上の批難攻撃を受くるやも計るべからざる者なるに於てをやに候。

小生は所謂頌徳碑とか銅像とか云ふものを見て往々苦々敷感を起すこと有之特に生前の建碑建像の如きに対して常に反対し来れる者に候。従つて今回の郷党の計画に対しては大なる迷惑と不快とを感じ候次第ニ候。

今日貴紙の記事を拝見し小生の抱懐する所を述ぶる好機会と存じ記述致候。就ては乍御迷惑別紙記載の意味の記事貴紙に御掲載被下候はゞ幸甚ニ候。尤も記事の都合に依り此書面の意味を加ふる等便宜御取捨被下候て結構ニ候。右御依頼致度。　草々

九月五日　伊沢多喜男

小坂武雄殿

〔註〕封筒表　軽井沢別荘　伊沢多喜男様。同裏　長野市南県町信濃毎日新聞社　小坂武雄　昭和九年九月十三日。昭和(9)年9月5日付小坂武雄宛伊沢多喜男書翰写及び新聞切抜「伊沢多喜男氏頌徳碑不折画伯が刻書」「頌徳碑建立と伊沢さんの心事」（昭和9年9月5日、7日付）を同封。

3　昭和17年4月13日

拝啓　戦塵漸く酣ニして毎日四五回の舌戦ニ出動致し居り候。追々農繁期ニ入り聴衆少きは十名位、多きは五六十名の盛?況ニ御座候。

夜の帰宅十二時ニなり朝は寝坊をして休養ニつとめ候為、電話をおかけする時間なく失礼仕候。信毎の西沢より御依頼申上候弁士の件二十八日夜と二十九日の夜是非御心配被

下度願上候。飯山、中野、須坂、長野、篠井の五箇所にて最後の気勢を揚げ度所存ニ候。先生の仰せらるゝ巨砲の弁士を御願申上候。本日は之より下水内ニ出動可仕候。桜花十日を早め今盛りニ御座候。　敬具

四月十三日

小坂武雄

伊沢先生

〔註〕封筒表　東京市豊島区巣鴨二ノ二五一七　伊澤多喜男様。同裏　長野市妻科五〇番戸　小坂武雄　昭和十七年四月十三日。

4　昭和21年12月19日

拝復　御懇書忝く拝見御鄭重なる御言葉にて痛入申候。小生今回ハ碌なお手伝も致さず大勢余りハッキリ致候故全く安心の裡ニ終了仕候。南信ニ於ては片岡家の御援助ありし故全く無風にて相済候へ共北信ニては物好きがあり少々ホコリが立申候。鎮圧ハ力を注ぐも無駄と心得勝手ニ振まはせおき候。

知事公選ニ関してハ状勢を小林氏宛御報致しおき候通り物部氏の声の高くなりしハ全く最近の事ニ有之候。然し之とても今から声が挙りてハ早すぎる様存じ来年迄ニハ幾変化を見るものと存候。然し結局ハ小林物部ニ集中して其いづれ乎と云ふ事となると存候。県会議員が物部と云つた所で全体がそうなる訳のものではなく只大勢を導く力は強いと存候。

県政クラブの連絡会議とハ両党の前代議士、現代議士、現県議及県支部の総務級を以て組織する筈ニて私共も発言権ハ有之候へ共余り表面運動の出来ぬのが支障ニ御座候。

小林物部いづれも全県一致ニ非れば出馬せず最後迄肝腎と存候。筋書と云ふ程のものもなく、南信の諸君が北信ニやり度くなしとの為ケチな考ニ出づるものらしく瀬戸君なども其一人らしく候。

寒気相加はり候。切ニ御大切ニ願上候。　敬具

十二月十九日

武雄

伊沢老先生閣下

〔註〕封筒表　静岡県伊東町中村別荘　伊沢多喜男閣下。同裏　長野市妻科七五二番地　小坂武雄　昭和二十一年十二月十九日。

古島一雄

1　昭和15年3月13日

拝啓　過日は御見舞状に預奉謝候。実は意外之大病なりしもモハヤ大丈夫今月末には登院拝芝を得べき乎と存居候。医戒を守り今尚静養致居候。一時は新聞をも見る能はす却

つて気楽なりしも事情を知るに及びアマリに政党の腑甲斐なさに呆れ申候。マサカ是程に堕落致し居るとは思はざりしに悉く是れ時局に名を藉る政権亡者の集団に過ぎず立憲之本義を忘るゝに至ては立党の値果して幾許ぞとジリ〳〵致候。コンナ事をして居つては国民ニ遊離する計り所謂推進力に引づられ万事右翼の形態の下に其実は結局赤にしてやらるゝに非ずやと寒心に不堪候。病床心身共に自由ならず病床徒ニ焦躁せる耳。御憐察被下度。老台近状果して如何。時下不順為邦家御自愛祈上候。　敬具

三月十三日　一雄

伊沢老台

〔註〕封筒表　西巣鴨二、二五一七　伊沢多喜男殿親展。同裏　世田谷経堂八九四　古島一雄　三月十三日。年は消印による。

2　昭和17年7月9日

拝啓　御電話之如く品川以来之陰険的暴挙なるにも不拘衆院一人の之を咎むるもなく粛正論者の座視傍観言論界の腑甲斐なさ今度ほど義憤を感したる事なし。貴諭により別紙御送申候。尚目下具体的のも蒐集中なれば逐次貴覧ニ供候べし。御腰病之由困難御察候。小生も本年は滞京の予定なりしも昨日来之酷暑に不堪近々信州の山に入らんと欲候。老身暑寒に堪申す気力太た乏し残生只杞憂ある耳。　匆々不一

七月九日　一雄

伊沢老台

〔註〕封筒表　豊島区西巣鴨二、二五一七　伊沢多喜男殿速達。同裏　世田谷経堂八九四　古島一雄　七月九日。年は消印による。「別紙」なし。

小竹無二雄

1　昭和(20ヵ)年7月16日

伊沢様

粛啓　御無沙汰申上げて居りますが河井様から御清祥の御趣承りまして何よりと御悦び申上げて居ります。小生事最近になり妙な事から後援を得昨年申上げました件につき石川県能登の海岸の一寒村に製造に着手いたす事になりこの本土上陸迄にハ是非とも間に合せることと手兵を携げて精魂を打ち込んで居ります。国法も無視し一命勿論さゝげつくして居りますが世の批判も度外視してやつて居ります。何れ併し貴方様にハ褒めていたゞけると信じて居ります。若し滑り出せバ一度御伺ひ申上げたひと存じて居ります。

石川県知事を御存じの節は能登研究所長小竹無二雄が依頼に参った時は便宜方をと御依頼下さいませんでしょうか。表面に出せぬ（軍にすら）仕事故何かに困って居ります。勿論誰の助力なくてもやり抜きますが第六陸軍技術研究所長小柳津中将の厚意を唯一の頼としてやって居ります。近況おしらせ迄。

敬具

小竹無二雄

七月十六日

〔欄外〕葡萄糖ヴイタミン御もちで御座いましょうか。

〔註〕封筒表　長野県軽井沢町旧軽井沢　伊沢多喜男様。同裏　仮寓富山県井波町藤橋　小竹無二雄　七月十六日。年は内容による推定。

五島慶太

1　昭和19年4月18日

十二日付御念書難有拝見仕候。此度之人事に就てハ測らすも御称讃を辱うし大ニ意を強く致し毎々被為懸御心忝く深く感佩罷在候。御来示之御趣旨は其都度味読罷在候次第何卒此上とも御心添冀上候。禿墨不尽意委細期御面晤不取敢厚く御礼申上候。

敬具

尚々御所労之趣不順之時候にも有之御加餐切ニ禱上候。

四月十八日

五島慶太

伊沢多喜男閣下

〔註〕封筒表　静岡県伊東町松原中村別荘　伊沢多喜男閣下。同裏　東京都渋谷区長谷戸町四九　五島慶太。年は消印による。

後藤文夫

1　大正(15)年7月22日

謹復　十九日及二十日付の尊書霊南坂より転送正ニ拝誦仕候。御着沢以来高原の清冷尊体ニ適し候模様拝承慶賀此事ニ存上候。何卒十分御静養御元気御恢復専ら奉祈念候。上山総督軽井沢御訪問過日早速御勧め致し置候処昨日御手紙もありしよしにて来ル二十五日一泊の予定にて御伺ひする由の御話有之候。阿片事件、電力会社并ニ永田準之助、林糖問題等ハ大要夙ニ総督の御耳ニ入れ置候。総督と御会合の際右諸問題其の他御気付の点充分ニ御話被下度奉相願候。星一事件専売局関係の材料の義御注意被下難有存候。宇賀局長ハ当人目下の立場ニ付小生共着台前上京ハ見合セシメ度此ノ際ハ参考資料至急取寄せ中谷へ提供致し度存候。尤も今朝中谷ニ面会委細聴取りたる上ニ同人上京を是非必要とする様の事情なれは更らニ考慮致度候。

渋沢大橋両氏へ挨拶の件御報告申遅れ恐縮ニ存候。渋沢氏へハ御下命の翌日面会御伝言の趣を伝へ候。御就任ニ至る事情大要御話致し候。子爵も非常ニ満足せられ故ニ小生を以ての御挨拶恐縮の至にて宜敷申上呉れられ度の御話ニ有之候。大橋氏へハ内務次官ニ御依頼致し引受け呉れ候。未だ其の結果承ハり居らさるも過日熱海よりの御帰京前ニ会見を望み置候間夙ニ実行したる事と存居候。尚ほ確かめ置可申候。

論功行賞の件上山総督ニハ御就任の当り（ママ）大体の経過御話し致し相当の時期ニハ是非御尽力を望む旨御願致置候。其後内閣ニてハ旭一の意見ニて功績書を賞勲局ニ廻付致し候へ共書記官長の意向ハ結果を議定官の評定ニ委せむとするものゝ如く結局瑞一以上ニ出来得さるものと考へ居る如く候。従て瑞一ならは寧ろ此の際受けられさるを可とするや若し然らは賞勲局より撤回するの要あり小生退京迄ニ左右決定致し度との話有之候。小生ハ依然強硬ニ旭一を主張し尽力を望み置候。上山総督にも早速御話し賞勲局并ニ総理大臣へ掛合を御依頼致し引受けられ候。小生よりも賞勲局ニ掛け合ふと共ニ再ひ浜口内相の御尽力をも煩はす積りニ御座候。

文教局台南高商問題ハ法制局参事官の審議ハ打ち切り候。法制局長官書記官長ニ談判速かニ閣議ニ附することを求め皆々十分諒解致し居り候間日々催促ニ努め居り候。此の以上ハ何等支障なく通過の事と予想致し居り候。文教局ハ枢密院ニかゝる為め暑中休暇ニ際会せる場合又々延引するニあらざるかを虞れ候。同院附議の上ハ之も格別支障なかるべくと存ぜられ候得共悪意の新聞紙共切りニ同問題を報導致候間無用の注意を事務局及顧問官方面ニ喚起し或ハ多少の論議を生ずべきか而し大いしたる事はなかるべく候。但し要ハ政府の決心如何ニあり若し万一同問題及台南高商の件支障を生ずる様の事あらは台湾統治上ハ勿論小生等責任上よりも要易（ママ）ならざる仕儀と存じ居候。

先ハ貴酬旁々要用迄切ニ御自愛御加養奉念候。　匆々頓首

七月二十二日　　後藤文夫拝

伊沢老台侍史

〔註〕封筒欠。年は内容による。

2　昭和2年9月24日

謹啓　涼冷日々相加ハリ候処尊況如何ゴルフノ御上達ト共ニ御健康御増進ノコト、遙賀奉リ候。偖て先般来屡々御懇書ヲ賜ハリ御厚情感激罷在候。然ルニ絶エテ御音問ヲ奉ラス申訳御座ナク候。先般病臥以来身神共ニ稍々疲労ヲ覚エ加フルニ世事甚ダ面白カラズ平生疎懶ノ質一層ノ疎懶ヲ加

へ日々心ニ掛ケ乍ラ御問訊相怠り居り候段不悪御寛恕被下度奉願候。昨今ハ流石ニ当地モ涼冷ヲ覚エ元気漸ク恢復ヲ覚エ申候。但シコルフハ病後大退転ニテ失望罷在候。軽井沢高原ニテノ御鍛練定メテ著シキ御進境ト羨望申上候。上山総督共々小生進退ノ事不相変内地新聞ヲ賑ハシ居リ候模様ニテ従て種々ノ風説当地ニモ絶エズ伝来致候。真ノ人心安定ハ中々得難ク候モ表面ハ兎ニ角先般ノ人事問題ヲ以テ一応平静ヲ呈シ居候。事茲ニ至リテハ平然トシテ接シ切ル外無之小生一個ノ進退ノ如キハ念頭ニ置カサル決心ニテ勇ヲ鼓シテ日々執務精励罷在候。陰鬱ニテ沈滞ノ儘推シ進ムコトハ余リ愉快ニテハ之ナキモカ丶ルコトモ邦家ニ何カノ御奉公ト相成ルヘク又一種ノ経験ト観念致シ居候。

偖て予て御心ニ掛ケ被下居候事ト存候勧銀支店長久米君御承知ノ通リ夙ニ重役ヘ昇進スヘキ閲歴ニアリ乍ラ不遇今日ニ及ビ候。昨今勧銀総裁任期満了（来月六日）ト共ニ重役ニ異動アルヤノ噂アリ又来月末カ来来月初メニハ理事阿部午生任期満了ト相成リ当然補欠（同人ノ再任ハ困難）アルヘク此ノ機会ニ於テ久米昇任実現致スヲ得バ本人モ頗ル本懐ノ模様ニ御座候。行内ノ輿論及柳谷副総裁等ハ其ノ希望ナルヘキモ時節柄実現如何カト本人モ尠カラズ焦心罷在候。殊ニ伊東巳代治娘婿某ナルモノ遙カニ後輩乍ラ猛烈ニ運動致シ居ル由ニ御座候。志村氏予テ久米君ノ身上心配セラレ居ル趣ナルカ昨今病臥殆ント来客モ接セサル程ノ由、此ノ際同氏又他ノ伝手ニテ高橋是清翁ニ話シ込シ同翁ヨリ蔵相ニ久米氏推挙スヘキ意向ヲ伝ヘナバ頗ル有力ナルヘシト想像セラレ候。同君台湾ニ孤立シ潑溂ノ鋭気ヲ蔵シテ徒ラニ皮肉ノ嘆ニ堪エサル模様ニ同情ニ不勝予て尊台ノ同君ニ対スル御高情伺ヒ居リ候マヽ何等此ノ場合同君進展ノ途ナキヤ御配慮賜ハリ度切願ノ至ニ有之候。

本山警務局長近ク上京何レ拝趨仕ルヘク当地近情御聴取被下度内地ノ不愉快ナル喧噪ニ比スレバ当地ハ何ト申シテモ平静以上ノ沈静ニ有之候。

先ハ御無音御詫ヒ旁々御願ヒ迄如斯御座候。　匆々頓首

九月二十四日

後藤文夫

伊沢老台侍史

満州御旅行前御示命ノ農学士採用ノ件内地ヨリ御書状転送ノ為延引仕候。台北ニ位置ナク新化ニ都合致シ候。本人差支ナキ由多少気ノ毒ナルモ御勘弁願上候。

〔註〕封筒表　東京市外巣鴨宮仲　伊沢多喜男様親展。同裏　台北文武町官舎　後藤文夫。年は消印による。

3　昭和4年8月20日

謹啓　御電話の件取調候処東京朝日及報知の二紙の外見当

らず候間両紙ニ対し今朝別紙写の通り書留速達郵便を以て申込致置候。一両日の両紙に掲載なきときは朝日新聞社ニ交渉掲載せしむる積ニ有之大体御示しの通りの具合ニ掲載せらるべくと存居候。先ハ右御報告申上度如斯御座候。

匆々頓首

八月二十日

後藤文夫

伊沢老台侍史

〔註〕封筒表　長野県軽井沢町　伊沢多喜男様親展。同裏　東京府下渋谷町金王二九　後藤文夫。年は消印による。「別紙」なし。

4　昭和5年2月5日

謹啓　御推薦状高見君ノ綴りたるもの一見致候。是ニてハ不充分かと存候。一寸簡単の修正しても如何かと存候間兎ニ角其の儘御覧ニ入れ候。

阿片特許問題ハ僅かの処ニて尚ほ完成ニ至らず朝来当館ニて訪客ニ妨げられ執筆断続申訳無之候。明日ハ御覧に入れ得べく候。

生駒君より別紙ノ如く申来り候。御覧ニ供候。　匆々頓首

二月五日

後藤文夫

伊沢老台御座右

〔別紙1〕

拝啓　昨日ハ種々御意見拝承難有奉存候。

阿片問題ニ関する関係法条並ニ申請書類等御参考迄御送附申上候。申請書ニハあまり矯正の事は申し居らず候へとも新聞ニ発表したる警務局長の声明ニハ矯正の事も申し居候。癮者の調査は調査として之ニ対して直ちニ特許処分を行ふが如き事なく調査の結果に付て更ニ充分研究したる上矯正を主体としたる処里《(ママ)》方法を講ずることに転換することゝするを適当かと存居候。其の方法ニ付てハ充分慎重なる態度をとり台湾の阿片政策の歴史を傷けざる様ニ致度と存居候。癮者の調査も目下ハ届出者ニ対し一々医師の手ニ於て診査しつゝある状況ニ有之、届出者ハ相当なる数ありたるも実際癮と認むへきものハ案外ニ少数なりと云ふが如き結果を呈するならバ喜はしき事と存候。

朝鮮ニも密吸食者五六千ある見込の由に候ふも矯正所全道ハ数ケ所を置き兎ニ角医師の手ニて救療的処里を為し公許せざることニ相成居候。聞くところニよれハ朝鮮ニても一時癮者を公許して一掃せんとの論もありたる趣ニ候へとも実現せざりし由ニ御座候。

先ハ要用迄。

敬具

二月四日

後藤文夫様侍史　　生駒高常

〔別紙2〕

漸禁主義ヲ尤モ有効的ニ実施セントセバ政府ヨリ払下ク可ク数量ヲ年々人為的ニ一定ノ率（仮令ハ七分乃至八分）ヲ逓減シテ供給スルヲヨシトス。カクスルトキハ一定年限後ニハ必ズ供給ヲ必要トセサルニ至ル可シ。従来ノ方針通リ厳守ス可キモノトス。

抑密吸食者タルニ至リタル原因ヲ尋ヌルニ或ハ家庭薬用トシテ疾病治療ニ用イタル為メ或ハ性的娯楽又ハ憂悶ヲ忘ル為メ慰籍（ママ）的ニ使用セル為メ或ハ単純ニ家庭内ニ吸食者ヨリ誘引セラレ見習ヒタルモノ是ナリ。此等密吸食者ハ犯罪ヲ構成シ発覚処罰ノ危険ノ下ニ極メテ隠密ニ吸食セルニ過キズ今俄ニ此等ノ犯罪者ヲ仮寛シテ特許状ヲ与ヘ白昼公然吸食セシムルニ至ラバ其ノ伝播ノ害毒ヤ更ニ一層猛烈ナルモノアル可シ。此ヲ厳重取締ルト云フモ取締ヲ要スル人件増加シテ其困難ヤ知ル可ラズ。

今仮ニ此等ノ密吸者ヲ網羅シ特許ヲ与フルトモ数年ヲ出スシテ更ニ第二第三ノ密吸者ヲ簇々発見セラレ又々新ニ登録スルノ必要ヲ生ズベク愈禁絶ノ時期ヲ延引セシムルニ過キサル可シ。犯罪行為ヲ時効ニヨリテ一種ノ権利者ト認ムルコト、ナリ今後ハ密吸者ヲ推奨スルノ自然的傾向ヲ順馳（ママ）ス可シ。

カクシテ何時カ其根絶ヲ期ス可キヤ黄河百年河清ヲ俟ツ亜流タランノミ。

二　現在ノ総消費量ハ密吸者ヲモ包含セル総人員ノ所要量ナリ。故ニ密吸者ヲ新ニ登録スルモ総消費量ハ増加ス可キ理由ナシ。何トナレハ密吸者ハ特許者ノ名義ノ下ニ所要量ヲ取得スルニ過キサレハナリ。然レトモ新ニ数万ノ特許者ヲ許可セハ必ズヤ総消費量ハ増加ス可ク従テ国家ノ歳入ハ増加ヲ来ス可シ。

若万一消費量ニシテ増加センカ新登録ハ新ナル消費ヲ刺戟シ奨励シタル結果ヲ来ス可シ。

三　密輸入根絶ノ一方法トシテ密吸者ヲ新ニ登録シ公然政府ヨリ払下ヲナシ以テ取締ノ一助トナサントスルモノアルモ抑密輸入ノ行ハル、ハ国際間ニ於テ内外商品ノ価格ノ高低ニ起因スルモノニシテ密吸食者ヲ登録シ公然吸食ヲ許スモ台湾ニ於ケル煙膏ニシテ著シク高価ナル限リ輸入ハ禁絶シ得ルモノニアラズ。

四　癮者中ニ自発的ニ廃煙セルモノ今日ニ至ル迄其数少シトセズ加之現代医学ノ進歩セル道程ヨリセバ完癒セシムルコト差シテ困難ニアラズ。又此等癮者ニ吸食セシメス放置スルモ死亡ノ危険ナキハ癮者ノ獄舎ニ投セラレタル場合何等ノ手当ヲ加ヘサルモ生命ニ別条ナキヲ見テモ其一端ヲ知ルヲ得ベシ。

以上ノ理由ニヨリテ現状維持ノ上新ニ登録ノ手続ヲ中止スルヲ可トス。然ラサレバ必スヤ新ニ特許ヲ与ヘタル為メ消費量ヲ増加シ一般ニ害毒伝播ノ危険ヲ大ニシ信ヲ国際間ニ失墜スルニ至ル可シ。

〔別紙3〕

(一)明治四十二年以来人員并ニ総消費量ハ理想的ニ漸減セルニカヽワラス今又新ニ密吸者ヲ公認スルニ於テハ今後数年ヲ経ズシテ更ニ公認スルノ必要ヲ生シ結局絶滅ノ期ナカル可シ此レ阿片法制定ノ大方針ニ反ス。

(二)密吸ノ癮者ヲ公認シ登録スルモ此等ハ已ニ他人ノ名義ノ許ニ吸食セルヲ以テ人員ハ新ニ登録セラレタルタケ増加スベキモ已登録者中死亡者又ハ廃烟者ヲ生ズ可キニヨリ総消費量ハ増加スルノ理ナク従テ新登録ニヨリテ何等収入増加ノ途ナキモノトス。

(三)若シ果シテ国庫ノ収入ニ増加ス可シトセハ此レ増加セラレタル量タケ新ニ消費ヲ奨励スルノ結果トナル阿片法制定ノ精神ニ反ス。

(四)近代ノ医術ノ進歩ノ程度ヨリ見テ三十一年当時ノ不治ニ近キ考慮ハ放棄スルヲ要ス。現ニ完全ニ治療ノ途アリ又獄舎ニ於テ囚人ヲ放置セルモ何等生命ニ異状ヲ認メズ。

(五)国際聯盟ニ於ケル阿片会議ニ於テ台湾ノ制度ハ尤モ理想的ノモノトシテ世界ノ賞讃ヲ博シ模範法トセラル。而ルニ今又新ニ吸食者ヲ増加シ人道ノ名ニ於テ歳入増加ヲ図ル如キハ現代ノ医術ノ進歩ヲ無視シ識者ノ賛同ヲ得ル所以ニアラズ。

(六)阿片法改定ノ結果トシテ体刑ヲ採用スルニ至リタル為メ各密吸者ヲ厳罰ニ処センカ獄舎狭隘ヲ告ケ如何トモスル能ハサルニ至ルヤ必セリ。故ニ已ムヲ得ス此ノ非常手段ヲ採ルニ至レリト強弁セシモ新阿片法ハ支那人船夫ノ如キ遁走性アルモノニ対シテ旧法ハ罰金刑ノミニ限リタルモ此ヲ両者中選択シテ或ハ体刑ヲ或ハ罰金刑ヲ科スルヲ得ル様ナレリト信ズ。故ニカヽル事由ヲ認メズ。

〔註〕封筒表　府下西巣鴨町宮仲　伊沢多喜男様親展。同裏　神宮外苑日本青年館ニテ　後藤文夫。年は消印による。〔別紙2〕は台湾総督府専売局箋使用。

5　昭和(5)年9月2日

謹啓　此の度ハ永らく格別の御厄介ニ相成り難有深く御礼申上候。小児等も御蔭を以て非常ニ善き経験を仕り深く感謝罷在候。

本朝川崎法制局長官ニ面会枢府の模様承はり候処一日の審

査会ニて首相の答弁ニハ委員連好感を持ちたる模様なるも海相の答弁ニハ多少拙き点あり質問ハ専ら海相ニ集中したりとの事ニ御座候。

首相よりの戒もあり枢府の情勢等側面より探るの方法等も講じ居らざる為委員側の真の情勢ハ一向明瞭せず頗る不便なりとの事ニ御座候。又委員会の内容ニ付きてハ政府側ハ完全に情義を守り居り新聞紙の記事ハ専ら枢府側より出で随分事実を誤り伝へ居る点もあり遺憾鮮からざる模様に御座候。伊東委員長ハ重複する質問等ニハ注意を与へ表面ハ議事進行を努むる様ニも見え候由されど真意ハ何とも図り兼ぬるとの事ニ候。

尊台御帰京の事ニ就きて今急ニ御帰りを願ひ如何なる御相談を致し度と言ふ程の事もなき様なれど総理ハ何時帰るだらふかと川崎氏に聴きたりとの事ニて又鈴木書記官長ハ御帰りを頂くと宜ろしきがと川崎氏ニ語りたりとの事にて川崎氏ハ御帰りを願ひたらばよくハなからふかとも思ふとの話ニて何れ同氏よりも情勢ニより何分の事申上ぐる事と存候。右御参考ニ迄申上候。政府も最後ニハ枢府との衝突となる場合あるべきを覚悟致し居らねばならず其際委員外顧問官の態度を有利ニ導き置くにハ世上の注意委員会ニ集中し居る此の際が最も努力を試み置く好時期ニあらずやと存ぜられ候。尚ほ又委員会の経過如何ニ拘はらず政府ハ一般国務ニ付き勇躍し居る態度を示す事肝要と存候。首相初め枢府問題ニ没頭し居り関係なき閣僚ハ只休息をして居る様見受けられ候ハ遺憾ニ存せられ候。

先ハ不取敢御礼申上度如斯御座候。御令室様ニ宜敷御伝声被下度願上候。

匆々頓首

九月二日夜

後藤文夫

伊沢老台御侍史

追白　愚妻よりも呉々も宜敷申上候様申出候。

〔註〕封筒表　長野県軽井沢町一〇三二別荘　伊沢多喜男様親展。同裏　東京府下渋谷町金王二九　後藤文夫。年は内容による。

6　10月6日

謹啓　内地ハ殊の外涼冷の由御履況如何奉伺候。台湾モ兎ニ角秋ト相成リ申候得共此の一両日の如き又々日中ハ九十度近く相成り申候。先月末専門学校長会議より引続き中等学校長会議を開き殊ニ中等学校長会議の如きハ約四十人の校長ニ一々意見を吐露せしめたる処中々の熱心にて遂ニ会議三日の予定より二日を延長し各部会の如き夜深更ニ及びたる有様ニて閉会に際し最古参者たる塩田北師校長の如きハ自分が台湾ニ教職を奉じてより二十五年の間未だ曾つて今回の如き会議ニ臨みたる事なく未だなき感激を覚えたりとの挨拶を先述他の機会ニ於ても其の言を繰り返へし居り候。閉会後一同打ち揃ひて芝山巌六士の墓ニ参拝致候。石黒文教局長非常の熱心を以て事ニ当り居り真ニ良局長を得たりと喜び居り申候。此の分ニて進めは本島教育界にも確かニ一脈の新精神を注入するを得べく文教局の設置の趣旨達成を期し得べくと存じ愉快ニ不堪候。

評議会も旧来其の儘復活昨日を以て三日間の会議を終了致し格段の事も無之候。会員に本島人中の新人物二三抜擢したるハ将来統治上ニ何程かの効果あるべしと存候。

東京にて愈々策ニ窮し今度ハ小生の更迭を中心として宣伝致し居る由何の事やら理由がわからず候。休職を落下せんとの説もある由面白き事ニ候。成るへくハ休職下命の暗打ち願はしきも夫れ丈の無謀を敢行し得へきや随分向ふ見ずの乱暴者も多き事故何とも知れざるも左様なれは面白しと存候。予算関係等にて其の内上京致さねなる間敷噂のウルサキ何とも存ぜざるも種々御為めごかしの引退勧誘ニ之と併行しての予算いぢめとには聊か困難致すべくと存じ居り候。

先般本山上京今回木下上京致し候。当地内外の模様ハ両名御話も申上グル事と存候。余り興味もなき平談なるもの只事大主義の空気常ニ漂ひ居るハ苦が々しき事ニ御座候。

先ハ御伺ひ旁々右迄。時候柄御自愛専一ニ被遊度奉存上候。

匆々頓首

十月六日　　後藤文夫

伊沢老台侍史

〔註〕封筒表　東京市外巣鴨町宮仲　伊沢多喜男様親展。同裏　台北市文武町官舎　後藤文夫。

小西　謙

1　昭和22年8月29日

謹啓　昨日は推参長時間に亙り格段の御高教を辱く致し誠に難有奉深謝候。被仰下候まゝにとは申せ長座の非礼何卒々々御海容被成下度申上候。御手作りの畑の品頂戴致候こと頑爺帖拝見致候こと誠に〳〵難有大幸と奉存候。御懇情の程身に染み御礼申上候。亡父吉太郎嘗て申候こと有之伊沢先生はこわいやうなれど御親切至れり尽せりの方なり自分もいろいろと大御厄介になりたる次第忘却すべからざるものあり云々。吉太郎も終戦直前他界致候始末にて今は回想のみ残る訳合より父子共に御高教を仰ぐ所不可思議なる因縁事かとつく〴〵被存申候。拝承の御高見は教育会の委員会の絶好なる指導的方向決定の動機と可仕爾後の推移経過なども時々尊聴ニ相達し度存居候。

御高説中に承り申候乱伐のための水害のこと昨夜帰松致候

処すでにその事態現実に発生致居候。憂患無限に御座候。教育のことも早急に手当せざる場合水害に類することなきや心痛罷在候。信州教育振興に関しては何卒々々今後も倍旧の御高教賜り度乍勝手奉伏願候。

尚秋暑切角御大切に御厭ひ御健勝のほど御祈申上候。

先は右御礼並に御願申上度如斯御座候。尊堂御一統様の御機嫌とりわけ御孫様愛くるしき御二人の御健康祈上候。

敬具

八月二十九日

小西謙

伊沢先生御座右

〔註〕封筒表　長野県北佐久郡軽井沢町一〇三二　伊沢多喜男先生御礼。同裏　松本市長野県松本中学校　小西謙　八月二十九日。年は消印による。

近衛文麿

1　12日

拝啓　先夜は御寵招蒙り難有奉存候。

本日長書記官長瀬古角倉両書記官一番列車にて来訪の趣通知有之就ては正午拙宅に於て粗餐用意致置候間河井君御同道御来臨を得は光栄ニ奉存候。

先ハ右御案内迄。

十二日

文麿

伊沢様

〔註〕封筒欠。

小橋一太

1　昭和7年10月14日

拝啓　秋気清涼之好時節益御清勝慶賀之至ニ御座候。扨て小生義其後専ら静養江木君不幸之日一日弔儀帰京したるのみにて今ニ御無沙汰之至之段悪からす御海容被成下度奉存候。是状も殆んと全快予後の保養之為当地の清水ニ浴し相模瀬の涛声を聴きつゝ天気浴養罷在候間乍慮外御放念被成下度奉存候。二十日前後には帰京参堂いたし度存居候。御詫旁如此ニ御座候。

草々頓首

十月十四日

いずさかみや　小橋

伊沢老兄侍史

〔註〕封筒表　元東京市外西巣鴨二五一七　伊沢多喜男殿親展。同裏　静岡県熱海町伊豆山さかみや　小橋一太。年は消印による。

2　昭和9年7月4日

拝啓　岡田大将に大命降下軍縮会議ニ備ゆる為ならんか元老重臣の苦心も察せられ申候。岡田は清浦内閣当時一両度面晤せしことあるのみにて克く知不申候か不言実行稍信頼すへき人物のよふニ認居候。果して如何や。既ニ大命を拝したる以上ハ其閣僚ハ今日の重大難局を担任する力ある人材を揃はしめ度国家の為切望候。就てハ黒田長和の如き有爵議員中ニは（ママ）国家の為一見識を有する人物を閣僚の一人とすることは今日の世相に照し最も適切なりと相信し申候間老兄ニは岡田とは御懇意の趣ニ付き幸ニ御同感ニ候ハヽ、貴族院方面よりの候補者として御推挙被下度切望候。之れ決して一黒田の為ニあらすと相信申候。本人は夢にも知らぬことを思ひ付き候まゝ申上候段差出がましき又た喧伝がましき至悪からす御諒察御諒恕被成下度候。　草陳不備

七月四日　小橋

伊沢老台

〔註〕封筒表　東京市豊島区西巣鴨二丁目　伊沢多喜男殿恵展。同裏　品川区上大崎町二丁目　小橋一太。年は消印による。

3　12月1日

拝啓　電話にて失礼仕候卑見別冊差出候間御高閲を得ば本懐之至ニ奉存候。其節申上置候通来四日午後六時木挽町演舞場前花佐に御光来相願申候。其節柴田善三郎君御誘導被成下候ハヽ、誠に仕合之至ニ奉存候。森ハお相伴いたさせ度存候。禿筆御案内まて如斯ニ御座候。　敬具

十二月一日　小橋拝

伊沢老兄侍曹

〔註〕封筒欠。「別冊」なし。

小林芳郎

1　昭和5年9月17日

昨今漸く秋気相催候処賢台愈御健勝為邦家御尽力之段奉大慶候。小生本年稀有之炎熱にハ頗る閉口致柴扉を掩ひ籠居罷在候処去月十四日夜東京故旧家事の為めに無余儀上京致し候処都下の漂熱殊の外猛烈にて辟易致し匆々要事片付け一泊にて夜行帰宅致申候。其節参邸敬意を表度電話にて相尋候処只今主人留守明早朝軽井沢へ引返す筈との言にて候間旁御無礼致し申候。扨て枢密院へ条約御批准御下問以来議長の措置委員会の態度日々新聞にて承知し真ニ不愉快千万ニ有之候得共此愉快ハ今暫くの我慢なり。浜口ハ若槻の二の舞を為す事ハ万々可無之小人難物の二三輩得意ニ跋扈

し居るも是れ自ら墓穴を掘り居るもの程なく彼等ハ周章狼狽悶死するの外なかるへしと知己の二三子ニ対して放言以て自慰め居候処一昨十五日に至りて果して総理ハ敢然とし不屈不撓或る新聞の批評せる如く委員会ハ馬を堅壁ニ突当てたる有様と相成候事と相成其周章狼狽可知やと遙察致候て痛快千万之感を覚へ申候。今朝の大阪朝日の社説何人なるかハ存不申候得共小生の持論と全然符合致し小生の所欲言を其儘ニ十二分ニ論し尽しあり独り小生の所思と符合するのみならす朝鮮総督の所思とも符合する儀と被存候。夫のみならす国民一般常識見ある者の所思と符合致候事と被存候。右社説切抜御覧被下候ハヽ、賢台に於ても全然御同感之御事と拝察申上候。何卒現内閣に於て煩労を不避因循糊塗之愚策を憚らす敢然として二三不良分子を此好機会ニ駆逐し最高諮問府を美事に廓清する事ニ猛進せられ候様に御尽力之事偏ニ所万禱ニ御座候。　匆々敬具

庚午九月十七日　芳郎

伊沢賢台侍史

〔註〕封筒表　東京市外西巣鴨町宮仲　伊沢多喜男様親展。「ロンドン条約問題」。同裏　兵庫県明石郡垂水町西垂水二千百五番地　小林芳郎。新聞切抜「社説　既定方針を貫け」（『大阪朝日新聞』昭和5年9月17日付）同封。

小柳牧衛

1　昭和(12)年5月2日

拝啓　陳者今般立候補ニついては万事御厚情ニあつかり難有御礼申上候。以御蔭無事当選致候。得票数の少かりしは遺憾ニ候も何等事故なかりしと民政二名とも当選致候は欣喜の至ニ御座候。何卒将来もよろしく願上候。

時節柄折角御自愛之程祈申候。先ハ取急き御礼まて。　頓首

五月二日　小柳牧衛拝

伊沢閣下侍史

〔註〕封筒表　「選挙関係」。年は内容による。

2　昭和(12ヵ)年8月26日

拝復　愈々御健勝之段奉賀候。陳者小生一昨夜帰京昨朝御電話致候処折悪敷御出発後にて誠ニ遺憾ニ有之候。

新潟市長候補は黒崎千葉小幡外三名と申候ハ其後聞知致候処ニよれは高橋高雄岡正雄大久保留次郎氏ニ有之其中千葉氏最も有力にて本人も希望の趣ニ候処吏僚及新聞記者等の気受非常ニ悪しく遂ニ銓衡委員を動かし目下岡君ニ集注し居る由ニ候。小幡氏ハ本人希望なく高橋君ハ桜井市長事件当時の警察部長なる為政友派の反対あり大久保氏ハ東京助

役退任当時の行動ニ非難あり何れも成立せす候。黒崎氏有力なる候補なるも白勢派及民政の一部に難色あり加之新潟師範移転事件の為新潟師範派の反対強く甚た乍遺憾見込薄ニ御座候。折角の御書面ニも有之努力可致候得共今の処確信無之候。石垣氏ハ御貴見の通り知人なき為是亦前途遼遠の感有之候。岡君ならは多数の一致を見且横山君との関係も好都合と存候も本人の意嚮如何かと存居候。
右様の次第にて前途猶曲折可有之候と存候。時節柄折角御自愛之程祈申候。先ハ御返事まて如斯御座候。　　頓首
八月二十六日　　　　小柳牧衛拝
伊沢閣下侍史

〔註〕封筒表　長野県軽井沢一〇三二　伊沢多喜男閣下。同裏　東京市外吉祥寺三三五　小柳牧衛拝。年は内容による推定。

3　昭和(12ヵ)年8月31日

拝啓　陳者新潟市長の件ニつき一昨日黒崎氏を訪ね新潟の状勢を述候。右ハ勿論参考ニ申述たるに過きさるを以て同氏としても何等の意見を洩されす候。昨日岡氏を訪ね候処同氏ハ全然就任の意嚮無之小生同様横山氏の昇任を希望致居候。然し新潟にては岡氏を推すに一決し委員一行明一日出発岡氏ニ交渉する由ニ候。岡氏拒絶の際ハ如何ニすへきや未定ニして第二候補者を定め居らさる趣ニ候。時節柄御自愛祈申候。
先ハ取急き御知らせ迄。　　頓首
八月三十一日　　　　小柳牧衛拝
伊沢閣下侍史

〔註〕封筒表　信州軽井沢一〇三二　伊沢多喜男閣下親展。同裏　東京市外吉祥寺　小柳牧衛拝。年は内容による推定。

4　昭和(14)年9月15日

謹啓　過日は誠に失礼致候。
陳者飯塚氏入会の件ニつき昨朝内藤氏を訪ね過日御話申上候通り新潟県支部と飯塚氏の選挙との関係を述へ且つ閣下よりも御依頼も可有之旨を附言し入会慫慂方懇請致候処同氏の意見としては
政治家として立つには小会派ニ属するを便宜とするも普通の者は大会派ニ属するを便宜とし殊ニ社会的ニ便宜と考ふるも要は本人の考ニよる
とのこと有之尚目下何れの会派にも内諾なかるやと申され候。
右様の次第ニつき小生は只管依頼し何れ閣下より直接御依頼あるや之旨を述へ辞去致候。同氏の口吻より察するに研

究会ニ入会を希望し居る様ニ見受けられ候。
昨夜丸山鶴吉氏ニ面会致候ニ付右の模様を話置候。
時節柄折角御自愛之程祈申候。先ハ取急き要用のみ。　頓首
九月十五日朝
小柳牧衛拝
伊沢閣下侍史
〔註〕封筒表　長野県軽井沢町　伊沢多喜男様貴展。同裏　東京市外吉祥寺三三五　小柳牧衛。年は内容による。

近藤駿介

1　昭和11年8月20日

謹啓　時下残暑難凌御座候処閣下益々御健勝之段奉大賀候。扨て予て御配慮願居候赤石山払下問題に付昨日総務部長より御報告申上候処詳細御聴取被下誠に感謝に不堪候。昨日三矢長官よりの電報に対し払下に付鋭意攻究中に付二十四五日頃には上京し得るを以て猶予方電報にて懇願し置き候。何れ近く上京仕り三矢長官に懇願申上度存し候処誠に乍御迷惑右払下実現仕り候様閣下より御執成御声援被下候はゝ難有仕合に存し候。
先は不取敢右御依頼迄如斯御座候。　敬具
八月二十日
近藤駿介
伊沢閣下侍史
〔註〕封筒表　北佐久郡軽井沢町　伊沢多喜男閣下。同裏　長野県庁　近藤駿介。年は消印による。

蔡培火

1　昭和6年6月16日

謹んで申上げます。

拝別以来早や二ケ月と成りました。先生には定めし平素の如く邦国の為め御多忙のことゝ拝察奉ります。小生にも別条御座いませぬ。

先般帰台の後直に五十音を基礎とする台湾白話字の考察に着手致し幸に殆ど確信に近い成果を得ましたから茲に謹んで御報告申上げたいと存じます。従来の羅馬字は二十四字で御座いまして此等で厦門璋州の方言を綴って居りました。小生前から泉州語をも完全に綴りたいと思つて此度新しく四字を加へて二十八字と致しました。また出来るだけ御令兄様故修二先生の御創案を尊重致したいと考へまして日台大辞典（唯一の参考資料の如し）に就き研査して見たところ該書に於ける小川尚義氏の序文には只ダ・サ・チ・ツ・セ・ソの五字と平仄の記号のみが御令兄様の御考案に依ると明記致さ

れて居ります。而して最も重要たるべき発音の構成と綴字法（これ等は小川氏の序文により其の考案なるべし）に関し日台大辞典の第一頁だけで已に二十余箇所の錯誤と無理を発見致しました。甚だ大胆な申分か存じませぬが御令兄様の御考案の分の外殆ど参考となれる要素を発見致し兼るので御座います。小生の愚見を以てすればサチツセソの五音更に分析して単に一つの口形即父音と五つ母音たるアイウエオとすることが出来ると思ひます。由て小生は其の一つ口形即父音の記号としてサチツセソ中のツを採りました。また平仄の記号についてハ今度の綴字法と調和させる為めに僅かの改変を加へて凡て御令兄様の御考案を拝用致したので御座います。

即ち此度の新字母二十八字の中『アヱイオウビポミチセブトタリニキガんハ』十九字はこれを五十音から取り五十音中にない残りの九字中『さ勹くえア』の五字は民国の注音字母から取り更に残の四字中『ラ』は御令兄の御考察であり後三字『えオ久』は小生の私案で御座います。尚ほ五十音から採用した分は筆数と運筆の関係をよくする為めに片仮名平仮名の両方を兼用し字形をも少しばかり改めました。別紙民報の記事の如く此度考案の結果は全然先生から賜つた懇切なる御指導のお蔭で御座いまして若し将来これで幾分でも台湾島民の啓発に資することが出来ましたら島民より先生に感謝するところ蓋し甚大たるべしと存じます。小生よりも深く鳴謝仕ります。

前述のことく別問題で御座いますが、目下台湾で加俸減のことにつき全島を通じて官吏が労働争議よりも激烈な態度に出て居られます。我々は此の際沈黙を守つた方がよいと存じますけれど本件の如きは真に国家の安泰に根本的関係を有する官紀の問題に属します。万一にも上司の方針国策が下僚の結束反抗によつて貫徹不能とならば実に是由々しき事例を遺す理となるので御座います。赤誠を以て国に尽される先生の御事故小生の多言を要せず既に深き御配慮を致されたことゝ恐察致します。

右乱筆ながら御報告旁謹んで御清祥を祈り上げます。敬具

昭和六年六月十六日

蔡培火

伊沢先生玉机下

〔註〕封筒表　東京市外西巣鴨二五一七　伊沢多喜男先生恵披。「台湾白話字創設意見」。同裏　台南市幸町二ノ四一　蔡培火　六月十六日。新聞切抜「台湾白話字普及運動」（『台湾新民報』昭和6年5月23日付）、及び別紙「新式台湾白話字々母与其用法」同封。

2　昭和17年2月17日

必要のとき天之れを給ふ

大英帝国東亜侵略の牙城新嘉坡陥落の翌日、即ち二月十六

日に、風邪の後静養中の龍水老先生を伊東の別荘に訪ねて、御機嫌を伺ひ戦捷の祝詞を申陳べた。私は満洲事変以来自ら中国大陸に渡り、同志と協力して教育事業や医療事業等を起し、以て彼地の民衆に対し聊か奉仕の誠を致さむと志して、尚ほ果し得ないで居るものである。此日、龍水老先生に戦捷慶祝の詞を申終ると、老先生は微笑を顔に湛へられて、この上は何を要務なりと思ふかと御下問になつた。謹んで答へるに、斯うなつて来ると、平素申上げたことに対し恐縮乍ら愈々自信を得ること丶相成りまする、勿論益々戦果獲得の必要はあるけれども、我が東亜諸民族の包容結束が急務なりと痛感致すと申せば、その通りぢや、だが斯ることは性急にやれるものでない、歴史は悠久だ、平素日常より怠らず誠心誠意を尽して居りさへすれば、必要あるとき天は必ずその必要を充し、その成果を挙げさせ給ふのだと思ふとると仰せられ、老先生は前々から左様であられたが、此時も私の性急を戒められ、手近かのことを忽略にせずして以て待機せよと訓へらる丶為めに、次ぎの懐旧談をお聴かせ下さつたのであります。

大正十二年九月一日の正午近くであつた。残暑甚しい為め、椽側の籐椅子に凭れていたとき、突然ガタ〱とあの大地震がやつて来たのだつた。椽側の直ぐ下は芝生の庭で、下りて立つている間、仲々揺れて止まない。芝生の庭の続きにある彼の野菜畑、あそこに隣り近所五六家族の者が期せずして皆そこに飛込んで避難して来た。揺れが間を置いて頻々大きくやつて来て、皆の人々は安心して其家へ帰られず、飯もなし炊事も相叶はぬ次第、家人が有るだけの米を炊出して、それらの人々の飢を医して上げた。ところがその後で家人が今夜から自宅には米はないと告げたのだ。そこで隣合つて住んで兄弟同様にして居る伊勢氏の家へ裏伝ひに出懸け奥様に対して遠慮もせずに、実は今晩から炊くべき米がないので…と言へば、早速二升位の白米を布袋に入れて渡された。そのお蔭で、其日の夕飯はドーヤラ翌日も米の心配はなさそうになつた。そこへ自分の出入りの人力車夫の三角《みすみ》がやつて来て、旦那手前はこれから近郊へ米を買ひに参る積りだが、旦那お宅の分も一緒に買つて運んで参らうかと親切に言つて呉れた。それは有難い、では一俵頼むと金を託し、その日に極上の白米一俵を届けられたのであつた。

震災で沢山の家屋が倒れ人命も相当多数に奪はれて悲惨であつたけれども、それをあの火災の被害に較べたら、極めて微々たるべきを思ひ、自分は早速地震の大家今村恒明博士に見解を問合せて見ると、果して同氏も自分と同意見で、震災の害は火災のそれの百分の十位のものだらうと言はれるのであつた。そこで自分は此の機会に国民、市民の精神作興を謀るの緊要たるを痛感し、草鞋がけで歩いて説いて廻つた。自分は先づ山川健次郎や一木喜徳郎の如き人々に説き、加藤高明憲政会総裁にも説きに往つた。自分は平素加藤氏に面会を求め、或は仝氏に招がれるときは何時も定まつて午前十一時半を指定されるのであつた。そしてまた定まつて昼餐を共にし午后の二時三時までも話すのであつた。大震火災のあのとき偶然にもまたその時刻近くに往つたので、自分は昼食の迷惑になるといかぬと思ひ、今日は唯だ話に来たゞけで、昼食は堅パンを携帯してあるから御心配を煩さぬと申せば、加藤氏も今日こそは昼餐を上げ度ても何うにも仕様がないと言はれた。その後、奥様が出て来られ玄米ですけれど昼餐は準備してあると言うて勧めて呉れた。切角の御用意だと思ひ、一緒に頂戴して見れば、市役所から配られた相当色黒い玄米の飯であつた。そこで自分は半ば笑談に、加藤様のところに幾何らお金があつても今時分は矢張り救助米を頂く外仕方ないですな、私のところは併し極上の白米を必要に応じ毎日〳〵頂いて居りますよと申したのであつた。

斯様に平素から為すべきこと特に精神的のことを日々の生活に怠らず実践して往きさへすれば、必要なものは天は必ず与へ給ふと自分は確信して居る。自分は大震災善後会の委員になつた、委員長は徳川家達公であつたが、副委員長の渋沢子と極力、国民の精神作興を促すべく、享保震災の会向寺建立に効んで、此度の大震火災の犠牲者数万の為めに紀念追悼の事業を起し、依て以て国民市民上下の精神作興を期すべきだと大いに主張力説是れ努めたけれども、初めは市民が目前喰ふべき物もないときにこんな悠長な計画をと、当時の市長始め多くの委員は耳を貸さなかつたのであつた。併し現在の被服廠跡の大震火災紀念堂は、あの提議から端を発して建設されたのだ。

今日この場合でも自分は我が国民の精神的活動を重大要務と思つて居るが、併し燥つてはならぬ。コツ〳〵やるべきことをやつて往つて已まなければよいのである。君の言ふ民族包容民族融和の問題は勿論緊要のことに相違ないが、それは燥つても出来ないことだ。民族の成長は時間を要する、民族の生命は悠久、歴史の過程は悠久なものだ、その心構へが大切であるのだ云々。

かく諭されて、老先生の私を眺められる御温容には、何時ものあの冷冽な厳しさが毫末もその色を留めず、私の心には言ひ知れぬ温さを感ぜしめられて引退りました。

昭和十七年二月十七日

蔡培火謹記

〔註〕封筒欠。

3　昭和20年2月3日

伊沢先生恵覧

謹んで陳上致します。小生当上海に着いてから早や九ケ月と相成り其の間一向御無沙汰に打過ぎまして誠に申訳け御座いませぬ。日々当地の紙上で東都の戦況を知り尊宅御近辺は御安泰で御座いますか伺上げます。此度は丁度次女の婿が健康と家事の都合で南京同仁会医院の現職から離れて帰京致すを幸にこの書を呈上致させ失言の点は何卒お許し下さい。小生として是れは命限りの御奉公を致す積りで御座います。扨て中国人の一般から申せば日本の所謂対華新政策なるものは過去の二十一ケ条要求の現実化に外ならず南京政権の自主独立性は五％だけのことだと解しているやうです。故に現状維持のまゝならばより一層の焦土を覚悟するといふ心理南京政権の信用が日々に落ち米一担（百斤我が約五斗五升）五万元前後百元札が戦前の五六銭程度となりました。尚ほ中国自身を思ふ傾向は次のやうに受取られます。第一中国は今後また民族主義的時代の過程にあるべく依て国民党政権の維持を適当と看ること、第二今次世界大戦の最後の戦場が中国大陸に移行して中国の犠牲より大たるべきを懼れ居ること、第三大東亜戦争の結果万一日本の不利に帰することあらば東亜人全体対米英の不利を意味すると観察、この三つの心理傾向が一般の間にある如くに感ぜられその強弱度は第一第二に対する関心は各四分とせば第三に対しては二分位ではなからうか。大体右の如き観察と南方各地等の戦況を思合せて我方に於て真に即時に次ぎの如き対策を急施致すべきと信ずる。今まで友人先輩の間で兎角小生を突飛なるあはても扱にして居られたやうでしたが事実は果して何うでせうか。小生としては決死の覚悟で得た結論を次の如く開陳致します。

第一案　政治的に我国は真に中国の自主独立を尊重実現して南京政権の大改造、中国の民間愛国者を南京政府に迎えて民生問題の解決と重慶政権との合作を打通せしむること（南京をあのやうにして置いて而して重慶と提携を策することは挗木求魚に等し）。此れと並行して真なる民心民意を代表し得る東亜各民族の識者愛国者をその平素の人格声望に於いて決定撰出し国策会議を急設開催以て和平に関する提案者中間者たらしめること。この点に関し呂運亨氏は着目すべきものなりと愚行致します。

第二案　右不幸にも不可能の場合我が立場をより良く確保する必要上大陸に於ける我が占拠区の民生問題解決の責任を我が方に於て明白に負ふやう施策あるべきこと。現状に放任せむか人心日々我より離れて権力にあるもの益々腐化し人民ハ愈々塗炭に苦しむ此の案に在りては中国の自主独立を当分看板にせず日本の第一流の清廉精忠の士を多量送り衡に敢当せしめ中国の同志を発見提携せしむ。悪人同志の舞台は常に地獄化の外ありませぬ。委細尽し難く偏に御賢察御賢断を乞ふ。

尊命なき限り蔡はこの地に留り茲に死す。子供等は御愛護頼上ぐ。

昭和二十年二月三日　　於上海客寓　培火白

〔註〕封筒表　託瑞雲恭呈　伊沢多喜男先生　蔡培火緘。

4　11月8日

謹んで申上げます。一昨日は突然参上致し態々御引見を賜り誠に有難う存じました。

御下命の調査は友人にも相談致しましたが何ニも一寸御尊意に適確一致する語句が思ひつきませぬで恐縮に堪へませぬ。次のもの如何でせうか。

一、以患難為楽　羅馬書　五章三節
一、遇患難而不窮迫　哥林多後書　四章八節
一、外体雖壊内心日新　仝　四章一六節

次ぎの如きは尚更不適当と思ひます。余りキリスト教色が強過ぎて。

一、信者得永生　二、父起死者而復活之　三、生為基督死亦有益

次ぎの如き儒教的成句では如何で御座いませうか。

一、聴天楽命　二、楽天順命

右甚だ御意に適はぬものばかりで恐縮に存じますが御報告申上げます。　培火　頓首

十一月八日

伊沢先生玉机下

〔註〕封筒欠。

斎藤善八

1　昭和7年8月11日

拝復　御華墨既に拝誦仕候処益々御健勝ニ被為渉候段大慶至極ニ奉存上候。此程ハ錦地ニ御静養之趣き時局多事多難の際邦家の為め折角御自愛専一ニ奉願上候。却説兼て御懇情ヲ蒙り居候多額議員互選之義小生ハ御承知之如ク老齢ニ相違し殊ニ宿痾之為メ今度ハ引退の事ニ決意仕候。目下同志中最有力なる後継者物色致し専ら詮衡ニ勉メ居り今明日之内確定ヲ仕候。右之次第不悪御賢承之程奉願上候。尚委細ハ第三次臨時議会之節拝光万々御報告可申上候得共不取敢乍略儀書中を以て段（ママ）奉得貴意候。
謹言

八月十一日　斎藤善八

伊沢尊大人閣下

〔註〕封筒表　長野県軽井沢一〇三二　伊沢多喜男閣下御親展。同裏　埼玉県岩槻町　斎藤善八。年は消印による。

斎藤隆夫

1　昭和15年12月27日

祝　御親任
最高諮詢府ノ責任極メテ重大ナリ切ニ御健在ヲ祈上候。
　昭和十五年十二月二十七日
　　　　　　　　　　　　　　　　　斎藤隆夫

〔註〕封筒欠。

2　昭和20年5月21日

拝啓　左の事情に依り御無沙汰失礼致居候。四月初め関西よりの帰途汽車中過つて腰部を捻挫し其後床中に横つた儘身動きできず漸く昨日より書斎机に向ふことが出来る程度に相成候次第に有之候。
此間四月十三日の空襲に依り巣鴨一体《ママ》焼土と化したることを聞き第一に貴邸宅は如何と気に懸り候得共電話は通ぜず床中他に確むる途もなく思ひながら過き去り居候処本日偶ま桜内幸雄君より貴邸の罹災を聞き初めて承知したる次第扨々大変なる御災難にて御見舞申上くる言葉も無之候。一度御伺ひ申上御事情も承り度候得共マダ旅行には相当の時日を要し候に付不取敢以書中御見舞申上候次第不悪御諒被下度書余不日御拝眉の時待居候。
　　　　　　　　　　　　　　　　　匆々敬具
　五月二十一日
　　　　　　　　　　　　　　　　　斎藤隆夫
伊沢多喜男殿侍史

〔註〕封筒表　静岡県伊東町　伊沢多喜男殿侍史。同裏　東京市品川区北品川三丁目三二二番地　斎藤隆夫　五月二十一日。年は消印による。昭和20年5月27日付斎藤隆夫宛伊沢多喜男書翰を同封。

3　昭和　年11月21日

拝啓　先般は御見舞御書面難有存し候。老生去る七月末過って室内に於て卒倒の際腰部を捻挫して起つ能はず約三十日間臥床其後殆んど回復致候処病後の注意を欠きたるがため脳部を痛め復び病床に呻吟此の如くにして前後三ケ月間引籠居候処幸にして近頃全快致し両三日前より外出致候次第最早大丈夫ニ相成候間御放念被下度候。
右事情の為め議会制度審議会中の選挙部会にも暫く欠席致し久しぶりにて最近二回出席致候処同部会は全く官僚、小会派御用委員に圧倒せられて政、民両党の委員は全く意気地なく小委員会にては実に馬鹿ゲ切つたる事項を決定為し居候。老生は部会に於て之れを輒へさんと試むるも到底及ばす最後の総会に於て奮戦致度候間其節は是非御援助を今より御願申置候。貴院部会ノ模様も速記録にて窺居候。是亦仲々議論の種と為るべきもの多く前途容易ならずと被存候。

何れ不日御拝眉の上親く御高見承り度存居候得共右は不取敢御礼旁御報申上候。書余御拝眉の時待上候。　匆々敬具

十一月二十一日　　斎藤隆夫

伊沢多喜男殿侍史

〔註〕封筒欠。

坂田幹太

1　昭和3年4月25日

拝啓　二十日付の御懇書難有拝読仕候。実は二十日観桜御宴に上京致候処帝大総長問題六ツカシク相成り居候為め其儘滞京漸く目的を達し候ニ付二十三日帰阪致候様の次第にて只様御返詞も相遅れ御海容奉仰候。

国民新聞社よりは二十三日付を以て伊達源一郎氏の名を以て長文の詫書来り（楠本長三郎氏えも同文の書状来り候）

……（前略）……事実無干係の方々に対し無実の醜名を負はせ一方ならぬ御迷惑を相かけ申候段誠ニ恐縮ニ存候。右に関し貴下より早速御叱声を蒙りたるを以て十一日弊紙朝刊に於て該報道記事の取消を行ふと共に更に十四日弊紙朝刊に於て其後精査したる結果として前報道記事の内容に多大の誤りある旨を釈明すると同時に買収費授受の如き事実は全く無根なる旨詳細に掲載致置候へ共貴下に対し茲に右御詫旁々得貴意度且御関係の方々へも何卒貴下より御取なしの程御願申上度以上の経過を申述候次第ニ御座候。何卒不悪御海容被下度懇願仕候。右御詫迄申上度如此御座候。　匆々謹言

と申越候ニ付右の釈明にて諒承せる旨申送り置き候。

三品取引所は故今西林三郎翁の後を承けて渡辺修氏目下理事長の職に有之候。地位としては相当のものに候へ共取引所と申す所が余りドット致さぬ心地も致候。但実務は相憎無き所故気楽な事は気楽な所と存せられ候。尤も渡辺氏は現に其職に在り老齢とは申せ本人の意思に反して其職を去らしむる如き事と相成りては心外千万の事に有之候間某有力者の御好意に任せて自然の成り行きに随ふとしても決して其間に無理の無き様御注意の御言葉添え願上候。要するに飛び付く様の処とは思はれず小生としては自然の成行に随ふ位の処と御含置被下度候。尚ほ田附政次郎と申す人は近江商人の成功者にて手堅き綿糸商と曰ふよりは投機を飯より好む人の様に思はれ候。嘗ては武藤床次宗なりしが近

年ハ井上蔵相に近接を希求致居候。
先ハ誠に遷延なから貴酬まて如此候。其内御自愛奉禱上候。　匆々

四月二十五日　　幹太

伊沢老閣御侍曹

〔註〕封筒表　東京市外西巣鴨宮仲　伊沢多喜男様御直剪。同裏　兵庫県御影町　坂田幹太。年は消印による。

2　昭和23年7月22日

拝啓　六月末伊東に参り候ニ付一寸電話にて御伺申上候処已に御地え御発足の趣にていつも伊東にてハ拝光の機縁熟せす残懐に存候。但益々御健勝の由を承ハリ欣賀至極ニ候。殊に頃日下界は雨多く蒸熱に苦しみ居り候事とて御地の清涼羨しき限りに候。

扨て土建業も政府工事の支払遅延の為め相当苦難を受け居り候へ共御蔭にて留岡組は取引銀行の支援を受け先つ〱苦しき中にもドウヤラ切り抜け居り候ニ付御安神被下度候。進駐軍の工事は大体一段落と相成候へ共昨年の水害復旧工事が相当に忙しく主として只今は秋田県雄物川の工事に力を注き居り候。盛岡仙台の鉄道の工事にも進出を始むる事と相成り自然東北方面に主力を置く様の事と相成候ニ就てハ松尾鉱山に対しても何にか相当な仕事を分けて戴き度希望にて復金の長里理事（小生の因縁の者ニ候）より松尾の八田重役に紹介を受け連絡をつけ居り候へ共中村氏の令息かどなたか鉱山に関係の方を御承知ならは御紹介を賜り候ハヾ誠に仕合に奉存候。東京建設業界の同業者は六百人位も有之候が只今の処留岡は十番以内の実績を挙け居り候。同封御一覧被下度候。尤も之は東京管内の成績に候故、鹿島組の如きは全国的に手を拡け居り候故、全国の業者としては留岡の順位は二十番以内かと存し候。御含までに申上候。

逐日向暑の折柄一層の御愛護禱上候。坂本社長よりも宜しく申出候。

七月二十二日　　幹太

伊沢老閣御侍曹

〔別紙〕

参考

東京の土木建築業者で昭和二十一年度七千万円以上の施工実績を示せば次の通り（東京建築業協会調査）

（表略）

〔註〕封筒表　長野県軽井沢　伊沢多喜男様御直剪。同裏　株式会社留

岡組　坂田幹太　昭和二三年七月二一日。年月日不詳伊沢多喜男書翰を同封。

3　昭和23年8月31日

早速御懇書を忝ふし難有御礼申上候。近日中村社長を訪ね面陳可仕候。房次郎氏とは随分久しき前からの飲み友達なりし事とてその後嗣を尋ぬる事は仕事の事は扨て置き誠に懐かしき心地致候。

御地に赴かれてより御疲れが出て御就蓐の趣、春寒猶ほ去らぬ内に余り早く御出懸け相成りし障かとも拝察仕候。目下は何と申しても好適の土地柄とて只々速に御健康御恢復の程祷上候。

此度の其方面よりの書翰は誠に尤も千万なる丈けに之れを頂戴せねば官吏の粛正も出来ぬ政府の無能振は毎度の事ながらなさけなき次第に候。追放の身としては何事もすべき途も無之候へ共毎日曜日ニハ逗子に岩田氏を訪ねて烏鷺に鬱を散し居り候。御憫察被下度候。汽車賃も改まり候へ共鎌倉逗子の雑踏は恐れ入りたる有様にハ乃木将軍の「誰れか云ふ米価貴しと到処酔人多」の句など想ひ出され複雑多岐なる世相の前途に感慨少からす候。

先ハ不取敢御礼申上度精々御静養専一に奉祷上候。

八月三十一日

幹太

伊沢老閣御侍曹

〔註〕封筒表　長野県軽井沢町一〇三二　伊沢多喜男様御直剪。同裏　株式会社留岡組　坂田幹太　昭和二三年八月三一日。

坂野鉄次郎

1　昭和(7)年9月13日

拝復仕候。平素は当方よりこそ御無沙汰に打過き居候段平に御容赦成し被下度扨此度不肖多額納税者議員に立候補致候に付激励及御勧誘を辱く致し奉万謝候。幸に当選之栄を得申候へども所属之義は今回尽力致呉れ候先輩友人とも協議の要有之今日直に決定難致事情に御座候。何れ緩々御教示御指導相仰き候事可有之と今より宜敷御願申上候。

先は不取敢御礼旁御答迄如此ニ御座候。　敬具

九月十三日

坂野鉄次郎

伊沢多喜男様玉榻下

〔註〕封筒表　東京市外西巣鴨町宮脇（ママ）二五一七　伊沢多喜男様御直披。同裏　岡山市富田町　坂野鉄次郎。年は内容による。

2　昭和7年10月6日

芳墨拝誦仕候。仰の通り秋気日に深く相成申候候愈々御勇

壮ニ御座被為入候段慶賀此事に奉存候。却説お蔭を以て貴族院議員の末席を汚し申候ニ付き御祝詞を辱致候事恐縮至極奉謝候。就ては所属の儀ニ干し御懇命の次第拝承仕候が実は種々行掛り等事情有之未だ何れとも決定は致し居不申候へども十中八九乍遺憾貴命に従ひ候事困難かと存候間折角の御懇諭ながら不悪御宥免被下度何れ詳細の事情は拝芝の機を得て申述候事可有之と存候。兎ニ角全く無経験の仕事なるのミならず多年政務抔ニは遠かり居候事とて将来何卒可然御引廻はしの程単に奉祈候。

先は取急き御返事申上度如此ニ御座候。　敬具

十月六日　坂野鉄次郎

伊沢様玉床下

〔註〕封筒表　東京市豊島区巣鴨二丁目二五一七　伊沢多喜男様御親刀。同裏　岡山県御津郡野谷村　坂野鉄次郎　十月六日。年は消印による。

3　昭和11年9月19日

謹啓　軽井沢よりの御芳章拝誦先以て愈々御壮栄御清遊?の段奉大賀候と共ニ羨望ニ不堪候。

扨て今井田氏勧誘御下命の件拝承機を見て色々説居候へども未だ言を左右ニ致し承諾致不申候。何か別ニ考居候ニは無之かと心配仕居候次第寧ろ尊台よりも充分御督促被下候事必要かと奉存候が如何や勿論小生よりも勧誘方決（ママ）し怠り不申候。殊ニ近日宇垣大将帰省の筈ニ付仝大将を通しても依頼仕度と愚考仕居候次第ニ御座候。

実は久振ニ一度小生も東上仕度存居候へども例の電力国営ニ対する干係とか色々引懸り月末ニ非ざれば東上困難かと存居候。

先は取急御返事迄如此ニ御座候。　敬具

九月十九日　坂野鉄次郎

伊沢様座下

〔註〕封筒表　長野県軽井沢一〇三二　伊沢多喜男様御直披。同裏　兵庫県武庫郡精道村芦屋字九ノ坪一一七一　坂野鉄次郎　昭和十一年九月十九日。

4　昭和（12ヵ）年4月11日

御芳墨難有拝見仕候処尊台ニは目下歯区御改正中のよし実は小生も大修繕を要し候事ニ相成本日帰芦早速取り懸り候はんと存居候始末誠ニ厄介至極の義と万々奉恐察候。

宇氏の件其後一向様子も判り不申今迄尻ニ付き来候連中が只だ誠ニ気の毒ニ堪へ不申候。撰挙戦一向振ひ不申候へども大体の空気は前代議士が気の毒なりとの仝情は大ニ有之

候様子ニ候。何分ニも何れの方面も軍用金ニは大困却昨年の今年ニて無理も無之候。

先は御芳章御請迄。　早々拝具

四月十一日　坂野鉄次郎

伊沢尊台玉床下

〔註〕封筒表　東京市豊島区西巣鴨二丁目　伊沢多喜男様御直。同裏　岡山市富田町一三五番地　坂野鉄次郎　四月十一日。年は内容による推定。

阪本釤之助

1　昭和（6ヵ）年12月7日

拝啓　今朝は突然参上候処御歓待被下不堪感謝候。任御厚意別紙書綴り差出候間可然御取計被下度御願申上候。尤陸軍省より提出之ものと重複之点多かるへきか何分貧弱の功績愧入候次第に御座候。此上共御尽力之程偏に御すがり申上候。尚前副社長松平乗承子ハ退職之際二等瑞宝より一等瑞宝に超越したる先例有之又一二ケ月前松浦伯爵が議員を辞するに際し功労を勒し三等瑞宝より二等瑞宝に超越陞叙之一例あり之ハ老生も柳原伯に誘はれ若槻総理に面接依頼仕候次第に有之其効果と申にてハなかるへきも首相へ直接談判ハ多少利用あるへきか此辺も御参考希上候。

錦鶏間一件ニ付ては先年御配慮相願候節之加藤首相之手紙并参考書共同封御一読願上候。内規之勅任、勲二等之解釈に他之功績を加へたる特例さへ認め呉られ候ハヽ、強ち不可能之問題にも非らさるが如し是亦御考慮被下度候。可相成ハ勲章之方御尽力被下度厚く御依頼申上候。老人最後之欲望御憫笑可被下候。書外重て拝襟万々御礼可申陳候。

匆々頓首

十二月七日夜　釤之助拝

龍水兄閣下侍者

追て乍憚令夫人へ宜布御致声希上候。

加藤伯手紙并附属書は他日御返付奉願上候。

〔註〕封筒欠。年は内容による推定。「別紙」及び「加藤首相之手紙并参考書」なし。1月13日付伊沢多喜男宛阪本釤之助書翰に同封。

2　1月13日

拝啓　季節不相応之暖気にて益御清康被為入候義と奉敬賀候。先刻ハ御使被下台湾果物格別之御品御恵贈を蒙り不堪感謝候。留主中にて失礼仕候ニ付不取敢一応御礼申上候。御厚配願上候一件ハ以御蔭順当に進行欣躍罷在候処兎角新旧交迭遅々として不相運最早新聞及ラヂヲにも出る様相成候間今朝横溝書記官を首相官邸に訪問内容相尋候処不相変中川君之関係引か丶り居り今明日に発表とまでハ運兼候趣に有之心外至極に御座候。陸海両相並森氏へ徳川社長より催促せられ居候間効果あるへしとハ相信候得共此為体困入候次第に御座候。任序右御報告申上度書外期拝襟候。

匆々頓首

一月十三日夕

釤之助拝

龍水閣下侍史

追て拙家二番目之娘を岩田宙造二男に嫁かせ候事に相成来月二十九日披露小宴相催候間乍御迷惑御夫婦様御臨席被下度追て御案内状差出可申候得共何卒御繰合被下度予め御願申上候。乍憚令夫人へ宜敷御致声可被下候。

〔註〕封筒表　市外西巣鴨宮仲　伊沢多喜男様御直展。同裏　東京市麻倉町三ノ二四　阪本釤之助　一月十三日夕。昭和（6ヵ）年12月7日付伊沢多喜男宛阪本釤之助書翰を同封。

昌谷　彰

1　昭和17年8月30日

拝復　東京ハ残暑猶強カリシ為メ二十二日ヨリ過日駿介ノ移転セシ磯子へ参リ孫児ノ相手致シ居リ一昨日帰京セシ様ノ次第ニテ御返事延引致候。

貴稿改作延引御催促ヲ受ケ恐縮実ハ軽井沢ニテ御持チ帰リ相成タルモノ末二句推敲ヲ要スル旨申上ケタルモ拙速ヲ貴ハル丶トスレバ此ニテモ足ルベク此ヲ御使用ナラズトスレハ巧速ヲ要ストノ御主旨ナランカ其レニハ御注文ニ当ラサルベキモ左記ニテハ如何ヤ

老来眠覚早開牖待朝陽風爽暑何処気満秋満堂群禽斉報暁万樹漸浮光擾々人間事一事与病忘

土方君逝キ二八会又一人ヲ減ス凋落ノ感ニ堪ヘズヤット九時ノ葬儀ニ駆ケ付ケタルモ告別式ノ立チ方ハ御免ヲ蒙リ墓地ヲ廻ハリテ先輩親戚友人ヲ訪フテ帰宅致候。

当地モ朝夕ハ漸ク秋ラシクナリタルモ日中ハ矢張リ可成リノ熱サニ候。御帰京ハ来月中旬トセラル丶方可然カ。

先ハ御返事延引ノ御詫ノミ。匆々

三十日

彰

伊沢老兄机下

〔註〕封筒表　長野県軽井沢　伊沢多喜男様。同裏　東京市豊島区雑司ヶ谷町五ノ七四〇　昌谷彰。年月は消印による。

桜内幸雄

1　昭和(20)年5月3日

拝啓　新緑之砌愈々御清祥の事と拝察仕候。其後意外の御無沙汰奉謝候。陳者先般の空襲に戦災に御遭遇被遊候由本日伝承定めし錦地御滞在中にて御家宝一切御焼失の事と拝察御同情に不堪候。戦争のための犠牲は誠に不得止とハ存候得共是非此犠牲を意義あらしめ勝利を把握致度存候。時難益々急総て想像以上に有之痛心の次第に御座候。小生今回病軀を顧みず内閣顧問引受候は多少にても御奉公申度憂国の至誠に有之何卒微衷御高察御援助被下度御願申上候。何れ拝光万縷可申上候も不取敢御見舞旁々得貴意候。

匆々敬具

桜内幸雄

伊沢多喜男閣下

〔註〕封筒表　静岡県田方郡伊東町中村別荘　伊沢多喜男閣下。同裏　東京市芝区高輪南町五十三番地　桜内幸雄　五月三日。年は内容による。

佐藤助九郎

1　昭和(20)年7月19日

拝啓　重大時局下日夜お国の為め御深慮の事と拝察仕り居り候。

次ニ昨年七月以来至誠一貫艦艇建造に努力仕り居り候日本海船渠は今回戦局の重要性に鑑み全面的に借上の儀起り無条件国家に応召仕り候。

顧ニ六年前川南君と殆と孤立無援建設仕り候当社が日本海唯一の重鎮として重大割を果すを思ふ時本望是より大なるはなしと存申候。

先ハ近況動静御報知旁々時下御見舞迄認め候。　敬具

七月十九日　佐藤拝

伊沢先生研北

二白　尚日政会支部長推選再三辞退せるも不辞引受申候間今後一層御指導賜り度候。

〔註〕封筒表　長野県軽井沢　伊沢多喜男様。同裏　富山県東礪波郡柳瀬村　佐藤助九郎　七月十九日。年は内容による。

佐藤尚武

1　昭和22年8月29日

八月二十九日

佐藤尚武

伊沢老台

拝啓　松井君ニ御托送の芳墨疾く拝誦御返事遅延の段御海容願上度先以て老台愈々御健勝慶賀此事ニ奉存候。一別以来御無音罷在候処態々御消息を辱ふし奉深謝候。東京の灼熱ニ引代え御地の快適想像ニ余り候。数日の静養渇望ニ不堪候得共奈何せん新ゴルフの茅屋接収と相成居り万事休すの惆情御笑察被下度唯往年尊家ニて御歓待を蒙り候事山下翁宅の清適等想起微笑禁じ兼ね候。緑風会ハ政治の安定勢力たるべく努力罷在小生ニ至てハ国内政治の一年生黙々研究裡ニ消光罷在候。先ハ一筆御礼迄如斯ニ御座候。残暑の候折角御自愛専一ニ奉祈上候。　　敬具

最近外交界の長老相次で他界一抹の寂寥を覚え候。出淵君の死ニ直面しての達観敬服の外無御座候。

〔註〕封筒表　長野県軽井沢町別荘　伊沢多喜男様。同裏　東京都北多摩郡多摩村大字是政七七五　佐藤尚武。年は消印による。

2　8月27日

拝啓　暑気不相変酷敷御座候得共愈々御健昌慶賀の至りニ奉存候。陳者去る日曜日態々御寵招を辱ふし御厚志深謝の外無御座厚く御礼申上候。然る処生憎東京より来客有之御請致兼欠礼仕候段不悪御寛恕被下度願上候。

実ハ拝趨御礼可申述筈ニ御座候得共態と差控え候次第是亦御容赦の程願上候。

先ハ右一筆乍遅延御挨拶迄如斯ニ御座候。　　敬具

八月二十七日　　佐藤尚武

伊沢老台

〔註〕封筒表　軽井沢町一〇三二　伊沢多喜男様平信。同裏　軽井沢南ヶ丘三四五四　佐藤尚武。

沢田竹治郎

1　昭和18年4月16日

謹啓　時下桜花爛漫之好節閣下益々御清祥に渡らせられ大慶至極に奉存候。爾来御無沙汰申し上け居り殊に予て御高配を煩し居り候件につきて其の後の経過等を御耳に達し申すへきの処国家試験の答案審査等にて忙殺せられ遂々延引御無礼に打過き申し候始末平に御容赦願上候。四月早々拝顔を願出て候処御別荘に御静養と承り是非御機嫌御伺旁々参上致してと存しなから之又私事にかまけて其の意に任せす今日迄失礼罷在候次第何とも申訳無之候。御海容願ヒ候。さて昨年秋以来遠藤長官より度々森山長官に対して自分の後任は部内より任命せらるる様尽力せられたき旨懇請せられ居りしが、森山長官より之を承諾せられる旨の回答に接せすとの遠藤長官よりの御話にてそれにては後進者の道を

開く事を唯一の目的とする定年制の申合は之を見合すのが相当なりと所員一同にて決定致し候間此の旨三月末日遠藤長官より森山長官に通告せられ候処（使を以て）四月一日森山長官は裁判所に遠藤長官を訪ひ定年申合の見合となりし理由並行政簡素化に関する善後措置につきての遠藤長官の意見等を求められたるに対し遠藤長官は定年制の根本趣旨は後進の者の進路を開くにあり然るに自分の後任を部内より任命せすとありては申合は無意味となるから定年申合は見合せとなりし、行政簡素化に関する点は追て書面にて回答すへき旨答へられしやにて候。従て遠藤長官は当分退官せられる事はなかるへしと愚考自然後任者の問題も消滅の形と相成候事に心得居り候へ共何時事情の変更も来さすとは申し兼候へバ今後共御高配を蒙り度伏して御願申上候。何れ御本邸御帰還の節は拝顔願出て委曲申し上け度存し居り候。先は乱筆悪文御判読を煩し恐懼此の事に有之候。

早々拝具

四月十六日

沢田竹治郎拝

伊沢閣下御侍史

〔註〕封筒表　静岡県伊豆伊東町田中別荘御在　伊沢多喜男様御直披。
同裏　東京市杉並区上荻窪二ノ一一三　沢田竹治郎　四月十六日。
年は消印による。

2　昭和22年1月31日

謹啓　こんな粗箋で洵に失礼千万と存しますが時節柄とて御見のかしを御願ひいたします。愈々御身健に渡らせられまして大慶至極に存し奉ります。さて先日拝顔の節御申聞けの件諸橋君に相談いたしました。已に同君は賞勲局官制と内閣顧問府官制案の構想を一応按として立てていられました。それにもとづいて研究をいたしております。二十三日から山梨県へ旅行致しまして二三日前帰京その後諸橋君に面会の機を得ませぬので近く相談の上成案を得て御覧に供すへしと存しています。或は最早や同君から案を御覧に供されているかとも思ひますが何分延引之段幾重にも御容赦を願ひ奉ります。尚石原君には御伝言の機なく手紙て申し送っておきました。木村法相には二十日午前司法省にて面会御伝言慥に御伝へ申しました。此之次御上京の節ハ是非御目に当りたいとの事でありました。御含みを願ひます。愈々明日を期してゼネストに突入との事日本を亡ぼすものは官公吏の労働運動と私は断します。労働運動は民法上の雇傭契約で事業家と労務関係に立つ肉体労働者に認めらるへきもので任命と云ふ公法関係で勤務の義務を負担する官公吏特に精神労働者に適用なきものであることは欧米の労働運動の歴史を見ても亦労働権の成立の過程を見ても明々白々の事に属します。殊に失業者の為めの運動てあり権利であり平和のそれこそ企業の利潤の分配の問題なら兎も角敗戦日本で産業の復興と失業者の救済が最も焦眉の急に迫つた今日有職者が給料の増額地位の向上なと叫ぶは贅沢至極見当違いも甚しと存します。私は明日以後官公吏にしてゼネストに加入したもの不法に職務を抛棄した者で官吏服務規律違反で官吏懲戒令に依つて厳罰に処すべきだと信します。御高見如何。今後失業者の職を与へよとの叫ひには新憲法第二十七条で政府は頬かむりしているわけに行かぬと存します。その前に此の問題にこそ政府は大に研究すへきてあると思ひます。洵に乱筆にて敬語も略しまして冒威の欠礼幾重にも御容赦を願ひ奉ります。時下折角御健勝を祈り奉りまする。　草々

一月三十一日　沢田竹治郎

伊沢閣下御侍史

〔註〕封筒表　静岡県伊豆伊東温泉中村別荘御在　伊沢多喜男様御直。同裏　東京都杉並区上荻窪二ノ一一三　沢田竹次郎　一月三十一日。年は消印による。

三応無品

1　昭和17年12月7日

即啓　御病気いかゞかお見舞申上げよと言ひのこされ当山老師今朝犬山に御飛錫月半ばごろ帰山の予定に有之候。葉書にて失礼に候へど右一筆お見舞申上候。　不一

〔註〕葉書表　県下伊東町松原中村別荘御内　伊沢多喜男先生侍曹下　三島市沢地龍沢寺　三応無品。年月日は消印による。

塩川三四郎

1　昭和(4)年7月6日

拝啓　閣下愈御清栄被為入奉恭賀候。扨此度ハ民政党内閣成立恰も雲霧を開きて天日を仰ぐ感いたし申候。真ニ不堪御同慶別して閣下御鼎力ニ依りて渡辺も入閣いたし候哉ニて一層愉快ニ被存候。

広島県知事も更迭し御承知之通川淵洽馬氏就任相成候。我芸備銀行ハ県金庫を担当いたし候等の関係ニて特ニ長官とハ隔意なき交遊を必要と致候義ニ有之御差支なく候ハヾ閣下より同知事へ公私宜敷頼む意味の御紹介書御発送被下度千禱万望に不堪候。

取急ぎ候方可然と相考乍略儀以書中右御内願申上度如此ニ御座候。　早々敬具

七月六日　塩川三四郎

伊沢多喜男殿座下

〔註〕封筒表　東京市外西巣鴨町宮仲二五一七　伊沢多喜男殿御親展。同裏　広島市水主町一一二　塩川三四郎　七月六日。年は内容による。

幣原喜重郎

1　大正(14)年6月10日

拝啓　益々御健勝之趣恐悦之至に奉存候。陳ハ過日御離京之際御内談の件其後更に熟考相加へ候処植民地長官の進退と内閣の更迭とを互に関連せしめさることハ理想として御同感に存候へ共貴案の通決行せらるゝことハ果して実際上右理想の貫徹を期するに足るへきや後任者の選定如何に依りてハ其後任者か内閣の更迭と同時に進退を決すへき場合に立至るへく植民地行政に付全然現内閣の信頼を得なから一般政治上の立場に於て現内閣と毫も関係なき植民地長官を求むることハ目下の処至難にして強て之を求めむにハ結局床の間の置物を据付くるより外無之と存候。且老兄の御進退ハ流言百出の因たるを免れさるへく之か為め現内閣に累を及ほすこともあるへしと憂慮致候。単純なる理想よりすれハ外務大臣の地位も植民地長官と相似たる所あり外交の継続性を貫徹せむか為にハ外務大臣も内閣と共に進退せさるの慣例を作ること適当なるやも知れす、さりなから斯の如きことハ現下の政情に於て到底行ハれ難きことゝ存候。尚御意見の次第に付てハ浜口氏とも内議相遂け候処同氏ハ一驚を喫し居り老兄に於て何とか御思ひ止まらるゝ様切望いたし候。同氏の意見ハ直接老兄へ通信可有之と相察し候。何卒御再考の上引続現任務の為め努力せられむことを相祈候。

上海騒擾の為め昨今殊に繁務に取込居候。新聞紙にハ不当に事態を重大視するの感あり小生ハ寧ろ支那の年中行事の一部分位に観察いたし居候。公平に冷静に事を処するに於てハ前途悲観を要せす必す適当なる解決の途あるを信し候。不取敢右のみ申述度令夫人へハ呉々も宜敷妻よりも同様申上候。　頓首

六月十日　喜重郎

伊沢老兄座右

〔註〕封筒表　台北市総督官邸　伊沢多喜男閣下私信親展。同裏　東京本郷駒込上富士前町　幣原喜重郎。年は内容による。

2　大正15年8月12日

拝啓　久しく御無沙汰に打過き欠礼仕居候処老兄近頃著しく御快癒の趣何よりも欣悦之至に不堪候。東京市長御就任ハ当時諸般の事情に照らし万不得已成行なるへく前途にハ

随分面倒なる問題不尠と拝察仕候へ共此際奮然身を挺して難局の衝に当らるゝも一快事と存候。兎に角十分の御摂養偏に相祈候。小生今回鎌倉志村源太郎氏別荘を譲受くることゝなり既に家族召使人全部を同所に送りて駒込の宅ハ暑季中閉鎖し小生のみ単身裏霞ヶ関官邸に寓居罷在候。唯土曜日夕刻より月曜日朝まて鎌倉に暑を避くることゝ致候。浜口君も同様週末を利用して鎌倉に出遊するの方針なるも往々犯則の所業あり老兄より激烈なる警告に接したりとて恐縮致居候。

令夫人並高堂皆様へハ呉々も宜敷御伝声願上候。宮子サン学業運動共に益々御上達のことゝ相察し悦居候。　頓首

八月十二日

喜重郎

伊沢老兄座右

〔註〕封筒表　信濃国軽井沢　伊沢多喜男殿親展。同裏　東京裏霞ヶ関官邸　幣原喜重郎。年は消印による。

3　昭和（3ヵ）年10月21日

拝啓　過日一寸御話申上置候通故加藤伝記編纂委員会合ハ来ル二十五日（木曜）午後二時麹町区八重洲町一ノ一東山農事株式会社事務所に於て開催仕度御多忙中恐縮なから御繰合御参集願上候。　頓首

十月二十一日

喜重郎

伊沢老弊座右

〔註〕封筒欠。年は内容による推定。

4　昭和7年6月1日

拝啓　新聞紙の所報に依れハ今回斎藤内閣組織に付老兄の公平無私なる御助言着々実現の模様に察せられ小生も乍蔭恭悦の至に存候。予て不一方御配慮を煩ハしたる小生の病患其後平癒に向ひ最早自覚症状もなく毎日二三時間庭内を散歩して支障なき程度迄に相成候に付何卒御休神願上候。尤も尚二三ケ月間ハ特に注意して静養を加ふる必要あり。従て此度の臨時議会にハ全然欠席する方可然旨医戒有之候に付引続き閉居のことに相決し候。右欠席に付てハ貴族院へ何等かの手続を要する次第なりや。若し手続を要するものならは如何に取計ふべきや御指示相願度候。不取敢右のみ。　匆々頓首

六月一日

喜重郎

伊沢老兄座右

〔註〕封筒表　市外西巣鴨町字宮仲　伊沢多喜男様親展。同裏　東京市本郷区駒込上富士前町七十一番地　幣原喜重郎。年は消印による。

5　昭和7年8月4日

拝啓　老兄御健康に関する新聞紙の報道不正確なりしことを審にし何よりも欣快に勝へす大に安神仕候。引続き折角御摂養の程偏に相祈候。過日原田氏来訪大平氏の貴族院議員勅選方小生より斎藤首相に推薦する様慫慂有之候処小生ハ久しく病に臥して斎藤首相就任以来未た訪問の機会を得さるに際し突然右人事問題を同首相に建言するは不適当の感を免れさるのみならす大平氏が果して有利なる詮議を得へき可能性ありや疑ハしく却て同氏の為め徒に無理解なる品評を誘発するに止まり遂に過日の梶原氏問題の覆轍を履むの虞なしとせす且実業関係者の勅選されたるものハ政界の諸方面より選挙費を強要せらるゝの悪習あり旁々大平氏推薦に付てハ十分慎重なる考量を要することゝ相考へ何つれ老兄とも御相談の上何分の儀相決し度と存居候処又々原田氏より書面を以て本件至急取計方希望申越候。小生としてハ大平氏が勅選せらるゝことを切に希望し歓迎するハ申迄も無御座候へ共小生の軽躁なる運動の為め其目的を達せすして却て同氏に迷惑を及ほすが如きことありては不相済と存候。就てハ老兄に於ても御熟考の上御差支なき限り貴見御教示相煩ハし度候。

尚高堂皆様へも呉々も宜敷御伝声願上候。　　頓首

八月四日　　喜重郎

伊沢老兄座右

〔註〕封筒表　長野県軽井沢　伊沢多喜男殿親展。同裏　東京市本郷区駒込上富士前町七十一番地　幣原喜重郎。年は消印による。昭和（7）年8月4日付幣原喜重郎宛伊沢多喜男書翰を同封。

6　昭和12年6月4日

拝啓　中外輿論通信なるもの注文もせぬのに続々配付して来るが僕ハ嘗て読んだことがなかつた。恐くハ老兄も同様であらうと思ふ。然るに唯今何気なく取上けて見ると別紙の記事が見当つた。其辺の消息に通じない僕にハなる程ソンナ事もあつたのかナーとうなづかるゝ節もある。老兄の耳にハたこができて居るやうな事実かも知れぬが御慰み迄に御目にかけます。　頓首

四日　　喜重郎

伊沢老兄座右

〔註〕封筒表　豊島区西巣鴨二丁目　伊沢多喜男様親展。同裏　東京市本郷区駒込上富士前町七十一番地　幣原喜重郎。年月は消印による。「別紙」なし。

7　昭和（12）年9月30日

拝啓　蔡培火氏著「東亜の子かく思ふ」一部御恵贈を忝く

し御芳情の程奉鳴謝候。直に一読致候処其論旨中頗る敬聴すべきもの尠からす深く興味相覚え候。或ハ欧米に対する偏見とも思ハるゝ節あり、又日支間の疎隔を来したる南京当局者一半の責任に付てハ語る所審かならざるの感も有之候へ共日支親善（著者が我国に於て支那なる用語の広く行ハるゝを憤懣するが如きは神経過敏の嫌を免れす）並に国際正義を希求するの熱情ハ十分に窺ハれ会心の至に存候。先ハ不取敢一応右御礼申述度病臂運動意の如くならす、ペンを用ふるの已むを得さる次第御察恕被成下度候。

匆々頓首

九月三十日

喜重郎

龍水老兄侍曹

〔註〕封筒表　豊島区西巣鴨二丁目二五一七　伊沢多喜男様親展。同裏　東京市本郷区駒込上富士前町七十一番地　幣原喜重郎。年は内容による。

8　昭和13年2月10日

拝啓　昨日ハ荐りに御話に興して意外の長座いたし為に或ハ御病後の御疲労を増すことなかりしやと打案候。兎に角時節柄十分の御加餐偏に相祈候。松本氏の王安石論頗る面白く披読いたし候。茲に封入返却申上候間御査収被成下度候。

頓首

二月十日

喜重郎

伊沢老兄侍曹

〔註〕封筒表　豊島区西巣鴨二丁目二五一七　伊沢多喜男様親展。同裏　東京市渋谷区千駄ケ谷一丁目五六二番地　幣原喜重郎。年は消印による。「封入」物なし。

9　昭和17年1月7日

拝啓　華聖頓（ママ）海軍条約に基く日米英三国間廃棄艦噸数比較過日貴問に依り其筋専門家に調査依頼致置候処唯今別紙比較表接手致候に付不取敢其儘貴覧に相供し度委細拝芝の節に申譲り候。

匆々頓首

一月七日

喜重郎

伊沢老兄侍曹

〔註〕封筒表　豊島区西巣鴨二丁目二五一七　伊沢多喜男様親展。同裏　東京市渋谷区千駄ケ谷一丁目五六二番地　幣原喜重郎。年は消印による。別紙「華府条約実施状況一覧」（タイプ）同封。

10　昭和18年8月20日

拝啓　小生神経痛に付態々御見舞を忝くし恐縮之至千万奉鳴謝候。発病の当初ハ多少難渋致候へ共悪運未た尽きさるものと見え四五日以来著しく快方に相向ひ候。乍憚御省慮願上候。

伊東へ往訪の儀ハ過日御懇書中貴諭の次第も有之小生も其心組なりし処突如として疼痛の襲来あり汽車旅行に堪へさるのみならす更に○○《（マ》○○《マ）》○より御陪餐の恩命を拝し数日中に参殿晋謁のことゝ相成候に付伊東往訪ハ自然延期の已むを得さるに至り候。

御来示の通同氏本月末帰都の場合にハ篤と懇談の機を得度直ちに其旨先方へ申込置候。不取敢右厚く御礼申上度尚ほ時下一入御加餐の程相祈候。　匆々頓首

八月二十日　　喜重郎

伊沢老兄侍曹

再伸　小野塚老ハ貴地滞在中の由同君腰痛は追々軽快のことゝ相察し候。御序もあらは呉々も宜敷御伝声相煩ハし度候。

〔註〕封筒表　長野県軽井沢一〇三二　伊沢多喜男様親展。同裏　東京市渋谷区千駄ヶ谷一丁目五六二番地　幣原喜重郎。年は消印による。

11　昭和(20)年4月21日

拝啓　過日敵機来襲に依り西巣鴨の貴宅類焼の厄に遭ハれたる由寔に驚駭傷心の至に堪えす日常嘸御難儀の御事と恐察し返へす返へすも御同情申上候。唯高堂皆様御身辺にハ御別条無之趣承り此段安堵且恭悦不過之候。近来戦禍ハ種々の様相を以て轟々と各人の身上に迫り日々被害の惨状を目撃又ハ伝聞して頻りに眉を顰め居候。実ハ小生客月二十五日以来感冒に悩み医戒に依り外間との交渉を絶ちて静養致居候処漸く数日前起床本日日本倶楽部に立寄りたる際初めて貴宅の御罹災を耳にしたる次第に有之自然御慰問も今迄遅延に打過候段何卒御寛恕願上候。不取敢以書中右御見舞申述度尚ほ時下折角御加餐を奉祈候。　匆々頓首

四月二十一日　　喜重郎

伊沢老兄侍曹

〔註〕封筒表　世田谷区宇奈根町七九一砧寮　伊沢多喜男様親展。同裏　東京市渋谷区千駄ヶ谷一丁目五六二番地　幣原喜重郎。年は内容による。

12　昭和20年9月2日

敬啓　老兄此度軽井沢御別邸に御引越相成候由貴報忝く拝承致候。満目の焼跡に赤塊黒礫累々たる帝都と異なり朝夕高躁翠湘の風光に親まれ御起居益々御清適被為在候次第恐悦不過之候。表記の小生現番所ハ玉川に近く松林と菜園と

の間に介在し環境閑静なるも何分都心との交通頗る不便にして電話も杜絶し日常生活上種々支障を免れす就てハ目下我海軍占有中の小怦拙宅（先般横須賀市内に編入せらる）不日明渡を受くるに至らハ同所に転居の予定に罷在候。今回時局急転して皇軍の無条件降伏となりたるハ寔に痛恨の極みにて向後国民ハ精神上にも物質上にも幾多深刻なる艱苦を忍ふの覚悟を要すること丶存候。此際終戦善後策として私案数項平凡未熟の管見なから茲に封入差進し候。御少閑の節御一覧御示教相仰き候。

尚ほ時下一入御自愛を祈候。令夫人へハ呉々も宜敷御伝声被成下度候。

匆々頓首

九月二日

喜重郎

伊沢老兄侍曹

〔註〕封筒表　長野県軽井沢町旧軽井沢一〇三二　伊沢多喜男様。同裏　東京都世田谷区岡本町一二二九　幣原喜重郎。年は消印による。別紙「終戦善後策」（タイプ）同封。

13　昭和(21)年4月7日

拝啓　先日来数回貴翰を忝くし逐一拝読其都度御返事可差上の処公僕の身日夜寸閑を得ず荏苒今日に至り何とも申訳無之只管恐縮千万に奉存候。時下老兄朝夕「春の海ひねもす、のたり〳〵かな」の雄景を眺めて静に政局の推移を御観測相成候御心境寔に羨望の至に堪えす候。小生の如きハ二六時中何人よりも感謝せられさる職務の重圧下に齷齪として身心困憊を覚え候。殊に近来政情著しく変調を呈し行先ハ咫尺を弁せさる暗らやみの最中小生としてハ唯良心の指示に従つて手探りに盲進するの外なく四面楚歌の声ハ覚悟の前に有之候。

貴諭の逓信省復活案ハ其他の行政機構改革案と共に来ル選挙の結果人心の帰向判明する迄暫く決定を見合ハすやう司令部の希望もあり、差当り手を束ね居候。松前総裁の辞表ハ聴許せられ候。

終戦以来政治運営の手続ハ頗る複雑性を加へ曩に国務の燮理が内閣又ハ各省に於て立案の上閣議決定並に御裁可を経て直に実施し得られたる時代ハ疾くに過き去り別に現実なる難関隘路の道に横ハるもの有之政府ハ世論よりスローモーの攻撃を浴びつ丶黙々として事実の内情を弁疏し得さる所に苦衷の存する次第御憫察被成下度候。御来示に依り過般楢橋君に御託送の老兄宛舎兄書翰茲に封入返送申上候。舎兄並に楢橋君への御伝言メモハ孰れも其御趣旨を伝承したるもメモ其ものハ接受不致候。不順の気節折角御静養を祈上候。

匆々頓首

四月七日

喜重郎

伊沢老兄侍曹

〔別紙〕

再伸　別紙愚札投函ニ臨み図らずも御懇書到着難有拝読何とかして参上仕度存候。唯単独の歳末旅行ニハ聊難色を見候上古在家の人々ハ各アルバイトニ出で居り小生一人ニて留守を致候様の次第顕も亦年末の事とて夜を日に継ぎて公務ニ従事致居候有様ニ付寧ろ陽春適当の時機を待ち拝趨仕候こと丶致候ては如何哉。尤も其節ハ必御打電可仕候。澄江も先日拝眉を得満悦致居候。乍筆末令夫人へ宜布御鳳声奉願候。　恐々

〔註〕封筒表　静岡県伊東町中村氏別荘　伊沢多喜男様親展。「重要永久保存」。同裏　東京都世田谷区岡本町一二一九　幣原喜重郎。年は内容による。

14　昭和(21ヵ)年5月9日

拝啓　一昨日ハ久し振にて拝顔款語の機を得たる次第欣快不過之候。次に昨日電話申上置候楢橋氏の読売新聞社告訴状写壱通茲に封入貴覧に供し度。尚時下折角御加餐を祈候。

匆々頓首

五月九日

喜重郎

伊沢老兄侍曹

〔註〕封筒表　静岡県伊東町中村氏別荘　伊沢多喜男様親展。同裏　東京都世田谷区岡本町一二一九　幣原喜重郎。年は内容による推定。「新聞社告訴状写」なし。

15　昭和22年6月2日

拝啓　去る二十八日附御懇書を忝くし千万奉鳴謝候。貴信中老兄御疲労の御近状を拝承し其後の御様子如何かと頻りに打案居候。近来時事日に非なる折柄老兄の御気性として昼夜御焦慮の程恐察罷在候へ共とかく馬首を壁に打附くる迄目覚めさる者多き今日警鐘を乱打して其神経を刺戟するも益なかるへく寧ろ細雨そほふる晩春の海を眺めて悠々御自適御静養相成候様切望に堪えす候。今次政局の紛糾に際し小生に於ても之が収拾に百方苦心したるも時利あらす政党政治の運営上自分の理想と現下の世情との間に距離余りに大なるもの有之政界の廓清ハ日暮れて道遠きの感を深くするに至り候。不相変小生ハ騙し討や中傷や裏切に遭ひたるも毫も之を意に介せす人間万事塞翁か馬の理を信して何人をも怨ます何人をも悪ます静かに形勢の推移を傍観致居候。未た党籍を脱せざるも客月三十一日を以て民主党名誉総裁の地位を辞し辞表中向後同党の健全なる発達を公明正

大天地に恥ちさる行動を期待する旨申添置候。右貴酬旁。
匆々頓首

六月二日
喜重郎

伊沢老兄侍史

〔註〕封筒表　伊豆伊東中村氏別荘　伊沢多喜男様親展。「永久保存」。同裏　東京都世田谷区岡本町一二一九　幣原喜重郎　二十二年六月二日投函。

幣原　坦

1　昭和10年4月28日

拝啓　先便差上候後洩聞候所ニよれハ台北大学ニ面倒なる事起れる如くいふものありやニ御座候へ共大学ハ至極平静御安神被下度候。昨曩日台日新聞の者私怨の為と覚しく種々の事をかき立て大学を攪乱せむとせしやに御座候処大学ハ微動だも無之結局笑い草ニ相成候哉ニ聞居候。併し程度低き新開地ニ文化を樹立するの労苦ハ一通りニ無之年々身の痩を覚候。御憫笑被成下度候。話ハ前後致候へども今回の震災内地の同情の厚きニ加ふるニ朝廷ニ於かせられては侍従御差遣の上御内帑の御下賜等被為在不一方本島人の感銘を切ならしめ候。不取敢贅言追陳の為。
草々不一

二十八日
坦

伊沢賢契侍者

〔註〕封筒表　東京豊島区西巣鴨二ノ二五一七　伊沢多喜男様親展。台北佐久間町三　幣原坦。年月は消印による。

2　昭和(11)年8月15日

残暑殊の外甚敷凌兼候処被為揃御障り無御座候哉。次ニ私共幸に不相変無事送光致居候間御安神被成下度候。此暑さの中台湾視察者引きも切らす賑々敷事に御座候。小生退官の義も開学式後とくニ願出居候へども容易ニ承諾を得るに至らず其内総督交迭の噂高く相成困却仕居候。不取敢暑中御伺迄如此御座候。
敬具

八月十五日
坦

伊沢賢台侍史

〔註〕封筒表　東京豊島区西巣鴨二ノ二五一七　伊沢多喜男様平安。付箋「御手数乍ら左記へ転送被下度願上候　長野県軽井沢旧軽井沢一〇三二伊沢別荘　伊沢執事　二十四日」。封筒裏　台北佐久間町三ノ一三　幣原坦。年は内容による。

3　昭和11年9月2日

拝啓　先便申上置候辞職の儀中川前総督ハ遂ニ之を許さず

今回交迭ニ際し小生手許迄辞表を返戻せられ候。小生としては新武官総督の大学ニ対する態度不明なるにこの際強て当地を去らハ或ハ大学ニ不忠なる結果を招来する事有之候ても残念ニつき右返戻されたるまゝに姑く事態の進行を見届け候ことゝ致候。乍無用御含置被下度候。　敬具

九月初二　坦

伊沢尊台侍史

〔註〕封筒表　東京市豊島区西巣鴨二丁目二五一七　伊沢多喜男様平安。同裏　台北佐久間町三ノ一三　幣原坦。年は消印による。

4　昭和(12)年2月28日

拝啓　今回愚息結婚の節ハ被為揃御光来且御挨拶の御辞を忝し難有奉感謝候。翌日新夫婦同伴参上の予定ニ御座候所健康意の如くならず電話ニて御礼申上ぐるの止むなきニ至り候段御寛恕被成下度候。

帰台後も総督府の大学ニ対する態度は依然良好ニ有之軍部にも今回荻洲参謀長の転任等を見どの方面より観察するも大学の基礎牢平として動揺無之何卒御安慮願上候。かく基礎確立致し已ニ創業時代を過ぎて完成時代ニ移り行き候上ハ最早安心して後進ニ道を開き可然哉と存せられ候次第に御座候。不取敢御礼且御報迄如此ニ候。乍末筆令夫人にも宜布御礼御伝被下度奉願候。　草々

二月末日　坦

伊沢賢台侍者

〔註〕封筒表　東京豊島区西巣鴨二ノ二五一七　伊沢多喜男様。「回答済」。同裏　台北市佐久間町三ノ一三　幣原坦。年は内容による。

5　昭和(12)年10月3日

拝啓　益御清祥奉慶賀候。扨今回いよ〳〵骸骨を乞ふことニ致し候。後任には三田医学部長擬せられ居候。不取敢御急報申上置度。　草々敬具

十月三日　坦

伊沢賢台侍史

〔註〕封筒欠。年は内容による。

6　昭和(13)年12月1日

拝啓　唯今藤井氏より別紙の通申来候。是にて醒雪氏の人物操行血統等大体明白ニ相成候間急ぎ御回送申上候。余ハ後便ニ申譲候。　不一

十二月一日

伊沢尊契　坦

〔別紙〕

時下寒気相増候処愈御清穆奉賀候。老生まづ無事消光罷在候間幸ニ御安心被下度候。御問合之件左に申上候。

佐々氏ハ佐々成政の子孫の由にて父は尾張藩士維新頃京都の留守役相勤メ母は有名なる平田派の国学者矢野玄道の妹ニ有之血統は申分無之候。醒雪君は淡淡無邪気の好人物酒を愛し酔へは少々脱線する方なれ共それとても罪のなき愛嬌ぶりに過ぎず誰にも愛せられたる方に御座候。最初山口高等学校に勤めしが一時文壇に野心を抱き金港堂に入り雑誌文芸界の主筆となりしも思はしからず遂に晩年ハ高等師範に在職中京都に出張チプスに感染高熱に襲はれしも本人平素強健それと気付かす一年間も東西に奔走帰宅後動けなくなり病院に入りて間もなく逝去被致たる次第に御座候。老生の知る所ハまづこんなものに候。師範在勤中は頗る人望有之同校卒業生ハ今に同氏の人物学力を敬慕致居候。先は右不取敢如此に御座候。　草々頓首

十一月二十九日　藤井乙男

幣原坦様侍史

〔註〕封筒表　市内豊島区西巣鴨二丁目二五一七　伊沢多喜男様恵展。「佐々政一氏ノ件」。同裏　上目黒八丁目五二二　幣原坦　十二月一日。年は内容による。

7　昭和(20)年4月20日

拝啓　先日の空襲にて巣鴨の御宅焼失の由伝聞早速御立退先を尋合セ居候処唯今漸く岩波氏宅に御滞在のこと相知れ小妻と共に御伺致候へとも最早伊東へ御帰還の趣承り候ニ付其儘引取候。皆様何の御障も無之先々安神仕候。小生も其内河内北河内郡門真町字一番の草庵へ罷越申度と存居候。不取敢遅馳ながら御見舞迄得貴意度如此御座候。　不一

四月二十日夜認

伊沢賢台侍者　坦

乍末筆令夫人へも宜敷奉願候。

〔註〕封筒表　伊豆伊東松原中村別荘　伊沢多喜男様御見舞。同裏　東京上目黒八ノ五二二　幣原坦　四月二十日認。年は内容による。

8　昭和20年7月30日

拝啓　大暑中御揃御障無御座候哉。小生老夫妻幸に無事御安神被下度候。空襲ハ漸く田圃の方ニも及び当地ハ此書面認め中も敵機の飛来ニ悩まされ居候。先般北村も南村も焼爆を受候へ共当村ハ厄を免れ候。目黒全焼の為疎開荷物を

失ひ不便鮮からず候へども決戦中止むを得ざる次第ニ御座候。ポツダム三国宣言は無条件降伏を要求せんとするものニ候へ共主権を認むる限りかゝる勝手の事ハ出来申さゞるべく候。民主的傾向を復活せしめんとするに至りてはソ聯への思惑も可有之既ニ英国ニ於ても総選挙ニ其色を濃厚ならしめ候。ソ聯の我国ニ対する心遣ひハ長男顕等帰都の節態々軍用機を配慮せし如き小事ニ迄現れ居候。ルーズベルトチャーチル無き後のスターリンの挙動ハ嘱目の価値可有之候。何ハともあれ御同様自重自愛皇運の扶翼ニ邁進すべきの感ニ不堪茲に御動静御伺旁贅言如此御座候。　不一

七月尽日

坦

伊沢賢台侍者

しこのあだ家をし焼けどやきあへぬ遠つみ祖ゆうけつぎし魂

〔註〕封筒表　長野県軽井沢（旧）一九一二　伊沢多喜男様。同裏　大阪府北河内郡門真町字一番　幣原坦　七月三十日。年は消印による。

9　昭和21年7月22日

拝啓　十六日清水氏来訪以前御手紙被下候趣未だ到着不致候。扨同氏の来りし十六日の朝弟も来宅例の方ハさしたる事可無之由申小生も同感に御座候ニ付彼ハ文相との打合セを約して帰り候。頃日小生少々健康を害し臥床のまゝ更ニ十八日十九日二十日ニ亙り弟と連絡をとるべく再々電話をかけ候へ共いつも不通にて意の如くならず遂ニ次男を弟及安藤氏方ニ遣り候処早速安藤氏来宅有之既ニ今日の状態ニ於てハ一方外国との関係もあること故静観を可とすべきかと凝議致候。貴意如何ニ御座候哉。日々褥中涼しき室屋の緑雨を追想しつゝ離床後ハ一寸静養旁田圃ニ赴かんかと存候。　不一

七月二二日

愚邸

龍水大兄侍者

〔註〕封筒表　信州軽井沢町旧軽井沢一〇三二　伊沢多喜男様速達。同裏　東京上目黒八の五二二小林氏方　幣原坦　二十一年七月二十二日。

10　昭和(21)年10月10日

九月三十日附御懇書拝読御健康依然御不如意の御趣殊ニ当節秋冷にて不順を極め候折柄十分の上ニも十分ニ御摂養祈上居候。枢府は九月中何等の本会議も無御座候処来週より最後の憲法審議開かれそれ済み次第発布の砌には宮中ニても御喜びの御儀御座候哉に仄聞仕候。此月末の議会閉院式

の際ニハ御臨幸の儀無之すぐ又来月ニハ臨時議会開かれ候筈いよ〳〵憲法の効力発生すべき来年四月には盛大なる記念祝典有之それにて本府は廃せられ候事と存ぜられ候。我々大学同時代頃の顧問官連としてハ曩ニ松林氏も又窪田氏の逝去を見転た寂寥の感有之候。大平氏ハ本月末京都にて令嬢の結婚式を営む為入洛の由ニ候。乍末筆令夫人ニ何卒宜布御鳳声被下度奉願候。　不一

十日　愚邱

龍水大兄侍者

村ニありし日

村に住めば田男めきて夕焼に
豊年らしき青田見つむる。

〔註〕封筒表　長野県軽井沢旧軽井沢一〇三九　伊沢多喜男様恵展。同裏　東京豊島区高松町二ノ十五　幣原坦　十月十日。年は内容による。

11　昭和(22ヵ)年1月9日

新春吉慶芽出度申納候。先以御健祥御超歳被遊奉欣賀候。小生はヒソ〳〵生きる程度ながら幸に無事。御恩賜の鴨の美味を一同に頒ち年頭第一の感激と致候。小生はことし金婚の年へと乗り越し候。

わびしらニ過ぎし五十とせゆく手ニハ光ありげの金婚のとし

と笑ハせ候。ワビシラニは古語にワビシクと同様用ひあるを取り光ハせめて頭だけニても光輝を放ち候やうにとよみこみ候。実ハ一応帰国の要有之御勅許をも蒙り置候処交通地獄の為到頭乗車不可能に終り途中貴荘ニ談笑を楽しむの機会をも失ひ申候。併し此際御健康の御恢復ニ御油断なく益御若還りの程千万奉祈居候。　敬具

正月九日　愚邱

龍水大兄侍者

〔註〕封筒表　静岡県伊東町松原中村別荘　伊沢多喜男様恵展。同裏　東京豊島区高松町二ノ十五　幣原坦　正月九日認。年は切手による推定。

12　昭和22年8月30日

残炎殊ノ外厳敷候処御動静如何奉伺候。久敷御無沙汰仕居候ヘ共「無事是泰平」ト御推恕被下度候。但此泰平裡ニハ物価昂騰、生活窮迫ノ如キ平和戦日々相続キイカニ之ヲ切抜ケ得候哉不安状態に御座候。舎弟ハ対客ノ繁ニ不堪ソノ内間〔ママ〕居思索ノ余裕待望ノ旨来信中ニ相見エ候ヘ共間居モ間居ニヨリケリニテ却テ往々不安ヲ増シ候事不如意ノ世ノ中

ニ御座候。貴地ハ遠ク熱閙ノ巷ヲ離レ明窓浄几清風徐来ノ境地悠々不老ノ要訣ヲ掌握セラレ候義欣快此事ニ御座候。国際貿易ノ開始ハ時節柄国民ノ愁眉ヲ幾分開キシヤウナルモ価格ノ高キト道徳ノ低キトハ猶失望ノ感有之実際草莽ニ潜居シテ民相ヲ見レハ視界狭ク識見乏シク片山放送ノ如ク「世界ニ理解ヲモチ」「独ヨガリヤ儲ケサヘスレバヨイトノヤリ方ヲ捨テ」ナド云ツテ見テモ大声俚耳ニ入ラズ啓蒙運動ノ要是時ニアリト時折出講ヲモ試ミ居候。乍末令夫人ヘモ宜布。　敬具

愚邱

龍水大兄侍者

〔註〕封筒表　長野県軽井沢旧軽井沢一〇三二　伊沢多喜男様平信。同裏　大阪北河内郡門真町字一番四九七　幣原坦　八月三十日。年は消印による。

13　昭和23年4月9日

拝啓　春暖の候御機嫌奈何御伺申上候。小生亦「無事是泰平」と存居候処今朝新聞ニて追放の番がこちらへも回り来りしを知り申候。錬成院長勤続二年以内ならハ事なかりしこと枢府入の際マ司令官も喜びて承認の手署を与へ候通りニ御座候へ共其後規則の変更ニてもありし事やと被察候。然し今更彼是申立ても大人気なしと放任致置可申御高見如何ニ御座候哉。

戦災前相認め候「書東坡奉遷図後」一篇偶然鞄裡より現ハれ来り追憶の情ニ不堪一寸筆を加へ御咲草迄ニ入貴覧候。御注意御焚却被成下度候。余ハ斯後鴻候。　敬具

四月初九　愚邱

龍水賢兄侍者

〔同封電報〕

一二一　四〇　オウサカオウワダ　四一　セ一〇・〇
マツバラク」ナカムラベツソウナイ」イザ（ママ）ヲタキヲ
ツイホウヒガ　イトウノイミナミシヨシゴ　アンシンヲコ
ウゴ　コウイヲカンシヤスタン
コ五・二七

〔註〕封筒表　静岡県伊東町松原中村別荘　伊沢多喜男様。「善後処置の為メ来訪を促す」。同裏　大阪府北河内郡門真町一番　幣原坦　四月九日発。年は消印による。別紙「書蘇東坡東遷図後」同封。

14　昭和23年12月19日

拝呈　先日ハ龍水会ニて被為揃御元気の御様子を目撃し恐悦不過之候。小生も之ニあやかりたき希望を結句に顕ひ候。

うつし身の我にも幸かくの字形をしの字になして八十路を

望む。

御一笑被成下度候。

日外得貴意候学生援護協会長の義その後逓任致度旨申含め候所中ニ立ち居候人も容易に承諾致不申私が居候以上ハ御心配おかけ不申候由保証致候て未だそのまゝニ相成居候へ共深入りハせざる心組ニて推移を凝視致居候。

本年もいよ〳〵押迫り寒気も日々厳敷相成候。何卒御両所共十分御自愛の上芽出度御迎年の程祈念此事ニ御座候。不取敢右のみ。

草々敬具

十二月十九日

愚邸

恕庵賢契侍者

〔註〕封筒表　静岡県伊東市松原中村別荘　伊沢多喜男様平安。同裏　東京都豊島区高松二ノ一五古在方　幣原坦　十二月十九日。年は消印による。

15　昭和　年4月15日

拝復　「伊沢修二先生」一部図書館ニ御恵贈被成下頗る渇懐を医し難有御礼申上候。実ハ当地ニ於ける御兄弟の御盛業ハ余りニ顕著にして説明を要せず新任教育者ハ先以芝山巌ニ参拝し芝山巌精神を体得して後ち任ニ赴くを常とし又大学の如きも世人ハ之を伊沢総督の私学視して彼是愚評をなすの傾ある程ニ御座候。

「文献目録」ハ展覧会縦覧者の栞とせし迄のものにて素より是ニて尽きたりといふニあらず候へ共何分当地ニ於て書籍を得ること容易ニあらず御恵贈の書の如きさへ普通店頭ニハ見当り不申今回御恵送ニより大ニ仕合有之候。然し御事績の調査ニ至りてはこの書の内容の程度より更ニ詳細ニ進み居候。例へハ御令兄が米国ニて御親交被成候かのAlexander Bellの事の如き此の人の著ハせる "Visible Speech" ハ既ニ当大学ニ収蔵致居候へ共当時御令兄がいかなる点ニ於て御論議被成候哉又いかなる点を御採択ニ相成候哉是等の要書を詳知するニ内なる隔靴掻痒の感を致候。万一是等に関し御遺著等御見つかりニ御座候ハヽ乍鉄面更ニ御見セ被下度奉懇願候。

従来当大学の組織ニ関しても兎角世間の愚評有之開学式を機として聊弁護的説明を重ね候所一般ハ次第ニ諒解セる様子ニ御座候。然し敵ハ本能寺ニありやニも思ハれ笑止ニ存セられ候。右組織の正当性を強調するには漫ニ威を貴名ニ仮ること却て如何かと存じ種々考慮を加へ候実情なるも御示論の通伊沢総督の努力ニより大学が建設セられしことを記録ニ留むるハ素よりの事に御座候。

先般御洩らし申上置候如く今回大学創業の一段落を円満裡ニ相果し聊御負託ニそむかざる迄ニ安心仕候を機とし将来

の守成の事業を新進の人ニ譲り此際骸骨を乞ひ申度存居候。何れ拝眉の節万縷可申上候。御返事旁。　草々敬具

四月十五日

坦

伊沢賢台侍史

〔註〕封筒表　東京市豊島区西巣鴨二丁目二五一七　伊沢多喜男様。同
裏　台北市佐久間町三ノ一三　幣原坦。

16　昭和　年5月6日

謹啓　先日出発の節ハ態々警官御配慮被成下御蔭を以て無事乗車相叶ひ仕合の至厚く御礼申上候。帰郷後来客相続き余晷も無之不取敢安着御報のみ申上度如此御座候。　不一

愚邱

龍水賢契侍者

〔別紙〕

疎開即興

疇昔ハ枢府ニ国政ヲ議ス、今日雲浜ニ一竿軽シ、和敬清寂賜茶ノ趣、草莽何ゾ忘レン天恩ノ隆。

六十年来爾汝ノ情、久而之ヲ敬スルハ管鮑ニ勝ル、千里阻マズ雲ノ往来、東風伝フル如シ君ガ声咳。

客未問ハズ知ルト知ラザルト、政論農談又教話、今朝杖ヲ曳テ独リ霞ヲ穿ツ、東ニハ駒山浮ビ西ニハ六甲。

戦敗レテ略無シ唯堅忍、漫ニ農夫ヲ励マシテ増産ヲ督ス、雲ハ青天ニ在リ水ハ甕ニ在リ、遠猷大策誰ト与ニ力論セン。

詩ニ非ズ歌ニ非ズ又文ニ非ズ、絃笙モ用無ク他ノ嗤フニ任ス、文化国家人若シ問ハヾ、箇中ノ真味君独リ知ル。

愚邱

龍水大兄

焚却

〔註〕封筒表　静岡県伊東町松原中村別荘　伊沢多喜男様恵展。同裏
大阪市外北河内郡門真町字一番村　幣原坦　五月六日。

17　昭和　年5月7日

御懇書拝誦。小生身上の儀ハ前便申上候通ニて台日紙の記事の如きは児戯ニ類し居候。但明年医学部の開設にて一先創業時代を経過仕候ニ付未だ誰にも口外ハ不致候へ共将来の方針等に関し緩々御高見を承り度とも存じ候。豚児の結婚を兼ね八月頃上京の心算ニ御座候処香坂家にて夏ハ困られ候由にて式ハ五月下旬ニ相成無論結構ニハ御座候へ共右医学部開設準備の為小生としては此月が最も多忙にて既ニ三田博士をも呼寄せ有之当の責任者たる小生が手をぬき候ては公務上支障を生じ候憂有之候間此際上京ハ差控候外無之何卒不悪御諒恕被成下度候。誠に事大小となく御心にか

けられ東京宅よりも此旨再三手紙有之感銘此事ニ御座候。先は御礼旁。

草々不一

五月七日

坦

伊沢賢台侍史

〔註〕封筒表　東京豊島区西巣鴨二丁目二五一七　伊沢多喜男様。同裏　台北佐久間町三ノ一三　幣原坦。

18　昭和　年7月1日

盛暑の候ニ相成候処益御清祥被為在奉慶賀候。当大学も以御蔭次第ニ充実致来最近記念絵葉書調製仕候ニ付御笑覧被下度候。今回又文政学部長村上氏辞任安藤正次氏任命に成候。乍他事御諒承置被成下度候。不取敢近状入御覧度迄如此ニ御座候。

敬具

七月一日

坦

伊沢尊契侍曹

〔註〕封筒表　東京市外西巣鴨町二五一七　伊沢多喜男様。同裏　台北市佐久間町三ノ一三　幣原坦。

19　1月31日

拝啓　上京の節ハいつもなから何角と難有厚く御礼申上候。郷里の妹の病は経過順調ニ付予定の通出発昨夕無事帰着仕候。今回御進講の御召出には当地の人々も非常ニ感激致居候。不取敢御礼旁安着御報迄。

草々敬具

一月尽

坦

伊沢尊契侍者

〔註〕封筒表　東京巣鴨区西巣鴨二ノ二五一七　伊沢多喜男様。同裏　台北佐久間町三丁目十三　幣原坦。

柴田善三郎

1　昭和(5)年1月3日

謹賀新年

客年末之貴翰本日拝見致候。例之辞職云々の記事ハ意外之センセーションを惹起して以て日々之問合ニ接し居り候事ニ候。実は豚児等は最初より小生の地方官生活に入るを好ます殊に来任以来多忙にして殆んと私生活なきより碌々家族と緩話するの機会もなき為不平を聞く事屢々有之十一月二十三日四日全家族の懇話の機会ニ於て豚児等より今少し気のキ、たる役を勤めては如何なとの話も出てたる事有之候。無論小生ハ大阪の大役なる所以なと申聞かせ候へ共小供等には地方官と言ふか不満足らしく候。勿論辞職勧告なとの事実ハ無之年末府会議員慰労会之席上社会部記者団より府会の無事を祝し同時にこんなに喜はれるならは長く在任御希望でしようなど言はれ家庭にては必しも然らすと話せし事より其内朝日記者ハ帰途官舎ニ立寄り長男ニ面会を求め自問自答の事実を記事ニ致せし様な訳合ニ候。畢竟朝日、毎日の競争激甚の結果家族的記事を社会記事ニ取扱候次第ニ候。右の次第回答の期限なとは所謂製造記事ニ有之候。

各方面へ御配慮相かけ候段ハ恐縮ニ候。何れ七八日頃上京之予定委細可申上候へ共右一笑被下度候。　拝具

一月三日

柴田善三郎

伊沢老台玉案下

〔註〕封筒表　東京市外巣鴨宮仲二五一七　伊沢多喜男閣下御親展。同裏　大阪市東区大手前　柴田善三郎。年は内容による。

2　昭和5年3月15日

敬復　先般は御病中に罷出長時間御面会を得恐縮至極ニ奉存候。最早愈々御回復被遊候趣にて大悦至極ニ奉存候。御指示之次第により内相次ニ首相ニ面会意中申述候処内相は引続き留任を望まれ首相ハ心配無用の御答ニ候。所懐を尽したる積りニ候へ共御答ハ出会はす引下り候。親任官待遇ニ関する御消息に接し余りの意外にて夢心地ニ候。凡庸列紳待遇に値せす若し不実現ニ極り候とも消息を承り候丈にて栄光ニ満つる思ニ有之候。一方ならさる御配意は永く忘却仕る間敷候。

山林会にて摂津奥ニ入込み居り御挨拶後れ恐縮無極御座候。右御礼旁御答まで如斯御座候。　拝具

三月十五日

柴田善三郎

伊沢閣下貴下

〔註〕封筒表　東京市外西巣鴨宮仲二五一七　伊沢多喜男様御親展。同裏　大阪東区大手町官舎　柴田善三郎。年は消印による。

3　昭和6年6月15日

謹啓　時下益御清祥之段奉慶賀候。陳者今回満鉄総裁並朝鮮総督之異動に付ては所謂期待外れにて小生共門下生としては気抜の感ニ堪へす候。当地消息通間にも満鉄ニ付ては必す実現を見るへしと推断したる者多く候。噂によれは若槻首相此度ハ余程確き意気込にて内田氏を推薦せりとか。それには何等かの有力なる助言ニ基くへしとの説多く候。浪人界之御生活愈長くして而して政界に於ける大存在厳然たるものなるは見方に依りては一層之快事ニ有之候。是こそ真の存在なるへく候。只益御摂生ニ御注意健康第一にて

御自愛被遊度幾年之後か既往の御骨折ニ対し御奠せらるへき時機を楽み度候。
右御機嫌伺旁如斯御座候。

六月十五日　拝具

柴田善三郎

伊沢尊台貴下

〔註〕封筒表　東京市外西巣鴨宮仲二五一七　伊沢多喜男閣下御親展。
同裏　大阪市知事官邸　柴田善三郎。年は消印による。

4　昭和7年1月3日

辞職呈出ノコト途説トシテ伝ハリ為ニ客臘議長（準政友）市部会議長（政友）郡部会議長（憲政）留任運動ノ為上京致シタルヤニ有之候。却テ迷惑ナルノミナラス其ノ好意ニ出テタルヤ否ヤモ不明ニ候へ共臨時府会ノ関係上寧ロ敵対ノ地位ニ立ツヘキ私事ニ対シ此態度ハ誠ニ不可解ニ存居候。御示シノ如ク新知事其他ニ対シテモ平常ノ如ク勤務致居候。此段ハ御安心被下度候。実ハ休暇中上京委細申上度ト存候へ共新知事ヨリ種々御用務仰付カリ居リ見合セ中候。先ハ不取敢御礼旁右申上度如斯御座候。　敬具

一月三日　柴田善三郎

伊沢尊台御机下

〔註〕封筒表　東京市外巣鴨字宮仲二五一七　伊沢多喜男様御親展。同裏　大阪中区堂島官舎　柴田善三郎　一月三日。年は消印による。

島田三郎

1　大正　年5月1日

拝啓　救世軍太佐（ママ）山室軍平氏を御紹介申上候。氏ハ我国に於ける事実ノ救世軍組織者兼首領にして此十余年間社会之各方面ニ於て救済事業ニ成功せること顕著にして其始め冷眼視せる者も終に其人と業とに敬意を払ふに至りたるのは首として此中心人物之力なりと存候。現下俗ニ娼妓ノ道中と唱へ候旧時代ノ遺習を公衆ノ前ニ演シ候活動写真盛ニ興行せられ候。道中其者ハ流行疫ノ為めニ中止せられ候得共写真其者ハ都下ニ行ハれ延きて地方に及び更ニ海外ニも出でんとす。我国ノ娼妓制度が之ニよりて海外に紹介せられ候は国ノ体面ニも関シ内地ニ此程ノ活動写真流行することハ社会ノ風教ニも害あり特に児童ノ教育に大害あらんと救世軍を代表して山室氏より大隈首相に意見を陳述候処首相にハ多年救世軍ニ同情して其事業を助け又山室氏ノ人物を推重シ居候より大なる注意を此建言に払ハれたるも如何せん庶政多端ニて決答を与ふる迄ニ運ぶ暇なき状ニて其会見終り候由。右ニ付直接御関係ある賢台ニ対シ意見陳述仕度

旨を以て紹介を小生に被求候。小生亦山室氏に多年ノ交誼あり其人物を敬重シ居候者ニ候。仍て要件ノ概略を記シ御紹介仕候。参上候節御接見直接意見御聴取ノ程願上候。

敬具

五月一日　島田三郎

伊沢賢台侍史

〔註〕封筒表　警視総監伊沢多喜男殿　友人山室軍平氏紹介。同裏　島田三郎。

清水重夫

1　昭和(2)年3月21日

拝啓　春寒難去之候愈々御安康奉欣賀候。近来閣下ハ御健康如何ニアラセ候や折角御愛護益々為国家御努力奉切望候。近来突如政界ニ一大衝動ヲ起シタル憲本聯盟ノ大芝居ニ就テハ其大作者ハ閣下ノ筋書ニヨルモノナル事ヲ専ラ政界ニ風評致シ居候。果シテ然ルヤ否ヲ知ラ(ママ)候得共兎モ角此一演劇ハ成功ニ相違無之疾風迅雷的ノ活動一挙実行シテ何者モ容喙スルノ機ヲ与ヘス殆ント敵味方ヲシテ呆然タラシメタル事実等ヨリ観察スレハ或ハ閣下ノ御法寸ヨリ出タルモノカトモ想像セシムル筋アリ親シク御垂教ヲ受ケント存シ居候。

既ニ解散ノ機ヲ逸シ三党首会合ノ後チニ於テ尚ホ政局ヲ有利的ニ導ントスルニハ此手段ヨリ取ル可キ他ニ可代筋書ハ無之様存候得共現首相カ他日辞職ヲモ致候様ナル場合ニ於テ如何ニナルヘキヤガ問題ト存候。若シ此聯盟ノ儘安達氏ノ云ハル、如ク現首相ガ現状ヲ長ク維持シ得ルモノナレハ別ニ問題ハ無之候得共或ハ之ハ困難ニ可有之結局或ル時機ニ於テ辞職トナルモノト存候。依テ此聯盟ハ独リ政局ノ現状ヲ維持スル為メノミナラス未来ノ政変ニ善処スル予備行動トモ見ル可キモノト存候。

第一此場合ニ於テ大命ハ此聯盟体ノ主脳ニ降下ス可キモノナルヤ否此点ニ於テ多少疑問ヲ存シ居候。若シ春迄テニ合同ヲ行ヒ更ニ総裁ヲ造リ置ケハ無論大命ハ此団体ニ下ル可キモノナルモ聯盟ニテハ依然個々別々タル実体ナレハ第一党タル憲政カ投出シタル以上ハ第二党タル政友会ニ下ル可キモノニアラサルカトモ思ハル、点アリ此辺多少問題カト存候。兎ニ角名実共ニ立憲的正路ヲ取ラサレハ我党在来ノ立場トシテ不可ト存候間此辺万遺算ナキ方法手段ヲ取ル事必要カト存候。

第二現内閣ノ辞職後ヲ収拾ス可キ首領ハ誰レカト云フ事ガ次ノ問題ト存候。仮リニ聯盟体ニ大命降下スルモノトシテ之カ首班タルモノハ浜口カ床次カト云フ事ニ可成小生共政局支持ノ必要上主相《(ママ)》トシテ床次氏ヲ擬スルモ我党ノ有力者ガ多数入閣シテ主義政策ヲ実行シ実権ヲ握リ得レハ床次氏ヲ首班トスルモ別ニ異存ハ無之候モ我党総裁トシテ之ヲ戴ク事ハ困難ノ事ト致候。我々ハ現総裁首相辞退ノ後ハ浜口氏ヲ推戴シ之カ示導ノ下ニ統率ヲ受ケ且ツ首相ノ地位ニ据ヘ明快率直ノ政治ノ下ニ立憲的好模範ヲ示シ度希望ヲ有シ不透明技功《(ママ)》的ノ政治ヲ一掃致シ度存居候間床次氏其首班タル時ハ此辺ノ希望トハ稍々一致セサル点アリコレ難問題ト存候。ツマリ如何セハ名実共ニ全キ手段ニヨッテ我党側ニ於テ将来の政局ヲ支配シ得ヘキヤ又タ如何ナル方法ニヨッテ所信ノ人物ヲシテ其局ニ当ラシム可キヤ此辺ニ就テ相当疑問モ有之候。

此辺ニ就テ御高説拝承仕リ且ツ又タ我々トシテ取ル可キ道ヲ御示指ニ相預リ度存シ居候。唯近来少々健康ヲ害シ可成外出ヲ避ケ居候間甚タ御無沙汰ニ成リ何ントモ遺憾ノ至ニ不堪候得共最早快方ニ有之候間一日御閑暇ヲ伺拝趨御高諭相仰度ト存候。先ハ御起居御伺旁々愚見ヲ陳シタキ書拝呈致候。　敬具

三月二十一日　　清水生

伊沢閣下

〔註〕封筒欠。年は内容による。

2　昭和(18)年1月31日

謹啓　其の後は御無音にうち過ぎ申訳けこれなく候。御機嫌如何にあらせられ候や。極寒の折にも有之時局愈々重大の時御自愛遊ばされ候様偏に御祈申上候。降つて小生事御陰を以て益々健康に相成り愉快に勤務罷り在り候間乍他事御休心下され度候。

偖て今回当民政部をバリ島シンガラヂヤー（バリ島の北岸旧州庁の所在地）に移すことに決定仕り候。客観状勢の変化に伴ひ且つは小スンダ列島の開発に力を注ぐために御座候。これを機会にニユーギニヤは小生の管轄より離るゝことゝ相成り候。

当地方の状勢は仲々容易ならざるもの有之眼のあたり見聞致し御奉公の決意を愈々固め居る次第に御座候。

先づは御無沙汰御わび旁々近況御報告まで申上候。末筆にて恐入り候へ共御内室様にも宜敷御伝ひ願上候。　敬具

一月三十一日　　清水重夫

伊沢多喜男閣下

〔註〕封筒表　東京市豊島区西巣鴨町二丁目　伊沢多喜男閣下。同裏　広島県呉郵便局気附七四〇七四二　清水重夫。年は内容による。

3　昭和21年7月24日

昨今の暑さは真に近年稀に見る所に有之候処御機嫌如何に御座候や御伺申上候。其の后ハ心ならずも御無沙汰仕り真に申訳けこれなく候。国歩困難の折柄何卒御自愛の程祈上候。降って小生は其の后相変らず百姓を致し元気に暮し居り候間乍他事御休心願上候。偖て直接参上仕り申し上ぐ可き儀に有之候へ共時節柄なれば失礼をも顧みず書中申上候。実は増田甲子七君の事に候。同君は常々御愛顧に対して感謝罷り在り且つ閣下に心服畏敬致す事同君の右に出づる者は無之と愚考仕る位の者に候処御承知の通り近く知事公選と相成らば是非郷里より立候補致し度と熱望罷在り候。然し郷里より立候補致すとすれば申す迄もなく閣下の御諒解と御支援なくば困難の事に候。既に唐沢氏とは談合賛成を得たる由に候へ共是非閣下の御支援を願ひ度き旨申越し候間何分宜しく御願ひ申上け度候。小生も九月頃には上京御伺ひ申上げ御願申上け度と存じ候。重ね〴〵書中失礼の御願御海容の程願上候。

何卒御自愛御健勝の程祈上候。

末筆乍ら御令室様へも宜敷御伝言乞上候。　　敬具

七月二十四日　　清水生

伊沢閣下

〔註〕封筒表　長野県軽井沢町旧軽井沢　伊沢多喜男閣下親展。「回答済」。同裏　三重県松阪市垣鼻一五二八　清水重夫　七月二十四日。年は消印による。

下岡忠一

1　昭和21年12月5日

拝啓　時下初冬の候と相成候処高堂愈々御清栄の段奉賀候。偖私事長らく南方に勤務致居候処以御蔭過日無事帰還仕候段乍他事御承知置被下度尚留守宅も戦災を蒙る事無之一同無事に罷在候段何卒御放念被下度候。出発の際は種々御高教賜り誠に難有奉深謝候。目下日本銀行に復帰参事室に勤務仕居り候。帰来早速にも御挨拶可申上之処今日迄延引の段御諒恕被下度候。尚ほ今後共一層の御高誼と御指導とを賜度御願申上候。先ハ右御挨拶旁々御願迄申上度如斯御座候。乍末筆寒さに相向ひ候折柄一層御加餐被遊度奉祈候。　　敬具

十二月五日　　下岡忠一拝

伊沢多喜男様玉案下

〔註〕封筒表　静岡県伊東町松原町　伊沢多喜男様侍史。同裏　東京都品川区上大崎長者丸二七〇　下岡忠一。年は消印による。

下条康麿

1　昭和(18)年7月21日

拝啓　時下愈々御清祥奉大賀候。陳者伊東より御懇書恐入り申候。扨て先日御話有之候恩賞機関の拡大強化之件別紙之様ニ記草仕候間御高覧相成度先ハ右用事申述候。　敬具

七月二十一日　　　　下条生

伊沢老台侍曹

〔別紙1〕

恩賞機関ノ整備ニ付テ

一、恩賞ノ重大性ニ鑑ミ其ノ機関ハ之ヲ統合強化スルヲ要ス。

恩賞ハ国家ノ秩序ヲ維持シ社会ノ向上発展ヲ促ス上ニ於テ欠クヲ得ザルモノニシテ国家ノ制度トシテ必然的ナル存在ヲ要求セラル。而シテ恩賞其ノ当ヲ得ザルガ為紛糾ヲ醸シタルコトハ東西史実ノ昭示スルトコロ例ヘバ建武中興ノ大業中道ニシテ衰ヘタルハ原因ノ一トシテ行賞其ノ宜シキヲ得ザリシコトニ在リトセラル。斯ク深甚ノ意義ヲ有シ重大ナル役割ヲ演ズル恩賞ノ機関ハ刑罰ニ関スル司法省始メ検事局警察署等ノ諸機関ノ完備ニ比シ不備ヲ極メ統一機関ナク中央機関トシテ専門ノモノハ唯僅ニ賞勲局アルノミ。而カモ微力且小規模ノモノナルヲ以テ茲ニ恩賞機関ヲ一括統合シ更ニ之ヲ強化スルノ必要ヲ感ズル次第ナリ。

二、憲法第十五条ノ栄典ニ関スル事務ハ挙ゲテ之ヲ恩賞ニ関スル中央ノ新機関ニ統合スベシ。

現在爵ニ関スル事務ハ宮内省宗秩寮ニ於テ専管シ位ニ関スル事務ニ付テハ国家ノ官吏国家功労者ノ位ハ内閣官房人事課其ノ事務ヲ処理シ内閣総理大臣ヨリ上奏ヲ経テ其ノ裁可書ヲ宮内省宗秩寮ニ回付シ宮内大臣之ヲ奉宣シ、宮内官及皇室ニ関スル功労者ノ位ハ宮内省宗秩寮之ヲ所管ス。又勲章、褒賞、記章、杯、金円ノ賜与ハ賞勲局之ヲ専管ス。斯ク憲法第十五条ノ栄典ハ種類ニ依リ其ノ所管ノ官庁ヲ異ニシ而カモ其ノ間統一ナク事実上ノ連絡モ亦必ズシモ完全ナラズ。仍テ之等ノ事務ヲ一括統合シテ新ニ中央ノ恩賞機関ヲ設クル必要ヲ認ムル次第ナリ。

三、新恩賞機関ハ天皇ニ直隷シ其ノ長ノ地位ノ独立恒久性ヲ認ムベシ。

現在ノ恩賞機関中宗秩寮ハ宮内省ノ一部局ニ過ギズ、亦内閣官房人事課ノ如キハ書記官ヲ長トスル一課タリ。前者ハ宮内大臣ノ命令下ニ在リ後者ハ内閣総理大臣又ハ内閣書記官長ノ指揮下ニアリ固ヨリ其ノ処理ノ独立不羈ヲ

期スベカラズ。唯一ノ中央専門機関タル賞勲局ハ、此等ノ機関ト稍異ナリ内閣ニ隷スル一部局ナルモ総裁ハ勲記類ニ署名シ奉授式ニ於テハ旨ヲ奉ジテ勲章ヲ授ケ殊ニ叙勲及勲章褫奪ノ当否ヲ議定スル賞勲会議ノ議長タル等特異ノ地位ヲ有シ一般ニ天皇ニ直隷スル機関ナルガ如キ感ヲ与ヘ居レリ。併シ事実ニ於テハ上奏権及人事権ヲ有スル内閣総理大臣内閣書記官長ノ発言強大ニシテ時ノ政局ヨリスル各種ノ要望ヲ防グコト至難ナリ。元来恩賞ノ本質ヨリシテ其ノ機関ハ天皇ニ直隷シ宮内大臣ハ勿論内閣ニモ隷属スルコトナク真ニ至公至平独立タルベキモノナリ。即チ恩賞ハ国務大臣ノ補弼ナキ国務ナリト考フ。又新恩賞機関ノ長ハ親任官タルベク其ノ身分ハ権力ノ圧迫ニ堪ヘ政局ヨリスル要望ヲ防ギ情実ヲ完全ニ排スル為他ノ一般行政官ト異ニシ之ヲ保障スルヲ要ス。

恩賞院（仮称）官制案要綱

一、恩賞院ハ天皇ニ直隷ス。

二、恩賞院ハ爵、位、勲章、褒賞、記章其ノ他ノ賞件並外国ノ勲章記章ノ受領及佩用ニ関スル事務ヲ掌ル。

三、恩賞院ニ左ノ職員ヲ置ク。

　総裁　一人　親任

　部長　二人　勅任

　書記官　四人　奏任等

四、恩賞院ノ総裁、部長、書記官ハ刑事裁判又ハ懲戒処分ニ依ルニ非ザレバ其ノ意ニ反シテ退官転官又ハ休職ヲ命ゼラルルコトナシ。

〔別紙2〕

恩賞機関ノ整備ニ付テ

恩賞ハ国家ノ秩序ヲ維持シ社会ノ向上発展ヲ促ス上ニ於テ欠クヲ得ザルモノニシテ国家ノ制度トシテ必然的ナル存在ヲ要求セラル。而シテ恩賞其ノ当ヲ得ザルガ為紛糾ヲ醸シタルコトハ東西史実ノ昭示スルトコロ例ヘバ建武中興ノ大業中道ニシテ衰ヘタルハ原因ノ一トシテ行賞其ノ宜シキヲ得ザリシコトニ在リトセラル。斯ク深甚ノ意義ヲ有シ重大ノ役割ヲ演ズル恩賞ノ機関ハ刑罰ニ関スル司法省始メ検事局、警察署等ノ諸機関ノ完備ニ比シ不振ヲ極メ統一機関ナク中央機関トシテ専門ノモノハ唯僅ニ賞勲局アルノミ。而カモ現在爵ニ関スル事務ハ宮内省宗秩寮ニ於テ之ヲ専管シ、位ニ関スル事務ニ付テハ国家ノ官吏、国家功労者ノ位ハ内閣官房人事課其ノ事務ヲ処理シ内閣総理大臣ヨリ上奏ヲ経テ其ノ裁可書ヲ宮内省宗秩寮ニ回付シ宮内大臣之ヲ奉宣シ、宮内官、皇室ニ関スル功労者ノ位ハ宮内省宗秩寮之ヲ所管ス。又勲章、褒賞、記章、杯、金円ノ賜与ハ賞勲局之ヲ専管ス。斯ク憲法第十五条ノ栄典ハ種類ニ依リ其ノ所管ノ官庁ヲ異ニシ且ツ其ノ間統一ナク事実上ノ連絡亦必ズシモ完全ヲ期スベカラズ。仍テ之等ノ事務ヲ一括統合強化シテ新ニ中央ノ恩賞機関ヲ設クル必要ヲ認ムル次第ナリ。

更ニ現在ノ恩賞機関中宗秩寮ハ国務機関タラザル宮内省ノ一部局ニナルガ為恩賞ヲ取扱フベキモノニアラズ、又内閣官房人事課ノ如キハ書記官ヲ長トスル一課ニシテ其ノ長ノ地位ハ重シト云フベカラズ。唯一ノ中央専門機関タル賞勲局ハ此等ノ機関ト異リ内閣ニ隷スル一部局ナルモ総裁ハ勲記類ニ署名シ奉授式ニ於テハ旨ヲ奉ジテ勲章ヲ授ケ殊ニ叙勲及勲章褫奪ノ当否ヲ議定スル賞勲会議ノ議長タル等特異ノ地位ヲ有シ一般ニ天皇ニ直隷スル機関ナルガ如キ感ヲ与ヘ居レリ。併シ事実ニ於テハ上奏権及人事権ヲ有スル内閣総理大臣、内閣書記官長ノ発言強大ニシテ時ノ政局ヨリスル各種ノ要望ヲ防グコト至難ナリ。元来恩賞ノ本質ヨリシテ其ノ機関ノ長ノ地位ハ高ク重ク人ノ瞻仰スベキ所ニシテ親任官タルベキモノトス。且ツ其ノ人選宜シキヲ得ザルヤ天岡売勲事件ノ起レルアリ。栄典ノ尊厳ヲ傷ケ陛下ノ御聖徳ヲ汚シ（ママ）奉ル虞アリ。従ツテ権力ノ圧迫ニ堪ヘ情実ヲ完全ニ排スル為其ノ人選ニ付最モ注意ヲ払フヲ要ス。

恩賞院（仮称）官制案要綱

一、恩賞院ハ内閣ニ隷ス。

二、恩賞院ハ爵、位、勲章、褒賞、記章其ノ他ノ賞件並外国ノ勲章記章ノ受領及佩用ニ関スル事務ヲ掌ル。

三、恩賞院ニ左ノ職員ヲ置ク。

総裁　一人　親任

部長　二人　勅任

書記官　四人　奏任等

〔註〕封筒表　昭和十八年八月二十六日　恩賞院官制案（下条案）。同裏
東京市豊島区西巣鴨二ノ二五一七　伊沢多喜男。年は内容による。〔別紙1〕〔別紙2〕は、同文のものが各々二通ずつある。

2　昭和(20)年4月27日

拝啓　時下春暖之季ニ候処此頃ハ巣鴨の御宅罹災相成候様ニ承り岩波君宅へ御伺ひ致候へ共最早伊東へ御帰還後のことにて後れて誠ニ申訳無之候。扨て此度ハ御災難ニ候へ共尊台始め御一統様には何の御障りも無之様ニ承り御安心申上げたる次第ニ御座候。東京ハ今後愈々旧市区の郊外と雖も安心なり難く存し候へ共伊東も海岸故如何かと御案じ申上候。何卒万全の御注意御願致候。小生ハ目下小金井ニ疎開仕り居り候へ共近く来月早々岐阜上松方へ家族と共ニ疎開致し一月ニ二三回上京小金井宅ニ滞在致す考に御座候。只今疎開荷物等の為取紛れ居候へ共何れ其内御高見承り

旁々御機嫌お伺ひニ参上仕度存居候。
時局柄愈々御健勝を奉祈候。
先ハ不取敢御見舞申上候。　敬具

四月二十七日　下条康麿

伊沢老台侍曹

〔註〕封筒表　静岡県伊豆伊東町中村別荘ニテ　伊沢多喜男様。同裏　東京都北多摩郡小金井町一五一二　下条康麿。年は内容による。

下村　宏

1　昭和9年12月18日

伊沢大兄　宏

拝復　次回上京の節はアウト・ドアーにインドアーに御示教おうけ申度念じ申候。

見渡すところワキ師はこゝそこに散在してるやうなれどさて敢然陣頭に相立ち候シテ役者が払底。も一つ行つまりて局面始めて打開され候にや。それにしても化膿時期もあまりに長きにすぎ候感を禁じ能はず候。

時下折角御健体御超歳これいのり申上候。　草々

昭和九年十二月十八日

〔註〕封筒表　東京市豊島区西巣鴨二　伊沢多喜男様貴酬。同裏　大阪市北区中之島三丁目株式会社朝日新聞社　下村宏　昭和九年十二月十八日。

2　昭和21年6月29日

前略　石井君が見えました。御兄翁の伝言に与り御礼申上ます。当方こそ無沙汰欠礼おんわび申上ます。小生床にしたしめど旧の如く

こもり居のガラス戸すきて白雲の
流るゝ見つゝ今日もくれけり

とよみましたがはやガラス戸も明け放しの夏となりました。読書にしたしむかたはら「終戦前後」から時々の雑感など筆にして居ますが昨今は鎖国思想撤廃の意味をかねての国語国字改良按の起草資料の整理浄書などに寸陰が惜しまれつゝあります。いよ〱我等の世の中となりしと手を額にしたるとたんに閉門となりましたが、こうした境界になりし為にこそかゝる作品も始めて出来るのだと深き感激を覚えつゝあります。

しかし一面封建思想打開の意味をかねての府県合同への足並も地方行政協議会から地方総監制まで来たのが逆戻りしつゝあります。さらに知事公選となると米国の加州一つだにも如かざる豆大の島に一道三府四十二県の対立意識がます〱釘付けになりはせぬかと深憂に堪えませぬ。公選は

可なりその地域は広むべしと確信いたします。此点につきては大兄の御支持御高配を切望して止みませぬ。大兄の健康も年のセイで旧の如く参らぬ様ですが止むを得ませぬ。しかし此際此時折角御静養をつゝけ新日本の建設に御尽力を願ひます。せめてはゴルフのクラブを杖にしてなりと川奈のリンクスを散歩する時をまちつゝ。

二十一年六月二十九日　　下村宏

伊沢多喜男大兄

〔註〕封筒表　静岡県伊豆伊東町中村別荘　伊沢多喜男様。同裏　下村海南　昭和二一年六月二九日。

勝田主計

1　5月25日

拝啓　陳者昨日は御来訪被下種々御厚情奉感謝候。然るに何分にも小生には不適任と相感し昨日辞退致候。茲に改めて老台深厚之御友情を感謝致候。　敬具

五月二十五日　　主計

伊沢老兄侍史

〔註〕封筒欠。書翰裏に「勝田主計（東京市長謝絶）」との書込あり。

2　7月16日

拝啓　益御清安奉賀候。扨小生知人首藤太郎君是非老台に拝光を得度紹介方依頼相成要件は承知不仕候へ共御引見御聴取被下可然御厚配奉願上候。　頓首

七月十六日　　主計

伊沢賢台侍史

〔註〕封筒表　伊沢多喜男殿　首藤太郎君紹介。同裏　勝田主計。

生野団六

1　昭和22年8月15日

拝啓　立秋後已ニ一周間経過致候へ共暑気ハ連日酷敷御座候処御起居如何ニ御座候哉御伺申上候。七月早々一書呈上仕候へ共近頃郵便物不着ナドノ例モ些カラズ如何ト存候。其節申上候通リ六月二十七日久々ニテ御無沙汰御詫旁御高話拝聴致度午後伊東着直ニ御別邸ニ拝趨仕候モ仝日朝御出発軽井沢ニ向ハレ候由ニテ残念至極ニテ引帰シ申候。目下ノ暑気並ニ交通混雑ニテハ到底錦地迄御伺申上候勇気モ無之何レ秋涼ニ相成候ハヽ伊東ニ御帰邸ト存候ニ付其際ハ是非トモ参上拝眉ノ上御詫モ申上度存居リ候。

本日ハ終戦二周年ノ記念日ヲ相迎民間貿易再開五億ドルノクレヂット設定ナド名目上ノ喜フベキコトニハ相違無之候へ共政府トシテハ唯々法令ノ発表ヤラ筆舌乃至几上ノ議論ノミ多ク強力ナル施策ノ断行ハ一向無之石炭国営ノ如キ名目上ノコトニ徒ラニ時日ヲ経過シ物価ハ上昇生活ハ益々困難不安ヲ加フルノ実状ハ遺憾ニ堪ヘサル次第ニ御座候。時節柄一入御自愛専一ニ被遊度候。末筆令夫人ニ呉々宜敷御鳳声被下度。家内ヨリモ同様申出候。　早々拝具

八月十五日　　生野団六

伊沢賢台侍史

〔註〕封筒表　長野県軽井沢　前枢密顧問官伊沢多喜男様。同裏　神奈川県鎌倉山住宅地若松　生野団六　昭和二十二年八月十五日。

正力松太郎

1　昭和17年8月6日

拝啓　先般は御親書を辱フシ実ニ恐縮ニ存候。只だ必死の努力と幸運とニ恵まれて今日の結果を見たるものゝ過去十七年間悪罵と嫉視の重囲の中ニ戦ひ来たるを思ふニ独り苦笑致し居候。閣下よりの御懇書茲ニ難有御礼申上候。末筆なから国事多端の折柄閣下の御自愛只管祈り居候。　敬具

正力生

伊沢閣下

二伸　一両日前粗品別送致し置候間御笑味願上候。

〔註〕封筒表　信州軽井沢一〇三二　伊沢多喜男閣下座下。同裏　東京市京橋区銀座西三丁目一番地読売新聞社　社長正力松太郎　昭和十七八月六日。

白川義則

1　8月30日

拝復　益御清穆奉賀候。陳ハ人事ニ関し御懇詞を辱ふし恐縮之至りニ候。御承知之通り迂生之信条ハ公正之二字ニ有之候故志を実現せしニ外ならす候。右御答迄。　草々敬具

八月三十日　　義則

伊沢雅兄

〔註〕封筒表　信州軽井沢別邸　伊沢多喜男閣下親展。同裏　東京麹町区永田町一丁目　白川義則　八月三十日。

白根竹介

1　大正13年7月14日

拝啓　炎暑之候益御清適奉賀候。陳者不肖今般東京府内務

部長より当県知事を拝命こノ七日着任仕候。右ハ偏ニ閣下御推挙の賜と拝承致御厚情の段難有奉深謝候。実ハ在京中親しく拝趨御礼申上度本意ニ候処折柄御多端の際ニもあり何かと取紛れ遂ニ其時を逸し誠ニ申訳無之候。当地ハ二年前の任地故目下の処御蔭を以て万事好都合ニて仕合せニ存居候。精々公正ニ勤務致度所存ニ候間此上とも一層御懇情の程奉願上候。何れ上京の砌万々申上度も不取敢書中を以て右御礼申上候。　敬具

大正十三年七月十四日

白根竹介拝

伊沢賢台閣下

追て炎暑の候長良川の清遊も又一興ニ候。御繰合せ御来遊の程御待申上候。

〔註〕封筒表　東京府下巣鴨町西巣鴨宮仲二五一七番地　伊沢多喜男様親展。同裏　岐阜市京町一　白根竹介。

杉本敏夫

1　昭和6年8月28日

謹白　私は以前より先生の御名は聴いて居りました。殊に馬場恒吾氏の「政界人物評論」によつて先生の見識と力量に青年らしい敬仰を覚えて居りました。又後藤文夫氏を貴族院議員に推挙せられたのは先生である事を聞いて愈敬仰の念の深まるを覚えます。

後藤先生は何等の縁もない私の厚顔なる御願ひにも拘らず私の求職に関し実に懇切に世話し奔走して下さいました。御尽力の効果は私の無能の為に未だ顕れては居りませんが先生の御親切には私は死すら敢て拒まぬ位感激して居ります。後藤先生はまだ〳〵大成されるお方と信じて居りますが皇国の為にもそれを念じて居ります。此のお方を推挽されたのが先生だと聞いて親しみの情と敬慕の念は深まりました。更に今回浜口雄幸氏の薨去に際し多くの名士の中で先生の語られたのが親友を懐しみむ《マヽ》真情に溢れて一番深く感ぜられました。

誠心重厚の浜口雄幸氏の無二の親友と言ふだけで先生に敬愛の情を捧げたくあります。明日は浜口雄幸氏の御霊に参拝したいものと思つて居りますが浜口さんを非常に尊敬し且つ好いて居た私は先生に対し故浜口さんの御遺意を体し浜口さんのと二人分を国家に尽される様お願ひ致します。それが又浜口さんの無二の親友たる先生の務であると考へずには居られませぬ。

頓首

昭和六年八月二十八日午後十時

杉本敏夫

伊沢多喜男先生玉台下

〔註〕封筒表　府下北豊島郡西巣鴨二五一七　伊沢多喜男先生玉台下御直披。同裏　市外東調布町嶺六七〇新竹堂　杉本敏夫　八月二十八日夜。

鈴木信太郎

1　昭和22年3月7日

謹啓　益御清穆奉賀候。刻下国事多端未曾有ノ難局ニ際シ御心労御多繁ノ程寔ニ恐察ニ不堪候。切ニ御自愛御加餐奉悃禱候。

小生御地滞在中ハ前来ノ欠礼御咎モナク毎々不渝御高情相蒙リ真ニ感泣ノ外無之候。拝謝ノ辞モ無之次第只唯胸中御諒察奉願上候。今般帰郷ニ際シテモ御奥様ノ御親切ニ依リ切符容易ニ入手スルヲ得客月二十五日朝伊東発途中白河ニ一泊翌二十六日無事来着途中列車モ比較的楽ニテ頗ル仕合致申候。数々ノ御懇情洵ニ忝ク奉存候。当地寒冷度ハ予想以上ニ有之只食糧丈ハ甚楽ニ御座候。当分ハ滞留休安ノ予定ニ御座候。

帰来三四者ニ面晤致候処官公吏等俸給生活者ハ大部分真相ヲ探究スル事ナク唯偏ニ現状不満ノ為現政局ノ変転ヲ望ミ居ル模様ニ被察申候。殊ニ教育職員等挙ケテ之ヲ思フガ如ク而モ政変ノ結果例ヘバ社会党共産党政権ヲ握リタル場合具体的ニハ如何ナル政策ト相成ル乎ニ付テハ頓ト研討（ママ）ヲ加フル事ナキ漫然タル現状政変ヲ希望スル如キ態度ナルハ憂慮ニ堪エサルモノト愚考仕候。他方従来ノ有産階層ハ農地調整、財産税等ノ為悲観一方ニシテ何等積極建設的意見ヲ述フルモノナキ状態ニ見受ケラレ申候。斯クテハ民心ノ安定産業復興ハ甚遼遠ノ観ヲ呈スル様ニ被存申候。更ニ政治各般ニ亙リ寧ロ無思慮ニ社会主義的政策ノ実現ハ殆ント国民ノ全般ニ亙リテ勤倹力行貯蓄ノ風ハ掃地影ヲ失ヒ国家再建ハ果シテ何時ノ時代タルべキ乎心痛ノ次第ト存申候。

此ノ如キハ所謂有識階層ニ於テ真ニ民主々義ニ徹シ所信ヲ率直ニ開陳スル事ナク偏ニ右顧左眄袖手無為ニ打過クル事ニモ大半ノ責任ヲ帰スヘキモノ非サル乎現ニ此度ノ各種選挙ニ付テモ思ハシキ政見ノ発表ニ接セサルハ寔ニ遺憾ノ次第ニ被存申候。

極メテ御多繁ノ砌乱筆粗雑ノ事ヲ申上ケ御眼相煩ハシ申上候段恐懼ニ不堪候。平ニ御海容被下度奉願上候。

乍末筆時下余寒尚烈敷折柄御自愛専一ニ被遊度奉祈上候。

先ハ右御礼御挨拶旁得貴意度如此御座候。　頓首謹言

三月七日　　鈴木信太郎

伊沢閣下御執事

追伸　過般御邪魔申上候節御郷里ニ御転住方郷党ノ面々御

勧申上候様拝承仕候処此度小生帰郷致候ニ寒気ハナカ〳〵コタヘ申候。付テハ冬期ハ是非伊東ニ御過ゴシ相成候様御決定相成候様乍余事偏ニ奉祈上候。　又拝

〔註〕封筒表　静岡県伊東町松原　伊沢多喜男閣下御執事。同裏　山形県東置賜郡宮内町田町三四三一　鈴木信太郎。年は消印による。

2　昭和　年7月2日

謹啓　御無事御到着の御事と奉恐察候。

当地御滞在中は始終御邪魔申上無復御垂教相蒙り寔に難遇幸運に浴したる想致し感激に不堪候。将又拙有の小耕地に関し前田氏御紹介被下重々の御親切唯只恐懼の至に不堪候。数々の御高情千万忝く御礼申述ふる言葉も兼見出申候。衷情御諒察賜はり度奉願上候。

前田氏には其後引続き御奔走被下居候。万一好都合の解決を見は寧ろ望外の僥倖とも存申候。

御出発後当地天候日々陰陶の他別事無之様に御座候。只小生御別れ後恰も所倚を失ひたる虚脱の如き感致申候。乍末筆御揃折角御自愛被遊度奉祈上候。

尚御奥様よりは常に格別御懇情賜ハり毎々結構なる御品々御恵与を蒙り洵に有難く愚妻共々日夜鳴謝の念に被駆居申候。何つれ愚妻よりも御挨拶可申上候処幾重にも厚く御礼申上候。先は不取敢右御礼申上度如此御座候。

乱筆平に御海容被下度奉願上候。　恐惶頓首

七月二日　鈴木信太郎

伊沢閣下御執事

〔註〕封筒欠。書翰裏に「伊東市　鈴木信太郎」との書込あり。昭和年9月17日付伊沢多喜男宛鈴木信太郎書翰に同封。

3　昭和　年9月17日

謹啓　昨今秋冷相加申候処如何被為渡候哉奉伺上候。

先般ハ御移行御疲ノ中ニモ不拘御丁寧ナル御手紙ヲ賜ハリ恐懼ノ至ニ不堪候。其後御左右御伺申上度思乍延引今日ニ及ヒ欠礼ノ段何共御申訳無之候。偏ニ御寛恕ノ程奉仰候。

小生帰郷以来幸ニ無事殊ニ地方ハ何ト云フモ食糧事情ハ東京伊東等ニ比シ遥ニ良好ノ為身体モ余程旧ニ復シタル様ニ覚エ申候。

伊東出発ノ際中村邸訪問申上候処中村氏モ頗ル元気ニテ其際十月ニハ復閣下御越ニ相成ル事ヲ語リ頗ル楽ミニ御待申上クル様子ニ御座候ヒキ。最近ノ便ニヨルニ伊東モ余程凌キ易ク相成候旨申越候。十月ニ入ラハ涼味一入ト相察申候。当地ノ如キ片田舎ニテハ中央政治ニ対スル関心ヲ有ツ者モ殆ンドナク晴耕雨読生活ニハ申分無之候。但文化施設無之為古本ヲ引出シ又ハ女学校ノ蔵書ヲ見セテ貰フ以外ハ日々

新聞ヲ見ルニ止リ候。地方情勢ハ殆ント政治無関心トモ謂フヘク民主々義ノ発展等ニハ到底実現ヲ期シ難キ民度ニ被見受申候。此点ハ長野県等トハ甚敷隔リアルモノト存申候。政界ノ模様ハ要スルニ民主党ガ落付クニ非サレハ不安定状態ヲ持続スルモノ、様ニ被存申候。一日モ早ク適正ノ落着ヲ見ンコトヲ念シ申候。

十月ニハ小生モ伊東ニ参リ度考居申候。只例ノ私生活十年維持工作ノ為月初ニ参ル事ハ或ハ困難カトモ案セラレ申候。早ク再御雄貌ヲ拝シ御垂教蒙リ度念願此事ニ御座候。

乍末筆御揃御摂養専一ニ被遊度奉祈上候。

先ハ乍遷延御伺迄如此御座候。　恐惶頓首

九月十七日　鈴木信太郎

伊沢閣下御執事

〔註〕封筒表　長野県軽井沢旧軽井沢一〇三二　伊沢多喜男閣下御執事。同裏　山形県宮内町田町　鈴木信太郎。昭和　年7月2日付伊沢多喜男宛鈴木信太郎書翰を同封。

鈴木　登

1　昭和16年8月12日

謹啓　時局愈々重大を加へ候折柄益々御多祥の段邦家の為慶賀の至りに奉存候。

陳者過日は幸ひ御拝眉を得種々御高教に与り深謝申上候。

其の節にも御願申上候通予て御高庇を忝ふ致し居候信濃宮神社御創建事業も学徒の勤労奉仕により着々進捗中に候処近く地均工事も完了の運びと相成候に付愈々本格的造営工事計画に着手致す為来る十八日之が関係各位と実地踏査の上同地に於て創建奉賛会役員協議会相催し度候間幸ひ閣下の御光臨を賜り候はゞ参集者一同の光栄は固より本県の為且又事業完遂の為此の上無き事と奉存候。

就ては時局殊の外御多端の折柄恐縮とは存じ候へ共枉げて御来駕相仰ぎ度此段以書中奉懇願候。尚御日程並時間等別紙の通御高覧申上候間御都合宜敷時間御漏し賜り度併て奉懇願候。　敬具

昭和十六年八月十二日　鈴木登

伊沢多喜男閣下

〔註〕封筒表　北佐久郡軽井沢町一〇三二番別荘　伊沢多喜男閣下。同裏　長野県知事鈴木登。「別紙」なし。

2　昭和(21)年3月7日

拝啓　春寒之砌益々御清勝之段奉賀候。陳者先般ハ参堂久々にて御健客を拝し欣賀の至ニ奉存候。

其節ハ不一方御懇情ニ浴し何とも御礼の申上様も無之候。微力短才の私の将来ニ付ても何くれと御尊慮を煩し居候事唯々恐縮の至感銘ニ不堪候。御懇情に甘へて長座仕り御迷惑不少御事と後になつて申訳無く考へたる次第御海容只管奉願上候。

物部知事へハ早速手紙を認め候得共会議上京と行違ひになりてハと存内務省文書課長ニ託し置候。小坂武雄氏にも手紙して当時の出席者として善後措置煩し度申送候処当地への返事にハ当時欠席してバッサリやられた方であるとの事ニ候。

小山邦太郎氏ハ小諸ニ帰省して在京致さず月末か来月初旬再度上京致度と存居候間其際ハ是非御目ニかゝり度ものと存居候。河井様御様子ハ掛川報徳社にて御目ニかゝり申候。甘藷小麦等増産ニ身魂を打ち込まれ居らるゝにハ大ニ打たれ申候。是非泊つて今夜丁度常会があるから見て行つてくれとの御懇切な御言葉も有之候得共往復切符ニ制限され墓参を急ぎ候為次回ニ割愛して頂き申候。

呉ニ閑居無為ニ過し候事も無意義ニ存ぜられ東京引揚も入京制限と交通食糧難の為意ニ委せず候得共私一人丈けなりとも東京在住を本体と致度と考へ直ほし近々再度上京を決意致居候。実兄が本郷西片町十番地い三十六号（竹内薫兵）に之も戦災ニ焼出され仮住居致居候間其処ニ厄介ニなるつもりに有之電話小石川五四一九に候。時々呉ニ帰る計画にハ候得共在京中ハ屢々御高教相仰度参堂の心組ニ候間何卒宜敷奉願上候。

時下御大切の御体何卒呉々も御摂養御自愛の程奉禱上候。先ハ乍延引御礼迄。　敬具

三月七日　鈴木登

伊沢多喜男様侍史

〔註〕封筒表　静岡県伊豆伊東町松原中村別荘　伊沢多喜男様侍史。同裏　呉市阿賀郷町百三十九番戸　鈴木登　三月七日。年は内容による。

3　昭和21年9月15日

拝啓　其後ハ御無音に打過申候。秋冷之砌愈々御健勝之御事と奉賀申上候。扨て私身上ニ付てハ是迄格別御心ニ懸けられ不一方御高配を賜り居候事何とも難有感銘の外無之厚く御礼申上候。河井先生亦種々御配慮を賜り恐縮の至ニ奉存居候。焼残りの呉方面に於てハやはり私ニ適する様な仕事ハ現はれて来す七ケ月も無為ニ過し申候。然るところ此度曾て京都府庁に於て私経済部長の頃知事として御仕へ致したる事のある鈴木敬一氏が社長をして居られる復興建築助成会社に来てはどうかとの御話有之地位も待遇も良くは

ないから是非にとは云へないが遊んで居ても仕方があるまいからとの御勧めに従ひ勤務の意動き河井先生にも御相談の上先月末頃より勤務致す事ニ相成申候。今の処家族ハ呉に在りて私単身上京寄寓生活に候。

此の会社ハ東京市長を遊ばされ候御事故或ハ御辱知を賜り居候事かと拝察致居候。関東震災直後東京都及横浜市に鉄筋建物普及の為に設立されたるものにて両市ニ於て起債政府資金の転貸を受け之を事業資金として鉄筋建物の建築を拡め来りたるものに有之一昨年迄長延連氏社長たりし由に候。今後ハ専ら戦災復興の為に住宅建設ニ積極的ニ進出致すべきものと存居目下計画中ニ有之何卒不相変宜敷御指導賜度奉願上候。其内機を得て是非拝光の栄を得度ものと念願致居候。呉々も御自愛被遊度奉禱上候。先ハ御挨拶迄。

頓首

鈴木登拝

伊沢多喜男様侍史

〔註〕封筒表　長野県軽井沢町　伊沢多喜男様侍史。同裏　東京都武蔵野町吉祥寺二五四六ノ一七竹内方　鈴木登拝　九月十五日。年は消印による。

4　昭和(21)年10月2日

拝啓　秋冷相加はり候処愈々御健祥之段慶賀之至ニ奉存上候。過日ハ御懇書賜り難有拝誦仕候。扨て私身上ニ付てハ平素不一方御高配を辱う致居候事何とも感謝の至ニ不堪候。

御尋ねを賜り候追放該当の有無ニ付てハ一月四日附の文書ニ基き府県翼賛会支部長たりし事が明かに該当条項と相成居候間追放の範囲ニ入り居るものと存居候。態々御心ニ懸けられ改めての御尋ねニ候間内務省ニ参り事務当局ニ確かめ候処該当者の範囲ニ入り居る由に候。過般来新聞紙上ニ追放者氏名登載せられ居る者ハ現職者なる為審査の要ありて審査を行ひたるものにて審査請求無き者ニ就きてハ当局より進んで審査するが如き事ハ為さゞる方針なるも官公職就任の為には事前ニ審査を請求せらるべきものにてそれ迄ハ当局としてハ放任し置くとの事ニ候。右様の次第にて私も実質上該当し居る次第にて今回会社入致候事も結局追放者として許されたる範囲ニ於て大ニ働き度との念願ニ出でしものに不外候。何卒不悪御諒承賜り度今後も不相変の御指導相仰度偏ニ御願申上候。鈴木当社長にも御書面之趣相伝へ候処御無沙汰申訳なき事宜敷申上願度との申出有之候。

御自愛切ニ奉禱上候。

敬具

鈴木登拝

伊沢多喜男様侍史

〔註〕封筒表　長野県軽井沢町一〇三二　伊沢多喜男様侍史。同裏　東京都武蔵野町吉祥寺二五四六ノ一七竹内方　鈴木登　十月二日。年は内容による。

鈴沢恒啓

1　昭和22年2月10日

前略　爾来御無沙汰致居候得共兼テ交宜ハ遊サズ働キ居候。前内務大臣ハ最モ軽井沢ノ特異性ハ勿論野沢理事迄充分ニ御了解被下居候間総テ好都合ニ相運ビ居候。愈最終日ニ賢台閣下ヨリ電話有之候間直チニ相伺タルニ例ノ件ハ何トモ御気之毒ナガラ大臣ガ変ルコトト相成私モ辞表ヲ昨日提出セル様ナル次第ニ付キ今更如何トモ致シ難ク多分明日カ明後日ハ発表サル可シトノコトニテ其通リ実行相成候事ニ御座候。別紙之如キ書面今回ノ大臣次官之御手元へも差し出シ有リ。東京ノ小生ノ秘書木下是則笹山巌両人役処ノ用事ヲ見テ時期来リ次第電話ニテ知ラセ来り候早々憂居候間通知来リ次第出京早速手続可致候。今度ノ大臣モ長野県に出生之由ニ候間或ハ前大臣同様之了解ガ或ハ得ラレ候哉ト窃カニ楽しみ居候。一度御尋ね申上度ト存居候得共一寸此之処手透出来御伺可申考居候。其節ハ又可申上候。人事ヲ尽して天命ヲ待ツ迄ヤリ可申企図致居候事ニ御座候。

尚今ニ如右上下共に変化ノ甚敷ニハ閉口ノ外無之善キコトハ直チニ行ヒ悪敷ハ直チニ止ムルト云フ様ナル方式宜敷カと存居候。先は右要用迄。

草々頓首

〔欄外〕二十二、二、十

〔註〕封筒表　県内伊東町松原中村別荘内　伊沢多喜男様親展。同裏　県内熱海市西山田六〇五　鈴沢恒啓　二十二年二月十一日。「別紙」なし。

須田以素

1　大正(3)年8月17日

啓し上候。酷暑きびしく御座候へとも御二方様御はしめ御揃ひ御機嫌よく被為入候御事有かたかり申上候。御細々との御文賜り有かたく拝見申上候。

般若心経の事仰被下恐れ入候。此度の事ハ警視総監被成居候御因念ならん哉。然し其ため新聞映画なそと見世物ニ相成候事昔者の手前には恥可きと恥つかしく候へとも然し是か元にて他人に菩提心を発こさする衆生済渡のため仏菩薩の深き思召ならんとイヤ〱なから観念致し居候。佐々木老人御世話さまニ相成有かたく御礼申上候。信心気ハ出居り半んも友たちなき容子気の毒千万丈夫ニ候ハヽ何哉話しも致し度と存候もおよはす候。申上すとも御承知とハ存上候へとも如何に仏道臨済宗を深く信し猶此事ニつき心淡き候事聴へ申上置度孝蔵静海にハ話し聴かせ候。猶壱ツお世辞の様て御座りますか御奥方徳子様ハ実に有り難き御方先年紀州にて厄介ニ相成候せつも申上候通り有り難き御方親類中ての一番ニ被為入候。

六十年の豊年と御喜ひ申上居序ニ私も目か高いと自慢ニ候。早年可年今年ハ兎角工合あしく多分此手紙か終りてなけハ有かたく。折角御身御太せつ願ひ上候。かしこ

八月十七日　　須田以素拝

伊沢多喜男様

内田夫婦よく世話致しくれ喜ひ居候。

〔欄外〕此手紙漸く認め失礼多御座候も御ゆるし願ひ候。

〔註〕封筒表　長野軽井沢　伊沢多喜男様。同裏　神奈川県茅ヶ崎　須田以素　八月十七日。年は内容による。

須田静海

1　昭和(13)年8月16日

拝啓　陳者朝夕の涼味秋気を覚へて参りました。先日御家庭より長野へ長野にて上条出所帰家のウハサに二三日を過し公判開始迄帰家出来ぬとの事に七日伊那へ帰りました。十一日青霄院一週忌日（此日東京にては白山の寺に預り置きし遺骨を深井の墓に納む）につき前夜より木ノ下へ静子の許親類誰彼参集和かに法事が営まれました。翌十二日木下信氏を訪ね氏が軽井沢へ参上の話を承はりました。別紙杏雲堂事務長竹下弥兵衛状御覧に入れます。御仰せを含み長野より同人へ差出しました返書で御座います。書面に心持はワカリマスガ事実上の便宜は確実性乏しく存せられますが若し御便利の御考へも御座いましたら御直になり又私よりなり申つかはし度う存します。

おかげにて元君へ通信はま子嬢より委細（近日東京へ引上げ）の近状を知らせてくれました。勝麿君夫婦時折り伊那部へ立寄り小息みして行かれますが私はカケチガヒマダ面会致しませぬが信毎新聞社の後援、伊那町国民学校内町立高女の教室にて吃音矯正を本十六日迄開催、十八日頃歯の治療に赤穂へ見へる由、又之は知人の家にての話に勝麿夫人が食料配給所に髪にシラミ取繕はぬ衣装にて行列に加はり居りて大声に呼ひかけられて困つたと其家人の話又夫人は按摩が上手にて伊那町の長谷川と云ふ家へ近頃は毎日来られて希望者に施術して居られるとも聞かされました。之も農業校長の退任は木下信氏より御報を承はりました。時の流れの様に存します。

中村広司氏盆詣りと子供伴れに生家へ来られ対面仝氏伊東へ御訪問軽井沢へ御出向の御留守なりしと仝氏も辞令を（嘱托）を受け勤務、将来は或は宮崎方面か何れかへ転務との事を話されました。

月送り盆に此地方賑はひ電車混雑其中を夕〻よひ戸田千葉

氏を訪ねましたが上京中先日の御言伝ては長野より葉書して置きましたが其葉書も東京へ廻送した由妻の話で御座いました。

二十一日は上条の公判全日は克巳の弟が出長の手筈で御座います。

右雑報尊眸を汚します。御奥様始め御家内中様へ宜敷御芳声願上ます。

八月十六日　　静海拝
伊沢老台座下

〔註〕封筒表　県下軽井沢町　伊沢多喜男様。「当分保存」。同裏　上伊那郡赤穂町花咲町須田克巳内　須田静海　八月十六日。8月8日付須田静海宛竹下弥兵衛書翰を同封。年は内容による。

須田卓爾

1　昭和4年8月12日

拝啓　残暑意外に酷敷候処御左右如何に御座候哉伺上候。

扨先日ハ貴外孫洋一君不慮の災厄ニ遭遇セラレ候ニ付てハ幾度カ御悔ミ状に着手致候得共御近親方の胸中ニ引キ較へ暗涙湧出終に投管の止むなきに至り候段御諒察可被下候。

御奥様も芦屋御滞在の由逐日御淋敷御儀ト御同情申上候。乍延引右御見舞申上度如斯に御座候。小生も去ル二日来旅行中の処愈昨日より遊歴中に就業の身と相成申候。

山梨総督も愈辞任の決心相成候様紙上にて想像致居り候。

従て兄の御噂も到る処耳に致居り候得共小生ハ医師之立場として健康上兄の出芦を堅く御止め申上ぐる次第ニ御座候。

老婆心御一考被下候ハ丶、本懐之至りに御座候。

佐藤達弥の従兄大井伝重君の手紙御手許に差出申候。御一閲被下度候。右要事旁如此に御座候。尚時候切に御自愛専一祈上候。　敬具
卓爾
多喜男殿玉几下

〔註〕封筒表　長野県軽井沢別荘一〇三二　伊沢多喜男殿親展。同裏　東京市小石川区春日町　須田卓爾　八月十二日。年は消印による。

住友吉左衛門

1　大正10年3月10日

謹啓　時下愈御清穆大慶奉存候。陳者此度万国商事会議御参列之為不日御渡欧相成候趣国家之為慶賀之至奉存候。何卒御自重首尾能御任務を全ふせられ御帰朝之程奉祈上候。
御出発前親しく御送別も申述度存候へ共彼是取込不任其意何卒不悪御諒恕被下度奉願候。就ては誠ニ乍雅少御餞別之

誠意を表し度金壱万五千円別券小切手を以て拝呈致候間御受納被下度存候。右御挨拶旁如此御座候。　敬具

大正十年三月十日

住友吉左衛門

伊沢多喜男殿玉几下

〔註〕封筒表　東京府北豊島郡西巣鴨町宮仲五一七　伊沢多喜男殿親展。同裏　大阪市南区天王寺茶臼山町　住友吉左衛門。大正(10)年3月12日付住友吉左衛門宛伊沢多喜男書翰を同封。

関屋貞三郎

1　昭和11年12月30日

拝啓　先日は御邪魔奉恐謝候。其節御下命の謹話一二年前のものニ有之筆記甚不完全ニ候へ共差上候間御閑之節ハ御高覧願上候。

此頃ハ訂正増補致しモウ少しよくなつてをると存候。他日印刷ニ附し候節ハ差上可申候。

芽出度御迎歳御自愛是祈候。　草々頓首

十二月三十日

関屋貞三郎

伊沢老兄侍史

〔註〕封筒表　西巣鴨二ノ二五一七　伊沢多喜男様親展。同裏　東京市麹町区紀尾井町三番地　関屋貞三郎　十二月三十日。年は消印による。

2　昭和　年1月22日

拝啓　先日拓相官邸ニ於ける食卓ニて御話申上候印刷物御覧ニ供し候。要は皇室御仁慈の御精神を明かニせんとするニ在り元より甚不十分之ものニて実ハ御覧ニ入れ候程のものニハ非す候。　草々頓首

一月二十二日

関屋貞三郎

伊沢老台侍史

〔註〕封筒表　豊島区西巣鴨二ノ二五一七　伊沢多喜男様。同裏　東京市麹町区紀尾井町三番地　関屋貞三郎。

3　8月30日

拝啓　先日来御伺申上度処時々東京へ往復と罷居主義ニて之に対し旧知加納久朗君来遊ニ付倫敦の御話を承り度本日粗末乍十二時半頃午餐会を催度御来臨を願ハヽ幸甚ニ存候。甚唐突ナカら御貴見如何。右迄。御来客ノ方有之候ハヽ御同伴下され候。

後藤君も来会、尚小野塚博士ニも御願致候。

八月三十日

関屋貞三郎拝

伊沢老台

〔註〕封筒表　伊沢様侍史　関屋生拝。

相馬敏夫

1　昭和　年1月16日

厳寒の折柄にも拘らす益々御清栄誠に慶祝の至りてあります。さてこの度は父の死去に対して早速御懇篤な御見舞を頂き有難く御厚意の程深く御礼申し上けます。父も終戦直前に病を得て臥床、苛烈な空襲時を帝大病院に送り敗戦となり、一生を捧けた台湾の事業か根底から失はれ行くのを直視しつゝ約半年に亙る闘病生活をして晩年を終った父も気の毒に存しました。然しこれも国の運命、人の一生として止むを得ぬと存します。

県政に従事しております私の現在の気分は腹に力を入れて行政をやり得ぬなさけなさをつく〲味ふといふ処てあります。マ指令と行政整理で官吏は動揺、食糧事情は逼迫、工場の転換不如意等は大きな現在の現象てあります。全く県民も役人も虚脱ノ状態でこのまゝては終戦までは敗戦への途を辿りし日本は今亡国への途を辿っているものと思はれてなりませぬ。県民を十分に指導し得ぬのは長官の責任と痛切に申訳なく思っております。新内務大臣による御指示によって進退善処の考へてあります。

時局柄呉々もお大事に願ひ上けます。

一月十六日　　相馬敏夫

伊沢先生

〔註〕封筒表　静岡県伊東町中村別荘　伊沢多喜男様。「当分保存」。同裏　宇都宮市知事官舎　相馬敏夫。

添田寿一

1　大正15年7月20日

拝啓　御多祥奉賀候。

此度枉ケテ市長御就任承引ノ儀市民ノ一人トシテ感謝此事ニ候。封入竹蔵氏貴台へ推挙ノ依頼ヲ受ケ拝眉懇願ノ心得ニテ尊宅ニ相伺候所御転地中ノ由承ハリ甚タ乍略儀以書中御願申上候。

呉々モ此際十分ノ御保養奉祈上候。

七月二十日　　添田

伊沢殿

〔註〕封筒表　軽井沢旧軽井沢鶴屋　伊沢多喜男殿親展。同裏　東京市麹町区富士見町一丁目一番地　添田寿一。年は消印による。

曽我部俊雄

1　昭和14年4月20日

謹啓　久敷御疎遠御申訳も無之候処閣下先以御清康の趣奉賀上候。先般横尾惣三郎氏登山の砌には閣下少々御風気の由承り御案し申上居り早速御見舞可申上筈自分亦神経痛の発作になやまされ失礼に打過居候処昨夜今回当府経済部長より北海道へ御栄転の近藤壌太郎部長来山御一泊閣下の御近状も承り更に御全快の由も承り安心仕候。

昨夜は深更まて和歌山県に於ける知遇の事共近藤先生に御話し申上候。又前に横尾氏よりも同様に礼讃の声期せすして一致し徳音を偲ひ上候。近く東上の砌必す拝趨御機嫌奉伺可仕何卒御自愛専一奉祈上候。　　敬具

二十日　　　　　　　　　　金剛寺　俊雄小衲

伊沢多喜男殿閣下

〔註〕封筒表　東京市豊島区西巣鴨町二ノ二五一七　伊沢多喜男殿閣下恵展。同裏　河内天野山金剛寺　曽我部俊雄　四月二十日。年は消印による。

2　昭和　年11月25日

謹啓　晩秋冷気頓に相加り候処閣下愈御清康為邦家慶祝至極に奉存上候。さて衲幸に無事例に依り曼荼羅国家認識の必要を力説して四方同行の精進を相すゝめ居候。特に近代の世相と当今の時勢に察して現任地天野山金剛寺の寺歴を案し如何にして之を活かすへきやに腐心致し晩生を此一事に捧けたしと決定罷在候。御承知の如く吉野朝式微の際楠家三代の奉公を扶け正平年間には南北両朝に一山を挙けて奉仕をし勤王護国之寺としての名刹金剛寺は現今ニ於も適切なる国民教化之道場なりと確信仕居候。右につき平生の知遇に甘へ来る十二月中旬頃を期して帝都に於て天野山金剛寺を語る会を催ふし御高見拝承且は御鞭撻を賜り度熱望罷在候。就ては前以て東上親しく御都合相伺ひ候上日時等決定仕候間何卒御繰合せ御出席賜り度予め奉懇願候。万々拝眉可申上候。　　恐々頓首

尚右会合に御招請申上へきは

秋田清　　阿部信行　　荒川五郎
荒木貞夫　　伊沢多喜男　　乾利一
江口定條　　荻野仲三郎　　川島義之
倉元要一　　黒板勝美　　小泉策太郎
香坂昌康　　柴田善三郎　　滝精一
徳富猪一郎　　野村吉三郎　　町田辰次郎
松永安左衛門　　安岡正篤

等の閣下諸先生に御座候。

十一月二十五日

河内金剛寺住職　曽我部俊雄

伊沢多喜男殿閣下

〔註〕封筒表　東京市豊島区西巣鴨二五一七　伊沢多喜男殿閣下恵展。同裏　大阪府下南河内郡天野村金剛寺　曽我部俊雄　十一月二十五日。

高瀬青山

1　昭和　年8月14日

孟子曰、仁言不如仁声入人深也。善政不如善教之得民也。善政民畏之、善教民愛之、善政得民財、善教得民心。

謹言　昨夕ハ突然参上御無礼申上候。御高教を拝謝申上候。本早朝客窓に孟子をひもとき尽心章句十五章に右の一節を見出し特に心を打たれ候間書きとめ申候。文教人を失ひ道義地を払ひ候当今特に心をひかるゝ一節に御座候。田中文相等には再読三考を願まほしき点に御座候。

五島慶太氏主唱の高速鉄道の件内容御きゝ取りの上内閣の方針決定に御力を賜り度同氏只今当地に在る筈に御座候間御呼寄せ御きゝ取り被下度候。

梶井氏の学校経営の件御心に止め置き被下度適当なる機会に善処方御忠言を要する次第御忘れ下さらぬやう御願申上候。

拝具

八月十四日早朝

青山拝首

伊沢様侍史

〔註〕封筒表　伊沢多喜男様御直披。同裏　高瀬青山拝　八月十四日。

高田耘平

1　昭和14年3月31日

拝啓　台湾米移出管理反対の件先生の非常なる御努力にも拘はらず遂に其目的を達し得ざりしは甚だ遺憾に堪へざる次第に有之候。小生は此後の議会に於ても反対意志を継続して其目的を達し度と存じ仕り候間此後尚御指導を垂れ下され度御願ひ申上候。

就て此後の調査材料として過般御手許に差上申し候政府提出の各種統計資料小生手許に保存致し度候間甚だ御手数の至りに有之候へ共御送附被成下度申上候。

敬具

三月三十一日

高田耘平拝

伊沢多喜男殿其下

〔註〕封筒表　豊島区西巣鴨二ノ二五一七　伊沢多喜男殿御直。同裏　王子区赤羽町四ノ二〇八一　高田耘平拝　三月三十一日。年は消

印による。

高橋守雄

1 昭和2年4月25日

拝復 時下益御清康ノ段恭賀ノ到ニ奉存上候。陳内閣突然更迭致財界空前ノ混乱ヲ来特ニ帝国ノ対外信用ヲ大ニ傷ケ申候段真ニ遺憾ノ到ニ不堪候。内相新任ト共ニ小生ノ辞職説頻リニ相伝ハリ候ノミナラズ郷里ニ於ケル知己ノ者ヨリモ再々小生ノ決意ヲ促シ来リ候者有之迷惑致居候得共御来示被下候如ク小生ハ何等辞表提出ノ必要ヲ認メ不申候ニ付貴諭ノ通リ泰然冷然不相変職務ニ励精致ス決心ニ有之候間何卒御安心被下度候。乍去警視庁内ニ於ケル人事ノ更迭ヲ静観致候モ特ニ新採用ノ人物ヨリ推考致候モ近々小生ガ浪々ノ身ト相成候コトハ十分疑可無之ト覚悟致居候ニ付此点モ亦御含置被下度奉願上候。御多忙中ニモ不係態々小生ノ為メ御懇篤ナル御教示ニ預リ御芳情感激ノ到ニ不堪厚ク御礼申上候。　恐々謹言

四月二十五日　高橋守雄

伊沢多喜男殿侍史

〔註〕封筒表　東京市外巣鴨宮仲　伊沢多喜男殿必親展。同裏　長野市県町　高橋守雄。年は消印による。

高広次平

1 昭和7年8月12日

拝復 炎暑之候少々御気分悪敷候趣時節柄切角御保養一日も早く御全快切ニ祈上候。

陳者本日御芳書正ニ拝見毎度御厚情ニ仰セ被下唯々感謝罷在候。迂生北海道より本朝帰宅仕候。貴院選挙ハ一昨日金岡又左衛門君ニ当県ハ民政党候補として決定仕候。貴意ニ叛き候ハ甚た申訳無御座候へ共已ニ前述申上候通り適当なる人物なき時ハ勿論立候（ママ）可致覚悟ニ有之候も金岡君ハ人格識見申分なき人ニ有之迂生も懇意ニて決定致候次第当選之上ハ同成会ニ入会被致候間不悪御賢察希上候。詳細ハ不日上京親敷御面接之上万々可申上候。

時下御身御大切ニ被遊度候。

右不取敢御請旁御詫申上候。　敬具

第八月十二日　高広次平

伊沢多喜男様御侍史

石川県ハ本多男爵ニ決定（長男爵之兄）致候由御含置被下度候申添候也。

〔註〕封筒表　長野県軽井沢一〇三二　伊沢多喜男様御直披。同裏　富山県福岡町　高広次平　第八月十二日。年は消印による。

高山長幸

1　大正13年4月10日

拝啓　爾来久闊益々御清安奉賀候。政局之変化ニより貴党ト我党とは相提携する事ト相成政党といふものハ面白きものニ御座候。小生も従来代議士として一度も面白く感したる事無之只今四分裂後ハ初メテ面白く感し居候。いつれニセヨ政党改造之時到来国家の為メニハ喜ふ可くト存候。小生選挙区第五区より窪田文三氏擁立是ハ恐るゝニ足らすト候得共大体ニ於て擁憲派が本党を助くるといふ事ハ言語同断夫れも善いとして今回窪田を助くる西村一派は結局本党へ走るものト推量せられ貴党将来のため大なる禍を残すものト存候。大洲町吉元誠一郎君抔ハ之ニ同意致すましき模様ニ御座候得共喜多郡ニ於ける憲政幹部が真ニ国党の思慮あるなれば此際十分考慮すへき筈ト存候。松山支部にも異論あり結局黙過する事ニ丈ケ相成候由なれとも党将来の事を考ふれは此区新党の種子を作る事ハ防止せねはならすト存候。吉元岩村辺りへ老兄よりも一書御注意被下候へハ有効なりト存候。右得意度旅中匇忙意中不尽万一。

四月十日　　長幸

伊沢老兄侍史

西下之車中古島一雄君左の詩を示す。

不知天下勢只言国家危請

見穏健客着実即無為

　宮崎知事ハ大ニ遣るらし候。

吹かはふけ嵐はいかに強くとも佐久良かさしていざ戦ハん

呵々

〔註〕封筒表　東京市外西巣鴨　伊沢多喜男様御直。同裏　愛媛県大洲町　高山長幸。年は消印による。

2　大正(13)年4月14日

拝啓　爾来掛ケ違ヒ久しく不得拝眉候処益々御清安奉賀候。護一昨日御来県之由新聞にて拝承時節柄御苦労ニ被存候。護憲三派の協調も地方の実情にてハ中々困難なれとも当区の如き窪田文三君を擁立し憲政会之を援助する事ト相成混乱の状態ニ有之候。此際本党の種子を蒔く事ハ憲政会将来の為め正に不利益の様ニ被思候得共底にハ色々可有之結局織田一派ニ操従されたるものト存候。実ハ右ニ付東京御本宅へ一書差出し置候得共恐らク行違ヒト相成居り候事ト存候。小生も御目ニ懸リ度ト存候得共明日より各村へ巡回之筈ニ相成居り候ニ付此際出松難致県下政情十分御視察是祈り候。右まて候。

四月十四日　草々敬具

長幸

伊沢老兄侍史

〔註〕封筒表　松山市道後鮒屋別館　伊沢多喜男様御直。同裏　大洲町小西方　高山長幸。年は内容による。

3　昭和11年7月21日

拝読　高原ニ御静養健羨ニ不堪台湾之問題にハいつも大御所として政界噂の種子を蒔かれ候にハ事の真偽ハ知らす只其勢力ニ驚き居候。自然御疎遠ニ相成此方よりこそ御詫申上候。熱海山下之別荘ニ御越しの由冬トモ相成候半ニハ一会相催し可申小生も客月二十七日一寸御地まて参り候。千ケ瀧方面の発展にハ驚き申候。福井ハ昨朝参りたる筈一度ハ軽井沢盛夏之近状も見たしト思ヒ居り候。那須山上にハ関東一之ゴルフリンクが出来申候。一度ハ御来遊如何。山下も御地ニ別荘が出来た筈軽井沢ハ年ト共ニ賑かニ相成候。但し賑か過きて休養ニハ如何。那須ハ白雲立来之外人間ハ参らす温泉槽中浮雲を睥睨して暮らすも一興ニ御座候。

草々頓首

七月二十一日

長幸

伊沢老兄侍史

〔註〕封筒表　信州軽井沢一〇三二　伊沢多喜男様御直。同裏　東京市麻布区霞町二十三　高山長幸。年は消印による。

立花小一郎

1　大正(13ヵ)年11月12日

拝啓　其後絶て御無沙汰仕候処益々御清栄奉賀候。小生俵山ヨリ十月初帰京之後尚二三医家ニ就キ治療候処近来頗ル宜敷書債も追々相払稍身軽相成候得共貴族院各団之会合頻繁（大概毎週三四回）ナルニハ頗ル閉口致候。未各派之様子不相分唯々茫然罷在候段御憐笑被下度候。曾て御噂之竹毛筆御留守宅より御届ヘキ由電話有之期待致居候。兼て御配慮相懸候日出男結婚之義俄ニ好縁有之福岡米良郡兵事課長左座美太郎娘静枝ト相定メ月末頃決行可仕候間御承知被下度候。右ハ日出男強て之希望ニて家柄も不悪本人学科も優等ニテ躬行も不悪性質沈静思慮有之者ニ候間先ツ是ニテ満足致候外無之ト奉存候間左様御思召被下度候。尚委曲ハ家内より可申上候間右大要丈御通知申上候。　匆々頓首

十一月十二日

小一郎

多喜男様

〔註〕封筒欠。年は内容による推定。大正13年12月17日付伊沢多喜男宛立花小一郎書翰に同封。

2　大正13年12月17日

拝啓　過日上京中ハ種々御世話ニ相成奉深謝候。其後貴邸へ一度参上御礼可申上候処多用之為メ不得其意離京甚失敬意候段御海容被下度候。浜口蔵相へハ遂ニ拝顔ヲ得ス候得共当地山口商業会議所会頭より委細陳情致置候筈ニ付尚乍些蔵相へ御口添之程奉祈候。御帰台何日頃ト可相成哉一寸御都合出来候ハヽ、御立寄被下候ハヽ、幸甚ト柴田氏トモ御噂致居り候。にても御立寄之儀奉祈望候。

先ハ御礼且御願迄匆々如此御座候。

匆々不一

十二月十七日

小一郎

多喜男殿

尚々台北碁客拙藩小川儀一郎氏御閑散之折御引見相願候。寛子事両三日帰京之筈御滞京中ナレハ御伺致事ト存候間委細当地之状況ハ略筆仕候。

〔註〕封筒表　東京市外西巣鴨宮仲　伊沢多喜男殿親展。同裏　福岡市渡辺町　立花小一郎。年は消印による。大正（13ヵ）年11月12日付伊沢多喜男宛立花小一郎書翰を同封。

3　大正(14)年6月23日

拝啓　其後益御清祥奉賀候。陳ハ先般ハ永々滞台公私共御厄介ニ相成深謝是事ニ御座候。一週日間之短時日なるニ関せす先一通御地之状況も相分り多大なる利益ヲ得満足不過之一方身心之修養にも相成将来一身処世之大方針相立頗ル安心致候。又貴君御生活上之状体も相伺悠々不急時代ニ順応する之御模様感服之至ニ不堪候。是より漸次内地人之確実なる考ニ接し其信頼を繋く事亦一方便ならん歟。帰航ハ往路よりもよろしく二週之旅路難忘相覚候。秘書官始メ熊為斎藤純方等皆誠実ニ世話ニ被致呉ハ誠ニ慰旅情候間御序御一声奉祈候。貴族院之方も先ツ確定ニ近く候ハヽ、来月初旬上京之上最後之決定相期し居候。

匆々頓首

六月二十三日

立花小一郎

伊沢多喜男様

追て徳子様ニハ種々御世話相成御土産沢山頂戴不相済候。宜敷御鳳声是望候。

〔註〕封筒欠。年は内容による。大正14年7月6日付伊沢多喜男宛立花小一郎書翰に同封。

4　大正14年7月6日

拝啓　過日来東海蕃地御巡行御帰還之由炎暑中御苦労奉存

候。併し台湾官吏トシテハ是ガ天職ト被存候間御辛抱之程奉願候。柴田氏も至極元気ニ付管内巡視中大ニ評判宜敷候間御安神被下度候。小生今日迄上京延期致候処昨助役帰福ニ付今夕ヨリ出京予定之通実行可仕候間是又御安心有之度候。例之芝山巌詩其後来城之批評ヲ経更ニ別紙之通決定候得共「薫化西南天地間」トシテ如何ト存居候。呵々。御府属小森徳治氏明石伝編成ニ付必死之有様如何にも気之毒ニ付出来得ル限リ御声援被下度奉祈候。修二氏献燈之一部担任方御承諾被下御高意奉万謝候。費用ハ下僚へ御申付被仰越度奉願候。

内地変局不快不過之東京ハ尚一層ト存候。

右迄匆々頓首

七月六日

小一郎

多喜男君

〔別紙〕

維石巌々聚作山芝葉
叢茂擁幽関偉人曽此始
興学薫化於今遍遠寰

芝山巌読篆兄伊沢修二君碑

愚弟　蜻洲

〔註〕封筒表　台湾台北総督官邸　伊沢多喜男殿親展。同裏　福岡市渡辺通　立花小一郎。年は消印による。大正（14）年6月23日付伊沢多喜男宛立花小一郎書翰を同封。

館林三喜男

1　昭和20年5月6日

謹啓　陽春の好時節閣下には益々御健祥の事に拝し君国の大御為奉慶祝候。偖て過般帝都空襲の砌り巣鴨の御宅類焼の厄に遭はれし御趣寔に驚き入り申候。長きに亙りお住ひの事とて御愛着格別に深かりし事に拝察深くお見舞申上候。実は伊東の方にばかりお住ひの事と存じ居り甚だ迂刮千万にも只今まで御災禍の事を存ぜずたゞ〳〵恐縮の極みに存じ奉候。茲におくればせ乍ら心よりお見舞の詞申述候。戦局は日に急に欧洲亦両巨頭の死と共に急転回致し俊厳なる歴史の歯車のあゆみの凄きを括目する次第に有之候。此の秋小生も漸く翼壮の仕事にも慣れ愛情愛着を覚ゆる事切なるものあり国民運動の実体もやつとおぼろげ乍らわかりつゝ有之候折柄なるも近く国民義勇隊の結成と共に一切をあげて飛び込み翼壮としては解散する運びに有之本月末或は来月早々には多分本部長退職のお許し有之事と存じ候に付御報告旁々御諒察を乞ひ奉り候。

就任以来足かけ五ケ月を出でざるも官吏生活十有八年に断じて得られざる尊き経験を得さしていただき只々感謝の外無之次第に有之候。たゞ此の時局下翼壮を通じ充分の御奉公出来得ざりし事は全く申訳けなき次第に存じ居り候。尚退職のお許しあるも尚当分野に留まらせて頂きたく存じ居り候。短しとは云へ官界を去つて官界を省るとき官吏も根本的に立ち直るの要有之を痛感する次第に有之候。今日並に今后の日本を想ふ秋真に天地に慙づるなき御奉公をお努め申すには所謂名も金も命も要らぬ所より出直すの要あるを痛感する次第にて今ふら〳〵腰にて再び官界に帰るも到底充分の御奉公も出来得ざるべしと存ぜらるゝまゝ右の如く決意致し居る次第に有之之亦御諒恕被成下度候。私の事のみ申上げ甚だ恐縮乍ら多年御恩顧を蒙れる身として進退に関しお耳をけがし申す次第に有之候。

戦局急を加ふる折柄切に閣下の御健祥奉万禱候。何れ機を得て拝眉を賜はり詳細御報告申上ぐべき所存に有之候も取り敢ず寸楮を以て御報告申上候。　敬具

五月六日　　　　　　　　　　　　　　　　館林三喜男再拝

伊沢多喜男閣下玉案下

〔註〕封筒表　静岡県伊東町中村別邸　伊沢多喜男閣下御直。同裏　東込区北町七　館林三喜男　五月六日。年は消印による。

2　昭和22年2月25日

謹啓　時下益々御健祥にてお過しの事に拝し君国の大御為大慶此の事に拝し奉候。過般は御上京中にもかゝわらず疎音に打過ぎ深くお詫び申上候。河井父上京の途立寄り格別の御高配に接し有難く厚く御礼申上候。目下議会も格別の事もなき様子にて明二十六日数日の予定を以て帰郷致す由申居り小生も二三日の予定にて同道致したく存じ居り候。

父の参議院議員立候補は一応資格申請書提出したる程度にて起否尚未定なるも、小生の推測にては心中出馬の意思強き様存ぜられ、二十七日開催の報徳の総会にて結局出馬に決定するものと存じ居り候。健康、資金、其の他不利には案せらるゝ条件寡なからざるも、結局父の意思を尊重し、出馬の上は全力をあげて当選を期したく、期し申居り候。何卒特に御声援御指導の程切に奉思願候。

高村君昨朝山口に帰られ申候。物田三一田中龍夫両現貴族院議員の外現衆議院議員にて地元の有力者厚東常吉（自）其他に二三候補者有之最初の予想より著しく苦戦の様被存案じ申居り候。就ては高村君よりも御依頼あることとは存じ候へども地元出身の中山太一氏内田重成氏其の他の有力者に先生より御推挽を賜はらば光栄之に過ぎずと存じつゝある次第に有之候。田中氏には久原木下謙次郎松村桂月氏

等旧来田中義一氏をめぐる有力者支援致し居る様子にて毫も油断を許さざる所と存じ居り候。何卒切に御支援の程伏して奉希上候。
来月六日には父も上京する様申居り上京の上は当分滞在することと存じ候。閣下にも三月の暖気を迎ふれば何れ御上京の事に拝察致し居りその節は是非何のおもてなしもなし得ざるも是非御光来をいたゞき父と御閑談賜はり度小生も御相伴いたしたく期し申居り候。
茲に取り急ぎ右御依頼申上候。寒気尚きびしき折柄切に御健祥にてお過しの程伏して奉祈上候。　敬具

二月二十五日

館林三喜男

伊沢閣下御侍史

追々高村君の事務所は山口市湯田千歳旅館に有之御序での折御激励の御親書を得ば幸甚に存じ奉候。

〔註〕封筒表　静岡県伊東町中村様御別邸　伊沢多喜男閣下。同裏　東京都世田谷区北沢二ノ一　館林三喜男。年は消印による。昭和（22カ）年付（館林三喜男）宛伊沢多喜男書翰を同封。

田中耕太郎

1　昭和17年9月18日

拝啓　昨今俄に秋涼を覚え候処益々御清適に渡らせられ候段大慶至極に奉存候。陳者先般は参上長時間御邪魔仕り種々御高教を賜はり候段厚く御礼申上候。その節御耳に入れ候葡国首相サラザールに関する柳沢氏著書及拙稿乍延引別封御送り申上候。尚ほ同時に拙著ラテン・アメリカ紀行御高覧に供し候。御叱正を賜はらば幸甚に御座候。一筆右御挨拶まで。　敬具

九月十八日

田中耕太郎

伊沢多喜男先生玉案下

二伸　拙父より呉々宜敷申上候様申出候。

〔註〕封筒表　豊島区西巣鴨二ノ二五一七　伊沢多喜男様。同裏　豊島区椎名町一ノ一八八六　田中耕太郎。年は消印による。

2　昭和18年2月16日

拝啓　時下益御清安に渡らせられ候段大慶至極に奉存候。陳者過日は御言葉に甘へ伊東御別荘への御招待をいたゞきお蔭様にてゆる〳〵御高話拝承御指導を被り候機会を得誠に有難衷心御礼申上候。小生一介の学者にて平素実社会政界等の事情に暗く、此の方面にて御教示を仰ぎ候先輩も特に無之、昨年来時々御邪魔申上げ御教示いたゞき候事誠に欣幸至極に存居候次第に御座候。此の上とも何分の御指導

御鞭撻の程奉願上候。一筆右御礼まで。　拝具

二月十六日　　田中耕太郎

伊沢多喜男先生侍史

〔註〕封筒表　豊島区西巣鴨二ノ二五一七　伊沢多喜男様侍史。同裏　東京市豊島区椎名町一ノ一八八六　田中耕太郎。年は消印による。

3　昭和(22)年3月14日

拝復　芳墨誠に有難拝誦仕候（態々黒河内氏を御煩し候事恐縮に存居候）。此度の立候補につき御鞭撻御激励を辱ふし、いつもながらの御厚情深く感激、あらん限りの努力を当面の目的に傾注仕り度決意仕り候。高野先生より拝承仕り候処によれば先生小生の推薦者と相成被下候趣にて、小生万軍の援兵を得し心持仕り候。推薦者中には党外者として安倍小泉（信）二氏の外進歩党より犬養氏自由党より芦田氏社会党より森戸氏に政見の大体の方向及び個人的親交関係より依頼仕り候。森戸氏は党の方針として無所属候補を推薦せざることに相成りたる故を以て謝はられ、御老体の高野先生を煩はし候次第、先生に御願申上候事恐縮千万に御座候。御示教いたゞき候諸点乍失礼大に参考に相成申候。自進社国等の連絡に一層努力仕るべく、尚ほ御前任地中小生目下全然手かゝり無之処多々有之先生の御口添相煩し候はゞ誠に仕合せに存候。教員組合の方は穏健派の教全聯の方小生に傾く方向にむかい居り候。

小生今夜より新潟県下に教員の協会結成式出席、憲法普及講演等の目的を以て三四日間出かけ申すべく、帰京後機を見て御邪魔御高教を相願ひ度存居候。取急ぎ御礼旁此の上の御支援奉願上候。　敬具

三月十四日　　田中耕太郎

伊沢先生侍史

御奥様に御鳳声の程奉願上候。

〔註〕封筒表　静岡県伊東町松原中村別荘　伊沢多喜男閣下御直披。同裏　東京大森区田園調布四ノ一〇九　田中耕太郎。年は内容による。

4　昭和(22)年4月23日

拝啓　不順之候に候処御機嫌如何いらせられ候也伺上候。小生去月二十七日東京出発以来奈良京都大阪を経て佐賀長崎福岡を遊説遍歴仕り帰路広島尾の道金沢会津若松に立寄り十八日帰京二日間東京に於て演説を試み申候。昨今の新聞の報道によれば好成績を以ての当選確実と被存候。これ全く先生の偉大なる御支援の賜物と衷心有難御礼申上候。小生各業界組合方面等の有力なる背景なく只管智識階級の

散票を当てに理想選挙を敢行仕り候次第に拘らず幸に右結果を得候事御激励御鞭撻の御蔭と存じ感激に不堪次第に御座候。民主党入党のこと新聞に度々報道せられ候も、これに付ては御教示を仰ぎたる上慎重考慮仕り度存じ居り候。いづれ参上御礼申上げ右御垂教に与り度存居り候も取あへず御礼まで如斯御座候。　敬具

四月二十三日　田中耕太郎

伊沢多喜男先生侍史

〔註〕封筒表　静岡県伊東町松原中村別荘　伊沢多喜男閣下。同裏　東京都大田区田園調布四ノ一〇九　田中耕太郎。年は内容による。

5　昭和(24)年2月4日

拝啓　寒気凌兼候処益御清適に渡らせられ候段大慶至極に奉存候。

陳者小生此度吉田内閣改造の一環として退官仕ることと相成申候。詳細は拝眉の節に譲り度、取あへず御報告並びに在官中の一方ならぬ御支援御指導に対し衷心有難御礼申上候。

時下特に御健康御留意之程奉願上候。　敬具

二月四日　耕太郎

伊沢多喜男先生玉案下

〔註〕封筒表　静岡県伊東町松原中村別荘　伊沢多喜男閣下。同裏　東京大森区田園調布四ノ一〇九　田中耕太郎。年は内容による。

6　昭和　年4月2日

拝啓　漸く春めき参り候処先生には益御清適之段大慶至極に奉存候。陳者芳墨高田より転達致したるもの上田にて落手、出発前に拝眉の機を持ち得ず甚だ残念に存じ申候。とくに小県郡和村公民館開館式記念講演に於ては七八百名の聴衆に対し小生の先生に対する敬慕の念を表明する機を持ち得本懐に存居候。長野県地方青年会に於ては智識欲、文化的向上心誠に盛んなるもの有之候も、然し他面唯物思想も相当浸透致し居るよう感じられ、一層啓蒙の必要有之様存じられ候。長野県より高田、長岡、新潟各地にての講演を相済ませ、三月二十一日帰京仕り候もその後緑風会内部事情その他にてゴタ〳〵致し又最近法案年度末の関係上輻輳の為め参上致し得ず、その中是非参上詳細申上度存居候。一筆右近況御報告出候。　敬具

四月二日　耕太郎拝

伊沢多喜男先生御侍史

〔註〕封筒表　静岡県伊東松原中村別荘　伊沢多喜男先生。同裏　東京

大田区田園調布四ノ一〇九　田中耕太郎。

7　昭和　年10月24日

拝啓　向寒之候先生には如何御暮し被遊候や。小生事九月前半北海道講演旅行仕り候以後引続き国会に於て委員会関係の雑用に追はれ心ならずも御無沙汰申上候段御寛恕被下度奉願上候。世事憂慮に堪えざるもの多々有之、ことに一般教員の動向は痛嘆至極及ばすながら筆に口に啓蒙に努力罷在候。

御懇意の方々皆元気に活躍し居られ候。尚ほいつぞや御耳に御入れ申上候小生中国法家思想の研究甚だ未熟なものに御座候も別便を以て御叱正を奉願上候。御奥様初め皆々様に御鳳声の程奉願上候。一筆右御無沙汰御詫ひまで。敬具

十月二十四日

耕太郎拝

伊沢多喜男先生侍史

〔註〕封筒表　長野県軽井沢町旧軽井沢　伊沢多喜男先生。同裏　東京大田区田園調布四ノ一〇九　田中耕太郎。

田中武雄

1　昭和9年9月21日

拝啓　本日ハ突然参邸之失礼の段御赦奉願候。就てはその際御話し申上候件の最後の意見書別紙の通りニ有之候条不取敢御送附申上候。一応I氏と相談致さんかと存じ候へ共既ニ御会ひニ相成られ候様子ニつき右様ニ取計被下申候。次ニ後の一件は事急を要する次第ハよく〳〵御賢察の通りニつき何卒特ニ御含みの上御尊配可申出ニ付願申上候。急ぎ右迄相認め申候也。

二十一日正午

武雄

伊沢先生

〔註〕封筒表　豊島区西巣鴨二ノ二五一七　伊沢多喜男殿親展。同裏　拓務政務次官田中武雄。年月は消印による。「別紙」なし。

2　昭和14年7月29日

拝啓　酷暑之砌ニ御座候処御健勝ニ渡らせられ候段大慶至極ニ奉存上候。却説十八日付玉翰正ニ拝誦仕候。実ハ過般電話御指示ニ基づき大臣と打合致候結果閣下の御都合ニ依り二十七、八日頃両日の中御面会日を取極むる様下命せられ居り候ニ就き更ニ電話にて御都合御伺仕度存居り候矢先御手紙を頂戴致候間一応取消置候間右御了承賜ハリ度何れ御帰京之上ハ更めて御申聞被下度大臣も喜んで御高説拝聴致度と申居られ候。

時節柄切ニ御自愛之程奉祈上候。右乍延引貴酬旁々御報告申上度如此御座候。　敬具

七月二十九日　田中武雄

伊沢閣下玉案下

〔註〕封筒表　信州軽井沢一〇三二　伊沢多喜男閣下御直披。同裏　東京市牛込区矢来町二八　田中武雄　七月二十九日。年は消印による。

3　昭和(18)年1月24日

拝復　厳寒之砌ニ御座候処閣下御健勝之趣大慶至極ニ奉存候。本年ハ寒気殊之外酷烈ニ候間如何かと御案じ申上居りたる次第ニ御座候。

陳者過般ハ小生病気ニ関し態々玉翰を辱うし深く肝銘仕候。厚く御礼申上候。胃潰瘍にて最初ハ心配致居候得共急性且つ軽度のものニ有之為ニ非常ニ順調なる経過を辿り去る十九日以来試験的ニ登庁体を慣らし居候間乍憚御省慮賜ハり度候。

此分ならば来月十日前後には予定の通り上京可能と存じ居候。何れ拝眉親敷御挨拶可申上候得共不取敢茲ニ謹て御礼申上候。

次ニ昨夏小生朝鮮ニ命を拝し候以来運悪しく幾度か拝芝御高示を得むと努め候処不果今日に至り候こと誠ニ痕事ニ御座候。此次こそハ是非拝顔を得て種々申上度存居候。

御下問の内外地一元化之件ハ其の利弊ニ就てハ御面談の機ニ譲る可く候得共小生が喰って懸り候所以のものは此の如き重大なる施策之決定ニ当り政府閣僚の軽挙換言すれば今日尚依然として閣僚以外の処に重心の存することを不可とするものニ有之尚此の如き重大事を外地統理の大任を帯びたる者ニ意見を徴することなく抜打的ニ浴せ掛けたる措置ニ対し痛憤致たる次第ニ御座候。書外ハ拝顔の節御示教を仰き度存じ候。右御礼旁々貴酬迄如此御座候。　敬具

一月二十四日　武雄百拝

伊沢閣下侍史

〔註〕封筒表　東京市豊島区西巣鴨二ノ二五一七　伊沢多喜男閣下御直披。同裏　京城大和町官舎　田中武雄　一月二十四日。年は内容による。

4　昭和(18)年8月30日

拝復　御懇書難有敬誦仕候。此頃御歩行御困難にて御臥床之趣嘸御難渋の御事と拝察仕候。

次ニ小生事上京仕り候ニ就て早速拝趨種々御報告も致し御高見も伺ひ度存居候処御旅行中にて不得其意遺憾ニ存居候

矢先却て閣下より玉翰を辱うし恐縮至極ニ奉存候。過般赴任之際も伊豆に御出掛けの為め種々繰合せ何とかならぬかと存じ考慮致候得共之も不叶其儘出発仕候こと心掛りニ存居り候次第なるニ此度亦御伺ひも致さゞるハ御厚志ニ対し何とも相済まざる仕儀ニ御座候得共滞京十日の予定の処五、六日延引の見込ニ有之然るニ鮮内の食糧事情相当逼迫致居り尚旱水害の被害相当激甚ニして之が対策ニ腐心中ニ有之急遽帰鮮の必要ニ迫られ居候為め誠ニ非礼申訳御座なく候得共貴地ニ参上致すこと不可能ニ御座候間何卒御寛恕之程奉願候。

鮮内民心の動向表面的ニハ至極平穏ニ有之候。只徴兵令実施を眼前ニ控へ新ニ考へさせらるゝ事象も多々有之候処之等の点ニ関して八十一月上京の機会ニ審ニ御報告御示教ニ浴し度存申候。

時下暑気厳敷折柄ニ御座候へば御加療専一ニ遊はされ度祈願仕候。右御詫迄如斯御座候。

敬具

八月三十日

田中武雄

伊沢閣下侍史

〔註〕封筒表　長野県軽井沢一〇三二　伊沢多喜男閣下御直披。同裏　東京市牛込区矢来町二八　田中武雄　八月三十日。年は内容による。

5　昭和20年2月28日

拝復　春寒厳敷候処御健勝之段何よりニ存上候。東京ハ両度ニ亘る大雪にて省線都電共ニ不通の騒ぎにて其上連日の空襲有之内外甚だ深刻なる事態ニ御座候。

陳者過日ハ小生退陣ニ際し早速御懇書を忝う致し恐縮千万ニ存候。御勧めニ依り直ぐ様拝趨委曲御報告申上げ且つハ在官中の御支援ニ対する御礼御挨拶も申上げ度万々心ニ懸り居り候得共小生退任旬日を出でずして広瀬新翰長総理ニ辞表を叩きつくるの奇怪事発生致候為め善後措置ニ就き懇請相受け候為め、数々の意見を有し居り候得共兎も角急場丈け糊塗すること二奔走致し尚又私事なから小生長女縁談之件ニ就き荊妻ニ代り（妻ハ約半歳前より軽度の脳溢血にて臥床中）折衝致居候様の始末、それニ連日の空襲、大雪にて交通も殆ど杜絶ニ近き有様にて、遂ひ参上も思ふニ任せず遷延之段不悪御寛恕被下度候。小生退任の経緯ニ就てハ大体御推量を戴き居り候ことと愚考仕り候得共昨年暮以来総理として臣節を完了する途につき強く意見を具申し来りたる次第ニ候が遂ニ最も愚劣なる結果ニ陥り候こと遺憾千万ニ存候と仝時ニ諫言耳ニ入り難きを今更なから痛感せしめらるゝ次第ニ御座候。

広瀬後任翰長辞表を叩きつけたることハ御聞及之通りニ候

処広瀬の主張ハ兎も角として其の態度ハ言語仝断、国務大臣としての進退ニハ無之候。然し一面総理としても反省す可き処多きを認めさるを不得候。其他ハ何れ拝眉之節可申上候。

要するニ良い按梅のことをして愚図〳〵して居る時機ニ無之と存候。

右乍延引御詑旁々御報告迄如此御座候。　敬具

二月二十八日　田中武雄

伊沢老台閣下

〔註〕封筒表　静岡県伊東町松原中村別荘　伊沢多喜男閣下親展。同裏　牛込区矢来町二八　田中武雄　二月二十八日。年は消印による。昭和(20)年3月2日付田中武雄宛伊沢多喜男書翰を同封。

田中俊清

1　昭和11年7月18日

尊書拝見御懇情之程感激之至に不堪候。お言葉に甘へ今回ハ御高見之通決心仕り他日適当の機会到来之節処決之考にて其旨塚本様へも拝答申上置候間御諒承願上候。

数ならぬ身を御心に懸けさせられ御多忙中にも拘らず重々御配慮を煩し奉り実に恐縮千万に奉存候。

右不取敢御礼旁得貴意候。　敬具

七月十八日　田中俊清

伊沢閣下

二十一日宇部市に於て故渡辺祐策銅像除幕式参列之為明後日宇部へ参り紀藤加藤氏にも面会致候に付閣下の御噂も出で候事と存じ候。

〔註〕封筒表　長野県軽井沢町一〇三二　伊沢多喜男閣下親展。同裏　京都府八幡町　田中俊清。年は消印による。

2　昭和　年8月24日

拝啓　残暑難凌候処閣下益々御清適に被為入大慶至極に奉存候。扨小生身上に付てハ多年一方ならぬ御懇情を辱し洵に感激の至に堪へず昨年も特に御援助に因りて今日まで勤続致来り候次第に候。

然るに本月二十日児玉神社局長より招電に接し候に付多分進退問題なるべしと推察し最早老年の今日に及びて辞任ハ不得已と決心し其の前に右決心の御諒解を閣下に蒙り度と存じ候へ共多分軽井沢へ御越しの御事と拝察仕り責めてハ塚本閣下にまで開陳致置度と存候処是亦御病後にて御面会不可能と相成甚残念に有之候。

神社局長に面会候処果して進退問題にて今回ハ後任者には

小生推薦の人物を採用し同時に小生長男（現豊国神社禰宜）を京都市内某神社宮司に採用の上数年経験を積ミたる上ハ石清水八幡宮へ復帰せしむる見込の下に交渉を受け候に付閣下の御諒解を相受け候暇も無之直に辞表提出致置候間何卒御諒承被成下度候。

何れ発令の上ハ御挨拶旁上京の心得に候へ共不取敢右事情貴聞に達し置度急ぎ以蕪書如此候。　敬具

八月二十四日　田中俊清

伊沢閣下

〔註〕封筒表　東京市豊島区西巣鴨二ノ二五一七　伊沢多喜男閣下親展。同裏　京都府八幡町　田中俊清。

田中善立

1　昭和4年10月3日

謹啓　一昨日は難有御講演拝聴感謝至極に存候。小生之貴下に対する観念は恰も貴台か大浦翁に対すると寸毫も不異為に放念仕居候段平に御宥恕被下度候。斯く高潔なる御人格判明候には一度親しく御緩くり御面謁致度候。本日二十五日名古屋市会選挙終了後に往訪可仕候。先は右得貴意度如此に候。尚ほ御自愛専一の程偏に祈奉候。　早々敬具

十月三日夜　田中善立

伊沢老台侍史

〔註〕封筒表　東京府下西巣鴨町二五一七　伊沢多喜男殿。同裏　神奈川県鎌倉町大町御成小路　田中善立　昭和四年十月三日。

田村新吉

1　昭和7年8月12日

尊翰拝受戦況御尋被下御懇情難有存候。日夜奮闘必勝を期し居候も形勢尚混沌たるもの有之加るに重用時機に於て臨時議会の開会、数日間戦場を去らさるべからす他の候補者に比し稍不利の状態に候。現状

八馬氏は起否言明不致。

松岡候補ハ一面民政本部ニ通し実戦は政友会と策動。

中立の榎並ハ立候を見合候も小寺謙吉善塔又治郎両氏之中一名政友正系として立候すべく東奔西走致居候。

何卒宜敷御心添之程奉願上候。

先者御礼に併せ御願迄ニ。　匆々敬具

昭七、八月十二日　田村新吉

伊沢多喜男様

〔註〕封筒表　長野県軽井沢三〇八二　伊沢多喜男様親展。同裏　神戸市神戸栄町六丁目　田村新吉　八月十二日。

俵　孫一

1　大正15年7月21日

拝啓　愈々市長に御就職相成候段極めて犠牲的御苦労千万と御同情申上候。実ハ前後御訪問申上度存居候へ共世間之批評に昇る事も不本意と存候ニ付差控候目下軽井沢に御静養之趣充分御保養なさるへく奉祈候。先ハ右御挨拶迄。

草々敬具

七月二十一日

俵孫一

伊沢多喜男殿

〔註〕封筒表　府下西巣鴨町二五一七　伊沢多喜男殿。同裏　市内赤坂区新坂町六　俵孫一。年は消印による。

塚本清治

1　昭和6年6月3日

拝啓　爾来御疎闊失礼ニ打過候段多罪御仁恕可被成下候。

御令嬢様御縁談ニ関し最近御申聞之趣拝承仕候。千葉県属たる永田安吉氏ハ嘗て拙宅へ来訪したること有之中肉中背容貌普通と見受申候。松原君之観相ニ依れハ風采立派なりとハ申兼候へ共出世顔なりと申居候。同氏身元等之詳細なる取調書ハ松原君之手元ニ有之候由にて同君帰任之上至急送付を約束致置候間入手次第御届可申上候。尚伊藤永田両氏之人物性格等ニ関する同期生其他之批判ハ未だ之を聞く機会を不得候へ共其内聞合材料蒐集可致候。手腕才幹ありと雖も性格ニ欠くる所あらんにハ採らさる之御思召至極御尤もニ奉存候。先ハ右一応得貴意度如斯御座候。

敬具

六月三日

清治

伊沢尊台虎皮下

〔註〕封筒表　市外巣鴨宮仲二五一七　伊沢多喜男殿親展。同裏　東京赤坂区新坂町三二　塚本清治。年は消印による。

2　昭和6年6月21日

謹啓　時下内地ハ梅雨鬱陶しかるべく存候処高堂御揃益御安泰被為在奉慶賀候。扨て先般来満鉄総裁愈々交迭あるべき由専ら風聞有之候ニ就ては後任ハ必定賢台ニ御交渉予感有之当然其実現を期待罷在候処全然案外の任命を見てしばし茫然と致候。乍去当時斎藤朝鮮総督が辞任を申出てらるゝの噂漸次高く自然賢台ハ此後任たらるべきに依り満鉄総裁を他人ニ宛てられたるものかと愚考仕り失望の裡にも却て後日の吉報を祈り且楽居候処是亦期待を裏切られ痛恨実ニ限り無く候。何故政府ハ此二の何れかに賢台の出馬を請はざりしか遠隔ニ在る私共にハ全く其事情を知るに由なく唯々落胆終ニ悲嘆ニ暮れ申候。賢台ハ予て進んで地位を求めらるゝ方ニ非ず川崎翰長幸ニ枢機に与るの便宜あり極力要路ニ説きたることと相信じ候処其効果を奏し得ず洵ニ以て申訳なき次第ニ有之候。其後政界情報社の通信ニ依れハ政府首脳部の談として満鉄総裁ハ賢台御自身の御希望の有無判然せず且若槻首相の賛成なかりし結果なりと有之候。若槻首相の賢台ニ対する其後漸次改りたるやニ存居候処尚且通信の如くに候ひしか呉々も遺憾千万ニ奉存候。翻て枢密顧問官の欠員ハ未だ補充無之候処顧問官の地位ハ賢台之占めさせらるゝことを小生等ハ満鉄総裁ニ於けると同様希望する者ニ有之候。之ニ就ても亦若槻首相の熱心なる推薦ニ待ち枢相をして納得せしむる必要あるハ申迄も無之川崎翰長ニ於て日夕直接尽力相煩度予て要望致居候。右小生の気持を率直ニ申上候次第御咎被下間敷奉希上候。頓首再拝

六月二十一日　　清治

伊沢賢台虎皮下

〔註〕封筒表　東京市外西巣鴨宮仲　伊沢多喜男様親展。同裏　旅順市朝日町　塚本清治。年は消印による。

3　昭和6年8月10日

拝啓　其後絶て久敷御無音ニ打過候段誠ニ申訳無之御仁恕奉仰候。時下内地ハ残暑殊の外酷敷由ニ承り候処高堂御揃御障りもなく愈々御多祥被為渉奉慶賀候。

偖て先年来大連星ケ浦在住の亡命客閻錫山の動静ハ予て関東庁ニ於て相当注意中を去る五日未明夜陰ニ乗じ窃かに飛行機にて脱出山西大同ニ帰去致候処右ハ日本航空会社大連出張所長麦田予備陸軍少佐と当地司令部参謀との共謀ニ出たるものニ有之小生の責任頗る重大なるを感じ申候。初め当庁の之を知り得たるハ事件発生の数時間前の夜中而かも当該参謀自身の内報シ来りたるニ由る。依りて当庁ハ直ちに軍部をして自ら中止せしむべく司令官不在ニ付参謀長を極力説得致候処敢て反抗せず当方の意の在る所を諒解したるものゝ如かりしに部下を抑ゆる能はず終ニ遂行するに至らしめたるものに有之遺憾千万ニ存候。翌朝参謀長来訪深く陳謝する所あり大連出張所長麦田少佐の行方不明の為め中止の命令を伝達するを得ざりしと称し関東庁の意図ニ背きたるハ甚申訳なしとひたすら詫び入りたるも固より今ニ及んで何の甲斐なきことニ有之候。元来時機切迫の際にもあり且相手が軍部なるが故ニ警察力を以て阻止するよりも

直接談判ニ依りて自発的ニ思止まらしむるに如かずと考へたるが小生の大なる過誤ニ有之終ニ外交上不利益を醸すの事件を発生せしめ候次第何とも申訳無之恐縮罷在候。近日上京親敷当局ニ具陳し善後策協議致度心算ニ御座候。右ニ関し中谷警務局長ハ予て辞意の在る折柄更ニ今度の事件ニ就き責任を感じ辞表提出致候へ共責任ハ全部小生ニ在り警務局長の辞職すべき理由なき旨を説て辞表を下戻し本人も納得致候。先ハ右事件の大略得貴意度如此御座候。平素御無沙汰罷在偶一書を奉れハ斯かる失態を報じて御耳を汚し面目なき次第ニ御座候。書余拝眉可申答候。　敬具

八月十日　清治

伊沢賢台玉案下

〔註〕封筒表　長野県旧軽井沢一〇三二　伊沢多喜男様御直披。同裏　旅順市朝日町　塚本清治。年は消印による。

4　昭和6年10月4日

拝啓　秋冷之候愈々御清祥被為渉大慶至極ニ奉存候。陳ハ予て御高配を蒙り居候当庁中谷警務局長身上に関して先般上京中次田内務次官と相談相遂げ府県会議員選挙後行はるべき地方官交迭の際知事に転任方取計ふ可き事ニ同意の約諾を得候旨当時御内諾申上げ御諒解を頂き居候処其後意外の事変勃発致し爾来我警察ハ軍との間密接不可離の関係を生じ軍ハ鉄道附属地外ニ出て警察は附属地に在りて両々相待て官兵と馬賊を防衛し秩序維持ニ任じ警察部内上下不眠不休秋毫の間隙なきを期し居り事情局長の異動を許さゞるもの有之中谷君の為にハ折角実現し得べかりし内地転任の好機会を逸し気の毒千万ニ候得共公の為め真ニ不得已事と存候次第ニ有之右の趣旨は先月二十四日附書面を以て次田君ニ通じ置候間御承知相仰度候。尚次田君へハ中谷局長之問題ニ付従来十二分の理解と同情を与へられたるを深謝致し此度ハ誠ニ不得已候得共少しく月日を経れハ自ら時局亦遷りて局長の交迭差支なきに至るべく被存候ニ付今後尚念頭を去らしめず次の機会ニ於て又復周旋ニ預り度旨予め依頼致置候間是亦御含置給はり御序之節可然御鶴声奉希候。右ハ今少し早く得貴意べき之処延引仕候段御仁恕奉仰候。先ハ要用而已如此御座候。　頓首再拝

十月四日　清治

伊沢尊台玉案下

〔註〕封筒表　東京市外西巣鴨宮仲二五一七　伊沢多喜男様御直披。「中谷君地方長ニ栄転ノ件」。同裏　旅順市官舎　塚本清治。年は消印による。

5　昭和10年12月29日

拝啓　寒気厳布候処愈々御清祥被為在奉慶賀候。陳ハ一夕小宴相催度存候ニ付御光来相仰度先日拝訪御願申上候処御内諾を頂き難有仕合ニ奉存候。就てハ来春一月十五日（水曜日）午後五時半築地錦水へ御賁臨被成下度奉希上候。右御案内迄得貴意候。　敬具

十二月二十九日　塚本清治

伊沢賢台虎皮下

追て同時ニ幣原男爵太田君山川君川崎君中谷君へ御案内致置候間御含迄申添候。　又拝

〔註〕封筒表　豊島区西巣鴨二ノ二五一七　伊沢多喜男様侍史。同裏　淀橋区戸塚町三ノ二八二　塚本清治。年は消印による。

次田大三郎

1　昭和11年8月13日

芳翰拝誦仕候。昨朝電話申上候処已ニゴルフ場へ御出掛相成候との事御精励敬服之至奉存候。扨台湾総督之件ニ付再応御伝言之趣早速広田首相ニ申上候処有吉氏之事ニ付てハ永井前拓相よりも推薦之話有之熟考致候へ共目下海軍少壮軍人之南進論之気焰中々盛んにて現地ニ於て此等連中を抑制シ軽挙盲動するか如き事なからしむるは大仕事容易ならさるものありと被存総督之詮衡に付てハ頭を悩まし居る所に有之此際有吉氏を煩はすハ如何なものかと御挨拶に有之候。其語気を以て察するに首相ハ或ハ已に軍部に或程度了解を与へたるニ非すやとも被存候。尚右南進論者ニ対する首相之苦衷に付ても若干承り候処有之候へ共右ハ拝眉之節ニ譲り不取敢貴酬迄匆々如斯御座候。　敬具

昭和十一年八月十三日　大三郎

伊沢様侍曹

〔註〕封筒表　長野県軽井沢　伊沢多喜男様親展。同裏　東京市小石川区大塚仲町四十一　次田大三郎。

2　昭和11年9月5日

粛啓　時下秋涼相催候処益御清勝奉賀候。陳者井上英君を以て御申付之件拝承仕候。今回之勅選議員中中川健蔵君ハ已ニ内諾済ニ有之同君上京を俟て同成会加入之正式手続を可取運候。今井田清徳君ニ対してハ今春坂野氏ニ依頼シ事前工作致置候関係も有之又今井田君目下岡山ニ帰省中ニ候間老台より一筆坂野氏へ御遣ハシ被下候ハ、幸甚と存シ候。小生ハ近々宇垣前総督ニ面会可致に付同大将之了解を求めたる上本人之帰京を俟ちて談判可致候。

其他の人々之中小原前法相ハ是非同成会ニ加入シて頂き度きものと存候ニ付老台之特別なる御高配相煩シ度願上候。尚小生にて御役ニ立つ事も有之候ハヽ、御申付被下度候。白根、大橋両氏ハ脈のなきものと存候処御高見如何ニや。先ハ右不取敢鄙見申上度如斯御座候。　敬具

昭和十一年九月五日　大三郎

伊沢老台侍曹

〔註〕封筒表　長野県軽井沢　伊沢多喜男様親展。同裏　東京小石川大塚仲町四一　次田大三郎。

妻木栗造

1　昭和(3)年10月31日

拝啓　時下益御健勝之段奉大賀候。陳ハ小生事尊兄之御推薦ニ依リ去ル大正十四年五月製脳会社ニ就職以来茲ニ満三ヶ年半幸ニ大過ナク経過スルヲ得タルノミナラズ在職中所得ノ余財ヲ以テ三菱銀行ニ対スル債務五千円余ヲ償却シ製脳会社ニ対シテハ六百参拾株ノ株主トナリ今回退職ニ際シ慰労金トシテ金参万五千円ヲ拝受仕候。是レ皆尊兄ノ賜ニシテ深ク感銘罷在候。就テハ小生感謝ノ微志ヲ永ク御紀念願フベク謝恩紀念トシテ些少乍ラ此際参千金拝呈仕度曩ニ大平君ヨリ謝恩紀念トシテ金若干贈呈セラレタルヲ御甘受アリタル以上尊兄ト小生ノ間柄亦同様御快諾アルコトヲ確信仕候。御費途ハ無論御自由ニ候得共一例ヲ云ヘバ軽井沢御別邸ノ増築又ハ改築電話水道ノ布設等モ如何カト存候。小生来ル七日出発十一日神戸着約十日間滞在更ニ平塚ニ十日間位滞在荷物整理ノ上十一月極末カ十二月上旬ニ上京拝眉ヲ得可申其節現金持参可仕候。何レ拝眉万御話可申上候得共退職ニ際シ御礼且ハ本文ノ件御含置願度如斯ニ御座候。　敬具

十月三十一日　妻木栗造

伊沢多喜男様侍史

〔註〕封筒表　東京市外西巣鴨宮仲　伊沢多喜男様親展。同裏　台北市千歳町二丁目十八番地　妻木栗造。年は内容による。昭和(3)年(12)月25日付伊沢多喜男宛妻木栗造書翰を同封。

2　昭和(3)年(12)月25日

拝啓　先夜ハ失礼仕候。扨京都大平氏宅ニテ御話致候件小生ノ微志ノアル処ハ御快諾被下候モ方法ニ就キ御考慮ノコトニ相成居候モ小生トシテハ御渡シスルモノハ兎モ角御渡シ致シ置カザレバ何トナ

ク気ノ済マヌ心地仕候ニ付キ本日携帯仕候間御受納被下度方法ニ就テハ半年デモ一年デモ緩々御考慮被遊度候。夏期ノ為メ軽井沢アル以上冬期ノ為メ湘南方面ニ格好ノ土地御買収モ一方法カト存候（平塚茅ヶ崎鎌倉等）。小生本日午后二三時頃ノ汽車ニテ平塚ニ帰リ明二十六日特急ニテ芦屋ニ参リ一月十五日頃迄滞在ノ予定ニ御座候。大兄ゴルフ御開業以来破天荒ノ偉功ヲ奏サレタル宝塚ヘ此正月御来遊如何ニ候ヤ。若シ御出ノ様ナレバ予メ御葉書頂戴仕度候。

先ハ御安泰ノ御越年ヲ祈申候。

敬具

二十五日

妻木

伊沢大兄侍史

〔註〕封筒欠。年月は内容による。昭和（3）年10月31日付伊沢多喜男宛妻木栗造書翰に同封。

3　昭和（22ヵ）年6月16日

謹啓　前略

陳ハ石井氏に依頼状差出し候ハ去る二月二十八日に有之爾来約三ヶ月を経過致候ても何たる御沙汰なきに依り多分駄目と存せしに五月下旬に至り始めて同氏より手紙に接し其文意左の如し。

「其後何処か適当な処をと毎日考へて居りますが思ひ付きませぬ。西九州石炭礦業会ハどうかと考へて今日全会理事東友市君に手紙を書きました。石炭礦業会の方で良けれバ東君の方へ直接略歴御届け被下度云々」

依つて五月二十六日右石炭礦業会に出頭東氏に面会を求め候処同氏直ちに出て来られ今丁度会議中に付き御話しする時間なし石井さんより手紙参り居り折角研究中なるが何れ面会の時日当方より御聯絡申上るとの事に付き略歴を手渡し再会を約し引取り申候。爾来毎日相待居候得共今日迄は何たる事なし。

以上中間報告に候が余り長引き候ニ付其後の経過御報申上候。思ふに東氏ハ何か具体的の情報を獲たる上小生と再会する積りにて斯く長引く事と被察申候。何れ再会の上は更に御報可申上候。

敬具

六月十六日

妻木栗造

伊沢様侍史

〔註〕封筒表　静岡県伊東町松原中村別荘　伊沢多喜男様御直。同裏福岡市浜田町一ノ七　妻木栗造。年は内容による推定。昭和　年10月11日付伊沢多喜男宛妻木栗造書翰を同封。

4　昭和　年1月16日

拝啓　曩ニ小生火災保険代理店を開業致候件に付き早速御賛成被下候而已ならす激励之御懇書頂戴大に意を強ふし益奮進の覚悟を固め申候。
開業以来僅かに四ヶ月殊に全く素人の小生如何なものか見込も立たず幸に杉浦君の渾心の後援の為め今日あるを得申候次第。左に其成績御報告申上候。
○小生代理店を経て申込の保険総額
七百五十万円
○右に対する払込保険料総額
七万弐千五百七拾円
○以上に対する手数料即ち小生の所得総額
壱万八百八拾五円五拾銭
僅かに四ヶ月の営業にて此成績は上々の由にて支店長よりも賞詞を受け申候。尚小生が一会社の重役又ハ社長まで務めたる身を以て如何に時世とハ云ひ乍ら代理店をやると云ふことに同情し支店長始め各役員等より非常に厚遇を受け居申候。
前記七百五十万円の内六百三十万円は杉浦君が主宰せる会社の建物（東京）の保険を当地支店に移し呉れたるものに候。
五十万円丈けハ小生自力で作り七十万円は会社が好意上作り呉れたるものにて実は小生としてハ余り自慢の出来ぬ成績にて大部は人の助けにて出来たるもの。是も神の御助けと感謝罷在候。
本年中にハ少なくとも壱千万円迄獲得したき希望ニ御座候。去る五日にハ石井光次郎君の来訪を受けられ小生身上に付き御懇談被下候由御はがきに接し忝拝誦仕候。石井君よりも右に付き一書参り且当地の有力者三、四名宛紹介の名刺を封入送付し呉れ申候。其内順次訪問の心組に御座候。
先は前件御報告申上度如此に御座候。　敬具
筆末乍ら御奥様に宜敷御鳳声願上候。
一月十六日　妻木栗造
伊沢大兄侍史

〔註〕封筒表　静岡県伊東市松原区湯端町　伊沢多喜男様親展。同裏　福岡市浜田町一ノ七　妻木栗造。

5　昭和　年10月11日

尊書拝誦小生身上ニ関する御懇情御好意感銘之外無之候。

別紙略歴二葉差出申候間御査収願上候。履歴丈けは可也之様に相見へ候得共何分明治時代之古物今日ハ証紙なき旧円と同様到底通用可不仕御役ニ立不申と深く自信罷在候。

夫れよりも常識と誠実を以て出来る仕事あらは何にても宜敷有付きたきものと念願仕居候。

右御含之上急きは不仕候間御一考懇奉願上候。

小生ノ財政は三菱、勲章両終身年金は共に消滅し所有之三菱株は全部無配当にて目下之所全然無収入ニ御座候。御憫笑被下度候。

御来示之通り嫁の世話になることハ第一気之毒第二には同居は自由を欠き主権を犯さるゝ心地仕り決して好んで実行すへき事にハ無之儀と存候。

小生財閥会社に在職せし事と往時軍籍に在りし事ハ或は追放の恐れなきや懸念罷在候。

履歴書御気に入らぬ点あらは書き換可申候。

本書速達ニ致候ハ只御滞京中に御入手を願ふ為に候。不尽

十月十一日

妻木生

伊沢大兄侍史

乍筆末御令閨並内田御両人に宜敷御願申候。

〔註〕封筒欠。「別紙」なし。昭和(22ヵ)年6月16日付伊沢多喜男宛妻木栗造書翰に同封。

6　12日

拝啓　陳ハ昨日或ル会合之席上御承知之永田隼人君ヨリ小生ニ台湾電力ノ社長ニ就職方勧誘セラレ小生如キ柄ニナキモノ也トテ言下ニ断リ申候処大兄ニ御頼ミ申上是非其事ニ御取斗ヒヲ願フトカ申候。
小生ハ
一、再ヒ台湾入リハ気ノ進マヌ事
二、瓦斯、電燈、電力等ノ会社ハ好マヌコト
三、老境ニ入リ大改革大整理ヲ要スル会社ニハ気力ニ乏シキコト
右ノ理由ニテ御断リ致度候間自然永田君訪問之節ハ右御含置ノ上可然御応対之程御願申上候。

先ハ右御願迄如此ニ御座候。

敬具

十二日

栗造

伊沢大兄侍史

〔註〕封筒欠。

東京憲兵隊本部

1　昭和19年7月11日

東憲高第九五三号

不穏文書回収方ノ件照会

昭和十九年七月十一日

東京憲兵隊本部

伊沢多喜男殿

今般当隊ニ於テ不穏文書発行犯人ヲ検挙目下取調中ニ候カ

同被疑者ハ貴殿宛
昭和十九年三月上旬中野正光（或ハ中野光政）名義「天皇の大権を私する東条こそ日本の敵だ打倒東条内閣の狂態」ト題スル不穏文書
ヲ郵送セル旨自供シアルヲ以テ事件処理上必要有之候ニ付甚タ恐縮ニ候得共至急当隊宛別紙様式御記入ノ上御廻送相煩度。
尚該文書既ニ処置済其他御手元ニナキ場合モ別紙様式ニ其旨御記入御回答相煩度。

〔註〕封筒表　豊島区西巣鴨二ノ二五一七　伊沢多喜男殿。同裏　東京都麹町区竹平町三番地　東京憲兵隊本部　昭和拾九年七月拾壱日。「別紙様式」なし。

得能佳吉

1　昭和21年8月14日

謹啓　時下暑熱猶殊之外酷敷御座候処閣下ニハ如何御起居被為在候哉御伺ひ申上候。

其後ハ意外之御不沙汰に打過ぎ何とも御申訳無御座御海度の程仰上候。

時節柄閣下ニハ御自愛専一に被遊此上とも一層御健勝に被為入候様切ニ奉祈上候。

毎度小生東上之件ニ付不一方御高配を賜り誠ニ辱く衷心奉感銘候。小生御蔭様にて無異過し居り申候。財団法人同和奉公会ハ去る三月解散致し爾来清算事務に従事罷在候処五月末を以て滞りなく完了仕候。小生元来不敏短才ニハ御座候へども最後之御奉公として余生を捧け度存念に御座候間地方白話体又ハ教育社事事業等何にても聊か微力を効させて頂き候事を得ば幸甚之至りニ奉存候。

何卒宜敷閣下之御高配を賜り度偏に奉懇願候。

先ハ右御機嫌御伺ひと併せて御願申上度如斯御座候。敬具

八月十四日　得能佳吉

伊沢多喜男閣下玉案下

〔註〕封筒表　長野県軽井沢町旧道　伊沢多喜男閣下。同裏　神奈川県大船町台一四二四　得能佳吉　八月十四日。年は消印による。

富田健治

1　昭和14年11月17日

謹啓　時下晩秋の候愈々御健祥に渉らせられ候段奉欽賀候。

陳者本県々政に付てハ毎々御懇情を賜り居り銘謝此事ニ存候。

仄聞する処によれば昨年度政府予算編成に就てハ大蔵省に

於て各般に亘り削減繰延等を断行せられつゝ有之候由時局柄止むを得さる次第とは存じ候へ共特に農林省関係に属する荒廃林地復旧事業造林事業等国土保安並ニ資源培養上最も重要なる施設の繰延に就ては地方に及ぼす影響尠からすと存候。

我長野県ニ於ては昨年度より二十ヶ年計画を以て約一億円の経費を計上し河川渓流林野等治山治水の施設ニ対しては其予算の大部分は国庫の補助を仰がさるべからさる実情ニ有之従つて国に於ける関係予算の繰延に相成りてハ此の実施計画も当初より大頓座を来す事と相成洵に遺憾至極に存ずる次第ニ御座候。右事情御賢察被下荒廃林地復旧事業等国の第二期治水事業費予算の既定計画繰延に対し之が復活方何分の御垂配を相煩度此段偏ニ奉懇願候。

尚右ニ付本県選出代議士並ニ県会議員有志数名拝芝御願致す事に相成居り候間何分諸事宜敷御高助を賜り度重ねて御願申上候。

先は右以書中御挨拶旁御懇願申上度如斯御座候。匆々敬具

十一月十七日

富田健治

伊沢老閣硯北

〔註〕封筒表　東京市豊島区西巣鴨二ノ二五一七　伊沢多喜男殿。同裏　長野県知事　富田健治。年は消印による。

内藤頼輔

1　昭和(2)年4月5日

拝啓　陳者漸く春暖之候と相成候処当今御障モ不被為入候哉誠其後は打絶御無沙汰申上候。扨て貴君こと昨夏市長御勤当時誠ニ御病ニ被為入御案申上候処其後全く御恢復被為在御安堵申上恐悦申上候。願くバ今一度は親任官ニ被相成候様願度候得共御長き御官ハ先ず〳〵御止め申上度候。私も最早老齢ニ近く覚悟仕り長男も明年ハ丁年ニ相成少シハ安易ニ相成乎と存居候。仕舞能楽を楽度候得共是以て中々困難ニ相成早き烈き物時々息切甚敷相成候。須田君も御老齢御演能御初相成候得共先は御ツレ座伍の御能かと存上候。令嗣信夫君中々御能御熱心ニ付宜て御業務と共ニ御立派ニ被成事と存上候。先は一寸御容姿伺度此段申上候。御令閨殿ニも宜敷御伝達願入候。拝具

四月五日

内藤頼輔

伊沢多喜男殿机下

〔註〕封筒表　府下西巣鴨宮仲二五一七　伊沢多喜男殿。同裏　四谷区内藤町一　内藤頼輔　四月五日。年は内容による。

内藤頼博

1　昭和20年7月8日

拝復　過般の戦災に付御懇篤なる御見舞を辱うし御芳情難有厚く御礼申上候。

貴台も戦災により御邸宅焼失に拘らす益々御健勝にて非常の時局下に御尽粋のことと慶賀に堪えす候。小生も御聞及ひの通り父生前使用致せし家屋と附属の倉庫を焼失致候か当今無用の長物、固より何の未練も無之候。現在居住の家屋か恰も風下に位し当然類焼の厄を免れさるへかりしを町民諸君の協力敢闘によりて厄を免れ候こと誠に有難き幸せにてお蔭様にて其の後居住に支障なく元気に勤務罷在候。同日焼出され組の明石も参り二人にて書生生活を楽しみ居申候次第、時折尊台のお噂申上け是非一度お訪ね申上たし等語合ひ居り申候。

内藤町も焼失は約三分の一程度にて御尋ね有之候宇垣邸及ひ堤の家も無事に候。尤も堤は昨年都下の日野町に疎開仕り彼の家は運通省の使用に供し居り候。

母始め家族の者の高遠転住に付ては過分の御言葉にて御賛成を賜り難有ことに存候。小生も家族の者に高遠移転は所謂疎開に非ずして転住なる旨申聞け候次第に有之、転住後お蔭様にて旧知の方々の至らさるなき御厚意を受け家族の者一同郷里の生活に衷心感謝致居候。母も其の後変りなく高遠に於ける昔乍らの人情と風物に此の上なく喜ひ居申候間他事乍ら御休神被下度候。

驕敵本土の一角を侵し醜翼神州に跳梁するは洵に遺憾千万のことに候。予て御高教賜り候国政の本義と司法の重要性は国危うして愈々明かに感得せらるる心地致され駑馬に鞭打ち微力を尽して大日本帝国の真姿の発現を期したく希求して止まさる次第に御座候。

何卒益々御加餐の程偏に祈上候。乍末筆御奥様にもよろしく御鳳声の程願上候。明石よりも宜敷く申出候。　敬具

七月八日　内藤頼博

伊沢多喜男様御侍史

追伸　御尋ね有之候裁判所関係の勤務場所別紙に認め置き候。

〔別紙〕

裁判所関係の勤務場所

大審院
控訴院 ｝小石川区竹早町女子高等師範学校付属国民学校内
東京民事地方裁判所（小生勤務先）―小石川区大塚窪町

東京区裁判所民事掛 ｝窪町国民学校内
東京刑事地方裁判所 ｝豊島区西巣鴨東京拘置所内
東京区裁判所刑事掛 ｝（現在霞ヶ関旧民事裁判所庁舎内なるも最近に右に移転の予定）

尚、各裁判所の検事局は現在は全部霞ヶ関旧民事裁判所庁舎内にて執務せるも、最近に夫々所属裁判所の勤務場所に移転の予定。

以上

〔註〕封筒表　長野県軽井沢町旧軽井沢一〇三二　伊沢多喜男様御侍史。同裏　東京都四谷区内藤町一番地　内藤頼博　昭和二十年七月八日。

永井柳太郎

1　昭和(8ヵ)年1月22日

伊沢多喜男様

一月十二日出の貴翰拝誦仕候。愈々熱海ニ御転地之趣次第ニ御健康も快復しつゝある証拠と存し御祝申上候と共に議会も再開之折柄一日も速ニ御全快之程奉祈上候。過日来の事件ニ付細々の御高諭を辱ふし御病中一方ならさる御心配を煩し候事洵ニ恐縮ニ不堪候。早速御返事申上へき筈ニ候処堤次官貴地ニ罷出候由承り候のみならす手紙にては委曲を尽し難き点も有之候に付小生の意中は堤次官ニ伝言を托する事と致候。右御諒恕之上何卒堤次官より委曲御聴取被下度貴翰は御来示に従ひ爰ニ同封仕候。不取敢要用迄。

頓首

一月二十二日

永井柳太郎

〔註〕封筒表　豆州熱海横磯山下別荘方　伊沢多喜男様親展。同裏　東京市外千駄ヶ谷五〇七　永井柳太郎。年は内容による推定。昭和8年1月16日付消印の永井柳太郎宛伊沢多喜男書翰封筒同封。

2　昭和11年8月15日

総裁に随行し前総裁訪問之ため今週は富士山麓山中湖畔に参り候。来週々末は貴地に罷出て拝光を期し居候。

静かなる水の面に影さしてさかさに見ゆる富士の大山

あけほのゝ霞の上に浮ひ立つくれないそめし富士の大山

呵々頓首

〔註〕絵葉書表　長野県軽井沢　伊沢多喜男様　永井柳太郎　八月十五日。年は消印による。

3　昭和18年8月24日

伊沢多喜男様
八月二十二日付貴翰難有拝誦仕候。其後御病気如何かと御案じ申居候処既に御全快被遊候趣何よりの御事と御祝ひ申上候。扨て御話の電力会社設立委員は御承知の如く財界不況の折柄莫大なる資金の調達を必要と致居候為め主として財界金融界より出来る丈多数の代表者を網羅せざるべからざる関係上、貴衆両院の代表者は少数に止むる外無之、従て委員の銓衡を御期待の方面にまで及ぼすことは思ひ止まり候段何卒御諒承被下度奉願候。小生も是非一度貴地に罷出で度存候も何かと多忙に取紛れ日々齷齪致居候為め未だ其の機を得ず遺憾此事に存候。残暑尚厳しく候折柄特に御自愛被遊度不取敢御返事のみ如此御座候。　敬具

八月二十四日

永井柳太郎

〔註〕封筒表　長野県軽井沢　伊沢多喜男様。同裏　東京市渋谷区千駄ヶ谷町三丁目　永井柳太郎。年は消印による。

4　5月26日

伊沢多喜男様
益々御清健之段奉賀上候。扨て私事先程来面部腫物のため静養罷在候節は態々御懇篤なる御見舞状賜り毎々の御温情洵ニ感激之至ニ不堪衷心より御礼申上候。御蔭様にて其後経過宜しく昨今殆と平常ニ復し候間何卒御安心被下度候。其内拝光之機を得て更めて御礼申述且政界内外之問題に関しても御示教伺上度存候へ共不取敢右御挨拶迄如此ニ御座候。　頓首

五月二十六日

柳太郎

〔註〕封筒表　東京市西巣鴨宮仲二一五七　伊沢多喜男様侍史。同裏　東京千駄ヶ谷　永井柳太郎。

中井川浩

1　昭和17年4月26日

謹啓　大東亜戦争の大勝は寔に御同慶至極に御座候。小生身体の工合も順調に馳駆致し居り申し候間御休神願上候。本県は風見君の問題で波瀾を呼び第三区は意外の激戦を見居り申し候。本県は全国並に候補多く其多くは落下傘的のものにて県民は呆れ居り申し候。又推薦会の遣り方も拙劣にて不評に有之候。内田氏は当選確実に御座候。
取り急ぎ御内報迄如斯御座候。　敬具

二十六日

中井川浩

伊沢多喜男先生御侍史

〔註〕封筒表　豊島区西巣鴨　伊沢多喜男先生親展。同裏　水戸市梅香事務所　中井川浩。年月は消印による。

長岡隆一郎

1　昭和(10)年5月23日

拝啓　其後益々御健勝奉賀候。さて甚だ突然ながら先生を中心とするグループに於て長岡が満洲にて閥を作りつゝありとの批難有之候由、素より一々弁解致すべき程の事とは考へず候へ共、一応事情を申上げ候。

一、武部竹下を任用したるは大場日下を助ける交換条件として已むをえざる処置にして武部は寧ろ民政系と目されし人、目下、評判、非常によろし。

一、大野を関東軍顧問に推薦せしは小生に非ず。小生は寧ろ板垣少将より相談を受けたる時、大野は小生と親近の間柄なる故、誤解を起す原因となる事なきやと注意致したる位なり。

一、大野を関東局総長に推薦致したるは小生なり。之は甚だ自惚れたる事を申すやうなれど、折角沈静致したる局内の人心が再び動揺し始めたるにより小生と一身同体と目すべきものを後任に迎へ、方針、人事共に何等変更なしと発表する必要ありしに依る。

一、阪谷の辞任（自発的）のあとに大達を据えたるは一般庁内の輿論に従ひし次第にて、大達は世間にては民政系と云はれ居るも小生は無色透明の人物と信ず。

要之、小生の関係したる人事にて批難を受くる事ありとせば大野を後任に推薦せし一事のみなれど、之れとて已むをえざる事情に出でたるものに有之、満洲に長岡閥を作りつゝありなどゝ喧伝せらるゝは実に意外とするところに有之候。

尚ほ此度の内閣更迭に依りて更に内満人の敵を急増致したるに依り、得意の流言浮説を飛ばし陰険なる手段をとるもの有之候事と存じ候へ共、出立の際申上候通り、此の上は一切弁開を致さゞるつもり有之候。

五月二十三日

長岡隆一郎

伊沢先生玉案下

尚ほ小生の貴族院議員の資格に就て問題を生じ居る由に候ところ

一、先例として平井晴二郎氏が清国の顧問たりし事あり。

一、宇佐美氏が顧問のまゝ貴族院議員に勅選せられし事あり。

一、小生満洲国官吏となる時、会期中は必要に応じ議会に出席差支なしと云ふ満洲国の回答をとりあり。

一、二君に仕へずと云ふ意味ならば、現役軍人が満洲国官吏たる事を如何するや。

一、日満両国の関係は日本と他の外国との関係と同視すべきものに非ず。

一、資格審査委員に於て除名と決するならば、小生は甘じて除名処分を受くべく、議員の位置に恋々たる為めに庁長を辞する如き事は致さゞるつもり（若し此の如き挙に出るに於ては満人の軽侮を受る事は必常なり）。

一、小生の身分の如きは如何にても宜ろし。たゞ第一線に於て血みどろになりて働き居る者に対し（其の政策の善悪、其の能不能は別とし）内地に於て常に白眼を以て睨め、少しも暖き心を以て同情する風なきに於ては、将来、当地に有為の士を得る事は不可能なるべく、浪人地方官の猟官場として残さるゝに過ぎざらむ事を虞れ候。

〔欄外〕尚ほ木下君の満鉄理事問題は大野君によく引継致居り候。小生も側面より努力可致候。

〔註〕封筒表　東京市豊島区西巣鴨町二丁目二五一七　伊沢多喜男殿親展。同裏　新京元寿路　長岡隆一郎。年は内容による。

2　昭和10年6月23日

拝啓　御書面難有拝見。毎々御親切に御垂示を賜はり感激に堪へず候。

御来示の件の火元は品川主計氏にて小生就任の際、参議府を動かし議員を辞したる上に非れば任命を否決せしめむと運動致したるも（参議府は枢密院と異り、重要なる人事を議す）此の事成功せざりし為め、東京方面に働きかけ、其の情報が当地に伝はりし次第に有之候。

前々便御再読被下候はゞ明瞭と可相成候が、「長岡閥云々を閣下中心のグループが云々」と云ふ失礼なる事は記しあり候へ共、以上の問題に就ては閣下と交渉あるやうの事は記しあらず。上院の一部に資格審査委員に附すべしとの情報を入手致したるに付き其の旨を附け加へ置きたる次第に有之候。

上院議員一行の一部に対し、品川一派の者が以上の問題を陳情致候報告に接したる為め、宴会にて此の問題にふれたるは如何にも大人気なく、殊に小生主催の宴会に有之候故非礼なりしとはあとにて気附き候へ共、さりとて手紙にて陳謝致す程の問題とも思はざりし為め其の侭に致し居る次第に有之候。

品川氏の上京と共に此の問題は、又燃え出す事と存じ候へ共御注意に依り今后は一切沈黙可仕候。

「次田、大場等伊沢氏を取りまくグループに於て満洲国に於る人事に批難あり。政友閥と云ふよりも長岡閥を造らむとする傾きあり。民政党内に於ても之を表面化せむとする勢あり、今右の人事は慎重なる注意を要す」と云ふ意味の報告を在京の情報機関より受取りたる為め、余人ならば兎も角閣下より誤解を受る事は如何にも堪へ難き事と考へ、前々便にて弁解がましき事を申上げ候次第に有之、他にかゝる繰り言がましき事を申したる事は無之候。

近々前知事一人を辺境に採用するかも知れず候が、之も世間では政友色とか批評するやも計り難く候へ共小生は無色の人と信じ居り候。其の次には除野君の問題を解決致度と存居り候が、之も民政色とは信じ居らず候。

満鉄社員会の要望強く、理事二名は社員間より登用と決したる由にて、木下君割込の余地なかりし由、大野君も苦心致したる模様に有之、現地の状況は仲々私共の思ふやうにも参らず御諒察を願上候。尚ほ考慮協議可致候。兎も角も万事遷延致すには自分ながら閉口致居候。

鄭孝胥氏も自分で云ひ出してやめて置き乍らやはり本心には非りしものと見え、此の頃は不平満々、切りにいや味を漏し居り候も、之も優遇問題が解決すれば解消（幾分か）致す事と存じ候。

気候の悪くならぬ中に御来遊被下度、七月十日頃には愚妻（二十日当地出立、一旦帰京）も子供をつれ再び来満暑中休暇中、滞在致すべく御来泊を願上候。

六月二十三日

長岡隆一郎

伊沢先生

〔註〕封筒表　東京市西巣鴨二丁目二五一七　伊沢多喜男殿親展。同裏
新京元寿路　長岡隆一郎。年は消印による。

中川健蔵

1　昭和7年12月9日

拝啓　先般上京中は格別御高配を辱ふし感激之至りに堪へ不申奉深謝候。本月一日午後無事帰任仕候条乍他事御安神被成下度候。殖田殖産局長進退の件即夜平塚氏と協議し翌二日夜小生より殖田氏に相話し候処本人も予て何等かの異変を覚悟せりとて甚たしく意外とはせさりしか此際退官することも果た又朝鮮の知事に貶せらるゝことも共に甚たしき痛手にて其の何れを選択すへきか容易に決し難く旁従来自己の進退に付常に協議することゝ為し来れる鳩山文相其他一二の先輩に意見を徴し度に付暫時の猶予を与へられ度旨申出て候。依て其の不都合なる所以を説示し候処克く其の意を諒し兎に角一夜熟考の上何らの返事すへしとのことにて其夜は分れ申候。翌朝来訪朝鮮の知事に転することに御詮議相願ふへきに付従来の行懸りも有之此際鳩山文相ニ斯の如き詮議進行中なりとの単なる報告を為すこと丈け承

認せられ度旨申出て候。之をしも拒否いたし候ことは徒らに事件を複雑ならしむるのみならす当方の対策としては其報告前に於て拓相より文相に対し手配たに致し候へは敢て恐るへき事柄にあらさるのみならす却て閣議の際に於ける文相其の他の異議を予防する手段とも可相成儀とと《（ママ）》存し翌日以後の発信を条件として差支なき旨同意し即時右事情拓相に電報致し急速進行方御願申上候に付ては本拙簡御覧被下候得は多分発令済と相成り居るへきかと愚考仕候。右事情御諒承被下度候。

次ニ例の祝盃問題に関しては太田前総督始め木下井上等の諸君当夜官邸に会食の事実絶対に無しとの御話ニ付夫れならは至極事を簡明ならしめ得へしと喜ひ帰任と共に官舎内部の当時の側近者を小生自身各別に極秘に尋問致し候処結果は亦意外にて別紙調査書の通ニ有之頓と行塞り申候。太田殿始め各位の記臆《（ママ）》に間違あるへしと思はれさると同時に此等側近者特に太田殿の厚き庇護を受けたる連中か揃ふて不利益の事実を虚構すへしとも信し難き様被存候。斯の如き事情の下に会食の事実を積極的に否認すへき調査を為さんとせは此等側近者か相結んて虚偽の陳述を為すものとして手を下さゝるへからさるも之か為には何か確証を握りたる上ならては却て不利益の結果に陥るへきかと懸念に堪へ不申候。御意見如何可有之乎。太田殿柴田君等へも拙簡差出し申候条御協議の上何分の御指示御願申上候。　敬具

十二月九日　　健蔵

伊沢明台座下

〔書翰裏〕好発端（七年十二月九日着）

〔別紙〕

調査書

一、中島二生次（官邸食卓給仕）の陳述

太田総督当時御食事の給仕は山中繁一氏（現在警視庁ニ奉職）なりしニ付自分は委しき事は知らさるも一月八日の晩日本館の総督御常食の堂にて総督ハ総務長官、警務局長、平山知事等数人の客（本人の陳述にては内務局長も同席せりと記臆《（ママ）》すといふも玄関の帳簿には小栗氏来訪の記才《（ママ）》なし以下の者の陳述ニ関しても同様なり）と食膳を共にし酒量も相当ニ多く賑なりし様記臆す。

二、野田末五郎（官邸詰傭人頭）の陳述

一月八日の晩木下長官、井上小栗両局長、平山知事等御見へになり総督と御食事を共ニシ酒もハズミ十時頃迄も続いた様ニ記臆します。其の数日前ニ地方から鴨二羽の贈物か到来した事もあつた様てす（之れは小生か鴨の贈物有無を質問したるに対する答なり）。

三、藤ノ木政市（太田総督当時の料理人、基隆現住）の陳述

一月の三四日頃嘉義市の堀助役より鴨二羽到来せしか総督は余り肉食を好ませられさるより其の儘ニ放置する中腐敗の虞あり七日朝山中繁一氏（食卓給仕）を介し如何すへきやと伺ひたる所未た大丈夫なりやと反問ありたるに付今明日位は大丈夫なりと伝答し置けり。越へて翌八日朝総督登庁前九時頃自分を居間ニ呼はれ鴨か大丈夫ならは今晩五六人の客を招き飲むかも知れさるに付適宜準備を為し置くへしとの事なりしニ付鴨二羽を主とし夫ニ新竹より到来の竹鶏二羽を加へ鴨は鋤焼、竹鶏は吸物とし外ニ数品適宜按排し置けり。其の日夕刻木下長官、井上警務局長、小栗内務局長、平山知事の四人か来られ直く晩餐となり至極賑かにて御酒も三升以上召上られた様てす。外ニウイスキー、ビール等も出た様てす。木下長官、井上局長は九時頃帰られ平山知事は十時過き迄居られたと覚へます。自分か用を仕舞つて官舎を退りましたのは十一時過きてした。　以上

（此調査書送先、伊沢、太田、柴田三君）

〔註〕封筒表　東京市豊島区西巣鴨町二五一七　伊沢多喜男殿親展。同裏　台北市文武町官舎　中川健蔵。年は消印による。

2　昭和(7)年12月18日

拝啓　昨夜は殖田殖産局長転任の件ニ関し御懇電を辱ふし奉拝謝候。本件其の後の経過ニ付ては柴田翰長より既に御聴取被下候事と存候ニ付爰ニ之を贅し不申候得共小生として一旦切り出したる人事の荏苒決せさる程苦痛なること無之特に万一樺太、満鉄の轍を踏み曝し物と相成候様にては大変ニ付急速遂行方切ニ督促仕候処去十五日夜拓相より「数次次官をして電報せしめたる通り議会を前にして本件を政争の具ニ供し閣議を紛糾せしめ延て累を内閣ニ及ほさんとする危険なきに非さる情勢に在り。本件は幸未た閣議に上らす極秘裏に在るにつき当分その実現を見はするを得策と思惟せらる総理とも相談したる所本件は至極尤にして台湾総督の立場は充分諒察するも些か考ふる次第もあれは暫時本件を総理に一任し当分ソノ進行を中止せらるゝ様台湾総督に懇望せられ度しとの事なり。現下内地政情の複雑なる関係を顧慮して暫時隠忍自重せられんことを切望に堪へす」との電報有之何等か総理に困難なる事情にても有之やに被察若し然りとすれは無理推しも相成り難く然るに一方殖田氏は小生の注意に拘らす事件を台日の上田記者に洩したる模様にて夫れより夫れへと伝播し今日に於ては本件は殆んと公然の秘密と相成り居り此際其の実行を中止致し候様にては小生の威信地を払ふ次第に付総理は推して此等

の事情を充分御承知の上尚且条理整然たる今回の人事異動を中止せんとするものなりや其辺の事情諒解に苦しむに付十五日夜柴田翰長に右事情を明にして総理の御意向相尋ね被下候様架電依願仕候次第に御座候。柴田氏より未た返電に接し不申鶴首待望中ニ有之条其辺御含を以て特に御援助御願申上候。　敬具

十二月十八日

健蔵

伊沢老台梧下

〔註〕東京市豊島区西巣鴨町二五一七　伊沢多喜男殿親展。同裏　台北市官舎　中川健蔵。年は内容による。

3　昭和(8)年11月21日

拝啓　時下益々御清適奉賀上候。陳者先般上京中は例ニ依り何かと格別御高配を辱ふし難有御礼申上候。去る十四日無事帰任仕候条乍憚御省慮被成下度候。

当地にては東京よりも尚一層濃厚ニ辞任とか軍人総督とかデマを飛はし居候様ニ候かそれも一時にて昨今は下火ニ相成候様ニ付之れ亦御安神相仰き度候。

今朝は狂漢上野駅頭にて若槻総裁を襲撃致候趣真ニ狂的不安時代慨嘆ニ堪へ不申政治家たるもの特ニ要心肝要と存申候。為邦家御自重専一ニ奉祈候。

先者乍遅延帰任の御挨拶旁御左右御伺申上度如斯候。　敬具

十一月二十一日

健蔵

伊沢明台梧下

〔註〕封筒表　東京市豊島区西巣鴨町二五一七　伊沢多喜男殿親展。同裏　台北市　中川健蔵。年は内容による。

4　昭和9年11月7日

拝啓　昨日は久振りにて妙技御指南の栄を荷ひ多幸なる一日を相過し候段難有御礼申上候。扨て其節の御話合ニ依り此十日には更ニ朝霞へ御伴可仕楽しみと致居候処実は大なる失策ニ有之当日は午後一時天皇陛下の大演習行幸を上野駅に奉送可仕ことに相成り居り候ものを全然失念致し居り候。就ては甚た乍遺憾当日は欠席可仕候条不悪御諒恕の上何れ日を改めて御指導相蒙り度御願申上候。尚ほ自動車の方は石橋の分を当日午前八時迄ニ御宅へ相伺せ可申候条御使用被下候様願上候。

先は取急き要用而已得貴意申候。　敬具

十一月七日

健蔵

伊沢老台侍史

〔註〕封筒表　豊島区西巣鴨町二五一七　伊沢多喜男殿親展。同裏　青

山南町五ノ四五　中川健藏。年は消印による。

5　昭和9年12月24日

拝啓　歳末余日少く通常議会も愈召集せられ政界暗雲低迷中々御多用ニ可被為有奉恐察候。陳者先般上京の砌御話有之候白話字調査委員会の儀帰任の上は可相成開催する様調査仕度心組ニ有之候処一足先ニ帰台せる蔡培火氏か早速上京運動の報告を兼ねて発表会を開催せる結果新ニ内地人の感情を刺撃し小生帰任の頃は言論界ニ相当感情ニ駆られたる議論を見るの状況なりしか其後情勢変更なく又総督府方針としては昭和六年府議を以て不許可の事に決し各地方庁ニ通牒したる以来殆んと総てか当然の様相考へ現在の局部長連亦皆之を適当と信し居る状況ニ付此情勢の中に強て調査会を開催することは徒らに誤解を招くのみにて実効を収め難きニ付兎ニ角当分手を触れさることに致度候条一応御含置御願申上候。

次田松村大塚有吉の四君二十日来着目下南部地方視察中にて三十日には当地に帰り越年の筈ニ有之一同と共ニ賑々敷新年を迎へ得ることを楽ニ致居り候。

日本学術協会第十回大会を昨日より明日に掛けて当台北ニ開催二百ニ近き学者連押寄せ来り中々の賑はひに有之申候。

本島地方制度の改正案内閣全体の同意を得本日大綱発表の事と相成り候ニ付何分宜敷御援助御願申上候。　敬具

十二月二十四日　健蔵

伊沢老台侍史

〔註〕封筒表　東京市豊島区西巣鴨町二五一七　伊沢多喜男殿親展。同裏　台北市文武町　中川健蔵。年は消印による。

6　昭和10年5月10日

拝啓　愈御清適奉賀候。陳者今回管下震災ニ際しては早速御懇篤之御見舞を頂き難有奉存候。被害の甚大なること悲惨の極ニ有之候得共官民の一致協力ニ依り援護の応急措置幸ニ機宜を失せす復興之善後計画亦大体順調ニ進捗仕居候条御安神被下度候。

右様の次第ニて小生の上京も一時停頓致居候か御下賜金并ニ侍従御差遣の御礼を主とし政務打合の目的を以て此十八日の定期船にて出発のことニ決し申候。着京の上は早速拝趨久振りにて種々御示教相仰度存申候。

御礼旁右不取敢御報申上候。　敬具

五月十日　健蔵

伊沢老台侍史

〔註〕封筒表　東京市豊島区西巣鴨町二五一七　伊沢多喜男殿自拆。同

裏　台北市　中川健蔵。年は消印による。

7　昭和14年2月18日

拝啓　其後御気分如何ニ候や御伺申上候。却説先日御話有之候田沼氏著「台湾移出米管理案の解剖」精読検討仕候か立論の基礎となりし事実ニ何等誤謬なく論陣の組立亦正鵠を得て何等不安を感せしむるものもなく正ニ有力の反対論たる資貨を完備し別ニ卑見の以て加減すへきものあるを認め不申候。乍去此事実と此反対論とは総督府当局も夙に之を承知し爾かも其の同一事実の上に立脚して今回の管理案の必要を高唱し之を以て一視同仁の本旨に反せす台湾産業の健全なる発達と帝国の産業国策上に鑑み喫緊の必要事にして台湾統治の根本方針にも合致するものなりと主張し而して台湾重要産業調整委員会も全体的ニ賛意を表せる次第なれは田沼氏の所論の重点をなしたるやに思はるゝ台湾統治の根本方針たる一視同仁の聖旨に背反するものなりとの旗印の下に四つに組む手段にては十の八九原案阻止困難なるへく寧ろ第二節「戦時食糧政策と管理案の背反」の題下に記述したる農林省か十四年度予算ニ於て三百万円を計上し内地ニ於ては三百万石の増産を計画するに拘らす台湾に於ては一千万円を投して減算《(ママ)》を奨励するは国策上の矛盾にして断して許容すへからさる所以を主眼とし単に台湾の問題とせす農林省を相手に一般政策として論争すること成効を収むる所以ならんかと愚考仕候。

右拝趨直接御示教相仰き可申の処今明日共無拠支障有之其の意に委かせす余りの遅延を恐るゝと且つは別ニ新しき発見にも無之為め乍略儀郵書に托することゝ致し申候。不悪御海容御願申上候。　草々敬具

二月十八日　中川健蔵

伊沢老台侍史

〔註〕封筒表　豊島区西巣鴨町二ノ二五一七　伊沢多喜男殿親展。同裏　東京市赤坂区青山南町五丁目四十五番地　中川健蔵。年は消印による。

8　昭和　年2月21日

拝啓　平素御不音に打過き申訳無之候。本日令夫人より荊妻ニ相給はり候御手紙に依り承知仕候処御風邪にて久敷御静養中に被為有候趣驚愕仕候。政変問題ニ関聯して御活動之様新聞通信に絶へす拝見仕居候為め御病床なとゝは頓と思ひ及はす御見舞も不申上失礼仕候段奉万謝候。併し最早略御快気之趣ニ付先々安堵仕り謹て御悦申上候。折柄時局重大の際邦家の為此上共御摂養専一ニ奉祈候。

先日は人事問題ニ付御懇電を辱ふし奉拝謝候。本件も誠に

困まり居り候得共詳細電報御報告申上候次第ニ付重ねて此ニ繰り返し申間敷何卒宜敷御配意御願申上候。
御令室様へ宜敷御鳳声御願申上候。尚ほ荊妻よりも呉々御見舞申出候。　敬具

二月二十一日　健蔵

伊沢老台梧下

〔註〕封筒表　東京市豊島区西巣鴨町二ノ二一五七　伊沢多喜男殿平信。
同裏　台北市　中川健蔵。

9　昭和　年11月7日

拝啓　今朝は切角御電話被下候処直接の御面晤と異なり意を尽すに難く卑見充分御諒承願ひ兼ね候様にて恐縮仕候。本日午前の委員総会にて左したる議論もなく大体総督府試案を陥襲《(ママ)》したる特別委員会案か全会一致の形式の下に答申として採択せられ申候。就ては直接参上御報告旁卑見申上度存候得共今朝御電話の通り所謂十菊六菖を提けて御邪魔仕候ことも却て御迷惑に可被為有と存し乍略儀今朝卑見の要点を左に摘記御一粲相願候ことゝ致申候。

一、徹底的に原案を覆へすへく奮闘するならは格別、然らさる限り成立の殆んと確定したるものに反対的傾向の意見を陳弁することは左の諸点より見て差控ふる方可なりと思はる。

a、徹底的反対の体度を採らすして爾かも批難の意見を陳ふるときは自然「自分は本案に反対するものにはあらされとも」なとの前置詞を附する結果却て積極的に賛成の意思表示を為すか如き形となり沈黙するに劣る。

b、徹底的論争の覚悟なくして反対者の言論弾圧の事実等を難詰するときは総督府当局に好都合の弁解を為さしむる機会を与ふる位のものにて却て反対運動者を不利益ニ陥しいる（現に本日の委員会にても似寄りの事実生せり）。

c、総督政治の効果といふ点より考ふるも意見を異にする事項ニ付ては徹底的ニ其の変革を所期する場合は格別然らさる限り内部的注意に依り反省を促かすことは最も努むへき所なるも其事項か已に決定的大勢となり実施の見透附くに至りては成るへく国内に反対なき形を取り其の実行をして権威あらしめ成功を助成すること総督政治の大成の為め肝要なり。

大体以上の如き見地より卑見申上候次第にて小生個人の好悪ニ堕するか如き考は毛頭無之積りニ候。何れ近日拝姿の砌更ニ委細御示教相仰可申候得共不取敢一応開陳得貴意申度存候まゝ如斯候。　敬具

十一月七日夜

伊沢老台侍史

〔註〕封筒表　豊島区西巣鴨町二五一七　伊沢多喜男殿御直。同裏　青山南町五　中川健蔵。

10　昭和　年11月21日

昨夜は失礼仕候。尚ほ御話の伺残リ有之中根氏の席にて更ニ拝承出来候事と存候処行違と相成遺憾千万ニ候。本日海上至極平穏昨日のゴルフの比ニ無之候。謹て奉祝御健康候。

十一月二十一日

〔註〕絵葉書表　東京市豊島区西巣鴨町二五一七　伊沢多喜男殿。高松沖高千穂丸　中川健蔵。

中川　望

1　昭和5年10月28日

拝啓　益御清祥奉賀候。陳者新聞紙之所報固より信を擱くに不足事とハ存候得共勅選議員之補充之銓《(ママ)》議有之哉ニ相伝候ニ就てハ是非此際御推挽ニ与り候様御高配相煩度過日之御話も有之御厚情ニ甘ひ右御願迄如此御座候。今夕出発下阪可仕或ハ時機を逸するの虞も有之哉と存し乍失礼寸楮右得貴意度如此御座候。

敬具

十月二十八日

望

伊沢尊台玉榻下

〔註〕封筒表　市外西巣鴨町宮仲二五一七　伊沢多喜男様御直。「貴族院議員希望之件」。同裏　市外高田町旭出四三　中川望。年は消印による。

中谷政一

1　昭和(6)年2月21日

謹啓　其後慮外の御疎音に打過ぎ申訳無之存居候折柄議会中格別御多用の尊大人より御懇書を忝ふし真に恐入候。本年ハ御地方には悪寒四月大流行の様新聞にて散見いたし御一同様之御起居如何にやと毎度御噂を申上げ乍ら御伺ひも致さず是又御寛恕願上候。

長官の更迭、太田長官には多年親しく御高庇を受け居り茲に御訣れ致すハ非常に淋しく感じ申候も後任塚本長官と承り大に安堵いたし今後色々の御指導を受け得る事を非常に喜び居り申候。御書面の趣き三浦局長にも御伝へ致し共に魯鈍に鞭ち御仕へ致し度誓ひ居り候。

過去の満州、現在の満州を能く御診断下され適切なる御投業を得る事が最も大切なるの時国手塚本長官を御迎へ致す事ハ独り満州のみの幸福に留らずと存じ候。

田中外交の跡を受け世界の思潮に乗り思ふ存分排日的の小細工に浮身をやつす人ハ東北地方にも少からず。外交協会の名に於て排日策動を事とし常識促進会の名に於て日本の政策を何とかかとか云為し神経に障る様の事が多く有之候も其処は辛棒比べ冷然として大局を見て焦慮事を誤るなき様常に注意致し居り候。

銀安の影響の深刻なるハ昨夏の東北の匪賊の出没が近年稀有の害を与へたるによりても知られ候。例年なれバ旧正月ハ悪漢もまた正月休みをなし静穏なるを常と致居候に本年ハ正月に入りても所在集団的の匪賊横行闊歩致し居り毎日三四件のピストル携帯の五七人の複数強盗事件の報告に接し居り申候。両三日前も煙台炭坑にて司法主任一行の馬賊団と交戦主任泉警部補ハ腹部に銃弾を受け入院せるあり其中にても賊魁を取押へ引続き一味を逮捕いたし公害を除くに懸命の働きを為し居り候。

昨日も安東より海岸の方に約七邦里の朝鮮人部落にて渾水泡と申す処に勤務の水川巡査不逞鮮人の一団に派出を襲はれ六、四の二児銃弾を受けて安東に連れ来り治療の有様、支那法域の治安状態の悪しきに国権回収熱を煽り鰻の寝床と云はるゝ附属地外に逃げ込みし上は我力及ばず越境逮捕ハ怪しからぬと云ふ様な法学通論でやられハ我居住民の生命財産ハ非常に脅かさるゝ次第、矢張り自衛権の発動緊急行為ハ不得止事として只無用の交渉事項を起さぬ底の周到なる注意を致す様部下を指導致し居り候。

奉天の対外交渉につきても外務満鉄当局の迷惑を出さぬ様不少配慮致し居り候。然し当地言論機関は比較的素質悪しきもの跋扈致し居り時につまらぬ記事が出て迷惑いたし候。

昨日仙石総裁より大連新聞社長宝城に対し痛烈なる叱言を喰はし先年山条の頃言論封鎖のために十万余円を与へ発行権を満鉄が押へ得る様致しありたるを利用し大分脂を取り申候。仙石総裁の身辺に付てハ万一の間違ありてハ存(ママ)じ相当注意いたし居り申候。

昨冬より安東密輪取締の事拓務、外務、朝鮮と同じ便偽(ママ)に相成候。是れハ御高教を受け関東庁だけで背負い込み間違を惹起さぬ様に致し候結果にて一月十六日より庁令発布順調に参り居り候。然し其取締にハ非常に困難を嘗め居り申候。土地の重なるものが繁昌策として密輸を是認いたし且背後に関係し新聞の如きも取締に同情なきのみならず進んで悪宣伝する有様されど漸次軌道に入りつゝ有之候間御安神願上候。

昨夜の鮮人の派出襲撃事件につきても其動機如何を知るため高等課長を派しまた臨時の配置もふやし他の附属地外孤立地帯に波及せぬ様努力致居候。

只今も電報あり復県荘河の州境近くに数十名を指揮して多年凶悪の限りを尽し居り候大頭目金朋双の一団と皮下髙警察官と交戦金を射殺したるにピストル二挺丸二〇〇発所持致し居り候。斯る有様にて昨今ハ思想的の懸念事案の外各種面倒なる事項頻出随分多忙を極め居り申候。

先ハ昨今之模様御報御無礼之御詫に替へ申候。

在満各機関とは十分に密に連絡をとり居り候間是又御含み置願上候。

敬具

二月二十一日

中谷政一

伊沢賢大人硯北

〔註〕封筒欠。年は内容による。

2　昭和(6)年6月15日

拝啓　益々御清勝奉賀候。陳ハ今度突如満鉄主脳者の更迭あり今度ニ於テハ御出馬の御事と全く確信いたし居り候処其事なく意外千万に御座候。

何故に御引受け遊されざりしか、満州の昨今蟬噪蛙鳴徒らにしげきの時賢人に待つ最も大なるの際其事なかりしハかへすぐ〵も会得致し兼ぬる処に候。

国家多事の秋局外にあつて大処高処より無我の御指南番ともなり俊傑の業とは存じ候得共また第一線に立ちて叱咤号令致さるゝ事も尽忠奉国の業と存じ申候。

塚本長官閣下も州内外の初巡視を終られ昨十四日無恙御帰旅相成り申候。流石に人格と見識とに於て当世稀れの御方と承知致居候だけ有之到る処よき教訓を躬行以て展示致され候事寔に感佩無双に御座候。

拝具

六月十五日朝

中谷政一拝

伊沢賢大人硯北

〔註〕封筒欠。年は内容による。

3　昭和(6)年11月20日

拝啓　過般ハ内外多事寸暇も貴重なる先生より御懇書頂き寔にただく〵恐縮感謝之外御座なく候。

事件当初憂慮いたし候国内のクデーター式の破綻は是迄の処見ずして相過ぎ候事御高配の結果の然らしめし事と窃かに敬慶致居候。

時局ハ幸に国民の多年の頽風を改むるの途に向ひ上下一致国難を打開する覚悟に向ひ進みつゝある様伝えり寔に此裏に多大の御指導の加はり居り候事を承知難有存居候。

満州もいやでも応でも加藤外相によりて布石致され其後の政治家等により怠り勝と相成居り候権益の確保に此機を逸してハ再ひ同様なるチヤンスは繰返し能はぬ自覚下に血み

どろの戦を致す覚悟で協力の一路に進み居り申候。

然し蜂の窩をかき乱した如き跡満鉄沿線の東西到る処の敗兵の匪賊化、馬賊の時を得顔の横行、野に財貨なき掠奪、是等の過ぐる処十三位より以上の婦人に被害を受けぬものなしと伝へられ惨状寔に此世の地獄に御座候。

今や軍はチチハル方面の馬占山退治に成功したりと雖も後方のガラあき的の警備力を思ふの時、前述匪賊の跋扈、旧東北政権の背後よりの指示、支援、其数も大体一万七千内外を算し冬季を前にして地方の治安の維持ハ蓋し容易ならぬ難業の一に候。

固より中、南支、天津、チ、ハル、ハルビン其他我が官憲の保護不十分なるに比し否無保護とも云ふべき場所の多きに比し当地方は安全郷とも称し得べきも満州は今次事変の中心点に有之我管下の絶対的の秩序の安全こそ世界に向ひ我が支配力の優越を具体的に示す次第故是れハ如何なる事ありとも微動だに許さぬを要する義と存居候。

警察力の三分之二を州外満鉄沿線に配置し昼夜兼行生計を忘れての勤務に服し居り候。我警察官の勇敢には涙のにじむを覚ゆる次第に候。

先キに長官上京警備力の充実の必要を大蔵、拓務外務の関係大臣に御説明下され孰れも御賛同に相成り帰任の途次数次新聞記者会見の折増員の事を判然と言明致され居り申候。

然るに関東庁の財政は多年の姑息なる財務当局の遣り方にてスッカリ行詰まり居り赤字で兎ても関東庁の負担にてハ此増員ハ実行致し難く是非とも中央より補充金なり或ハ臨時事件費で別途支出方御考慮願はねばならぬ状態に有之此点ハ長官もよく御承知下され御上京相成りし次第なるも其ハ財務部長代理松崎経理課長の事務的交渉に委ね帰任致され候訳に候。然し其点ハ小生ども最も心配いたし居り候点にて再々長官御滞京中御願いたしたる次第なるも御帰任を急がれ其れ迄結果をつきとめずに御帰りに相成候訳にて大に実行上憂慮致し居り候のみならず現下の事情ハ各地とも不安充満速行せねば人心稍もすれバ関東庁冷淡の声多きの時長官の威信にも関する処不少実際の治安の脅威が強きだけ一層此声に悲想の韻を含むものあるを痛心致居候。在京経理課長督励また有田保安課長を協力の為め昨朝急遽上京致させ候次第なるが御序も候ハヾ堀切次官、川崎官長に此上とも御力添の程御配慮願上候。

昨朝突如是迄湯崗子に進路中なりし宣統帝同地附近の匪賊の脅威と軍が此保護に力を削ぐ事の犠牲を思ひしものか旅順に飛込み来り（軍の依頼状に軍にて）また保護預かりとして一注意を殖やし申候。

新聞通信の統制、ジヤーナリストハ記事本位時に国軍、外交の響きを忘れての通信や記事、中には低級にて斯る記事を憂国の結果と偽装いたしたる向もあり是れも仲々世わのやける一仕事に候。

金のない関東庁は心境の協力を第一とする外なく覚悟は致し居るものの矢張り事変に際し職責上の最小限の活動費は不得止必要、其れに悩み、あちこちから冷澹呼ばはりされてハ長官に相すまぬと其れハ現下の苦痛に候。幸に頑丈にて働き居り候間御安神願上候。

下田氏の事拝承仕候。平山君も好都合に参り候。　拝具

十一月二十日　中谷政一

伊沢賢大人硯北

〔註〕封筒表　東京市外西巣鴨町宮仲二五一七　伊沢多喜男閣下御直。
同裏　旅順　中谷政一　十一月二十日。年は内容による。

4　昭和(6)年12月14日

拝啓　初冬之候其後之御起居御伺申上候。

中央に地方に絶対の民意之信任を持ちつゝ今次の政変寔に不合理の事の多き次第なるも政界の事乗切る自信も用意もなくなりし時は船頭さんの変更を願ふの外なくなりし事と存じ候。

満州事変の前途容易ならず候も国際聯盟関係の一段落の折に政変ありしは先づ〳〵と存じ居候。塚本長官奥地旅行中なるも本夜御帰りの筈につき直に御意図を承り度小生ハ大体治安上の万全の手当をいたし異動期に於ける過失なからしむるだけの方法を講じ置き辞表を直に提出いたし年内に上京いたし膝下に再ひ御高教を仰ぎ度既に心組み夫れ〳〵準備いたし居り申候。

浜口内閣以来天海僧正之御役目を御尽し下され候尊大人之御高風に接するの機を鶴首数へ居り申候。　拝具

十二月十四日　中谷政一

伊沢賢大人閣下

〔註〕封筒表　東京市外西巣鴨町宮仲二五一七　伊沢多喜男閣下御直。
同裏　旅順高崎町四　中谷政一　十二月十四日。年は内容による。

5　昭和(7)年1月4日

拝啓　暮三十一日年取りも其処〳〵にいたし安奉線一帯に亘る兵匪の狂暴と軍の移動に伴ふ警察官の任務に間隙なからしむるため屢次本庁より警務課主任、警務課長等を急派し士気の振作に力め此局面の維持に当らしめ居り申候も帰来其報告が孰れも悲観的に有之何事を措くも朝鮮警察の応援を求むるの外なしとの事故中谷ハ終始一貫此度は官民一致の力にて他の応援は受けずに治安の維持はやりぬくとの当初からの固き決心もあり捨て置き難しと存じ列車に投じ

途に同僚を慰籍し激励しつゝ正月元旦朝六時奉天着直に二三軍部の人と打合はせの上安奉線にて安東に到り途中実情を観察し人的配置並に防御陣地の構築、武器の充実、対的作戦を凝らし二日再ひ奉天に戻り軍と更らに兵匪掃蕩の打合をなし州内より更に警察官の増派を行ひ朝鮮の応援はさけ三日夜帰旅いたし候様なる訳にて年末から年始にかけ御無礼いたし居り候段御海容願上候。御承知の通りの安奉地帯山又山の間より錦州と連絡ある元鳳凰城公安局長鄧鉄梅、徐文海の一党民間の銃砲を徴発し土民を徴発し抗日軍を組み到る処出没而かも計画的の襲撃安東署管内十二駅中十二月中六駅襲撃を受け秋木荘駅の如きは三回其他附近村落には二百、三百、四百と集結し盛に流言を以て威嚇し避難民は出る電柱は所在に切断され通信は妨げられレールには障碍物を積む軍は錦州方面に行き又ハ行く待命中とて思ふだけの力を出し得ず駅従業員も家族を奉天、安東に避難さす有様独り警官の家族は子供を背にしつゝ御握りを作り応援警官其他自警団員に配る有様惨また惨今次の事変中の困難なる又最も危険なる勤務に当り居り候訳に候。事変前の警察力を以て全線七百哩近くの軍の移動後の治安責任を受け不安は募る流言はとぶ、保護事項は幾何級数的に激増する兵匪馬賊の横行は沿線約三万以上積極防禦の為め出動夜に日をつぎ休む隙なく皆神経過敏になり居り申候。然し満州警察は黙々として能く耐へ能く勇敢に其難に赴き居り申候。此点日本の警察の最も代表的の成績を収め居る事と一面衷心の強みを覚ゆると共に其芳闘に対してハ千万涙なき能はず候。

新聞統制是れまた利己屋の多き低級人の栄たる満州には大問題遠慮なく行政処分にて国家の不利を防ぎ申候。其他有象無象の動き日本人の偉き人もあると共につまらぬ人間の甚だ多く何時も軍事行動後の果実を実さぬ原因も此点にある次第に候。

本国の政変、心外千万御憂慮拝察致居り候。日本の社会も全く或部分に外科手術を要せずやと存居り候。長官異動是れハ理由なきも然し一般の空気は不得止義と存し居候。然し満鉄は政友の喰ひ物にはさせぬと軍はいきり立ち居り候間正副両頭の動きも政友の注文通りは参る間敷考へられ居り候が是れハ当方の話中央ハ如何か存じ不申候。

関東庁是れも利権屋は更迭を望み居り頻りに更迭の放送致居り候。然し時局重大故間違の起らぬ手配は十分に致し居り候も小生は矢張り此際休ませて頂き度存じ居候。長官には十五日辞表差出居り候。何卒御叱りなく御許容願上候。

拝具

一月四日夜

中谷政一

伊沢賢大人閣下

〔註〕封筒表　東京市外西巣鴨町宮仲二五一七　伊沢多喜男閣下。同裏　旅順高崎町四　中谷政一　一月五日朝。年は内容による。

6　昭和7年1月18日

拝復　何時も乍ら御深情の溢るゝ御高教感激の外なく候。日本の政治が斯くも弄され行く事は余りになさけなく国家を損ひ国民を毒する事甚しく候。さるにても絶対大多数の民政党の責任も軽からず政友に至りてハ言語同断、山岡氏の長官人間は進歩するから或は違つた人となり得たかも知れぬが其れハ仲々信じ得られぬ事鶏鳴狗盗の輩を此大官に任ずる事の如何にも桁外れの遣り口の様に存じ居る向も少からず候。中谷は此時局の前途より見て憂慮いたし居り候も政府の責任にてする仕事静視の外なし。只小生は同氏とは所詮一所にゆき得ざる性格と自ら存じ居り候間時局柄甚だ恐縮いたし居候が辞表の事聴許を願ふ一念愈々強く再度堀切次官宛にて時節柄新聞其他にて彼是通報あるの時早く決定して間隙を与へぬ様に御配慮願ふことが国家の立場より大切なる事を申出置き候。寔に困りし事に候もせめて国家に出来るだけ無害ならしめ度祈居り候。

右御叱りを受くるかも存ぜず候へ共御寛恕願上度但し此間、間違の生ぜぬ様には致居候間御安神願上候。木下君に対する仕打憤慨に不堪候。　早々拝具

一月十八日　中谷政一

伊沢賢大人硯北

〔註〕封筒表　東京市外西巣鴨町宮仲二五一七　伊沢多喜男閣下御直。同裏　旅順高崎町四　中谷政一　一月十八白。年は消印による。

7　昭和(7)年1月20日

謹啓

予て願出居り候辞表昨日御聴許の恩命に接せり。

顧みて二年有半相当変化ある局面に当面し大過なく其任務を尽し得たるは偏に御高教の賜と感激の至りに候。

不日上京親しく御報告可申上候も不取敢右申上候。　拝具

一月二十日　中谷政一

伊沢賢大人玉案下

〔註〕封筒欠。年は内容による。

8　昭和　年12月30日

拝啓　愈々本年も今明日を以て閉づる事と相成り顧みて国家の為め御尽力被下し事の収穫の如何にも偉大なりし事に対し厚く御礼申上候。

関東庁の人事も慎重に調査いたし居り候が大体の見極めもつき管内の秩序に対する成案も出来申候ため二十四日に庁内各警務局関係の課長の更迭を始めとして安東から長春、営口から大連旅順迄殆んど全管内に亙り大異動を断行いたし申候。幸ひに年末の惰気一掃の風あり好評嘖々一安堵いたし申候。此陣容に基き明春は更らに正しく進み度存居候。近時安東の密輸の取締を始め不正邦人に対する悪事取引の機を抑へ来りしため麻薬類取扱常習者、利権屋、ゴロツキ記者等漸次何等かの名目にて反ぜいせんとするかの模様有之候も国の体面官憲の威信保持上堂々たる態度を取りて動かぬ事は勿論に候。然し是等の徒次第に内地に帰へり政党方面に諸種の運動を試むるもの出づる様子有之候。此頃も例の山本久顕や種子島久仁等の利権的運動あり。奉天電報通信社長渡辺義一と云ふ男も民政の幹部と懇意なりとて通信に広告を乗せ活字で発行する事を認めよ前に久保局長時代に許され居るからとしきりに迫り遂には自分の通信社ハ是れをやらねば成立たぬからとて強要的態度に出申候も奉天には日刊邦字三新聞あり通信も幾種もあり此上脱法的日刊新聞めきたる通信を作りてハ居留民の迷惑甚しき故許し難しと懇諭いたし置候も禁とされるのを覚悟でやると云ふ態度を示し引取り申候。聞けば従来此種手段で役所も満鉄其他もかなり悩まされ居るとの事満州には斯る人間の多きに一般ハ苦しみ居る様に候間漸次取締り行き申度候。軍人会館の百万円寄付の事満鉄追加予算に上り居り長官に申上げ是れハ尚研究を要すとて予算面から除き予備費の方に繰入れ申候。其他満州の近況ハ長官来月八日のウラル丸にて上京の予定と承り居り候間いづれ御話しが出る事と存居候。

先ハ歳末御祝伺申上度、御一同様御揃ハ芽出度御越年を祈上候。

拝具

十二月三十日

中谷政一

伊沢賢大人閣下

〔註〕封筒表　東京市外西巣鴨町宮仲二五一七　伊沢多喜男殿閣下親展。
同裏　旅順市高崎町四　中谷政一　十二月三十日。

中野正剛

1　昭和4年8月13日

拝啓　芳翰拝誦先般は御避暑中とも知らず推参し少しく世事を論じて御垂教を仰がんとし失礼仕候。

今回尊台が遠からず顕職につかるべきことは小生の推測して誤らざる所に有之為邦家御尽力之程今より祈願仕候。就ては小生に於て唯一の小さき猟官運動あり。それは他なし小生の為に方向を誤り小生の為に御指導に背きし友人野溝伝一郎君をして尊台之麾下に在りて同君特有の資質を発揮せしめんことに有之候。特に御高懐に訴ふる次第に有之候。小生本日より両三日関西に遊ぶべく右取急ぎ御願申置候。　敬具
大暑之都塵に泥れて遙に高原の涼快を羨み候。

八月十三日

正剛

伊沢多喜男殿

〔註〕封筒表　信州軽井沢　伊沢多喜男殿親展。同裏　東京青山原宿一九六　中野正剛。年は消印による。

中村是公

1　7月29日

拝復　其後追々御快方目出度存します。どうぞ可成十二分の御静養を祈上ます。小生も今月八九日頃から腸上部より出血十二指腸潰瘍の恐れありとの事で患部診定の為入院いたし十分検査したるも何等の得るところなく有耶無耶ニ終り候。蓋し何の為ニ出血したるか解らず終りたり。依て二十二日退院自宅静養中なるも気分其他ニ何等異情なし。只出血したる為静養中なるのみ。右様の次第で御就任当時御面会も出来ず甚だ残念且失礼ニ候。いづれ大兄御全快御上京の節御面会いたし度存居候。そうゆう訳ですから小生の方ハ決して御心配御無用大兄こそ今後十二分の加養切ニ祈ります。ゴルフを精々御勉強遊しませ。丸山君を近々訪問する考です（外出出来次第）小生より御見舞申べきの処却て御見舞ニ接し恐縮ニ存します。欠礼の段多謝々々。

早々頓首

是公

伊沢老兄侍史

上山君ニもまだ面会出来ず残念存し居り候。

〔註〕封筒表　信州軽井沢町　伊沢多喜男様親展。同裏　東京市外下渋谷一五八　中村是公　七月二十九日。

中村房次郎

1　昭和2年8月3日

拝啓　益々御清栄大賀の至ニ奉存候。
陳者二十八日付御書面難有拝見候。今回の多額選挙実ニ言語同《（ママ）》断の結果に終り候事誠ニ遺憾とする処ニ有之老台ニ於かせられ候ても甚御不満足ニ被思召候事と拝察仕候と共に小生は其の関係者の一人として只管恐縮罷在候事ニ御座候。何故ニ此の如き不結果を見たる哉の御不審御尤ニ奉存候。左ニ所感の一二申上御返事仕候。有権者市部百十一人郡部

七十人（失権十九人）投票者市九十八人郡六十四人計百六十二人中上郎清助九十一票、平沼亮三六十六票、若尾幾太郎二票、無効三票ニ候。一昨年の二名選挙の時小塩七十四票、左右田七十票ニ有之無競争の時より尚四票を減し居り候事尋常の事ニ無之候。二人同時ニ選挙せば両派共絶対に二人を占むる事不可能ニ有之候。郡部の政友派の者が立候補致し候事ならバ格別市部より立候補致し候事有吉市長の下ニ市会ニ於て民政政友妥協して平和を重んし居る今日の横浜市の現状よりすれば徳義上為すべからざる処にして民政派の補欠として民政派に譲るべきか穏当なるべきに我党内閣なると、郡部を含む神奈川県の多額選挙なりとの三百理屈と、上郎清助の箇人的虚栄心の野望とに依り理不尽ニ立候補せるもノニ御座候。勿論政友派ニ勝目なければ敢てせざるべきも官権と金力と叩頭とを以てせば相当の好果を収め得べしと考へたるもノニ有之其の結果ハ前述の通りニ相成申候。由来勢力の分布は市部ニ於て民政派三分の二、政友派三分ノ一、郡部ニ於て民派三分ノ一政派三分ノ二と推定せられ居たるものニ候。此の比率よりせば市九十八中民派六十五、政派三十三、郡六十四中民派二十一、政派四十三となり合計して民政八十六政友七十六となるべきものなり其の結果ハ前述の通り民政六十六政友九十一と申事ニ相成事明に横浜市の有権の多数が政治ニ無理解なりしに依るものにして此点ニ於て殊ニ小生等の遺憾とする処ニ候。多額有権者二百人の制度か何の根拠に依れるや頗る不可思議の選挙法ニ有之是ハ只今彼是れ議論するを避け可申も此の方法の為め所謂貴族院議員の選挙人らしからざる程度の人々を包含致し居候事此の大敗を招きたる一原因たるは争ふべからざるものニ候。

衆議院議員の選挙ニ候ハヽ、正々堂々演説会を開き多数の有権者と市民とニ対し両派の主義主張を発表し其の批判を受くる事ニ候へ共多額選挙ニ於てハ全く此事なく多数の市民は全然無関係ニして選挙人の多数は殆んど政治的理解なくたヾ情実、嘆願、加ふるに干渉と買収の行はるヽのみ今回大敗の因是ニ有之候。

上郎清助年齢六十五有権者を訪問して長座長談平沼は年壮今回出でざるも尚今後の機会あるべし自分は老年病軀此の機会を逸すれば他日再ひ是を得る事難し老後の思ひ出、家門の光栄、一生の御奉公納めなどヽ述へ立て叩頭哀願政治ニ無理解なる選挙人を拝み倒したるに対し我平沼は御承知の通り軽快洒脱左右田氏以前の神奈川県の多額議員か老衰の金持を出し居たる因習を此の無理解なる選挙人の頭を相当ニ動かしたるべく是亦敗因の一ニ候。選挙人の多数か全く政治ニ無理解なるは止むを得ずとするも是等の人々か虚偽の承諾を我等ニ与へたるは甚敷不愉快千万ニ存し候処ニ有之我等の得票優ニ八十五票を超へたりと信せられたるもの開票の結果僅ニ六十六票ニ過ぎず政友派の得票を彼等か数へ居たりと伝へる〻《ママ》数字と殆んど同一なりし特ニ注意すべき現象にして此の間ニハ間接の干渉と卑むべき買収の行はれたるを否定する能はず候。上郎清助の投票中ニ

上郎清スケ、上ロウ清助

上郎セイ助等々

予め打合せて其の書方を定め置きたる符合ニ等しき投票あり、甚敷は赤青の色鉛筆ニ記したるもの、投票用紙の裏面ニ色鉛筆を以て記したるものあり是等は明ニ買収の関係上行はれたる手段と見るを見べしと存候。而も是を摘発捜索すべき警察力は全く彼等の手中ニ在り如何ともすべからず此事憤慨して天の時の至るを待つのみニ候。此事ニ付きては何れ御帰京の上拝眉親敷申述御高教を受け度存し居り候。彼等は初めより数万金を散すべしと傲語致し居り候。其の遣り口甚華美なりしも我派は全く買収を為さゞる実質の支出を為したるのみ。競争して買収を行ふ如き選挙界を毒するの手段を執らざりしを以て聊慰め居申候。

有名なる鈴木内相の干渉振りとしてハ特ニ目立ちたるもの無之向背不明の有権者ニ刑事を配置して其の出入、行動を監視したる事実は有之申候。全体ニ警察が政友派ニ有利なる働を為したるは申迄も無之事ニ候。

衆議院の選挙ニ候ハ、横浜市民は干渉圧迫ニ合へは益々是ニ反抗して其の自由意志を表すの勇気を有し居り候事従前の選挙ニ常々其の実例を見申候も多額の有権者なる不可思議なる階級の人々にハ全く此の気魄なく候のみならず金銭ニ依つて動かされたる跡を見るが如きハ誠ニ痛嘆する処ニ候。

三票五票の差を以て落選せば遺憾とする節々多く党内にも種々物議を起し候事も二十五票の差ニて全く問題ニならざる大敗は皆等しく政友派の悪手段ニ憤慨して他日是ニ報ゆるの機会を待つべく臥薪嘗炭《ママ》の気同志の間ニ漲り居申候。由来政友会は力の政治を高唱致し居り候。今回の如き全く其の力主義の横行と可申候。而も天定つて天人ニ勝つ、天ニ特別の力あるを悟らざる彼等は他日其の制裁を受くるの日来るべしと小生は確信致居候。

平沼氏衆議院議員を辞して立候補せる為め近く其の補欠選挙有之申候。是は政治ニ理解ある市民の多数を有し居り候得ハ其の結果ハ当然民政派の議員を挙く事と相成候事ハ疑なく候。政友派は自派ニ勝算なきを知るを以て市会の中立派の或者を使嗾して立候補せしめんと致し居候も是は成立すまじく存し居り候。我々同志ハ多額選挙ニ於ける不名誉を拭ふべく而して真の横浜市民の意気を示すべく小敵と雖も侮らず大敵と雖も恐れざるの慨を以て尽策致し居り候。

不文乱筆余り長文に成申候故是ニて擱筆仕候。何れ其の中拝眉の機を得て万々可申上候。今年は暑気殊ニ甚敷折角御自愛被遊度く国家の為め奉祈候。　敬具

八月三日　房次郎

伊沢老台座右

〔註〕封筒表　長野県軽井沢一〇三二　伊沢多喜男殿親展。同裏　横浜月岡町九　中村房次郎　八月三日。年は消印による。

2　昭和6年8月27日

拝啓　陳者浜口氏の御長逝実ニ痛恨の極ニ御座候。浜口氏の如く国民多数の信頼を受けられたる政治家未た曽て是れなしと存候。小生は其の強く正しき御信念を以て政治を行はせらるゝを見常ニ満腔の敬意を捧け居たるものニ有之今春御辞職の時小生は同氏か十二分ニ御静養相成候ハヽ完全ニ御健康を回復せられ今一度首相として其の抱負経綸を行はせられ候日あるべきを期待致し居候ものニ御座候。其の後の御経過を常ニ気支下居候処図らずも御急変御長逝に成候事国家の為め不容易大損害と可申候。殊ニ近時国家重要の諸問題の推移ニ加ふるニ政界の状勢等を見るニ付け候ても長大息を禁する能はず候。老台莫逆の御友人として御一身の名利を顧ず常ニ外部ニ在つて御援助被遊候事骨肉と雖も此の如くなる能はずと小生の常ニ敬服罷在候処ニ有之当日軽井沢より御帰京相成其の御臨終ニ際会せられ握手して御永訣被遊候事浜口氏ニ於てもセメテモの御満足被為在る事と存し上候と共ニ老台の御心中拝察涙滂沱たるもの有之、浜口氏の御長逝を恨事とせらるゝ第一の御方ニ可被為在と存候老台ニ対し痛恨の意を奉表明候。

残暑殊の外酷烈候折柄国家の為め何卒御自愛被遊度奉祈候。　敬具

八月二十七日　房次郎

伊沢老台座右

〔註〕封筒表　東京府下西巣鴨二五一七　伊沢多喜男殿親展。同裏　横浜月岡町九　中村房次郎　八月二十七日。年は消印による。

3　昭和7年9月6日

伊沢老台座右　房次郎

拝啓　益々御清栄奉大賀候。

陳者小生病気の事御聞ニ達し過般は御親書を以て御見舞を忝ふし御厚情難有御礼申上候。

猩江熱の方は全快去る三十一日退院仕候得共同病の特性として軽微ニ候へ共腎臓を犯され候為め慢性ニ相成候ては大

事ニ付き此際根治仕り度と医師の指示を厳守仕り帰宅致し候ても依然安静平臥罷在候。其の為め此の状相認め候にも仰臥執筆乍失礼万年筆相用ひ居候次第ニ存候。今月中引篭り居候ハヽ、必ず全治従前の健康を回復致すへく確信仕り居り候。

議会の状態誠ニ言語同断と可申候。此の間ニ於ける斎藤首相以下同志閣僚の隠忍尊敬すべき義ニ存候。多数の国民は必ず公正なる判断致し居と相信し居候。殊ニ後藤農相か最重要なる地位立たれ毅然として其の主張の貫撤ニ努られ候事敬服の至ニ奉存候。一に老台の御指導御後援ニ依る処と奉推察候。

生糸相場か壱千円を突破し繭価か五六円を唱ふるに至り候事国家の為め慶賀すべき義に有之滞貨処分か後藤農相の英断に依り政府買上を実行せる事有力なる原因の一ニ有之当時是を主張せる小生の窃に快なりとする処ニ御座候。此直□なる際に利益を得たるもの日本人側ニ比し彼のジエリーの徒に多かりしよふ伝へられ候は聊心悪くき怨なきニあらず候。

斎藤内閣か今にも崩壊せんとする如く宣伝致し候事悪むべき事ニ存候。斎藤内閣か隠忍臨時議会を続行せるは是より更ニ大ニ為す処あらんか為めと相信し居何卒国家民人の為め最善の政治を行はれん事を期待致し居候。政友会との関係は当然或る時機ニ於て清算せらるべきものと存候。希くは来ル昭和八年二月に於て厳正公平なる総選挙を斎藤内閣の手に依つて行はれん事を切望致し候。

議会開会中は素より平素ニ於ても不容易国家の為め御配意相成居候事常に敬服罷在候処に有之此上とも当局者を御指導御後援被遊候よふ国民の一人として御願申上候処に候。民政党の現状兎角微弱ニ見られ候事誠ニ遺憾とする処に候。是を有力ならしむる方法の如き一ニ老台の智ニ待つべきものと存候。何卒国家の為め御指導御援助是亦御願申上処に候。

甚不遊を顧みず床上雑感の一二を申上候。不日十分健康回復の上拝趨御高話拝聴仕り度楽み居候。何卒御健康は素より御身辺十二分ニ御注意被遊御自愛の程切望仕候。　　　　敬具

〔欄外〕昭和七年九月六日　　　　房次郎

伊沢老台座右

〔註〕封筒表　東京府下西巣鴨二五一七　伊沢多喜男殿親展。同裏　横浜市月岡町九　中村房次郎　九月六日。

4　昭和7年9月10日

拝啓　益々御清栄奉大賀候。

陳者御尊書拝見御懇切の御申聞難有服膺十分注意加養可仕

候。
御来示の件毫も異議無之処ニ有之貴意ニ添ひ候よふ尽力可仕候。たゞ特ニ申上度は同氏の性格御承知の通り瓢逸俗に申す口軽の嫌有之此の辺の事ニ付き少敷卑見御参考ニ申上致度事有之御帰京次第三宅氏参上存し寄り可申上ニ付き御聞取の上更ニ御指揮被成下度願上候。
本人は同君と協議の上ならでは所属決定致し候事無之よふ相成居候ニ付き御含置き願候。小生も平臥卓上電話にて御話出来申候ニ付御帰京次第御都合相伺ひ電話にて御話し可申上候。
右御返事申上度如此ニ御座候。　敬具
〔欄外〕昭和七年九月十日
〔註〕封筒表　長野県軽井沢町　伊沢多喜男殿親展。同裏　横浜市月岡町九　中村房次郎　九月十日。

5　昭和14年4月4日

拝啓　益々御清栄奉賀候。
陳者先般御噂申上候来ル十四日は小生遭難記念日ニ相当致候ニ付き小会相催し度折柄三渓園の桜花見頃ニ相成るべく存候得ハ御清覧ニ供し度此段御案内申上候。
尚夕刻より原家特有の支那料理拝呈仕度御含みの上御光来願被下候ハヽ、仕合ニ存候。遭難の事には無関係ニ御座候得共町田、後藤、永井氏等も御招待致し置候。
時刻は午後三時半頃より御随意御来臨被成下度候。
先ハ右申上度如此ニ御座候。　敬具
四月四日　房次郎
伊沢老台座右
尚々　伊東のお気分如何ニ御座候哉。雨天寒気にて興味少くと懸念致し居候。ゆる〳〵御滞在祈り候。
〔註〕封筒表　伊豆伊東町松原中村別荘（元小泉氏別荘にて）　伊沢多喜男様親展。同裏　横浜老松町二三　中村房次郎　四月四日。年は消印による。昭和14年4月5日付中村房次郎宛伊沢多喜男書翰を同封。

6　昭和14年4月30日

拝啓　益々御清栄奉賀候。
陳者伊東別荘お気に入り候様子誠ニ喜ばしく奉存候。折角貰ひ受け候も使用不致持てあまし居候処御使用被下難有存候。茶室も若槻男か感心して被下候程のものゝ由是も小生一度よりはいり不申此の次参候節十分鑑賞可仕候。庭内の躑躅咲き始め候様子是も昨年見そこない申候得共本年ハ盛りの頃参り可申存候。主人常ニ齷齪俗事ニ奔走使用不致候ニ付き何卒何時にても御使用被成下度願上候。

費用之事御心配被下恐入申候。御奥に申付け置候間此の次おいでの節は実費頂戴御気のすむよふ致し可申何卒返す〳〵も御遠慮なく御使用被下候事悃願仕候。乍延引御返事ヲ兼ね申度如此御座候。　敬具

昭和十四年四月三十日

房次郎

伊沢老台座右

〔註〕封筒表　東京市豊島区西巣鴨二、二五一七　伊沢多喜男様親展。同裏　横浜芝生台四　中村房次郎　昭和十四年四月三十日。

7　昭和14年8月8日

拝啓　暑気酷烈ニ候処益々御清栄奉賀候。陳者先般御話有之候貴族院議員の件段々進捗奉候。午後民政党市支部幹部集会平沼氏再選を内定仕候筈ニ御座候。更ニ郡部ニ交渉の後公然発表相成可申存候。此義御承知置被成下度候。

右御報告のみ申度如此ニ御座候。　敬具

昭和十四年八月八日

房次郎

伊沢老台座右

〔註〕封筒表　信州軽井沢　伊沢多喜男様親展。同裏　横浜老松町二三　中村房次郎　昭和十四年八月八日。

8　昭和14年8月30日

拝啓　残暑甚敷候処益々御清栄奉賀候。陳者二十八日書状菊地助役と御会見の模様詳細御洩し被成下大ニ心得相成難有奉存候。

御来示の永田、大岡両氏永田氏は前局長、大岡氏は前助役にて両氏とも正しき人ニ御座候。人物は永田氏の方大岡氏より一枚上なるべしと存し候。先日瓦斯局長明き居る時小生青木氏ニ永田氏を瓦斯局長ニ起用しては如何と申入候も稲葉氏局長と相成候得共是は其のまゝニ相成候。

永田氏を助役ニ起用出来れば同氏の名誉恢復の為めのみならず横浜市の為めニ宜敷き事と存し候。此の人全く無色公平なる人ニ御座候も政友会が如何の態度ニ出つべきか青木市長の試金石と可申候。同氏の緊褌一番を要する処ニ御座候。

民政派は永田氏にても大岡氏にても異議なかるべく候も永田氏の方賛成者多かるべしと存候。

取急き御参考の為め愚見申述へ候。

阿部内閣成立宛然近衛内閣の日が出現のよふ感せられ申候。申陳候度事有之候も今便省略致候。御機嫌克御滞留十二分ニ元気を貯へて御帰京被遊るよふ奉祈候。　敬具

昭和十四年八月三十日

伊沢老台座右

房次郎

〔註〕封筒表　信州軽井沢　伊沢多喜男様親展。同裏　横浜市中区芝生台四　中村房次郎　昭和十四年八月三十日。

9　昭和14年8月31日

拝啓　陳者先刻電報申上候通り昨日申上候助役の件尚考慮仕候処聊訂正すべき点有之左ニ申上候。

大岡氏は前ニ助役たりし故今回助役ニ相成候事当然ニ感せられ候も永田氏ハ前ニ電気局長たりしもの今回助役と相成候ハヽ、地位一段上進致候よふ相成茲ニ例の稲葉等の運動起り可申かと存し勿論茲ニ市長の腰強く候ハヽ、宜敷候へ共ケ成困る事ニ可成可申やと懸念致候。永田氏ハ大岡氏よりハ人物一段上と存候得共菊地氏の足らざる処を補ふにハ如何かと被考申候。大岡氏は外部へ対しての当りハ宜敷くニ付諸方面への気受けは宜敷と存候。勿論永田氏と同じく正義感強く小生は正しき吏員と考へ申候。

青木市長を無理に困らせるニ及ばす強て問題を紛糾せしめず円満ニ希ヒたく何れとも市長と菊地助役の都合宜敷方ニ致し度存し候。

右思ひ付き候得は昨便宜敷訂正右申上度或は菊地氏へ御書状の御都合も可有之哉と存し此事申上候。

敬具

昭和十四年八月三十一日

房次郎

伊沢老台座右

〔註〕封筒表　信州軽井沢　伊沢多喜男様親展。同裏　横浜老松町二三　中村房次郎　昭和十四年八月三十一日。

10　昭和17年10月5日

拝啓　益々御清栄奉賀候。

陳者先日は御来訪被下候処何の風情も無之失礼仕候。御元気全然御回復御健康の御様子拝見御喜ひ申上候。此節は種々有益なる御高話拝聴難有御礼申上候。

爾後知事市長御歓談親敷協調融和の実況御覧被遊候赴《(ママ)》拝承横浜市の為め慶賀の至に不堪一に多々御配意の賜と厚く御礼申上候。

両三日中ニ福田伊東ニ罷出万々御指揮を受け候様致し可申多々御世話様是亦御礼申上候。執筆不自由失礼御免被成下度候。

敬具

昭和十七年十月五日

房次郎

伊沢老台座右

〔註〕封筒表　東京市豊島区西巣鴨二の二五一七　伊沢多喜男様親展。同裏　横浜市中区旭台四番地　中村房次郎　昭和十七年十月五日。

中村正雄

1　昭和19年7月28日

謹啓　時局愈緊迫重大の時老台益々御健勝の御事邦家の為慶賀此事に御座候。

陳者先般は思ひもよらざる難有御恩寵に接し父房次郎は素より家族一同唯感涙に咽ふのみに御座候。

此の光栄に就き、最高の御思召に対し唯々一同誠心誠意各々分に応じて国に報ゆるの道に邁進すべき覚悟を更に一層深めたる次第に御座候。

近藤知事よりの御話に極秘とのことこれ亦父房次郎平常の信念思想によりて思考致しみれば却つてこれが如何なる位階勲等にも優りて難有恩命と最も感激致したる次第に有之候。

斯如きも老台日頃よりの父房次郎に対しての御厚情御同情が機となりて拝受せる光栄と一同秘かに確信致したることにて実は直ちに参上御礼申すべきかとも存し候へ共老台の隠れたる御力に対しては却つて家族一同黙々として遥かに天に向つて感謝することによりて老台に御厚礼申上候方ふさはしきことのやうに存じ小生は其筋に御礼言上直ちに当地に引返し父房次郎最後の事業たる鉱業報国に挺身致すことによつて君恩の万々一に報い奉らんと致したる次第に御座候。

時偶々東北地方近時稀なる水害により交通機関約一週間に渉りて杜絶所定の鉱量を発送致しかね甚だ遺憾に存候。幸に事業場に於ては水害殆ど無之山元の滞貨万を以て数へ開通次第直ちに各地工場に発送の準備相備へ更に八月九月の鉱物増産期間に於ては目標突破を昨年度以上に挙げんとして之亦折角準備中に御座候。

戦時下に於ける人心一新としての内閣更迭も時局の重大性を痛感致す所にて此際に於て老台益々御清祥国家の為御健闘の程切に祈り上げ御礼に代ふる次第に御座候。　敬具

中村正雄

伊沢老台侍史

〔欄外〕昭和十九年七月二八日

〔註〕封筒表　東京都豊島区西巣鴨二ノ二五一七　伊沢多喜男様侍史。同裏　岩手県岩手郡松尾鉱山　中村正雄　昭和十九年七月二十八日。昭和(19)年9月9日付中村正雄宛伊沢多喜男書翰を同封。

2　昭和20年9月21日

伊沢老台侍史　　中村正雄

謹啓　御尊書難有拝見仕候。
八月十五日松尾鉱山に於て数百の従業員と共に御大詔を悲痛なる感激を以て拝聴致し戦時中以上の困難なる時の当来

に当つて一同いよ〳〵粉骨国家の為奮闘致すべきことを誓ひたる次第に御座候。

狭き本土に八千万の国民を押し込められる今日肥料の増産は何を置いても為すべき急務と存ぜられ戦前肥料界に尽したる松尾鉱山の使命は再び重要なるものとなりたるを深く認識せしめ御御心の有り難き感奮せる全山張り切り申候。新聞によれば肥料増産の為には金融等も優先的に取扱ふやう承知致し候も例によりその原料たる硫化鉄につきては（金銅石炭石油を鉱山関係に於て優位となすものの如きも）余り関心なきやうなるは心もとなき感有之候。

何れにせよ松尾鉱山の前途は多忙多幸と確信致居候間御休神被下度なほ今後共陰陽御後援賜り度懇願仕候。

なほ伊東宅の件は何卒従前通り御使用下され度当方目下の所別段の所存無之特別の事情突発せざる限り十月以降御移り下され候とも当方何等差支無之候。兄も神戸にて戦災に会ひ申候もそのまゝ神戸に居住致す様子小生家族も当分は盛岡に滞在致させるつもりにて伊東へは何人も赴く予定無之何卒従前通り御使用下さるやう御願申上候。

松尾本社今般立退を命ぜられ目下移転の為多忙を極め居り適当の場所無之不得止二ヶ所に別居執務の予定に御座候。敗戦の今日之亦致し方なきことと存候。乱筆甚だ失礼ながら取り急ぎ御返事まで。

敬具

〔欄外〕昭和二十年九月二一日
〔註〕封筒欠。昭和22年8月1日付伊沢多喜男宛中村正雄書翰に同封。

3　昭和20年12月1日

拝復　二十九日発貴翰拝受仕候。

伊東宅につき実は小生先月十日より二十九日まで松尾に参り居り其間神戸在住の兄戦災に会ひ友人宅に滞在中突然十一月中に立退を命ぜられ行先なく極力神戸に於て家探し中なるも万一なき場合は伊東にでもやつて貰ひたしとの電報根岸に参り根岸より山へ紹介有之、承れば貴台未だ伊東に御来邸なしとのこと故不得止ば伊東に移転より他に道なしと考へ尊台未だ御来伊なければ兄夫婦伊東に行かせること尊台に申し出で何とか尊台の方の御都合御つけ願ひたく当方一族の事務を扱ひ居る加藤なる者を使とし御令息にその模様詳しく御話申し上ぐべきの処社内に居られる筈なりと受付申したるとかにて数時間待ちたるも遂に御面会かなはすメモを残し置きたるものと存候。何分にも唯今横浜は電話不通（官公衙を除き）にて連絡申上る道なくかつ尊台未だ御来伊なしとのことにて御令息様まで参上致したるにこれまた御面会を得ざりしは返す〳〵も遺憾に存候。

既に御来伊家屋御使用中なれは神戸より移転も無理と存じ候。兎に角一度御面会御話申しあげかつ承りたく来週中参上致すべく御都合よろしき日時電報にて御示し被下度切符入手の上参上可仕候。
先は不敢取御伺ひまで。

草々

中村正雄

伊沢老台侍史

〔欄外〕昭和20年12月1日

〔註〕封筒欠。昭和22年8月1日付伊沢多喜男宛中村正雄書翰に同封。

4　昭和20年12月6日

謹啓　昨日は長時間御邪魔致し御疲れのことと恐縮に存じ上げます。

その節申し上げました通り神戸兄二階居住御許容頂きましたが長期に渉る場合何かと差支生ずるおそれ有之なるべく早く適当の小屋なり貸間なりを御力により御世話願へますならば福田家族も温暖伊東の地に居住出来小生として一つの重荷を軽くすることにてしかも亡父の意志たる伊東別荘を国家社会に有用に御使用願ふこと従前通りにて万事当方としては好都合にて甚だ乍勝手右様御計ひ願上げたく存ずる次第で御座います。

本日神戸より電報参り十日以後住む所なし何とかたのむとあり早速伊東へ行かれたしと返電致しましたから数日中に御邪魔に出ることと存じます故何卒よろしく御願申上ます。

福田の方は何日出て来るか問合中にてこれは適当の貸間ある迄横浜に留め置くつもりて横浜も米兵共四家族居住は全く手狭にて困却致す次第で御座います。

御話有之ました持主を借家に入れ御自分が伊東を占領することは世間態悪しとの御意見も一応御もっともとは存じますが当方の希望かつ町の希望にも添ふもの故他より何等故障を云はるべきものとは存せず何卒その方向に向って御力添願ひたく偏へに御願申し上げけます。

先は昨日御邪魔御詫ひ旁々御願まで。

敬具

中村正雄

伊沢老台侍史

〔欄外〕昭和20年12月6日

〔註〕封筒欠。昭和22年8月1日付伊沢多喜男宛中村正雄書翰に同封。

5　昭和22年7月1日

新聞ニヨリ東北御巡幸ノ由承ケタマハル。本日全従業員大会ニ於イテ全山ノ希望アリ閣下ノ御骨折ニヨリ当鉱山ニ臨御アラセラレルナラバ鉱山一同ハモトヨリチカノ亡父モ感激此ノ上ナシト存ンズ。何卒宜敷ク願ウ。取リ敢エズ電ニテ御願ヒス。

中村正雄

〔註〕電報。付箋「本郵便物ハ左記ノ事由ニ依リ持戻候　伊東郵便局集

配員　長野県軽井沢旧軽井沢一〇三二　伊沢多喜男」。年月日は消印による。昭和22年8月1日付伊沢多喜男宛中村正雄書翰に同封。

6　昭和22年7月18日

謹啓　酷暑の折益々御健勝大慶至極に存じ上げます。

さて先般は御無理御願申し上げ失礼致しました。未だ伊東に御滞在中と存じ電報差出しました処既に軽井沢に御転りのこと御返電にて拝承これはとんだことを御願したと後悔致しましたやうな次第で御手数を忙し恐縮致して居ります。

当地より片山総理にも御口添御願しその御指図により数日前来県の宮内府犬丸課長に知事室に於て面会全山の熱誠を申述べ御願しました処東京にて既にそのことをきゝ知事よりも話があつたが今回日程の都合上何とも相成らぬ故せめて好摩駅に御召車を停車せしめ駅頭にて御奉迎送申上げるやう研究してみやう、その折全山の誠心を披歴申上けては如何との御話ありこれだけにても感激の至り故何分よろしくと御願した次第で御座いました。

これも尊台御口添の賜物と御礼の言葉もない次第で御座います。何分にも釜石宮古両戦災市へ御臨幸になりこれには午前七時盛岡発午后十時御還幸といふ日程が組まれて居り翌日は御休息となつて居りその時を当地へとは何としても御無理の御願故次の好機には是非御願するとして今回は断念致しました。そのうち北海道へ御出かけのこととても御座いましたらその帰路の御日程の中にでも加へて頂きたく全山熱望致し居ります。

好摩駅にて御奉迎送申し上げることになりましたら亡父の写真を懐中致し閣下の御厚情を胸にして誠心をつくして全山代表数十名と共に日本国再建を誓ひたいと存じて居ります。

確定次第また申上げますが大体の経過を申述べて毎時ならの御厚情を感謝致します。

小生明日帰浜月末また当地に参るつもりで御座います。何れ拝眉御礼申上ますが不敢取書面にて御厚礼申上げます。

乍末奥様にもよろしく御鳳声御願致します。

敬具

中村正雄拝

伊沢老台侍史

〔欄外〕昭和二十二年七月十八日

〔註〕封筒欠。昭和22年8月1日付伊沢多喜男宛中村正雄書翰に同封。

7　昭和22年8月1日

謹啓　山宛尊書唯今拝受致しました。乍早速天子様の件につき本日内閣山崎首相秘書官より鈴木侍従に御連絡被下小生宮内府に出頭御面会左の如く決定致しました。
十日午后二時小岩井農場御仮泊所に参向小生より松尾鉱

山につき御話申上ぐること。

十一日午前陛下盛岡高等農林学校へ御行幸学生生徒の奉迎を受けられ御退出の道に山の職員鉱員代表者約二十名整列御会釈又は御言葉を賜ること。

同日好摩駅御通過の際列車を徐行せしめ鉱山代表者数十名プラットフォーム及沿道に整列して御奉送迎申上ぐること。

好摩駅停車の件は各地よりの申出あるにつき機関車付換以外には一切停車せぬこととなったから特に徐行せしむることに取計ったとのこと。

右につき御懇篤な御話有之各方面の御厚情と従業員の熱誠とがこゝまでになりしことと唯々感激致す許りで御座います。

その折今後北海道よりの帰途に御都合つきたる場合には是非山上まで御足跡を印せられるやう御願致しました処その案もよろしい案故考へて置きませうと申されこれは今後のことと致し今回は右にて一同難有く御受け致すことになりました。

不敢取右御報告旁々御礼まで。　草々

なほ右事情により小生来る三日離京、十五日は山神祭、二十日聯合軍肥料関係の大佐来山につき帰京は二十四五日と相成るべく錦地まで参上の日時無之何れ帰京後のことに御願致したく存じます。

中村正雄

伊沢老台侍史

〔欄外〕昭和22年8月1日

〔註〕封筒表　長野県軽井沢一九三　伊沢多喜男様侍史。同裏　横浜市西区老松町二六　中村正雄　二二・八・一。昭和20年9月21日付・同年12月1日付・同年12月6日付・昭和22年7月1日付・同年7月18日付伊沢多喜男宛中村正雄書翰、昭和（22）年（7）月付・昭和（22）年（7）月付中村正雄宛伊沢多喜男書翰を同封。

中村雄次郎

1　大正6年6月9日

拝啓　益御多祥奉賀候。陳者過般御願申上候吉田義季氏事件大倉組之方へ御願致候事ニ相成候趣旨至極相喜成候得共本人モ小供多之事も有之月給ヲ今少シ多ク貰ヒ度趣同人より之書中ニ相見へ候に付昨日門野重九郎氏ニ面会致候節右之事情相話候処少シ位之事ハ如何様ニテモ可致ト申居リ百弐三十円位ハ出しテモ差支ナキ口気ニ察セラレ申候。右御含置被成下自然御口添等被成遣候場合も御座候節ハ可然御配慮被成下候得ハ本人之幸福ト奉存候。　敬具

六月九日　中村雄次郎

伊沢老台侍史

追啓　小生昨日偶然門野氏ニ面会致シ話之序ニ本文之如キ本人之事情ヲ申述先方之意向ヲ探リ見タル迄ニ有之候得共之か為メ従来本人之事ニ付御周旋被成下居候方々之御感情ヲ害し候様之事有之候ては不宜ト存候ニ付本文ハ単ニ貴兄之御含ニ御留メ置被下度奉願候。

〔註〕封筒表　豊島郡巣鴨村宮中二五一七　伊沢多喜男殿親展。同裏　四谷区仲町三丁目二十八番地　中村雄次郎。年は消印による。

2　2月13日

拝啓　昨日ハ御妨申上候。

扨大倉組之門野重九郎氏ニ面会樺太ニ於ル同組之事業之見込承リ候処今回山口県下ニ製鉄所ヲ起し候処其材料トシテ樺太之木炭ヲ要し候ニ付同所ニ製炭業ヲ起し候事ハ確定之事ニ有之候処樺太庁ニ於テ之ト共ニ何角一事業ヲ起候様被命候処此事業ハ何ヲナスヘキヤ未タ決し居ラス候得共何レニシテモ製炭業ハ是非共起サヽルヘカラス候ニ付樺太庁ニ技師技手各壱名ツヽ御世話ヲ願出居候次第ニ候ト申事ニ有之而テ此事業ハ決テ中途廃スヘカラサルノミナラス門野氏之意見トシテハ樺太ニ鎔鉱炉モ将来ハ建設シタク思ヒ居ル次第ナリト相語リ候。

右之模様ニ候得は大倉組之事業ハ今後継続可致先ツ確実之モノト被存候。樺太庁ニ於ケル職務ガ長官等之交代之為メニ前途案シラレ候様ナレハ寧ロ大倉組ニ入リ候方或ハ安全ニ可有之歟トモ被存候。本人進退之事ニ付従来御配慮ヲ蒙リ居候事故御意見御示し被遣候得は本人モ決心相付候事ト奉存候。不取敢大倉組之模様承リ候儘右申上旁尚本人之儀ニ付御依頼申上度如此候。

敬具

二月十三日

中村雄次郎

伊沢多喜男様

〔註〕封筒欠。

半井　清

1　昭和22年4月1日

拝啓　先般御上京ノ節態々電話御内報被下有難存候。実ハ二十七日ニ御伺致度予定致居候処生憎扁桃腺ニテ発熱致候為メ其機ヲ失ヒ失礼致候。

市長公選ニ付テハ現市長代理助役山崎次隆君ヲ自由、進歩一致シテ推スコトヽ相成之ニ対シ社会党ヨリ石河京一君ヲ推シ候。一般ニハ山崎稍有利ト見ラレ居候へ共社会党ノ組織力中々油断ヲ許サズ存居候。

先日御話有之候件ニ付テハ何トカ具体的方法ヲ講シ度考慮

致居候ニ付暫ク御猶予被下度候。尚東京ノ御住宅ノ件ハ既ニ解決致候ヤ。若シ未解決ナラバ差出ガマシク候へ共小生一応佐藤氏ニ御面会致シテモ宜敷住所電話番号等御内報被下度候。

近藤壌太郎氏令息病気療養中ノ処数日前逝去セラレ候ニ付御内報申上候。

敬具

半井清

伊沢多喜男閣下

〔註〕封筒表　静岡県伊東町松原中村別邸　伊沢多喜男閣下親展。同裏　横浜市西区老松町一五（転居）　半井清　四月一日。年は消印による。

2　昭和22年4月8日

拝啓　横浜市長選挙ノ結果ニ付テハ既ニ新聞紙上ニテ御承知ノコト、存候へ共自進両党ノ一致推薦シタル市長代理助役山崎ガ遂ニ社会党ニ敗ル、結果ト相成遺憾至極ニ存候。自進両派ノ間ニ十分ノ連絡ナク（現ニ知事候補ニ付テハ両派ハ一致セズ）又夫々党内ニモ派閥アリテ選挙運動ノ気勢上ラズ心許ナク存候ニ付平沼氏原氏等トモ相談シ側面的援助ヲ致居候処遂ニカクノ如キ結果ニ相成面目無之候。当選シタル石河京一君ハ現ニ社会党神奈川書記長ニシテ県会市会ニ議員タリシ経歴アル程度ニテ人物モアマリ好マシカラサル噂有之今後ノ市政ニ付テハ十分監視ヲ要スルモノト被存候。

不取敢右事情御報申上候。

敬具

半井清

伊沢多喜男閣下

〔註〕封筒表　静岡県伊東町松原中村別邸　伊沢多喜男閣下親展。同裏　横浜市西区老松町一五（転居）　半井清　四月八日。年は消印による。

3　昭和22年8月20日

拝啓　炎暑之候御起居如何ニ亙ラセラレ候ヤ御伺申上候。御地へ御越ノ前東京ニテ拝芝ノ機ヲ得度存居候処遂ニ其機会ヲ失シ残念ニ存候。

松尾鉱山ノ件ニ付テハ先般事情申上候次第ニテ未ダ其儘ト相成居候。閣下ヨリ事業ノ運営ニ付テ協力スベキ様屢御指示有之候へ共先方ニ於テ之ヲ受ケ入ル、心持ナキ限リ如何トモ致シ難ク此点不悪御諒承被下度候。

先般御話ニヨリ一応御願イ申上置候モノ御手許へ御送付申上度存候処差支無之候ヤ御伺申上候。

当地方ハ近年稀ナル暑サニテ閉口致居候へ共小生幸ニ頑健毎日雑事ニ関係致居候。御地ハ余程シノギヨキコト、被存候へ共折角御自愛ノ程祈上候。

敬具

伊沢多喜男閣下

半井清

〔欄外伊沢書込〕「引続き預り置き呉レと回答せり」

〔註〕封筒表　長野県軽井沢町　伊沢多喜男閣下親展。同裏　横浜市西区老松町一五　半井清　八月二十日。年は消印による。

4　昭和23年4月10日

先日ハ両名参上御馳走ニ与リマシテ殊ニ恐縮致シマシタ。御厚情深ク御礼申上マス。

其節御話ノアリマシタ御邸ノ件早速正雄氏ニ相談致シマシタトコロ小生ノ予想ニ反シ同氏ノ話ニヨレバ中村家債務ノ弁済ノ為メ不本意乍ラ之ヲ処分シナケレバナラヌ、当初ハ松尾鉱山ノ方ヘ譲渡ノ予定デアツタガ同社ニモソレダケノ余裕ガナイ為メ結局第三者ヘ譲渡スル外ハナイ、然シ其場合ニハ予メ先生ノ御住居ヲ他ニ用意シテ御迷惑ヲカケナイダケノコトハ必ス致スツモリデ居ルトノコトデアリマシタ。之ニ付テ色々ト相談シマシタガ中村家及会社ノ内情等ヨリシテ万已ムヲ得ナイ次第ト存シマス。尤モ今譲渡先ガ具体的ニ定マツテ居ル訳デハナク又ソレ迄ニハ必ス他ノ適当ナル住宅ヲ用意スルコトニ付テハ間違ヒナク取計ヒ御迷惑ヲカケルコトノナイ様ニスルトノコトデアリマシタ。先生ノ御心持モ諒承シテ居マスカラ色々ト話シ会ヒマシタガ事情已ムヲ得ナイ存シマスカラ不取敢小生ヨリ右御報告申上マス。何レ中村氏モ近ク参上親ク事情ヲ申上ルトノコトデアリマシタ。

ソレカラ先日御諒解ヲ得マシタ御送金ノ件ハ東京銀行横浜支店ヨリ数日中御送リ申上マス。之ハ三月分デアリマシテ近藤氏ノ分ハ別途御届ケシタトノコト故之ヲ除キ三五〇〇円ト為リマス。四月分モ仝様五月分以降ハ近藤氏ノ分ヲ加ヘテ五〇〇〇円ト為リマス。誠ニ失礼デスガ勘定ダケ責任上一応申上ケテ置キマス。恐縮乍ラ浜口雄彦氏中村正雄氏ヘ挨拶状ヲ御差出下サル様世話人トシテ小生ヨリ御願申上マス。不取敢右要用ノミ。

半井清

伊沢先生侍史

〔註〕封筒表　静岡県伊東市松原　伊沢多喜男殿親展。同裏　横浜市西区老松町一五　半井清　四月十日。年は消印による。年月日不詳伊沢多喜男宛半井清書翰を同封。

5　年月日不詳

桜花ノ候トナリマシタガ御近状如何デスカ御伺申上マス。

先日ハ御芳書ヲ頂載致シ恐縮致シマシタ。

先般浜口氏ノ分トシテ金千円ト申上マシタガ最近同氏ヨリ手紙アリ其後下岡、湯河両氏ニ相談シタトコロ両氏モ之ニ参加シテ三人ニテ金千円ト云フコトニ変更シタトノ通知ガアリマシタカラ御諒承ヲ願ヒマス。従テ御手数乍ラ下岡、湯河両氏ヘモ先生ヨリ御手紙ヲ御差出下サル様是亦世話人トシテ小生ヨリ御願申上マス。
不取敢右要用ノミ。

半井清

伊沢先生侍史

〔註〕封筒欠。昭和23年4月10日付伊沢多喜男宛半井清書翰に同封。

鍋島桂次郎

1 昭和2年10月3日

御懇書拝展益御清康奉慶賀候。当地方暴風雨ハ可也激甚なりしも当村ハ割合ニ軽く拙宅も松杉等の大木二十位吹倒されたる位にて格別の損害も無之候。全村にて倒壊家屋二十四五又沿海之家ハ大概浸水致候得共死亡者などハ一人も無之候。稲田も花盛の時季なりし故大ニ心配致居候処爾後次第ニ見直し先ツ八分位の作柄と存候。中村病翁も国府津辺ニ隠退シ風光明美の処ニ居を構へ候由結構の事と存候。帰京之上ハ一度往訪可致候。当年ハ当地方の漁事甚不景気にて此の釣翁も徒然に苦居候。
本月十日迄ニハ上京之心算ニ付不遠拝眉の楽を得度と存居候。
右御礼方。

草々不宣

十月三日

桂次郎

多喜男様几下

本月末頃ハ八景第一雲仙之紅葉之好時節也御登攀如何。

〔註〕封筒表　東京市外西巣鴨宮仲　伊沢多喜男様復親展。同裏　長崎県南高来郡神代　鍋島桂次郎。年は消印による。

2 昭和(3ヵ)年1月26日

拝啓　御風邪にて御引籠之よし時分柄随分御大事ニ御加養奉祈候。扨て過日之御話ニよれハ撰挙ニ関シ方々御巡遊之由ニ付てハ何卒長崎県へも御来駕の程偏ニ御願申上候。寒中の事にて釣ハ思輪敷キ事無之候得共迎旭亭の一酌も亦一興ニ候。小生も二月早々帰村之心算ニ付一度拝眉を得度と存居候。

早々不宣

一月二十六日

桂次郎

龍水老几下

〔註〕封筒欠。年は内容による。

南原　繁

1　昭和(20ヵ)年2月18日

謹啓　態々御芳書に接し恐縮に存じます。いづれ暖かにも相成り御帰京の節は御挨拶かた〳〵拝趨御高話拝聴致し度楽しみに存じ居ります。国家危局の砌折角御自愛のほど願ひ上げます。
敬具

〔註〕葉書表　伊豆伊東町中村別荘　伊沢多喜男先生。東京都淀橋区下落合二ノ七〇二　南原繁　二月十八日。年は三銭葉書による推定。

西久保弘道

1　大正15年7月19日

拝啓　愈御決心之上御就任之趣唯々東京一市のためのみ無之日本帝国のため大慶至極ニ存上候。併し何卒御病気は十二分ニ御静養被下度特ニ御願申上候。
老生明日より京都へ参り可申候間就れ来月初旬帰宅之上御伺可申上候。
右御祝旁御見舞申上度。
不悉
七月十九日
弘道
伊沢老兄

〔註〕封筒表　東京市外西巣鴨町宮仲　伊沢多喜男殿要用。同裏　下総八幡町菅野　西久保弘道。年は消印による。

2　昭和(4)年7月21日

病中乱筆御免可被下候。
拝啓　先頃は諸君の御尽力の結果ニて劣悪の田中内閣を倒したる事は為国家御同慶ニ存上候。却説政友会時代ニ馘首の厄に遭ひたる署長之内八塚利三郎は老生数十年来懇意のものニ有之丸山ニも依頼致置候得共世間の風評は加藤八塚は復活六ヶ敷もようニ有之或は加藤は面目ニかけ斡旋するものある故出来得べきとするも八塚は駄目ならんとの話ニて老生も閉口致居候様の次第何卒御高配相煩度区々一署長の進退ニつき彼是申上何とも申訳無之候。
右御依頼申上度。
草々不悉
七月二十一日
弘道
伊沢老台

〔註〕封筒表　長野県軽井沢滞在　伊沢多喜男殿要用。同裏　下総八幡町　西久保弘道。年は内容による。

3　昭和4年8月3日

粛啓　両度之御懇書頂戴難有拝誦仕候。八塚は将来官吏生

活は断然相止め実業方面ニ活動する様申居候間不得已手段として同意致置候。何卒御了承可被下候。毎日松井原千等相手ニ御運動之趣欣羨之至ニ不堪候。老生は毎朝五時半より七時まで道場を監督致す位が関の山ニて消光罷在候。孰れ其内御面会の機可有之と存じ候。

草々不尽

右貴酬旁。

八月三日

弘道

伊沢老台

〔註〕封筒表　信州軽井沢一〇三二　伊沢多喜男殿要用。同裏　下総八幡町　西久保弘道。年は消印による。

西村兵太郎

1　昭和(7)年8月23日

拝啓　小生儀旅行中に有之漸く昨日帰省仕候。御手紙拝見仕候。党支部の件に就ては常に御高配に預り感銘至極に候。御尋に相成候貴族院議員候補者の儀に可能性ありと認めらるゝは八木、山中両氏に有之候。支部よりは本人の意向を確めさし候処或る条件の基に政民両派妥協し或は一人舞踏ならば承諾してても宜敷位の程度に有之其他に適当の人物なく此の有様に付幹部会に於て仲田氏を推薦する事に内々決定し内密に交渉し居る際偶々井上要氏政民両党の諒解を得て立候補すべき様極力観誘《(ママ)》せは仲田氏も意動き万事を井上氏に任す様に相成り申候。而して井上氏は二三日内に政民支部長及八木、山中、本多、佐々木、近藤の呼ふ声ありし諸氏を招き同意を求むる段取に相成り居候。県下の空気は大体是れに一致する模様に有之候。我支部としても此際単独推薦は至難と存候につき我党に近き亦総裁と関係よき同氏を推薦する方可然との事に付右の情勢御承解成被下度先は御報知申上候。

敬白

八月二十三日

西村兵太郎

伊沢先生御侍史

〔註〕封筒欠。年は内容による。

新渡戸稲造

1　昭和7年3月28日

日増暖気ニ赴候。貴兄陪々御清康慶賀之至り存候。扨て両三日前小野塚氏来訪例ニより世間話ニ時を移し候際先般小生四国ニ於て舌禍之基を興したる義ニ関し雑談致候処右事件ニ就き貴兄より松山なる某新聞社長とやらニ一書送られ小生の為め御芳志を示されたる由伝承致候。平素特別の御交際を辱ふせさるに如斯御厚意を賜ハりたる義知己を得たるの感深く今心よりの御礼申上候こと如斯。　頓首

三月二十八日

新渡戸稲造

伊沢老台閣下

〔註〕封筒表　西巣鴨町二五一七番地　伊沢多喜男殿親展。「舌禍事件に関し訴状」。同裏　小石川小日向台一ノ七五　新渡戸稲造。年は消印による。昭和（7）年4月13日付新渡戸稲造宛伊沢多喜男書翰を同封。

野溝　勝

1　昭和17年4月15日

謹啓　戦線そろ〱緊張して来ました。

郡下の共同戦線運動は奏効し異状の成果を治め得られると信じ且努力していますから御安心願ます。

〔註〕葉書表　東京市豊島区西巣鴨二ノ二五　伊沢多喜男先生。遊説の途　長野県伊那町　野溝勝　十五日。年月は消印による。

2　昭和（17）年5月23日

謹啓　先達ては御不快の処へ長い事御邪魔しました。それでも先生とゆっくり御話する事が出来まして大なる意義を体得しました。この点誠に幸甚と存じます。

扨てその節先生から御話もありましたので此処に微力な履歴書同封しましたから然可御処理御取計ひ願ます。

尚先生からの御話では内地でもどうかとの御話がありましたが私の希望としては南方面で活躍したいと申しました。

その理由は別に深い意味もないのですが、今日迄の生活態度が大きく活動していたゞけに此後の生活行動についても萎縮したくないと思ふのです。私自身内地であらうと支那であらうと差支ないのですが先生にも御承知の通り無力であり薄学である私が今日一般的政治的に普通でありとして受入れられますのは只一つの努力あるのみです。私は私自身の力関係も承知しています。又現在の制度下に於ては或程度の発展と生長はするとしましても先生始め生輩（ママ）の御支援なくては仲々容易ではないと存じます。

然し政治家として活躍して来た私は此後ともそうした部面に於て奉公したいと存じます。

依って先生が見て私を適当の部署に職域奉公の御指示を下命されるならば精一盃の努力を尽したい処存です。

右の次第御諒察願へれば私の最も幸甚です。　草々

五月二十三日

野溝勝

伊沢先生

〔別紙〕

履歴書

本籍地　長野県上伊那郡赤穂村字赤穂二三二一
現住地　同県同郡伊那町字伊那部四八〇六

野溝勝
明治三十一年一月十五日生

一、明治四十三年飯田中学校入学
一、大正二年同校四学年修業
一、大正六年青森農学校獣医科卒業
一、大正九年長野県衛生技手奉職
一、大正十一年退職
一、大正十二年信濃民友新聞社創立
一、昭和六年長野県会議員当選
一、昭和十二年衆議院議員当選

賞罰ナシ

右ノ通相違無之候也。

昭和十七年五月二十二日

右　野溝勝

〔註〕封筒表　豊島区西巣（ママ）二ノ二五　伊沢多喜男閣下。同裏　本郷区森川町八四正門館方　野溝勝　五月二十三日。別紙封筒表　履歴書。同裏　東京住所　東京市本郷区森川町八四　自宅長野県上伊那郡伊那町　野溝勝。年は内容による。昭和17年5月31日付伊沢多喜男宛野溝勝書翰を同封。

3　昭和17年5月31日

謹啓　初夏の候と相成ました。別荘でも伊東は高温地だけに夏の刺戟も強い事と存じます。腰痛その後如何ですか？

先生の処で御世話様になり帰京すると郷里からの電話で妻が病気との報に慌てゝ帰郷し遂に先生から御命を受けた原稿整理も満足になし得ず申訳ありません。妻の病気も漸やく快方に向ましたから七日頃上京したいと存じます。

先生にも御多用の御身ですから私暫く遠慮していやうと存じます。

若し私で可良の事は何でも致しますから、郷頭の先輩として後輩に御指導願ます。何時でも電話を丁戴すれば走せ参じます。

右要用のみ申し上げます。　草々

五月三十一日

野溝勝

伊沢多喜男先生

〔註〕封筒表　東京市豊島区西巣鴨二ノ二五一七　伊沢多喜男先生。同裏　東京住所　東京市本郷区森川町八四　自宅　長野県上伊那郡伊那町　野溝勝　昭和十七年六月一日。昭和(17)年5月23日付伊沢多喜男宛野溝勝書翰に同封。

挾間　茂

1　昭和13年2月8日

拝啓　厳寒ノ候ニ御座候処先生ニハ益々御壮栄ニテ国務ニ鞅掌被遊候趣大慶至極ニ奉存候。

陳者過日ハ小生今般ノ転任ニ付洵ニ過分ナル御言葉ヲ賜ハリ更ニ多年政界ニ於ケル御経験ヨリ尊キ御教示ヲ忝シ身ニ余ル光栄ト存ジ感佩ニ堪ヘズ候。小生多年中央ニノミ在勤シ地方第一線ニ立ツノ機ヲ逸シ居候処今回幸ニシテ年来ノ宿志ヲ遂ゲ欣快ニ堪ヘズ此上ハ先生初メ多数先輩ノ御忠言ヲ服膺シ専心一意駑馬ニ鞭チテ奉公ノ誠ヲ効シ度念願罷在候。殊ニ地方第一線ニ立チテ見レバ中央ニテ考ヘシコトノ如何ニモ理論ニ馳セテ地方実情ニ迂遠ナルコトアルニ驚クナド事々物々溌剌トシテ愉快ノ日々ヲ過シ居申候。実ハ赴任ニ先立チ拝趨御高教ニ接シ度存候ヒシモ夫是ト取紛レ失礼仕候段幾重ニモ御宥恕賜ハリ度、其ノ内御都合ヲ伺ヒ御垂示ニ接シ度存居候。何卒此上共御高庇ノ程伏シテ御願申上候。時節柄御身御自愛専一ニ祈上候。

右御礼旁御挨拶申上度如斯御座候。　頓首

二月八日　挾間茂拝

伊沢多喜男閣下玉案下

〔註〕封筒表　東京市豊島区西巣鴨町二丁目二五一七　伊沢多喜男閣下。
同裏　水戸市大町官舎　挾間茂拝　二月九日。年は消印による。

橋本清之助

1　昭和11年9月11日

拝啓　過日ハ失礼いたし候。御話の紀君の件に就き一昨日、野村編輯次長に会し重ねて懇請いたし候。転任中止の経緯ハ大体あの通りにて（前任者大阪にて汽車より墜落、頭部重傷を負ひ目下入院中）全く突然の出来事といふ訳にて候。然しグラフ入内定の当時も、折角第一線で働き来たれる人物を隠居せしむることハどうかといふ意見も幹部に出たる由。然し乍ら東京詰を希望するなら一時グラフへでも入つて置き、然る後に他の方法を考へてもよろしかるべしとの事にて内定したる次第にて従て野村氏の話ては何等か方法を講するから暫らく委せて呉れとの事に御座候。尚其節の話てハ紀君の手腕に対して社内に於ても相当認識し居り、現に本年末にハ本社員（現、準社員）に昇格する予定なりと申居り候。以上之事情御諒察被下暫らく御辛抱願度候。　草々

九月十一日　橋本清之助

伊沢先生侍史

〔註〕封筒表　長野県軽井沢町　伊沢多喜男様親展。同裏　麹町区永田町二ノ二五　橋本清之助　九月十一日。年は消印による。

長谷川久一

1　大正13年7月7日

拝復　金沢へ尊翰賜り又当地へ御端書御恵報被下重ね重ね御懇情の段いつもなから深く感佩の至に有之偏に御礼奉申上候。尚更迭に際しては本省内空気頗険悪なりし処を非常之御尽力により御緩和被成下其の為め安穏に日当り好き当県に転勤の恩命を拝し候段何共御礼の申上様も無之次第に有之励精恪勤十分御奉公申上御報恩仕度発奮致居ル次第に有之何卒万事よしなに御指導御鞭撻賜度不堪切望候。御設計にかゝる宏大なる官邸に引移り諸事万端金沢の旧建物より便利に有之母儀も特に悦居候次第に有之呉々宜敷と申出居候。早速大阪市電罷業団一千余名高野に立籠候為め警察上多忙を極め居り候。大阪に於ける「日本労働総同盟」は尤も兇悪なるブローカーに有之此れが絶滅は是非必要の事と思料致居候。余は後便に申上度先は右御礼迄如斯御座候。

拝具

七月七日

久一拝

伊沢尊台侍史

〔註〕封筒表　東京市外西巣鴨宮仲　伊沢多喜男閣下御直披。同裏　和歌山市二番丁　長谷川久一拝　七月七日午前。年は消印による。

八田善之進

1　昭和(22)年1月24日

謹呈　日々御寒さ烈しく御座候折柄閣下益々御健勝邦家之為奉賀候。今般不肖枢密顧問官の恩命ニ浴し早速参上御礼可申上筈之処遅引御許容願度将来の御指導之程切ニ希上候。実は東京御住所を探せしも不明之処漸く御地ニ御在住之旨早速御挨援（ママ）申上候。先般会議之節は生憎御挨援之機を失し失礼申上候。何れ拝眉之上万々御指導を仰度申居候。時下御自重之程切に希上候。

草々

一月二十四日

八田善之進

伊沢多喜男閣下

〔註〕封筒表　静岡県伊東町松原中村別荘内　伊沢多喜男閣下執事御中。同裏　東京都豊島区池袋三ノ一六三三　八田善之進　一月二十四日。年は内容による。

八田嘉明

1　昭和14年1月14日

謹啓　厳寒之節益々御清穆之段奉賀候。陳者先頃は種々御高説拝聴之機会を与へられ御芳情之程万々感銘之至ニ奉存候。此度不図商工、拓務兼務を拝命仕候ニ就ては御懇詞を忝うし誠ニ難有謹て御礼申上候。申上る迄も無之全くの無経験にて責任の重きを痛慮罷在候次第何卒将来共何かと御叱正御指導之程切に奉懇願候。先ハ不取敢右御礼申上度如斯御座候。

早々頓首

一月十四日

八田嘉明

伊沢多喜男様御侍史

〔註〕封筒表　豊島区西巣鴨二丁目二五一七　伊沢多喜男閣下侍史。同裏　本郷区上富士前町七三　八田嘉明。年は消印による。

浜口雄幸

1　大正(14ヵ)年6月11日

拝啓　愈々御壮栄大賀之至ニ奉存候。扨御帰任之際幣原君へ御内話ありたる或る件ニ関し同君より委細承り両人篤と相談の結果昨朝幣原君より両人一致之意見として一書拝呈致置候筈ニ付御覧被下候事と存候。老台之御発意も勿論相当根拠ある事とハ万々奉推察候へ共吾々の所見を以てすれハ乍失礼其理由も其必要も全然無之のみならす其結果ハ却て大局上面白からさる事態を惹起可致事と憂慮罷在候次第ニ付此義ハ絶対ニ御思ひとまり被下候て治台之為益々勇往邁進為成候様呉々も希望仕候。孰れ其内御上京之場合も可有之其時ニ於て意見の交換も申上度と存居候。先ハ取急き以書中右大要申上候。文中菲礼之廉ハ幾重にも御容赦可被成下候。

草々頓首

六月十一日朝

雄幸

伊沢老台侍史

〔註〕封筒表　伊沢多喜男殿必親剪。同裏　浜口雄幸。年は内容による推定。

2　昭和5年1月28日

拝啓　予て御預り申上居候岩倉男爵御手紙御手許ニ御返戻申上候。御受取被下度書余譲拝光候。

草々不尽

一月二十八日

浜口雄幸

伊沢老台侍史

〔註〕封筒表　市外西巣鴨町宮仲　伊沢多喜男殿必親展。同裏　市内永

田町　浜口雄幸。年は消印による。

浜口雄彦

1　昭和6年8月25日

八月二十五日

東京にて　浜口雄彦

軽井沢にて　伊沢多喜男殿御侍史

拝復　残暑尚ほ難凌御座候処益々御清祥之段慶賀此事に奉存候。陳者本日は父の病気につき御鄭重なる御見舞に与かり誠に難有奉深謝候。実は本月初迄は経過極めて良好にして毎日数十分間庭を散歩するほどに相成り為めに食慾大いに進み体力の恢復著しく此の分ならば九月にでもならば転地も可能なるべしと一同ひそかに喜び居候矢先少し身体を急激に動かし過ぎたる為めか突如発熱し剰へ多少傷口の痛みを訴うるに至り食慾頓に衰へ体力並びに気力めつきり衰へ申候。病因につきては医師も未だに確たる原因を摑み得ず或は去る三月議会出席後当時に於けるが如く何処かに新たに化膿箇所を生じ為めに腹の疏通を妨げ居るに非ずやと申し居り候へ共さればともその場所が不明なる為め手術の施し様も無之、纔に下熱剤注射浣腸等をなすのみにて今日まで不安の日を過したる次第に有之候。されど幸にして病勢衰え一時は四十度に昇りたる体温も此所一週間は最高三十七度六七分止りにて時には六度台に下ることあり最早病気其物は峠を越したりと医師も申し家族一同稍愁眉を開き只管営養の回復に全力を注ぎ居候。然し何分二十日に亘りて殆と絶食に近かりし日も多かりし為め身体の衰弱殊の外甚だしく先月中旬尊台と拝眉の栄を得候当時の状態にまで復するは相当の時日を要すること丶存候。実は今回発熱については医師も病因を捕捉するを得ざりし為め或は三四日もすれば熱も治まるかも知れぬなど僥倖を頼み居る中一日延ばしに今日に至りしものにてその為め三四日で治るものとせばそれが為め皆様に御心配を掛くるも御迷惑と存じなるべく発表を差控へ居り候為め御心配を戴きたる次第に有之何卒御諒承の程願上候。

先は御見舞御礼旁々右概略御知らせ迄如此御座候。　敬具

〔註〕封筒表　長野県軽井沢一〇三二　伊沢多喜男殿御親展。同裏　東京市小石川区小日向水道町一〇八　浜口雄彦。年は消印による。

2　昭和17年9月28日

拝啓　潤らく御無沙汰申上居候処秋涼之候愈々御清適ニ被為渉候段慶賀之至ニ奉存候。陳者先考伝記編纂ニ付ては不一方御高配を忝くし深く感銘罷在候処先日は巌根相田等罷出候節は種々尊慮を煩はし候趣拝承御芳情之程難有奉深謝

候。当日御下命の通り取運ぶを得候はゞ此上もなき仕合ニ存候まゝ何卒此上共宜敷御願申上候。小生明二十九日出発北支那視察之途に上り来月中旬帰国の予定に有之下旬には上京拝趨致度存念ニ御座候儘其節万縷申上度候へ共不取敢以寸楮御礼已申述度如此ニ御座候。　敬具

九月二十八日　浜口雄彦

伊沢先生侍史

〔註〕封筒表　東京市豊島区西巣鴨町二ノ二五一七　伊沢多喜男様。同裏　芦屋市三条字西良手一三四　浜口雄彦。年は消印による。

原　嘉道

1　昭和(17)年1月9日

拝啓　寒気相増シ候処愈御清健之段欣賀至極に奉存候。偖兼て御配慮の国内過激派之言議之一端昨夕の報知新聞に現はれ候に付御承知とは存候も為念仝封差出申候。右は果して真の投書か、社内之者の執筆かは相判らさるも本年之選挙に籍口《(ママ)》して例の国内攪乱を煽動誘発せんとするものにして先般の過激文書と其思潮を一にするものに外ならず斯る思想を一般公衆に普及し其実行を煽動するは敵国の為めに国内攪乱策を謀るに異ならすして彼のレニン一派か露帝国を覆滅せしめたる故智に倣ふものと謂ふを妨けずと存候。先は不取敢御報まで余は拝眉之時を期し申候。　不備

一月九日　嘉道

伊沢老台侍史

〔註〕封筒表　東京豊島区西巣鴨町二丁目二五一七番地　伊沢多喜男様親披。同裏　静岡県熱海市伊豆山前山田一〇　原嘉道。年は内容による。新聞切抜「拡声機　国内刷新の秋」(『報知新聞』昭和17年1月9日付)同封。

2　7月24日

拝啓　林田昨夜半来着之処本日は生憎雨天にて老兄之妙技を拝見する之光栄に浴するを不得遺憾千万に存居り只日光之出つるを待詫ひ申候。御都合宜敷候はゞ今夕御高話拝聴旁御会食願度御迷惑勿ら拙邸迄御枉駕之程願上候。　不備

七月二十四日　嘉道

伊沢老台侍史

〔註〕封筒表　伊沢多喜男様差上置。同裏　八七四　原嘉道。

原良三郎

1　昭和22年12月5日

恭啓　時下漸く寒気相加はり候折柄愈々御健勝に渉らせられ候段奉賀候。其の後ハ御疎音にのみ打過ぎ誠に恐縮の至に奉存候。幾重にも御容赦相賜り度願上候。この度ハ御懇書を忝く致し御厚情の程深く奉感佩候。実は御咆責を蒙る可きは必定かと恐縮の至に奉存候へ共亡父在世中より常に当横浜の為に限りなき御高配を忝く致し居り候事重々承知仕り居候のみならず小生身辺に関してまで一方ならざる御懇情相賜り居候段衷心より感激の情に堪へ申さゞるもの有之半井様に御迷惑御願ひ申上候次第に御座候。幸にして微意御諒察遊ばし下され候はゞ喜びこれに過ぎたるもの御座なく候。

尚当横浜に対する半井様の永年に渉る御厚情に対し微力にして何等ノ御報恩の実を挙げ得ず真に汗顔の至に奉存候。何分御高承の通りの時世に有之候為何事も意の如くになり申さず只管苦慮罷在候次第に御座候。

追々寒さ厳しく相成り申候折柄呉々も御自愛御専一に被遊度奉祈願候。

先ハ乍失礼以書中御挨拶まで申上度如此御座候。　頓首

十二月五日

原良三郎拝

伊沢老台虎皮下

〔註〕封筒表　静岡県伊東市松原区湯端町　伊沢多喜男様御直披。同裏　横浜市中区本牧三ノ谷二八五　原良三郎　十二月五日。年は消印による。

原田熊雄

1　昭和13年8月22日

拝呈　過日ハ御静養中欠礼申上候。先刻御殿場老人ニ会ヒ過般御心配ノ点全然同擾（ママ）ノ事能ク話シ申候。老公ハ往年首相トシテ会談中閣下ガ「此処ハ閑鳩ガ鳴キ原氏ノ方ハ門前市ヲナス」ト言ハレシ事ヲ記憶シテ居ルト当方ヨリ話サヌ内ニ色々話サレ、附言シテ曰ク「原ノ門前市ヲ為セシ所以ハ当時ハ必要と自分ガ然ラシメテ居タコトハ伊沢氏ニ気付カザリシ様ダツタ」ト笑ツテ往年ヲ追想シ猶御令兄ガ「不二山《サン》ハ不二ノ山《ヤマ》ト言フベキデアル」ト言ハレタルニ対シ自分ハ「ソレナラ人《ヒト》ノ人間《ニンゲン》ト言フカ」ト冷カセシ笑談話ヲ語ラレ候。極テ元気ニ有之候。右傾ノ始末ハ大ニ心配シ居ラレ候。此際識者ノ奮起コソ邦家ノ為緊要ト信ジ候。

時節柄御老体御大切ノ程奉仰候。

八月二十二日

伊沢老台侍史　　熊雄

〔註〕封筒表　長野県軽井沢町旧軽井沢伊沢別荘　伊沢多喜男様親剪。同裏　神奈川県箱根宮の下温泉奈良屋旅館方　原田熊雄　昭和十三年八月二十二日。

2　10月3日

拝呈　一昨晩ハ不計非常ナル御歓待ニ預リ難有厚ク御礼申上候。殊ニ少々久振リ過シ候為失礼之段御寛恕被下度候。本日浅川ニ参陵ノ車中諸種談話ノ内ニ一昨晩ノ話致シ「風ニ恨ミ」ヲ質シ候処「アレハ当時ノ風俗警察ヲ芸者ガ恐怖スル余リ冷カシニ作リタルモノニテ猶余命アルトハ思ヒモヨラズ」ト申シ多少満足気ニ見受ケ申候。フロックコウトニ高帽デ此ノ話ハ少々不似合トハ存候へ共道中徒然ノ老公ニハ可ナリト慰メニナリシ様子ニ候。御礼旁御挨拶迄。　敬具

十月三日

伊沢老台侍史　　原田熊雄

〔註〕封筒表　府下西巣鴨二五一七　伊沢多喜男様御親剪。同裏　麴町区平河町五ノ十五　原田熊雄　十月三日。

平田吉胤

1　昭和7年8月12日

華翰拝誦仕候。本年は稀有の大暑に候処御障り無之候哉御伺ひ申上候。御照会の多額議員選挙に就ては目下種々苦心中に有之候。小生は辞退仕候。後任者目下詮衡中有権者数は大略同志六分弱政友三分強かと存候間楽観を許さず候へ共十中八九大丈夫と存候。本県は警察官依然旧態に候間何とか異動無之候ては非常に苦戦かと存候。沢田氏は近況不案内に候へ共安達派に走る事は有之間敷候へ共再出馬は期し難きやに愚考仕候。先は御答旁々御見舞迄如斯に御座候。　敬具

八月十二日　　吉胤

伊沢様

〔註〕封筒表　長野県軽井沢一〇三二　伊沢多喜男様。同裏　大分県下毛郡耶馬渓村　平田吉胤　八月十二日。年は消印による。

平沼亮三

1　昭和(21)年3月12日

拝呈　爾来御疎音のみ致し居り申訳無之候。乍早速是非参

堂の上御願可致なれど交通地獄と取急き之まゝ先つ予め書中御願申上ケ候。

実は此度多数の方々追放令を受ケ勅選にも多数の補欠有之々際是非半井市長殿を御推薦願度幸ひ仝氏は大阪知事当時翼賛会は成立せしも会長未決定の内ニ御辞任ニ相成り其後三ケ月程ニして知事か支部長を引受る事ニ相成候為め免れ居候。小生は県の協力会議長を致し候為め追放され辞表差出し申候。長年の御庇護ニ付ては改めて御伺ひ御礼可申候。　匆々

三月十二日　平沼亮三

伊沢老台

首相、外相、は此月二十一日（祭日）ニ御来浜ニ相成る筈ニ御座候。

〔註〕封筒表　静岡県伊東町伊沢多喜男殿。同裏　横浜市神奈川区西平沼町二丁目十二番地　平沼亮三　三月十二日。年は内容による。

平山　遠

1　昭和　年5月22日

五月二十二日　松本市ニて　平山遠

伊沢様御侍史

謹啓　新緑の好季尊台御奥様始め皆々様御揃ひ益々御健勝ニ被為渡候段欣賀至極ニ奉存候。偖て此程ハ御多用中態々御懇書拝受小生の病気ニ付御親切に御尋ねニ預り御芳情洵ニ難有深謝仕候。終戦後引続大学ニ徴用ニ成り従前通り勤務致居候処昨春より少々健康を害し帰国静養の許可を得て昨秋帰還仕候。其後以御蔭漸次快方ニ向ひ春暖と共ニ昨今ハ大分元気恢復御激励ニ感激し新日本建設の為もう一働き致度自信を持つやうニ相成候間乍余事御放慮願上候。亡弟泰在世中ハ永年厚き御懇情に預り洵ニ拝謝の至ニ奉存候。尚ほ死亡後迄何呉と親身の御世話様ニ相成り篤く御厚礼申上候。疾くに御挨拶可申上処何時迄も意気地なく引籠り居り遅延欠礼の段陳謝仕候。

当地医専も大学ニ昇格御同慶ニ存候。時節柄内容充実ハ容易ならぬ事と被存候へ共尚々御尽力ニより名実兼備の立派な大学と成り候様祈る処ニ候。先年台湾ニて綜合大学御建設当時の御苦心談拝聴満洲ニてもと希望し周囲ニ勧説候へ共関東庁満鉄満洲国等所管違いとて真剣の話ニも立至らず過き候処終戦後中国側ニてハ接収後直ニ張学良政権の東北大学を中心ニ各地の大学を綜合して昨秋ニハ早速予科生四千を募集致居り候。小生ハ久々に帰国郷土の山河を賞し信州の学府として恰好の地である事を痛感致候。

義妹好子ニも御親切ニ御目をかけ頂き難有拝謝仕候。御蔭様ニ同人心身健かにて気丈に明朗に有之何寄ニ存候。選挙後去八日迄当地婦人会の残務を処理し新潟へ帰へり候。御芳書ハ早速同地へ廻送申候。時候不順折角御自愛専一ニ被遊度御祈申上候。

早々敬具

〔註〕封筒表　静岡県伊東町中村別荘　伊沢多喜男様。同裏　松本市出川町　平山遠。

平山　泰

1　昭和(11)年9月17日

東京も昨日よりめつきり涼しく相成り候。御地ハ最早すっかり秋の粧に満てる事と奉御察候折柄益御健祥奉慶賀候。

さて宮沢君入市に就てハ寸効無きに早速御鄭重なる御手紙被下恐縮仕り候。候補者多く一時は如何かと心配候が各助役間の針合の結果共倒れとなり漁夫の利を占められたる形当然の事とハ申せ全く安堵仕り候。宮沢君も非常に喜び大に活躍致し居られ候。井上君は喜ばざるものゝ如く不平あるものゝ如く然も諦めたるものゝ如く安心したるものゝ如く要之に複雑なる肚裡に早々出発致し候。十三日午前十時上野駅に見送り候が見送り人も少なく汽車が出て行ってしまふと何だか涙が出る様な気分が致し候。

台湾には二見滋賀県知事が警務局長となつて赴任するとの話に候が石垣局長は如何なる運命となるものにや朝鮮に赴任する迄大野総監は三橋君を直に警務局長にとる腹でなかりしものゝ行て見ると直参が居なくてハ心細しとて急に田中君に詰腹を切らしたるがその措置余りに評判宜敷からず従て石垣君も無理な事ハしまいと云ふものなれど森岡氏ハ兎に角取り巻悪しき故何を仕出かすか台湾の為め心配に不堪候。

十日総督の招待状を発し出席並に欠席の返事なりしもの別紙にて御承知被下度木下氏等なきハ返事なき故と存じ候。

中野助役大切なる市会も外に錦を着て帰省中唯でさへ忙しき処に余計な仕事持ち込まれ閉口致し居り候。市長も助役も明年三月迄の運命と覚悟して善政を布いてくれれバ市民の為め如何許り幸福かと存じ候にその反対でハ困まらされるものハ一人私一人に止まらずと存じ候。

右甚だ遅延候へとも御返事迄申上度。

早々敬具

九月十七日

平山泰

伊沢閣下侍史

〔別紙〕

出席者

児玉秀雄　保田次郎　松本真平
相馬半治　賀来佐賀太郎　許丙
井坂孝　上山満之進　藤山愛一郎
武智直道　河原田稼吉　伊藤文吉
安田繁三郎　川村竹治　赤石定蔵
石塚英蔵　赤司初太郎　下村宏
加藤恭平　十九名

欠席者
槇哲　松方正勲　人見次郎
後宮信太郎（留守）　伊沢多喜男　後藤文夫
林熊徴　高橋守雄　松木幹一郎（台湾）
太田政弘　十名

〔註〕封筒表　信州軽井沢一〇三二　伊沢多喜男様親展。同裏　東京市役所　平山泰　九月十七日。年は内容による。

2　昭和18年6月25日

拝啓　御無沙汰申上げて居ります。その後御気分如何で御座いますか。何卒御大切に祈上ます。小生不相渝多忙で会社の仕事に没頭一向世間の事も承知せずひたむきに職域御奉公申上げて居る中に塩糖問題ハ飛だ処に向ひてしまいました。田口社長か明日の重役会で内定近々開かるゝ臨時総会で専務と共に正式に決定せらるゝ事の次第ハ既に御聞及びの事と存じます。一体突然田口氏と云ふ様な台湾に縁の無いまゝ事業にも経験の無い人物がどうして出て来たのか私誰にも聞く時間が無いので一向承知しませんが氏が京城日報社長になったのハ桜内幸雄氏傘下の浪人曽田作氏の力によった事を思ひ出しますと曽田氏ハ森岡従て須田殖産局長とハ永年の親交あり斎藤長官の処へも常に出入して居りますので案外こんな処から出たのでハないかと思います。誰が候補になっても常に反対した岡田西方一派が中正と云ふて賛成した点を考え併せますとどうしてもその間一脈のつながりがあるのでハないかと疑ハれます。これ第一に今回の人選に反対の理由です。次に迫水須田両局長の話ハ常に岡田西方一派に洩れて居ます。段々人選が進む経緯がその都度解て事毎に彼等ハ意見を云て居ます。之に反し刷新派の連中ハ最后迄何も知る処が無かった。之が第二の反対理由です。次に専務にハ最初石井前殖産局長が内定した居（ママ）た。之が刷新派に近いと云ふて排斥され今の処でハ小原正樹（前大蔵省南京駐在財務官札付）草間時光（大政翼賛会総裁秘書近衛公の学友無能）等が噂されて居ます。事程左様に当局者がこの問題の重大性に認識を欠いて居る点之第三の反対理由です。私ハ五月二十三日に須田殖産局長を六月四日大蔵大臣を訪問して塩糖問題の重大性を説明その取扱ひの慎重ならむ事を希望した事ハ当時御報告申上げた通りです。それから釜石に出張帰て参りますと色々の噂がありますので内務次官に御目にかゝらうと思いました処当時丁度臨時議会で御面会出来ず十九日の日御訪ねしてくどい様だが塩糖—森岡—台湾統治—司法権の独立—日本の正しい政治性を説き切に善処方を此時ハ嘆願いたしました。次官にも色々の云分ハある様でした。御同情ハいたします。然し事茲に至りましたこの間と云ふよりもこの永い問題で熟々体験しました事ハ今更の事でもありませんが私の無力と云ふ事です。私も台湾との交際にハ最も意を用い官民間に相当の友人も乾児も持て居るつもりでした。相当平素金も使い情報も耳に入れて居るつもりでした。然し私の身に力が無けれハいざと云ふ場合何の役にも立ちませぬ。閣下の御心持を十二分に知り乍ら何等之に御応へする力を持ちませぬ。本当に腑甲斐無く存じまた申訳無く思います。さて善后策ですが今度の塩糖重役組織ハ曲りなりにも出来ると思います。今となってハ之に対して監督官庁たる内務省が厳重に監督して頂くより外無いものと思います。それにハ内務次官が納得する様に今一度よく話してやって下さい。次官もよく御心持ハ解て居ますから出過ぎた云分ですが決して叱らずに教へてやって下さい。内務大臣ハ閣下に心酔して居る由です（こう云ふ言葉を次官ハ用いて居ました）次官も閣下に心酔さして下さい。今度の事ハ次官も大蔵省に横から出られて困た形同情してやる点があると思います。

次に都制の件ですが都長官ハ先づ無難と思います。詮衡の苦心も聞かされました。然し局長課長区長の人選ハ六十点位の処です。折角この際にと期待しましたが全く的がはづれました。然し之も地方局長と大村助役との合作都長官ハ解らないから致方がないのでせう。次官も趣旨ハ賛成だ然し解らないから致方無い除ろ（ママ）に善処すると云ハれました。事実それ以外致方無いのでせう。茲にも私の無力と時間が無いので遺憾千存（ママ）悲しくなります。さて最後に御願いですが私の当面の仕事ハ一屯でも余計に鉄を出す為めに邁進する事にあると存じます。私もその考への下に一生懸命にやって居るつもりです。然し台湾と東京市とにハ私の魂がまだ残て居ます。余力あれバこれに献ぐ可きだと思います。然し足がかりが無ければどうにもならぬ事ハ今度の塩糖問題でもよく解ります。特に大帝都の交通統制ハ最私の関心が深いものです。都制に都行政に知識経験あるものハ或ハ参事とし或ハ委員とする規定があります。参事ハ諮問機関委員ハ調査機関です。私が交通営団に入れて頂いたのもこの為めでて（ママ）私ハ都行政にハ経験かありますが知識ハあるとハ申されぬかも知れませぬが少くも交通統制の問題に干してハ人後に座らざる自信があるつもりです。況や原氏喜安氏全面的に不信を蒙て営団の現情より云ふも帝都交通界の実情より見るもこの際かねての私の持論たる大統制は好むと好まざるとを問ハず最も近い将来手をふれ無くてハならぬ差し迫た問題と思います。次官さへその気になってくれれバ私参事や委員にハ訳なくなれる様に思います。そこで乍恐縮御伝手の折次官に私の生命までかけたこの交通統制問題の為めに意見が申し出らるゝ様な位置を与へる様に御推挙被下度切に願い奉ります。

二回目の行政査察ハ釜石が受ける事になりました。只でさへ目の廻はる様な忙しさにまた忙しさが加ハります。いくら忙しくてもかまいませぬがこんなに働いても物動で決まった丈けの鉄を出す事ハ容易でありませぬ。然し為国家何処迄も働き抜く覚悟で働いて居ます。

右取急ぎ御報やら御願い申述度。　敬具

六月二十五日

平山泰

伊沢閣下侍史

〔註〕封筒表　伊豆伊東中村別荘　伊沢多喜男様親展。同裏　東京市豊島区西巣鴨三ノ八二二　平山泰　六月二十五日。年は消印による。

平山　好

1　昭和(22)年5月23日

御懇篤御文給はり難有拝読いたしました。厚くお礼申上ます。世の激変と共に季候も軌道を外れ雪でも舞ひそうなお寒さ何卒御身体御恙もなく入らされますやうと御禱り申上ます。何の役にも立ちませぬ私に過分のお言葉給はり誠ニ恐縮の至りに存じます。

増田下条御両方様の御当選も偏へニ閣下御支援の賜と思召しの程を貴く存じ上ます。当地西蒲原郡にても（当県にても大きな郡にて候）只一ヶ村をのぞく外全村が十票か二十票づゝでも投票いたしました由可然辺までも下条康麿様の御人格の高さが現はれ敬服申上てをります。

閣下軽井沢へお出ましの折ハ松本へも御立寄被下御墓参まで遊ばして頂きますよしもつたいなきことにて故人も如何ばかり御厚情に感激をいたしますことで御座いませう。何卒御老体けっして御無理を遊ばしませんやう御願ひ申上ます。尚又母へも御懸念頂き御見舞のお言葉給はり忝じけなく御礼申上ます。いよ〳〵昨今意識不明に相成り早や時間の問題と存じます。七人の子女を育て上げ今生命の灯びを燃し尽した母へ子としてあとに悔ひなきやうお言葉に従ひ最善の孝をつくし度く存じます。夫を失ひ今又母を失ひつゝある私世の無常を感じます時いつも閣下御奥方様の御健在にて深き御慈愛を頂きます我身の幸を思ひ心強く嘆かず余生を生き抜きたく存じます。下条寛一へもおほめのお言葉頂き早速申伝へ度定めし感激いたし一層職務に精進いたします事と存じます。一筆御礼のお手紙申上ました。何卒御身くれぐ〵もおいとひ遊ばしましてお健やかに御消光下さいますやう御願申上ます。

五月二十三日　平山好拝

伊沢多喜男閣下
令夫人御許へ

〔註〕封筒欠。年は内容による。

広瀬徳蔵

1　昭和(4)年7月3日

拝啓　過日は長時間拝光の栄を荷ひ殊に有益なる数多の実話敬承自ら発明する所不尠感激の至に候。愈々光輝ある内閣出現を見御同慶の至に候。只尊台御入閣なかりしは御本懐に叶ふ事とは存候へ共何となく物足らぬ感あるは人の均しく思ふ所と存候。小生事過日も申上候通此際任官希望の念慮無之候処選挙区はうるさきものにて上京委員数名来京此時何かに有付ねば選挙区治まらずなとゝ無理なる激励に遇ひ困惑罷在候。別段運動なと致居らす候間凡ての方面に於て其選に洩れ居候事と存候。此は致方も無之候へ共自然適当の機会も有之候ハ、御推挙を仰き度殊に近き内尊台御任官の節は御取立賜り度犬馬の労に報すへく翹望罷在候。此意御含置被下度悃願の至に候。屢次拝謁も却て御迷惑と存し乍略儀書中具陳仕候。　早々不一

七月三日　広瀬徳蔵

伊沢様侍曹

〔註〕封筒表　市外西巣鴨宮仲　伊沢多喜男様侍史。同裏　青山高樹町三　広瀬徳蔵。年は内容による。

広瀬久忠

1　大正6年5月29日

謹啓　御機嫌奉伺候。陳者小生在京中ハ何カト御厚情ニ預リ誠ニ有難御礼申上候。尚今後トモ不相変御指導ノ程切望仕候。

扨テ伊藤君ノ件ニ関シ長谷川部長ヨリ御回答申上可処部長ハ先日来軽微ナル発熱ノ為引続キ就床中ニ有之候条命ニヨリ小生ヨリ御回答申上候。伊藤君ノ身元等ニ関シテハ別紙調書ニテ御承知被下度尤モ調書ノ最後ノ「因ニ記ス」以下ハ真疑判明セズ当方ニテモ責任アル調書ヲ差上難義ニ有之候。

尚別紙調書ニ関シ不審ノ廉有之候バ何事ニテモ御下命被下度候。先ハ御礼旁々御報迄如斯御座候。　敬具

久忠

伊沢殿

〔註〕封筒表　東京市外巣鴨村宮仲　伊沢多喜男殿親展。同裏　岐阜市美江寺町八五五　広瀬久忠。年月日は消印による。「別紙」なし。

2　昭和20年9月2日

謹啓　御芳書頂戴有難御礼申上候。重任不肖微力ヲ嘆ジ居候。御指導賜り度御願申上候。

急転ト共ニ新角度ヨリ見且判定ス可キ事項続出致居候。時局ヲ甘ク考フルモノ多ククカクテハ再建ノ基礎ゼイ弱トナラズヤト憂ヘ居候。抑圧ヨリ解放セラレタル国民ハ我儘ナラントノ傾向有之候。秩序アル自由ニ導クコソ指導者ノ勇気ト努力トヲ要スル次第ト存候。火ノツク様ナ進駐軍関係ノ問題食糧配給問題戦災地問題ト共ニ高キ理想ノ下ニ遠大ナル可キ復興問題小生重任ニ不堪ヲ痛感致居候。都長官ハ都民ト共ニ在リノ親切ヲ以テ地味ニ（後藤伯ト反対ニ）進ム可キ考ヘニ有之候。

計画ハ高遠ニ実行ハ地味ニ心持ハ親切ニ態度ハ厳正ニナド苦慮ヲ重ネテ明朗活達ノ域ニ進マント努力致居候。議会総監会議進駐軍接待ナド目マグルシキコトニ有之候。

御礼申上グルト共ニ御健康祈上候。

九月二日

広瀬久忠

伊沢閣下

〔註〕封筒表　長野県軽井沢町旧軽井沢一〇三二　伊沢多喜男閣下平安。同裏　渋谷区緑岡町一二森岡方　広瀬久忠　九月二日。年は消印による。

福島文右衛門

1　昭和7年8月14日

拝復　益御清祥奉賀候。陳者多額議員選挙ニ対シ縷々御諭示の義敬承目下飛島文吉、山田仙之助対立競争中ニ有之飛島多少優勢之模様に見受申候。実ハ候補者選定に就てハ種々研究討議致候も適当之者見当らす甚た遺憾之至り候へ共静観之状態に有之候。右不悪御了承を希上候。時下酷暑之砌御自愛之程奉祈上候。　敬具

八月十四日

文右衛門

伊沢様侍史

〔註〕封筒表　長野県軽井沢一〇三二　伊沢多喜男様親拆。同裏　福井県清水町　福島文右衛門　八月十四日。年は消印による。

藤岡長敏

1　昭和　年6月19日

拝啓　先般は日を違へて参上仕り御迷惑相かけ洵に恐縮に存し上け候。懐旧談の面白さにつひ時間を過し御用件を承り洩らし候へど兼々御示し相成候信遠鉄道中部日本治山治水問題竝に宗長親王奉賛会等に就ては夫れ夫れ関係方面と協力し微力を致すべく此の上とも御指導御援助の程祈上け候。艸々不尽

六月十九日　　藤岡長敏

伊沢先生

〔註〕封筒表　県下田方郡伊東町中村別荘　伊沢多喜男殿御侍史。同裏　静岡市追手町藤岡長敏　六月十九日。

藤沼庄平

1　11月2日

拝復　過日ハ失礼いたし候。御来示の件ハ

一、同成会よりハ学しき経験者として御推薦を願ふ予定ハ無之候。

一、各会派として割当ハ研三、公二、交友一、同和一、火一にして同和会の岩田宙造のみか公けの通知有之他ハ噂のみニ有之候。研究会ハ酒井忠正、渡辺千冬及ひ浜口儀兵衛の三氏の由ニ聞及ひ居り申候。取急き右御かへし迄。　敬具

十一月二日　　藤沼拝

伊沢様玉机下

〔註〕封筒表　豊島区西スカモ二丁目　伊沢多喜男殿御直披。同裏　永田町官舎　藤沼庄平　十一月二日。

藤原銀次郎

1　昭和18年8月14日

拝復　段々御元気の御様子何より御喜申上候。小生も漸く重荷を下し大過なく使命を果したるは仕合と存候。何分断乎たる決心を以一切を国家の為ニ犠牲として進みたる為ニ今後ニ於て相当の余震は可有之又同時ニ収穫ハ確ニて大ニ喜ふものもあり之か動機となり国策会社の経営方針一変せは国家の幸福と信居候。

其内拝眉万々可申上候。国家益多難御加養切ニ願上候。

右御返事申上度。　拝具

十四日
藤原
伊沢老大人座下

〔註〕封筒表　信州軽井沢一〇三二　伊沢多喜男様侍史。同裏　東京市芝区白金今里町百二拾一番地　藤原銀次郎　八月十四日。年は消印による。

2　昭和(18)年11月30日

拝啓　段々の御厚情ニ加ふるに更ニ御懇書を以て御注意被下候数々胆ニ銘して拝承仕候。

偖て此椅子ニ座りて視れハ国家の状勢心配ニ堪へさるもの山の如し能くも此処迄呑気ニやつて来たるものと驚き入る次第老令なれと仕合ニ頑健ニ有之候間少々気を落ち付けて本当の見当を附け其上ニ除々《ママ》首相ニ忠言を呈し度人知れす苦心焦慮仕居候。

国家益多事何卒折角御加養の上御奉公被遊度祈上候。

御帰京の節ハ一度参上万々可申上候間御一報被下候ハヽ幸甚の至ニ御座候。

右差急御返事申上度。

拝具

三十日

藤原

伊沢老大人座右

〔註〕封筒表　静岡県伊東町松原中村別荘方御滞在　伊沢多喜男様親展。同裏　東京芝区白金今里町　藤原銀次郎　十一月三十日。年は内容による。

3　昭和20年10月28日

拝啓　段々寒くなり御障りなきや当地てさへ相当の事とて御地ハ一層ならんと御心配申上居候。正力君の事誠ニ難有只管御厚配を謝居候。御蔭ニて九分通迄好都合ニ参りたるも途中ニて小林一三なとの問題起り之を調和して双方とも無難ニ結末ニ至らしむること此際の処置として適当ならんと存し同君も其積ニて適当の処置致居候得共其結果ハ今尚不明ニ御座候。同君ニハ折悪新聞問題あり多少不利の状勢なるも此方ハ大した事ニハ無之暫時成行を観て然る後解決可能と信居候。同君ハ御尽力ニ依り度々土俵きは迄航き附けなから最後ニ失敗再度ニ有之今回ハ是非目的達成為致度祈居候。御承知の如く食糧の困難益甚敷人心極度ニ悪化此分ニて冬期ニ至り果して無事切抜け得るや否や何人も心痛致居候。此際此時無力なる政府か不相変旧体依然として何一ツ仕事らしき仕事ハ致居らす人心も政府を離れ米軍ニスガル様ニ相成決局国家の治安も威力もなくなるかとも案居候。是ハ小生一人の考のみニあらす同様心配居るもの知人中ニも尠からす困つた事ニ御座候。

夫れニ付ても正力君の如き人ニ大ニ働て貰度念居候。此上とも何卒御厚配切願仕居候。小生不相変元気御安心被遊度。右御返事旁申上度。　　拝具

二十八日　　　　　　藤原

伊沢老大人机右

〔註〕封筒表　長野県軽井沢旧軽井沢一〇三二　伊沢多喜男様親展。同裏　東京市芝区白金今里町百二十一番地　藤原銀次郎　十月二十八日。年は消印による。

4　昭和(23)年9月4日

拝啓　先般妻死去の節は早速御丁重ニして且真情をこめられたる御慰問拝受繰返々々拝読仏前ニも供へ涙を以感謝致ました。所謂糟糠の妻として内外百般内助の功を積み小生の今日あらしめたるは口には云はさるも全く其助力の然らしめたるもの殊ニ終戦後の小生身上の事なと人知れす非常の心配を懸けたるか兎も角凡て無事結了せるは何より仕合ニ付今後は小生も社会の先頭ニ立つ事や営利の仕事等一切を抛ち専ら精神的の生活ニ入り妻ニも多少は余生を楽ましめ度幸妻は小生とは異り多趣味に有之少くとも一週一回位は浮世を離れて呑気に暮らさしめ互ニ生れ代りた人間ニならうなと語り合たることもあり本人も大ニ喜て居りました。然るに昨年ニは慶応には塾長交迭問題を機として創立以来の大騒動か持上り之をも馬耳東風に観過する丈の覚も開けす又工業大学の復興問題なと次か次《(ママ)》ニ引張り出され小生の身体ニ無理かゝれは朝夕妻の身心の労苦亦察するに余りあり又妻は平素至極丈夫にて客を好むの癖あり女中も少く万事不自由の中ニ百般の気配を致し結局老体を酷使せることゝなりたるも医者も気か附かす本人は何此位の事と我慢し小生始め家族誰一人気の附きたるものなく持病の胆石再発、同時に心臓麻痺を併発せる結果斯の始末となりたる次第にて小生としては責めて一両年ても画筆とか歌とか其他の道楽を楽ましめさりし事か気の毒て〳〵残念てたまりません。晩年小生か第一線退却後人の世話か段々多くなり殊に慶応の始末なと決局人の喜ふ顔を視るのか何より嬉しドンナ苦労てもするから出来る丈人助をやってくれなとゝ小生を励まして居りました。家の事なとは小生は常ニ死生の巷ニ立て居りましたか一切後々の極りを附け心配の事は何もありませんか唯々人生の寂寞悲哀を痛感する次第ニ候。慶応ニても大ニ同情亡妻忌明の日をトし小生並ニ妻ニ感謝の意を表する為小生の寄附したる工学部を慶応義塾藤原紀念工学部と改称して永久ニ紀念しくるゝ事となり時節柄の取扱として小生も満足妻も喜て居ると存ます。又信州の郷里は山間にて風景も気候も申分なけれとも飲料水不足にて

夏期は殊ニ難義して居り道路不自由にて作物及食料肥料等運搬に困難を極めて居りました。子供の時から実ニ気の毒の思を致し先年工業大学創立の際思切て水道と自動車道路を私費を以て作ってやりました。村民大ニ感激只今てはドンナ旱天ても水ニ困る事なく農作物も凡てトラックにて長野ニ搬出人手少き今日実ニ難有と喜てくれ年ニ二回小生の為にお祭をやつ《(ママ)》くれ今回の不幸ニ際しては村民代表沢山の産物背負上京小生一家知人を驚かせました。小生今日迄沢山の仕事も致金も使ましたか工大と水道々路の二件丈は後ニも残り糟糠の妻の素志をも達したるかと存聊か慰むる次第ニ御座候。亡妻逝去後百ヶ日を迎ふるに至り小生も少々疲労を思適跡片付なとニ忙殺されましたか秋風一陣再元気ニ相成小閑もあらは仏書なと繙き折角修養ニ相務居候。乍他事御安意願上候。

御状ニ依れは先般は御無理の御旅行ニて多少御疲労の御様子爾後御様子如何何卒御静養の事切ニ〳〵祈上候。老人の無理ハ禁物々々。

右乍延引胸中の有の儘申上御礼旁御返事申上候。失礼御許願上候。　拝具

九月四日　藤原〔花押〕

伊沢老台侍史

〔註〕封筒表　長野県軽井沢町一〇三二　伊沢多喜男様侍史。同裏　東京港区白金今里町　藤原銀次郎　九月四日。年は内容による。

5　昭和　年3月1日

拝復　大番頭交迭の事情ハ已ニ御推察の事と信居候。山下の逝去も全然同様の内情イザと云ふ時ニグラ〳〵誠ニ困つたものニ御座候。時局ハ急転直下人心も非常ニ変化深痛ニ堪へさるものニ御座候。小生事一身の立場や従来の成行なと顧みて居る場合ニ無之今更なとゝ胸ニ呼ひたるも一切を棄てゝ出来る丈の御奉公致居候。万事御諒察被下度。

企業体制ハ大問題。作文ハ立派ニ出来上り小生なとの主張殆んと全部採用一応ハ満足併し之から実行ニ至り各方面の運動ニて又々グラ〳〵可致かと懸念の余り要所々々ニ念を押居候。結局断行の勇なけれバ反て有害無効と相成可申併し余り心配し過きても致方なし時々ハ旅風を楽居候。御諒察祈る所ニ御座候。

何卒御健康第一ニ被遊度呉々も願上候。正力君も不相変同君の如き人物か飛出さゝれハ納か附かぬ世の中と信居候。

右御返事迄。　拝具

三月一日　藤原

伊沢老大人侍史

〔註〕封筒表　伊豆国伊東町中村別荘　伊沢多喜男様侍史。同裏　東京芝区白金今里町　藤原銀次郎　三月一日。

古川政次郎

1　大正13年7月25日

拝啓　上山氏之書面ヲ添ヘ御申越之鉄道線路変換之義ハ持主トシテ至極ノ申出ニ候得共若シ変換ハ他ノ持主ノ迷惑可相成ハ勿論故亦々変換ヲ強要スルコトニモ可相成然れハ際限ナキコトニシテ結極起業者撰定ノ線路ニ帰著スル外途トナシト被存候。大体ニ於テ線路撰定ニハ鉄道省ニ於テ彼レ是レ苦心ノ上定メタルモノト思慮候間鉄道省ニ同意ヲ表シ変換ヲ強要セザル方可然ト《(ママ)》候間其含ニテ上山氏へ御伝へ可然ト存し御返事迄右申出度候。

草々拝具

古川政次郎

伊沢多喜男様

〔別紙〕上山勘太郎　大正13年7月18日

粛啓　酷暑之候ニ相成申候。先以閣下にハ御健勝に被為渉候御事と奉拝賀候。時ニ御機嫌御伺ひ可仕処俗事に取紛れ失礼多罪平ニ御海容可被成下候。

御来任中御配慮賜り候紀州鉄道は官設となりて蓑島町迄開通御承知之田舎に候得共便利と相成湯崎温泉へも自働車之往復旁是非御来遊可被成下候。

追て乍突然無躾なる御願条誠に恐縮之至り御願出仕候。私所有密柑山安表山と称する柑橘園は一小地辺には候得共柑橘にありては全く本場中之本場として自他相許し候名辺に有之常に貴顕名士之御観覧曾て閣下之御来園をも仰き御承知いたゞき居候次第に有之候。然ニ右園は今回布設紀勢鉄道線路に当り生憎にも園の中腹貫通為めに残地之大部分支離滅絶《(ママ)》と相成甚だ当惑仕居候。依つて此の線路変更と申候得ば聊か大切に聞へ候得共其実カーブ之幾部分一方（前面）え移動名辺之生命とする地辺幾部分にてもより多く保存致し度く候。御変更願度義に有之候。尤も理由は単に名辺保勝之意義のみにハ無之此の線路之変更により鉄道局は建設費に於ては多少之増額とならんも一面高価なる土地買収費の減額により相当多額之利益と相成結局相応之利益と相成次第に有之候。茲に大略御説明候得ば園之所在位置は丘岡之中腹にして脚下は河流然ニ線路は長形なる園之一方より縦断せらるゝ為め水流に沿へる線路之外面は耕作し得ざる細長之帯状地となり惜むべき名辺之一部廃地となる次第ニ有之候。此義岐阜建設所に再度請願候処変更なし難き旨御指令ニ付き更らに実地ニより説明相当之長距離に於て僅少之カーブは容易に変更し得らるべき理由陳情候処御考慮被下居候由に候得共変更は主務省之承認を経ざれは許可なり難きものとしてまた結局せざる次第に有之候。斯る一些事閣下を煩し候事恐縮之至りニ奉存候得共柑橘之発祥地として一面優良模範園として保勝致度ニつき閣下之御高慮により目下工事着手之折柄何卒至急能ふ限り願意御許容被成下様再調査御命じ願度次第に有之候。万々恐惶御海恕奉願候。
草々敬具

大正拾参年七月拾八日

和歌山県有田郡保田村大字山田原　上山勘太郎

伊沢閣下

〔註〕封筒表　市外巣鴨町宮仲二五一七　伊沢多喜男殿親展。同裏　四谷区南町八三　古川政次郎。年月日は消印による。

朴　重　陽

1　昭和11年8月7日

謹啓　暑中御変リモ御座リマセンカ御尋申上マス。御健康ヲ保持セラレテ為君国御尽瘁被下度祈上候。

就テハ今回政務総監トナラレタル大野氏トハ御親交ノ間柄ニ御座候ハバ小生ノ為御召介介（ママ）被下度御願申上候。　敬具

昭和十一年八月七日

朴重陽

伊沢老台榻下

〔註〕封筒表　東京西巣鴨宮仲二五一七　伊沢多喜男殿。同裏　大邱砧山　朴重陽。

細川護立

1　大正13年9月20日

祝栄転　扨小生の同窓にて石橋茂氏目下台湾にて弁護士開業貴下に御紹介を依頼致され候間御含み被下度候。同氏は茨木（ママ）の人大隈内閣以来二度衆議院に憲政会代議士として当選したりと記憶致居候。囲碁を能くする点御相手に相応す可しと存ぜられ候。実は一回拝眉致度存居候処少々健康を害し失礼仕候。

右御依頼を兼ね。　草々

九月二十日

細川護立

伊沢老台

〔註〕封筒表　北豊島郡西巣鴨二五一七　伊沢多喜男殿親展。同裏　細川護立　九月二十日。年は消印による。

2　昭和22年4月15日

拝啓　春暖の候益々御清勝の御事と拝察仕候。扨本日突然

槇有恒氏の来訪をうけ久しぶりにて閑談の機を得申候。同氏も頗る気の毒なる境地にあり信州の雪の裡に半年の生活は同氏の如き人にとりて一言苦痛も訴へられず候も友人として此まゝ無為僻地に過ごさせること頗る心苦しく東京にて然る可き職もあらんかと先頃より考へ居り候も差当り思ひ付なく就ては先生に於て何か御心当りの点も有之候はゞ御洩し被下バ小生に於て何とか致したしと希望仕候。かゝる事は聊かも同氏よりきゝたる事ハ無之も此際前述の如く何等か致したき気持御察しの上御指示に預りたく念願仕候次第に有之候。偏に御健康を祈上候。　頓首

四月十五日　　細川護立

伊沢老先生玉机下

〔註〕封筒表　伊豆国伊東駅前中村方　伊沢多喜男閣下。同裏　東京ト文京区高田老松町七拾六番地　細川護立　四月十五日。年は消印による。

3　昭和　年6月17日

貴書拝読誠に感激の外無之候。只数年来の不健康更に近来の痛みに到底重責に当るを不可能と信じ御主旨に添ひ能はざるを深甚の遺憾と存候。何れ拝眉御高誼に対し御礼申述可候も茲に不取敢以紙中敬意奉表し候。　匆々

六月十七日夜　　細川護立

伊沢老台机下

〔註〕封筒表　豊島区西巣鴨町二ノ二五一七　伊沢多喜男殿親展。「議長問題」。同裏　東京市小石川区高田老松町七拾六番地　細川護立。

堀切善次郎

1　昭和6年8月22日

御手紙拝誦仕候。炎暑酷敷御座候処愈御健勝の段奉大賀候。陳者御申越の印刷物ハ小生手許へも参り居り此の問題ハ従来当省にて問題となり居り先般糖業代表者と木下長官等との懇談会を拓相官邸ニ開催致候節糖業者側より重ねて此の問題を要望致居候。小生本問題ニ就てハ事実の真相等詳知致さす候へとも糖業保護上必要なる事項かと存じ補償に関する規定等充分注意致さは如何か位ニ考へ勿論未た当省として確定的の意見には無之候へとも調査を進行するハ可ならんと存し管理局及殖産局に其旨申伝へ置候次第ニ御座候。本件ハ充分慎重ニ取扱候様注意可致候。

生駒君よりの御伝言奉謝候。省廃合問題愈決定の時機近つき候模様の為当地を離るゝ事何となく気懸りにて失礼致居

候段悪しからす御諒承賜り度願上候。　　　　敬具

八月二十二日

堀切善次郎

伊沢多喜男様侍史

〔註〕封筒表　長野県軽井沢一〇三二　伊沢多喜男様貴酬。同裏　小石川高田老松町　堀切善次郎。年は消印による。

前田多門

1　昭和(21)年7月15日

拝啓　軽井沢会の件気にかゝり居り十三日週末参上致度存居候処、進駐軍より急に拙宅召し上げられ、急遽移転の已むなきに至り遂にその意を得ず、然るに本週は国際裁判所の証人出廷義務に悩まされ明火曜午後より証人として反対訊問終了致す迄は東京を身動き出来不申洵に焦慮致居候。然し十九日か二十日には参上出来る事と存候。何卒それまで御猶予の程願上候。

七月十五日

前田多門

伊沢多喜男閣下

〔註〕封筒表　伊沢多喜男閣下。同裏　東京都麹町区日比谷公園一番地（市政会館）財団法人東京市政調査会　前田多門。年は内容による。

2　昭和(21)年10月28日

拝啓　時下益御清適奉賀候。扨て先般来御尊慮相煩はし居り候軽井沢会新理事者御選定の件に関し先般小生上京中御電話にて理事推薦者たる事につき御辞退の趣承り驚き入り候。軽井沢帰着後松井君と打合せの上推参を期候処仝君も上京のため時機遅れ本日漸く御都合御伺ひ申上候処今朝御上京の趣承り失望仕候。従て此上遷延致す事を恐れ乍略儀書面を以て嘆願申上度御宥し願上候。

軽井沢会に就ては事実上閣下を首脳とする外なく又閣下ほど仝会のため御心配被遊るゝ方は無きにつき此際理事推薦者御辞退とありては万事休する次第と存候。依て是非共右御翻意懇願致し候と共に名儀を推薦者のうちに列せらるゝと如何とを問はず、今後如何なる理事団を以て組織す可きやに就き先達て参趨の際種々御指示の点も有之候処右を如何に推進致す可きやに就ても何卒御教示願上度いづれに致せ此冬中に新らしき顔触れ御定め頂き来年は匆々より新方針に基いて来る可きシーゾン《ママ》に備へらるゝ必要有之と存じ候。右に就ては軽井沢会を深く愛せられ又具体的に御高見を有せられ且つ御関心を此会より離さるゝ事御気象の上よりしても到底不可能と拝察せらるゝ実状に徴して此際色々の御不便もさる事乍ら理事推薦者御引受けの上名実共に善

後処置の上に於て御指揮の程懇願して已まざる次第に御座候。右何卒御聴許の程嘆願迄如斯御座候。　敬具

十月二十八日

前田多門

伊沢多喜男閣下

〔註〕封筒表　東京都麻布区新龍土町十二内田孝蔵様方　伊沢多喜男閣下親展。同裏　長野県軽井沢町三五八八　前田多門。年は内容による。

3　昭和21年11月16日

拝啓　時下益御清適奉賀候。扨て先般は軽井沢会の件に関し懇願申上げ引続き田島君を経て親しく陳情の次第も有之候処此際は閣下として理事推薦者たる事御辞退但し今後とも御助力を賜はる事に御諒解の旨拝承公然推薦者を御願出来得ざる点遺憾の極みに候へども已を得ざる儀とも被存此上とも事実上御助勢の程奉願候。右により先般御書き留め頂きたる様なる顔触にて後任決定願度と存じ福井氏小坂氏を初め推薦者各位に目下意向伺ひ中に有之その御返事の如何によつては此上色々と御高配煩はす事多きやに存ぜられ候。宜敷願上候。右御報告旁々御願まで如斯御座候。　敬具

十一月十六日

前田多門

伊沢多喜男閣下

〔註〕封筒表　静岡県伊東町　伊沢多喜男閣下親展。同裏　長野県軽井沢町三五八八　前田多門。年は消印による。

4　昭和(21)年12月29日

拝啓　歳末御機嫌伺申上候。扨て先般来懸案の軽井沢会後任理事の件其後推薦者各位に連絡仕り候上（福井氏御逝去なりしも御生前御意向を伺ひ得申候）意見の御一致を見候ひしも塩川氏は何としても監事に御留任を望まれ理事の件は強て御辞退相成り遺憾乍ら已むを得ず又原寛氏も御辞退のため結局左記諸氏にて蓋開けを致すの外無しと認め目下松井氏の手許にて手続を進めらるゝ事に相成居候。

人名は

五斗欽吾氏

草間秀雄氏

栗原作次郎氏

林了氏

市村桂一氏

佐藤町長

仍ほ理事長の儀は規則書通り、理事の間にて互選を願ひ、私共にて彼是申す事は非立憲的と存じ差控え度候ふも結局

五斗氏か草間氏かのどちらかに相成る事と存じ候。

右迂余曲折の結果漸く目鼻相付かんとし安堵仕居候。色々御不満の点も候ふ事と愚存仕り候ふも目下の処得られる（ママ）得る最善の理事団と考へられ候。何卒御諒承の程願上度此段経過御報迄如斯御座候。　敬具

十二月二十九日　前田多門

伊沢多喜男閣下

〔註〕封筒表　静岡県伊東町　伊沢多喜男閣下親展。同裏　長野県軽井沢町三五八八　前田多門。年は内容による。

前田米蔵

1　昭和11年8月5日

拝啓　時下益々御清穆之段奉賀候。
陳者貴下今度鉄道会議々員之任期満了と相成候処尚引続き御留任を願ふことゝ致度存候得は御差支無之候哉御伺申上候。当方より御内意相伺はせニ参上致す筈之処暑中御静養中之ことゝ存じ乍勝手此段書中を以て申進候。　敬具

昭和十一年八月五日　鉄道大臣前田米蔵

伊沢多喜男殿

〔註〕封筒表　長野県旧軽井沢一〇三二　伊沢多喜男殿。同裏　鉄道大臣前田米蔵。

槇　有恒

1　昭和21年9月23日

謹啓　時下愈々御清健に被為渉奉賀候。陳者過日、近く拝趨可仕旨言上致候処明二十四日より急にカナダより来朝の友人を穂高岳槍ヶ岳方面へ一週間余の予定にて登山に案内致すことに相成り候ため勝手乍ら参堂延引致し候につき何卒不悪御海容被成下度願上候。右友人と申候はカーター博士と申す仁にて約二十一年前細川侯爵の御好意によりカナダ、ロッキー山脈アルバータ山に登山に参り幸運に恵れ仝山の初登攀を遂げ帰途ヴアンクーバーにて全国官民諸君の慰労歓迎に預り候節仝君及友人達相携へて附近の山小屋へ愉快なる小旅行に案内を賜はりしものに候。現在カナダ水産試験所々長とかにて東京G・H・Q水産部門勤務にて来朝、愚生の動静を頻りに求められつゝありし由にて今回偶々久振りにて秋の山小屋歩きと相成り申候次第に御座候。
先は略儀乍ら事情言上仕り御詫迄申上度如此に御座候。　敬具

昭和二十一年九月二十三日

伊沢多喜男閣下御侍史

槇有恒

〔註〕封筒表　北佐久郡軽井沢町一〇三二　伊沢多喜男閣下御侍史。同裏　北安曇郡常盤村仏崎　槇有恒。

2　昭和　年8月9日

謹啓　暑気なほ厳しき折柄御機嫌如何に御座候哉御伺申上候。定めし御清適に被為渉国事に御多端の御事と拝察奉り候。

日頃は甚だ御無音に打過ぎ何共恐縮に存候へ共お蔭を以て小家一同無事相過し居候間余事乍ら御休神下され度願奉り候。当山村に仮寓仕りてより既に半歳を経し候が御耻づかしきことながら相変らず行雲流水を友に無為黙黙の起居を致居候。幸近頃相州茅ヶ崎方面に借家の見通し有之今秋には引移り度存居候。

或は機を得て再び微力ながら駑馬に鞭打ち御奉公に勤労仕り度念願に御座候。

爰に御機嫌御伺旁々御無沙汰御詫迄申上度如此に御座候。

敬具

八月九日

槇有恒

伊沢多喜男閣下御侍史

〔註〕封筒表　長野県軽井沢町一〇三二　伊沢多喜男閣下。同裏　県内北安曇郡常盤村仏崎　槇有恒　八月九日。

牧野伸顕

1　昭和22年9月20日

拝啓仕候益々御健勝之段奉賀候。然は御地滞在中に種々拝晤之機会を得往事之追懐談ニ日子を過こし得候て全预定以上之記念と相成申候。事情許候ば来春避寒旁々再遊致度希望も御座候。扨調へ物致居候際封入之書類見当り申候。今ハ過去之思出ニ過きす候得共御賢兄当時之御心労之程も被伺小生手許よりハ伊沢家ニ御保存可然存候間拝呈御供覧被下候。

拝具

九月二十日

伸顕

伊沢老閣

〔欄外〕総督御時代ニ或ハ御覧相成かとも存候得共為念。

〔註〕封筒表　静岡県伊東市別荘　伊沢多喜男殿親展。同裏　千葉県東葛飾郡田中村大字十余二庚塚　牧野伸顕　九月二十一日。年は消印による。「書類」なし。昭和(22)年牧野伸顕宛伊沢多喜男書翰を同封。

増田甲子七

1　昭和15年5月23日

謹啓　初夏之候ニ相成申候処益々御清穆之段奉大賀候。先般は御芳翰賜はり松尾君を御懇導被下候段難有奉存候。扨て一昨日松尾署長を遣はされ御鄭重なる御見舞に預り候段深く恐縮御芳情実に忝く感激仕候。唯平素最も崇拝申上居候閣下よりの御見舞品等拝受するは誠に心苦しく候間近く愚妻参上可仕候間何卒不悪御諒恕被下度奉願候。

小生も不及乍ら驥尾に附し広く良吏を相率いて国家の合法的革新を志居候処不図病と相成り斯く長く臥床致居誠に申訳も無之候。何事も運命と覚悟静養致居候次第に御座候。従って我家庭も種々不幸に陥り候為愚妻も働き居候も愚かしき歳乍ら健気とも存居候。唯弱き女の事故種々不幸に遭つて或は気飢へ心撓む事も無之とも保し難く候。斯る際には妻として立派に終始する様閣下の如き大人格より時々御激励御鞭撻賜り度偏に奉懇願候。

先は御礼旁々愚妻に対する将来の精神的御援助之程御願申上候。仰臥乱筆平に御免被下度奉願候。

為邦家御玉愛之程平常常に御祈申上居候。

昭和十五年五月二十三日

増田甲子七

伊沢多喜男閣下

〔註〕封筒表　市内豊島区西巣鴨二ノ二五一七　伊沢多喜男閣下。同裏　東京警察病院　増田甲子七。

2　昭和(19)年9月6日

謹啓　初秋之候と相成候処閣下には益々御清健聖戦完遂の為御敢闘被遊候段大賀の至と奉存候。私事病気に就ては何時も多大の御高配賜はり殊に一昨年は御不自由なる御身なるにも不拘親しく御見舞被下種々御慰問御高教賜はり候段深く〳〵感激仕居候。其の後大体不相変に候も至極元気に療養罷在候間何卒御放念被遊度候。唯重大時局下徒に病臥仕居御申訳無之限に御座候。私は平素最も尊敬申上くる大先輩より親しく御愛顧を蒙り居る事を自己の人生に於ける光栄且至福と致居次第に御座候。

扨て先日長野県に赴任仕候大坪保雄は私の縁続きの者に有之私より申上ぐるは可笑しき事乍ら正義感も肚も手腕も或る程度有之様覚え申候に就ては甚だ恐縮に候も今後私仝様御鞭撻御指導賜度伏て奉懇願候。

先は御礼旁々御願申上候。

時局下愈々御玉愛之程奉祈上候。　敬具

九月六日

増田甲子七拝

伊沢多喜男閣下御侍曹

二伸　先般勇退せられ候近藤壌太郎氏は稀に見る気骨稜々たる人材に有之氏の勇退に依り内務官界は頓に寂寥を覚え申候。

盟友清水重夫氏は近く帰還せらるゝ由拝承仕候処氏は重大時局下内務省の柱石として活躍すべき偉材に有之候に就ては何卒宜しく御高庇賜り度奉願上候。

〔註〕封筒表　豊島区西巣鴨二ノ二五一七　伊沢多喜男閣下御侍曹。同裏　麹町区富士見町二ノ三警察病院　増田甲子七　九月六日。年は内容による。

3　昭和19年12月31日

謹啓　重大時局下益々御清健にて聖戦完遂の為御敢闘被遊候段為邦家奉深謝候。私事病気に就ては何時も多大の御高配賜はり深く感銘仕居候。以御蔭至極元気にて療養仕居候間何卒御放念被遊度候。茲に歳末に当り年来賜りたる御厚情衷心より御礼申上候。先般は御芳書難有拝誦仕候。御高配を蒙り居候松尾英敏君は只今ゴム統制会技術課長（年収八千円程）を勤め居り候。私としては本人は人格手腕共稀に見る偉材なるに依り予て特進警察部長等に致度と存居候も病臥無力なる為思ふに任せず先般勇退の際も警視庁側に於ては区長に就職せしめんとして東京市に交渉致候も当時行政簡素化の際ニて実現を見るを不得結局警視庁と商工省の御配慮に係るゴム統制会へ私に於て嫌がる本人を強ひ就職せしめ候次第にて時局下人物経済上洵に遺憾に存居処に御座候。本人は行く処として不可無之人材に候も矢張り警察部長、区長、地方事務所長、防空総本部員等が最も適任と被存候。警察部長は既に一応警察界を勇退せる事故六ッかしき事と被存候も地方事務所長は明年度に於て五十名書記官となる模様に候に就ては御高配賜るを得候はゞ幸甚と奉存候。何卒宜敷奉願候。

畏友清水重夫兄は小生無二の親友に有之のみならず稀に見る人材に有之曾て大政翼賛会へ赴かれし際内務省復帰の公約有之しにも不拘今以て公約実現せられず為邦家将又人物極めて尠き内務省の為遺憾至極に奉存候。仝様の約束の下に知事級より翼賛入を為されし熊谷氏は防空総本部次長に、相川勝六氏は厚生次官に何れも復帰致され居候。私も不及乍ら唐沢、山崎両氏に約束を速かに実現せらるゝ様従来進言致居候も病臥致居候ては健康時と異り万事無力にて汗顔の至に奉存候。

誠に恐縮に候も御序の際大達内相、山崎氏等へ御申聞かせ被下度奉願候。

先は歳末御礼旁々御願迄申上候。

時局下愈々御玉愛被遊度奉祈上候。目出度御歳越之程奉祈上候。

十二月三十一日　　　　敬具

伊沢閣下御執事　　　増田甲子七拝

〔註〕封筒表　豊島区西巣鴨二ノ二五一七　伊沢多喜男閣下御執事。同裏　麹町区富士見町警察病院　増田甲子七　十九年十二月三十一日。

4　昭和(20)年8月5日

謹啓　苛烈なる戦局下益々御勇健にて聖戦完遂の為御敢闘被遊候段誠に御苦労様に奉存候。御芳書難有拝受仕候。早速平山市長の御許へ拝趨御願可申上之処実は小生恢癒途上には有之候も未だ十町以上の徒歩は困難に有之候処当方と出川とは約一里半の距離有之市長閣下とも特に格別の御厚誼願ひ居る方にも無之候為本日一応書面を以てお願申上たる次第に御座候。甚だ御繁忙中恐縮の限に候も御序の節閣下より市長宛御申進被下候はゞ幸甚之に過ぎずと奉存候。何分宜しく奉願候。松尾の人格手腕を以てすれば必ずや市長の補助者として複雑なる市政を明朗化し治績を挙ぐる事と確信仕候。先は御願迄申上度如斯御座候。時局下切に御玉愛御健闘之程奉祈上候。　敬具

八月五日　　　増田甲子七

伊沢多喜男閣下御執事

二伸　追て今少しく元気恢復候上は親しく出川迄出向お願仕度と存候間申添候。

〔註〕封筒表　北佐久郡軽井沢町　伊沢多喜男閣下御親展。同裏　松本市外島内村下平瀬　増田甲子七　八月五日。年は内容による。

5　昭和(20)年10月8日

謹啓　中秋之候と相成り候処益々御清健にて戦後経営の為御尽瘁被下候段誠に難有奉存候。私事一身に就ては永年に亙り御高配御厚情賜はり深く〳〵感激仕居候。以御蔭御覧被下候通り臥床八年の後健康全く恢復仕り甚だ乍不肖微力を尽して御奉公申上度と存し九月末帰京従来の弊屋に住居仕居候間御用の節は何時にても御呼被下度乍不及犬馬の労を採度と御待申上居候間何卒宜しく奉悃願候。今回は政変も有之難局下祖国更生の為御苦心御苦闘被下候段謹て衷心より感謝申上居候次第に御座候。先は帰京の御挨拶旁々御礼迄申上度如斯御座候。

時局下為国家呉々も御玉愛之程奉祈上候。

御奥様に呉々も宜しく御鳳声之程奉願候。　敬具

十月八日

伊沢多喜男閣下御執事

増田甲子七

〔註〕封筒表　長野県軽井沢町　伊沢多喜男閣下御親展。同裏　東京都大森区上池上町八八六　増田甲子七　十月八日。年は内容による。

6　昭和(20)年11月15日

謹啓　晩秋之候と相成候処閣下には益々御清穆にて戦後経営の為日夜御尽瘁被遊候段為邦家奉深謝候。

偖私事今回福島県知事を拝命仕候処是全く閣下御高配の賜に有之深く〳〵感激仕居候。茲に謹て衷心より御厚礼申上候。

病臥九年に亙り候間何時も不渝御厚情賜はり候のみならず以御蔭全快するや忽ち内務省復帰に就き積極的御配慮を賜はる等平素最も尊敬申上居る我国の元老より斯くはかり御愛顧を蒙る私は此の世に於ける最大幸福者と感佩仕居候。

此上は粉骨砕身皇国再建の為挺身仕る覚悟に御座候。何卒宜敷御叱正御鞭撻之程奉悃願候。先は以書中御礼申上度如斯御座候。

時候柄愈々御身御大切に被遊度奉祈上候。

御奥様に呉々も宜しく御鳳声之程奉願上候。　　敬具

十一月十五日　　増田甲子七

伊沢多喜男閣下御執事

二申　昨日初めて平山市長より代議士立候補致す事とも相成れば十二月初旬辞表提出致さゞるを得ず助役等は市政に通したる者の方宜しかるべく従来松尾君之事第一候補と考へ居りたるも寧ろ福島辺にて官吏と相成る方可然との趣御申越有之候。本人は予て申上候如くゴム統制会次長として年収一万二千程有之も助役就任を熱望致し居り助役第一候補として平山市長御考慮相成居る趣は小生も平山市長の御諒解を得て本人に示達し意志変更無之哉否哉確かめし事有之為にゴム統制会幹部に対しても近く辞任可致旨表示しある千係も有之尚県庁方面も行政整理の為新規採用を禁ぜられ居り旁々当惑致居次第に有之候。

御高配に依り暫時にても宜しく候も助役就任致得る様御取計被下候はゞ幸甚と奉存候。何卒宜しく奉願候。

本人郵便宛先は新宿三越ゴム統制会に候間申添候。

〔註〕封筒表　長野県軽井沢町　伊沢多喜男閣下御執事。同裏　福島市舟場町官舎　増田甲子七　十一月十五日。年は内容による。

7　昭和(21)年6月4日

謹啓　初夏之候と相成候処閣下には益々御清穆に被亙候段為国家大慶の至と奉存候。下って小生事今般転任に際しては早速御懇篤なる御祝詞賜はり御激励被下詢に難有衷心よ

り御厚礼申上候。如何なる場合に於ても難局を担当するは男子の本懐に有之平素御指導御推輓被下候御蔭と深く感激仕居候。

甚だ微力に候も一生懸命御奉公現在の食糧事情を打開致し進んで北海道をして内地全体の希望たらしむべく努力可仕候間此上共御叱正御高庇賜度奉悃願候。

先は御礼旁々御願迄申上度如斯御座候。

時局下益々御玉愛之程奉祈上候。御奥様に呉々もよろしく御鳳声之程奉願候。愚妻よりも何卒宜敷と申居候。　敬具

六月四日

増田甲子七

伊沢多喜男閣下

二申　只今上京中に有之去る二十九日北海道の食糧事情其の他に就き御下問に預り委曲奏上至大の光栄賜はり感激の極致に御座候。滞京中是非御邪魔仕度と存候も或は失礼致すやも測難と存候。予め御諒承賜度奉願上候。

〔註〕封筒表　静岡県伊豆伊東温泉中村別荘　伊沢多喜男閣下。同裏　大森区上池上町　増田甲子七（札幌市北二西四官舎）。年は内容による。

8　昭和（21）年7月10日

謹啓　猛夏之候に候処益々御清健にて重要国務御鞅掌被遊候段為邦家詢に御苦労様に奉存候。小生事先般御邪魔仕候際は我国らしき平和的民主々義的道徳国家建設に就き種々御高教賜はり詢に難有厚く御礼申上候。

地方長官の公選も愈々差迫り候。之も直に自治の発達を促進する所以に有之結構の事と奉存候。就ては小生も甚だ不肖不敏の者に候も此の際立候補致さんかと愚考罷在候。唯迂生等官僚は民衆の信頼を得るより外他に手と謂ふもの無之折角或る程度信頼を贏ち得進駐軍政部司令官ブリウアー大佐等も必ず立候補せよなど御力を入れ被下候。福島県を離れ候後は新任地当北海道は余りに日浅く十一月迄に信頼を得る事はなか〳〵六かしく輸入長官として苦労するよりも生国長野県に於て立候補する事こそ将来宜敷様愚考致され候。此の点に就ての閣下の御高見拝承仕度奉願候。尤も長野県に於て万一立候補の際は閣下の全福的《（ママ）》御支援無之ては到底万事不可能に有之何分共宜しく御鞭撻御高援之程奉悃願候。

申遅候も先日は御芳書難有拝承仕候。会議御上京の際は内務省内北海道事務所へ自動車御仰附被下度願上候。今回固く申附候も先日はお役に相立候や否哉懸念仕居候。時局下何卒御玉愛之程衷心奉祈上候。御奥様に何卒宜しく御鳳声奉願上候。　敬具

七月十日

増田甲子七

伊沢多喜男閣下

〔註〕封筒表　長野県軽井沢町　伊沢多喜男閣下私信。同裏　札幌市北三条西四丁目壱番地　増田甲子七　七月十三日。年は内容による。

9　昭和(21)年8月21日

謹啓　残暑厳しき折柄閣下には益々御清穆にて平和新日本建設の為御健闘被遊候段大慶至極に奉存候。

先日は拝趨仕候処御多用中にも不拘御高配御高教賜はり難有衷心感激仕候。茲に謹て御厚礼申上候。何時も乍ら不肖の後輩を御慈み被下御懇情身に沁み斯る大先輩を仰き得る自分を真に幸福者と存候次第に御座候。帰道後不相変懸命に御奉公仕居候処さしもの食糧難も米国及内地の御助援に依り完全に之を打開し得たるを始めとして農産事情、石炭事情、社会人心の動向等万事好転致居候間何卒御休心被遊度奉願上候。

交通等今少しく便利に候はゞ親しく御来道御高覧願度ものと残念に奉存候。

先は御礼旁々御報告迄申上候。

尚進駐軍とは師団、軍政部、CIC共に相互極めて親密に且心より協力致居候間何卒御休心被下度奉願上候。

時下益々御玉愛之程奉祈上候。

敬具

八月二十一日

増田甲子七

伊沢多喜男閣下

〔註〕封筒表　長野県軽井沢町　伊沢多喜男閣下。同裏　札幌市北二西四　増田甲子七。年は内容による。

10　昭和21年12月3日

謹啓　向寒之候と相成候処閣下には益々御清穆にて祖国復興の為日夜御健闘被下候段詢に御苦労様に奉存候。

私事先日上京仕候際は一身上に関し特段なる御高配賜り衷心感激仕候。茲に謹て衷心御厚礼申上候。

帰来懸命に石炭増産に努め候処十一月分は出炭量五十四万五千トン割当目標に比し百四パーセントの成績を収め申候。政府に於ても進駐軍に於ても大変喜で被下候間何卒御安心被遊度願上候。

先は御礼迄申上度如斯御座候。早速御挨拶申上へきの処石炭増産及び供出等に奔走致居候為延引仕り御申訳無之候。

近く上京可仕候間其の際は拝趨仕度と奉存候。

時下益々御玉愛之程奉祈上候。

御奥様に何卒宜しく御鳳声之程願上候。愚妻より呉々も宜敷と申居候。

敬具

十二月三日

伊沢多喜男閣下　　　　増田甲子七

〔註〕封筒表　静岡県伊東町　伊沢多喜男閣下。同裏　札幌市北二西四　増田甲子七。年は消印による。

11　昭和22年6月6日

謹啓　初夏之候に候処益々御清穆之段奉大賀候。小生事今般運輸大臣退官仕候処在任中は真に不一方御支援御高配賜り衷心感激仕居候。茲に謹て御厚礼申上候。
御芳書難有拝見仕候。何れ拝趨万縷申上度と存候。不取敢以寸楮御礼申上度如斯御座候。時下愈々御玉愛賜度奉祈上候。　敬具

六月六日　　　　増田甲子七

伊沢多喜男閣下

〔註〕封筒表　静岡県伊東町中村別荘　伊沢多喜男閣下。同裏　東京都大田区上池上町八八六　増田甲子七。年は消印による。

町田忠治

1　昭和(6)年8月14日

拝啓　其後ハ乍存御無沙汰仕候。白眼（或ハ青眼か）東京之俗界を睥睨しなからゴルフ御楽之段羨敷存候。小生歯痛之為臥蓐致居候際電話被下候由後にて承知致し失礼致候。

極内々にて申上候浜口氏ハ月初より時々高度之熱有之相当疲労致居候由今朝も内々見舞致し長男に面話致候。何とか一日も早く避暑でも出来る様にと祈居申候。

来月迄ハ御帰京なきにや若し鳥渡にても御帰京之事有之候ハヾ其前御一報相煩度。政局之現状及ひ農林審議会委員之人選方に付得貴意度儀有之取急中申上度。　草々

八月十四日　　　　忠治

伊沢老台侍史

〔註〕封筒表　信州軽井沢　伊沢多喜男様必親展。同裏　東京牛込南榎町七三　町田忠治。年は内容による。

2　昭和(6)年8月22日

伊沢老台侍史　　　　忠治

貴書拝誦。小生一日参上親しく御意見承度存居候得共時節柄新聞記者に附き纏れ候に付可成動かぬ様致居候。農林審議委員も遅くも月末迄に選定致度二十六七日頃松村秘書官差出し選定の未定稿に付御教示相煩度存居候。

又々極内々申上候浜口氏病気ハ此両三日小康を得候得共

一周間（ママ）以上毎日四十度位の体温有之余程衰弱致候様なり。幣原氏ハ塩田博士と度々面談致候筈なり。一度御帰京幣原男より親しく御聞取如何と存候。
昌谷氏貴地に避暑之事過日同氏より承候に付昨日日本倶楽部にて貴兄への伝言方依頼致度存居候処同氏ハ見さりし。今朝同氏に電話相掛候処已に出立後なりし。御序に宜敷御伝言願候。　草々

八月二十二日

〔註〕封筒表　信州軽井沢　伊沢多喜男様必親剪。同裏　東京牛込南榎町七三　町田忠治。年は内容による。

3　昭和(6)年9月1日

拝復　貴書拝誦。御厚意奉拝謝候。浜口氏葬送之前夜より少々気分悪しく当日ハ日比谷にて御免蒙り葉山に静養致候。日曜朝電話差上候処已に御出立後なりし。
御書面にて御疲労中電話にて公成会（ママ）之幹部之意向御徴被下候段奉拝謝候。他の会派之振合上老台を煩事出来候得バ幸甚に御座候。何れ三日中に更らに得貴意度其前に各派之人選確定之見込に御座候。　草々

九月一日　忠治

伊沢老台侍史

〔註〕封筒表　信州軽井沢　伊沢多喜男殿必親展。同裏　東京牛込南榎町七三　町田忠治。年は内容による。昭和(6)年9月2日付町田忠治宛伊沢多喜男書翰を同封。

4　昭和13年3月24日

拝啓　過日電話にて池田氏身上之件に付御厚意を辱ふし拝謝仕候。本人も淡白に心事を述候上先輩之勧告に従ふ事と相成申候。畢竟御説諭之結果と存候。其内緩々拝容可仕候。不取敢御礼申上候。

三月二十四日　忠治

伊沢尊台侍史

〔註〕封筒表　市内豊島区西巣鴨二ノ二五一七　伊沢多喜男殿親展。同裏　東京市牛込区南榎町七三　町田忠治。年は消印による。

5　11月13日

拝啓　弥久ニ拝容致度存居なから彼是取紛れ御無沙汰致候。花川氏之事気に懸り居り一両日前鳥渡内々交渉致候向も有之成否未定なれとも出来れバ同氏の為め尤も善し。
小生今夕山形青森両県に出懸け申候。十六日中に帰京致候上拝晤可仕。　草々

十一月十三日出立前　忠治

伊沢老台侍史

〔註〕封筒表　市外西巣鴨　伊沢多喜雄《ママ》様親剪。同裏　東京市牛込区南榎町七三　町田忠治。

松井　茂

1　大正15年7月25日

爾来之御病気も御快方の事と御察申上候へとも乍此上御自愛の程相祈候。丸山君よりも詳細の事情を審かに致候間御来旨の如く各方面ニハ誤解の防禦ニ相努居候。誠ニ御迷惑千万なりし事万々御察申上候。

右要旨迄。　草々

七月二十五日　茂

伊沢賢台

時節柄何なりとも御用有之候節ハ御申付被下度候。

〔註〕封筒表　熱海町佐々木旅館　東京市長伊沢多喜男様親展。同裏　東京市外大井町三一四一　松井茂。年は消印による。

松平恒雄

1　昭和(22)年6月16日

拝啓　時下益々御清適奉大賀候。小生参議院議員及議長ニ当選致候ニ就てハ御丁重なる御祝詞を辱し御厚情難有御礼申上候。思ひ掛けぬ路ニ向ひ不馴れの為閉口致居候得共既ニ此処迄参り候上は唯公正無私最善を尽して邦家の為め御奉公を致す覚悟ニ候間何卒宜敷御指導御援助を仰度御願い致し候。此頃ハ伊東の閑地ニ御静養之事と羨望之至ニ奉存候。不取敢以書中御礼迄如此ニ御座候。　敬具

六月十六日　松平恒雄

伊沢老台侍史

〔注〕封筒表　静岡県伊東町中村別荘　伊沢多喜男殿親展。同裏　転居品川区荏原七丁目五二四　松平恒雄。年は内容による。

松本　学

1　昭和(7)年8月14日

拝啓　貴地ハ御涼しきことと存候。益々御清祥奉賀候。御来示之件別紙御高覧に供し候。

臨時議会も近つき多忙を極め居候。是より那須に参り候。

其内拝顔万縷申上度候。尚調査進行につれ時々御報可申候。

時候柄御自愛専一に祈上候。　敬具

八月十四日

伊沢賢台侍史　　　　　　　　　　　　　　　　松本学

〔註〕封筒表　長野県軽井沢一〇三二　伊沢多喜男様必親展。同裏　東京麴町丸の内　松本学。年は内容による。別紙「貴族院多額納税者議員通常選挙立候補確実者調（八月十一日現在）」、「貴族院多額納税者議員通常選挙立候補調（昭和七年八月十一日現在）」同封。

松本烝治

1　昭和14年3月3日

拝啓　陳者御話の新聞切抜捜出候間御送付申上候。右は他に原稿又は控無之様に候故乍恐縮御用済の節御返付被下度願上候。御成功衷心より祈上候。又余寒酷しき折柄十分御自愛是亦切に祈上候。　　　　　　　　　　　　　　　敬具

三月三日　　　　　　　　　　　　　　　　松本烝治

伊沢老台侍曹

〔別紙〕

中外商業新聞　昭和十三年二月五日掲載

王安石の革新政治　北宋衰亡の因をなす

読書偶感（日本の現状を想ふ）　　　　　　　松本烝治

昨年秋以来の夜の読書は殆ど支那の歴史及び小説類に集中したのであるが、宋史を読んで、王安石の新法、北宋の衰亡時代に到つて之を現今の時事と比較して聊か興味を惹いたものがあつたから、陳腐迂濶の誹を顧みず、その大略を述べて見たひと思ふ。尤も何等創見的の史論を試みんと欲するものではなく、四五の極めて有触れたる史書の抜書に多少の主観的観察を附記したに過ぎない。

宋の国勢は他の諸時代に比して初めより振はなかつたのであるが、仁宋以来財政一層困難を告げ、軍紀頽廃、外交不振、外敵就中北方の強国遼に当るためには、国内の一大改革を要する状態になつて来たのである。

偶々西暦千六十八年仁宗に継ぎ年少気鋭の神宗帝位に即くや、革新的政論家としてその名を知られたる王安石を抜擢して改革の衝に当らしめ、七年に亙り天下の大政を執らしめた。王安石の実行した革新政策即ち所謂新法中、富国策には青苗法、市易法、均輸法、募役法、方田均税法等あり、強兵策には保甲法、保馬法等があつた。その詳細は伝へられて居ないが、青苗法は農民の最資金に苦しむ青苗期に政府より耕作資金を貸付け、収穫の際これを回収するのであり、市易法は市場で売り難ひ物品を政府で買上げ、他へ転売するのであり、均輸法は一地方の物産を租税として上納せしめ、之を不足の地方に輸送して売却するのであり、募

役法は丁年以上の男子の資産に応じて免役銭を上納して賦役に代へしめ、これに依つて失業者を雇入れて必要の労働を為さしむるのであり、方田均等税法は豪農の不正を矯め、課税の均衡を計るのである。

即ち之等の富国策は同時に強い社会政策的意義を有し、且つ盛に官営主義を採用したものである。

また保甲法は強制徴兵制を保馬法は軍馬の育成方法を定めたものであつて共に有力なる強兵策である。

総て之等の新法は、単純なる理論としてこれを観れば誠に完備した進歩的な革新政策であつて一見感嘆せざるを得ないのであるが、実際には全く懸け離れたものであつたことは、実施後の結果より観て明かである。即ち新法を適用する者は当時の無能にして腐敗せる官僚であつた為に事毎に立法の目的に反する結果を呈したのであつて、怨嗟、非難の声、盛に起つて人民は困苦流離するに至つたのである。之等の詳細は一々茲に述べないが、就中人民を苦しめたのは青苗法であつて、貸付及び回収については取扱官吏との間に種々の情弊を生じたのみならず、官吏に強ひられて不用の貸付を受け知らず識らず之を浪費した結果は、収穫の大半を官納せしめられて路頭に迷ふやうな者を多数生じた。蘇東坡が当時之を諷した詩に、杖藜裹飯去匆々、過眼青銭転手空、贏得児童語音好、一年強半在城中と謂ふのがあつて、農民救済の社会政策を目的とした立法は、却つて農村の破壊を来したのである。他の社会政策的立法についても概ね同様であつて、実行の任に当るものの手に余るが如き、紙上の善法は却つて恐るべき悪法であること、王安石の新法実施の実物を以つてわれ〳〵を教育したところである。

王安石は、天下の怨を一身に集めて辞職の已むなきに至り、神宗も亦崩じて幼帝哲宗位を継ぐや、祖母高太皇后摂政し、新法反対の旧法党の首領司馬光を用いて新法全部を廃止し、悉く旧に復せしめた。然るに、高太皇太后死して十八才の哲宗親政するに及んで、王安石は夙に死去して居つたが、その政策の承継者たる章十惇を宰相とし、新法を復活せしめた。この際には旧法党の罪を得るもの八百三十家、司馬光等の死者を追貶し、甚だしきに至つては司馬光等の墓を発き屍を曝さんとし、高太皇太后を追廃して庶人に下さんとするに至つた。新旧二法党間の抗争排擠の苛烈なりしこと以て知るべきであらう。然るに復哲宗在位十五年にして崩御し、弟徽宗位を継ぎ、神宗の皇后たりし向太皇太后摂政するや、再び旧法党を登庸して新法を廃したのであるが、久しからずして徽宗親政し、三たび新法党の祭京等を用ふるや、司馬光等の官は過奪せられ、その党三百余人の子孫は京師及び近畿より追放さるゝに至つたのである。

右に述べた如く、王安石の新法行はれて以来数十年間に新旧二法交互に行はれ、朝令暮改人民其堵に安んずること能はざりしのみならず、政争苛烈を極め外侮を禦ぐこと能はずして、国威地に墜るに至り、最後に、北敵金軍来襲して、西紀一千百二十七年徽宗、欽宗の父子二帝を俘にし去つて、北宗《ママ》は終を告げたのである。

是を以つて之を観るに北宋の衰亡は、王安石の新法其主要なる原因の一を為せるものと謂ふも誤ではなからう。然も王安石は精悍にして正義感に富み、且つ清廉にして剛腹なる或点においては敬服すべき政治家であつて、同時にその文章殊に詩に至つては、清新の気に満ちた不世出の文豪であつた。若し王安石にして、政論家、文学者たるに止まつて実際政治に携はざりせば、宋の歴史は多少異つた途を取つて居つたであらう。王安石も亦後代より一層の崇敬を受けたであらうと思はれる。王安石が失意時代に疾を得て悶死した心情を想ふ時一掬の涙なきを得ないのである。

嘗つて仁宗在世の時、王安石は賞花釣魚の宴に侍し過つて釣の餌を食つた。而して直に其誤を知つたにも拘はらず、終に之を食ひ尽したことがあつたため、仁宗は其非を遂ぐる性格を観破して之を用ひなかつたと伝へられて居る。文人的の才気に富んで実際的の頭のなひ而も剛腹にして非を遂ぐることを厭はざる政治家ほど世を誤り国を亡ぼすものはないのであつて、誠に怖るべきことである。

翻へつて、現下我邦の政情を観るに所謂現状維持論者と革新論者との間のイデオロギー的対立は極めて少数の両派の空論家の間にのみ存するに止まり、実際政治には多く交渉無きものと考へて居る。更にまた、右傾左傾両極思想が互に相排擠して居るやに伝ふる者があるが、共産主義フアッシヨ主義の如きは、共に寛容にして中正を尚ぶ我邦固有の皇道精神に反するものであつて此の如き孰れの外来思想もが我邦に大勢力を得に至ることは想像出来ないことと考へている。

従つて、上述の如き北宋新旧二法党の抗争失政の歴史を見ても何等憂ふるところはないのであるが、然し実際と懸け離れたる政策も実行せんと欲する者、又は苟くも自己と思想の系統を異にする輩は皆排撃すべき危険人物だと誤解する者も、多数国民中には絶無とは謂はれないかもしれない。此の如き人物を実際政治と引離す必要を教ふるものは、即ち上記の北宋衰亡史の一節であらう。

〔註〕封筒表　豊島区西巣鴨二ノ二五一七　伊沢多喜男殿。同裏　東京市大森区田園調布四丁目弐百五番地　松本烝治。年は消印による。

松本安正

1　昭和(4)年10月17日

拝啓　秋冷の砌倍御清適奉賀候。却説大浦兼一氏昨日御来訪御家政整理上の件ニて至急原田老人へ面陳依頼致度旨御話有之就ては右件ニ関し先般来尊台より御高嘱ニ基き小生も配慮中の経過を申上尚老人高齢病臥の為来客との対談を避け居殊ニ面倒なる金銭上の交渉談は絶対に面会謝絶の方針を採り居る故此際御来訪相成るも到底御希望は難達旨説話致候処非常に御困惑の様子ニて兎ニ角故伯御生前中老人との間に介在して種々御斡旋申上たる久田益太郎氏（原田老人の最信用ある人ニ有之）方へ御紹介書を認め先以て仝氏を往訪せられ親敷御陳情の上老人への取次方を求められ其上ニて老人へ面談の機会を仝氏より聴取相成候方良敷らんと不取敢久田氏へ御紹介申上置候。先般鳥渡拝晤の節尊聞ニ入置候通り老人も昨今非常の消極主義を採り居候間万一大浦氏面談を求めらるゝも将又久田氏を介して陳情せらるゝも尋常一様ニては先々六ヶ敷事と予想せられ候。何れ小生も一両日中久田氏ニ面会其成行を見て更ニ御内報申上候間御承知置被下度候。昨今官吏減俸問題ニて大分に政府非難の声聞こえ申候。大体組閣以来真面目の遣り方ニて朝野一般現首相の施政ニは頗る信頼致居候様なれとも井上蔵相は幾分自己の理想ニ捕られ余り機智ニ過きたる政策を採る傾向無きにあらす官吏減俸と仝時に民間各事業者の報酬をも一般減縮せしむる方法を仝時に発表実現せしめて最後ニ労銀をも低減するに至る方策を講し結局物価全体を下落ならしむる事に徹底せは世間の非難も尠かるへくと存候。蔵相も結局は其腹案なりしも唯減俸案而已を卒然と発表したるは聊か軽忽の観有之其辺何か事情の存する事と被思申候。現内閣の保有せる折角の好望を斯ゝる些事の為めに出鼻を挫かるゝ憂ある如きは遺憾ニ存申候。御高見如何哉。尚又乍余事得貴意度件も有之其内御寸暇の節拝趨の心得ニ御座候。　　敬具

十月十七日　　　　　　　　　　　　安正

伊沢大人閣下

（以下省略）

〔註〕封筒表　市外西巣鴨町宮仲二ノ五一七　伊沢多喜男殿親展。同裏　市外世田ヶ谷町世田ヶ谷二四五八　松本安正。年は内容による。

丸茂藤平

1　昭和(3)年(8)月12日

謹啓仕候。炎暑の候閣下益御健勝に被為渉慶賀至極に奉存候。今回の就職は御賢察被下候通りにて目下の事情（糸価不況の極家政の事情）にてハ到底来春立候補の儀六ヶ敷若し浪人の儘前回の弔合戦出来ずとなれハ益々気勢墜ち其次

にも再起の望ハ絶たるゝ事に相成可申と存し此為にも任官いたし居候事ハ一の避難場として適当と存じ鈴木内相に御依頼申上け小川氏の了解をも得て今回の如き事に相成候事誠に心苦しき至なから実に不已得事情と御諒察奉願上候。早速右事情可申上処先般七月二十八日老父死去仕り其為帰郷いたし種々取紛れ延引候段御海容之程願上候。何れ其中拝趨万々申上け度先ハ乍憚右まて奉申上候。時下折角御摂養の程祈居候。　敬具

十二日　丸茂藤平

伊沢閣下侍曹

〔註〕封筒表　信州軽井沢一〇三二　伊沢多喜男閣下恵展。「岩手県知事に就職の言訳」。同裏　東京市外代々幡町笹塚一一五七　丸茂藤平　十八日。年月は内容による。

丸山鶴吉

1　大正13年6月11日

二申（ママ）　二申ニて御内示之件御芳情難有万謝候。小生も在鮮已ニ満五年繁劇なる警務之事ニ終始致し其間複雑ニして名情す可らさる鮮人の心理を操り参り最早引行く処まてハ引きて参り候様之感も有之暫く局面展開之要痛切なるもの有之候も総督之情義ニ引かされ遂ニ気儘も申出られず今日ニ及び胸中苦しき日月も経過致居候。それニ心ニもあらで私生活を破り読書修養ニ遠かれる事も痛心之極ニ御座候。敢て内地官吏として転換ハ必ずしも希望せず只朝鮮ニ於ける現地位の展開之為めニ一度浪々の身なりたき希望昨秋来切なるもの有之なから申出する機会もなく本夏八月二十日満五周年を期して思切りて申出て暫く内地を放浪して実情ニ通し次ニ外遊研鑽ニ努め英気を養ふて帰来奉公せんかと念じ居候次第ニ候。外遊之事ハ一二年延はすとも差支なく円満に情義か立ちて朝鮮の一時的展開を切望致居候様之次第ニて万一交渉でも受くる様之事有之候節ハ万縷を打開け総督之同意を得度と念居候。微衷を披瀝（ママ）して御清判ニ供し度如斯ニ御座候。　頓首

鶴吉

伊沢雅台玉几下

〔註〕封筒表　東京府巣鴨町宮仲　伊沢多喜男閣下親展。同裏　京城倭城台官舎　丸山鶴吉。年月日は消印による。

2　大正13年6月18日

御懇書難有拝誦致候。斎藤総督ハ此程御上京ニ相成候処只今の電通ニよれバ加藤首相と御会見留任の事ニ決定相成候趣為邦家幸慶之れニ過きずと存候。小生身上ニ関してハ常

ニ御同情ある御考慮を加へられ居候事誠ニ感激之至りニ御座候。川崎氏之復活太田氏の栄転等も御高配の結果と存候。只管感謝致居候。

小生も差迫りたる事情ハ毫も無之候も五年の間比較的真面目に熱心ニ働き候結果鮮人とも種々なる打切り難き因縁も生し居り多少の不渡手形も出し居り局面展開ハ種々なる意味ニ於て切要ニ御座候。従て前便申進候様な決意を致居候次第ニ御座候。御同情賜度奉願候。

御下問の大嶋君之件遺憾なから善からぬ報告を申上けさるべからず同君之為めニハ誠に気之毒ニ御座候へども同君の性格ハ到底之れを匡救するの途無之迅かニ官界より除外すべきものと存候。其意見ニて政務総監ニ力説致し候も今一回丈け転任せしめてとの御同情ニより忠北より忠南ニ此程転任致候。小生の見る処ニてハ到底永もてハせさるべしと存居候。朴知事ハ有名なる知事ニ候間これとの衝突不和等ハ素より覚悟之前ニ候も同君の性格の欠陥ハ御承知の通りニて益々その陰影をこくしたる様ニ思ハれ申候。部下の愛憎常なく常識ニて判断し難き手段方法ニよる統率振ニて到底階級観念之濃厚なる官界ニハ置くべき人格には無之と存候。忠北内務部ハ同君の去りしを祝賀し忠南官民ハ未だ赴任せさるに排斥の気勢を揚くる程同君の横暴と不和との評判ハ朝鮮に広まり申候。具体的之事実ハ一々到底申上け難きも大体以上ニて御推察被成下度候。露骨なる小生の観察を申入候次第ニ御座候。先ハ貴答迄申上度如此ニ御座候。折角御自愛被遊度為邦家奉祈候。　頓首

十八日　丸山生

伊沢雅台玉几下

〔註〕封筒表　東京市外西巣鴨字宮仲　伊沢多喜男閣下親展。同裏　京城倭城台　丸山鶴吉　十八日。年月は消印による。

3　昭和(2)年(7)月

拝啓　其後御無沙汰申上候。愈々御健勝ニて不相変御多忙之御事と奉存候。折角御自愛之程奉祈上候。

ゼネバニ到着致してより四週目ニ相成申候。湖畔の風光悪からず候も少シ飽き気味ニ御座候。

軍縮会議ニ就てハ新聞紙ニて詳細御承知と存候。先月二十日聯盟事務局硝子の間ニ於て総会開会致され各国各々その隠し持てるトランプをなげ出し申候。種々なる噂ありしにも係らず米国ハ只華府会議の比率をその儘補助艦ニ適用すべき旨の提案をなし英国ハ比較的に尤も研究を積み相当なる準備を持ちて会議に臨みたると見え戦闘艦巡洋艦駆逐艦、潜水艇と各その艦型制限及要求噸数を述べてこれを主張し日本は比率問題ニ触れず総噸数をいはず尤も融通性を持て

る現有勢力論を振りかざして出て申候訳ニ御座候。比率問題を破るにしても英国の過大なる要求を退くるにしても現有勢力論より外なしとは小生等も船中より考へ居候処ニ御座候。如何ニも靉（ママ）昧なる主張なる様なれど日本の立場としてハ致方なしと存候。

三国の主張ニ非常の距離ある為めニ之れが話合ひをするためニ専門委員会組織され各国の提案ニ就て互ニ質問応答を重ねてそれより九回許りの会合の結果第一制限除外船舶、第二駆逐艦の艦型、第三潜水艦の艦型といふ順序まて互ニ妥協の結果一致点を見たるが巡洋艦の問題を重ね論議するに至り英米の大衝突を見るに至り申候。英国ハ巡洋艦ハ之れを一万噸級八吋砲のものと七千五百噸級六吋砲のものゝ二種ニ分ち前者を十五隻後者を五十五隻を要求すといふにて総噸数五十九万八千噸となる次第ニ候。米国の提案巡洋艦の最大噸数ハ三十万噸ニて非常の相違あり到底一致すべくもなく激論を生したる次第ニ候。英国は巡洋艦の艦型を二種ニ分ちて提案したる干係上先づ艦型の協定をなさんと主張し即ち一万噸級何隻を列国に許すべきかを協議せんと主張し米国ハ総噸数が決定せされば一万噸級を如何にするかを論じ難しと互に専門的立場より論議し決する所なし。日本は譲歩すべき艦齢問題及小型潜水艦□（破レ）除外問題なとは譲歩して一致点を見せたれど割当噸数の問題に関してハ一切口を箝して語らずこれ比率問題を引出す虞れあるを以てにて勤めて其点ニ触るゝを避け居候次第ニ候。

然る処米国は三十万噸説固執ニて一切話ハ進行せず動々もすれば英米の正面衝突となるのみなりしが米国ハ本国に請訓して巡洋艦の最高噸数を十万噸引上げ四十万噸迄同意すべくその代りに一万噸級二十五隻建造を要求すとの難題を持ちかけ申候。これは英国ニ対すいやがらせにて米国に一万噸級二十五隻を送られては四十万噸を許さるゝとしても英国も二十五隻以上の一万噸級の巡洋艦を有せざるべからずさすれば残り十五万噸を以て残余の多数の巡洋艦を収めさるべからず。これ到底英国の認め難き所なり。こは明かに英国の過大なる要求をなすニ対する苦肉の策として米国の執りたる非常手段と存しこゝに於て両国は感情的ニなり専門委員会ハ行詰りの状態ニ陥り申候。

専門委員会ハ無期延期しこゝに最高委員会を開きたるに同一の議論にて英米全権の間に大激論起り英のヒィールド及ゼリコーと今回の会議の委員中尤も頑固と自信力の強きとにて恐れられ居る米のジョーンスの間に激論起りそれを英のセシルがノンセンスなりと罵りたりとて米の首席全権之れニ肉薄し失言を取消さしめたるなど又英の首席全権ブリツヂマンハ色をなして一体米国は英帝国海軍をヂクテートせんとする意思なりやなど威勢高（ママ）となり徹頭徹尾喧嘩別れ

と相成申候。動かさること泰山の如き我が斎藤全権ハ自ら常ニ重きをなしその迫らさる態度その守れたる沈黙一様に敬意を払ハれ居申候。

英米かくの如く喧嘩別れとなりたる以上ハ斎藤全権の斡旋による外なき事となり喧嘩の翌日全権室にお茶の会を催しやかまし屋のジヨーンスを除きて意見交換をなす事となりこの席上ニ於て始めて我が全権ハ英国の主張にしても米国がいふ巡洋艦四十万噸ニしても元来日本の主張せる現有勢力以上ニして軍縮会議ニあらずして軍備拡張会議となるの虞あり日本は現有勢力噸数を各国が提出しそれより幾割かの減少をなしたる数字を基礎として討議を進行し度日本の艦齢による計算ニよれば英国の現有勢力は巡洋艦駆逐艦を合せて四十七万二千噸なれば兎も角米国の提案の最小限度をとり巡洋艦駆逐艦を通じて四十五万噸を標準として更らニ討議し度しさすれば日本としてハ三十万噸以上を要求す。これにて一応考慮してハ如何と申出したるに米国ハ手を打つて喜び英国は渋面を作りたる光景ニ候。同時に日本が潜水艦七万噸を要求したるに従来の九万噸程度の要求を覆して然らば英国は潜水艦十一万二千噸を要求すと丁度五、五、三の比率を適用したる数を持出すなど多少不機嫌なりしが其の翌日本月七日最高委員会を開き日本ハ正式にお茶の会の話を会議に持出し考慮すること丶なり其の翌日の会合ニてハ更らニ日本は調訂《ママ》の意味ニて英国が主張せらる丶通り国情上多数の巡洋艦の必要ハ之れを認むるにつき或る条件と制限の下に艦齢超過の艦船を利用することを認めてハ如何こは表面米国の主張するパリチーの尊厳を破らず事実上英国のみが古船を利用し得る事となるが故なり。更らに米国の主張せる総噸数を定めされば巡洋艦の艦型を定め難しとの議論に道理ハあれど何とか一万噸級の巡洋艦の数を協定してハ如何との主張をなしたるに英国大ニ喜びこれにて会議の決裂ハ救ハるべしと、英のブリッヂマンの如き即日某英夫人の宅ニお茶の会を催し懇談を遂けんとせしも席上米のギブソン、ブリツチマンの の《ママ》懇談を厚意を以て迎へず折角のお茶の会も殺風景ニて終りたる形に相成申候。

英国ハ米国が会議の決裂を恐る丶に乗じ之れを以て米国を威喝せんとし総会の召集を要求して已まず日米未だその時機ニあらずとの議論なりしも遂に総会は九日午後に開会の事に決したり。この空気にて進行せば結局会議ハこの総会に互ニ愚論呼ハりをして決裂するものと観測せられ危機一髪となりたる際日本の提案もあり激論ありし事などそれ〱本国に伝ハり本国よりの注意もありしならん延期論が八日の午後頃より起りたる際恰も全権の一員たりしアイルランドの司法兼外務大臣オ、ヒギンス暗殺の報ニ接し敬意を表する為めニ総会ハ二三日延期の事ニ決定致候。

これより各国全権の交通頻繁にて英国は俄かに態度を改めて米国の主張たる巡洋艦四十万噸を承認すべくその代りに一万噸級をうんとお互ニ制限すべく且つ一万噸以外の巡洋艦ハ一切六吋砲以下に制限し度しと米国及日本に申込むに至り申候。六十万噸の要求を俄然として四十万噸ニ切下る英国の態度も変なものニ候。然し米国ハ一万噸級の制限にハ応すべきも爾余の巡洋艦を一切六吋砲ニ限る事にハ応諾すべくも見えず頻りニ英米間の交渉を見つゝある模様ニ御座候もこれも決着ハ見さるべしと思ハれ候。

会議ハ愈々難関に立到る様子ニて日本ハ軍備拡張となる案ニハよし英国か米国案に下りて一致を見るも到底賛成し難くよろしく英米二国の協定をなすべしと頑として自己の立場を譲らざるため目下英日間の交渉頻りニ相成居候。

要するに日本の主張ハ現在三千噸級の巡洋艦と駆逐艦の全部を（艦齢問題を離れて）計算せは英六十九万一千噸、米六十四万三千噸、日四十四万七千噸となるが故に之れより三割を減すとせば凡そ四十五万噸、三十万噸となる。これを又軍縮なりと主張し居るなり如何にも道理ハあるので絶対に反対ハ出来ず英国ハ考慮の結果日本ニ対してハ三割ハ困まる二割程度としてハ如何とまで譲歩し居る様子ニ御座候。それでも英五十二万、米五十万、日三十七万噸位ニなりて大拡張となる為めこれにハ応せられずとつっ張り居る処ニ御座候。かくても中々近接しさうもないので日本は思切って英国の心配せる一万噸巡洋艦ニつき英米十隻以下日本七隻以下と制限し四十五万噸よりそれ丈け引きたる残りで巡洋艦駆逐艦を案配せば所要の適当の船を作ることを得るにあらずやと提議し英米共ニ之れニハ共鳴せる様子ニ御座候。

要するに英米の喧嘩から全く会議の進行ハ日本がリードせる有様ニて何となく愉快ニ御座候。

米国も努めて日本の感情を害せさる様考慮を払ひ居るが如く英国も日英同盟の破棄ニよりて嘗めたる苦悩を今更自覚して日本の厚意に反せさらんとする形勢見え居候。今十四日総会は形式的に開かれ各国全権その主張を高調致候も何れも日本の説を引用し日本の主張の無理からぬを説き居候。只進行上心配すべきハ万一日本の主張の如く総噸数を下けたるは英米共同ニて比率の問題ニて日本ニ対することなきやに有之候。五五三の比率ハ到底受入れられ難き処然しこの問題ニて決裂を来たすハ日本の非常の不利益と存候。全権等の苦心もこの辺ニありと存居候。

政治的ニ三国の協約とか何とかいった様なものが若しやって来たときに比率問題を救ふ鍵ともなるべしと存居候。

いまの勢ニてハ会議いつ終了するとも見込立たず候。別ニ大した用事も無之毎日読書などに耽り居候。愚妻も後よりシベリヤ経由ニて参り候。会議後妻ハとこかに置きバルカンと欧州戦後の新興国丈けハ是非見て廻り置き度存居候。先つ会議の概要御知らせ旁々御機嫌伺上候。暑さの砌御摂養専一ニ奉祈候。　頓首

ゼネバニて　丸山生

伊沢大人玉几下

〔註〕封筒表　東京市外巣鴨町字宮仲　伊沢多喜男殿　丸山鶴吉。年月は内容による。

4　昭和4年7月3日

拝啓　昨夜ハ欠礼申上候。其後安達氏と会見懇篤ニ警視総監就任方懇談を受け申候。御意見も有之候事故即座ニ快諾すべき筈ニ候ひしも種々計画中の壮年団事業等之干係もあり一応友人先輩之諒解を得る必要も有之本日十一時迄回答を留保致申候。今朝伺出度電話致候処丁度御出掛けの後其後電話不通ニて其儘快諾之返答致置候条御含み之上御援助賜ハり度奉願候。

三日正午　丸山生

伊沢尊台玉几下

〔註〕封筒表　市外巣鴨町宮仲　伊沢多喜男殿親展。同裏　渋谷町大和田九六　丸山鶴吉。年月は消印による。

5　昭和12年3月16日

拝啓　愈々御清福之段奉賀上候。昨夜半ニて万事の運動を終了致候。各候補の演説会も次第ニ個所を増加し平均七八ヶ所と相成応援之奔命ニ疲れ申候。一日より開始されたる言論戦ニ十五日間に五十五回一日平均三、三回の演説をやり通し申候。田沢君又約三十回之演説をなし呉れ候。成敗ハ別として市民ニ対する政治教育之効果ハ相当のものと信し居候。今日の選挙ハ天気ニ恵まれ出足も早く各投票場ニインテリの顔も多く見へ申候。それに労働団体ニて同盟候補を支持する決議をなしたるものニ東交あり自働車交通協会等あり或ハ意外之好結果を見るに非らすやと被存候。明午後ニハ万事判明可致と存候も不取敢中間御報告申上度迄如此ニ御座候。　頓首

十六日　丸山生

伊沢尊台玉几下

〔註〕封筒表　豊島区巣鴨宮仲　伊沢多喜男殿親展。同裏　渋谷区大和田町九六　丸山鶴吉　三月十六日。年は消印による。

6

31日

拝啓　本年ハ殊の外之暑さニ候処其後御機嫌如何ニ被渡れ候哉伺上候。小生大島ニ講演旅行致し帰路湯ヶ原附近之吉浜海岸ニ三四日滞留昨日帰京致候。今朝電話致候処錦地御滞在中之由ニて以書中座右御伺上候次第ニ候。

尚一昨日の貴族院各派交渉会にて北支及上海ニ貴院慰問団派遣之打合有之候旨放送ニて拝承致候。二団とも八名ニて研究ニ二名各派各々一名之代表を派遣する様子ニ候。同成会ニ於て他ニ希望者無之候ハヾ小生進んでこの慰問団ニ加ハり度方面ハいつれニても人の嫌ふ方ニ参り度と存居候。何れ御帰京之上御協議有之候事と存候へど幸ニ頑健如何なる強行ニも堪へ得る自信有之此際進んで其任ニ当り度と存居候次第御含み置き被下度右申入度く如此ニ御座候。　頓首

三十一日　丸山生

伊沢尊大人玉几下

〔註〕封筒欠。

三浦弥五郎

1　大正15年7月15日

大正十五年七月十五日　三浦弥五郎

伊沢多喜男殿

拝啓　其後は御無沙汰仕りました。今般貴兄が台湾総督の任を辞されて東京市長就職を御承諾相成りましたことは此節の新聞紙上で承知致しました。茲に祝意を表しまするると同時に友誼上一言を座右に呈します。若し御参考の一端とも相成りまするならば仕合に存じます。

小生は特に学生時代に故田尻稲次郎子より大変に御世話を受けた者でありまするが田尻子の東京市長就職に就ては外国に居りながら懸念を致しました。田尻子の市長辞職後間もなく小生は賜暇帰朝して同子を当時の小石川金富町の邸に御訪ねした処が、同子は全く顔色憔悴し形容枯槁すといふ気の毒の姿になられて居つた。別に是といふ病気は無いが、食物が這入らない。睡眠も能く出来ない。日々痩せて骨と皮許りになつた。其際子は小生に語りて曰はく「東京市役所の市長室は位置も構造も良くない。冬は寒く夏はヒドク暑い。夫れに毎日〳〵三十人内外の来訪者に一々応接して居つたのでスッカリ体を毀はして仕舞つた。乃公には後藤の様に市役所へは毎日一寸顔を出す丈といふ如きズルイ遣り方は出来ない云々」是は英語にて申せばbreak downといふ奴にて身体の頑健ならざる謹直律義の紳士の往々陥る所の一種の疲労病であります。欧州大戦中欧州在勤の英国及米国大公使中に此病気に罹つて或は退職し或は不幸死亡した人のあるのを小生は目撃しました。翻て此節新聞紙

上に揚げられたる貴兄の写真を拝見するにドウモ頑健なる御様子とは思はれない。願くは田尻子の覆轍を踏まれざる様切に祈ります。

一体東京市は自治体の最大なるものであるから市長はボートのコクセールの気位を持して舵さへ取つて居れば宜しい。自分で漕ぐには及ばない。後藤の如き一に対外的宣伝を事とするホラ市長は真平御免であるが市会に対し又市吏員に対し大綱を引き〆めて細目は市会の有力者及三人の市助役其他に一切委せて置けば夫れで宜しい。寧ろ其方が却て宜しからんと小生は考へます。倫敦市長の如きは年々交替であるが殆んど社交的又は国交的儀式又は慈善事業等に干与する丈けであるが夫れでも市の事務はドン〳〵進捗するのである。

而して市長の面会日の如きも於米国大統領が例へば一週一回又は二回何々の日に何時から何時迄といふ風に極めて居る如く特に健康上の理由に因り当初より面会日を適当に定むるか又は其意味を酌んで大体助役をして応対の方に当らしむることは必要なるべし。

台湾は何分遠方にて致方なかりしも此度東京市長に御就職相成りたるに付ては若し何なりと小生に於て御役に立つことも之れ有るならば応分の御援助仕るべく不取敢第一歩として友誼上前文の如き忌憚なき所を申述べたる次第であります。

敬具

〔註〕封筒欠。

三浦碌三郎

1　昭和8年9月8日

残暑御見舞申上候。

平日殊之外御疎音失礼之段御海容被下度候。御地も最早政治季節ニ入り殊ニ最近挙国一致政党聯盟なと複雑なる問題にて一倍御繁忙之儀と遠察罷在候。降て当方不相変匆々茫々裏ニ起居致居候へ共過去一年を省み割合ニテンポの速なるに驚き申候。何となく秋の到れるを察する如く吉林の片田舎にても昨年の今日に比し殺伐破壊より建設への空気ハ蔽ふへからす従て軍の空気、軍ニ対する空気等とも甚しく異り来たるを覚申候。此間人間の異動も相当ニ多く軍司令官長官のそれを初め大中少相当多く大体ニ於て先ツ〳〵積極的建設的ニ進み居ると申て宜布乎と存候。此度永々の宿題たる総務庁長補任ありたるも果して幾何の期待をなし得るや、遠藤氏ハ全然未知の人物唯其為す処を少焉観人と存居り候。満洲国目下の最大問題ハ満洲人側要人の一般に漲るいや気と存之ハサモあるへきことと同情致候。さりとて彼等の旧慣ハ仮ニ尊重するとも其物質欲（其生活上必要なるハ認むるも）を満足せしむるハ財政的ニ甚困難なるのみならす目下の中央政府ハ少壮性急なる日人官吏にて事務を知るも寧ろ政治を知らさるの嫌固より尠からす此連中により必要以上ニしめ付られ行く以上如此なるハ当然と存実ニ困難なる問題と存居候。結局ハ「皆日本人てやってしまえ」に堕せさるや然る時総怠業の状態を呈せさるやハ目下大ニ考ふへきことと存候。然れハ我等としてハ可及的速ニ次の時代の者即ち後継満人の善成并ニ日人官吏の淘汰粛正此両面よりして之を解決する外なしと存居候。当省長熙洽氏ハ御承知の如く建国の元勲として気を負ひ先つ満洲人としてハ一廉の人物と可申唯資質甚我儘なる為、之ニ累せられてか頗る先の見えさる野暮な男と存せられ候。併我国としてハ今彼をして自棄的ならしむるハ甚不得策なるのみならす満洲国自体の発達上よりするも固より重要事と存せられ候。此等の点中央の認識度量甚遺憾千万最近吉林省特有財産（其大部分ハ略中央ニ引上たり）にて吉長間自働車道路二十九軍の補装《（ママ）》、省公署前一体河岸の整理バンドの新造壮山公園、孔子廟の修理等数件中央のもぎ取政略に反抗し死守して之を可決せしめ候。其大体精神ハ以て省長の念願を達せしめ（仍て機を見て退かむとの意動く如し）併せて新京のドライを吉林にて緩和せしめ執政の離宮高官の別業等をも設けしめ満洲国中央政府ニ幾分の寛濶を与へしめん併せて吉林の繁栄ヲ将来《（ママ）》センとの微意ニ外ならす尚満洲国も日ニ匆々茫々なるのみにて文化的仕事としてハ恐らく之か最初ならむかとも以テ科学の威力文明ノ恵訳テモ満人ニ示シ度故之等の諸点諸方の賛成を得たる次第ニ御座候。本月ハ小生渡満後正ニ一年、昨年退京之節御教示有之候通余り有意義の活動をもなし得す汗顔至極に御座候。乍併兎も角も曲りなりに今日ハ吉林ニ関スル限りレールに先つ乗せ得たりと存只今ハ性急なる中央集権思想、日本化思想ニ対するブレーキとして奮闘、いくらか此点満洲国生長の上にハ有意義乎とも存居候。過日は笑止千万なる日本流県制施行の会議あり小生徹頭徹尾反対してくひ留申候。

吉林独特の問題としてハ朝鮮人問題、此中間島の始末につきてハ丸山氏より御聴取被下候事と存候へ共満洲国人を刺戟せさる程度範囲に於て朝鮮人を起用し希望を持さしむることに致し関東軍朝鮮軍、朝鮮総督府とも十分交渉して間島延吉ニ弁事処を置き元の対満処ニ代らしめ一段落を付け候。今一の問題ハ鮮人移民問題にて此春某地ニ甚満洲在住民を踏付たる致方有之鮮民移住最初のこととて為ニ軍、大使館其他領事側朝鮮総督府駐在員、東亜勧業会社なとと大ニ争ひ結局当方主張通り否、正道なる軌道《（ママ）》ニ乗せ今後の移民ニ悪感情を遺さゝることにハ成功致たる考ニ有之為ニ一時頑迷不霊の名を贏ち得たる仕合ニ御座候。今後日本人移民、軍隊要地、利権屋の襲来等相当ニ多事と存、事毎ニ中央にハ難物なるへしと聊恥入候次第ニ御座候。吉林省の治安ハ奉天、黒龍ニ比し悪敷昨年の今日ニ比すれハ各地共政治的匪賊ハ先ツ絶滅せるも二三百の匪群ハ当省最も多く去る七月より十月までを期し日本軍中心の治安組村会を省城各県城ニ設け急速に討伐を行ひ其後の政治工作をも併行せしめ居候へ共匪賊ハ蝿の如く日本軍にハ甚不向にて目下の処労多くして功少きハ甚困つたものと存軍としてもいつまても匪賊追に従事し居られさる事情存する筈なれハ此処ニ苦慮の存する事と存候。小生明早天より飛行機にて松花江下流匪害最モ激甚なる地方数県を巡察致し月末ハルビンに出て維持会ニ臨み帰任の予定ニ有之候。いろ〳〵申シ度事も有之候へ共何れ機を得て申シ度当地へハ丸山、中野、池田、平山、大塚等の諸氏来遊断片的ニ事情御聴取被下候事と存上候。小生も一度上京種々御報告も致し御指示をも仰き度と存機会を待ち居候。

台湾人事未曾有の我儘驚き入候。あの時許りハ荒木陸相の一喝に賛成致候。中川総督も誠に御気の毒千万乍ら、また誠に辛抱強き御方と感心するの外無之昔日の総督を見たる目にハ哀愁禁し難く候。

以上如例思出の儘不秩序ニ書き列ね殊に執筆中訪客連ニ到り殊更乱筆御判読被成下度以上にて近況の一端御報申上御無沙汰の御詫重ねて申上候。乍文尾為邦家一層此有事の日御自重御自愛之程祈上候。　　敬具

九月八日　　　　三浦碌三郎

伊沢閣下

御令室様へも宜敷御伝声願上候。

〔註〕封筒表　東京市豊島区西巣鴨二丁目二五一七　伊沢多喜男閣下親展。同裏　吉林省□□□門裡紙房胡同四号三浦公館　三浦碌三郎　九月八日。年は消印による。

三沢寛一

1　昭和(11)年9月3日

拝啓　暑さ今以て厳しく御座候処皆々様御かはりも無く御起居被遊候や御伺申上候。

偖過日は平生文相に対し態々御推薦を蒙り御懇情敬謝に堪えざる処厚く御礼申上候。其後待てども〳〵一向に音沙汰無之候為多分不成立とは存し乍らも本日漸く面会之機を得て直接相たゞし申候処その結果は果して想像通りにて財団理事者会議に於ては広田内閣之寿命を懸念し当分代理者任用を延期せられ度しといふに帰着せし故不悪御諒承を乞ふ旨の御返答を得申候。折角之深き御配慮を辱う致せしにもかゝはらず斯く相成り候は真に遺憾の至りに御座候へ共致

し方無之将来何か文部省関係の仕事に御配慮を仰ぎ度き旨御依頼いたして引き退り申候。

此の上は更に新計画を立て、又御援助にすがるの外無之御帰京を待ちて拝趨の上ゆる〳〵御示教相仰ぎ度くと存じ候へ共不取敢上記結果御報告旁謹みて今後の御願申上げ置き度乍略儀書中如此ニ御座候。

敬具

九月三日

三沢寛一

伊沢先生玉几下

〔註〕封筒表　信州軽井沢一〇三二　伊沢多喜男様。同裏　東京市外砧村成城八三二　三沢寛一　九月三日。年は内容による。

2　昭和(21)年8月18日

拝啓　過日は久し振にて従前にも増して御元気なる尊姿を拝し誠に喜ばしく感じ申候。其の節は格別なる御厚情に浴し千万敬謝之至りに奉存候。

其之翌日県庁に物部知事に面会して要領を承り尚教育民生部長にも逢ひて近日中主任者元祭務官魚谷氏をして一切之関係書類等相調へたる上小生を訪問せしむる事を約し辞去仕り同日夜深帰宅仕り候。いづれ魚谷氏之来訪を待ちて相連れて現地を訪問可仕存念に御座候間御含み置き被下度候。

尊稿「岩波君を憶ふ」を拝誦し、友人の為めに真之知己を得たる事を深く賀すると共に、彼も亦笑を含んで地下に瞑するならんと存ぜられ候。御言葉に依り岩波と信山会との関係について小生の思ひつき候点別紙に簡単に書きつらね申候間何卒適宜御取捨下され度願上候。

龍水会については十分構想を練りたる上立案いたし度くと存じ居り候。

先づは御礼申上旁御報告迄とりあへず一筆如此に御座候。

匆々敬具

八月十八日

三沢寛一

伊沢先生玉榻下

〔註〕封筒欠。年は内容による。「別紙」なし。

3　昭和21年12月16日

拝啓　寒冷相加はり申候処愈御元気に渉らせられ候御事と奉拝察候。

偖て信濃宮神社封鎖預金解除之件は其後審査委員館哲二野溝勝両氏よりの報告に依れば委員会に再附議と相成りたるも委員間之意見一致を見ず遂に否決の運命に立至りたる由にて誠に当惑千万に有之候。預入先は県農業会十五万円及び八十二銀行五万にて結局に於て損失に帰するの憂は先づ可無之と楽観致し居り候へ共何れも早くとも半ヶ年位後ならでは解決に至らざる模様にて当面之事業進行上には全く用に立たざる次第に有之候へば、之ハ都合よく参れば完成後の神社維持資金に差廻はすものとして当面の必要に対してはどうしても新に寄附金募集を行ふより外無之此之際事業休廃の如きは何れの点より考へても然るべからざる事と信ぜられ理事諸氏も熱心なる積極論にて且つ募集可能との意見に有之知事もよく諒解し呉れたるにより、本月二十五六日頃一応評議員会にもかけて万難を排して着手致し度き決心に御座候間何卒御承認置き賜はり度奉希上候。募集額ハ物価の異常暴騰や寄附者の待遇費等を考慮して実収二十八万円とし之に募集世話人に対する歩合報酬二割を見込みて総額三十五万円といたす計画に有之大体下伊及飯田にて二十万上伊十万其他県下五万位と大凡その見当を附け居り申候。

尚募集世話人及び寄附勧誘先に対しては予め依頼状を発すべく候処、之には会長署名のみに止めず総裁名をも拝借して特に重みを加へ度くと存じ候間これ亦併せて御承認を蒙り度く御願申上げ候。

次に過般県会の際奉賛会関係県会議員諸氏や信毎小坂社長等と会談の際の模様に依り私かに観察するに公選知事候補として物部氏推薦の空気次第に濃化しつゝあるものの如く、労働運動や県会等に対する知事の態度言動頗る好感を増し、自進両党ハ一致して之を推さんする（ママ）かの人気に相見え申候。之ハ御参考迄に一寸御聞に達し置き申候。

以上拝芝之上万々可申上之処色々の都合にて速に其の意を得ず甚だ略儀乍ら書面に託し候段何卒御海容被下度候。

敬具

十二月十六日　　三沢寛一

伊沢先生侍史

〔註〕封筒表　伊豆伊東町駅前中村別荘　伊沢多喜男様。同裏　長野県郡平良村　三沢寛一　十二月十六日。年は消印による。

三沢　糾

1　昭和(8)年11月21日

謹啓　昨日は突然御邪魔致候ニも不拘長時間御引見被下種々高教と激励を賜り何時も乍ら之御親切深く感銘仕候。時局に対する考方にも反省する所不尠今朝若槻前首相に対する無智軽率なる暴行を耳にし一層昨日之御感懐を拝味致し候事ニ御座候。別紙履歴書二通御言葉ニ甘え差出置候間可然御願申上候。中南高等学校之方ハ平生氏が提身して局に当らるゝ御決心に候ハヽ、夫れもよろしかるべくもし別ニ専任者を求めらるゝ際にハ御考の中に入れらるゝやう御願致度と存候。御話之序ニ言及有之候高砂寮之件ももし復興之運と相成り他ニ人なき時ニハ微力を試み候てもよろしくまゝ他ニ適任と考へらるゝ人物一人意中ニ有之候。同寮成立之由来並ニ条件等詳細ニハ承知不致候得共最初ニ於て宏博なる人道的精神を解し人格之堅実高尚なる十名内外之青年を内台人之在京学生中より選択勧誘して中心的パン種となすを得は所期之成果を挙け得るに庶幾かるへきかと机上論なから愚考致候。もし寄附者及総督府ニ於て広く高き見地ニ立ち右様之計画実行相試みられ候御意志あらば私之見るところ寮監ニ其人を得は此る中堅的学生を内台人之間より物色することは必すしも不可能ニあらさらんかと存候。先ハ右御礼並ニ御依頼旁申述度実ハ参堂之上履歴書提出可致筈ニ御座候得共重ねて御妨致すこと却て御迷惑と存し以書中御免を蒙り候。乱筆之段平ニ御容赦願上候。　頓首

十一月二十一日　　三沢糾拝

伊沢多喜男殿閣下

〔別紙〕

履歴書

正五位勲四等　三沢糾

府県族籍　和歌山県士族
生年月日　明治十一年十月十二日
原籍　和歌山県海草郡鳴神村一一二三番地
現住所　東京市杉並区清水町二二〇番地
明治三十七年七月　東京帝国大学文科大学哲学科卒業
仝年　九月　北米合衆国遊学
仝四十年　六月　仝国マサッチュセッツ州クラーク大学心理学部修了「ドクトル・オブ・フィロソフィー」ノ学位ヲ受ク
尚引続続キ仝四十二年六月マデ同大学フエロートシテ実験教育学専攻
仝四十二年十一月　欧洲ヲヘテ帰朝
仝四十三年　八月　広島高等師範学校講師ヲ嘱託セラル
仝四十五年　四月　仝校教授ニ任セラル
大正四年　三月　和歌山県海草中学校長ニ任セラル
仝七年　四月　大阪府高津中学校長ニ転補セラル
仝十四年　五月　台湾総督府高等学校長ニ任セラル
昭和四年　十一月　依願退官
仝年　仝月　京都帝国大学学生主事事務取扱ヲ嘱託セラレ学生課長ヲ命セラル
仝六年　八月　依願解職
仝年　仝月　私立成城学園教育顧問ヲ嘱託セラル
仝八年　四月　同学園各学校長ヲ命セラル

仝年　六月　辞任

以上

昭和八年十一月

三沢糾

伊沢先生侍史

〔註〕封筒表　豊島区西巣鴨二ノ二五一七　伊沢多喜男殿。同裏　杉並区清水町二三〇　三沢糾。年は内容による。

水野昌雄

1　昭和13年12月1日

拝復　過刻御書拝見候。過日ハ御生誕日との折角御集り之処長座御邪魔申訳無之候。御話之次第ニ依り拙文別紙之通改作台湾総督一条ありて前文よりも文意上の照応ありピッタリ南遷図当嵌る様相成候処今回御書之通御訂正被成候てハ仮令海南島御航行相成候にしても南遷といふ訳ニハ無之文意甚薄弱寧ろ牽強之嫌有之哉ニ被存候如何。併し事実とあれハ是亦不得已次第何とか工夫可仕候得共果して甘く行くヤ否ヤ甚以て覚束なく存候。来四日文会ニ改稿提出之筈之処更ニ改稿致候事と相成候ニ付てハ左記之点承知致度折返シ御一報被下度奉願上候。先ハ当用而已如此ニ御座候。

匆々頓首

十二月初一

昌雄拝具

伊沢先生侍史

〔別紙〕

附記

万国会議御出席之為海南島御通過丈けにてハ台湾に在任とハ違ひ東坡南遷ト同様ニ看做す訳ニハ参らす此点構想上大分無理を生し謂ハヽ牽強の説となり為ニ文意を損する事多く候。併し事実とすれハ仕方無之と存候。

昨年拝趨ノ砌台湾の事御聞申候を想出申候。其時翁の箱書に大正十年とあり年月符合せさしも（マヽ）「是は誤つて居る」との御話もあり又先日少々変ニ思ひ申候。此箱書の年代より考ふれハ昨日御来示を是とすへく首肯せられ申候。

〔註〕封筒表　豊島区西巣鴨町二ノ二五一七　伊沢多喜男殿親展。同裏　荏原区戸越町一二九〇　水野昌雄　十二月一日。年は消印による。昭和(13)年11月30日付水野昌雄宛伊沢多喜男書翰を同封。

三土忠造

1　昭和(21)年2月15日

玉翰拝読御旅行御困難の由御保養専一と存候。残年を君国に捧け候老生の心境御推察被下度候。色々御高見拝聴致度と存候共其儀不相叶残念至極ニ候。其内誰か差遣度と存候。但次官局長等ハ離京困難かと被存候間此儀御含相成度候。

草々頓首

二月十五日

三土忠造

伊沢老兄侍史

〔註〕封筒表　伊沢多喜男閣下。同裏　東京市麴町区霞ケ関壱丁目弐番地内務省　三土忠造　二月十四日。年は内容による。

三矢宮松

1　昭和11年9月7日

拝啓　炎熱猶難去候処愈御清安奉恭賀候。然は御無音ニのみ打過候処前刻河井弥八氏御出立し赤石山ニつき御配慮の趣拝承仕候。実ハ多分閣下ニ知事より御願致すならむと考居り其節ハよく当方の事も御聴取願度存居候次第ニ御座候。河井氏の御話ニて大体は御分り被下候事と存候が猶一二行掛上の点も申上おき度存候間御帰京御閑暇の節尊邸ニ拝趨致度御都合御知らせ被下候様奉願候。私ハ火曜と木曜の午前ハ定りて他出困難ニ候へ共其他ハいつでも差繰参上可致余ハ拝顔万々可申述不取敢右迄申上候。

早々敬具

九月七日

三矢宮松

伊沢多喜男様侍史

〔註〕封筒表　信州軽井沢一〇三二　伊沢多喜男様親展。同裏　於帝室林野局　三矢宮松　九月七日。年は消印による。

三宅　磐

1　昭和7年10月17日

啓上　秋漸くたけなはに相成候。尊台には愈々御健勝に被居為邦家慶賀の至りに奉存候。偖て平沼君同成会へ加入手続き相済み候儀につき尊書を賜り小生も一安心仕候。右に関しては久しきに亘り思ひがけなき御配慮を煩はし寔に恐縮に不堪候へ共何卒今後共宜敷御願ひ申上候。先つハ御尊書拝受につき御挨拶申上候。

敬具

十月十七日

三宅磐

伊沢尊台御座右

〔註〕封筒表　東京市豊島区西巣鴨町二丁目　伊沢多喜男様親展。同裏　横浜市神奈川区台町九二　三宅磐　昭和七年十月十七日。

武藤嘉一

1　昭和　年5月24日

謹啓　初夏之候尊台御気嫌如何に候哉御伺申上候。扨て先日は御多忙中御引見被下誠に有難く奉存候。又甚だ勝手なる御願を致し恐縮に存じ候。帰県の途中岐阜県選出古屋慶隆代議士と同車仕り同氏よりも清代議士同様県議に運動方勧告され候。

拙生は一向選挙に経験無之且つ目下の処確実なる成算有りて閣下に申上げしわけには無之候。

唯折角先輩の推奨有り候間若し推薦制に依る場合のみ決意致しても宜しき次第に御座候。

父親も推薦制の場合ならば反対致さざる事と存じ候。

今後上京の節又拝眉の栄を賜り度く存候。何分とも宜しく御指導御支援之程伏して御願申上候。

敬具

五月二十四日

岐阜県鵜沼村　武藤嘉一

伊沢多喜男閣下

〔註〕封筒欠。

武藤嘉門

1　昭和20年6月10日

武藤嘉門

伊沢老台秘書御中

久濶御無音ニ打過候処愈御清健奉賀候。巣鴨御本宅罹災之趣御迷惑恐察仕候。客月以来地方雑務ニ追ハレ上京之機ヲ失シ御無沙汰仕候。軽井沢ニ御疎開之趣至極結構ニ御座候。弊県ニモ敵機昨日第一弾ヲ投シ各務原失火仕候。地方モ愈多事ヲ加へ申候。

沖縄戦局苛烈ヲ加へ息詰ル思ヒ仕候。兼て御意見之通一部ノ専擅益時局ヲ困難ナラシメ国民ヲ途方ニ暮レシメ申候。特ニ官吏ノ威信ノ失墜其極ニ達シ中央本省ヨリ警察官ニ至ル迄法律ハ表裏アルモノト公言為致申候現況ニ御座候。国家ノ前途ヲ如何セン。若外国人ニ言ハシムレハ亡国ノ状態ト言ハン。真ニ献身憂国ノ志士奮起スヘキノ秋慨嘆ニ堪ヘサル次第ニ御座候。

本年清酒ハ樽囲時期ニて不味之季節併し軽井沢ニ御送致之方法工夫致研究致居候。

書余ハ後便可申述折角御摂養祈入候。

敬具

昭和二〇年六月十日

〔註〕封筒表　信越線軽井沢　伊沢多喜男殿執事御中。同裏　大垣市林町　武藤嘉門。

2　昭和20年6月18日

伊沢閣下秘書御中　　　　武藤嘉門

十四日付御紙面難有拝見仕候。

帝闕ヲ外夷ト業火ニ汚シ候事臣民ノ如何ニモ堪ユヘカラサ《(ママ)》義ニて平素戦争ハ当局ヲ信頼セヨト豪語セラレシ一部ノ人々何ノ顔ハセカアル。

国民一億敢テ異心ノアルヘキ筈無之候へ共如何セン当局上下国民ニ対スル信用喪失シテ説示訓令如何ニ雨下スルモ国民精神ノ琴線ヲ捕捉スルコト不可能ニ候。畢竟中央ヲ始メ一般官吏（軍人ヲ含ム）ノ生活素行等国民ニ暴露セラレタル結果ニシテ国民ニノミ忠愛心ヲ求ムル如キ口吻ハ冷笑ヲ受ケ居候。

今日国家ノ統制ヲ紊リ私利私情ニ囚ハレ居候者、官吏ト軍需会社ニ御座候。今ニシテ軍官民ノ障壁ヲ撤去セズシテ一億ヲ一心ニ率ユルコトハ困難ニ御座候。

誰人ニアレ真ニ一糸掛ケサル態度ヲ以テ国民ニ呼懸タレハ天下翕然トシテ投合可致候。渋谷後藤閣下ノ如キ何故猛然出馬ナキヤ旧殻ヲ打破スル今日ヨリ宜シキハアラズ。偏ニ御奮闘ヲ祈リ居候。

一度拝趨之上御指教相仰度存居候へ共夫是多忙ニて御無礼仕候。為邦家折角御健闘御大切祈入候。

清酒ハ当節不味ニ候へ共駅長宛何トカ相送可申途中紛失破損等尤多ク候へハ其点憂慮仕候。　　敬具

昭和二〇年六月十八日

〔註〕封筒表　長野県軽井沢一〇三二　伊沢多喜男殿執事御中。同裏　大垣市林町　武藤嘉門。

3　昭和(20)年(9)月4日

伊沢大人閣下　　　　武藤嘉門

平素御無音打過候処愈御清健之条奉大賀候。東京御本邸御焼失後定て御不便多キ次第ト恐察仕候。折角御自愛之程祈入候。

帝国之蹉跌兼て御高見ノ如ク来ルヘキモノ、来リタル次第ニ候へ共今更腐敗之甚キニ呆入申候。

岐阜市モ全焼ニて倉庫店舗等烏有ニ帰シ二ヶ月以来焼跡整理ニ奔走致居出京ハ勿論一切他出差扣居意外之御無沙汰仕候。

近頃慮外之御願ニ候へ共御親戚住友本店河合《(ママ)》様宛御紹介之御名刺頂載《(ママ)》相叶不申哉。

実ハ弊店義合成酒製造上銅板少々入要之次第有之百方詮索仕候へ共今ヤ日本広シト雖トモ銅板之貯蔵ハ住友系以外ニハ全然見当リ不申勿論戦災之為同系会社ニモ多大之亡失ニ

て目下整理中ニ付迚モ早急之義ニハ参リ兼候へ共自然御処分物等可有之場合モ候ヘハ一応同社幹部迄願出申度迚モ普通之行程ニてハ御詮議ノ数ニモ入兼候。決て大人御名刺ヲ相汚シ又ハ河井様御迷惑等相懸申間敷候。宜布御聞済之程悃願仕候。

猶々岐阜大垣等鉄道焼失以来酒類発送等取扱不申駅長モ自由ニナリ不申清酒発送延引致居候。遅クトモ本月中ニハ出京之予定致居候ニ付矢張熱海ニ相届可申哉御指図願入候。

敬具

〔註〕封筒表　信越線軽井沢駅別荘二号地　伊沢多喜男殿親展。同裏　大垣市林町　武藤嘉門。年月は内容、日は消印による。

4　昭和21年12月18日

拝啓　年内無余日御多忙之段恐察仕候。時節柄折角御自愛之程祈入候。

御厚情ニヨリ幣原閣下秘書岸倉松殿ヨリ拙生履歴書送致方御申聞相成本日発送仕候。本月十二日出京仕麻布御寓宅参上仕候処御帰東後ニて残念仕候。

兼て御聞仕候通桃井知事本月始上京内務省及大野伴睦等打合之上帰県後更ニ手廻之上県会議員等懐柔ニ着手仕候。目下之状況ニてハ在官之儘最後之選挙ニ臨ムヘク従て官権乱用ハ当然之次第ト存候。

現内閣之地方官戒飾等全然空手形ニて官権濫用之悪政ハ益地方民心ヲ喪失可致候。知事之立候補モ差支無之候へ共今回ハ退官之上競争ニ立ツヘキハ当然之次第ト存候。宜布内閣諸公ニ御忠告下サレ候。何レ近々再度上京拝眉之上万縷可申述候。

敬具

十二月十八日

武藤嘉門

伊沢閣下侍史

〔註〕封筒表　東京麻布区新龍土町内田病院　伊沢多喜男殿。同裏　岐阜市加納新町七十六番地　武藤嘉門。年は消印による。

5　昭和22年1月11日

愈御清健奉大賀候。新年一度拝趨可仕積リニて延引致居候。兼て御配意相煩候拙生追放該当之件岸倉松秘書官御申聞ニヨリ履歴書其他御尋問要項御回答申置候。

更ニ去四日新聞紙ニヨル追放公布セラレ拙生去昭和十五年ヨリ岐阜合同新聞社長就任致居同社十七年十月退任仕候。

(一) 拙生在任中ハ同社発行部数壱万位ニて追放令標準ノ弐万ニ達セサルコト。

(二) 拙生ハ単ニ会社整理ノ為記事編輯ニ関セザルヲ条件トシテ社長ニ就任シタルコト。

(三) 同社ハ戦災ニヨリ一切ノ記事焼失シテ挙証出来サル

事。

右等之事情岸君マテ御回答申置候付てハ誠ニ申兼候へ共尊台ヨリ宜布御照合ノ上至急資格審査ノ内詮義進捗相願度。

猶拙生来十九日午后二時半頃熱海駅下車拝趨致度当日東京熱海又ハ伊東何レニ御在舎相成候哉乍恐電信又ハ速達ニて御一報相願度御面倒乍恐縮宜布御願申上候。

追テ同日粗酒持参可致ニ付熱海駅迄使者御差出願入候。

敬具

一月十一日

武藤嘉

伊沢大人座右

一寸右腕負傷ニて乱筆御許ヲ乞フ。

〔註〕封筒表　静岡県伊東町中村別荘　伊沢多喜男殿。同裏　岐阜市加納　武藤嘉門　昭和二十二年一月十一日。

6　昭和22年2月3日

拝啓　寒感一入相加候処愈御清健之条奉大賀候。拙生資格審査ニ付東京方面御督促相願候結果岸氏ヨリ御返電有之且又新聞社之関係等充分調査之上拙生義ハ全然追放令ヨリ無罪タルベキ確信ヲ得申候。本日豚児嘉一之カ説明之為上京為致申候。此上共宜布御庇護之程願入候。

桃井知事ハ一昨日地方官会議ヨリ帰県愈在官之儘自由党及社会党ノ一部推薦ニヨリ出馬之決心仕候由将来瀆職罪必至ニモ不拘立謀大胆之行動ニ出テ候事例之大野伴睦一流ノ暴挙ト存候。

右等選挙費之調達（弐百万ト豪語致居候由）之為当地新興財閥ト称スル政商連ト結託シ数百万ニ上ル不正行為（表面ハ県庁又ハ自治機関ヲ通シテ）公然取引セラレ居候。其資材ハ自由党閣僚ヨリ供給セラレ居候様風説仕候。実ニ百鬼昼行之有様ニ御座候。

自由党総裁吉田総理之失態何時カ暴露可致義ト存候。幣原総裁之レカ搀添ヲ受ケ進歩党同罪ノ馬鹿ヲ見ンカト心痛仕候。天下之為司法官奮起之方法無之哉御研究願入候。

何レ不日出京之予定致居候ニ付其節拝眉可申上候。

敬具

二月三日

武藤嘉

伊沢大人虎皮下

〔註〕封筒表　静岡県伊東町中村別荘　伊沢多喜男殿。同裏　岐阜市加納新町七十六番地　武藤嘉門。年は消印による。昭和(22)年2月15日付伊沢多喜男宛武藤嘉門書翰を同封。

7　昭和(22)年2月15日

余寒未退候処愈御清健奉大賀候。中央政界益混乱ヲ極メ吉田首相之御手際実ニ拙劣千万ニて到底永続ハ困難ト存候。

幣原総裁情ニ於て忍ヒザルモ情死之道連レハ是非共逃避相成度宜布御忠告之程願入候。

植原新内相却て知事之立候補ヲ賛成仕候模様ニて本県ノ如キ桃井氏之狂奔一層目立チ来申候。現内閣之悪政結局仆レサレハ止マサル次第ニ候。

自由党之分烈(ママ)ハ不可免趨勢之様相見ヘ申候。新党之成否果て如何哉幣原総裁之決意次第ト存候。御見込御報願入候。

拙生資格審査地方庁ニ呈出仕候。本月二十日過進達之由折角御配意之程願入候。

書余ハ月末推参万縷可申述候。　敬具

二月十五日　武藤嘉

伊沢大人座右

〔註〕封筒欠。年は内容による。昭和22年2月3日付伊沢多喜男宛武藤嘉門書翰に同封。

8　昭和(22)年2月27日

余寒未退候処愈御清健奉賀候。過日来御上京中種々御配慮ヲ蒙リ候段御紙面外ニ想察仕候。乍毎度御懇情感銘仕候。

桃井氏ハ最終迄現任之儘運動スル者ト被存候。其点却て味方ニ有利ナリトモ解釈仕候。唯官権乱用之運動振ハ如何ニモ癪ニ障リ申候。併シ夫レ為決シて策戦ヲ乱ス如キ事ハ全然無之ニ付御安神下サレ度候。一度拝趨之上万縷御指導相願度存居候へ共何分交通之不便ト多忙之為御無礼致居候。

不取敢御礼旁御請迄。　敬具

二月末七　武藤嘉

伊沢老台侍史

〔註〕封筒表　静岡県伊東町中村別荘　伊沢多喜男殿。同裏　岐阜市加納新町七十六番地　武藤嘉門。年は内容による。

9　昭和(22)年4月25日

拝啓　愈御清健奉賀候。過日知事選挙ニ付当初ヨリ多大之御配意相煩何共恐縮千万ニ御座候。事後発見仕候当時之内容ニ付実ニ悪辣極ル官権乱用之次第感知仕候。乍今更此強敵ニ克チ得タルハ閣下ヲ始メ大方之御庇護ニて真ニ天祐之次第ニ候。向後一層戒慎之上天意ヲ空フセサル様心懸可申候。来二十七日上京可仕名古屋朝五時半発熱海通過ニ候。乍恐同時刻御使者駅ホーム迄御差出下サレ度清酒持参御渡可申候。
先ハ当用御礼旁御打合申上候。　敬具

四月二十五日　武藤嘉

伊沢大人座右

〔註〕封筒表　静岡県伊東町　伊沢多喜男殿親展。同裏　岐阜市加納新町七十六番地　武藤嘉門。年は内容による。

10　昭和(22)年5月27日

拝啓　其後御無音打過御無礼仕候。多少御不快之趣折角御養生祈入候。

其後出京拝趨致度存居候へ共就任後彼是多忙ニて御無礼致居候。何分ニモ片山内閣之片鱗モ未相整不申折柄中央トノ交渉一切停滞致居候。其内出京之節拝趨万縷御指導相仰可申候。御申聞之清酒三本大垣ヨリ熱海駅長気付ニて相送仕候。無事到着仕候哉心配致居候。何分当節ハ樽囲ヒ之末出荷ニ付或ハ二本見本之積リニて相送候哉。兎ニ角冷卸之時期ニモ相成候へバ芳醇相加リ候義ト存居候。先ハ不取敢御請旁御案内迄。

敬具

五月末七

武藤嘉

伊沢大人座右

〔註〕封筒表　静岡県伊東町中村別荘　伊沢多喜男殿。同裏　岐阜市加納新町七十六番地　武藤嘉門。年は内容による。

11　昭和24年2月28日

拝啓　平素御無音打過居候処愈御清健奉賀候。先日御通報申上候拙生奇禍之件御心痛相煩恐縮ニ存居候。右ハ昨年中弊県忠節橋竣功紀念之為当時之功労者ニ記念品代分配仕且又昨年災害復旧之為掛員ニ慰労金支出仕両件総額百六拾万円位知事ノ職責上支出決裁致置候処公務員給与規定ニ違犯ノ廉ニて検察庁ヨリ起訴セラレ候。勿論拙生義ハ全然受領不致居候へ共拙生ニ私怨アル検事山本忠七ト申ス者是又拙生ニ嫌焉セル軍政官ニ相通シ遂ニ起訴相運申候。東京法曹飯塚敏夫牧野良三氏等全然無罪ヲ確信致居候へ共兎ニ角運命的之災難ニ御座候。来三月三日第一回公判ニ御座候。

態々御見舞ニ御出張之件恐縮千万ニて且又御心配相煩候迄モ無之其内上京之砌拝趨万縷御咄可申上候。

若又久潤ニて岐阜之山河御遊覧旁御来駕被成下候へハ御待受可申御不自由ニて途中モ心配仕候へ共急行等ナレハ多分之御困難モ有之間敷場合ニヨリ店員御迎ニ参上仕候モ不苦候。御馴染之岐阜人モ大概死去仕一二ハ生存致居候。万松館モ杉山氏ハ退隠新規主人経営致居候。御旅舎ハ当公舎又ハ適当之旅館選択可仕候。戦災後之岐阜市ハ国亡山河在感慨無量ニ御座候。昨夜帰県御紙面拝見不取敢御請申上候。

敬具

二月末八

武藤嘉

伊沢老台座右

〔註〕封筒表　静岡県伊東市松原区湯端町中村別荘　伊沢多喜男殿。同裏　岐阜市加納　武藤嘉門。年は消印による。

望月圭介

1　昭和14年7月26日

拝啓　暑気日々相加り候処愈御健勝御滞在被為在何より喜しく存上候。兼て御約束之錦松梅少々御送申上候。口悪之老兄なれば一入之精進相願置候。御口に叶候ハヽ、御遠慮なく御申越被下度候。然る処曾て御話申上置候人も老兄との会談非常之希望にて是非御示教相受度と申居候。御承知被下度過日御電話致候処御出立后にて残多に存候。御帰京の時は御一報被下度候。時下御自愛念上候。　匆々頓首

七月二十六日　　圭介拝

伊沢老契侍史

〔註〕封筒表　信州軽井沢町　伊沢多喜男様。同裏　東京渋谷区原宿三　望月圭介　7月26日。年は消印による。

本山彦一

1　大正15年7月18日

謹啓仕候。頃日来御微恙にて御静養中と承り乍蔭痛心罷在候処さしたる御事もなく愈々今回東京市長に御就任被遊候段為邦家欣悦慶賀に不堪候。台湾統治之事業は素より国家枢要の重大事には有之候へども方今復興之途上に在る帝都の現況より観て東京市長之任務の切実重要なるには遠く及ばざるもの有之候。此際閣下の御就任を見るに至り候事ハ啻に東京市民の幸寧なるのみならず帝国百年之長計の為欣祝の至りに奉存候。何卒予後随分御摂養専一に被遊候て万民の期待するが如く迅かに帝都復興の難事業を御大成被成下度奉翹望万禱候。不取敢御就任御祝ひ旁々微衷拝陳仕度以寸楮如此御座候。　早々拝具

大正十五年七月十八日　　本山彦一

伊沢老台侍者

〔註〕封筒表　東京市外西巣鴨巣鴨宮仲二五一七　伊沢多喜男様侍者。同裏　大阪市北区堂島上弐丁目参拾六番地　株式会社大阪毎日新聞社　本山彦一。

本山文平

1　昭和11年7月21日

謹啓　前便に申上候通り本朝太田様を御訪問申上げ相談致し候処一応井上君の意を確め置くの要ありとて井上君を招

かれ候。井上君は夕刻まで考へさせ（ママ）くれとの事に有之候。

小生は太田様と相談し有吉氏を訪問し辞意を述べ後任者として井上英君尤も適任者なることを強調シ井上氏に頼まば引受けてくれるならんと申せし処有吉氏は他より頼まれたる人あるも井上君が左様に適任ならは考へて見やうとの話あり（頼まれたる人とは西沢義徴にあらすやと疑はれ候）意大に井上氏に動き居り候間柴田善三郎氏からても今一応頼まば出来ると存じ候間御承知置き願上候。先は右取あへず申上度如斯候。　敬具

二十一日　本山文平

井（伊）沢尊台侍史

〔註〕封筒表　長野県軽井沢町一〇三二　井（伊）沢多喜男閣下親展。同裏　東京市世田谷区上北沢三ノ八七七　本山文平。年月は消印による。

2　昭和18年3月22日

謹啓　春暖の候愈々御清祥の段奉賀候。其後は御無音に打過き申訳無之候。船腹不足の為台湾青果物の輸移出減少シ弊社は非常の難局に立ち候へ共苦心の結果島内事業に主力を注く方針を立て島内主要都市に於ける青果物の卸売市場の経営、青果物の加工事業青果物の栽培事業等を営むことゝ致し所謂戦時態勢を整へ仮令長期戦となるとも会社として充分やって行ける見込立ち候間他事なから御放念被下度候。別便小包にて弊社の青果加工品（試作品）御送付申上候間御笑味願上候。先は右申上度如斯御座候。　敬具

三月二十二日　本山文平

伊沢尊台侍史

追白　昨年御願申上候友人沢田竹治郎君行政裁判所長昇任の件御援助の程偏に御願申上候。

追伸　高千穂丸数日前基隆沖にて撃沈せられ白勢黎吉氏森田知事長女等一千人の行衛不明者を出し候。先般高雄東京航路の伏見丸もやられ其他被害も少なからざる由にて内台間の交通に甚たしく恐威を感し候。

〔註〕封筒表　東京市豊島区西巣鴨町二丁目　伊沢多喜男閣下御直披。同裏　台中市橘町弐丁目壱番地台湾青果株式会社　本山文平。年は消印による。

森　徹夫

1　昭和11年8月29日

謹啓　東京ハ依然暑サ凌きがたく御座候処御地ハ朝夕定めて寒冷相催し候事と存上申候。涼風清談ハ非常なる好評を博し平素報知の事とし云へバ目の敵にして誹謗いたし候帝

都日々の野依某まで東都新聞近来之快文字也と激賞いたし候由に御座候。是れ一重に先生之殊ノほかなる御尽力に依ることにて深く奉感謝申候。発案者乃至責任者として小生の面目勿論大いに揚り先生があれ程の御尽力を被下候事についても特に小生に対し重役より直接謝意を表し候位にて誠に千万有りがたく御礼奉申上候。近く再び拝趨叶ひがたく被存候に付十日頃御帰京を待つて拝光仕り度失礼何卒御容し被下度候。　敬具

八月二十九日

森徹夫

伊沢先生侍曹

〔註〕封筒表　信州軽井沢旧道　伊沢多喜男先生侍曹。同裏　東京市品川区上大崎一ノ五三四　森徹夫　八月二十九日。年は消印による。昭和(11)年8月31日付森徹夫宛伊沢多喜男書翰を同封。

八木逸郎

1　昭和7年9月10日

返啓　御申越之件乍遺憾可能性ヲ有セザル次第ニ候。今左ニ其事態可申上候。

奈良県ハ政友会候補者森本某（受負人）ト山本米三氏トハ二月頃より内々競争致シ来り候際ハ山本ハ家柄ニシテ親族ニ互選者多数ナル為メ誰レカラ見テモ七ト三ナリシ為メ同人ノ親族ニシテ大斡旋者タル片山某ハ数十年来犬飼《ママ》崇拝タルヲ利用シ犬飼ヲシテ片山某ヲ上京セシメ山本ニ当選之上政友会タラシムルニ於テハ森本ヲ断念セシメ独舞台タラシム可シト解カシメタルモ山本氏ハ元来民政系ナル為メ人格ヲ傷クルモノトシテ一言ノ下ニ排斥シ爾来一二ヶ月競争ヲ持続セシ処敵ハ多数ノ受負者ノ連合ニテ敗ルレバ生命ヲ絶ツナドト暗ニ宣伝セシメ夫レガ為メ親族共大ニ恐怖シ終ニ本人ニ断念セシメ総テノ同情者ニ中止ノ旨ヲ通ジタリ。

然ルニ現貴院議員ハ頗ル之ヲ遺憾トシ犬飼内閣倒壊ヲ利シ再起ノ理由トシテ研究会ノ青木牧野等幹事ノ勧説止ムナシトシ一面同幹事より推選状ヲ発送シ七月六日更ニ再起シタル次第ニて右様ノ次第故幸ニ当選ヲ為すトモ研究会入会ハ先約ニナリ又タ牧野氏等モ数度来奈アリ旁々今更ラ他会ニ入会困難ト存候。小生モ三回帰奈当選ヲ期シ居候も同人中止後ニ於テ約七十名計リ敵ハ推選状ヲ集め居候為メ今ハ全ク互格ノ有様ニて此書投函後数時間にて明白ト相成ル事トテ扼憂ヲ覚居候。右様之次第ニ付不悪御了承玉ハリ度不取敢右御答申上候。　草々不一

九月十日

八木逸郎

伊沢老台侍史

〔註〕封筒表　長野県軽井沢伊沢別邸　伊沢多喜男殿親展。同裏　東京

市牛込区市ヶ谷仲町四一番地　八木逸郎　九月十日。年は消印による。

八代六郎

1　大正5年8月26日

粛啓　玉章頂戴難有拝誦候。今回ハ御勲功ニ依り旭日重光章拝受せられ候趣拝承真ニ御芽出度謹て祝賀申上候。何れ来月早々上京拝眉之上万々可申上先ハ紙筆御祝迄如此御座候。　敬具

八月二十六日夕　六郎

伊沢仁兄大人侍曹

〔註〕封筒表　東京市外巣鴨宮仲　伊沢多喜男様親展。同裏　房州館山霧島　八代六郎。年は消印による。

2　大正6年12月12日

拝啓　玉章拝受。難有拝誦候。小生は八日午后着二日間旅宿住居の后一昨十日官舎ニ入り申し候。至極頑健事務引継後多忙、明日よりハザット庁内巡視二十四日にて終了の筈ニ御座候。八四艦隊云々親しく艦隊を引率せし事もなき人々の考案ハ何を根拠とせるものに候や。先ハ拝書御礼迄如此御座候。何れ明年末にハ上京御名吟拝聴可仕候。　敬具

極月十二日　六郎

伊沢賢兄侍曹

〔註〕封筒表　東京府下巣鴨村　伊沢多喜男様親展。同裏　佐世保官舎　八代六郎。年は消印による。

3　大正(14)年7月19日

拝啓　華翰頂戴難有拝見仕候。小生病気御見舞被下御芳墨難有御礼申上候。

病気は三月中旬来之事にて肺炎加答児と申す症ニ御座候。二ヶ月にて病源は八付候処衰弱甚しく昨日離床二時間程外出仕候処甚しく疲労帰来終日横臥仕候為体ニ御座候。尤も何等の苦痛は無之至極暢気折々揮毫など致し候ニ付御心配は御無用奉願上候。

政友会は愈たまらなくなり候と見へ本月末頃には離別之模様而して田中は役落と相成可申か馬鹿のから騒き見られたものに無之候。

先は御礼申上度如此御座候。　恐々敬具

七月十九日　六郎

伊沢老兄閣下執事

〔註〕封筒表　台北市文武町　伊沢多喜男閣下親展。同裏　東京小石川原町一二一　八代六郎。年は内容による。

安田耕之助

1　昭和7年9月6日

粛啓　初秋の候益御清適に被為渡奉恐慶候。偖小生今般貴族院議員互選に際し立候補罷在候処特に深甚なる御同情を以て種々御高配を辱ふし感佩措く能ハざる処に御座候。以御蔭大体有利に展開今一息之処まで漕付申候に付更に最善之努力を続居候。乍此上一層之御援護を仰き度不取敢御礼旁御悃願申上候。　敬具

昭和七年九月六日

安田耕之助

伊沢多喜男閣下

〔註〕封筒表　東京市外西巣鴨町二五一七　伊沢多喜男閣下。同裏　市内木屋町通二条上ル　安田耕之助　九月六日。

2　昭和7年9月12日

拝啓　今回之貴族院議員互選立候補ニ際し格別之御同情を以て種々御尊慮を賜りたるに不拘意外なる敗戦を招きたるハ其原因する処種々可有之候へ共要するに自分不明不徳の致す処にして慚愧に不堪候。今回の敗戦に鑑み自省一番他日の精進ニ備へ以て聊か御尊慮の万一に副ハん事を期し居る次第に御座候。

不取敢右御礼申述度如斯御座候。　敬具

九月十二日

安田耕之助

伊沢多喜男閣下

〔註〕封筒表　東京市外西巣鴨二五一七　伊沢多喜男閣下。同裏　京都市木屋町通二条上ル　安田耕之助。年は消印による。

安広伴一郎

1　大正13年7月30日

拝復　小生前日来各所巡視帰来御書面拝見仕候。大平氏は急き帰朝之必要無之候ト奉存候間予定通欧洲之視察を終ヘタル上帰朝可然ト相考申候。副社長も目下之処急キ任命之要も無之候。満鉄之事務ハ非常ニ広汎ニシテ全般ニ渉リテ悉ク知悉スルコト不可能ニ御座候。且ツ人物も中々具備致居社長副社長タルモノハ只タ将ニ将タルノ器能アレハ十分ナリ。一事一芸ニ長スルハ理事以下ニハ必要ナレトモ社長

副社長ニハ不必要ナルノミナラス反テ害アルモ益ナキモノニ相考申候。小生モ九月ニ入リ帰京之予定ニ御座候間何れ委細は拝芝之時緩々御話可申上候。早々頓首

七月三十日　安広伴一郎

伊沢賢台

〔註〕封筒表　東京市外西巣鴨宮仲　伊沢多喜男様貴酬親展。同裏　満洲大連満洲館　安広伴一郎。年は消印による。

2　大正(14)年8月29日

拝啓　拓殖局書記官笹川恭三郎御地ニ出張被命候。同人は小生之女婿ニ御座候間万事宜敷御願申上候。早々頓首

八月二十九日　安広伴一郎

伊沢賢台侍史

〔註〕封筒表　台湾総督府　伊沢台湾総督殿私用親展。同裏　大連満鉄本社　安広伴一郎。年は内容による。

3　大正(15ヵ)年7月13日

拝啓　小生明日帰満致候。市長之儀不得已事ト御察申上候。天岡直嘉氏閑散にて困居申候。若御侠道有之候ハヾ宜敷御願申上候。早々頓首

七月十三日　安広伴一郎

伊沢賢台侍曹

〔註〕封筒表　西巣鴨宮仲二五一七　伊沢多喜男様親展。同裏　牛込砂土原町二ノ二　安広伴一郎。年は内容による推定。

4　昭和9年　月13日

遠雷殷々雷鳥飛躍ノ時機近キニアリ老兄ノ御得意想ベシ。御来遊御待申上ク。豆腐ノ御馳走可仕御来遊ノ時ハ電話ニテ在否御問合ヲ乞フ。電話ハ小田原八八五番。

平田ノ婚礼ニテ来ル十九日ニハ一寸帰京。四五日滞京ノ予定ナリ。

小生此頃易経ノ研究ニ没頭其内銀座ニ易占ノ露店ヲ出ス計画宜シク御吹聴ヲ乞フ。但シ老兄ニハ無料奉仕可仕。

十三日　伴一郎

伊沢兄

〔註〕封筒表　東京豊島区西巣鴨二丁目二五一七　伊沢多喜男様親展。同裏　相州小田原十字二丁目　安広伴一郎。年は消印による。

5　昭和10年3月19日

拝啓　先日幣原君ニ邂逅致候処老兄此頃不平憂鬱之由。不

平は老兄ノ生命ニテ老兄ヨリ不平ヲ除去スレハ零ニテ候。（伊沢ー不平＝０）。

併シ何事モ程度問題ナリ程度ヲ過レバ健康ニ害アリ。

来月十日過ニハ小田原ハ桜花満開拙宅ノツツシモ開花幣原君御誘引御来遊如何。

三月十九日　　伴一郎

伊沢賢台

〔註〕封筒表　東京豊島区西巣鴨町二丁目二五一七　伊沢多喜男様親展。
同裏　相州小田原十字二丁目　安広伴一郎。年は消印による。

柳井義男

1　昭和11年8月15日

謹啓　時下酷暑之砌益々御清適之段奉慶賀候。其後意外之御無沙汰仕り申訳無之候。小生も不相変頑健に有之乍他事御安神願上候。

福井より当地に参り候所当県ハ東北振興其他存外事務多端に有之大に勉強致居り候。本年ハ当地方も一般に昨年に比し気温遥に高く稲作も平年作には無論参ることと存居候。

一昨年昨年と引続き凶作にて疲弊困憊せる当県としては本年あたりより順調に復り各方面の更生振興致すことを念願致居候。石黒長官ハ昭和六年末赴任以来一意県内更生振興御懸命の努力を致され居り自分としても、よき内助役として大に勉励致度きものと心掛け居候。先ハ不取敢近況御報告申上げ暑中御見舞申上度如斯御座候。　匆々敬具

八月十五日　　義男拝

伊沢御高台侍史

〔註〕封筒表　東京府豊島区西巣鴨二ノ二五一七　伊沢多喜男様親展。
同裏　岩手県庁　柳井義男　八月十五日。年は消印による。

山県治郎

1　昭和7年6月4日

拝呈　其後御健康如何ニ在らせられ候や御案し申上候。扨て過日ハ御多忙中推参御邪魔仕候処緩る〳〵御引見之栄を御与へ被下候のみならず所謂赤心を人の腹中ニ措くが如き種々なる御話を承り尊台が常ニ至誠国を憂ふる之高風を欽し御瘠せニなりし御容貌と対照して感激性の小生としてハ何時ニなく心を動かし真ニ涙之出るを禁し難かりし次第ニ御座候。

退て思ふニ其際小生の申上候言も露骨ニ過き不遜ニ渉る嫌ありしやニ考へられ唯々恐縮罷在候。何卒不悪御海容成被

下度願上候。

尚小生の現状御憫察被下特ニ御厚配賜はり度奉懇願候。若し御推挙を得ば如何なる場合ニも尊台之明を傷くるが如き事ハ断して致すましく誓居候。

邦家内外多事多難之秋一層御身御大切ニ遊はされ度神かけて祈上候。

早々敬具

六月四日

治郎百拝

伊沢尊台

〔註〕封筒表　市外西巣鴨町宮仲　伊沢多喜男様親展。同裏　麻布富士見町一七　山県治郎。年は消印による。

山口安憲

1　昭和5年4月10日

拝啓　春暖之候益御健勝ニ被為渡目出度存上候。先般参上之砌は種々御款待ニ預り誠ニ難有厚く御礼申上候。其節御はなし有之候御令息様之件如何様ニも御預かり申上べく候。目就てハ兎も角一度此の際御来遊相成候てハ如何ニ候哉。目下気候は極めて良好に有之御保養がてらには最も適当と存候。当分拙宅ニ御逗留相成海浜之空気日光ニ触れられ附近名勝之御散策を試みられ候事も徒爾ならすと被存候。尚其間農事試験場之模様等視察せられ気の向かるゝ様ならは引続き其方ニ試ニ従事せらるゝもよろしかるべく彼是一度御来遊御勧め申上候。全く家族的ニいたし何等格別之御取なしも出来不申候へハ決して御遠慮無之様速かに御決行祈上候。只御食事其他御からだ之衛生保健ニ関する御心付の廉ハ御申聞被下候ハヽ好都合と存候。是非御来遊御待申上候間御出発之節御一報被下度候。小生本月二十六七日頃より約二週間之予定ニて大島各島へ視察ニ出かくる心積りニ候。先ハ右御すゝめ旁斯之如く御座候。

敬具

四月十日

山口安憲

伊沢閣下侍史

〔註〕封筒表　東京市外西巣鴨町宮仲二五一七　伊沢多喜男様御直披。同裏　鹿児島市田ノ浦官舎　山口安憲　十日。年は消印による。

2　昭和6年9月12日

拝啓　益々御清栄奉慶賀候。陳者私事今月初より病気引籠り中の処今回腸チブスと決定致し候。然る処本秋は天皇陛下熊本県下に行はせらるゝ陸軍特別大演習御統監後鹿児島県庁に行幸尚県下青年学生軍人等に対する御親閲を賜る事に御内定の御趣にて目下それ〴〵遺憾なきを期しつゝ有之候処右様の次第にて奉迎並に御警衛上其の職責を全うする

あたはず恐懼の至に堪えず本日辞表呈出致し候に付右御了承賜り度先は右とりあへず此如ニ御座候。　敬具

九月十二日　山口安憲

伊沢多喜男様侍史

〔註〕封筒表　東京市外西巣鴨町二五一七　伊沢多喜男様侍史。「知事辞任ノ件」。同裏　鹿児島市田ノ浦　山口安憲。年は消印による。

山崎　巌

1　昭和(20)年5月1日

拝啓　過般来枢府会議等にて御欠席の為或ハ御健康勝れさせられざるかとも考へ御見舞申上度存し乍ら失礼申上居候。過日小林貴院書記官長より承れバ御健康御回復の御趣慶賀の至りに存候。又過般の空襲にて巣鴨御本宅御罹災の由苛烈なる戦局下洵に不得止事とハ存候らへども御気の毒の至りに不堪謹んで御見舞申上候。

小生過日退官。在官中の御指導御鞭撻に対し厚く御礼申上候。久方振りに静思の機を与へられ心から喜び居候。今後共宜しく御願申上候。時局ハ念々《(ママ)》重大と相成り閣下の御活躍に俟つもの弥々多きを加ふる際切に為邦家御自愛を御祈申上候。

先ハ右御挨拶旁々如斯御座候。　敬具

五月一日　山崎巌

伊沢閣下侍史

小生近々神宮参拝の為出かけたく存居候。帰京後御差支なき機に御目にかゝり時局に対する御考も承り又愚見も申述度所存に御座候。

〔註〕封筒表　静岡県伊東町中村別荘　伊沢多喜男閣下侍史。同裏　東京都目黒区洗足一四六四　山崎巌　五月一日。年は内容による。

2　8月27日

拝啓　過日行啓の御ともにて貴地へ罷出候折ハ夜分にも拘らず態々宿舎迄御来駕を忝ふし且種々御懇情を賜り誠に難有衷心より感激仕居候。帰京後直に近衛公へも詳細御報告申上置候。

今数日来幾分落付を見せ居候へとも何時如何なる事端を発生するや全く日夜薄氷を踏む感有之候へとも最善を尽し捨身の御奉公申上る覚悟に御座候。今後共一層の御援助御鞭撻を御願申上候。

先ハ乍延引御礼旁々。　敬具

八月二十七日　山崎巌拝

伊沢大人閣下侍史

追て近衛公への御手紙御返し申上候。

〔註〕封筒欠。

山崎匡輔

1　昭和(22)年1月30日

拝啓仕り候。寒気殊之外酷しく御座候処愈々御健勝之段大慶至極に奉存候。降て小生無事消光在罷候間乍他事御放念被下度候。

偖て過日ハ数ならぬ小生身上を御顧念給ハり態々御芳書給ハり御芳情之程唯々感激仕る次第に御座候。実ハ過般一部新聞に小子退官の趣掲戴《(ママ)》され申候。恰も小生に関する追放問題発生致居り候折之事とて一般にも信ぜられ申候。右ハ小生兼官として帝大教授の職を辞任いたし其発令より右誤《(ママ)》報を生じたる次第に有之候。文部次官として右兼官ハ倒底其責に任ぜぬのみならず公平を以て念と致す愚策も一部よりの誤解を生ずる惧なしと不致、且亦次官退任後の逃込場所を準備いたす行為とも思はれ易く、一意専念職責に精進致す本意を誤られる可能性をも考慮し各関係筋とも連絡の上初志を遂げたる次業尊堂に於かせられ候ても御了解被下度願上候。

次に旧年追放問題突発致し候処関係諸卿の御尽力と司令部民間情報教育部の諸君の理解とにより本日司令部政治部より追放に該当せざるものとの正式書類を受取申候。誠に喜しく存居り候。目下政局の動向も極めて不安定には候へ共それ等ハ一切度外視し専心教育の為奮闘いたす所存ニ有之候間何卒御放念給ハり今後の御後援何卒御願申上候。

先ハ不敢取右御報申上併せて御玉章の御礼迄如斯御座候。

尚乍末邦家之為御自愛御自重之程祈念奉り候。　敬具

一月三十日　匡輔

伊沢老台閣下

〔註〕封筒表　静岡県伊豆伊東町中村別荘内　伊沢多喜男様。同裏　東京都目黒区駒場八六一　山崎匡輔　壱月二十九日。年は内容による。

山路一善

1　昭和16年5月10日

拝啓　不順の候益御清勝奉恭賀候。陳ハ時局極めて重大閣下には種々御尽瘁被成下候事と感激に不堪候。此内外之危機ニ当り益々手腕ある政治家を要する義と被存候。而かも過去数年に亙り我国を混乱状態ニ導きたる或種の勢力を逐出せしむることか何よりの急務と存候。之を達成し得るハ

只宇垣氏一人のみと存候。此際同人を起用し以て国難を既倒に挽回するニ止まらす更ニ進んて此世界的転換機に十二分の手腕を発揮せしめ度存候。何卒閣下之深甚なる御同情を懇願仕候。先ハ御願等々如斯ニ御座候。　　敬具

五月十日　　山路一善

伊沢多喜男閣下

〔註〕封筒表　豊島区西巣鴨二ノ二二五　伊沢多喜男閣下親展。同裏　目黒出㑹町一四〇四　山路一善拝。年は消印による。

山下亀三郎

1　大正14年11月17日

拝啓　益々御清祥ニ御起居相成候段奉慶賀候。降て小生義頑健ニ奮闘致居り候。乍他事御休神可被下候。

兼て得貴意置候海防航路之事ハ御考慮被下候事と奉存候。自画自賛ハ大禁物ニ候得共大正八年以来台湾産業之輸出ニ対し如何なる犠牲を払ひ居り候哉を御調査被下候得バ仕合ニ奉存候。某社独専《(ママ)》的行動之打破ニ一肌抜《(ママ)》きたる際某局長が陰ニ某社之為ニ計り居たるが如きハ今ニ忘るゝ能はざる次第ニ御座候。

海運界も多少世界的ニ動き弊社雇船を合せ総配船七十四万噸余を計上致し愁眉之三分の一位を開き候。

右要用のミ申上候。

十一月十七日　　山下亀三郎

伊沢閣下

〔註〕封筒表　台北官邸　伊沢多喜男様御直。同裏　高輪南町　山下亀三郎　十一月十七日。年は消印による。

2　昭和4年7月3日

謹啓　益々御多祥奉慶賀候。此度御入閣無之事を不思議ニ存じ居り候得共他ニ重大なる御任務も被為有候事と拝察致居り候。

香坂氏ニハ昨日面会御配慮中之事と拝察宜敷く御願申上候。今夕急ニ下艘罷在候間余ハ帰京拝顔ニ譲り候。　　敬具

七月三日　　山下亀三郎

伊沢老台

〔註〕封筒表　府下西巣鴨町二五一七　伊沢多喜男様御直。同裏　東京市芝高輪　山下亀三郎　七月三日。年は消印による。

3　昭和16年1月14日

謹啓　益々御清康奉慶賀候。明治四十三年県之知事公とナ

りて拝顔を得て以来茲ニ三十有余年渓谷を流るゝ水之如き御交誼を辱ふ致居り候事を感銘致居り候。此度之御親任ハ政事を知らぬ私ハ何と御祝を申上く可き哉を心得申さず候故即刻御玄関ニ罷出で奥様ニ何とか申上置たるニ止め候。意中御酌ミ取り願上候。

昨日帰京何か微意を表す可き物ハ無き乎と倉中を探し見出したるが含雪公之此一軸ニ有之候。御受領被成下候得バ仕合ニ奉存候。以上仍テ如件。

早々敬具

昭和十六年一月十四日

亀三郎

伊沢閣下

〔註〕封筒表　西巣鴨町二ノ二五一七　伊沢多喜男様御直。同裏　東京市芝高輪　山下亀三郎　一月十四日。

4　昭和18年6月29日

謹啓　陳バ現神奈川県警察部長高橋三郎氏ハ大学在籍時代より之旧知ニ有之極めて懇意ニ致居候間柄ニ有之候。此度知事共ナラフ進出ニ確定之模様ニ付キ最近ニ拝趨経緯を表シ度き申出ニ候間御引見之上宜敷く御示教御願申上候。右迄。

早々敬具

六月二十九日

〔註〕封筒表　東京豊島区西巣鴨町二ノ二五一七　伊沢多喜男様御直。同裏　相州大磯町東小磯五一八　山下別荘　山下亀三郎　六月二十九日。年は消印による。

5　9月1日

拝啓　過日御叱有之候安達ニ関する件ハ運動ニ類する様相成り候てハ遺憾ニ候間別紙メモ的ニ認め候もの有之共々後藤閣下ニ可然御移し奉願候。

早々不一

九月一日

亀三郎

伊沢閣下

〔註〕封筒表　伊沢閣下御直。同裏　山下亀三郎　九月一日。「別紙」なし。

山田省三

1　昭和22年8月19日

先生愈々御健祥に被為渉何よりの事と恐悦申上げます。陳者毎々御懇の御書状に接し寔に難有其都度感銘即時御挨拶仕り度いと乍思も宿痾の為め手がふるへ遂々敢へて非礼を重ね居る次第で御座います。何卒不悪御諒恕を願上げます。伊東の市制も御蔭様にて去る十日愈々実施を見まして大伊東建設へ勇躍の第一歩を踏み出す事に相成りました。当局としては勿論市民と致しましても雑俗的気分を一掃して真に明朗な方向に邁進して行き度いと考へて居ります。こんな大事の時に際会しては新市長には拍力《ママ》あり熱誠ある有為なる適任者を選び私ごとき者は後退して寧ろ其の人選にあやまり無きを期し度いと考へ居ります。私はほんとに暫定的町長で有り又同様の意味に於て現市長職務代行で御座いますだけに過きません。一日も早く市会等の選挙を済ませて新人と交替致しまして悠々自適するつもりで御座います。残暑未た凌き兼《ママ》き折角邦家の為め切々に御自愛被遊ます様おすゝめ申上けます。飯島、前田など此の暑さにもメゲず頑健に働いて居り先生の御帰東をお待ち申上けて居ります。

山田省三

伊沢閣下執事

昭和二十二年八月十九日

ペン書平に御宥免被下度願上候。

〔註〕封筒表　長野県軽井沢町　伊沢多喜男先生執事。同裏　伊東町玖須美　山田省三　八月十九日。

山本厚三

1　昭和(16)年11月30日

用紙利用御免被下度候。

拝啓　前日御電話ヲ頂キ候処、恰カモ盲腸ヲ切開入院中ニテ失礼申上候。愚生モ斯ル病気ニ罹ルノハ若返ヘリノ徴候ト医者ニ煽テラレテ喜居候。但此一月鉄道買上問題デ御話ノアリシ時ノ再発ニ御座候。退院后熱海エ転地（来月中旬ヨリ）致シ候ニ付帰京后御伺可被下御詫旁右申上候。敬白

十一月三十日

山本厚三

伊沢先生

〔用紙裏〕

△政界閑話

―伊沢多喜男老のハリキリ振り―

△貴族院で同成会を牛耳っていた時代から「官界の大久保彦左エ門」を以て任じていた伊沢多喜男老、枢密院に入ってから、益々其本領を発揮し△去る二十五日には東条首相と会見して、重要国策について進言するなど、此の処大したハリキリ振りであるが、それでも寄る年浪には勝てぬと見へ、最近身体が自由を欠き、何だか老衰の徴候があるやうだといふので、早速医師の診察を求めたところが△医師先生言下に曰く「コリヤ老衰ぢやござんせん、唯老と云ふだけのものです。衰の徴候なんて、聊かもござんせんですヨ」とやられたので、流石の伊沢老も一本参つたといふ形△だが医者の名診断?が流石に嬉しいと見へて、訪客があ

る毎に「ワシはまだ衰へとらんと医者が証明してくれたヨ」と相格《（ママ）》を崩して必ず一席披露に及ぶあたり、案外「稚気満」の処もある。

十一月二十八日

〔欄外〕御元気誠ニ羨望ノ至ニ御座候。

〔註〕封筒表　豊島区巣鴨二ノ二五一七　伊沢多喜男様御直。同裏　牛込区若宮町二十六　山本厚三　十一月三十日。年は内容による。「政界閑話」はタイプ。政界情報社用箋。

山本辰右衛門

1　昭和18年11月9日

謹復　秋冷之候ニ御座候処益御機嫌御麗敷被為在候段慶賀之至りに奉存上候。

陳者御芳書辱なく拝見仕詢ニ奉恐入居候処本日御色紙御恵贈賜り有難拝受仕候。此際厚御礼奉申上候。難得御染筆特ニ御二方様御達墨之御逸品誠ニ辱なく感佩罷在家宝として永敬蔵可仕喜居候。

乍憚御序之節山下様へ御宜敷御鳳声賜り度奉願上候。

向寒之砌御尊体御大切ニ被遊度御祈奉申上候。

先御厚礼迄如斯ニ御座候。　頓首

十一月九日

伊沢様侍史　　辰右衛門拝

二伸

手酒名誉冠先頃清酒第壱級に御指定相成当方一同喜居候。

就ハ乍失礼少々別送（五本）奉申上候間何卒御嘶酒御高評賜り度奉願上候。　再拝

〔註〕封筒表　東京都豊島区西巣鴨二ノ二五一七　伊沢多喜男様御直。同裏　京都市伏見区周防町　山本辰右衛門。年は消印による。

湯浅倉平

1　大正12年9月26日

御厚情多謝、迎車を出し候ても御来庁之際拝晤を得るや否やすら予定付き不申其為差控へ居候。万難蝟集身辺危険如何なる事体を生ズルヤ予見し難く候。　頓首

九月二十六日　　倉平

伊沢盟兄侍史

〔註〕封筒表　市外西巣鴨宮仲二五一七　伊沢多喜男様必親展。同裏　湯浅倉平。「警視総監在職中か」。年は消印による。

2　大正(13)年4月25日

拝啓　益御清適賀し奉り候。本日之大阪新聞ニ貴説の掲載あり又先頃上山君より政府之対選挙方針とも云ふべきものゝ高見を伝承致候処小生之観察は大分異り居候。試ニ之を陳ぶれば

三月末頃迄ハ政府之観察は憲政会本党共ニ当選率略ぼ伯仲、政友会は多くも百を出でず、但し高橋総裁を落選せしめ政友会之陣笠を本党ニ吸収せんとするに在りしが如し。此間政府（主として小橋位之処か）実業家に対して選挙費之調達を命じたる之事実頻々たり。而も多く得る所無し之が第一期なり。

本月上旬ニ入りて憲政会之景気意外ニ宜しきニ反し本党振はさる之状況を看て、少しく干渉を始む。横山助成か立候補を肯んぜざるを強要して成功するニ至りしは第二期ニ移りて之事なり。其他頻々官吏立候補之出現は皆政府策戦変更の結果なり。静岡県之如きは稍露骨と為り来れり。

次で来る者は稍強き干渉なり。野党は皆之を覚悟せさるべからず。

小生は去る二十一日出発静岡を経て当地ニ参り候。明二十六日当地発岐阜ニ向ふ。都合よくば大津迄漕ぎ付けたしと存居候。　匆々不尽

四月念五　倉平

伊沢老兄侍史

〔註〕封筒表　東京市外西巣鴨宮仲二五一七　伊沢多喜男様親展。同裏□《厳レ》市ニテ　湯浅倉平。年は内容による。

3　昭和2年12月19日

拝啓　歳末ニ近つき候処益御清康奉賀候。扨月初斎藤子爵退官之際小生も辞表提出致候処田中首相之手許にて差押られ山梨総督新任と共ニ後任者定まる事と存候処其事無きを以て督促致候処新総督着任迄朝鮮之治安維持ニ任じ呉れよ後任者ハ定まり次第通知すと之電報ニより爾来鶴首して山梨氏之着任を待ち居候。然るニ秘報あり。小生ニ留任を強要すと伝へ来り候ニ付き爾来数回断じて留任せさる旨を首相ニ致候ニ不拘今日迄後任を選定せず、結局選任し得さる様子ニ御座候。一政務総監を選任し得ずして、総督之任ニ就きたるもの、就かせたるものゝ無能不埒只呆るゝの外無之候。山梨氏ハ世間定評あり。朝鮮統治之重任を托する人ニ非ず。就任以来之電報等ニ徴するニ其愚劣、臆病実ニ言語《ママ》道断、如此人之下ニ政務総監たり得る人ハ余程之人物ならさるべからず。小生の既ニ行李を整へ官民ニ惜別之意を寓し、送別会を受け如何なる事情ありとも留任せさる事を伝へあるニ拘ハらず尚小生を説伏せむとするものゝ如くニ

候。於此小生之尤も苦み居候一事ハ辞表を抑留して上奏せずかくて後任ある迄待たしめんとする相手之無茶なる策戦ニ御座候。小生ハ今日迄全く平常之如く或はより以上緊張して執務致来り候へとも此後之を継続する事ハ到底出来不申、去り迚職務拋棄之態度にて引上候事誠ニ心苦しく候へとも遂ニ此挙ニ出でさるべからさるやも難計候。事情御憐察被下度候。

山梨氏之態度

1、在満鮮人之圧迫甚しき為、鮮内ニて支那人ニ対する殺傷各地ニ起りたる為其報告及之が処置を報告したるニ対し極めて鄭寧なる謝電を寄せ来れり。

2、雑輩三人を引率赴任何れも高等官待遇之嘱托《ママ》。右三人直ニ秘書官たらんと暗闘を継続中、大将之ヲ処する能はず。

3、肥田理吉之乾児朝鮮ニ急行し来り平壌京城、大邱より大将歓迎之電報を要路ニ発し匆蝗内地ニ去レリト伝フ（当地新聞記者等之探知）。

4、乾新兵衛之乾児利権猟ニ着手。大将之就任前予期して。

5、朝鮮統治ニ関する何等之意見無くして大命を拝す（白紙云々新聞ニ見ゆ）。

6、政務総監之選任無し。所伝ニヨレバ政変不遠と見て来る人無しと云ふ。田辺治通が最後之選なりと云ふ（小生留任を諾せさる場合）。

7、着任之際の警衛方法ニつき再応問合せ来る。

8、警視庁之警部を伴ひ来る（総督府よりも派遣したるニ不拘）。

8、《ママ》二、三男両人身辺を憂ひ仝伴し来る（決死之覚悟と見へて面白く候。斎藤子ハ爆弾が飛んでも驚かさりしニ比較すれば更ニ面白く覚へ候）。

等々。

他ハ期拝光万縷可申述候。　敬具

十二月拾九日　倉平

伊沢老兄侍史

〔註〕封筒表　市外西巣鴨宮仲二五一七　伊沢多喜男様必親展。「山梨半造攻撃」。同裏　京城大和町　湯浅倉平。年は消印による。

4　昭和4年4月2日

拝啓　其後も何彼と御多忙之御事と奉存候。小生三十一日夜行にて下阪昨日公会堂にて生来初めての政談を致し候。勝手之分らぬ為ニ甚だ拙劣を極め候。最初新渡辺《ママ》、阪谷、藤沢と云ふ様な人達と一所と承り其後藤沢氏之承諾を得ざりし為渡辺千冬君と変りたる丈之事を承り居たるに新渡辺阪谷両氏も辞し一番厭な永田と道連ニ相成り候も一旦約束致したる事由辞退する事も出来ず結局は小生が一番先ニ承諾し渡辺君か之ニ次ぎ最後ニ永田と云ふ順では無かつたかと思はれ大毎社ニして遣られた様な感致候。之が失敗の第一、次には小生之様な不馴なものが最初に置かるればやりよかつたものを渡辺君が先頭に立ち永田が之ニ次ぎ小生が最後に廻されたる事が失敗の第二ニ候。先生等は従来の経験より最後を避けたるらしく雅推《ママ》せられ申候。後にて聞けば政談演説ハ最後にやる位割の悪いものは無いと之事ニ候。殊ニ永田の講談の様な演説の後を受けては閉口之外無之候。先生殆んど一言一句毎ニ或は笑はせ或は喝采させ居候。内容は極めて貧弱なるも其figurativeなる所頗る彫琢を重ねたる痕あり（三人共原稿携帯小生のは原稿と云ふよりは重なる事項の一つ書なり）。第三の失敗は小生のは盛り沢山ニ過ぎ述べ尽されざりし事ニ候。公衆に向つての演説は内容を簡単ニし之を八方より説明する事が得の様ニ思はれ申候。第四は拡声器の備付ありし為声は充分徹《ママ》るものと考へ長時間ニ亙りたる事ニ候。セイ〴〵四十分位にせよとの田沢義鋪君の注意ニ背き一時間半もやり会場借受時間が切れるとて催促を受けて結尾をつけさるべからさる事となりたる事ニ候。併し非常なる経験を得申候。小生ハ演説ハ大嫌ニ候故今後やる事は滅多ニ有間敷候へとも万一不得已場合ニ遭遇すれば此失敗ニ鑑み下手乍ら多少の改善は出来得る事と存候。渡辺君の話に選挙の応援演説を三遍もやれば次第にやり度くなる其は同一内容の事を繰返す為に上達を自覚する為なりとの事を承り成程と肯き申候。小生之失敗は失敗として少しの野次も無く政府の悪口を云へば悉く喝采と云ふ有様にていかに反内閣気分が横溢し居るかは直ニ看取致され候。

一平漫画入浴待に対し小生抗議申込候は独り自ら潔うするの嫌ありと存候ひしも他之嫉妬を惹起する虞ありと考へ旁彼之挙ニ出たる次第可然御諒承被下度候。

本日須磨ニ河上満一氏を訪ひ大阪ニ引返し芦屋ニ一泊、明日上洛一泊するか夜行にて立つかの心組ニ御座候。

他譲拝晤候。　不尽

四月二日朝

倉平

伊沢仁兄侍史

（註）封筒表　市外西巣鴨宮仲　伊沢多喜男様親展。同裏　大阪市東区今橋一丁目株式会社大阪ホテル　湯浅倉平。年は消印による。

5　昭和4年4月13日

拝啓　昨夜浜口雄幸氏より電話にて東京市長たる意思之有無ニ付問合せ且懇切なる嘱望之次第有之候処小生は予て申

上候通り絶対不承諾之旨回答致置候。右応答之模様にては市会民政派は適当之候補者を得るに困り居るニ非るかと推測せられ候処果して然るや否や。本来如此場合ニ唯一人のみを心当に致し居る筈は可無之必ずや幾人か之候補者を考へ居るものと存居候へとも、もし其辺遺策ありとせば試に小生之考、参考せられてはと存じ左ニ列挙致候。可然御取捨願上候。

一、宇佐美勝夫　民政派は厭ひ候事かとも存候へとも広く考へ候方得策かと存候。但し本人、朝鮮政務総監ニ推さるゝ事なきか。

一、上山満之進　人の好き不好きは別とし、出来れば此上無しと存候。

一、長岡隆一郎　最早時代は旧い人よりも此んな人の方が宜しくは無きか、本人之傾向は承知不致候へども取入れられては如何。塚本君などより懇切ニ説かれてはいかゞ。

一、松本烝治　少し奇想天外的なるも当て砕けてはいかゞ。現内閣ニ大不平ありと思はる。

其他志村とか梶原とか云ふ様な銀行家出身之人ニは適材無きが、行政官出身ニ限る必要は無之と存候。御高見如何。

小生今日は夜ニ入り帰宅致候。小生は所謂、自家妍醜自家知、誰が何と申されても御断り致候。

昨日幸倶楽部例会ニ出席、来る二十五日之午餐会日に何か講演をと之話出で候故中谷政一君ニ指紋の話でもさせてはと申出候処居合す二十人計の人は皆非常ニ興味を惹き候故仝氏ニ交渉致度存居候。御異存無之候はゞ御勧誘願上候。但遅刻して小耳に挟みたる阪本釤之助君は閑日月などゝ皮肉を申候。

過日之芳翰之趣敬承白河行承諾致候。

他譲拝晤　　匆々敬具

四月十三日朝

倉平

伊沢盟兄侍史

〔欄外〕指紋とは何う云ふものかと云ふ程度之人多く候。警察ニ関する或程度迄之理解を得て貰ひ度思ひ候事が小生之動機ニ候。中谷之様な人の埋もれ知られさるも残念と存候。

〔註〕封筒表　市外西巣鴨町字宮仲二五一七　伊沢多喜男様必親展。同
裏　牛込赤城下　湯浅倉平。年は消印による。

6　昭和(7)年11月11日

拝啓　暮秋之候益御清健奉賀候。陳者小生一昨九日夜行ニて下阪致候処其日朝鮮新聞（牧山耕蔵之経営）副社長権藤四郎介来訪仁兄ニ是非一度御目ニ懸り度旨を以て紹介致呉

と申出候ニ付名刺一枚相渡置申候。尚電話ニて仝人之性行等前以て申上置くべき心組ニ有之候処行李匆忙取紛れ失念昨日思出し乍ら又取紛れ甚申訳無く候。仝人は過般問題と為れる権藤成卿及仝震二之弟ニて兄弟挙て一種之才幹あるも皆利己的にて行動正しと謂ひ難く只朝鮮之事情ニは無論精通致居候へば何等か御参考ニ為る消息をも御伝へ可申乎とも存候儘本人之希望ニ従ひ御紹介申上たる次第ニ候間既ニ事後ニて間ニ合はざりし事乎とも存候へとも右之次第申上候。本日より大演習拝観軍人得意之態を飽く迄見せ付けられ候事と存候。幸ニ出発以来連日好晴ニ恵まれ居候。先ハ右御詫旁如此ニ御座候。　敬具

十一月十一日　倉平

伊沢仁兄侍史

〔註〕封筒表　東京西巣鴨宮仲（旧地名）　伊沢多喜男様恵展。同裏　大阪住吉区住吉町本荘邸ニて　湯浅倉平　十一月十一日。年は内容による。

7　昭和(8)年9月5日

拝復　兎角筆不精ニて欠礼ニのみ相過候処益御清安奉賀候。正中秋之至る事早く嵐気清涼之中ニ閑寂之情趣とも味はれ候事欣羨ニ不禁候。小生も御蔭にて先づ〳〵無事ニ奉仕罷在候も微力果して大任ニ勝え得るや今尚確信迚も無之候。高示斎藤首相之態度いかにも御同感ニ存候も不権式（ママ）之極ニ見えて対手ニ致されもせず粘り強き所、政党之内憂外患ニ僥倖せられたる所ありとは云へ一流斎藤式とも可申乎と存候。

内府辞職之取沙汰本人之心事は聴きたる事無之候へ共あり得べからさる事と小生は確信致居候。事実を捏造して謂れ無き悪評を一身ニ負はされ候へば何人ニても嫌気もさし可申候へども適当なる後任を得ずして閑地ニ就くと云ふが如き事は許さるべき事ニも無く、本人之態度ニも異状ありとも覚えず候。今夏雨無之暑気酷烈フロックやモーニングや時として大礼服着用抔宮庭奉仕之人を遠望して気楽な様に思ひ居り候事之誤を悟り申候。昨日来烈風吹き荒み今尚不熄涼気動くべきかと其のみ楽み居候。

先ハ貴酬のみ。書外期拝光候。　敬具

九月五日前八時　倉平

伊沢仁兄侍史

上山君樺太ニ旅行国境迄伸し歩きたる様子、途中病気等之事無ければ宜しきかと案し居候処存外無事らしく最近ニは阿寒湖上垂綸之様子など報じ来り候。　追啓

〔註〕封筒欠。年は内容による。

8　昭和12年1月15日

拝復　四国地方御旅行大成功之趣欣羨之至ニ奉存候。御一行より之御恵送之鯛非常之美味ニて貪喫仕候。却説御来示之件は小生ニ強き発言権ある次第ニも無之候へども貴翰拝見と共ニ本人ニ電話致候処仝夜関西方面ニ講演之約束在りて旅程ニ上るとの事ニて充分之話出来不申殊ニ何故か電話頗る不明ニて聴取ハ難く閉口致候。只途切〳〵ニ想像を交へて理解し得たりと存候事は

児玉伯より研究会入を勧められ居る事。

岩田永田両氏より同和会入を仝上。

純無所属ニは居りたく無き事（？）。

二十日帰京、面会すべしと之事。

位ニ候。小生よりは自分之嘗て属したる団体之無人なるニ仝情し切ニ御考慮を希望する旨申述べたる次第ニ御座候。等算ニ敏なる人と存候故或は六かしき之感致候。先ハ不取敢拝答迄如此ニ御座候。敬具

小生今暁又葉山ニ参り申候。

一月十五日　湯浅倉平

伊沢賢契侍史

〔註〕封筒表　豊島区西巣鴨町二丁目二五一七　伊沢多喜男様親展。同裏　牛込区中町六　湯浅倉平。年は消印による。

9　昭和12年9月25日

拝啓　秋気清涼之候益御清健奉賀候。陳者本月十六日付貴翰拝誦。早速御返事可申上之処取紛れ延引欠礼之段御海容被下度候。御来示ニ依れば二十日頃御帰京之御予定之由ニ付或は拝唔之機会も可有之其節小生之立場可申上とも存居候ひしも兎も角一応御返事申上置候方可然と存候儘一書拝呈之事と致候。

坂田君とは先日（日は失念）面会致候も御示之件ニは毫も触れず小生も無関心ニ打過相分れ申候。

河井君之事は御尤と存候へとも仝君之退官せられ候以前岩田君より坂田氏之事ニ付依頼有之当時多少推薦を試みたる事有之、云はゞ先口と云ふ様な関係と相成居候故順位を顚到《（ママ）》してと申す事は小生としては誠ニ困惑致候事情有之其辺可然御諒承願上度候。尚又小生現職ニ移り候後は人事ニ関しては政府側より相談を受け候場合之外は可成申込を避け事情不得已場合ニ於ても軽く希望を述ふる丈ニ止め居候。而して近衛首相ニ対してはそれすら今日迄一言も申出居らず候。小生之此心構は筆紙ニは難悉、拝眉之機、委曲可申述存居候。

戦局拡大前途之見透困難、日夜只々苦慮罷在候。

右乍延引一先拝酬迄如此ニ御座候。草々頓首

九月二十五日

湯浅倉平

伊沢賢台侍史

〔註〕封筒表　豊島区西巣鴨町二丁目二五一七　伊沢多喜男様貴酬親展。同裏　牛込区中町六　湯浅倉平　九月二十六日投。年は消印による。

10　7日

拝復　深霖連日当地でさへ単衣にては寒さを覚へ候程ニ候へば貴地之冷気は左こそと拝察仕候。併し益御清健之段欣賀此事と奉存候。扨御来示之趣拝承仕候処小生三人之中二人之孫を携へ当地ニ先発、湿疹ニ悩み居候末之孫を愚妻ニ托し日々専門医ニ通はせ全癒次第当地ニ参る予定ニ致置候処湿疹之全癒と前後し消化不良を起し更ニ他之専門医之下ニ日々通ひつゝ診療を受けしめ居候為当地と東京とニ夫妻別居之状態ニ有之。其為東京ニは日帰又は一泊程度にて時々参り候へとも当地之方も長く不在と致兼候事情御諒察被下度尤も愚妻之許ニ残し置候孫も昨今薄き粥を許さるゝ迄ニ回復致候故来月初頃ニは当地ニ参り得べきかと存候。愚妻当地ニ参り候へば小生貴地ニ参上差支無之候間其迄御待被下候か或は又要急之件ニ候はゞ東京迄御下向被下候はゞ一泊程度にて小生も上京拝晤可仕候。御都合いかゞ、重て御示被下度候。対支関係、政府之施措愈出て愈よ愚、国難を招来せすやと憂慮罷在候。依例石塚添田氏等之蠢動何之事やら分り不申出来損之様子ニ御座候。溝口抔云ふ手合を相手ニすれば席次問題仝様之馬鹿を見る事と存候。田中清次郎君過日当地ニ参り両三日滞宿雨ニて閉口致候が二十三日ニ漸く出漁鯵百五十雑魚三十八を獲申候。恰も東京へ往復致候為御返事相遅れ申訳無之候。当地配達僅ニ一回東京より之手紙が朝鮮ニ行く位かゝり候。　敬具

七日　倉平

伊沢老契侍史

〔註〕封筒表　長野県軽井沢町一〇三二一　伊沢多喜男様親展。同裏　相州三浦郡西浦村秋谷　湯浅倉平。

湯河元臣

1　大正15年4月3日

拝啓　春風駘蕩之候先以愈御清勝欣喜不過之候。然は過日ハ茅屋へ御光臨を蒙り旧誼を忘れさる御芳情感佩之至ニ奉存候。折悪く散歩不在中ニて闕礼只遺憾此事ニ御座候。其後早速参堂御礼旁久濶拝叙可致と存居候処俄之御帰任新聞ニて承知大ニ落胆仕候。小生義多年之宿痾も以御蔭昨今漸

く一掃し身神意気前日ニ陪し候間乍余事御休神被下度候。殊ニ往年之同僚諸君多年之苦節其効空しからす昨今各方面ニ雄飛し君国之為め尽瘁被成候事欣快無此上日々新聞を精読し興味と期待とを以て前途之成効を祈居候。回顧すれハ最早十年一昔と相成曾て参政官之制度始て実施相成浜口下岡之両次官各其省之参政官ニ特任相成候際内閣翰長法制局長官警視総監鉄道院副総裁各省次官の常連築地新喜楽ニ会し送別会相催候席上小生ハ画箋紙ニ諸君之署名を乞ひ候事有之貴下之ハ㊀伊㊁、浜口氏之ハと有之其他多くハ華押ニて詩句抔致し候もの一二有之候。小生ハ当夜帰宅後

　此十三人是皆当世有為之材也。若夫レ爾今十年之後之を披けハ或ハ大臣大将たるものあらむ或ハ不幸黄泉ニ帰する者あらん而して予も亦其栄枯之跡を見るを得可き乎。

之意味を漢文ニて記し置候。此珍しき紙片ハ時々之を取出して当時を偲ひ児曹輩ニも示し談柄ニ供し居候処昨年恰も満十年と相成恰も好し小生宿痾も殆と復常致候故右記念日に諸君を新喜楽ニ御案内申上懐旧之一会相催可申と存し近所之下岡氏ニ相談致さんと存居候際同氏ハ俄ニ朝鮮へ赴任となり引続き痛恨之結果と相成荏苒今日ニ至り候。依て本年ハ議会之終了を待ち貴台ニ御相談可申多分桜花之季節中位ハ御滞京と予測し又々時機を失し誠ニ残念ニ存候。何れ此次御上京之際こそ十分可得貴意と存候。茲ニ御厚意ニ対し深く御礼申上余談として下らぬ繰言申上候。時下珍重為邦家千万御自愛御祈ニ御座候。　草々敬具

大正十五年四月三日

鵠沼晩翠居滞在中　湯河元臣

伊沢総督閣下

尚々一両日滞在之為め鵠沼に参り候

〔別紙〕

伊沢総督来訪不逢賦此表謝二首

草木生光忽値春雀羅門内見朱輪青雲故旧知多少高誼如君有幾人

一樽猶未与君同船向煙波縹緲中我病方癒余意気何時更運語深衷

政　遠洋漁史甫草

〔註〕封筒表　台北台湾総督官邸　伊沢多喜男殿私信親展。同裏　東京市外上大崎長者丸　湯河元臣　四月四日　相州鵠沼投函。

湯沢三千男

1　昭和18年1月2日

謹啓　年末発病致し候節は御心配を賜はり拙宅迄御来駕御

見舞を忝ふし御厚情の段深く感激仕り候。其の節仰の如く天賜病の趣旨に則り当地に参りてよりハ連日の好天気を幸として一二時間の散歩を日課とし体力の恢復に努め候処どうやら新春早々再起御奉公出来得る自信つき候間四日より出勤の覚悟に御座候。何卒御放念被下度候。
寿を新にし未曾有の年を迎へ先生の御勇健を祝し茲に御礼御挨拶申述度如斯御座候。　敬具

一月二日　　於天野屋　湯沢三千男

伊沢多喜男様御座右

〔註〕封筒表　伊豆伊東町中村別館　伊沢多喜男様親展。同裏　神奈川県湯河原天野屋旅館方　湯沢三千男　二日。年は消印による。昭和(18ヵ)年1月4日付湯沢三千男宛伊沢多喜男書翰を同封。

湯本武比古

1　大正12年8月19日

拝啓　残炎酷しき折柄に候へども御地は此の苦悶もなく平に御渡りの事と奉喜候。小生は例の大学問題の為め日々夜々焦熱地獄に落ちたる思ひを致し居り申候へども幸に一大段落を付け一安心仕候呵々。偖大谷氏より御送り相成り候写真及び書付け御授与被下拝見仕候て愈々武雄には過ぎたるものと感じ申候。本人も子細に拝見候ハヾ只々意外の感に打たるゝ儀と存じ申候。本日早速彼れの許に送り遣はし申候へば熟考の末何等か申来たる事と奉存候。当時三男君も渡欧の折柄なれば同君にも本人と話して貰ふ覚悟に御座候。先は右御返事申上度匆々の際如斯に御座候。何卒大谷氏へもよろしく御申上被下度候。　頓首

八月十九日　　武比古

伊沢尊台侍史

令夫人始め御一同へもよろしく三郎参上御厄介に相成り候段奉謝候。

〔註〕封筒表　長野県軽井沢町旧道五三三　伊沢多喜男殿親展。「湯本武雄君結婚関係」。同裏　東京府下荏原郡大井町千百九十三番地　湯本武比古　大正十二年八月十九日。

2　大正14年5月2日

拝啓　御渡台後直ちに被下候御書は殊に嬉しく被感候まゝ特に保存いたし置くべく妻に命じ候。其際御返事をと存じ候ひしか筆執る事不叶失礼いたし本日新聞にて昨日御発台の事承知候まゝ始めて執筆いたしたる儀に有之候。御判読被下度候。新聞は去る十日より一昨日即ち先月中一行も不読書は本日初めて執筆如斯に御座候。

医者は中毒に続きて中風其の他の考。病陸続せずやと切りに案じ居り候へども幸に発熱も不致今日に及び候へば遠からず全癒再び従前の如く活動出来得る事と楽しみ居り候。余は武雄其の他より御聴き取り被下度奉希上候。早々不尽

五月二日

武比古

伊沢総督閣下

〔名刺同封〕

伊沢ぬしが台湾総督に任ぜられたるを祝ひて詠みておくれる

大君のまけのまに〳〵高砂の島平らけく治めてよ君

湯本武比古

東京府荏原郡大井町字金子六二〇六番地

電話高輪二五六〇番

〔註〕封筒表　市外西巣鴨町宮仲　伊沢多喜男殿。同裏　市外大井町六二〇六　湯本武比古　五月二日。年は消印による。

楊肇嘉・劉明電

1　昭和　年11月6日

拝啓　秋涼の折柄益々御健勝の趣き奉大賀候。

陳者台湾重要物産調整委員会は去る九月三十日東京に於て開催以来其の間特別委員会の設置により台湾移出米管理に関する具体案を審議中のところ愈々成案を得十一月七日調整委員会総会を開き決定する運びと相成居るやに承り居候。

本問題については曩にお手許まで差上候し陳情書により小生等の愚見を申述候如く台湾移出米管理案の実施により台湾米の減産免れず戦時食糧確保に不安を招来し移出米の下落は勿論のこと台湾島内消費米を始め甘蔗買収価格其の他農産品の値下を来たし台湾の経済並に社会に非常なる損失と打撃を与へ台湾統治上頗る悪結果を来たすものと懸念致居候。殊に今や非常時局下に有之台湾島民も深くこれを認識し一致協力現下の国難に殉ぜんとする際本案は台湾島民に無用の刺戟を与ふるもの故この際生活と人心の安定を期する見地よりこれが提案を極力避くべきものと信じ居候。

本問題は台湾島民の経済生活に重大なる関係有之に拘らず台湾総督府は台湾島内に於て一切の輿論を禁止致居候ため台湾島民は其の思ふ所を開陳するの機会無之誠に残念至極に存居候。

茲に委員会総会に於ける真摯なる御審議を期待する次第に御座候。幸に台湾島民の輿論の趨向に対し無声にお耳を傾けられ簡単に片附けらるゝことなく慎重御検討を得ば台湾島民の幸福これに過ぎるもの無之候。

先は取急ぎ右御願旁得貴意度如斯に御座候。

十一月六日

楊肇嘉

劉明電

伊沢多喜男先生侍史

〔註〕封筒欠。タイプ。

横光吉規

1　4月6日

拝啓　過日ハ御寵遇を辱く致し誠に難有度々の事とて恐縮の至り常に感激に堪へさる次第厚く御礼申上候。

同夜予定の通り十一時過ぎに伊東千春館に到着致候。四畳半に押し込まるゝ覚悟の処八畳の座敷次の間付に案内され人違てハないかと存候処さすがハ静岡県御領内だけあって市長様の難有さを痛感致候。同時に御茶代の高くなった事も痛寒《ママ》致候。

翌日ハ石井光次郎君と雨の中をプレー致候。同君とは二年振りの事にて久方振りの愉快も雨の為流され申候。夕方ズブ濡れにて帰り湯に入り風を引かない用心に直に寝て終り申候。御電話を頂きたる時は既に床の中の事にて失礼致候。

却説御来演の件に付てハ帰来御芳墨を拝誦御来旨一層了承致候。

当市にてハ十日頃市内在住の貴衆両院議員、県会議員、市会議員の各派幹事等の参集を求め予め下相談を致す予定に御座候。御来演の当日ハ右の人々の外に商工会議所役員等十数名参会の手筈に御座候。

然して御話を承りたる後の当方の段取り適当なる日に市会協議会を開き運動委員を選定して信州地方の代表の方々と共に日を定めて鉄道省並に農林省等に運動開始致度き存念に御座候間御含み下され度候。

猶御来演の節伊奈地方の有力者数名御同伴下さる事を得ば更に結構と存候。

別便にて当市が嘗て鉄道速進に就て運動を為したる書類を御参考迄に御送り申上候。

右御礼旁々御返事迄に御座候。　敬具

四月六日

横光吉規

伊沢多喜男閣下御机下

〔註〕封筒欠。

横山助成

1　昭和10年5月15日

謹啓仕候。

一昨日電話御願申上候通り来ル二十一日（火曜日）正午築地新喜楽へ御越相成候様致度奉存候。水野、望月、秋田三氏も参席の御承諾ヲ致申候。

五月十五日　敬具

横山助成

伊沢先生虎皮下

〔註〕封筒表　市内西巣鴨二ノ二五一七　伊沢多喜男様親展。同裏　小石川区丸山町二十一　横山助成。年は消印による。

吉田　茂

1　昭和(20)年12月5日

拝覆　過日ハ電話の行違ニて小生ニハ急ニ伊東ニ御立ちの様ニ秘書官より貴電話申伝候。同夜御尊来を得ざりしを遺憾と致候。東京の御宿ハ当官舎辺で我慢御出来候得は喜て室提供可仕無御遠慮御出可被下候。

扨て政界の情報ハ小生素人通暁不致候得共ポツダム宣言ニハ民意ニより平和的責任内閣出来ぬ迄ハ進駐軍我国より撤退せずと有之撤退せぬ限我独立、主権ハ回復せず。主権回復か第一とせハ責任内閣の成立を急速ニせさるへからす。此為め老首相ニハ御気の毒千万ニ候得共右成立を早め候為ニ老軀をも煩ハさるを得す。小生専ら之を力説致候得共直ニ其快諾を不能得昨今甚た焦心苦慮罷在候。過日大平翁ニも勧説依頼致置候次第も有之老閣の如き政界之通人として平生御懇意の辺より是非ニ為国家更ニ御勧説相煩度奉切願候。書余ハ拝青ニ譲り焦慮の余此書不敢取走筆乱書御寛恕奉願候。　頓首

吉田生

伊沢老先生侍曹

十二月五日朝

〔註〕封筒表　伊東中村別邸　伊沢多喜男様必親展。同裏　麻布区市兵衛町二丁目八九番地外務大臣官邸　吉田茂　十二月五日朝。年は内容による。

2　昭和(20)年12月17日

拝啓　過日御光来何んの風情も無之失礼仕候。扨て近衛公之事又云ふに忍ひす嘸かし老閣御愁嘆の事と奉存候。誠ニ惜しく仕候。何れ拝晤の日故公の追懐ニ往事を忍ひ度と奉存候。

扨て又昨今之政界分けて共産系の活動可恐右ニ付高木海軍

少将老閣往訪依頼致置候。仝君ハ故近衛公其他のゆかりの人にハ御承知と存候。其節御引見御懇談願上候。先ハ右之為一筆奉敬具候。

寒さ別して御自重奉万祈候。　敬具

十二月十七日　吉田茂

伊沢老先生侍史

〔註〕封筒欠。年は内容による。

3　昭和21年7月10日

拝復　唯今議会中ニて内相貴地参向ハ六ケ敷就てハ来栖三郎君へ貴意御伝願上候。尚来栖君身上の事兼々同人間ニて常ニ気ニ懸居候得共戦争裁判関係上余り目立たしめさる方同君の為と存し手控致居次第ニ有之御含迄。乍末筆折角御自愛可被下候。　敬具

十日夕　吉田茂

伊沢老先生侍史

〔註〕封筒表　信州軽井沢　伊沢多喜男閣下親展。同裏　麻布市兵衛町二ノ八九　吉田茂　七月十一日。「七月二十五日受領」年は消印による。

4　昭和　年7月26日

拝復　暑気難堪愈々御壮剛恐悦至極ニ奉存候。扨て退任以来性来之懶怠益々相募り唯閑是楽居候処浮世之義理ニて在京の建前を取るの不得已ニ到り遂ニ荻外荘ニ昨今居候仕候。侯爵家ニハ迷惑千万と万々拝察仕候得共居候置いて合ハす居て合ハす本人決して楽ニも無之呵々。故公泉下ニ苦笑せられへく候。秋涼と共ニ国家再建の為全国遊説の覚悟ニて目今努て鋭気を養居到底山登遊山なと思ひもよらす御いん居様ニハ暑中精々御静養可相成候。秋晴の頃御気焔更ニ拝聴可被仰付候。　草々頓首

七月二十六日　吉田茂

伊沢老先生侍史

〔註〕封筒表　長野県軽井沢　伊沢多喜男様親展。同裏　荻窪荻外荘　吉田茂　七月二十六日。

5　年月日不詳

拝啓　其後御起居如何奉伺候。扨て我治安状態誠ニ近時可憂分て共産分子の活動頓ニ活潑を加へ来最近ハ米国側も頗る関心を有し来れると共ニ何故ニ警察機関の鎮圧更ニ効果を挙け得さるにや我政府の能力さへも容疑の態ニ有之。就てハ閣下より当局之注意を促かされ帝国治安の為一層の努

力効力を発揮致候様御力添切望ニ不堪。此儘ニせハ一内閣の運命ハ兎も角騒擾にして収拾付き兼ぬるような事態発生するに於てハ対米干係ニも関係可致憂心此事ニ候。今日来訪の内田君ニ委嘱閣下の格別の御配慮相仰候様依頼致事ニ候。書余拝鳳万縷の心得ニ候得共不取敢此段得貴意候。敬具

吉田生

伊沢老先生侍史

〔註〕封筒欠。

吉野作造

1　大正(12)年9月30日

謹啓　本日朝日夕刊所載火災保険金支払問題ニ関する御高見拝誦仕り御同感の余り書面を以て敬意を表し候。小生も当初より御高説と全然同様の意見を有し候のみならす政府補助強要論の横暴に対してハ少らす憤慨罷在ものニ御座候。某大新聞ニ一度短文を寄せるも最高幹部の所見と異るとやらにて突き返され心中私かに残念の情をもやし居候折柄御意見の御発表ニ接し聊留飲をさげたるの感有之候。大震災善後会にてハ一人の賛成者もなかりし由ニ候も我々仲間の中ニハ同感の士不尠乍憚此点御了承の上更ニ御奮闘奉願度失礼をも不顧一書捧呈申上候。時節柄御自愛を祈り候。

草々

九月三十日

吉野作造

伊沢多喜男殿

〔註〕封筒表　巣鴨宮仲二五一七　伊沢多喜男殿。同裏　東京市本郷区駒込神明町五二七　吉野作造　九月三十日。年は内容による。

吉野信次

1　昭和13年7月28日

暑中御起居如何ニ候哉。過日は業々亡兄の書翰写し御送り下され彼に関する追憶の機を与へ下され御礼申上候。昨今の時勢に於て彼の立場如何あらむかと時折思出され苦笑を禁じ得さる事有之御送附の写ハ先生の御手紙と共々永く蔵しおく可く候。

何れ拝眉の機を得て万々申述ふ可く候へども右不取敢。

七月二十八日

吉野生

伊沢先生侍史

〔註〕封筒表　豊島区西巣鴨二丁目二五一七　伊沢多喜男先生。同裏　東京市渋谷区神山町五十四番地　吉野信次　昭和十三年七月二十八日。

米原章三

1　昭和7年10月18日

拝復　時下金風颯々之候弥々御壮栄ニ被為入奉南山候。却説不肖這回貴族院議員ヘ当選仕候処早速御祝詞ヲ忝ウシ御芳志洵ニ難有御厚礼申上候。于ニ小生所属会派ノ件ニ関シ同成会ヘ入会方曩ニハ次田大次郎（ママ）殿態々御来鳥御勧誘ニ相接シ今又御懇書ヲ賜ハリ正ニ拝誦仕候。然ル処本件ニ付テハ嘗テ研究会ヨリモ交渉ニ預リ居リ候様ノ実状ニ有之何レ上京ノ上ニテ諸先輩各位ノ意見ヲ伺ヒ其ノ上ニテ決定仕度存念ニ有之候条ニ候。御諒承被下度候。右御礼旁々御回答申上候。　早々敬白

十月十八日　米原章三

伊沢多喜男様侍曹

〔註〕封筒表　東京市豊島区西巣鴨二丁目二五一七　伊沢多喜男様侍曹。同裏　鳥取県智頭町　米原章三　十月十八日。年は消印による。

米山梅吉

1　昭和14年7月6日

拝啓　愈暑気相覚ヘ候処御障無御座ことゝ存上候。近衛公には一昨日面晤緩々清話の機を得候。御厚配奉謝候。例の入会の件は御諒解願上候通りニ御含ミ置可被下候。何れ軽井沢ニて御目ニ懸り可申候。　早々不備

七月六日　米山拝

伊沢老台侍史

〔註〕封筒表　豊島区西巣鴨二ノ二五一七　伊沢多喜男殿御直。同裏　東京市赤坂区青山南町六丁目百十六番地　米山梅吉。年は消印による。

2　昭和17年9月3日

拝啓　其後御起居如何哉。先日ハ御書難有拝見直に神経魂飛し居候処老台之御逗留中ニ其処ニ参ることは最早断念候。原議長已ニ帰京之由。枢府大分御用も有之ことニ存上候。老台之御帰京を待ち第一ニ相伺又申上度こと多々有之候。政治は大局より見さるべからす殊ニ今日の如き非常時ニ際しては制度又ハ改組ニ属する様のことは見合ハセ置度相考候。真剣ニ相成候国民ハ却て惑ふことに可有之簡素化など申候こと如何なものか。強て何か称呼の要あらハ小生ハ質実化とでも申度候。近来兎角字□ニ苦労する風あり不必要ニ存候。真ニ此大戦争完遂の為めニハ総てを忍ふべしと云ふことニて足り可申余り宣伝の後注釈的ニならぬ様致度も

のニ存候。制度其ものを改めさるも非常時の最中故一寸ナ便宜ハ如何様も取扱得べく被存候。余在拝眉。

早々不備

九月三日

米山拝

伊沢老台

〔註〕封筒表　信州軽井沢町　伊沢多喜男殿御直。同裏　東京市赤坂区青山南町六丁目百十六番地　米山梅吉。年は消印による。

3　昭和(20)年4月28日

啓　東京尊家遂ニ兵火ニ被為罹候趣御気の毒之至ニ奉存上候。何時何処ニ如何なる災難ニ出会せんも難測ことハ覚悟ハ罷在候も愈御目前て頭上ニ落掛り来り候こと今更喫驚候。敵ハ空中より微細を洞見致居候ニ国民の一向災害の迹さへ知悉する能ハさるは遺憾ニ候。度々其地ニ出ケ居候老生身体今ニ不自由ニ候へ共熱海ニは医師の関係も是あり時々出向く要も有之候ニ付其中御尋可申上候。当地へも御越シ願度候へとも乗物其他不便を極め候に付老生が熱海ニ参候方便利ニ候。余拝眉ニ附候。

早々不尽

四月二十八日

米山拝

伊沢老賢台座下

〔註〕封筒表　伊豆伊東町松原中村別荘ニて　伊沢多喜男殿御直。同裏　静岡県駿東郡長泉村下土狩　米山梅吉。年は内容による。

4　昭和20年8月8日

拝啓　曩日御書を忝くし小生若し軽井沢ニ来るの意あらバとの御懇示ニ預かり其儘御無沙汰打過候。小生健康益不如意到底貴地ニ出向可申勇気無之候。秋冷を待ち伊東ニ御戻りの頃御面晤を得度但戦局政局ハ其迄も此儘ニて推移致候ニヤ。二月二十五日降雪の中伊東ニて御交談致候問題ハ依然として少くとも老台と小生との間ニは未解決ニ候。情勢甚タ不堪憂慮如何ニ懸賞などを以て国民歌行進曲など募集奨励致候とも如此ものハ附焼刃何之用もならぬことニ候。定めて色々御考も可有之避暑地と異なり当地の如は在来の農村其処ニハ所謂民本精神なるもの可有之筈の地ニて戦争ニ対する恐怖ハあり。併し何故ニ戦ふかニ付ては全く無関心の体ニ候。制局限されたる新聞紙ニよりて指導せんとすることの不徹底なるハ当然と存候。先ニ御自愛専一ニ被遊清涼剤御満喫の上御帰京願候。

早々不備

八月八日

米山拝

伊沢老賢台座下

〔註〕封筒表　長野県軽井沢町一〇三二　伊沢多喜男殿御直。同裏　静

岡県駿東郡長泉村下土狩　米山梅吉。年は消印による。

羅　万俥

1　昭和15年10月10日

伊沢先生侍史

昭和十五年十月十日

羅万俥

謹啓、去る八日小生蔡培火氏と共に秋田拓相を官邸に訪問し台湾問題に就き鄙見を開陳致しました。御参考迄にその要点を録し御高覧に供します。

一、米穀政策の一元化

1、現在台湾の米穀価格は内地に比べて一石に付き六、七円の価格差がある。之れは米管案実施当時台湾総督府当局が声明した「一石二円の鞘」とは非常な差である。

2、台湾殊に台中州下に於て去年来所謂輪作制度を実施し蔗作に適せず而かも米作に適する良田に対しても蔗作を強制して来た為め米穀生産能力を著しく低下し戦時下の食糧政策より見て憂慮に堪へない。

3、事変以来全島的に特用作物たる黄麻、蓖麻、小麦等をその地質の適、不適に拘はらず農民に割当栽培を強制した為め米穀産量の減少を来たし農民に非常な損失を与へて居る。

以上の実情に鑑み食糧確保の為め米穀政策の一元化は急務中の急務であると信ずる。

二、本島人の南方進出

1、南支南洋への進出は本島人の経済生活の向上を齎らす唯一の進路であり、台湾自身の人口問題の解決に最も合理的なコースである。殊に我が南方政策の遂行上、地理的にも人文的にも最適格者たる本島人をその先駆として動員する事は国家的急務である。

2、我が南方政策

我が南方政策の遂行上永年南洋にあって彼地の経済的実権を握って居る華僑の存在を無視する事は出来ない。彼等華僑と提携するには風俗慣習言語等を同じくして居る本島人は内地人よりも遥かに適して居る。

3、本島人の南洋進出の具体的方法として先づ内台人の資力を糾合し本島人の中堅智識階級を第一線に動員して日本商品の貿易を為さしめ、之れに依って経済的発展の足場を固め漸次他の事業に手を伸ばしむる様政府当局が之れを指導援護すべきである。

斯様にすれば台湾の人的資源を国策的に活用する事が出来るのみならず本島人の生活向上をも合せて得られる一石二鳥の上策であると信ずる。

三、台湾新民報に関して、

1、世上には往々台湾新民報が漢文欄を廃止した以上既でに特色がないから統制されても仕方がないと言ふ向きもあるが之れは間違である。漢文欄は勿論台湾新民報の特色の一つではあるが決してその全部ではない。台湾新民報は本島人の資本、本島人の人材を以って構成され、本島人大多数に依って支持されて居る点に於て特色があると同時に台湾統治上より見ても重大な意義を有して居る。

2、台湾新民報が右の様な特質を持って居るから我が国の南方政策の発展に連れて益々重大なる使命を負はせられて居る。則ち福建、広東等殊に将来南洋の華僑に対する我が国策の宣明と彼地に於ける言論の指導は内地人の手でやるよりも本島人の手に依ってやった方が遥かに好都合である。現に陸海軍並びに興亜院又は台湾総督府に依って南支に各種の言論機関が起され支那人の指導に当って居るがその首脳部は何れも内地人であって旨く支那人の心理をキャッチする事が出来ずその経営は必ずしも成功ではない。斯る仕事は内地人よりも凡ゆる点に於てよく支那人の心理を理解して居る本島人に経営せしめ又は経営上の協力者たらしむる方が成功へ導く所以であると信ずる。この意味に於て台湾新民報は南支南洋に於ける言論報国の人材の養成機関として頗る必要である。事変勃発以来新民報の養成した人材が十数名現に武漢、上海、厦門、汕頭、広東等に於ける我が方の言論機関に迎へられて活躍して居る。

3、我が南方国策の進展に連れて南方へ進出する人的資源は何んと言っても之れを本島人に求めなければならない。新民報は此の角度より見て、本島人の指導啓蒙機関として現在台湾の如何なる新聞よりも適格者である。単に此の意味に於ても新民報の存在は今後益々強化しなければならないと信ずる。

以上の各点に就き秋田拓相に申上げた処一々御共鳴を得たので小生は拓相と会見後、更に増岡東京憲兵隊長を訪問し同様の趣旨を申述べ同時に台湾に於ける新聞統制に対する新民報の立場の擁護方を依頼しました。尚ほ同氏より最近台日の大沢主筆以下幹部の大異動の真相を聴取する事が出来ました。それに依ると台日幹部異動の真相は台湾軍当局が予ねて台日の幹部や記者が総督府の金を貰って軍の内情を探り之れを総督府に報告して居るのを心よく思って居ない上に軍に関する記事を故意にその取扱ひ方を粗末にする傾きが顕著となった為め軍の激怒を買ひ遂ひに爆発して今度の事件の発生を見たとの事である。小生はこの消息に鑒み台日は今や非常な傷手を負ふて居るから台湾の新聞統制に対する督府《（ママ）》現当局の態度も若干変更を余儀なくされたのではないかと思はれます。殊に新民報を潰すことは当分容易に手を下し得ないのではないかと思ひます。

尚ほ小生の友人林正亨氏（秋田拓相の知人）より聞く処に依れば秋田拓相は新聞統制の問題は用紙の関係から企画院とも密接なる関係を有するものであるから新民報の人も企画院によく事情を申上げて連絡を取るとよいと言はれた想《（ママ）》である。

〔別紙〕

杉原佐一氏談

（杉原佐一は杉原産業社長にして恒産あり夙に軍部方面との連絡を有し広東南京方面にも往来し就中上村台湾軍参謀長並に杉原台北憲兵分隊長とハ親交の間柄にあるものなり）。

東洋新聞（旧名東亜日報）主筆八幡持堂其他ハ森岡総務長官了解の下に同社主催総督府並に軍司令部後援の下に台湾各地に於て漫画展覧会を計画し総督府は補助金五千円を約束し西村総督府企画部長名の公文書を以て島内銀行会社民間有力者に対し金額を指定し寄付の勧誘をなしたる処従来台湾統治に対し何等裨益せる処処《（ママ）》無きかゝる新聞紙に対し（過ぐる議会当時米管案反対を国賊行為として諸紙に煽動的記事を掲載したる際軍司令部は対支政策上かゝる記事は寧ろ利敵行為として取締を要するものとして拓務省に抗議せる事実あり）この総督府の態度を穏当を欠くものなりと憤慨し軍司令部は何等本件に関係を有せざる旨を公表せるを以てこの計画は沙汰已みとなれり。以上。

因に八幡持堂並に同紙執筆担当記者二名は星製薬の準社員として生計を立て居るものゝ如し。

〔註〕封筒表　豊島区巣鴨二丁目二五一七　伊沢多喜男先生侍史。同裏　東京市麹町区丸ノ内三丁目十二三菱仲三号館ノ二号三階十二号室台湾新民報社東京支局　羅万俥　昭和15年10月10日。

2　12月2日

拝啓　初冬の候益々御清康の段奉慶賀候。陳者この度本社林主筆上京中は種々御指導御高情に預り一同感激致居り謹んで厚く御礼申上候。就ては例の呉君の件に関しこの際東京を去り難き実情は林主筆の齎らしたる説明により充分諒承仕り候。さりとて当地の四囲の事情も併せて深慮せざるべからざる苦境にあり。小生の意向としては此際矢張何とか円満解決致度存居候。従って大局的見地とあらゆる角度より視察して此際御高見の連絡機関の如き団体を創設し呉君をしてその事務に当らしむる事も誠に適切緊急事かと被存候。幸にして正月匆々迄に実現し得れば呉君の件も自然円満に解決し得べく大局上何よりの仕合せに奉存候。尚ほ具体的進行方法は御高見次第黄類清氏をして在京中の林献堂氏等とも相談せしめ而して一方小生は島内の同志と相謀り直ちに着手可致候間此上ながら何分の御高慮を賜り度重ねて奉懇願候。

敬具

十二月二日

追て別包高麗人参少し許り精気御増進の意味に於て及進呈候間何卒御笑納被成下度御願申上候。

羅万俥

伊沢先生御侍史

〔註〕封筒表　伊沢先生　托黄類清氏。同裏　台北市大正町　羅万俥。

劉明朝

1　昭和6年3月31日

謹啓　時下春暖之候閣下の御機嫌は如何に御座候哉御伺申上候。降て小生儀御蔭を以て無事消光罷在候間余事乍ら御安意被下度候。陳れば甚だ突然にて恐縮の至りに堪へざれども再度小生の身の上の事に就いて閣下に御願申上度奉存候。小生儀閣下の異数なる御抜擢に依り去る大正十三年新竹州勧業課長を拝命致候ひしより八年間同一場所に居り同一職務を執り其の間同輩又は後輩の者は或は総督府事務官になり或は警察部長になり夫々栄進致候へども八年間其の儘現状を維持せるは小生一人のみ甚だ僭越なる申分に御座候へども世間に対して全く面目無之竊かに汗顔に奉存候。承れば台湾に於ける官界の異動は来る四月中に有之候由誠に無理なる御願に御座候へども此の際閣下の御尽力を借るに非らざれば現状を打開すること相当に困難なることと奉存候間閣下政務御多忙中にて恐懼の至りに堪へず候へども是非太田総督閣下高橋総務長官閣下に小生の事を御推薦下され度偏に奉懇願候。殖産局或は専売局又は内地の拓務省の何れにても宜かるべく候間何卒宜敷御願申上候。先づは不取敢平素の御無音を謝し併せて重ねて御依頼迄如斯に御座候。

敬白

昭和六年三月三十一日

劉明朝上

伊沢多喜男閣下侍史

〔註〕封筒表　東京市外西巣鴨町宮仲二五一七　伊沢多喜男閣下親展。「栄転熱望ノ件」。同裏　台湾新竹市旭町官舎　劉明朝　昭和六年三月三十一日。

林献堂・羅万俥

1　昭和(7)年1月14日

粛啓　其后御無沙汰に打過ぎ失礼仕候段御宥恕の程願上候。時下厳寒の砌先生には定めし御健勝にて邦家の為め御尽力の御事と奉拝察候。降て小生等御蔭を以て恙なく消光罷在候間乍憚御放念被下度候。

陳者兼てより御高配を仰居候日刊発行の件につき督府に出願中の処意外にも島内一部内地人より盛なる反対を受け候ひしも幸に太田総督閣下を始め関係官憲各位の御英断の結果既に本月九日付にて許可指令書を交付せられ一同歓喜致居申候。惟ふに本件の解決は前述総督及び其他各関係当局各位の御英断に依ると存申候へども若し懇切なる先生の御指導を蒙申候はずば頑迷なる一部の空気に禍されて到底此の時期に断行せらるべくも御座なく候と存申候。誠に本島発達の為め感謝に堪へず候。今後とも此上乍ら一層の御指導を仰度内台融和実現の御主旨と先生の御期待の報なるやう経営に努力致度存じ候。何分万事不馴れの上に今后の状勢如何に依りては種々困難多かるべき儀と案じ居候間乍恐縮何卒常に御援助御示教を賜り度伏して願上候。

就ては小生等に代り御礼言上旁社務を帯びて蔡培火君近日上京可仕着京の節は何卒御引見被下様謹みて願上候。

右先づ乍簡略御礼申上度如斯に御座候。　敬具

一月十四日

林献堂　頓首

羅万俥　頓首

伊沢先生侍史

〔註〕封筒表　東京北豊西巣鴨二五一七　伊沢多喜男先生侍史。「台湾新民報創刊の件」。同裏　台北市下奎府町一ノ一五〇　林献堂。年は内容による。

林　献　堂

1　昭和9年7月10日

伊沢先生電覧

時下炎暑の砌愈々御清祥に被為渉邦国の為め謹賀し奉ります。小生今春上京の節は御多忙中にも拘らず態々御引見を賜はり其の折特に今後の満洲経営策を建てる参考資料として過去に於ける台湾統治の治績に関し管見を具申せよとの御下命を辱うして恐縮に存じました。迂拙庸愚小生の如き到底奉答致すべき何等の見解も御座いませぬが唯斯くまで常に国家の向上発達を念慮せられる先生の御忠誠に深く感激致し甚だ浅薄なる鄙見の一端を御下命に甘へて敬陳致します。孤島僻隅に蟄居して大勢に通ぜざる小生の浅見なれば素より一顧の価値なきもので御座いまして切角の御下問

に対し偏に恐縮に存ずる次第で御座います。実は帰台後早速御答へ申上ぐべき筈の処小生一個の私見を以て直ちに御答致すの軽卒なるを思ひ平素互に深く語る島内各地の友人等の所見をも参酌の上にて考へました為め遂に今日まで延引致しました。何卒御宥恕の程願上げます。

過去四十年に亙る帝国の台湾統治は一言で率直に申せば一視同仁の聖旨に対しては失敗であり在台二十余万の内地人本位の殖民政策としては成功したと申すことが出来ます。歴代総督は専ら内地延長を説き内台一体として融和すべきを高調せられたが事実却つて当局者特に民間内地人の民族的優越感が強く統治の大勢を支配して教育的政治的経済的各般の施設に互り内台人の差別を厳にしその結果本島人の民族的意識を鮮明に刺激挑撥した情勢であつたことを痛感致します。

一、教育的差別

国語普及を統治の一大目標となすことは当然でありますけれども余りこれに偏重して遂に智的精神的発達を軽視し殊に全然台湾，語‘及漢文の必用を無視して本島人大多数の実生活の便益を度外視するの結果一少部分普通高等教育を受くるもの丶外内台人の智的精神的懸隔甚だしくなりつ丶ある状態に馴致したのであります。義務教育の実施に当局は積極的でなく中等諸教育の施設でさへ甚だ欠乏して目下は入学志望者の三割も収容出来ない有様で入学難の声全島に満ちて高等諸教育機関に於ける在学数は本島人かへつて内地人に及ばざる奇現象を呈しました。

特に台湾語を無視して細民婦女子の智的精神的修養の機会を閉塞すること漢文の学習を抑制して海外発展の能力を無にすること此の二点は大にしては精神的頽廃を来し小にしては生活手段を奪ふ結果となりますので甚だしき錯誤であり将来の禍根たるべきを恐れます。

二、政治的差別

領土延長主義或は殖民地自治主義二者の何れを可とするかは別として我が帝国は立憲政治を国家の大策と確立致して居り一視同仁の聖旨遵奉を臣民の本務として居りますので速かに台湾の政治を立憲政治の大道に立返らせることは最も緊要であります。然るに始政四十年の今日尚ほ一方に中央参政の途を開かず他方に台湾議会開設の提議を極端に害毒視して排撃の手を緩めない更に地方自治制度の本格的実施でさへも決行を躊躇するに至つては如何に一視同仁の御主旨に忠実なりと弁じ立て丶も甲斐なきことに終りませう。上の好むところを民衆が倣ぶと謂ふのが真理ならば従来に於ける当局者の言行不一致の多きは甚しく民心の帰向を害すると謂はねばなりませぬ。台湾の政治を中央参政によらしめるか台湾議会によらしめるかその何れでも帝国為政者の自由裁決で出来るから速かに本国の立憲政体に合せしめることが即ち一視同仁の聖旨に忠実なる所以であり現状の儘に引止めることは即ち台湾を本国より差別するものであります。若し更に政治上に於て内台を差別した顕著の事項を例挙致しますと保甲制度の如き警察制度の如き司法制度の如き特に人材登庸の如きは誠に露骨な差別不平等待遇であつて一視同仁の方針を島民に理解せしめることは到底及ばぬことであります。

三、経済的差別

過去に於て本島人自身による商事会社組織を許可しないことや又現在でも尚ほ南支への商用に本島人のみに旅券制度を適用すること等は本島人の経済的活動を可なり拘束したことは申すまでもありませぬ。砂糖原料買売の区域制度の如き又買手たる製糖会社が勝手に価格を定むるが如き珍現象は地主農民を通じて不利益たることは明瞭な事実であり芭蕉の強制委託販売、鳳梨鑵詰の共同販売組織、嘉南大圳なる共同水利組合の如きは何れも中間利得の特権を許容し本島人の利益を侵害するものであります。総督府主管の専売事業たる阿片、煙草、酒、樟脳の利権に至つては極めて公明の取扱を失し殊に此の専売制度と警察行政に一脈相通ずるところある仕組を以て継続せしめることは大なる乱脈を構成する所以であります。

以上三項に亙つて申述べましたのは唯だ従来の政策の一班を例挙して一視同仁の聖旨に反したる実証として記したに過ぎませぬ。若し夫れ各地に行はれた製糖会社等の土地強制買収や山地に於ける土地所有権強制移転の如きは過去の事実として尚ほ島民の記憶に残つて居ります。小生は幸に父祖より多少の恒産を遺されて先づ一身一家の生活安定を得た為めか久しき以前から台湾と帝国の永久的関係に心を用ふるの余裕を与へられ前記真なる内台融和に反した統治現象を深く憂へるもので御座います。微力不徳の致す処遺憾千万で御座いますけれども夙夜怠らず利鈍得失を超越度外視して愚誠を中央貴顕の間に披瀝して茲既に多年未だ些少の反響をも現し得ませぬのは邦家の為め誠に憂慮の至りで御座います。此の間独り先生と真正の内台融和を計り共存共栄の一端緒たる日刊新聞の実現に協力致し得たことを欣幸同慶に存ずる次第で御座います。

満洲と台湾の事情は自ら相違する処ありますが台湾に於ける一視同仁、共存共栄の大方針を実質的に貫徹遂行することゝ尚ほ若し南京政府の統一工作に援助を藉し得ば難関は蓋し突破せらるることと愚考致します。

甚だ簡単にして率直に過ぎました右の愚見を先生の御前に敬陳致し幸に御尊覧を願ひ得ば欣幸の至りに存じます。在台内地人少数者と本島人の利害背反があつても帝国全体と台湾の存在は永遠に一致すべき筈と確信致しますから敢て愚誠を尽して已まざる次第で御座います。何卒先生が愛国愛民の御忠誠を以て従来の趨勢を善導せられますやう懇願し奉ります。　頓首謹言

昭和九年七月十日　林献堂

〔註〕封筒表　東京市豊島区西巣鴨町　伊沢多喜男先生御直披。同裏　台湾台中霧峰　林献堂。

2　昭和11年

謹啓　時下炎暑の候愈々御清祥之段奉慶賀候。陳者今春小生支那旅行中の言動に対し本島に於ては種々世間の誤解を醸し誠に恐縮の至りに奉存候。加之平素御愛顧に預り候先生にも御心配を御掛け申し何んとも申訳無之只管謹慎致し居り候。

何卒今後とも御指導賜り度伏して奉願候。

先は右御無沙汰の御詫び旁々暑中御見舞申上度如斯に御座候。　頓首

昭和十一年盛夏　林献堂

伊沢先生侍史

〔註〕封筒表　東京市豊島区西巣鴨町　伊沢多喜男先生。同裏　台湾台中霧峰　林献堂。

3　昭和18年1月22日

謹啓　戦捷に輝く新春を迎へ愈々御健勝の段邦家の為め慶賀至極に奉存候。

陳者平素一方ならぬ御指導と御愛顧を賜り感謝感激の至りに奉存候。

殊に台湾の事に関しては常に御高配を辱うし先日又御芳墨を賜り一層感佩に堪えざる次第に御座候。長谷川総督には台湾一家の長として不肖私の如き者をも御信頼被下種々懇篤なる御指導に預り居り候へば不肖私としても高度国防国家の建設に最善の努力を惜まざる次第に御座候。御蔭様を以て本島青年も元気旺盛に活躍致し居り本年度の特別志願兵の応募の如き非常に盛にして約壱千名の募集に対し数十万の応募者有之盛況に御座候。

唯惜むらくは遠隔の地故先生の直接の御大教を仰ぎ得ざる事を甚だ遺憾と奉存候。何卒今後とも御見捨て無く御指導御鞭撻の程御好意に甘く切に奉懇願候。

先づは右御挨拶旁々御報告申上度如斯に御座候。乍末筆御健康祈上候。　敬具

昭和十八年一月二十二日　林献堂

伊沢先生侍史

〔註〕封筒表　東京市豊島区西巣鴨町二ノ二五一七　伊沢多喜男先生。
同裏　台中州大屯郡霧峰庄霧峰一九五番地　林献堂。

4　昭和19年1月11日

謹啓　大戦果に輝く新春を迎へ愈々御多祥の段邦家の為慶賀至極に奉存候。

陳者久しく御無沙汰致し申訳無之候。台湾は内地にて御想像被下候よりは防空設備も完備致居り総督指導の下皇民奉公運動も活気を呈し居り候間何卒御休神被成下度願上候。本年は決戦の年に有之候へば国民一人残らず戦闘配置につく可き秋と被存候。不肖私もあらん限りの力を尽して御奉公致す覚悟に御座候間何とぞ倍旧の御指導と御鞭撻を賜り度伏して奉願候。先は右御挨拶申上度如斯に御座候。拝具

昭和十九年一月十一日　林献堂

伊沢先生侍史

〔註〕封筒表　東京都豊島区西巣鴨町二ノ二五一七　伊沢多喜男先生。
同裏　台湾台中州霧峰庄霧峰一九五　林献堂。

5　昭和20年1月13日

謹啓　新春に際し先生には益々御清祥の上国事に御尽瘁の段謹て奉賀候。

偖今回敵の呂宋島に対する強行上陸により戦局は頓に緊迫し皇国の興亡を賭する一大決戦は眼前に展開され皇民一億の総蹶起すべき時は正に来り候。曩に本島は軍政の渾然なる一致を期する為総督の更迭を見今後の新施政に対して島民一同大に期待致居候へ共仁愛深き長谷川前総督を失ひ候事は洵に痛惜に不勝候。過去数年間に於ける長谷川大将の功績は顕著にして皇民奉公会を通してその徳政は普く島内に及び島民の斉しく感謝致す所に御座候。

本島の統治に関し常に絶大の御関心を寄せられ候先生にはこの事に就き已に御承知の所と存候へ共中央政府一般にも是非知らしめ度本島に於ける為政者が皆長谷川前総督の心を心とせば内台一如の実は如何ばかり具現せられ候事かと存候。誠にこの重大時局に際しては大乗的国家見地より内台一如の障害を即座に芟除し以て国力を増強し皇民たるもの皆一丸となりて驕敵に当る様真の政治が望ましく候。この期に及んで尚弥縫を事とせば邦家の為誠に悔を千載に遺すものに御座候。過般の本島に対する処遇改善案も希くは微温的乃至は一部の階級的ものに終らずば幸甚と存居候。要は滅敵完勝の為に総力を結集するに足る公明の政治が待望されそれも急速の断行が絶対必要と存上候。

以上年頭の御挨拶を兼ね愚見の一端を披瀝致候。乍末筆謹

て御健康を祈上候。

昭和二十年一月十三日

敬具

林献堂

伊沢先生侍史

〔註〕封筒表　豊島区西巣鴨町二ノ二五一七　伊沢多喜男先生。同裏　台中州霧峰庄　林献堂　一月十三日。

6　昭和20年4月7日

拝啓　近来帝都に対する敵機の盲爆は愈々熾烈と相成真に憂慮に堪へず候処先生には相不変御元気に亙らせられ候や謹て御伺申上候。

陳者私儀鴻大無窮の皇恩に浴しこの度貴族院議員の栄位に挙げられ候段洵に恐懼感激の至に御座候。これひとへに先生多年の御愛顧御推輓に因るものと信じ深く感謝致居候。この上は浅学菲才の身に鞭打ち皇国護持の為懸命御奉公可致候間今後も何卒御指導を賜はり度願上候。

右とりあへず御挨拶迄乍末筆衷心より御健康を祈上候。

敬具

昭和二十年四月七日

林献堂

伊沢先生侍史

〔註〕封筒表　東京都豊島区西巣鴨町二ノ二五一七　伊沢多喜男先生。同裏　台中州霧峰庄　林献堂　二十年四月七日。

7　昭和　年4月4日

伊沢先生電鑑。

都中一別瞬経数月遥想先生起居多祥無任頌祝。愚蟄居碌々雖風景不殊山水如故奈人事已非籌昔矣鬱々終朝愁懐莫遣爰定緑葉成陰之候擬再買棹上京也。

台湾米穀管理案之審議両院波瀾重畳正論堂々直言侃々為領台以来所未有者雖不能収其全功。然亦足以寒其心胆矣。其能有此成績皆仰先生指導之力。島内識者莫不望風頂礼並望今後遥加監視以防其濫用備克減少無謂之犠牲也。耑此鳴謝並請。鴻安。

四月四日

献堂頓首

〔註〕封筒表　敬呈　伊沢先生机下。同裏　台湾霧峰　林献堂。

若槻礼次郎

1　大正(14)年7月12日

拝啓　益々御清祥慶賀之至御座候。此中ハ御五月蝿事柄御紹介申上恐縮ニ存候処又々御迷惑ニ可有之候得共本書持参人足立忠行横山武次郎御引見被下度奉祈上候。右両人ハ台

中州又ハ新竹州ニ於て官有原野ノ払下ヲ受ケ開墾致度志望ニ有之足立ハ純然タル農民ニ有之横山ハ台湾ニ十年許も居住シアル経験ヲ有シ新竹州ニ於てハ憲兵巡視員トシテ七年許りも勤務致候ニ付同地方ノ事情ハ略承知罷在候者ニ御座候。開墾ニ要スル資金ニ付てハ土地ノ有力者ニ於て出資ノ内諾も有之由ニて両人ハ専ラ実務ニ従事スル目的ヲ以て本件熱心希望罷在候次第ニ御座候。御差支ナキ限り何卒両人等ノ志望相進候様其向ノ方ニ一度引合ハセ被下候様不堪切望候。右御紹介旁々得貴意度如斯御座候。　匆々敬具

七月十二日　　礼次郎

伊沢老台玉榻前

〔註〕封筒表　台湾総督府　伊沢総督閣下親展。同裏　外桜田官舎　若槻礼次郎。年は内容による。

鷲尾勘解治

1　昭和　年10月22日

拝啓　時下秋冷ノ砌ニ御座候処尊台益御勇健ニ被為渡慶賀此事ニ御座候。過日ハ久方振ニ拝芝ヲ得殊ニ同情アル御話ヲ承リ真カラ難有承リ申候。不肖ヲ了解シ下サル方ハ久保様ト尊台トノミニ御座候。久保様ハ已ニナク時々故人ヲ偲ヒテ幽明互ニ相見スルコトアルノミナルニ幸ニモ尊台ハ御健勝ニ被為渡久保様ヲ失ヒテ誠ニ淋シク相感シ居候折柄何卒将来先輩トシテ御高導賜度伏テ御願申上候。実ハ三石ノ当礦山ハ老人ニ手頃ノモノニテ地方並ニ労働者ノ世話スルニハ面白キ所ナリト相考ヘ前ノ坑夫頭トナリテセッセト勤労致居候ヘ共重役甚タ不理解ニテ手ニ合ヒ不申已ニ三年間モ辛捧シタルモ益増長驕慢ニシテ周囲モノニ誤ラレ最早辛捧モ此位ニテ断念スルノ外無之遂ニ帰山後一昨日辞任届ヲ提出仕候。住友ヲ退キテヨリ東京ニ三石ニ住友以外ノ社会ニ生活シテ中小資本家ノ社会ヲ知ルコトヲ得辛捧モスル丈辛捧スルノ修養モ積ムコトヲ得善キ経験ヲ得申候。今更ナカラ住友ヲ思ヒ鈴木様中田様久保様ノ恩儀ヲシミジミ相感申候。辞任後ハ又東京ヘ遊フ機会モ出来可申候間何卒御高導被下度候。久保様ノ秘書ヲ為シ居リタリシ水野馬雄ナルモノ其思儀ヲ感シテ伝記ヲ編纂致居候間若シ同人ヨリ右ニ就キ依願スルコトモ有之候節ハ御差支ナキ限リ御便宜御計被下度御願申上候。

右下ラヌ事ノミ申上恐縮仕候。時折柄御自愛専一ノ程奉祈上候。　敬具

十月二十二日　　鷲尾勘解治

伊沢多喜男殿侍史

〔註〕封筒表　東京市豊島区西巣鴨二ノ二五一七　伊沢多喜男殿乞親展。
同裏　岡山県三石町　鷲尾勘解治。

渡辺勝三郎

1　大正15年6月28日

大正十五年六月二十八日午前十一時三十分
宛名伊沢多喜男
発信人渡辺勝三郎
東京市長御受諾ハ世評ハ意外トセルモ御真意ノ程ヲ察シ此際御決定ニ対シ深甚ノ敬意ヲ表ス。助役ハ御門下多士済々ナルモ青木鉄道次官ヲ御推薦申シ上グ。本人ノ意嚮承知セズ。

〔註〕電報。

渡辺千冬

1　昭和4年9月8日

拝復　東京も日夕冷涼を加へ今日の如きはセルニドテラなど重ね横臥静読致居り候。久し振りの雨籠りも悪からず又明日より疑獄沙汰に日を暮すかと思へばたまの日曜こそ難有ききはミと存候。研究会のこと心配するにも及ばずと存候。協議員の選定には再びヘマな事をせぬ様牧子とも十分連絡をとり居り来る十日には青牧両子と三人のミにて協議のことに約束致置候。省内裁判所方面共案外万事よろしく特に検事総長の態度誠に真面目にて安心致居候。来る九日会に御出席なきは遺憾なり何れ拝眉万縷申述度存居。　草々

九月八日　無軒

龍水先生侍史

今日午前中揮毫、その内某刑務所の請に委せて左の一首を与ふ。

朝毎に生れかはりて新しき己がすがたを見るぞうれしき。

至極よき歌とうぬぼれ午時一酌自から三誦三嘆、貴評如何。

〔註〕封筒表　信州軽井沢　伊沢多喜男殿親展。同裏　麻布本村町　渡辺千冬。年は消印による。

2　6月16日

雲翰拝誦仕候。過日ハ羅漢会には御病中御欠席の上に態々御釈明に接し却て恐縮の至りに御座候。唯老兄の如き有力なる大羅漢の御不在は他羅漢を失望せしめたること一方ならず当夜も一同鶴首最後迄交々御噂申上候。此の悲痛なる心事を慰籍せらるゝは羅漢道当然の義と存居候折柄流石は

大羅漢たる老兄より自発的に其の御声明に接し感佩措く能はざる次第に御座候。右は他羅漢へも相伝へ可申一日も早く御快然の上御実行有之こと不堪切望候。　敬具

六月十六日　　渡辺千冬

伊沢老兄侍史

〔註〕封筒表　市外西巣鴨二五一七　伊沢多喜男殿親展。同裏　麻布本村町　渡辺千冬。

不明（栗山カ）

1　8月18日

朶雲拝誦。分ニ過キタル御紹介状ヲ辱フシ奉万謝候。早速十二日吉田氏訪問致候処折悪敷不在仍テ今十七日再訪問セント将ニ宅ヲ出デントセシ時吉田氏ノ訪問ヲ受ケ茲ニ初メテ面会ヲ遂ケ申候。

互ニ今日ニ至ル来歴ヲ述ヘ合ヒ知己友人ノ新旧、生死等ニ及ヒ同君ハ山口高等校ノ出身ダケニ小生ノ親戚ノモノナド

ノ多数知リ居ラレ大ニ新知識ヲ得申候。

一見以テ人ヲ評スルハ早計ニ失スベキモ洵ニ人格高キ温厚ノ君子ト見受ケ真ニ畏敬スベキ良友ヲ得タルコトヲ喜ヒ申候。今後屢相往来シ親交ヲ重ヌベク約シ別レ申候。

御紹介ニ対シ厚ク御礼申上候。

扨御示之俳句例ノ三人ニ関スル御感想トハ了解致心得候得共鈍生ニ分ラヌ字句有之仮令バ「ヘルケン」ノ如シ呵々。

本件ニ関シテハ親シク膝下ニ侍シテ一杯飲ミ乍ラ談シ得バ大ニ愉快ナラント存候。

静海上人ト徹宵清談アリシ由近来ノ快事ナリシト存候。

先ハ御礼旁初会見ノ御報告迄如此ニ御座候。乍筆末御令閨ニ宜敷荊妻頑健不相変下女ト農夫ノ兼業ニ候。　草々不一

八月十八日　　栗山生

龍水大人侍史

〔註〕封筒欠。

不明

1　10月8日

謹啓　多々御配慮奉深謝候。尚明朝阪田達参上之筈故能く話し置候得共

一、本日の協議決定事項等記録して理事諸氏ニ承認を求める事。

二、会計係を専任依頼する事。候補者は市長ニ愚見申述置候。

三、組織人名は会長より改めて理事へ御通知相願度事。
四、三矢長官へは過日小生談判致置候得共此際閣下より一応御話相願度特ニ希望致候。今後必ず効果可有之乎と存候。
尚色々今後共御配慮之程奉懇願候。
本日浜松市長ノ口吻にては太田正孝氏の方ハ一寸不適当ならず哉とも感せられ候。如何に哉。何れ追て上京拝芝万縷に候。

匆々敬具

十月八日夜　□□

伊沢老台御侍史

〔註〕封筒欠。

2　10月15日

謹啓　只今帰宅して御名刺正ニ落掌仕候。尚今夕ハ上伊那出身塩沢海軍大将ニ面会せる際小生より篤と援助方依頼致し置候。長野愛知両県知事ニハ直接訪問して御依頼状を手渡し候。能く懇談して県当局として実現の協力を本省に迫る様種々打合せ可仕候。而て一両日中先達の協議決定の記録ハ作成高覧ニ供し可申候間御検討願上候。三県関係の貴衆両院議員諸氏へハ明朝迄全部発送の手筈ニ有之候。是亦御承知被下候。十八日ハ長野ニ十九日又ハ二十日名古屋鉄道局長并ニ愛知県知事ニ談判して尽力を乞ふ予定ニ御座候。次回上京之節万事御打合見せ可申候。今日鉄道省の係り課長にて飯田出身の人も関係の事務官ニ能く其後の事情を話して遂行方希望を述べ置候。先右不取敢御報告迄如斯御座候。

敬具

十月十五日夜　□□

伊沢尊台御侍史

〔註〕封筒欠。

Ⅱ 書類

一、伊沢多喜男氏談話速記

伊沢多喜男氏談話速記

第一回

昭和十六年六月十七日於伊沢氏邸

速記者
糸若　遜
納谷　宏

○問　先づ最初に学生として在られた時分の政治界の情勢と言ひますか、学生より見たる政治界の情勢と云ふもの、若しくは学生の政治的関心と云ふやうなものから一つ伺ひませう。謂はば二十八年出と云ふものが抑〻日本の政界学界方面の偉いものですから此の点だけでも伺つて置きたいのですが……。

○伊沢　さう云ふ御訊ねですと寧ろ私は明治十四年頃に結局遡るのです。どう云ふことかと云へば、丁度私の兄貴が御承知でせうが、文部省の古い役人でしたので、それで明治十四年頃に私の兄の家には例へば観桜の宴を開くと、当時は文部大臣と云ふ名前ではなかつた、卿もなかつた、大輔でしたが、九鬼隆一さん、田中不二麿さんが確か卿になつたことがありますが、其の時に私の兄の家で観桜の宴を開くと云ふと、さう云ふ文部省の所謂大臣とか局長とか云ふ者が皆やつて来て一夕の歓を尽すと云ふやうな訳で、其の時分から自然政治と云ふのか、行政と云ふのか知らぬが、さう云ふ中に私は育つたのです。それで其の頃のことを御話すれば、其の時分の所謂官員さんと云ふ者はどえらいものです。何でも百五十円位月給を貰つて居たでせうか、其の時分に華族とか、所謂大富豪とか云ふものはそれは実に物質的に云つて気の毒千万なものだつたのです。例へば団琢磨君が矢張り三井の技師か何かであつたが、私の兄貴よりも少々後輩であつたが、一緒にアメリカに行つて居つた。それは恐らく五十円位の収入だつたらう。

それから例へば今で云へば松平頼寿伯などは今日はえらい大富豪であるが、其の頃丁度私達と頼寿君も一緒でありました。御茶の水に高等師範学校があつて其処の附属小学に行つて居つた。私の家へも来たし、私も遊びに行つた。然るに其邸宅などは実に哀れ儚きものだつたのです。丁度さう云ふ社会状態で、華族とか、今日云ふ大富豪と言ふものは実に物質的には頗る恵まれなかつたものです。だから自然私がさう云ふものに対して始終一体何だと言ふやうな考があると云ふのは簡単に云へば、日本と云ふ国が段々に発展して行つた時に、例へば三菱のあの丸の内の土地は坪一厘か、二厘位の土地だつたがそれを岩崎弥太郎にあれを無理矢理に政府が地租を取る為に押付けて売つたと云ふ、それが今一坪二千円とか、三千円とか云ふのです。さう云ふやうな訳でそれで自然に国家の運命に依つて、国家の発展の御蔭で富をなして来た。

失敬だけれども当時の華族と云ふものは物質的に言へば実に気の毒なものだつた。それは下屋敷とか中屋敷とか云ふものが只みたいになつて居たものが金になつて来て今日を成して居る訳なので、何も彼等は努力して富を作つたとか、何とか云ふものぢやない、只国家の運命に依つて発展に伴つてやつて来たのだと云ふやうな気持はあるのです。

特に四民平等の思想が相当強く弥蔓して居る時代であるから華族の社会的位置も余り高くはなかつた。

それで大体そんな気持だから私が世の中を見て居るのに華族とか、金持に対する私の尊敬と云ひますか、値打付けと云ふものは外の人と大分違ひます。それから私の兄は明治二年に貢進生になつて出て来てそれから六十七歳で死ぬ迄終始教育に従事して居つたのです。教育と云ふけれども、其の教育と云ふのは例之学制の改革問題とか国家教育社創立とか何とか云ふやうなことで皆大きな政治問題です。だから自然兄の家の玄関番をして居つた私は政治と云ふやうなものに興味を持つて来た訳です。

それで今の二十八年云々と云ふ話があつたが、二十八年と云ふのは世の中ぢや偉い者が輩出したと云つて居るが、偉い者が輩出した訳ぢやないけれども、唯時勢がさうだつたのだと云ふやうなことでしやう、即ち二十七年の連中が一種の「ストライキ」をやつて文官試験を受なかつた。

大学を出た者が文官試験を受ける必要があるかと云つて受けなかつたが、二十八年は斯う云ふやうな時勢になつた以上は受けなければならぬと云ふので受けた。丁度日清戦役が済んで人の需要が多い時に二十七年の連中が受けずに二十八年の者が受験した、そこで此受験した二十八年組は羽が生えて飛ぶやうに売れて行つたのです。さう云ふ波に乗つて行つたと云ふ方が宜いのでせう。

後に浜口も総理大臣になり、大臣と云ふのは勝田主計とか、幣原喜重郎とかそんなのが出て居る。丁度大隈内閣の時は次官級は殆ど全部二十八年組が占めて居つた。

即ち警視総監は私で、内務次官が下岡忠治、大蔵次官が浜口、宮内次官が河村金五郎、農商務次官が上山満之進でした、其後例の参政官、副参政官を置いてから下岡、浜口が内務省の参政官と大蔵省の参政官になつたので、それで其の後へ又二十八年組の久保田政周が内務次官になり、大蔵次官には菅原通敬がなつて行つた。浜口は高等中学時代から、政治家になると云つて居つたけれども、私は始終君のやうな演説も出来ない人間は政治家になれるかと云つて始終冷かして居つたが、天下の雄弁家になつたが………。
○問　行政官として見たる政治界と言ふものを一つ御聞き

したいです。

○伊沢　役人としての私は終始地方官ですが最初から私の見方と云ふのは、どんな風に見て居つたかと云ふと、要するに私は昔から立憲政治をやる限りは政党は絶対に必要なものなりと斯う云ふ考を私は持つて居りましたが、私は兎角怠け者で余り学科の勉強はしなかつたけれども、矢張り穂積八束さんの憲法の講釈を聞いたので、あれが誠に我々には分り易かつたのです。それで御承知の通り穂積さんの憲法と云ふものは何と云ふか独乙のラバンドなどを引張り出して来て。イギリス流の憲法論とは違ひます。あれに私の頭は相当支配されて居つたのです。それで政党と云ふものはなければならぬと思ひますが、どうも「イギリス」流の政党内閣と云ふものは良いものぢやないのだ、斯う云ふ考は私は最初から持つて居りました。御承知の通り明治初年から立憲政治の布かれるまで藩閥と云ふものと政党と云ふものはずつと闘つて来たのですが、我々共矢張り藩閥と云ふものに対しては非常な反感を持つて居りました。何故かと云ふと私は信州の田舎武士の伜で、早い話が私は地方官になつた時が明治二十九年三月ですが、其の頃頭の上に黒雲が蔽ひ被さつて居るやうに思ひました。計算をして見るとどうしても孫の代にならぬと知事になれぬ計算になる、それで実にどうなるのかと云ふやうな気持であつたのです。それで況んや其の当時地方長官と云ふものの顔触れを見ると、殆ど悉く薩長土肥です。薩長土肥でない地方長官と云ふのは何人あつたか私は今覚えないが、七八分通りは薩長土肥です。さう云ふ風であつたからして自然藩閥政治と云ふものが勝手なことをやると云ふ考は矢張り終始役人時代にもあつたのです。しかし私自身は所謂薩長土肥の長官に対して直接に反感を持ちませぬ。何故かと云ふと、私は如何なる事があつても別にそんなに苦にしない質であり。又人を恨むと云ふやうなことは下等な話だ、そんなものぢやないのだと云ふ終始考を持つて居たから、後から考へて見れば人が色々なことを評したかも知れませぬが、私はちつとも個人的には薩長土肥の長官に対しては反感は持たなかつたが、大体藩閥政治は宜くないと云ふ考はあつたのです。それから後になつて終始所謂民間政党政治家の諸君が藩閥と闘つて段々に藩閥が勢力を失つて来ました。それは矢張り大きく言つたら板垣、大隈と云ふやうな者と山県松方等、（まあ伊藤さんと云ふのは寧ろ私はあゝ云ふ公平な人だからして）との闘ひです。大体はさう云ふやうなことで行つたが、其の中に段々に政党が勢力を得てきました、私が知事になつたのは明治四十年の一月です。其の時は西園寺内閣で原さんが第一次の内務大臣です。原さんが私を非常に認めてくれて、殆ど高等官三等になるのを待つて知事に抜擢したのです。原さんは非常に私を認めてくれて私は今でも非常にそれに対して感謝して居るのでありますが、其の時に斯う云ふことを原さんは言ひました。「私は政党の領袖だ、それから和歌山県には岡崎邦輔と云ふ者が居る、是は私は昔から相当懇意にして居る者で、私の所に出入りをして色々云ふけれども、それは政党人の云ふこととして私は聴くのだから、君は知事として行く限りは知事としての最も是なりと信ずることをしつかりやつてくれ」と云ふことを言ひました。原さんと云ふ人は一体さう云ふ何か云ひ訳のやうなことを云ふ人ぢやないのですが、男らしい人だから岡崎のことは多分私が気にして居ると思つたのでせう、特に私にさう云ふ風に仰しやいましたので、私は「有難うございます。仰しやつたやうにやります」と言つたが、其の時に一つ面白い「エピソード」があるのです。和歌山県に長く居る会計課長が上京して居つて、私の前任者は清棲伯爵で、今の会計課長が前知事の随行、新知事の迎へと云ふやうな意味で来て居つた。それから其の男が来て明後日新旧知事の送迎会を新橋の何とかの料理屋でやると決まつたのですから御出でを願ひたいと、さう云ふことを云つた。それから私は矢張り若かつたから怪しからぬと云ふ気がしたのです。それで「あゝさうか、それは折角だけれども僕は断るよ」と断つた。どう云ふ訳かと云ふと先約があつた。それは知事が四人か五人同時に任命された、其の時に内務大臣、次官局長などを我々新任知事が集つて歓謝迎会を開く、其の御礼と云ひますか、内務大臣とか次官とか局長連中を招んで宴会を開くと云ふことに其の日はなつて居つたのです。先約のある日であつた。殊に私は警視庁の一部長から出て行つたものだから東京の料理屋などは精通して居る。外の者は田舎者だから。それで私が幹事役を承つて御礼の宴会を開くことになつて居た。幸ひに非常に良い口実があつたから先約があつて行かぬと、大臣始め招いて居るのだから折角だが行かぬと云つて断つたのです。さう云つたらば又来て押し返して何と言つたかと云ふと、「徳川頼倫侯も出る、無論旧知事も出る、それから東京に居る和歌山県の茨木惟昭と云ふ陸軍中将、海軍中将の川口武定とか、さう云ふ東京に居る御歴々は全部出ることになつて居るのであるから是非出て下さい」と、斯う云ふのである。併し俺は先約があるから行けないと言つた。それから茨木惟昭なんか来て圧迫的に云ふから私は言つてやつた。「私は主賓ぢやありませぬか、清棲前知事と私が主賓だ、其の主賓の都合を聞かずに勝手に其の日時を決めてしまつて是々の者が出て来るから出て来いと云ふのは何だ、俺は出て行かぬ」と到頭終ひに言つてやつた。処がえらく憤慨して之を内務大臣の原さんの所に持つて行つたのです。さうしたら原さんが「伊沢君何だよ、僕の方は宜いからちよつと顔を出してやらぬか」と云ふから私は「いやいけませぬ、私はさう云ふものでない、何と言つても御免蒙ります。私が兎に角主人であなた方を招いたのだからそんな他所へなんか顔を出せますか」と言つて頑として聞かなかつた。

それでこつちは香雪軒でやつて居ります。向ふは田中屋か何かでやつて居つた、処が頻りに電話をかけてちよつとでも宜いから顔を出してくれと言つて来たが、いや顔は出せぬと言つて私は到頭頑張つて出なかつた、先づそれが赴任前に闘つたのだが、それには少し私は考があつた、由来和歌山には在郷将校が多数蟠居して兎角跋扈跳梁して居る、彼等は何と云ふと清棲と云ふ人は華族だ、今度来る奴は書生つぽだ、そんな奴は殆ど我々の方でどうにもなると斯う云ふ考が眼に見えて居るからそんな者に一歩でも屈してはいけないと思ひました。当時和歌山には非常に大きな利権問題があつたのである。それは和歌山市の遊廓設置問題と云ふのです和歌山には古来遊廓と云ふものがない、其処に遊廓を置かうとして例の岡崎邦輔は無論のことだが、貴族院議員、衆議院議員、それから今の軍人の古手有力者、さう云ふ全部の者が関係して居るのです。和歌山県知事になつた、さうしたら時の内務大臣が「伊沢君斯う云ふものが出て居るけれども君はどうするか」と云ふ、「和歌山に遊廓を新設すると云ふ上申書が清棲知事の名前で出て来て居るが、君之を持つて帰るか」と斯う云ふ話だから「私は苟くも和歌山県知事である以上当然持つて帰ります」と言ひました。そいつがあるものだからして、さう云ふ連中には皆それに関係があるものだから、そいつを私は最初から考へて居つたからそう云ふ奴に膝を屈する訳に行かぬ。どうしたかと云ふと、清棲知事は和歌山に遊廓を設置すると云ふので、其の利権は恐らく数百万円のものでせう。何となれば遊廓を新設せんとする飛島新田と云ふのは新墾地であつて高々一反歩四五百円位坪当り四五十円の土地です、それが遊廓を置くと云ふことに依つて一躍一坪が三十円や五十円になるのですからどえらいものです。さう云ふえらい大きな利権問題があつたのです。それで今の通り前知事は既に上申して居るのだから今度の小僧が来てもやるに違ひない、逃さぬと斯う云ふ態度であるからそれはえらい勢ひで非常に難しい。おまけに其の「バック」には喧しい陸軍が居るのです。

時の陸軍大臣は寺内正毅君だ、私は寺内さんは汚いことをするとは思つて居ない、真に必要なんだと思つて陸軍は「バック」して居る、時恰も軍備拡張の時で和歌山に聯隊及び砲兵大隊、それから旅団を、場合に依つては師団迄も持つて来るかと云ふやうな話がある時なんだから陸軍の云ふことは何でも聴かなくちやならぬ時代であつた、其陸軍が是非遊廓を置いてくれと云ふのだ、現に時の大阪の師団長は井上光と云ふ人だつたが、それが参謀長に手紙を持たせてよこして軍隊を置く以上遊廓が必要だから是非置いてくれと云ふことを県知事たる私に言つて来たのだ、私は最初から俺は設置せぬと云ふ決心を持つて居つたのだから、どうしても是で闘はなくちやならぬと思つて居りましたが、到頭私は闘ひに勝ちました。それで問題のあつた明治四十年から今日迄約三十五年になりますが和歌山には遊廓と云ふものが置かれて居らぬであります。愈々本論のやうなことに入つて行くとさう云ふ出発で行つたのですが、四十年だつたか、四十一年だつたか、総選挙があつた時、多分四十年でせう。其の時に私は原さんの云ふ通りにやつたのです。原さんの云ふ通りと云ふことは政党と云ふものは眼中に置く必要はない、お前が正しいと思ふ、知事が良いと信ずる選挙をやれと云ふので、其の通りにやりますと言つて其の通りにやつたのです。さうしたらば最も有力であるべき政友会の代議士が落選して、たつた一人の非政友の坂本弥一郎と云ふ人が当選しました。

和歌山県と云ふ所は殆ど百分の八十迄政友会の地盤でして、非政友は殆どない所です。そこで和歌山市に坂本弥一郎が中立で立つて其の向ひには政友会の候補者久下豊忠と云ふ男が立つたのですが、其の時に和歌山県の政友会の支部長は神前修三君で衆議院議員の有力者でした。選挙戦開始の当初神前君に一遍来て貰つて私曰く「私は政党と云ふものは知事としては眼中に置かない、政友会であらうが、非政友であらうが、眼中に置かない、兎に角和歌山県の代議士と云ふものは余り人の指弾を受けないやうな人間であつて欲しい、処が和歌山市の政友会の候補者になつて居る久下豊忠君と云ふのは僕は余り感服しない、田舎新聞の社長で、恐喝取材と云ふ様な如何はしいことやつて居るとの世評がある、私も余り柄が宜くないと思つて居る、斯んな人が和歌山県の代議士として出て行くことは私は県知事として余り嬉しくないのだ、政友会としてもさうぢやないか」と云ふことを言つたのです。さうしたら神前は「大いに御尤もです、さう云ふ話なら私は支部として久下君を助けませぬ」と云ふことを私に話しました。「それは君御自由な話で君はさう云ふことを思つて居たら、君が私と同感であるならさう云ふ態度も宜からう」と言つて別れたのです。処が選挙の一週間程前になつた時に神前君は慌てゝ飛んで来て「予々あなたにも御話したやうな訳ですから今日迄支部は一切久下を助けませぬでしたけれども、本部の方から非常に喧しいことを言つて来て、一人でも多く当選させて貰はなければならぬ時だから人が良いとか、悪いとか何とか言つて居る場合ぢやない兎に角支部の候補者として出た久下豊忠と云ふ者を極力助けろと云ふ指令が来ました、それが来た以上はどうにも仕様がないから今から助けます」と言つて来た、私はそれに対して何も云ふ限りぢやありませぬので、それはあなたのやることなんだから何も私はそれに対して彼此言はぬ、いやあなたにちよつとさう云ふことを言つたことがあるからと云ふので態々断りに来て呉れたことはそれは御叮寧に有難うと言つた、さうしたら支部は極力助けたけれども時既に遅しで坂本はずんずんと力が延びて行つてもう一週間前になつたから、支部がどんなに努力してもいけなかつた。其の為に坂本弥一郎は当選してしまつたのだ。それで一体伊沢と云ふ奴は怪しからぬ奴だ、和歌山県から非政友を出したと云ふやうなことは怪しからぬと云ふやうなことを盛んに政党の連中は言つたのです。処が其処は原さんだ、結局君非常に宜くやつた君等のやうな態度で知事と云ふものはあるべきものだと言つて非常に僕は褒められたです。私はまあさう云ふ態度で役人としちや臨んだのです。それから引続いて私は愛媛県に四十二年に転任して行つたのです、さうすると明治四十三年に衆議院議員の総選挙があつたのです。矢張り政友会内閣の時でした。其の時柴田善三郎君が警察部長にありました。柴田君は警察のことに付ては丸で素人あり《ママ》、私は前から警部長をやつたり、一部長をやつたりして警察のことは知つて居るから柴田君に色々話をして君は絶対公平にやれ、もう何等の手心を加へると云ふやうなことがあつてはならぬ、もう何処から何と言つても一向構はぬから君の正しいと思ふことを敢行せ《ママ》と言つたのでしたが、柴田君は知事の命令通りに絶対公平にやつたのです。そーして其結果どうなつたかと云ふと詰り結果から云ふと非政友の当選者が一人多かつた。

政友会の候補者中成田栄信と云ふ男是が南予地方で当選した。警察で色々調べました結果、候補者自身が買収したと云ふ証拠は歴々として出て来た、随分乱暴な男で与党だからして何幾を買収したつて警察なんか手をつけられるものぢやないと高言して、それこそ傍若無人にやつたものだ。兎に角今のやうな公平無私な態度でやれと云ふと、直ぐ出て来るので、折角当選した奴が落選して村松恒一郎が次点だつたが、村松が当選して成田栄信が落選しました。そこでどうなつたかと云ふと、伊沢のやる選挙は和歌山県では久下豊忠を落して坂本弥一郎を出した。又愛媛県では現に成田栄信を叩き落して村松が当選した。そこで伊沢と云ふ奴は怪しからぬ奴だと云つて非常に騒いだものです。さうだらう政友会から言へば伊沢と云ふ奴は連続してどえらい犯罪を二度犯したのだからね。其の時の原さんの態度は相変らずです。実に立派なもので、今のやうな風に私はさう云ふことをやつたが、原さんが第二次の内務大臣であつたのですが、和歌山県でもさう云ふことをやり、愛媛県でもやつたが、少しも私に対してお前は怪しからぬぢやないか所ぢやない、実にお前の態度は好いと云ふので終始居られた。それで私は何と云ふか当り前のことをやつたけれども、原と云ふ人は立派な政治家だと云ふ風にさう云ふ意味で敬服して居るのです。

選挙のことにずつと関係して来るが、私は大正三年に大隈内閣で警視総監になつた、それで直ぐ総選挙が此の時にもあつたので、私は絶対公平無私な態度を取りましたが、自分の両翼であつた川崎卓吉が警務部長で、石原磊三が官房主事であつたが、是等の二人に能く云ふて絶対公平でやれ、それから勝つ負けると云ふことを云ふならば、此の大隈内閣の今の輿望と云ふものは実に素晴しいものであつたので、此の大勢で押して行けば勝つなんと云ふことは無論のこと、勝つ負けると云ふことは眼中に置かないけれども、勝つと云ふことは何等疑はない、兎に角絶対公平な態度でやれと云ふことを非常に私は喧しく訓辞して川崎も石原も其の通りやつたです、其の時に是も一つの「エピソード」だが、私は総監室に居ると時の与党の総務の大津淳一郎がやつて来て、何と云ふかと云ふと警視庁管内の選挙の形勢に付て聴きたい、斯う云ふことを言つて来たので私は態と聴こえぬ振りをして恍惚けて居つた。処が重ねて又訊くから、「さうかそれはどうも驚いたことを云ふものだと思ふ、警視総監に管内の選挙の情勢はどうかと云ふことを政党の領袖たる者が聴きにきたからと言つてそんなことを警視総監が言へるか」と言つて突つ放した。当然なことと思つて来て居るのだから私の云ふことに呆気に取られてそんなことはどうも当り前のことぢやないかと云ふやうなことを云ふので、君は何と思ふか知らないがそんなことは絶対に君等に話すべきことぢやないから私は話さない、そんなことは君無論物の筋を考へて見給へ、政党の首領が警視総監に言つて来て聴いたつてそんなことは出来るものか、そんな阿呆らしいことは聴くものぢやないよと言つてけんもほろろに跳飛ばしてしまつた。さうすると面白いのだ、其の後になつて十数年後に大津が貴族院議員になつて私の会の同成会に入つて来た、それから或時に色々昔話を始めた時に(私は大津であることを知つて居たけれども遠慮して態と名前を言はなかつた)。「大隈内閣の総選挙の時に斯んなことがあつた。某総務が警視庁管《(ママ)》の選挙の状態を聴かして貰ひたい《(ママ)》言つて来たけれども私は斯う言つて突刎ねたすると総務がかん〳〵に怒つてあんな総監は駄目だから内閣から追払へと云ふやうなことを言つたと云ふやうなこと」を私は言つた、処が大津自身が「うん伊沢君実はそれは僕だ、実にどうも怪しからぬ奴だと思つてそれで本部に帰つてあんな総監一体どうなる、あんな奴はもう直ぐに辞めさせなければ選挙は出来ないと真赤になつて怒つた」と云ふやうな話だが十数年後になつてから私の態度が裏書されたのである。大体少くとも私はさう云ふ態度で選挙に臨んだのです。それで私は矢張り政党は絶対に立憲政治には必要だが、良い政党でなくちやならぬ、そんな選挙干渉をして見たり、買収をして見たり、そんなことで出来た政党と云ふものは何もならない、そんなもので国政は支配は出来ぬと、そこでどうなつたかと云ふと少し前に戻りますが、私が馘られたのはそれです。

詰り和歌山県で（政友会から言へば）一つの罪悪を犯し、それから引続いて愛媛県でも罪悪を犯した。それでも原さんは私を矢張り終始立派な良い地方長官であると終始考へて居られたですが、到頭私が新潟県知事で原さんが内務大臣の時に休職を命ぜられた。

○問　新潟県知事になつてから二箇月そこ〳〵で引越荷物も解かれないと、其の頃の新聞に出て居りましたですね。

○伊沢　まーそんなものだ、桂短期内閣だからそこでどうしたかと云ふと、詰り役人の中で政党の云ふことを聴かぬ奴が二人あつたのです。それが石原健三と伊沢多喜男、私よりも石原はもつと輪を掛けた硬骨漢です、だから今度の政友会内閣が出来た時に政友会の代議士連中はあの二人を血祭りに上げろ、さうすれば外の奴は右にならへと云ふ訳で、訳ないのだと云ふので、丁度議会中だつたから代議士の云ふことは相当聴かなくちやならぬと云ふ訳で、愛知県の代議士全部と、それから新潟県の代議士全部が原さんに迫つた訳です。原さんにあの二人の首を切らなければ我々共は脱会すると言つて威かしたのです。原さんはそんな者に何も怯える人でも何でもないが、兎に角ごた付くものであるからそれで一番厄介な奴の石原と伊沢を馘れと云ふので休職を命じた。能く私は話す話であるが、原さんの所へ訊きに行つた。どうして私を馘つたか、私は極く真面目に、誠心誠意で今迄お世話になつて居た、其の最も尊信して居つた方が内務大臣に居る時に私が馘られると云ふことは、私自身に非常に悪い点があるに決つて居る、だから一つ後輩に対して訓戒して貰ひたいと、斯う云ふ点は好いが、斯う云ふ点は悪いと、悪くなければ休職になる筈がない、私が悪い所があるに違ひないから言つて下さいと言ふと、原さんは世の中が喧しいからねと言つた。有難うございました、それより外にありませぬか、それだけだ、いや君、何だよ、そんなに鯱張つて訊かなくても宜いんだよ、世の中が喧しいからねと言つた、私にはそれで能く分る、お前が悪くはないが、政党が喧しいからと云ふことを言ひ現はされた、有難うございますと言つてそれで引下つた。

○問　警視総監に御就任になりました事情とか、総監時代の御治績をどうか伺ひたいのですが……此の辺で休憩致しませう。

休　憩

○伊沢　国体明徴と云ふことを大きな声で此の頃叫ばれて居るが、実は僕の兄貴が国家教育社と云ふものを創立して、それを明治二十二年か二十一年かに作つて、さうして当時の欧化主義の教育方針と云ふか、思想傾向に対して是正しようと云ふので非常に努力をした。今頃あれを新発明のやうに言つて居るから僕は少しくすぐつたい感じがする。

○問　信州に教育が盛なのは御令兄の影響などが大分あんでせう。

○伊沢　信州に影響して居るかな。

○問　日本には勿論影響して居るでせうが、長野県は教育県と言はれた程でありますから。

○伊沢　能く辻さんの話が出て来るが、辻さんと云ふ人は文部次官で終つたが、文部次官から直ぐに実業家になつた、それで仁寿生命と云ふか、徴兵保険と云ふか、役人を罷めると直ぐに実業家になつた、それから伊那電車の社長とかになつたね。

○問　今でも後が当主は実業家ですね。

○伊沢　私の兄貴は死ぬ迄教育に従事した。

○問　あの頃の文部省は福沢派であつたが、あとから新しい勢力が入つて来て福沢派を追つ払つた、九鬼隆一があとに入つて来たですね。

○伊沢　私も慶應義塾ですよ、私は矢張り福沢さんの弟子です、慶應は明治十六七年頃です、それで私は慶應義塾の塾員ですよ。

○問　一番喧しい時代ですね。

○伊沢　私の兄貴は何と思つたか知らないが、貴様慶應へ入れと言つて私を慶應に入れた。

○問　それから高等学校ですか。

○伊沢　さうです、だから実にえらい目に遭つたですよ僕は、慶應の教育と云ふものは数学でも理科でも唯読めさへすれば宜いから、数学と云ふものは我々は習つたことはなかつた。「ロビンソン」の「ハイヤー、アリソメチック」と云ふ本があつて、其の中にちやんと一に二を加すと三になると云ふことが書いてあるでせう、それを其の通り訳読さへすれば「パス」する、訳読することだけが大変だが、訳読しさへすれば宜い、さう云ふ教育を受けて急に高等中学へ入れと云ふ指令を兄貴が出したから、矢張り大学へ行く方が宜いだらうから貴様高等中学の試験を受けろと言ふので、所がまるつ切り数学を知らなかつた。能くあの頃に英漢数とか謂つて教へる、五人か十人集めては英漢数を教へる教へる《ママ》私塾があつた。其処へ行つて幾何とか、代数とか、算術とかを彼れ是れ一年位の間に無暗矢鱈に注ぎ込んだものだそーして漸く第三高等中学へはいつたのだ。慶應義塾の教育と云ふものは面白いものでしたよ。さうだ、藤原銀次郎などが慥か私よりも一年上か、成績の良いものは一年に二度づつ昇級した、福沢桃介とか鈴木梅四郎とかは私と一緒です、それで今生きて居るのでは藤原は多分一年位慶應の先輩でせう。

○問　其の頃から慶應の先輩として大分政界に活躍して居る人がありますが、さう云ふ風な活動を見てそれに私淑して、大いにやらうと云ふやうな、将来政界に立たうと云ふやうなお気持を起されたやうなことはありませぬか。尾崎さん犬養さん等が大分活躍して居られた、矢野文雄なども。

○伊沢　斯う云ふ人の勢力は余りなかつた、どつちかと言ふとみんな実業方面へ行つたから、

○問　矢張り十四年以後の転換期だからですね。

○伊沢　矢張り例へば中上川彦次郎とか、朝吹英二とか、あんな連中が居て、寧ろさう云ふ傾向であつた。政治家になる傾向は今の十六七年頃には余りない、まあみんな新聞記者になる。どうしてかと云ふと、学校を出ると十二円であつた、時事新報で十二円兎に角呉れる、さうしてあそこで何かやつて居ると、其の内に覚えてさうして田舎新聞へ行く、藤原でも一時慥か松江の新聞か何かに最初主筆か何かになつて行つたから、実際さう云ふ傾向ですよ。さうして慶應は多くは実業家で、早稲田専門学校は何年に出来たか。

○問　十五年です。

○伊沢　早稲田専門学校が矢張り政治の方へ行く傾向であつた。

○問　其の傾向が今日迄ずつと続いて居る訳でありますね。それ以前は矢張り慶應は政治方面に行かれる方が多かつたのではありませぬか。

○伊沢　さうです、犬養にしても尾崎にしてもみんな、有為の新人だから、それで其の頃の尾崎君とか犬養君などの出た時分には、町人なんと云ふものはそれは非常に卑しめられた時代でね、本でも読んだ人間は町人になんどなることがあるかと云ふ気分で、それで福沢さんは大政治家であるが為であるか、兎に角極端な拝金主義を唱へられた。それはあの時代に拝金主義を唱へられたと云ふことは非常な卓見です、随分極端なことを言つて居る。今福沢さんに直接に叱られた人間は余計居らぬ、僕等は暴れ者であつたか

ら、うちへ呼んでは説諭する、一寸私塾の形で、相当の家庭の者が多かつたが、悪いことをすると福沢先生に直接に引つ捕まる、其の言ひ方が実に、叱ると云ふのではない、諄々として、さうして物を分り易く言ふ人だ、当時は演説の稽古をしたよ、其の時分に三田演説館と云ふものがあつてね。

○問　今でもそれは残つて居りますね。

○伊沢　どうしたかと云ふと、演説を稽古するんだからね、大体新聞の論説を持つて行つてやる、時事新報の論説を読んで行つて、さうして唯しやべれば宜いから、兎に角論説を持つて行つてはそれを堂々としやべる、丁度土曜日の晩やる、塾生は毎晩集まつて演説の稽古をしたね。

○問　先生も大分お稽古なされましたか。

○伊沢　稽古したね。

○問　議会にお出でになつてから余り演説をなすつたことがないやうに拝承して居りますが。

○伊沢　えゝ。

○問　慶應の連中でも貴方が慶應を出られたと云ふことは知らぬでせうね。

○伊沢　知らぬですよ。

○問　塾員名簿を見れば勿論ありませうが。

○伊沢　そんなに長くはなかつた、一年半位でせう。まあ私は福沢さんがあんな大政治家で、あとから知つたが、子供の時分だから何もそんなに知らなかつたが、朝鮮事件などにあんなに深く関係して居られたと云ふことは丸つ切り知らなかつた。例の井上角五郎が朝鮮の清津へ行つて居つて、あれは福沢さんの旨を受けて行つて居つたが、朧げに私共にも分つて居つたが、福沢さんは政治と云ふやうなことに付てえらい興味を持ち、立入つてあゝ云ふことをやつて居ると云ふことはちつとも知らなかつた。福沢先生は丸で、始終前垂をして歩いて、尻を端折つてぱつちを穿いてひよこ〳〵〳〵〳〵歩いて居つた。

僕は大分乱暴し居つた。

○問　先程の警視総監に御就任の事情を一つ伺つて置きたいですね。

○伊沢　是は此の間書いた物がありますから、同じことを言ふやうだから書いた物を差上げませう、多分あれは印刷したかと思ひます。

○問　速記は速記として取つて置きたいから大体一つ。

○伊沢　私は大浦さんと云ふ人には頗る反感を持つて居つた、私の友人だの先輩は頻りに大浦さんに会つて見ろと云ふことを言つて居つたが、大浦さんと云ふ人は憲政を蠹毒する人間だと云ふことが私の頭に深く入つて居つたから、私は大浦さんに会ふことを努めて避けて居つた。

尤も総監になる前に私は岐阜県で、警部長になつたのが明治三十三年か。
○問　三十三年の七月ですね。
○伊沢　そんな事で、警部長をした人間は大浦さん所《ママ》へは必ず行つて教を受けるから、其の頃に大浦さんに会つたことがあるが、終始あれは憲政を蠹毒する怪しからぬ奴だと云ふやうな考で努めて避けて居つた。所が大隈内閣の愈〻出来ると云ふ二日程前でしたらう、私の親友の下岡忠治が是非大浦さんの所へ行つて会つて呉れと云ふことを頻りに云ふから、それ程迄に親切に親友が言つて呉れるのに、さう自分の独断で会はぬと云ふことは悪いと云ふやうな気がしたから会ひに行きました。其の時には大浦さんが眼を悪くして河本病院に入院して寝て居つた、其の寝て居る所へ私が行つて会つた。さうしたら、今度大隈さんが大命を拝して内閣を作ることになつて居るのだ、明日あたりさう云ふことになることになつて居ると、自分は内務大臣になることになつて居るが、就いては警視総監を君に……君と言はず、丁寧な言葉を使つて居つたが、警視総監を貴方に一つ引受けて頂きたいと云ふ話をした。それから私は、さうですか、それは誠に有難うございますが、私はどうも貴方の御希望になるやうな警視総監は勤まらぬと思ひますと言ふと、と云ふと一体どう云ふことだ、それは君の言ふことはどう云ふことだと反問されたから、それぢや申上げませう、私は警視総監と云ふものは都下の治安を引受けてやる者であつて、従来の警視総監のやうな、あゝ云ふ風に政府の走狗になつて、若くは政党の操縦と云ふやうなことをやるべき者でない、やつて居つては帝都の治安は保てぬと思ひます、それは私はさう云ふことを言ふだけではありませぬ、曾て警視庁の一部長をして居つた時に熟〻其のことを感じて、自分はさう云ふ意見を述べたことがあるから、今でもさう思つて居るのです、斯う云ふ意味のことを云ふたです。さうしたら大浦さんは何と言ふかと云ふと、いやそれは君、私が貴方に望むのはさう云ふ警視総監を望んで居るんだ、それでちつとも私の考へて居る警視総監と云ふものと貴方の考へて居る警視総監とは違はぬさう云ふ警視総監を望んで居るんだ、是非やつて呉れと云ふことであつた、併し私は甚だ相済まぬけれども、何だ此の狸爺、あんなことを言ふて、さうして自分を誘惑するけれども、愈〻自分が引受けたら、きつとやれ政党の操縦をやれとか、内閣が斯う云ふことをやるから、ちつとは無理でもやれと云ふやうなことを言ふんだと云ふやうな気持であつた、相済まぬ話だけれども実はさう思つて居つた。所が今の通りさう言つて頻りに勤め、お前の理想通りのやり方をやつて呉れと言ひ、お前の言ふ通りの警視総監で結構だと言ふから、それで私は、誠に御親切有難いが、私今直にはどうも決せられぬから、考へさして頂きたいし、それから自分で少し相談したい人もありますから、さう言ふと直ぐに、それは誰だ、大浦さんと云ふ人はぐん〳〵〳〵直ぐに押して来る。誰に相談するか、一人は兄です、修二に相談したい、うんそれは結構だ、兄さんに相談することは非常に結構だ、是非君相談し給へ、それからもう一人は誰だと訊くから、平田東助さんに話する積ですと、さうしたら兄に対しては満腔の賛意を表したけれども、平田と云ふ名前を言つたら、ふーんと言つた、いかぬとは言はないが御機嫌が宜くない、兎に角それで別れた。さうして私が兄の所へ行つて話した、所が是も亦意外千万であつたけれども、兄は非常に熱心に勧めて、大浦と言ふ人をお前は誤解して居る、あの人はさう云ふ人でない、言ふたことに間違のある人でないと、それは満腔の信任を払つて居る、私は実に意外であつた。兄がさう云ふことを言ふと云ふことは、矢張り私と同じやうに大浦さんと云ふ人は政界を蠹毒すると言ふと思つて居つたが、非常に熱心であつた、私はびつくりした。兄がさう云ふことを言ふから、あさうかな、それぢや私の考へ方が違つて居つたかと思つて相当私は意が動いた。それから平田さんの所へ行つて話した、斯う云ふ話があると言つて話した。平田さんは、うんさうか、総監には君は何時でもなれるから、君は予ねて洋行しようと云ふことを言つて居つたが、其洋行の方を決行してはどうだいと言ふ。と云ふのは、私は丁度好い機会であつたから、浪人して居つたから、一遍も欧米を見たことがないから行かうと云ふ考で平田さんに話して居た。所が平田さんは非常に賛成、好い機会だからと云ふのでえらく熱心に勧めて居つた所であつたので、まあ君は総監は何時でもなれるから、予ねての希望通り洋行し給へと云つた。有難うございます、能く考へます、兄はこんな風に言ひますがと云ふことを一言言つて別れて帰つて来た。色々考へた、考へて結局、兎に角大浦さんもあんなに言ふし、兄もさう言ふから引受けようと云ふ考で引受けた。其の時に私は条件と云ふことを言ふのはおかしいが、私が自分の理想的な総監をやらうと云ふことの為には、其の時は警視総監は総理大臣及び内務大臣の指揮監督を受けると云ふことを官制に書いてあつた。それで私の言ふやうな警視総監ならば所謂警察知事であるからして、警察知事であるならば総理大臣の指揮監督を受くべきではない、普通の知事と同じだから内務大臣のみの指揮下にあると云ふことであるべきだ、それで官制を改正して総理大臣と云ふ字を削つて貰ひたいと。もう一つは、其の時迄は特別任用、政務官の扱であつたが、是は間違つて居る、事務官であるべきだ、それを改正して普通任用にして貰ふ、是が私の大体の要求、私の意見です。大浦さんは、あゝそれも宜しいと、機会を見てさうしようと、それで大隈内閣が出来て、後に参政官、副参政官を置いた時に、私の言ふ通りに総理大臣と言ふ字を削ることゝ、それから特別任用を普通任用にすると云ふことは決行された訳です。私が今でも相済まぬと思つて居ることは、一年半程終始大浦さんと私は接触したが、それはもう一言半句も今の政治警察と云ふか、高等警察と今言つて居るが、そんなやうなことで絶対に注文がましいことを言はれたことはありませぬ、殊に私に最初に言はれた通りにやられた。さうして警察は玄人ですから、普通警察のことに付ては色々私に助言をして呉れました。例へばどうも日比谷交叉点の交通は旨く行つてないから、もう少し何とかやり方を考へたら宜からうとか、それから君、警察の巡閲は済んだかいとか、さう云ふ普通警察に関係することに付ては色々指図を得たけれども、政治警察と云ふか、高等警察と云ふか、そんなことに付てはもうそれこそ一言半句もさう言ふことは言はれたことはない。実に私は敬服し、且つ自分が疑つたと云ふことに付てはそれこそ穴にも入りたい程恥ぢて居ります。就任した時の事情はさう云ふことです。

○問　警視庁の大改革がありました、沢山警察が出来た、あの時でありましたね。

○伊沢　あれは私の時分ではありませぬ、あれは亀井君がやつた、詰り私よりも前です。

○問　大浦事件を一つ伺ひます。

○伊沢　是は尻の方からお話して行かう。大浦さんはどう云ふ気持であつたかと云ふと、大浦さんと雖も議員買収の罪であると云ふことは百も承知です、そんなことはしたくないんだと、すべきものぢやないんだと云ふことは能く承知して居られるけれども、当時二個師団増設と云ふことは焦眉の急であると云ふので、山県公から非常に熱心に説かれた、それで大浦さんも大きにさうだと、それは焦眉の急だと、こう云ふ風に考へた。所が其の時はまだ解散をしない前ですから、だからあの議会に二個師団の増設の案を通さうとすればどうしても政友会の一部分を切崩さなければどうしても通らないから、それで焦眉の急だと云ふ考であつたから、何でも彼でも、どんな方法を執つても通さなければならぬ、それには買収より外に方法がない、其の通りです、通しさへすれば宜いからと、それで買収をやつた。それで丁度大浦さんが愈〻辞表を出して、最終の閣議は早稲田邸で開きました。其の時にあとの閣僚は全部あとへ残つたが、大浦さんが一人、所謂孤影鬱然と云ふか、あすこの廊下を向ふへ玄関へ出て行かれた。それで私は是はどうも容易ならぬことだ、是は下手すると腹を切ると私は思つた。それだから一緒に私は麻布の邸迄随いて行つた。さうしたら二階の応接間へ通していつもとさう変らぬ態度で話され、ちつとも腹を切るやうな様子がないですね。それで或意味に於てけろんとして居る、是は非常に安心したけれども、一体どう言ふ気持だらうかと思つた。所が其の後大浦さんが引退して後に私は、幾度となく会ひに行つたが、あの人は愚痴と云ふことは絶対に言はぬ人です、絶対に愚痴を聞いたことはない、さうして今の議員買収のことに時に触れても、自分は非常に悪いことをしたと云ふ風には考へて居らずに、非常に自分は善いことをしたんだと云ふ考へ方のやうです。さう云ふことは決して言ひませぬ、態度で見るとさう見える、何故かと云ふと、あの人の考へ方は、あの人は金と云ふことに付ては値打を殆ど知らぬ人です、それから私慾と云ふものはまるでない人です。唯あの人が若し望むものがありとすれば所謂名誉と云ふことですね、武士の家の名を挙げると云ふことが名誉と云ふか、若し望むとすれば一番のものです。所が議員買収をして牢屋へ入る、縲紲の辱しめを受けると云ふことは武門の非常な恥辱である、所が其の恥辱をすら自分が忍んで国家の犠牲になららうと云ふ考へ方であることは実に明瞭である、だから自分は最善を尽したと思つて居られたから、ちつとも後悔もして居らぬし、悪いことをしたとは……無論議員買収は罪であるけれども、自分は牢屋へ入つても国家の為にしたんだから宜しいんだと云ふ考へ方は能く解りました。それであるから後進に、私なり下岡などに対する親切と云ふことも実に涙が溢れるやうです。と云ふのは、議員買収と云ふことは暴露すれば牢屋に入るんだ、であるからさう云ふことは前途有望な下岡とか伊沢とか云ふ者には微塵も触れさしてはならないんだ、自分が全責任を負ふてやると云ふ考であつたから、随分おかしな話だけれども、大浦さんが議員買収をして居ると云ふことは私は絶対に知らなかつた。段々に政友会などから頻りに突ついて検事局が攻める、さうするとどうもやつたらしい、やつたらしく聞えて来る。それから私は大浦さんに、斯う云ふことが聞えてますよ、貴方はどうですかと言つたんですが、どうですかと云ふやうなことを訊くと、大丈夫〳〵、さう云ふ筈ですわ、大丈夫と云ふ筈ですね。大丈夫と云ふことはやつて居らぬと云ふ風にも聞えるし、やつて居るけれども暴露しやせぬぞと云ふ風にも聞えるし、それからやつたけれども国家の為にやつたんだからして何等恥かしくもないと云ふ風にも色々に解釈が出来ます。訊くと終始大丈夫、終ひ迄大丈夫〳〵で終つたんですがね。其の時に私がどんな態度を執つたか、愈〻買収したと云ふことは明かになつて来た、其の時に私は大浦さんが買収して居ることは事実と思ふ、事実と思ふけれども、兎に角過去の総理大臣であらうと、過去の内務大臣であらうと、議員を買収せぬ人間は何人あるんだ、殆ど今のやうな時勢に、今のやうに政党政治家に対して官僚政治家である桂なり、山県なりの人間が出て来て衆議院で戦ふ時に、買収すると云ふか、懐柔すると云ふか、何等かの方法を執らなければ通過しないから、私に言はせれば殆ど大部分の人間はやつて居るんだ、やつて居るのに拘らず、今迄は曾てさう云ふことで以て司法処分に附すると云ふやうなことはやつたことはないぢやないか、それは何が故かと云ふと、国家の大体の大局から見て、そんな内務大臣を司法処分に附するとか何とか云ふことは決して良い司法権の発動とは言へないと、最終の起訴権を司法大臣が持つて居ることはさう云ふ為に働かすべきものだと云ふ考へ方なので、尾崎司法大臣には私は幾度か言ふた。貴方は最終の起訴権を持つて居る、過去を振向いて見たら、国家の大局から見て起訴すべからずと云ふやうに貴方がお決めになればば何でもないんだ、さうぢやありますまいか、大浦内務大臣は副総理と云ふ地位に居る、こんな人間を縄附にして出すと云ふやうなことでどうなるかそれは貴方は是非考へなくちやいかぬと云ふことを幾度となく言つたが、頑として聞かぬです、それは私はあの人の性質だと思ふ。詰り罪あれば罰すると云ふことは当然のことぢやないか、罪ある者を罰することは何が悪いんだと云ふことを主張する。私は言つた、それは貴方が知らぬのだ、罪あらば罰すと云ふことは事実そんなことではない、兎に角犯罪があつても或者は起訴する、或者は起訴しないと云ふことは、恐らく半分も、或は三分の一も起訴される者は居らぬと云ふ風に言へるかも知れない、そこが兎に角起訴権と云ふものの動かし方の、司法権の運用と云ふものは其処にあると云ふことを幾ら言つても耳に入らぬ、其の時に私は例を挙げた、私は原敬さんが議員買収したと云ふ物的証拠を持つて居る、或所を家宅捜索したら原さんの手紙が出て来た、某議員を買収したと云ふことが其の手紙にちやんとある、あるけれどもさう云ふものを捉へて原さんを縄着きにすると云ふやうなことは決して良いことぢやないんだ、日本の総理大臣は何人候補者があるか、原さんは第一に数へるべきものだ、それを縄着きにすると云ふことは決して良いことぢやありませぬと言つた。そんな物があるか、そんな物があれば直ぐ出して呉れと言ふ、斯う云ふ尾崎さんは調子だ。そんなことは貴方いけませぬ、私はさう思つて居らぬ、原と云ふ人は反対党の首領だが、そんなことで葬ると云ふことは決して良いことでないと云ふやうなことを言つて頻りに説いた、だが聞かない。それからもう一人の副総理の立場で居る加藤高明さんに頻りに説いた、加藤さんは大体私の言ふことに同意でした。それから大隈さんに行つて説いた。所が大隈さんはうん〳〵と言つて居る、うん〳〵と言ふと、宜いと言ふんだか悪いと言ふんだか、うん〳〵とやつて居る。其の間にどん〳〵〳〵検事局の捜査が進んで行つて抜き差しならぬやうな証拠を突き付ける、それで私は到頭終ひには、下の方の検事か、下つ端の検事が若し彼れ是れ理屈を言へば退かして何処へでも迭へたら宜いぢやないかと、検事正が彼れ是れ言ふと是も迭へたら宜い、もう少し謂ふならば、当時の司法次官の鈴木喜三郎だ、鈴木を罷めたら宜いぢやないかと云ふこと迄極論した、大隈さんには司法大臣を迭へたら宜いでせうと云ふこと迄私は極論した。私は今でもあんなことをするよりは、矢張り私は自分の主張したことは今でも良いと思つて居りますが、さうは行かずにずん〳〵〳〵暴かれて来て、到頭どん底へ行つて、大浦さんが予審判事に訊問された。さうして要するに罷めることになつたがね、其の時の閣議で大浦さんは、全部私の責任であります、それで此のことは総理大臣は勿論のこと、どなたも御承知のないことで、私一人でやつたことでありますからして、私が責任を負ひますと、是は連帯責任になるものでないと云ふことを大浦さんは言ふて、さうして極く簡単な言葉を言ふて、御免被つて去りますと言つて去つたが、あとで所謂連帯責任を唱へたのが加藤、八代、若槻です。是は兎に角苟も内務大臣が議員買収をやつて罷めると云ふやうな時に、総理大臣は俺は知らぬと言つて居られるかも知れませぬが、さう云ふことを言つてはいかぬと云ふことでせう、私は能く知らぬが、其の三人は徹頭徹尾連帯責任論を言つて、加藤と八代と若槻は罷めて去つた。あの時は到頭総辞職をしたね、尤も大命再降下しましたがね。

○問　改造内閣になりましたね。

○伊沢　改造でなく再降下だ、私共は第二次大隈内閣と言つて居る、慥か総辞職したでせう、さうして大命再降下したと思ひます。其の時に次官程度の者は浜口と下岡と、それから安達と私と四人だけ罷めました。私は併し今の通り、私は浜口や下岡等の考へて居ることゝ違ひます、私はもう病気であるからしてと、予ねての主張から、政務官でないと云ふ強い主張をして居るから、私は内閣書記官に言つて、病気の診断書と云ふか、何か診断書の中で一番上等な奴を見せて呉れと、辞職するのに一番好い奴を見せて呉れと言つたら、是が好いと言ふので其の通りに診断書を書いて貰つて、私は病気で罷めました。あの時の検事正は誰でしたかね。

○問　中川一介。

○伊沢　あれは奇妙な歌を作つてね、何だか訳の分らぬことで、大物の浦どうとか斯うとか言つてね、さうだ、中川一介だ、あれが一番熱心でしたよ、大浦を葬むることに。
○問　色々な連中が何かやつて居たらしいです。
○伊沢　実に大浦と云ふ人は立派な人でしたよ、それから鎌倉へ引退して後も、世の中の人は花鳥風月を楽しんで居ると云ふやうなことを言つて居るが、そんなことは絶対にありませぬ、花鳥風月なんか決して楽しんで居らぬ、終始皇室国家を思つて死んだです。それで実に大浦さんの所へは私は幾度となく、一週間に一遍か、二週間に一遍位はお墓参りするやうな積りで訪ねたが、其の時に私が行つて、今こんなことがありますよと云ふやうな政治上の話をすると、あゝさうですかと、訊くことは必ず……誰と誰と会ひましたと言ふと、はあさうですか、それは何月の何日何時ですかと訊く。こつちは何時と云ふことは考へて居らぬから、何時か分らぬ、あゝさうですか、何時でもさう訊く。それはもうそれだけ訊きさへすれば、今どんな風に政治が動いて居るか、誰と誰と会つた、どう云ふ話をしたかと云ふことは殆どはつきり解る、さうして伊沢が先に行つたか、尾佐竹が先に行つたかと云ふことはあの人には非常な材料になる、さうして今の所では引込んで居るが、新聞を見、若くは訪ねる人から能く断片的なことを聴いて、それを綜合して今どんな風に動いて居るか、今のやうに引退して居りながら、あれは斯うだと袋の中を言ひ当てる如くにぴしやつと言ふ、みんなそれは当つて居る。それは長年の経験で人の動きに付ては非常に詳しい、どんなことかと云ふことは数十年の経験がある、少しの材料で判断出来る。それから所謂私は皇室国家を思ふのみだと云ふことを言ふのは、あの人は引退して後は非常に謹慎して、東京へは絶対に出て来ない、唯出て来たのは歯が悪い、歯の療治に十四五年間に二遍かそこら出てきましたが、所が一度あの人が山県公を密かに訪問したことがある。それはどうしてかと言ふと、家から人力車に幌を掛けて、鎌倉だと大変目に著くから、態々人力に乗つて次の大船へ行つたか何処へ行つたか知らぬが、其処に行つて、さうして其処から密かに行つて山県公に会つたが、それは何かと云ふと、用向は、是は或程度迄想像が入るが、兎に角、前の世界大戦のあとで日本へ黄金の殆ど洪水になつたと思ひますが、どん〳〵金が入つて来たから、是は国民の生活程度は無暗と上るし、昔の言葉で言へば奢侈の風が天下に漲る、斯うすると金を得た為に国民の思想と云ふものは非常に悪化するんだ、国は廃頽するんだと云ふことを非常に憂へた。幾度となく山県公の所へ手紙をやつて、さうして詔勅を出して戴く外はないと云ふことを頻りに力説したけれども、なか〳〵埒が明かぬ、到頭堪へられなくなつて、さうして密かに鎌倉を出て、山県さんが小田原に居つたので、其処へ会ひに行つたと、一例をお話すればそんなことです。そんな風に寝ても醒めても皇室国家と言ふことは忘れたことはない、行つて話せば終始それだ。

終

伊沢多喜男氏談話速記

第二回

昭和十六年七月二日於伊沢氏邸

聴取者
尾佐竹　猛
深谷　博治
速記者
筒井　英雄
鈴木　醇一

○問　伊藤公の御話を一つ御願ひ致します。

○伊沢　私が伊藤公の話をするのは政治についてぢやないですよ。

○問　その方が却て結構ですよ、是は結局政治に関係するわけですから。

○伊沢　政友会の出来たのは三十三年でせうね、その明治三十三年に私は岐阜県の警部長と云ふものをやつて居つた、九月に発会式がありました。それで丁度伊藤公が岐阜へ来て長良川の岸の秋琴楼の別荘に居つた、最終の仕上をされる時だつたのですね。其の時に附いて来たのが朝比奈知泉と云ふ人、それから松本君平です。其の両人が附いて来て居つて、さうして彼処に一週間以上居つたでせう。それで其の朝比奈と云ふのを連れて来て居つたのは色々宣言書であるとか何であるとか云ふものを書かしたり等するのが目的だつたやうです。それから松本君平は、まあ何と言ふか、取り持ちと言ふか、さう云ふ言葉を使つて宜いかどうか知らぬけれども……。それでさう云ふことをされると同時に地方の主な人間を色々呼ぶのです。愛知県及び岐阜県の主な人間を呼んで政友会に入れと勧誘される訳です。さうして伊藤公は政治は勿論の事、財政でも経済でも憲法でも、或は外交でも、兎に角何の方面でも来た人間に相応しい話をされて居つたのです。私まだ小僧だつたけれども、傍で聞いて実に偉い人だと思つて居つたが、其の時に松本君平が傍に居つてどう云ふことを勧めて居つたか、朝比奈君は其の席へは余り出て来なかつたです。松本君が居つて、さうして其の来た人間にマーキス伊藤と言へば世界的偉人だと云つて、グラッドストーンとかビスマークとか何とか云ふ其の時分の列強の中心人物を挙げて、是と相馳駆する大人物だと言つて、ロンドン・タイムスの最近のものにどんな事を書いてあつたとか、マーキス伊藤と云ふものの世界の大政治家だと云ふやうな所をまあやる訳です。

○問　得意だつたのでせうな。

○伊沢　私は時々それを評して、昔浅草の奥山で「之れなるは丹波の山奥から生獲つたる荒熊で御座い」と云ふやうなことをやつて居つたが、そいつを公の傍で松本君平がやつてるやうなもんだと言つた。さうすると伊藤公はにやつとされて居る訳です。さうしてそれから先は、大分話が下品だか何だか知らぬけれども、其の時、此の間言つたかも知れぬが、静岡から確か松枝と云ふ芸者、それに浮月だつたか求友亭だつたかはつきり分らんけれども、多分浮月の女将を連れて来て居つたし、それから名古屋の桃吉と云ふ芸者、それから他に芸者が二人だかと、万松軒の女将が居つた。兎に角七八人の女に取り囲まれて、さうして天下の大事を議して居ると言ふか、兎に角さう云ふ風でした。是は此の前話したでせう。

○問　此の前は速記を執らずに座談的に伺つたので、系統的な御話を承つて居りませんから……。

○伊沢　系統的ではないが、どうも之を何遍も繰返へさせられると辛いがね。どうするんですか、発表するのではないでせうね。

○問　記録に保存して置きます。他から聞き得べからざるやうな話は尚保存して置きます。

○伊沢　私は朝から晩迄附いて居るのだが、極く開放的の人だから一寸も我々には隠しはしないし、人を説得するにも堂々たる説得の仕方で、何時だつたか晩に飯かなんかを一緒に食つて居る時に斯う云ふ手紙を貰つたと言つて僕に見せるから見ると、岡山の中学校の先生か何かからですが、其の手紙には、閣下は国家の元老で陛下の御信任最も厚いにも拘らず不浄醜業婦と近付くのは怪しからんぢやないかと云ふことを堂々と書いてある。さうして「斯う云ふ手紙が来た、こいつはどうも私には一番の痛手だ、私はお面で来られてもお小手で来られてもお突きで来られても、何処から来られたつて五分の隙も無いけれども、此のお胴だけは開けつ放なしでね」と言つて閉口したと云ふのだが……。私は其の時分にピューリタンだし、若い時で非常に反感を持つて、此の糞爺実に怪しからぬと、私は中学校の先生と同論で大いに憤慨して居つたのだが、併し伊藤さんが自分はお面で来られてもお突きで来られてもお小手で来られても、何処から来ても五分の隙も無いと言ふことは実に其の通りなので、兎に角人物と言ひ手腕と言ひ経歴と言ひ卓越して居つた。兎に角他の元老とか何とか云ふ連中が色々な、所謂三井のバックとか三菱のバックがあるとか云ふ時に伊藤さんは絶対に縁類縁故も無く、兎に角政治家と云ふものが金と云ふものに或程度迄制せられて自分の心にないことをするのが相当にあるのだけれども、伊藤さんにはさう云ふことは絶対に無い。是は明治天皇の御殊遇を享けて居られたと云ふことも私は非常に大きな原因だと思ふが、所謂先刻も御話したやうに、兎に角世界の大政治家と馳駆して何人にも劣らぬと云ふだけの学識なり経験なり、何も彼も皆揃へて居られたのです。私は今から考へて、何処から見たつて伊藤さん程の人は世界中無いのだと思つて居る。貴方（深谷）は伊藤さんの伝記を書いて居るならさう云ふ方面の事も……。

○問　さう云ふ方面は非常に屢々拝聴しますが、記録として残つて居る手紙とか意見書類とか云ふものは沢山扱ひましたが、逸聞と言ふ方面の史料は余りありません。それは余り伝記に麗々しく書けないこともありますけれども……。

○伊沢　無論書けないけれどもなか〳〵面白い手紙がありますね。伊藤さんが巳代治さんの所へ送つた手紙、矢張り婦人関係を処理して呉れと云ふことを書いた長い手紙がある。其の手紙等を見ても実にやり方が堂々たるものだね。

（笑声）

○問　さう云ふ手紙もちよい〳〵見たことがございます。日記にもあつたですね。

○伊沢　それから此の間も御話したやうに、矢張り太閤秀吉によく似て居つて、或意味から言へば非常に衒気、稚気と言ふか、さう云ふものに富んで居られると云ふことは眼に見るやうだね。詰り床の間へ以て行つて箱を幾つも置いてある。さうするとそれを姉芸者の奴が半玉位の奴に頻りと使嗾をして、あれを拝見せよ〳〵と突つく。おど〳〵して居る奴が頻りに尻を突つかれるので雛妓の奴が「恐れ入りますがあの飾つてあります箱を一つ拝見させて戴けませんか」と云ふやうなことを云ふ。さうすると伊藤さんがえらくむづかしいやうな顔をして「うん、是はお前等には見せられるものでない」なか〳〵見せられないけれども又姉芸者に突つかれるものだから「さう仰しやらずに是非見せて戴きたい」と云ふと「さうか、それぢや」と言ふやうなことで箱を開けて見せるが、何かと言ふと詰り英吉利から貰つた勲章とか仏蘭西の勲章とか云ふものを見せて、是は世界に五つとか六つしかない一番の貴とい勲章なんだと云ふやうなことを勿体らしく説明されて、大したものだと云ふことを言つて皆で感服すると非常に御機嫌が良い（笑声）。能く話に出て来ることでありますが、大礼服を着て勲章の大きいやつをくつ付けて悠然として居るのがどの位伊藤さんには気持が良いものだつたかね。

○問　（深谷）さう云ふ所は先程御話の朝比奈と云ふ人でございますね、あの人の書いた明治功臣録と云ふのがある、其の中の伊藤公を書いた部分に矢張り東西稀な好々爺であり、之を古今の人物に比較して豊太閤に一致点を見出すと言つたやうなことが書いてありますが、矢張り能く観察して居ると思ひます。

○伊沢　私は朝比奈君のは見たことはないが、全くさうです。

○問　（尾佐竹）あの本は朝比奈が実際書いたと云ふのではないらしい……。そこで伊藤公はさう云ふ偉い方でありますが、当時の官憲は政友会に対してどう云ふやうな御考を持つて居つたのでしたかね、出来るべき政党に対しては……。

○伊沢　私は其の時分小僧でね。三十三年だからまだ三十二歳でせう。其の時には官憲がどう考へて居つたか、私一地方官の警部長に過ぎないからそんな事を言ふ地位に居らぬけれども、当時の岐阜県知事等は非常に反感を持つて居つた。此の人も立派な人だつたけれども……。処が伊藤公は元老だから、来れば知事は無論訪問しなくてはならぬから、そこで遁げ出して上京してしまつたよ。到頭一週間以上も経つたけれども帰つて来やせぬ。それでまあ官僚は大体矢張り政党は在らずもがなと思つて居たやうだね。

○問　当時の知事は誰ですか。

○伊沢　其の時は田中貴道と云ふ人です。後に岐阜県知事から警保局長になつた人です。どつちかと言ふと所謂官僚系の山県系の人間だからね。山県系の人間と云ふものは何だ政党なんかを作つてと云ふ考だつたらしいと思ね（ママ）。

○問　岐阜県で実業家などを党に入れると云ふ風な考で先生などに尽力するやうな御話はございませんでしたか。
○伊沢　いやそんな事は絶対にない。ないのみならず、例へば渡辺甚吉とか、それから其の外十五人近くの色々の人に、そんな人が会ひに行くと、呼ばれて直接に、例へば銀行をやつて居る人間に向つては銀行の事に付て話をするとか、或は地主に向つては地主はどう云ふ立場で行けと云ふやうなことを堂々と話をされた。それで解る者は皆何れも敬服する。さう云ふ態度でまあ我々は小僧でもあるし、それから伊藤さんそんな官憲などを使つて政党を作らうと云ふやうな考は毛頭なかつたと思ふ。そんな臭ひを嗅いだことは絶対にないです。
○問　今日は非常に伊藤公の政友会組織に関係する面白い資料を見付けました、伊東巳代治が書いたものです。伊東巳代治が政友会組織に付ては当時の伊藤公のたづさわつて居られた帝室制度調査局総裁と云ふ宮中の要職を退かなければならぬと云ふことを伊藤公に進言しようとして、伊藤公には直接に宛てずに、伊藤公の幕僚の人達に宛てる形で書いたものです。なか〳〵痛烈に書いたものです。そんなものが矢張り動機になつて、愈〻結成された時にあの要職を罷められたのではないかと思ひます。
○伊沢　それは伊東巳代治が書いたのは其の時分の山県公なり、其の外所謂官僚系と云ふか、さう云ふ人々の非常に痛論したことでせう。
○問　伊東巳代治程最も親しい幕僚は外には無かつた訳ですが、其の人が政友会組織には自ら参画して居りながら結局会員にはならないでしまつたのですね。何かそこに事情があつたのではないですか。さう云ふ事に付て何か御聞き及びの事はございませんでせうか。
○伊沢　無い。私は伊東巳代治と云ふ人は大嫌ひだ。今でも……。それで私は生前に会つた事は無い。屢〻本人も私に警視総監の時に会ひたいやうな謎を掛けたが、私は死ぬ迄会つた事はない。それでちつともさう云ふ消息は知らぬ。どうしてそんなことを書いたか……。
○問　岐阜の次は福井と滋賀でしたね。―其の外に何か御話を承りたいと思ひます。
○伊沢　私は地方官をして歩いて到る所で多数党と争ひました。福井へ行つては着任の日から喧嘩を始めた。（笑声）さうして転任する迄徹頭徹尾やりましたよ。と言ふのは福井県は丁度其の当時三分の二位は政友会だつたです。処が其の政友会が竹尾派と非竹尾派と二つに分れた。竹尾茂と云ふのは農工銀行の頭取をして居つたのです。さうして農工銀行の頭取をして居つて、金を貸す時には党勢拡張の為に金を貸した。それで政党に入れば貸してやるし、入らなければ貸してやらぬ、斯んな便利なことはないので、兎に角金権を握つて居つて、此の入るなら貸してやるし、入らなければ貸してやらないと言つたのが一番強く効いた。それで着任の日から喧嘩を始めたと云ふのは何故かと言ふと、前任知事が宗像政と云ふ人なんです。是は立派な人です。それで当時の阪本釤之助君が東京府の書記官から転任して来た。処が先生病気で着任しなかつたです。それで私は知事代理として宗像政君から引継ぎを受けた。其の時に宗像君が懇〻福井の農工銀行の弊害を説いて、「君、私がやらうと思つたけれども到頭農工銀行には手を付けることが出来なかつた、斯う云ふ事を残して置くと云ふことは誠に御恥しいが是非一つやつて呉れ」と云ふことを懇〻私に話した。それで極く私も若い時で元気も良いし、即日やつ付けてやらうと（笑声）斯う云ふ決意をして闘ひを始めたです。それが今の通り政友会の支部長で県会では三分の二程の絶対多数を持つて居るからなか〳〵苦戦であつた。それをまあ終始闘つた訳です。到頭終ひには……終ひではないが自分で新聞に投書して、農工銀行の色々な弊害のあることを一週間位私が書いたです。さうして正面から闘つた。阪本知事は着任したが知事は正面からはやらぬ。それで私は知事に向つて何と言つたかと云ふと、私は農工銀行の監理官《（ママ）》であるから、監理官の資格に於て私はやるのだ、貴方は後ろに黙つて居らつしやい、若し聞いたら、あれは監理官としてやるので、私はどうも書記官の方なら何だけれども、監理官としてやる事に干渉する訳にいかぬと言ふて貴方は蔭に居りや宜いから、私が全部やると言つてやつたけれども、段々に火の手が強くなつて来て、到頭阪本君も手古摺つた。併し結局到頭どうしたかと言ふと竹尾を追ひ出した。農工銀行の頭取から私が追ひ出してしまつた。竹尾は大浦さんの子分であつたのでね。大浦さんに会つたのは初めて其の問題で会つたのです。阪本君は到頭終ひに手古摺つてしまつたが、併し予て相談してやつた事だからいかぬと言つて怒る訳にはいかぬけれども、火の手が強いものだからどうかして私にもう少し手軟らかにやらせようとするけれども聴かぬ。そこで私に上京を命じてからに、「伊沢さん、一つ大浦さんに会つて見ぬか」、斯う云ふことを言ふ。そこで「さうですか、私は大浦さんと云ふ人には別に会ひたくないが、貴方がソー言ふなら一つ会つて見よう」と、それから私覚えて居るが、鎌倉の別荘へ行つた。処が其の時分から大浦さんの理想はさうであつたが、「一体二大政党と云ふことはいけないのだ、矢張りもう一つの中間の政党があつて、さうしてそれが極く正しい事をして両党の闘ひをチエツクして行くと云ふことが日本の政治の理想だ」、斯う云ふことを私に言つたので、それで私は

「さうですか、私は一地方の書記官で国家の政治が二大政党が良いか或は中間政党が良いか、さう云ふことは私は解りはしませんよ」と云ふやうなことを言つて一寸も私相手にせぬ。何を言つて居るかと云ふと竹尾の事を間接に言つて居るのです。竹尾を余り虐めるなよと言ふのですね。私に謎を掛けるが解らぬと言ふ。それで到頭滋賀へ転任したです。栄転だから喜んで送つて行つたが、到る所私は排斥されちや栄転して居つたです（笑声）。

○問　滋賀県では一部長と三部長……、皆おやりだつたですね。

○伊沢　結果はさうです。詰りあの時に官制が変つたものだからね。内務部長が全部持つて居たやつを一部、二部、三部、四部と分けたのです。四部長と云ふのは警察部長です。

○問　滋賀県は一年許りで、それから知事に出られたですか。

○伊沢　いや、それから警視庁の一部長になつたです。滋賀県は戦争の時代でね。日露戦争の末期だから……。滋賀県では国債の募集に全力を注いだです。それで滋賀県は日本全国で、東京、大阪を除いては最も成績が良かつた。それは知事は勿論だけれども我々の功績だと思つて居るのです。あれだけの小さな県で非常な国債に応じて。兎に角それに全力を注いだです。滋賀県では大して喧嘩をしなかつたね。

東京へ警視庁の一部長になつて来たと云ふことは大変に意義のある事だつたのです。丁度其の時は原さんが第一次内務大臣の時です。それで警視庁が例の九月に焼打を喰つて、警視庁全部が交番から警察署迄悉く焼かれ、警視庁の威信と云ふものは全く地に墜ちてしまつたです。それでどうしようもない。其の時に誰か所謂田舎武士はないかと言ふので私が選に当つた訳だ。私が一部長になつて来て、署長を呼んで見ると、当時は殆ど署長の奴が背広を着てひよろ〳〵出て来る。それから私「変なことをするな」と非常に不機嫌な顔をして居る。けれども向ふは一向平気だ。それで「どうしてです」と言ふ。「署長たるものが制服を着ずに一部長の前に出て来ることがあるか」、さうすると「貴方は御承知ないですよ」と言ふ。「どう言ふことか」と言ふと、さうすると「制服等を着て世の中が歩けますか、制服を着て歩くと云ふと子供が後から来て石を投げる、（笑声）長い棒を持つて来ては突つくと云ふやうな有様で、迚も制服等を着ては歩かれません」と言ふ。それから「それならば私はさう云ふことは困る、是非々々背広で来ると云ふことなら罷めて貰ふ外仕方がない、さう云ふことは許すことは出来ぬ」と言つて立直しに掛つたです。それで制服を着るやうになつたが、さう云ふことで丸切り今迄維新以来の警察の権威も面目丸潰れで、交番は勿論のこと、警察署迄全部焼き払はれて手も足も出なかつたと云ふやうなものだからすつかり馬鹿にされて威信地に墜ちた、それを兎に角立直す役を仰せ付かつて出て来た訳です。まあどれ程のことも出来なかつたけれども少しは役に立つた積りです。

○問　それから前回は和歌山の話でしたけれども、是から愛媛でしたな。

○伊沢　さうですね。そんな地方官時代の事は何か御役に立つのですか。

○問　一般の政治情勢として非常に必要ですから是非一つ……。

○伊沢　愛媛県は私割合に長いのです。愛媛に行く時には丁度平田さんが内務大臣で一木さんが次官でした。それから私丁度和歌山の知事として上京中だつたです。さうしたら内務大臣の官邸に呼ばれて平田さんがえらく気の毒なやうな顔付で、どうも非常に御苦労だけれども是非君に愛媛県へ行つて貰ひ度いと云ふ、斯う云ふ話です。それは御承知の有名な安藤謙介君が今迄居つたそれで安藤君に休職を命じて私を持つて行くと云ふ、斯う云ふ計画でそれで実に容易ならぬ兎に角難局だけれども是非君やつて貰ひ度いと云ふので、私直ちに、役人をして居る以上、水火の中へでも飛込んでちつとも差支ないのだから行けと云へば何処へでも行きます、況や愛媛県は栄転ですよ。その頃三等指定地と云ふものがあつた、愛媛県は三等指定地である、私は三等指定地の知事になると云ふことは知事を二、三十人追越して行くことになるのです、大変な栄転なんです。私は栄転にもなることだし喜んで行きます、と云つて引受けたのです。其の時に私は何を云つたかと云ふと是は私事に亙るけれども西久保弘道が内務部長として愛媛県に居るのです、それから私はもう何処へでも行きます、けれども私はどうも西久保は私の同期生だけれども私は殆ど兄貴と思つて尊敬して居るのです、其の上に行つて私が据はると云ふことは何としても堪え切れない、それで何とか工夫がないかと云ふことを聞かれたから私は条件を出したのです、兎に角第一の機会に於て西久保を知事に出して呉れ、さうすれば私は喜んで行く、さうして呉れゝば私は宜しい。それで宜しいと引受けて呉れたのです、それは誠に有難いと、それで私は赴任した、処が過去に於て幾多の例があるのです、同期生の人間が知事と内務部長の関係にあれば必ず悪いに決つて居る。おい貴様、俺、と云つて居る奴が今度は知事と内務部長で部下になる、だから何時の場合でも非常に悪い、それを私は非常に心配して行つたのです。行つた所が西久保が大きな身体をして私が高浜に着くと「フロック、コート」を着て迎へに来て居つた、そこで桟橋の上からとデッキからして二人やーとやつた所が唯おつと云つてね、それで問題解決ですね、それは実際西久保は偉いです、何にもないのみならず、私を非常に悦んで私の来たと云ふことを悦んで歓迎して呉れたのです。だから私は役所へ出て行つても内務部長に呼鈴を押して内務部長を呼ぶことは私はどうしても堪え切れぬ、それをちやんと彼知つて居つて知事が出勤する前にちやんと出て来て、呼鈴を押さない前に必ず来るのだ、毎朝来て用はないかと云ふやうな態度でやつて呉れる。それから西久保の奥様は、私の官舎と内務部長の官舎が隣だつたものだから、一日か二日置きに来ては実に親切に世話して呉れる、実に至れり尽せりでやつて呉れた。それで私と西久保の間は非常に円滑に行つた。殊に驚いたことは西久保と云ふ奴は何にも解らぬ奴だと云ふ風に愛媛県の者は皆感じて居つた、で県会なんかに出ても安藤にずつと仕へて居つたけれども、安藤時代にはもの一つ言つた事がない、悉く西久保の考と違つたことを安藤がやるものだから県庁の者は西久保と云ふものは何にも解らぬ奴だ、だから県会等では内務部長と云ふものは説明なんかするものぢやないのだと云ふことを決め込んで居つた。処が驚く可し、私が行つてさうして県会へ臨んだ、さうすると隣に並んで居るから私が立つて説明しようとすると「待て〳〵俺がやる」徹頭徹尾西久保が説明をする、あれは仲々雄弁家ですね、実際愛媛県の属官連中が呆気に取られてびつくりして居る、西久保が皆やつて呉れたですよ、もう実に偉い人ですよ。それから果して約束通りに愛媛県の内務部長から福島県知事に第一の機会に於て出たのです。それは誠におかしな事だけれども過去の歴史に於ては例のない事です。と云ふのは知事と云ふものは必ず第一等県、東京とか大阪とか、京都とか云ふ一等県から出ることに決つて居つたもんです。然らざれば警視庁から出る処が愛媛県の内務部長から一躍して出た、其の頃はさう云ふことすら大した事のやうだつたんです。私はどうも始終さういふ人の後に許り廻されて和歌山県では先達つて御話したやうに清棲君の後を……。愛媛県の事で能く人の誤解することは安藤君等の土木計画と云ふものがあるのです、とんでもない計画です。所謂本当に砂上の楼閣でね、収入も何にもない厖大な予算を作つてさうして地方民を喜ばしたのです。出来やせぬけれども画餅を画いても画餅でも何でも餅のやうな格好をして居れば喜ぶのだからね。それで安藤君は大変に一部の人間には人気があつた。其の後に私が行つて之を兎に角粛清する、根本的の立直しをやつたのです。それが世の中で誤解されて居ることは私は安藤君の作つた土木計画と云ふものを打ち壊さんとしそれが県会で否決されたのを原案執行をやつてそれで更生したのだと斯う世の中で解して居つたのです、玄人さえさう云ふやうに解釈して居るのだ。処がそれは全くの誤解なんです。私は安藤君の案を殆ど根本的に建て直したけれども、其の時には全会一致県会が私の案を通したのです。今それが伊沢と云ふ奴は兎に角安藤の原案を叩き潰したのだと皆誰でも云つて居ります、それで安藤君の悪口を云ふことになるから差控へたけれどもそれはもう実に空中の楼閣ですからね。

○問　大変な大予算だつたでしたね、二十ケ年間の……。

○伊沢　それで一番の中心問題は三津ケ浜の築港と云ふのです、丁度其の時分の愛媛県の予算が百万円ちよつと出る位のもんであるからそれに三津ケ浜へ持つて行つて百何十万円かの予算を投じて三津ケ浜の築港をやらうと云ふのだ。例へば日本の歳計予算が仮に一億円と仮定する、さうすると一年の歳計を全部投じて横浜があるのに隣の神奈川に持つて行つて突拍子もないものを作らうと云ふのです。高浜と云ふ港があつてちつとも差支へなく運行して居る、今の数十年経つた今日でも高浜港でやつて居る、であるにも拘らず距離から云つたならばほんの十丁程の所に持つて行つて三津ケ浜築港をやらうと云ふ、斯う云ふ計画だからね。それで何が故にさう云ふことをしたかと云ふと極く簡単なんですよ、浮かんだ金を儲けようと云ふのだ、色々築港には機械が要るから外国から機械を買つたりする、それで儲けようと云ふのです、簡単に云へば……。そこで私に急に愛媛に行けと云ふことを内務大臣が申したのは其の為なんです。前内閣時代にそれを認可して実行に掛かつて居るのだから、私は宜しいと云ふて私は東京で辞令を受ける前日か、前々日かにさう云ふ話があつたからそれで私は御裁可になつたと云ふことを聞いて即日愛媛県に飛んで行つたのです。さうしたら丁度私が安藤の居る官邸へ着くと云ふと今電報で休職の辞令が来たと云ふから、俺も一生懸命やつて来たと云ふと、もう自分がやられさうだと云ふことを聴いて一部の機械を買入れちやつた、そんなことをやつて居つたのです。築港に要する機械を買つてしまつた、さう云ふ態度だからそこへ私が乗込んで行つたのだ。もう一つひどい奴は大野ケ原軍用道路が其の計画に入つて居つた、是はどんどんやつて居つた、処が驚く勿れ、是は九里程の山の上に以て砲兵の演習する為にそれを作つたのです。さうしてどうかと云ふと之も何にも目的がない、道を設けると云ふ話なんです。道は作つたですよ、開道式をやつてね、知事始め二人挽きの車か何かで大野ケ原に行つた、行つた処が爾来一遍も砲兵の演習なんかしたことはありませぬ、今日はもう道と云ふものは痕跡もない、何故かと云へば道を作つたつて何の効能がないのだから誰も通りやせぬ、通りやせぬ道に以て行つて十万円二十万円も掛けて、さうして私の行つた時は既に開通式が済んで居つた後だが、請負の領収書は悉く偽造です、一枚残らず…それを何故に私は発見したかと云ふと、私が領収書を持つて来いと言つて見た、最初は気が付かなかつたけれども、何かやつて居るなと私は思つた。所が段〻見ると伊沢多喜男の下に捺してある判と尾佐竹猛の下へ捺してある判と同じなんです。それを横に捺して見たり、縦に捺して見たり甚だしいのは二つの判をコンバインする、一つの上に持つて行つてもう一つ捺す、悉く偽造だ。何故さう云ふことをしたかと云ふと兎に角最初の間は人夫の判を預つてぽん〳〵捺したものだ、それに持つて行つて観世撚りで以て尾佐竹とか伊沢とか書いて区別して居つたけれども、それが取れてしまつた、それを請負であるものを直営の形を取つたのだ、事実は請負なんだから領収書がある筈がない、それを直営の形を取つてごまかさなければならぬ、だから悉く全部偽造だ、さうして置いてどえらい道が出来た、もう今ぢや兎も通りやせぬ、のみならず山の腹へ切付けて行つたからそこから山が崩壊して……詰り山を荒したに過ぎない、何にも効能がない、さう云ふことを散々やつた後へ自分が行つた訳です。それで私は二年半ばかり居つたですよ。二年半居る間に兎に角極端に云へば愛媛県の数十年の、例へばやかましい燧灘の漁場の問題、是は日本でも有名な争議で水雷艇の形の警察船を造つて広島と愛媛県と両方の警察が海上で以て盛んな戦ひをやつたと云ふやうな問題が燧漁場の問題ですが、丁度其の時宗像君が広島県知事で詰らない喧嘩は止めようぢやないかと云ふことで到頭二人で話をして茲で解決しました。其の外高知県との関係の漁場問題も数十年掛かつたやつを皆片付けてしまつたりして私は愛媛県では少々やつた、丁度其の頃は脂の一番乗つて居る時代ですよ。兎に角我々のやうに身体の弱い奴は四十歳位がクライマックスだね、甚だ自慢するやうでをかしいけれども二年半に悉く片付けました。其の中の主な問題は例の四坂《(阪)》島の烟害と云ふ奴です、此の問題の為に農商務大臣が辞職したこともあります、数十年に亘つて居つた問題で住友の別子銅山と云ふものと東予の地方の農民は本当の仇同士で紛糾に紛糾を重ねた問題です。それを安藤君の時代にどうしたかと云ふと農民の被害と云ふものは千万円とか二千万円とか大変なものになる計算を出してある、さうして之に対しては相当の賠償を払はれるのは当り前だと云ふやうなことと云つてえらくおだてたのです。住友は何と云ふかと云ふと住友は自分の所は別子の山の中で兎に角稼いで居つたのだ、それを農商務省の考から云ふと別子の山の中に居ると区域が非常に小さいからそこで烟毒が出来て山林を荒すから之を海の中へ持つて行けと云ふ、当時の学説では四阪島へ持つて行けば烟害と云ふものはなくなると云ふ学説であつた。それを住友が二百万円か掛けまして別子の山から四阪島へ持つて行つて移した。住友側で私共は鉱業と云ふものは鉱業法の保護を受けてやつて居つて、正当の仕事をして居るのだから何も悪いことをして居るのでない、のみならず農商務省の命令て《ママ》四阪島へ移したのだから若し害があるとしても賠償は一厘も払ふべきではないのだと云ふ、斯う云ふ主張なんです。況や烟害はないと彼等は主張する、片方は烟害はない、あつても払ふべきものではない、片方は数千万円あるからして之を何でも彼でも賠償せよ、斯う云ふのだから非常に歴代苦しんだ問題です。それを大浦農商務大臣が私を愛媛県にやつたのは私にそれを解決させると云ふ農商務大臣の主たる目的であつた、それで私が愛媛県知事に内定したと云ふことを聴いて大浦農商務大臣は直ぐ農商務省に来て呉れと云ふから行つた所が、君是非烟害問題を片付けて呉れと云ふ、斯う云ふ話であつた。当時私は少し依怙地だから私は今和歌山県知事ですよ、和歌山県知事が愛媛県のことを聞いたつて仕方がありませぬよと云つてまあさう云ふ依怙地のことを云つて居つた、まあ私は今さう云ふことを聴いても解らないと云つて帰つてしまつた。処が翌日御裁可があつたから直ぐに私を呼び付けた。私は愛媛県の知事になりましたからと云ふ随分依怙地です、大浦さんは非常に熱心であつた、あの人の考は此の問題は解決出来るのだ、農民は鉱業者と共存共栄で行けるのだ、斯う云ふのが大浦さんの考へ方だ、私も同様にさう思つて居つた。やり方に依つては共存共栄で行けるのだ、それには両方抑へなければ仕方がない、今のやうに農民側は数千万円の被害あり言ひ片《ママ》一方は一銭一厘も払ふべきものではない、両方共無茶を云つて居るのだから之を抑へ付けなければならない、それから赴任すると云ふと果して高浜の港で農民代表がやつて来て一寸知事さんと云ふのです。まあ茶飲茶屋へ行くと、烟害問題をどうして呉れるかと云ふのだ、我々東予の人間は到底思ふべからざる災害を受けて居る、何でも彼でも解決して呉れと云ふやうなえらい見幕で迫つて来る、私はふん〱と云つて相手にせぬ、さうしてどうしたかと云ふと私は終始そんな問題は知事が解決すべき問題ではない、農民と鉱業者が直接に話をして解決すべき問題でさう云ふことを知事が解決すべき問題ではない、一切構はぬ、どつちが来ても私は突刎ねてしまつた、さうしてずつと時期を見て居つた。其の間には色々な人が入つたですが、代議士等は幾人入つたか分らぬ、みんないけない、到頭終ひには彼是半年も経つてから何でも彼でも一つやつて呉れと斯う云ふことを農民が云つて来た。それぢややらう、無条件で私に任せるか、私の云ふことは何でも聞くか、何でも聞きますと。そこで住友の方でも安藤では話相手にならぬが、伊沢なら比較的正しいことをやつて呉れると云ふ考へから鈴木馬左也君が頼みに来た。鈴木君は実に堂々たる態度でね、どう云ふことを云つたかと云ふと兎に角安藤のやうなあゝ云ふ何千万円烟害があると云ふやうな馬鹿なことを云つて居るのは話にならぬ、が自分共の建前としては一厘一銭と雖も烟害に対しては賠償すべきものではないと思つて居る、理論はさうだと思ふ、さうだと思ふけれどもそんな理屈ばかり云つたつて仕方がないからそれであんたの御方針のやうに農鉱併進で行きませう、但し私は穢い金は一厘も払ひませぬと彼は云ふのだ。例へば日立鉱山にして見ても足尾にして見ても小坂にして見ても烟害がある、非常に烟害がある、併しながら別子のやうな大きな問題になつて居ない、何故かと云ふと皆口を利く奴には金轡を篏めて居るのだ。そこで当時の鉱山局長等は何を云ふかと云ふとどうも伊沢君あの鈴木君と云ふ奴は馬鹿で困るよ、あゝ云ふ融通の利かぬことを云ふから知事とか、農商務省を煩はしてあゝ云ふことを云ふのだ、あの日立なり、小坂なり実際やつて居るやうな方法を用ひ、さえすれば何でもありやしませぬよ、斯う云ふ態度なんだ。処が鈴木は私はさう云ふ方法をやることを知らぬことはありませぬ、知らぬことはないけれどもそれは所謂社会をスポイルする所以なんだ、さう云ふことは私は出来ませぬから今のやうな穢い方法で仮に百万円で片付くものなら此の正当の道で行つて五百万円、千万円掛かつてもそれの方が宜しいのです、穢い金を一文も使はないからさう云ふ方針で解決して貰い度い、それは実に我が意を得たり、私もさう思ふ、それで行かうと。どうするかと云ふと農林省に烟害調査委員会と云ふものを設けて農林省の技師が沢山の人間が掛かつてさうして烟害調査をやつて、今年はどれ程の米麦の損害がある、今年はどれだけの山林が荒されたかと云ふことを出来るだけ調査をしてさうして農林省がそれを決める、決めたものに対しては住友は払ふのだ、斯う云ふ建前で議論して行つたのです。さうして大浦さんと私は愛媛県知事で農鉱業者を農商務大臣の官邸に招集してそこで基本的の契約を両者の間に取り結ばせたのです。所謂農鉱併進と云ふ方針で是は四十三年頃だと思ひます、其の根本方針で一時の契約が出来たのです。それから五年毎に更改して行くことになつて居つたが、丁度昨年で三十年終始其の方針で行つて、昨年になつて絶対に烟害はないと云ふこと迄漕付けたのです。それで昨年両者の間に非常に円満な御祝をやつたです。斯んなことは世界の歴史にありませぬよ。処が矢張り鈴木君なり我々の大浦さんの考へたことは非常に宜かつた訳で住友がそれ程の金は使つたけれども大体今ぢやぺイするやうになりました。どう云ふことかと云ふと硫黄と云ふものは御承知の通り是は肥料の主たる原料です。私、その時に鈴木君にも云つたのであるが兎に角硫黄と云ふものは農作物に関係ある肥料だから其の肥料で害を与へると云ふことは話にならぬぢやないか、兎に角硫酸アンモニヤでも何でも作つてやつて行くことになれば災を転じて福にするのぢやないかと云ふて、大いに賛成だ、あれは頻りに研究して居るのだと云つて大きな肥料工場を作つて居ます。

今、住友と別子の中間の新居浜是は半島の一寒村であつたですが今では一万噸の船が着きますよ。さうして新居浜は村から一躍して市になつたです、昨日迄の地獄が今日は非常な極楽になつた、農鉱業者は実に非常な親善関係でやつて居りますがね。

○問　どうも有難うございました。

〔註〕原文はカタカナ。タイプ印刷。和綴じ79頁。

二、意見書類

〔大浦兼武復権の意見書〕

大浦氏へ恩命の趣旨

一、大浦氏は瀆職事件に座し起訴猶予の決定に服し目下謹慎中なるも右事件は既に第二審の判決を経て其事実の審理は応さに終結したるものと謂ふべし。而して第一審に於て執行猶予とならざりし者も亦第二審に於ては所犯情状原諒せられ総て執行猶予の恩典を与へられたり。翻て大浦氏を見るに事件以来此に一年三月鎌倉に謹慎し全く禁錮同様の態に在り、大浦氏は多年要職に在りて其忠勤を励み特に日露戦役より逓信大臣に陞り継て農商務、内務等の諸大臣に数御歴任従来の国家に対する勲績は洵に顕著なりと謂ふべし。此の如きの功臣に対し一廻の過失を譴むる甚しく酷に失するは妥当ならず、既に相当の歳月を経たる以上は適当の機会に於て其過を赦され其恩遇を復せらるゝを適当と認む。

二、我国現下の政情に於て各種政治的勢力の調和調節十分に維持せらるゝにあらされば政機は徒らに矯激に奔逸するの憾なしとせす。而して此の如き調節に任するは調和的人物の斡旋に待つもの多し。大隈内閣二年間の歴史に於ても亦屢此要を生じ而して之が任に当りたる者は大浦子なり。日独開戦、日支交渉に関し元老政府間の意見を調和したる者は子なり。政府貴族院間（第三十六議会）の意見を調節したるものは子なり。政府井上侯間の意見を支梧なからしめたるは子なり。何れの時に於ても此の如き人物は必要なるものと認む。近時子の退隠に依り氏に代はるの人物を見さるか如きは真に遺憾とする所なり。国家有用の人物たる功臣として其恩遇を復され尚国家社会の為に貢献せしめられむこと緊要なりと認む。

恩命方法

一、先つ大臣の礼遇を賜はること（此事全然政府の職権に属す）、氏の純忠純誠にして栄爵を賜はり恩遇に浴し一朝にして宮廷に出入するを得す。従て社会に出入するを得ずして年余の間閉門謹慎に服せるは非常の苦痛と認むべし。恩赦第一の行為として此謹慎を解かれ前功を録せられ前大臣の礼遇を復せらるゝに至らば氏は更に余生を国家へ捧けて奉公を擢つべし。

二、皇室より内帑を賜はること。

三、日独開戦以来の功を録せらるゝこと（別紙参考）。

大隈内閣に於ける大浦子の功績

一、蓋し内閣の中堅を以て自から居り首相を佐け他の閣僚との調節を維持せり。

二、元老、貴族院、枢密院に対し常に中間に立ちて意見の疎通を図れり。

三、全国実業家三百余名を東京に集め産業勧奨の意を推拡し漸次各業首脳者を召集し其勧奨を努む。

四、日独開戦後蚕糸市価の暴落へ会するや一時全国の製糸機の約半は休止し製糸業者等の倒産頻出するに至らんとす、此時蚕糸救済の途を立つ。

五、独逸艦艇の各海洋に出没するや商船は危険を冒すの勇を欠き貿易為に沮まんとす、此時に当り損失補償の方を立つ。

六、内務大臣と為りて出征軍の復員、民心の鎮撫等に留意し常に細心周到の計を立つ。

（参考）　大隈侯爵より寺内首相に致したる覚書要領

勲一等大浦兼武の件

大正四年衆議院議員瀆職事件の司法裁判所に繫属するに至るや世の疑惑は当時の内務大臣大浦子爵の身上に集まり大浦子は官位受爵を辞するの已むを得ざるに至れり。七月二十八日大浦子内務大臣辞任の意を首相に致すや首相は即日参内直に聴許あられむことを奏請す。陛下は首相の奏上を聞召され、大浦は先帝以来長く忠勤を励みたる老臣なれは他の老臣ともにも諮詢し裁否を定むへしとの御意の御沙汰あり。即ち山県、松方、大山三元老に御下問の上聴許あらせらるゝに至れり。翌々七月三十日辞表聴許の際首相は大浦は赤誠国を憂ふる熱情より一回にして過に陥りたるも彼の忠節は嘉みせらるべく既に制裁に服したる後は適当の機会に於て相当の恩遇を賜はり度き旨を内奏せり。

爾来既に一年余該事件は猶第二審に繫属中にして裁判確定に至らす。翻て大浦氏の近状を聞くに殆と常に鎌倉の陋屋に起居し居近頃謹慎深く既往の過を悔ゆと謂ふ。既に制裁の受くべきは之に服し而して常人以上悔悟の念切なるものあるに於て其の多年の功績を没し国家之を顧みさるは功臣の待を少しく酷に先するの憾なしとせす。依て第二審判決決定に到らは犯罪事実の審理に於て終結せりと認めらるゝを以て例へは立太子式を挙けさせらるゝか如き嘉例の機会の如きに於て一に前官の礼遇を復せられ又其機会に於て日独開戦以来の功績を賞せられむこと是れ実に切望に堪へさる所なり。

〔註〕原文はカタカナ。手書。用箋8枚。

朝鮮総督問題に就て

緒言

予と今回の朝鮮総督問題とは能動的には何の関係もない。否な可成関係を生することを避けんと努めたのである。然るに世上特に浜口首相、幣原外相等の人々に依って―予には無関係に―予を朝鮮総督に奏薦せんとの準備行為が計画実行せられ是に対して是を破壊せんとする各種の運動が行はれた事実かある。是に関し予の観察を記述して見よう。

第一、浜口君は何故に予を朝鮮総督に推さんと熱心努力したか

浜口君が何故に熱心に伊沢を総督に推さんとしたか、其心理を諒解するには遠く同志会、大隈内閣当時より現在に至るまでの同志会、憲政会、大隈内閣、加藤、浜口、下岡等と伊沢との関係を知らねばならぬ。

伊沢は大隈内閣の警視総監であり（当時の総監は其地位、勢力は遥に各省次官の上にあり）、下岡内務次官、浜口大蔵次官と共に同内閣の三羽鳥と称せられ、三者の関係は公私非常の親密のものであった。大隈内閣の総選挙は驚くべき成果を挙け政府与党は絶対過半数を占め衆議院に於ては圧制的の勢力を獲得したが、所謂大浦事件なる突発事件の為め第一《ママ》次大隈内閣は遂に倒壊した。此時に断然冠を挂けたる者は加藤高明、大浦兼武、八代六郎、若槻礼次郎、下岡忠治、伊沢多喜男、浜口雄幸等であって此時にも加藤、伊沢、浜口の三者は同一の行動を採って居るのである。

第二次大隈内閣時代に於て在野の加藤（予を始め浜口等）と在朝の大隈（及ひ是を囲《ママ》る者）とは必ずしも十分偕調を保てるものではなかった。而して元老山県は大隈の後に寺内を据へんとし加藤は大隈の後を承けんと焦慮した。其第一手段として同志会総裁たる加藤（及浜口）は下岡の率ゆる交友倶楽部其他大隈内閣の与党全部を糾合し衆議院に絶対多数を得んとした。然に此交友倶楽部なるものは表面には下岡が首領の如き地位に在るも事実上の首領は大浦兼武氏てあった。大浦子は終始一種の理想を有し日本政界に於ては二大政党の対立は可なるも其絶対多数を得るは必しも可ならず、両者の中間に穏健なる中立党存在し両者の極端に走るを制肘する要ありとし、最近の総選挙に於ても此方針にて下岡をして中立実業議員選出に努めしめ其結果、此交友倶楽部なるものは生れ出てたるなり。されば加藤子が是を併合せんと焦慮するに拘らず、下岡は安易に首肯せず加藤対下岡の感情必すしも円滑なる能はさるものなきにあらず。此場合に於て予は加藤、浜口等と親善なると同時に、大浦、下岡とも最も親善なり。両者の間を円満ならしむる

は予の重大なる責任なると同時に予の地位は頗る難境苦界に在りたるなり。予は一方に於ては加藤、浜口、一方に於ては大浦、下岡の間を奔走し、一年有余の時と幾多辛酸を嘗め尽して僅に大浦、下岡を納得せしめ、円満に同志会と交友倶楽部の併合を成就し茲に絶対多数を要する憲政会を成立せしめたるなり。

後年、加藤、下岡の関係兎角円滑を欠き両者の間並に予と下岡の間にも一種の誤解を釈き得ざりし本因は正に此時に胚胎せるなり。予は加藤、下岡間の調和の為に如何に心胆を苦めたるか、非常の努力をなしたるも遂に其効なく下岡が死に至るまで予の真意を諒解せざりしは予の不徳の致す処なりとは言へ実に千載の遺憾なり。

昭和四年八月十二日午前十一時頃幣原喜重郎氏（東京）より来電あり。「至急御目に懸りたし、一両日御帰郷を御繰り合せつかぬか、返待つ、幣原」とのことなり。依て予は直に「今夜八時半参邸す」との発電をなし、急遽午後二時発軽井沢発汽車にて東上せり。

午後八時頃駒込駅に着し直に幣原邸を訪へるは八時十分頃なりしが、幣原君は予の来着を待受け居たるものゝ如く、表門、玄関、応接室の模様にて略ほ推察せられたり。

詰らぬ世間話等に数分を費せる後、幣原君は左の如き要談を述べたり。

(一)浜口首相は数日前（？）葉山御用邸に伺候し、太田関東長官御親任に関し上奏をなし御嘉納を賜はり退下せんせる際、陛下より山梨朝鮮総督の進退に関し御下問ありたり。首相は大に恐懼し、曩に勅裁を仰き山梨総督に滞京を命せられたるは主として予算関係なりしなり、此要務は既に完了したるにより山梨は退京せり、而して其進退問題に関しては正式には何等申出てはあらざるも、極めて非公式に、本月十七日頃（？）には上京の上辞表を提出する積なりと云ひ居れりと奉答せり。続て陛下より朝鮮総督の後任は政党政派に偏倚せさる者を可とすとの御沙汰あり。右拝受之上御前を退下せり。御前を退下し鈴木侍従長に面会せるに、

(二)朝鮮総督は恒久的にして、内閣の更迭と共に更迭せさる者を可とす、此趣旨を首相に伝達せよとの陛下の御沙汰ありたるにより此旨伝達すとのことなりき。

此の伝達に対し首相は、恒久的との中には文官にては不可なり武官にせよとの意味ありやと反問せるに対し、決して然らず、文官にても可なりと明に答へたり。

(三)是より一箇人として話し合ひしたしとて、浜口君より種々朝鮮総督後任選択の困難を述べ、其談話中に伊沢多喜男君の如きは如何との問に対し、鈴木氏に一箇人として同君の如きは適任にあらずと答へたり云々。

依て首相は、御沙汰並に御伝達の御趣旨を奉体すべき旨を

侍従長を通して奉答せり。

右の次第なるにより、君は此際自ら進んで総督推薦を辞退せられたし、即ち仮りに総督就任の交渉を受くるも是を承諾するの意思なき旨を進んで首相に申し出られたし云々。予は幣原君の親切にして善意なる勧告に対し、遺憾ながら同意するを得すと明かに拒絶したり。しかし折角の親切に対し此儘拒否するも礼にあらさるべしと考へ尚ほ一応の考慮はなすべきも、今は折角の忠言を納るゝ余地なしと附言しおきたり。

(一)予は不偏不党政党政派に偏倚せざるを以て自己の生命とし予に採るべき点ありとせば、此点等其首要のものなりと確信す。世上幾多の盲目者、似非政治家の妄評の如きは歯牙に懸くる足らず、天下の有識具眼の士は必す予の長所と特徴を認むべし。

然るに陛下の御思召により伊沢多喜男は政党政派に偏倚する者なりとし、此点に於て朝鮮総督不適任者なりとの断言を下さるゝに至りては予は大に考へさるを得す。事態によりては予は将来政治に関与するを断念せさるを得ず。予は是は事実に於て何等かのソゴあるべし。陛下並に侍従長か此の如きことを発表せらるゝとは信し難し。此は寧ろ浜口君が余りに物を過重に聴き取りたる誤にあらずや。予は第一に事実の真相を確むるの必要あり。

(二)仮りに此全部か事実なりとして、浜口君は其輔弼の責任を尽す上に於て大に再考するの要あるべし。予は浜口君の友人としても黙視するに忍びず。

朝鮮総督が政党政派に偏倚すべからず、又恒久的にして内閣と共に更迭せさるを可とすとの原則的理想は陛下の御沙汰を待ちて発明すべきにあらず。苟も一国の首相たる者は最初より深く此点に留意したるは勿論なり。首相は此点には幾度か思を致し千思万考遂に何某を候補者と定め各方面の諒解を求め着々其歩を進めて今日に至り世上何人も浜口首相が何某を候補者と決意し居るを疑はず、此際突如として「政党政派偏倚不可」「恒久的」なる鉄則の表題に会し急遽方向転換をなすとせば世人は果して之を何とか評すべき、浜口首相は敢然として自己の所信に邁進すべく、毫も躊躇を要せざるなり。而して此の如くすること確かに輔弼の責任を尽す所以にして、陛下に対し奉り最も忠なる所以なり、陛下の御沙汰を誤解し奉り聖旨にあらさることを聖旨なりと誤解し奉り十分に聖旨の存する処を究めず其結果却て政局を誤るか如きあらば寧ろ陛下に対し奉り不忠なるにあらずや。浜口君の輔弼の上に於て大に考へさるべからず。

(三)予は公人として進退するには大に考慮を要す。自己の利害得失の如き固より眼中に無し（此時予は場合により貴族院議員を辞すべく決意し居たり)。

(四)浜口君は予と四十年来の交友なり、予が如何なる人物にして又如何なる行就を採り来れるかを熟知す。鈴木君等に誤解あらば箇人としても相当予の為に弁解せられても可なるべく、又首相として堂々所信披瀝するは当然の責務ならずや。

是に対し幣原君は切りに君は兼て世人は自分を誤解し真黒なる党人以上の党人と認め居れり。従て予は恒久的総督たるに適せすと自認し居れり。果して然らば此際自ら進んで辞退を申出づるは何等差支なかるべしと力説せり。

予は予の自認は君の言の如し、しかし陛下は予の真価特長を御確認あらせらる。万一然らずとせは首相は最善を尽して是を確認相なる様努力すべき筈なり。

他の場合とは全然異れり。陛下の御思召により「伊沢は党派に偏倚し恒久的職務は不適任なり」との折紙を付けられては死ぬにも死ねぬと抗弁したるか、予は幣原君の誠意は疑はさるも其事理を解せさるには少しく愛想を尽かさゞるを得ざりき。

午後十時頃まて談話を交換し、孰れ又面会すべしと約し、尚ほ終に臨み京都より大平氏を呼ひ出し仲介せしめては如何と提出せるに、幣原君は喜んで是に応じたり。依て予の名に於て「直く上京を乞ふ」との電報を発したり。

予は十一時前西巣鴨の邸に帰り就寝せり。

幣原君の陳述のソゴ

幣原君が大平君に話したる要領は左の如く、前前夜予に話したる処と首要なる点に於て大に相違したり。

(一)陛下と鈴木侍従長と午餐（喫茶の）を共にせられたる際、陛下の御言葉に、

「朝鮮総督後任者は可成政党政派に偏倚せさる者を可とす、総督は恒久的にて内閣と共に更迭せざる様したし。此事は浜口に話し置け」との仰ありたり。是に対、浜口君は恒久的とは武官に限るとの意味なりや反問せるに、断して然らず、文武官何れにても可なりとの意味なりと答へたり云々。

(一)《(ママ)》不偏不党、恒久的等は総て侍従長の伝達にて陛下直接の御仰にあらず。

(二)「伊沢」なる名前は鈴木侍従長と対話の際にも全然話頭に上り居らず。

即ち、首要なる点に於て前々夜幣原君より予に語りたる言と大平君に話したる言とは相違し居り。孰れが事実なるや五里霧中に在るの感を生するに至れり。

〔註〕手書。便箋16枚。「朝鮮総督問題重要」に封入。

新内閣基本要綱

現内閣総辞職の声明に曰く「変転極りなき世界の情勢に善処してますます国策の遂行を活潑ならしめんためにはまづ国内態勢の急速なる整備強化を必要とし従つて内閣の構成も亦一大刷新を加ふるの要あることを痛感し云々」と言や真に善し現下非常の危局に当面し抜本塞源的の措置を講するの要あり。仍てこゝに新内閣組閣の基本要綱を略述して参考に資せむとす。

一、戦時内閣の形態を採ること

変転極りなき世界情勢に即応して廟議を迅速に決定し政府陸海軍の一体化を小数責任制の下に集約するため所謂インナァカビネツトの建前を採ることを要す。之が為首相及内務、外務、大蔵、陸軍及海軍の六大臣は政戦の共同責任者として進退を共にすることを先決的入閣要件とす。内務、外務、大蔵の各大臣は最政治家的識見と手腕とを資格要件とす。殊に内務大臣は一党一派に偏せず右翼左翼の繋累より脱却して真に身を以て国内治安の責任を積極的に果し得る正義感、意志力の強大なる人物を要す。国内治安の強行は庶政断行の根本要件なり。右以外の閣僚は所謂政治家を要せず行政大臣として大体インナーカビネットに於て決定せる大方針に即応して各省の行政を著々改善実行せしめ其の分野に於て全責任を取ることを入閣の要件とす。従つて所謂国務大臣的人物よりは寧ろ専門的なる事務大臣的人物を要請せらる。之れがインナーカビネットを重からしむる所以であり国内態勢整備強化を急速に断行する所以なりと思考す。

次に閣僚の詮衡に当りては天皇御親政の精神を体し各種の圧迫を断乎排して専ら首相の良心と聡明と信念に訴へて之を為すへし。相剋摩擦や世評世論や外部勢力に左右せられて寄合世帯的内閣となるは最内閣の弱化を来たす所以なることを知るへきなり。インナーカビネットの大臣以外の各省行政大臣に行政に無経験なる軍人或は実業人を以てするは概ね失敗なり。各方面共其の職域に於て奉公せしむるが最も能率を高むる所以にして世の俗論に迎合して一時の人気を博するも何等国家に益する所なし。今日の如き急速なる国内態勢整備の要請せらるゝ時経験と修練とを欠くところの所謂「人物」を選定しても国家の急に応すること難し。

二、行政機構を単純化し責任制を明確にし官界の一大刷新を行ふこと

今日内外愈々急迫を告げ現実に即応して簡潔明確に庶政を断行し国民大衆をして其の嚮ふところを明かならしめ上

下相率ひて国難に当るは戦時下行政の要諦たり。然るに現実は行政機構愈々複雑にして多岐、政令百出、朝令暮改、国民其の嚮ふところを知らす。然も其の責任の所在極めて不明瞭にして之を問ふに由なし。かの数百種の委員会の如き徒に責任を分散する巧妙なる仕掛にして官僚の無責任今日より甚しきはなし。又所謂推進力なるものあり。各省、軍部及企画院等夫々に於て国策を論議上下して終に責任の帰する所を知らす。今日の行政機構は余りにも責任制を無視せる乱脈なる態勢にしてかくて戦時下行政の妙諦を発揮せむは至難なりと言ふへし。更に人事行政に至りては寧ろ乱暴にして信賞必罰の行はれさること甚し。責任の所在を明確にすると共に責任の帰着を厳正にするは文武官界刷新の根本たり。各府県割拠の封建的現状を打開すると共に徒に中央に事務を集中して各省陳情に忙殺さるるか如き現状を改め事務の迅速を期するは是亦戦時下行政の一要諦たり。之か為道長官制の如きものを新設し之に重大なる責任と権限を負荷し中央は方針大綱を指令し監督し具体的案件の実行は主として地方庁に担任せしむるを要す。

三、国民の道義心を昂揚し似非愛国者流の一掃を期すること

近来国民の道義心地に落ち日本国民の優秀性を疑はしむるか如き事象実に尠からず識者の深憂する所たり。徒に法令を雨下し権力を以て圧迫強制せんとするも本立たざれば終に寸効なし。反て国民の反感を助長し道義心を麻痺せしむるに過きさるなり。加之近似似非愛国者流の横行言語に絶し政道を乱り道義を破ること甚し宜しく警察権と司法権とを粛正し活用し政治の根本に於て正邪曲直を明にし忠良なる臣道を確立し一国の道義を守るは現下内外の庶政断行の根本要件なり。抑々法令や末梢的取締は末にして道義を立つることが根本なるは古今東西を論ぜざる所なり。政府は宜しく一国道義の確立に力を致し政府に対する国民の信頼感を高め人心自ら政府の政策に協力する様導くことを要す。

四、重臣制を活用すること

国家非常の重大機局に際しては輔弼の重責にある首相或は内大臣が独断を以て事を決するには余りに重大なる案件の存すること固よりなり。此の時に際し之が補充的役割を果すものの必要なるは又言を俟たず。こゝに最高の政治に於て重臣制を活用するの要あり。然るに憲法上の機関としては枢密顧問官制あり元来明治天皇此の制を設けらるゝに当りては国家の元勲を以て之に充て給へり。然るに近時漸々顧問官は国家の元勲としては物足らさる人も少からさるか如し。一面総理大臣の礼遇を賜ふの制あり。これは固より皇室に於かせらるゝ礼遇に止まるも寧ろ政府は此の総

理大臣の礼遇を賜はる人物又は之に匹敵するか如き人物を詮衡して以て顧問官となし重臣制を確立し最高の政治に補充的に参画せしむるを可とす。

〔註〕封筒表　昭和十六年七月十七日　近衛公ニ対する進言稿。同裏　東京市豊島区西巣鴨二ノ二五一七　伊沢多喜男。原文はカタカナ。ペン書。16枚。

〔衆議院解散意見書〕

衆議院

(一)速に議会を解散し総選挙を行ふべし。
(二)選挙は公正を専らとし苟も干渉を許さず。
(三)公正の選挙により政府与党は絶対多数を得ること確実也。
(四)司法権発動を活用し破邪顕正に努むべし。其結果政友会員中醜類は大部分没落し正義の徒残存繁栄すべく此くて正義に立脚せる二大政党の樹立を見ることを得、始めて憲政常道により政権の授受を行ひ得べし。

床次氏は感服すべき政治家にあらざるも政友会中の田中、鈴木、久原、小川の徒に比すれば多少正義を愛するの観念あるが如し。是を推挽し政友会の中心となし同会を浄化するは国家将来の為め必要ならん。

将来既成政党と無産政党と対立する時期あるべきも当分、民、政両党対立の状勢は継続すべく果して然らば政友会の浄化は国家の為め一大急務たるを免れず。

〔註〕原文はカタカナ。手書。2枚。

〔上伊那郡における衆議院議員選挙〕

伊沢多喜男

今春の衆議院議員総選挙は大東亜戦争の真只中に行はれただけに、世界注視の的であったが、この意義深き総選挙に於て、純正無垢の理想選挙が実現されたことは、多年、理想選挙の実現を念願し、微力を尽し来った自分にとっては寔に喜びに堪へない。然かもその理想選挙が自分の郷里、長野県上伊那郡に於て実現を見たことは私の非常な誇りである。まことに上伊那郡の総選挙こそ今春の総選挙の珠玉とも謂ふべきである。

選挙当時、芳沢大使の顧問として、仏印に在って南方共栄圏建設のため活躍中であった木下信君を、本人に知らさずに、上伊那郡民が挙郡一致して推薦し、選挙費用も選挙民又は推薦者各自の負担に於て醵出し、郡民の渾然一体の姿と、徹底的な第三者の推薦運動とによって遂に木下君を最高点で当選せしめた。その間、到るところ握飯、徒歩の青壮年の運動が展開されたさうで、その労苦の程は涙ぐましきものさへあったやうである。

上伊那郡民はこの理想選挙を実現して、全国に充分誇り得ると思ふ。私は多年の念願が達せられてこれほど嬉しい事はない。私はこの日本一の選挙を行って呉れた郷里の人々に深く感謝すると共に、郡民と一しょにこの喜びを記念するために、今回県立農業学校、県立中学校、県立高等女学校の三校に学校林を寄附造成せしめることにした。

私は明治四十二年十二月、愛媛県知事として松山市に在住当時、亡母たけの十三周年忌に、ほんの僅かの金子ではあるが、これを郷里高遠町に寄附して学校林を造成せしめたことがあり、また昭和十五年五月、自分の古稀の齢に達した祝賀として、湯浅内府題筌「頌寿留名」帖一冊、山崎朝雲先生作木彫肖像一基、和田三造先生作油絵肖像額一面を親しき人々から恵贈されたのに対し、深く感激し、これを契機として三峰川流域高遠町外六ヶ村に学校林約八十丁歩の設置を思ひ立ち金若干を寄附したことがあった。

私が微力ながら、三十有余年前から学校林設置のことを考へ、何か記念すべきことがあった場合にこの方面への寄附を実行し来った理由は外でもない。治山治水の見地から愛林思想を郷里の人々に普及せしめるためであった。高遠町学校林設置の際、当時（明治四十二年十二月十九日）の町長阪井清彦氏に宛てた書翰のうちに私は

「小生が久振にて故郷に帰り最も不愉快に感じたるは三峰川の有様に候、往時油の如く湛へたる箱屋淵や小僧淵は見る影もなく浮島と称せられたる弁天島の辺には石礫の磊々

たるを見るのみにて転た悽愴の感に打たれたる次第に候、是れ固より水源地に於ける山林濫伐の結果にして高遠付近の荒廃と何等関係無之とは存候得共一般地方民の愛林思想を喚起するは最も必要と存候、小学校時代より十分殖林に関する思想を注入致置候はゞ将来余程之効果可有之小生の郷国に対する微衷も多少行はるゝを得べくかと相喜び申候」と書き送った。また古稀の祝賀のときにも、祝って呉れた人々に、治山治水の事が国土保安の上よりは勿論、国民精神涵養の上に於ても最も重大なる意義あるものなることを痛感する旨を書き述べて学校林設置の理由を明かにしたのであった。学校林は村有林野中、学校に近く、また日々通学の際望見することの出来る箇所を選定して設置し、その学校林を通して地方人に愛林治山の精神を涵養せしめ、且つ生徒をして労力奉仕、共同動作の慣習を養成せしめると共に、天然の霊美に接触せしめて高邁な気風をつくることに資せんとするものである。幸にして私のこの考が関係各町村に於ても、県に於ても多大の共鳴と援助とを与へられ、自分の理想も着々実現に近きつゝある。

　今春の総選挙に全国に誇り得る理想選挙を実現した喜びを上伊那郡の人々と共に記念するには何が最も適当かと考へたが、結局自分の三十有余年前からの理想の完成に少しでも役立たせる事が最もよいと思うて、茲に上伊那郡の所在の県立中等学校の学校林設置を思ひ立ち、僅かの金子ではあるがこれを寄附して、その実現をはかることになった次第である。蓋しこれが最もよいところの「日本一の理想選挙」を郷里の人々と共に喜び、共に記念する事業であると思ふ。

〔欄外〕上伊那郡の理想選挙が如何なるものなるか即ち全郡八十パーセントの投票が一候補者に集中せられたる点、其他此選挙の特徴を力説すべし、本記事の主力重点は此点に置き詳細記述すべし。頁数の三分二位は此に費すべし。

〔註〕手書。原稿用紙9枚。

〔道義国家再建意見〕

（前欠）

○好悪により決定せんとすること否ナ彼の意向を忖度して是に迎合せんとすること

○例之醜業婦（米人向キ）の募集広告を日刊の新聞に掲載しつゝあること

如此醜態は政界歴史にも嘗て見ざる処にして道義国家を建設せんとする吾日本国の為政者は何を考へつゝありや米国にに媚びんとして却つて米人の侮と怒を買ふ所以にあらずや速かに善後策を講するの要あるべし。本日元大使来栖武者小路両君来訪談此事に及ほたるに両君とも全然予と同感なり。

○米国迎合者特に富める実業人等が米人に媚態を呈する為メ所謂国民外交を唱へ酒食の饗し尚ほ進んでは醜業婦の斡旋すら為さんとする者なきにあらす。予は純真なる意味に於て米人等に対し出来得る限りの歓待を為すことに反対するものにあらざるのみならず大に推賞すべきものたるを信じ又性欲の問題の如きも人類の本能的要求にして是を満足せしむべき考慮の必要なるは十分諒として居る者なり。只如此デリケートの問題を扱ふには確乎たる道念と慎重の考慮とを以て望まざるべからず、当軽井沢にも多少憂慮すべき問題あり。本日大坪知事に警告し置きたり。（後欠）

○悲運を救ひ得たらん乎只管自己の微力を慚ぢざるを得ず候。

今後は道義国家の再建、信仰にまで徹せる国民道義の昂揚発展に努むべし。過去五六十年間の国家の教育は断片的智識の注入に急にして人格陶冶精神の修養等を閑却せり、此数十年間の過誤を恢復せんとせば其二三倍の歳月を要すべく即チ百年百五十年の歳月を費して僅かに理想的日本国民と日本国家を再建し得べき乎、前途遼遠なるが如しと雖も其光明は洋々春海の如し。此くて（後欠）

〔註〕原稿用紙三枚断簡。ペン書。

三、講演

〔表紙〕昭和十四年九月三十日　於　信州高遠町高遠閣
伊沢先生挨拶

挨拶
伊沢多喜男氏

私は只今御紹介を受けました伊沢多喜男でございます。私は此の地方―高遠の極く小さな士の家に生れまして、さうして十三歳まで此処に於て人となったのであります。

先刻校長先生よりお話がありましたやうに昨年丁度七十になりました。それで私の友人の人々が古稀の祝をして下さいました。之に対して私は非常に感謝の念を抱いて居ります。併し私は、お祝を下すった方々に対して物質的のお礼を致すことは却って失礼と存じまする《マヽ》で、深く御厚意に感激し唯お礼の手紙をお出しするに止めます。そこでです、自分が古稀の齢に達したといふことは全く聖恩の渥きこと、それから故郷の山水大自然の力、地方の歴史、四囲の環境及父母、郷党の御恩による所と、深く感恩報謝の念に堪へないのであります。で出来るならば、どうかして故山の為に多少でも御協力致したいといふのが私の念願であります。

そこでいろ〳〵考へました結果三峰川上流の一町六ケ村に学校林を創設することに微力を致したいと決したのであります。要するに治山は延ひて治国である、昔から申しまする水を治むるは山を治むるに如かずで、単り水を治むるといふことばかりではありませぬ。山を治めるといふことは種々多様な意味に於て極めて大切であります。詰り一国の興廃といふことは、山が治まって居るかどうかといふことでハッキリ分る。私の長い地方官の生活を通して観、又アメリカとかヨーロッパ等へ行って見ましてもです、山の荒れて居るのは其の国の衰亡を示す所以であり、地方の衰へる所以であるといふことが誠にハッキリ分るのです。此のことに就きましては後刻治山治水会の会長をして居られまする香坂先生からお話を致されることになって居りまするからして、私は山を治めなければどうなるかといふやうなことは多くを申上げませぬ。

私はお話をすることが甚だ下手でありまして、貴族院に二十五年程居りまするけれども、実は本会議等に於て所謂演説なるものをしたことは僅かに二三回に過ぎないのです。聴く人々に迷惑をかけることを虞れて、演説とか講演とかいふことは自分で御遠慮を申上げて居るのであります。唯自分は何事かを実行して、それに依って心ある人々に考へて戴いたらそれで宜しい。さういふ或る意味から言へば頗る消極的な考へ方をして居るのであります。が此の度は、前長野県知事の大村さんや現知事の富田さん、是等の方々が非常に治山治水といふことに就て御尽力下され、長野県の治山治水の仕事は着々進捗して来て居ります。斯ういふ非常な御尽力になって居る時に際し、私も極めて僅少の寄附を致しまして三峰川流域の一町六箇村に学校林を造って戴きたいといふ申出でをしたのであります。さうして大部分はです、町村有林を学校林に移す。又国及び県の補助が非常に多い。又働くことは学校の児童生徒の人々がやって呉れるといふことになっていますからして、私の寄附するものは所謂九牛の一毛、ホンの僅かなものでありますが、それが一つの契機になりまして、さうして此の事が段々に緒に就いて来て、愈々是が確定するといふことになって居りまするので、此の機会に私の心持を皆さん方にお聴取を願ひたい、斯ういふ気持から此処に出て来ましたのであります。

只今あなた方のお手許へお配りしました印刷物があります。是は今から三十年程前に私が愛媛県知事の当時、時の前町長阪井清彦君に送った手紙でありまして昨年偶然清彦君の令嗣直彦君から私は提示せられたのであります。大体之を御覧下さいまするといふと、其当時から私の気持はどんなであるかといふことがお解り下さるだらうと思ひます。一応朗読致します。

高遠町学校林設置に関する
阪井清彦氏宛書翰（明治四十二年十二月十九日附）

貴翰拝誦益々御清穆奉賀候。扨学校に対する寄附金は矢張り学校林経営に関するものに致し可然とのことに有之此方面に充当せらるゝを得ば小生に於ても至極満足致候。小生が久振にて故郷に帰り最も不愉快に感じたるは三峰川の有様に候。往時油の如く湛へたる箱屋淵や小僧淵は見る影もなく浮嶋と称せられたる弁天嶋の辺には石礫の磊々たるを見るのみにて転た悽愴の感に打たれたる次第に候。是れ固より水源地に於ける山林濫伐の結果にして高遠附近山林の荒廃と何等関係無之とは存候得共一般地方民の愛林思想を喚起するは最も必要と存候。小学校時代より十分殖林に関する思想を注入致置候はゞ将来余程之効果可有之小生の郷国に対する微衷も多少行はるゝを得べくかと相喜び申候。金子及寄附願書は内田叔父に相托し候間御了承被下度候。尚ほ過般は国産真綿御贈与被下難有奉謝候。
先は右のみ申上度。　草々頓首

十二月十九日　伊沢生

阪井賢台侍史

県会は彼是反抗致居候得共兎角真面目を欠き傾聴の価値無之候。小生の在職三四年にも相成候はゞ多少面目も改まり理想に近き地方とも可相成かと其のみ相楽み居候。

こゝに此の手紙の封筒も其の儘印刷致しましたが、松山局の消印は「明治四十二年十二月二十一日」、高遠局の方は「四十二年十二月二十四日」と非常にハッキリとなって居ります。是は今から三十年前に私が是非一つ学校林を造って戴きたいと申し送った書翰であります。

之にも書いてありますやうに、私が自分の郷里である高遠へ帰って来て、さうして今の伊那町辺から故郷の山を望んで見て、之に対する憧憬の念が非常に深いのであります。

然るに此処へ来て三峰川といふものを見ると非常に荒れ果てゝ居る。昔、私の子供の頃には三峰川と藤沢川とが合流して相当長い十町二十町位の間此の二条になって流れて行きます。所が藤沢川の水といふものは黄な色、三峰川の方は藍のやうな真ッ青な色をして居りました。雨が降っても殆ど濁るといふことはない。私は子供心に三峰川といふものはまるで水晶のやうに綺麗な流であるといふことを考へて、非常な憧がれをそれに持って居た。所が其の後帰って来て見ると実に所謂石礫磊々で到底昔の面影がない。是は残念だ、何とかして昔の三峰川に致したいといふのが、私の故郷に対する一の熱望でありました。

で、此の手紙にも書いてありますやうに、高遠町に学校林を造って呉れといふので僅かばかしの寄附をしたのでありますが、高遠町の山林を繁茂さした所がそれで直ちに三峰川が昔の通り非常にいゝ川になるのではない。であるから高遠町の学校林を造っても詰らぬぢゃないかといふ風に一応は考へられるのでありますけれども、さうぢゃないのであります。高遠町に兎に角学校林を造って、さうして小学校児童に所謂治山愛林といふやうな思想を注ぎ込んで行ったならば、自然に此の心持が近村近郷の人々にうつって行って、殊に上流の村々の人々の頭脳にも入って、皆が自然山を愛し森林を尊重する心持になるだらうといふのが私の気持であったのであります。

私は昔からです、相当に昔から斯様な考を以て斯様な事を実行致して居るのだといふことを、皆さんに（自分の自画自讃をする訳ではありませぬけれども）御了解を願ひ、今度の学校林といふものもさういふ考で私はやるのであります。此の三十年前に私の寄附しました学校林がどうなって居るかと申すと、是は余り成績は好くありませぬ。其は畢竟植へ放しで殆と手入をしなかった結果であります。けれどもそれを誰かに向って私が不平を言ふとか何とか左様な意味は少しもなく、そんな考は絶対にありませぬ。七十年間世の中の実際を経験して来た私としては是に対して不満を抱かざるは勿論決して失望するものではありません。唯賽の河原に石を積むやうな、そんな心持で宜しいのである。兎に角やって行くうちには、縦令幾度か失敗しても不撓不屈の考で進んで行ったならば必ず目的を達する。之をやって行けば此の三峰川といふものはイツカは昔のやうな三峰川になる、なり得るのだ、否、必ずなるのだ。斯様に私は確信をして居るのであります。幸に三峰川流域一町六箇村の皆様方が御賛成を下さいまして、それから県も非常にお力をお入れ下されて、此の事が今度成立したといふことは、私は実に有難くてたまらないのであります。聊か此の郷土に対する感恩報謝の一端が現はれやしないかといふことを私は感じて居るのであります。

私の考へ方としては、大体此の学校林といふものは何を目的とするかと言へば、之を精神教養の為の一の行事として、精神教養の上に此の山林経営作業は最も有効のものであると、左様に私は深く考へて居るのであります。自分が子供の時に植えた樹が、五十年七十年経った後に鬱葱として繁って居るのを見る其気持、又自分が植樹したものでなくても、是は兄が植えた木だ、親が植栽したものだといふ其の樹の成長した有様を朝晩に眺むるといふことは、それ等の人々に取って単に愛林愛樹の気持を強めさせるのみでなく、精神上に非常の好影響を与へるものと私は深く考へますする。それから学校の児童生徒等にしても、一国の存立上一番大切な国土保安に関する仕事に自分共は貢献するのだといふ考から此の学校林植栽の事に尽すならば、此の点に於ても非常に偉大な功績がある。其の他例へば共同的に一緒になって仕事をすることとか天地大自然の絶大化育の力を感得することとか、数へ挙れば到底挙け尽されぬ幾多の効能かある。詰り精神教養の実際行事として植林の仕事といふものは最大の貢献を為すものである、斯ういふ風に私は考へて居ります。さういふ理由からして特に学校林といふものを択んだのであります。是が亦結局、後には相当な財産にもなりませう。さうして其の学校林から得る所の財産に依って、学校の例へば建築とか其の他種々の経営に資することが亦相当大なるものもありませう。是も無論結構である。結構ですけれども寧ろそれは私は第二義的に考へて居るのです。マアさういふいろ〳〵な意味からして此の事を考へて来たのであります。

今日は所謂非常時局でありまして、我々国民は総て挙って此の時艱の克復に従はなければならぬ。斯ういふ時であるからこそ私は此の学校林といふものに益々力を入れてやらなければならぬと思ふ。私が申す迄もなく、所謂戦争といふものは長い間の国力の戦ひであります。軍人が戦場で戦って居るといふことは無論其の国力の一の現はれであります。それ以外に国の力—国全体の力が進んで行って長期に堪へて行かなくちゃならない。此の秋に山林事業といふやうな百年千年の長計に著眼し之に向っての仕事をすることは最も必要であります。

先年の世界大戦後に、私は欧米各国を巡視しドイツへ行って実は非常に驚いたことがあるのであります。といふのは、私はドイツに入る前に、あれ程の大きな戦争を世界を相手にしてやって居るのだからドイツ国の蓄積は殆と消耗し尽されて居るだらう、山林の樹木は大部分伐採して戦の資材に充てたのだらうから、もう山といふものは非常に荒廃しているであらう、斯ういふ想像の下に入独致しました。所が実際は全く之に反して、大体ドイツには平地林が多いのでありますけれども、到る処実に鬱葱たる山林があった。一体何処を伐木したのだらうかと思ふ程であった。殆ど山には手が著けてない様に見受けた。ヴェルセーユ条約締結後日本の政治家とか軍人とか学者とか或は実業家とかいふものが、ドイツは最早決して復興せぬ、あゝいふ大きな償金を取られ、あゝいふいろ〳〵な条件で責めつけられては最早復興せぬ、と大部分の人々が申しました。私が日本に帰って来て或る会で聘ばれました時にも其の問題が出たのでありますが、私は、ドイツは必ず復興すると断言致したのであります。今の山林のことは単に一例でありますが、ドイツ魂といふものは消耗して居らぬ、ドイツ人を悉く殺してしまへばそれはドイツは復興せぬかも知らぬが、あのドイツ人の魂、あの精神といふものがある以上ドイツは滅亡しないと考へまして、私は多くの人とは所見を異にしてドイツは必ず復興すると言ひました。是は少し余談になりましたけれども、兎に角長期戦になれば畢竟精神物質両面の国力総和の戦です。貯積量です。而して貯蓄の中で重もなるものは山林であります。少し古い山になれば、或は数十年数百年といふ長期に亙って蓄積されて居るのであります。之を段々に伐るといふのが長期戦に対する一の方法であります。

今、日本の状況から言ひましても山の木を盛に伐り出して居ります。已むを得ずですけれども盛に伐り出して居る。斯ういふことは真に已むを得ぬからやるのですが、併し無闇と木を伐り出すことになれば是は国が亡びるといふことは古来皆然りです。例へば私が地方官として歩いた処でもです、滋賀県—近江国といふのは、あなた方でも御注意になると分りませうが、汽車で通ると極く短かい隧道を頻りに通る。普通に通る人は気付かないかも知れませぬが、あれは川の底を汽車が通るのです。天上川と謂ふ。どういふことかと言へば、近江の地方へ行くと子供が泣いたり何かすると、「余り泣くと川へ抛り上げるぞ」と言ふ。川といふものは上の方にあると心得て居る。抛り込むと言はないで抛り上げる、是が江州の状況であります。所が其の近江国でも、奈良朝時代は実に山林鬱葱とした処であった。当時の記録に依れば、奈良朝時代に宮殿や神社仏閣を造るに用ひた大材巨木、所謂棟梁の材は皆近江国から持って行ったものであるといふことが記されて居る。それが山林濫伐の結果、今の通り子供が川へ抛り上げられるやうな風になって居る。是も私が滋賀県に在職中やった……無論前任者からやっては居りましたのですが、引続いてやった所謂砂防の仕事が成功しまして、今日では江州の山にもさう赤禿がない、大体青くなって居ります。けれども一時は全部が赤禿といふひどい山でありました。斯様なことは私が申すことでなく、香坂先生からしていろ〳〵仰しやって戴くことと思ひますが、左様な一例だけを申上げて置きます。

お喋べりの下手な人間が長く彼此と申上げることは略しまして、香坂先生に此の治山治水といふことに就てお話をして戴くこととして私は是で引下がります。実は香坂先生が此処へお出で下さったといふことは、私は何とも申されぬ唯々感謝に堪へないのであります。私が斯様な非常に微々たる事ですけれども一町六箇村の学校林を造るところのお手伝をするといふことをお聞き下さいまして、さういふことならば自分も治山治水会の会長として是非行ってやらう、必ず行くべきだと、進んで先生はお出で下さったのです。此の御厚意は、私が個人として感謝する所だけでなく、実に地方の我々の郷党であるあなた方の共に感謝せらるべき所ではないかと思ひます。是だけ申して失礼致します。

（拍手）

〔註〕手書。原稿用紙33枚。

〔表紙〕昭和十四年九月三十日　於信州高遠町小学校
伊沢多喜男先生
郷土山河の感化力

郷土山河の感化力
（信州高遠町小学校に於て）
伊沢多喜男

私は今御紹介を受けた伊沢多喜男であります。私は今年七十一歳になりますので、皆さん方のお祖父さんやお祖母さんと大体同年か、或はそれよりも少し年齢が上かも知れません。で、校長先生からして、私の子供の頃のお話を皆さんにお聴かせしたら宜からう、斯ういふことですから、昔の話ですが私の子供の時にはどんな風であったかをお話致します。

それからもう一つ皆さんに申上げたいことは、人間は極く真面目で正直であるべきこと。又、皆さんのやうに七つか八つ以上の年齢になると、自分自身で、この事は宜しいことだ、これは善くないことだ、といふ位は大体分るのでありますから、その「宜しい」と思ふことは、どこ迄も頑張り通して必ずやつて貰ひたいのです。さうしてやって行きますといふと必ずそれは成功する。善と信じて決行すれば、必ず自分の思ふことは遂げられるものだ。斯ういふ風に、私は自分の長い七十年の過去の生活の間に考へて来ているのです。

私は明治十四年、即ち自分の十三の年齢まで、この高遠にお世話になって居ったのですが、その頃の自分で憶えて居ることは、丁度この席の前列に居る尋常一年の方のやうな幼い頃、それは明治八、九年の頃ですが、当時吾々どもの生活の状況といふものは頗る質素なもので、例へばです、魚といふものは一年の中にたった二度ほか喰べられない。二度以上喰べたことはありません。それはどういふ時かといふと、お盆と暮のお年取りの時です。その魚も、どんなものを喰べるかと言へば鰯の塩漬です。鰯の塩漬の非常に塩辛いやつ。お年取りの時には極く上等のもので鰤の塩漬です。この方は兎に角一年の間にたった一遍喰べるのですから、この鰤の塩漬を一と切れ貰ふと、実にこれ程のご馳走はないのです。で、その一と切れを一度に皆喰べてしまふことは誠に惜しい、勿体ない。昔は食膳といふものは皆箱膳で、その箱の膳の中へ自分の飯を食ふ茶碗とかお椀とか皿とかいふものを蔵って上から蓋をして、いよ〳〵飯を喰べる時にその蓋を上へ載せてその上へ食器を列べて戴くのですから、今の塩鰤なども一度に全部を喰べないで、少しづゝ舐めて囓っては残し、翌日も翌々日もといふ風に楽しみにして喰べたものです。

それからおやつのやうなものでもです、今ではお菓子などを喰べるでせうが、その頃には、吾々が親から戴いて喰べるものは、豆煎り《マメイリ》と言って豆と米とを一緒にして煎ったものです。それも大へんに忙がしかったのでせう、白米を糠の付いた儘豆と一緒に煎ったのです。これには砂糖などは絶対に用ひてない。そんな豆煎りを昼前と昼過ぎに一と摑み宛貰へれば、これも大層結構なものと思って頂戴した。吾々の子供時代には食物にしてもさういふものでした。

灯火にしても、今日のやうな電灯の無いことは勿論、石油ランプといふものもなかった。それで一軒の家で行灯を一つ持てばこれは大へんな有難いことで、多くはそれも実はつけなかったのです。では、どうして居ったかといふと、山へ行って松の樹の根を掘って来てそれを焚いて灯にしたのです。松の樹の根には沢山に脂がありますから、所謂樹の油です。も少し簡単に行くといふと、囲炉裏に火を焚いてそしてその火で書物を読むといふやうな状況でありました。

私がさういふ事をあなた方にお話するのは何故かと申せば、今日の御代の有難さを熟々感じるが為にです。今日では恐らく高遠の皆さんも、一年にたった二遍だけ魚を喰べるといふやうなことはないでせう。或は一週間、或は十日に一遍ぐらいは魚を喰べて居られるだらう。又何処の家にも電灯があって不自由なく書物を読むことが出来る。これ等は全く聖代の恩沢だと思ひます。

吾々はさういふやうな生活をして大きくなったんでありますが、近頃は体位向上といふことを荐りに世の中でやかましく言ひます。それも至極結構である。結構ですけれども、兎に角人間といふものは自分の心持次第で、所謂頑張り方一つで大抵のことには打克って行けるのだ。私など右お話をしたやうに非常な粗衣粗食で、今日の衛生なんといふこととは大に懸け離れて居たけれども、それでもどうやら斯うやら七十一歳まで生きて居て、兎に角此処へ来て皆さんにお話が出来るやうな訳であります。衛生に注意することは勿論大切ですが、精神の緊張といふ点にも十分心して戴きたいのです。

それから私は子供の時にどういふことをしたかと申すと、無論その時分には既に小学校があった。小学校へは通ひましたけれども、私は幼い時から大へんに山が好きで、秋になると殆ど毎日山へ行って、或は蕈を採るとか栗を拾ふとか或は木通を採って来るとかして、朝、登校する前にも、午後の遊びにも、殆ど山へ入って居りました。今から考へてみると、自分がどうやら人間になったといふことは、この故郷の山川、郷土の大自然の感化力といふものが非常に大きかったと存じます。

この懐かしい故山を離れて十三の歳に飛脚に連れられて東京へ旅立ちしたのです。あなた方は飛脚といふものを御承知ないでせうが、これは先づ今日で謂ふ小包郵便の代りを勤めたものです。高遠と東京との間を往復する。そしてあちらこちらを歩いて「東京へ何か御用はありませんか」と訪ね、東京へ送る荷物を託されてそれを背負って東京へ届け、又帰りには東京から高遠への荷物を持って帰るといふ商売です。この飛脚に連れられて東京へ行ったのですが、当時どういふ道を歩いたかといふと、藤沢川について登り、御堂垣内から金沢峠を越えて所謂甲州路を山梨県と神奈川県とを経て行きました。その間には金沢峠、笹子峠、小仏峠といふ三つの大きな峠があります。高遠から東京まで里数にして五十五里と言はれ居ましたが実際は六十里程ある。それを十三の小僧が飛脚と一緒になって歩いて行ったのです。尤もその間馬車に二里だけ乗りました。これは私は別に自分が馬車に乗る必要はなかったのですが、私と一緒に連れられて行った女の子が余ほど弱ったからでした。その時の馬車賃といふものは一里二銭で、つまり四銭で二里の道を馬車に乗ったのです。それ以外には八王子へ着く迄全部歩きました。日数は六日かゝって行きましたが、全里程六十里だから一日に平均十里の道を子供ながら飛脚と一緒に歩いて行ったのです。今から考へてみても、その飛脚と一緒に十里歩くといふことは私には何の苦痛もなかった。別に草疲れたとも思はなかったし、何でもなかったのです。

そして極く滑稽な話は、笹子峠を踰えた時に、さうとは知らずに私は飛脚に向って「笹子峠といふものは何処ですか」と聞いた。すると「笹子峠は今踰えたんだ」との答でしたから、私は「はゝアあれが笹子峠といふのか。あれは高遠の追手坂と大して違はぬぢゃないか」といふやうな実際気持であったのです。で、先刻もお話しするやうに私は山へ行くことが非常に好きであった。この私が東京へ立つ朝も、私は龍勝寺山へ小鳥を獲りに行って居りました。さうして鳥籠を提げてブラ〳〵帰宅しますと、母が「お前、これから飛脚と一緒に東京へ行くのだ」と仰しやった。私は予てから東京へ行きたいと思って居ったし、又そのうちに行くんだと言はれて居りましたから、この事はえらい意外でもなかったので、「はアさうですか」と別に仕度も何もなしに直ちに東京へ立って行ったのであります。

私は今斯様なことをあなた方に何故話すかと申せば、人間といふものは考へ次第では苦痛といふことは一つもないのだ、といふことを知って貰ひたいからです。東京辺の幼い子供等には、大きな峠を三つも越えて一日十里平均歩いて行くといふことは、本人に取っても、それから親たちも、非常に容易ならぬことと考へるのでありますけれども、ナーニ高遠に育った私などはそんな事は苦痛でも何でもない、誠に尋常茶飯の事で少しも驚かなかったのです。

最初にお話したやうに、自分が宜しいと思った事に向っては徹頭徹尾どこ迄もやるやうにする。さうして世の中には苦痛なんといふことはない。苦痛と言ふのは所謂弱虫の言ふことだ。斯ういふ考へ方で皆さんが進まれたならば、自分自身に取って非常な幸福です。自分自身も非常に幸福であるのみならず、亦世の中に対しても大へんな貢献が出来るのです。どうかあなた方もさういふ考を以て十分に努力して下さい。こんな昔話はまだ沢山お話することがありますけれども、今日はこれだけに止めます。

〔註〕手書。原稿用紙19枚。

大浦子の人格と本会設立の趣旨

財団法人大浦育英会
理事伊沢多喜男

一木さんが御不快ですから私が代つて御挨拶致しませう。新たに貸費生を採用しました機会に一言申しますが、御承知の様にこの会は故大浦子爵記念のために設けられた会でありますから先づ大浦子爵の人格と事績とを知られたい。それには大浦子の伝記を通読玩味せられたい。人格に対する印象は抽象的文字の羅列ではどーもピッタリと来ないから具体的事実を挙げて御話したい。ソコデ私は自分との関係からお話しを進めてみよう。故子爵は世の誤解が多かつた。或ものは「マムシの兼」とまで云つて悪者の様に罵倒したもので、最初は私自身もこの世評に誤られていたが、実際は大浦子は皇室国家を思ふ情最も深く全く私心のない人であつた。ではどうして、「マムシの兼」などゝと云ふ世評が生まれたのか、その警察出身で是なりと信ずること非常の勇気を以て敢行した為め反対側の連中から浴せられた悪評であつたのである。大正三年大隈内閣成立の直前であつた。大浦子は私に面会を求められた。下岡忠治氏の紹介であつた、それは大隈内閣成立後は警視総監をやつて貰ひたいといふお話であつた。私は世評の悪辣な大浦子を考へて一応辞退したのであつたが、その時、子爵はその辞退の理由を訊かれたので私は、「貴方のお望みの様なおつとめは出来かねます」といふ意味の返事をした処が、それはドー云ふ意味かと反問されるので、「私は普通の警察なら出来るが、政党操縦議員買収等の如き所謂高等警察は出来ない」と答へると、子爵は「それなんだ！さういふ人をこそ私は求めているのだ」と云はれた。そこで私は腹の中では、「この狸爺が…」と疑つていたが「自分の思ふ通りにやつてもよければ考へてみませう」といふ意味の返事をして考慮を約して辞去し、兄の伊沢修二と平田東助子とに相談した。

兄に相談すると、兄は「大浦さんは立派な人だ」とむしろ説得させられて少々気持ちが動いて来た、次いで尚、平田子に訊ねると「考へものだ」と云ふ。「それよりも洋行したらどうだ」と云はれる。私はかねて洋行しようかとも考へていたので……。それから熟考して終に警視総監を引受けた。大正五年第二次大隈内閣まで、自分は約二年間警視総監をしたが、世評に反して、大浦子はこの二年間、政治警察的な注文らしいものは絶対に一度も自分には出されなかつた。全く普通警察に関する指示注意のみであつた。例へば日比谷の交叉点交通整理とか警察署巡閲の事とか云ふ種類のものであつた。

シカシ大浦事件といふのは議員の買収の問題であつた。議員の買収といふことはよいことではないが当時の政治家としては国家を救ふ為には止むを得ない手段であつたかも知れぬ、然し、子は決して警察権の濫用といふことは絶対にされなかつた。この点は全く子は見上げたものであつた。それでは議員の買収とはどんなことかといふに、当時二ケ師団の増設といふことハ国家焦眉の急であると認られて居た、時の元老山県公もその意見であつた、然るに議会を通さねばこの増設は出来ない、それが議会を通すには過半数を要する。内閣の与党は少数である、そこで議員の買収より他に手段はない。議員買収の是非に付ては種々と意見あらうが、子はこれは国家の安危の場合は止むを得ずにせねばならぬことであると考へられた。大浦子は元来武士の家に生れ其子として育てられ名を汚すことは武士絶代の不名誉と考へられた、その人がその名を汚すことすら顧られず敢てせねばならなかつたのは国家のためには何物をも犠牲として悔ひざるの忠誠の表顕である。然るに大浦子は此議員買収事件に関しては時の警視総監たる予にも内務次官の下岡次官にも徹頭徹尾秘し匿して一言半句も洩らしたことはない。この点は或る意味から云へば極めて崇高な考へ方で自分の後進に対して何ともいへぬ親切さが籠つている。

抑も、当時は政党の操縦といふことは内務大臣の重大任務の様に考へられて居て総監や次官は当然其手足となつて奔走するもの丶様に考られて居た。然るに子は他に累を及ぼすことを絶対に避けられた、自己一身の責任に於て此事を敢行せられた。処がこの風聞を耳にして私は心配をして子に真相を訊ねたところ、子は只「大丈夫大丈夫」と答へられるのみであつた。「大丈夫」といふことは二様に判断される。即ち一は〝何もやつていない〟といふことで、も一つは〝やつてはいるが心配しなくても大丈夫だ〟といふこの二つの意味がある。

顧みれば子は常に後輩のことを考へて居られたのだ。結局子は大浦事件で引退されて鎌倉の別荘で終られたが、世間では子が鎌倉に引籠られた後は専ら風月を楽しん《ママ》居られたと評しているが之も全く誤つて居る。子の偉大さは政治的地位を失ふて後に却つて表はれている。私は絶大な感銘をうけた一人である。例へば子は隠退の後も絶対に愚痴といふものを云はれなかつた。又、時局の認識にも驚くべき洞察力を有されていた。歯の治療の為一年一二度上京せられた外終始鎌倉に蟄居せる子でありながら時々刻々政治上の変化の如きは新聞その他を通じて極めてよく認識せられ、而も、世の動きは常に子の観察通りに動いていた。例へば「何日何時に誰が誰を訪問した」といふことなどからも世の動きを察知せられて驚くべき政治上の洞察力を有せられていた。

さて本会は三井、三菱等から纏まつた大金を寄贈させるといふ様な方法ではなくて広く一般に寄附を求めて成立したものであり、その目的とする処は銅像などを建てることは意義が乏しいといふので、育英事業に決定したものである。殊に、故大浦子の意を体して「わが国人口問題の解決」を理念とする海外発展を目的としての育英事業にその意義を認めて成立したものである。人間としての大浦精神を体して学校でも社会でもその生活に、現今の世相を鑑み、子の如き国家有為の人物が一人でも多く生れ出ることを願つて已まないものである。

（昭和十五年六月八日第十四回貸費生茶話会席上にて）

〔註〕タイプ7頁。書き込みも収録。

〔表紙〕昭和十六年八月二十二日（於上農寮）
伊沢多喜男先生の御訓話
長野県上伊那農業学校

伊沢多喜男先生の御訓話
昭和十六年八月二十二日上農寮に於て
長野県上伊那農業学校

私は本郡高遠町に生れ、十三歳の時に上京したのである。現在の私を斯様に育てゝ呉れたのは何であるか。それは郷里高遠の勝れた山河と気風、即ち偉大なる自然が私を育てたのである。周囲の環境即ち大自然と言ふものは、人格を作る上に非常に大きな力を持つものであると自分は信じて居る。

昔は士農工商と言ふ階級制度の下に、総べての社会組織が出来て居た。士は武人として事ある時は戦場に出て国を護ったが、平時は行政官として一国指導者の地位にあったものである。その士の修養は講釈に依って行はれたものではない。繰返し行はれる「行」によってその人格を磨いたのである。一日の中、学問は僅か二時間位するだけで、残りの時間は全部剣道や槍術、馬術等と、所謂武芸十八番の修練に費して心身を鍛錬したのである。かゝる行によって武士道精神を磨いたのである。

明治維新後、此の士族階級が廃止となり世相が一変して武士と言ふものが無くなった。その後この武士道精神を誰が維持して居るか。

それは工業者に非ず商業家に非ず、実に農業者によって伝承されて居るのである。即ち農業は、口先や、好い加減の労働等で出来るものではない。常に天を相手に文句も言はず、最善の努力を尽して、その結果を見なければならない仕事である。故に農業は一の尊い行である。かく自然を相手に、繰り返し行はれる行を以て業務とするから、農業者のみが武士の精神を維持して居ると言ふのである。されば我が農民精神こそは実に武士道精神、日本精神の実体にして、「農国本也」と謂はれる所以亦此所にある訳である。故に真の農業者にして若し政治家にならんとすれば大政治家となり得るし、亦教育家、実業家、或は学者たらんとすれば、大教育家、大実業家、大学者となり得るのである。総べてその道の大家となることが出来る。

人格の練成、真の教育は、繰返し行はれる行事によって成し遂げられるものであって、言葉による教育等では決して出来るものではない。修身や歴史、或は国語等の学問も、実践の伴はない口先だけの学問であれば、決して立派な人格を作るに役立つものではない。私が或る時、禅寺で有名な京都の円福寺へ行ったことがある。多勢の人が禅の修行に来て居たが、其の中に二人の外国人が居た。そこで私は住職に向ひ、「彼の二人は何処の人ですか」と尋ねた。するると「オランダ人です」と答へた。「ではあのオランダ人は日本語が解りますか」と問へば、「全然解りません」と言ふ。「では貴僧は和蘭語が出来ますか」と聞けば、「私には少しも出来ません」と答へる。そこで、「貴僧と彼の二人が少しの話も出来なくてどうして禅の修行が出来ますか」と尋ねた。所が「いや言葉は通じなくても、禅の修行は『行』を通してするのであるから一向に差し支へない。それ所か二人の修養振りは日一日と驚く許りの進歩です」と答へた。斯様に行を通して行へば、言葉は解らなくても立派に人格の練成が出来るのである。

亦人格の根底は大体高等普通教育時代迄の間に於て確立されるのであって、その後に至っては仲々人格の練成等出来るものではない。

高等学校、大学と教育が進めば知識はつくかも知れないが、人格に関する限りはその効果を期することが出来ない。故に高等普通教育時代に、しっかりした行事訓練を受けて、立派な人格を練成するのが青年修養上最も大切なことであると謂はなければならない。

今日上農寮を細い所迄見せて貰って非常に感激した。実にこれ程徹底した人格修練道場は他に全く見ることが出来ない。従って此所で修練生活の出来る諸君は、誠に幸福であると言ふことを、しっかりと心において修養に邁進しなければならない。十三人の生徒が一農家を組織し、それに先生が一人宛ついて、親の如く親切叮寧に君達を指導して下さるのである。その上毎日農業を通して「行」にいそしみ心身の練成が出来るのである。人格練成の上に於て、此の上農寮こそ最理想の施設と謂はなければならない。

諸君は本校を卒業しても、必ず永く此の寮で鍛練したことを忘れることが出来ないと共に、亦その教訓と修練は、将来社会に立って立派な仕事の出来る基となり、国家に御奉公する土台となるだらう。今後益々人格練成、行の生活に精進して、立派な日本人となられる様努力されんことを希望する次第である。

〔註〕手書。原稿用紙５枚。

訓話（昭和十六年九月長野県庁に於て）

枢密顧問官　伊沢多喜男

只今、知事閣下からして洵に御叮寧なる御挨拶を戴きましたが、只管痛み入る次第でございます。伊沢が、自分の出身地である長野県の為に何か尽して居ると云ふやうなことを御述べ戴きまして、只管慚汗に堪へないのであります。実は自分は長らく地方官を致しましたり、或は外地に行ったり、左様な関係で自分の郷土の為に尽すことは出来なかったことを非常に相済まぬことであると思って居る次第であります。殊に之は或意味から云ふと信州人の癖であるかも知れませんけれども、俺は天下の伊沢だ、俺は信州の伊沢じゃないと云ふやうなことを得意気に言ひまして、天下の伊沢が一地方たる信州のことに対して、彼これ世話などするものではない、と云ふやうな勝手の熱を若い時には吐いたものであります。この頃年をとりまして、漸く自分の郷土と云ふものに対して、之は相済まなかったと云ふ感が深いのであります。伊沢を今日あらしめたものは、要するに信州の山河であるとか、歴史であるとか、祖先、父母、兄姉であるとか、或は隣人であると云ふやうなことを年老ってから考へるやうになって参りましたが、もう日暮れて途遠しであります。けれども何とかして多少でも郷土の為に尽すことが出来れば自分は洵に有難いと云ふやうな心持を致して居るのであります。

只今知事閣下からして大層御賞賛を戴きましたが、之は所謂溢美であって当らないのであります。

今日皆様方に私の申上ますことは、極く簡単に申しますれば長野県の県庁に御奉職になって居られるのですから、知事閣下の意図を体されて、各自の職域に向って精進せられたいと云ふことで尽きます。外に何も申上げることもないのでありますが、折角参りましたので何か二、三詰らぬことを申上げて見たいと思ひます。

今日「新体制」と申しますが、各種の統制が頻りに行はれて来て居る。私は相当古い時から各種の統制と云ふことは国在る限りは当然のことであると云ふ持論であった。統制とか、統制経済と云ふことは何か新発明の如くに申しますけれども、私は社会が進歩して国家なる形態を備ふるに至ればそこに既に統制がある。統制と云ふことは孰れの国家にとっても何も新しいことでも何んでもない。只それをどんな方法でどう云ふ程度に於て扱って行くかと云ふことが統制上の問題であると思ひます。

そこで私は今年七十三になりますが、地方官だの種々やって参りました。其の間に自分のしくじったこと、今から考へて見て実に相済まなかったと云ふことが非常に多いので其れを御話して見たいと思ひます。

私は地方官在職中悪意で自分が行政をしたことはない積りであります。詰り、何時も君国の為に陛下の大御宝を陛下の官僚として治めて居るのであると云ふことは夢寝にも忘れずに参った積りであります。さう云ふ考へでやって来ましたけれども、幾多のしくじりをして参りまして、相済まなかったと云ふことが沢山あるのであります。

之を私は善意の悪政と申します。恐らく皆様も決して悪意の悪政を為さらぬであろふと思ひます。

併しながら、善意の悪政と云ふことを気が付かずになさって居ることが相当多いのではないかと思ひます。余りイデオロギー的なことを申上げますことは、私の触れる領域でもありませんから数十年の間私の体験したことに付いて少々申上げて見たいと思ひます。善意の悪政でも、結果から云へば悪意の悪政と違ったものではありません。如何に善意であっても悪政は悪政である。国民の受くる苦痛は悪意の悪政と何等撰ぶ所はないのである。克く世の中に俺は君国の為に誠心誠意やっておる、さう思ってやったのであるから、チッタア間違っても仕方がない、と云ふやうなことを平気な顔をして言ふて居る者がありますが実に思はざるの甚しきものであります。

もう一つの見方は少々極端であるが、中には悪意の善政と云ふのがあります。結果から云ふと善政であるけれども、その動機は悪意であると云ふのが屢々あります。苟も君国と云ふことを第二義的に考へ、己れと云ふことを第一義的に考へて行はれる行政がありますれば是は其の結果は如何に善くても悪意の善政である。地方官が学校を造るとか、種々雑多な仕事を好んでやります。甚だしいのになると道路を造って請負者に或利益を特に与へる。さうして自分の私腹を肥やすと云ふやうな例も無いのではないのでありま す。之は最も悪い例でありますが、それ程でなくても兎角何か之は、自分の記念になるから道路を造るとか、橋梁を造るとか或は学校を造るとか云ふ例が相当に多い。道路が出来たり、橋が出来たり、学校が出来たりしたことは、如何にも善政であるけれども、その仕事に厘毫と雖も「私」と云ふものが入るならば、それは悪意の善政であると思ひます。今日頻りに謂ふ所の公益優先と云ふことは結構であるけれども、未だ多くの人の考へは大体私益優先である。之は俺の記念事業である、何某知事と云ふ名前が残る、と云ふやうな仕事のやり方が非常に多い様に思はれます。少々、深刻な批評でありますが、さう云ふことが非常に多かった。此くの如きことは地方官としては実に申訳ないことであります。よろしく肇国の大精神を体して、所謂日輪

―太陽が森羅万象を光被するやうな大徳を以て天下を治めることを夢寝にも忘れてはならないのでありますのに、私自身を顧みましても思い上りまして他の言ふことは聴かずに独断的なことをしたのを、今から考へて見て、実に相済まぬことであったと考へて居ります。

さて統制経済と云ふか、もう少し広い意味の統制と云ふことは今日の時局に於ても、今日の時局でなくとも、必要であると云ふことは戦争にならぬ以前からの私の持論でありました。今日斯ふなって来て喜んで居りますが、準備なき統制経済は実に危険なものであります。今は急ぐ場合ではあるから少し位のしくじりは已むを得ないけれども準備なき統制経済は非常に危ないものであります。

台湾でも、日本でも、青田の売買は昔ありました。借金の抵当として秋収穫するまでの約束で借りる。収穫に殆んど借金の質《かた》に持って行かれ、中間搾取に取られて終ふ。是を救ふが為に一種の法制が出来たのが王安石の青田法であります。此王安石の青田法は余程理想的のものでありましたが、是を執行する官吏其人を得なかった為め、民を苦しめ暴動の続発を招来し、王安石自身は是に原因して其身を亡し、遂に其国を亡すに至ったことは有名な史実であります。如此事例は古今東西を通じて幾多是を挙ぐることが出来ませう。

吾々は過去を顧て善意の悪政なるものにつき、深く責任を感ずる次第であります。

村正の名刀と云ふものも、振へば人を殺します。容易に引抜いて使ふべきではない。法令の力で強制すると云ふことは最後の手段であって、出来るだけ親切に導くべきである。法令でやれば一番手取早いけれども、間違ひがあれば取返しが付かない。私は只管大変親切な考へを以て知事閣下の統率の下に御働きになることを望んで止まないのでありま す。次に私が特に年寄として貴方方に御願ひしたいことは自分の職域―仕事と云ふものに対して、非常なる熱意と自尊心とを持って之を楽しめ、と云ふことであります。

之に付いて私が引例したいのは我々の非常な先輩であって、内務省に会計課長を四十年程して居った大谷靖と云ふ人のことであります。この方は山口県の出身で、山県公等と大体友達位な人であります。最近まで宮内次官をしておりました、大谷正男君のお父さんであります。此の方は私共が始めて見習になった時の会計課長でありましたが、私が段々大きくなって其の後知事になり警視総監になり台湾総督になってからも、終始内務省の会計課長で居ったのであります。会計課長は高等官三等ですからその前に幾度か「知事になれ勅任官になれ」と勧められました。所が大谷さんは全く左様なことを眼中に置かないで「自分が会計課長であると云ふことが君国の為に宜いことであると思ふ。知事と云ふ地位は自分に適任とは思はない。会計課長として役に立たぬと云ふならば致し方ないが、勅任官にする為に知事にすると云ふことは真平御免蒙る」と云って、四十年余り終始会計課長を喜んで、と云ふよりも楽しんでやって居られた。私は斯くあるべしと思ひます。成程極く卑俗的に考へたならば、高等官も奏任官よりは勅任官の方が良いのかも知れません。併し、その辺のことは実に詰らないことである。私はこの中に判任官諸君も相当多いと思ひますが、自分の仕事と云ふものに兎に角精進して、自分の仕事に対して大きな自尊心を抱いて頂きたい。自分のことを引例しては甚だ烏滸がましいのでありますけれども、之は世の中で殆ど公知の事実のやうに思ひますので、私のお話を致しますが、「伊沢と云ふ奴は大臣嫌ひだ」と云ふのです。若し私が大臣になりたかったら大正五年頃には大臣になれたろうと思ひます。それは私がさう云ふ事情にありましたが、その当時私は大臣になりたくはありませんでした。その後、加藤高明内閣の時に加藤伯自身から入閣を勧められましたが、私は之を言下に断りました。其他浜口内閣、或は斉藤内閣にも入閣を勧められました。畢竟前後五回程入閣の機会はありました。而も私は断りました。どう云ふ訳かと申せば、私は大谷さんを引例しましたが、大谷さんの御考へと略々似ていると思ひます。大臣になると云ふことは国家の御為になると思ひますが、私にとっては大臣にならずにお国の為になる方がより以上の御奉公が出来る、と斯様な考へを持ったのであります。自分は何か自分に適当であるか、何が君国に尽すに一番宜しいか、と考へてさう思ひました。判任か奏任官になる、勅任官になる、左様なことは実に私は詰らないことであると思って居ります。

「俺は会計の帳簿を記けている、斯んな立派なことはない」と云ふ自尊心があったればこそ、自分の仕事が楽しく、又そう云ふ人は四十年も苦しいと云ふことは絶対になかったと考へて居ります。

善意の悪政が現はれると云ふことは、要するに徹底的にものを知らぬと云ふことが一つの大きな原因であると思ひます。

徹底的に物を知ると云ふことは、非常に難しいことであると思ひます。私は台湾総督で赴任した最初に、総督府の勅任官、奏任官全部を集めて訓示しました。それは「形無きに見、声無きに聴け」と云ふ意味のことを其一部として申しました。例へば農民の声と云ふやうなものは、唯上ッ面を見たりして居っては分らない。本当の農民と云ふものは大体黙っている。之の本当の農民の声を聴くと云ふことは中々難しいことです。今日では私が地方官をして居ったやうな時代とは違いますけれども、私の体験から申しますと、日本内地に於ても本当の農民の声と所謂農民の声とは必ずしも一致しないことが多い。此の本当の声を聴かなければ親切な政治とは云へない。

台湾の属僚には云ひました。「内地でさへ斯うだ。」まして台湾の農民の声を聴くには言語が通じない。言語の通じない者に下情上通はどうして出来るか。内地の役人などよりも、もっと親切にやれ、而して「形無きに見、声なきに聴く」と云ふ態度で臨まなければならぬ」と懇々と諭したのであります。

統制経済の今日、今のやうな心構で臨んで頂きたいと只管切望致す次第であります。


〔註〕手書。原稿用紙10枚。

四、人物回想

〔加藤高明〕

故加藤伯の生涯に就ては若槻、浜口、幣原、仙石等の諸君と共に僕も其委員の一人として編纂した「加藤高明伝」に詳述せられて居り、より以上何も言ふことはないのみならず此軽井沢には是に関する何等の材料もないのであるから、実に当惑するのであるが、折角の御需メであるから、ホンの思付きのまゝを少シ述べることにしよう。

僕が加藤高明伯と相識ったのは、君が大隈内閣の外務大臣、僕が警視総監の時代即ち大正三年からのことで、伯が大正十五年春に亡くなられるまで、僅々十一二年間の短い交はりに過ぎない。しかし予てしばく僕の恩人たる安楽兼道サンから加藤といふ人は当代稀に観るエライ人だと聞かされて居たので、未だ相見ぬ前からひそかに敬慕の情を寄せて居た。しかして、僕は最初から加藤サンが非常に好きだった。先方でもまた僕を信用され、何事も僕に相談されるといふ風で、交遊の期間こそ短かゝったが、その交情は相当に深いものがあった。所謂憲政会の苦節十年といふのは大正五年に加藤、若槻、八代等の閣僚が大隈内閣を去った時に始まるのだが、僕もソノ時浜口、下岡等と共に職を辞して官界を去ったのである。爾来約十年故伯の逆境時代に当って終始其相談相手ともなり、慰安者ともなり幾多の辛酸辛苦を共にしたのであるから、お互に深く相信じ相許したのである。加藤といふ人はブッキラボーで、しかも非常に情味の濃やかだった人で、いろくのことが思ひ出される。僕がまだ軽井沢で宿屋住居の避暑をして居る頃のことだが、自分の別荘の離れ屋へ来て滞在しろと再三いはれたことがある。また栗野慎一郎サンか誰かに貸してあった麹町の家が明いた時にも君にやるから移築してはどうかともいはれた。僕はこの温情に対して、『貴方から恵みを受けて居るといはれるのは嫌です』と、今から考へるとツマラヌ潔癖から折角の親切を無にしてしまって、まことに惜しいことをしたと思ふ。総じて先輩の好意でいってくれることに対しては、喜んでその親切を受くべきものと思ふ。

故伯を識って幾ばくもなく、僕が警視総監として加藤サンを外務省に訪ねると、要談中たまく当時同志会の五領袖を以て鳴らした大石正巳、島田三郎、河野広中、箕浦勝人等の人々が面会を求めて来た。一応要談中の故を以てこれをことはられると、五領袖は党の重大事に関して五名打ち揃って来たから是非面会しなければならぬと、党幹部の圧力を以て押し返し面会を要求して来た。その時加藤サンは更らに『約束の人と要談中であると答へろ』と取次に厳命して、僕に要談の続きを促されたが、僕は先程からの様子を些か見かねて居たので、『私の要談はモウすぐに終ります。会はれたら如何ですか』とお勧めしたら、『今の時間は君と約束してあるからユックリし給へ』と、僕の差出口を制せられた。これなどは故伯がいかに半面人に感激敬慕される性格の人であり、半面いかに人の憎しみを買ふひとであったかを物語って居り、同時にまた、故人がいかに約束を重んずる人であったか、また外部からの圧力に対しては、常に頑として立ち向ふ性格の人であったかを物語る話柄であらう。

加藤サンが亡くなられたのは肺炎のためだったが、これについて世人はたゞ簡単に故伯は病で殪れたと考へて居る。これは非常に間違った皮相の見で、加藤サンの死は実に戦場における軍人の死に等しき一死奉公の殉職であったのだ。元来あの人は極めて頑健なたちの人で、一頃は二十四五貫もあった位だから、なか〳〵たゝき殺しても死ぬやうな人柄ではなかった。しかし苦節十年の苦渋を嘗め尽して精神的にも肉体的にも文字通り全力を傾け尽して戦ひぬかれた後、漸く報ひられて三派内閣の首相となり、続いて加藤内閣となった時には、さしもに頑健な加藤サンも相当に健康を害ねて居られたやうだ。しかして第五十一議会休会明けの議会に臨み、インフルエンザで四十度近くの高熱を押して登院されたのが故伯薨去の原因であった。その朝、奥サンが心配して登院を諌止されたら、加藤サンは一言『構ふな』といって出ていかれたのだそうだ。僕はその日議席にあって加藤総理の施政方針の演説を傾聴し、続いて二三の質問に答へられるのを聴いたが、どうも平素の元気がない。声も小さい。僕には病気の為であることは分らぬものだから、たゞ何となく少し変だと思ふて居ると、休憩になって各大臣は夫々大臣席を離れて閾の外に出た後も、加藤サンは一人ポツンと大臣席に残って、変な恰好で机の上を両手で撫で廻して居られる。その中自分も議場から出ていったが、後で聞くと秘書官が不審に思って駆け寄った時には、加藤サンの眼は既にくらんでしまひ、身体は全く自由を失って居たそうである。とにかく秘書官が負うやうにして二階の大臣室にお連れし、それから邸に帰って臥床されたが、約一週間の後、其月の二十八日には遂に帰らぬ人の数に入られた。世の中の人は、大久保公、伊藤公、原サン、浜口君などの凶変に殪れた人のみの『殉職の死』を記憶し、加藤サンはたゞ病で亡くなられたものゝやうに考へて居るが、長年月国家憲政の戦を戦ひつゞけ、一度総理大臣の印綬を帯ぶるや、病篤しと雖も寸毫己れを省るなく国政燮理のため全霊全力を捧げ尽し其施政方針を嗣子吼して遂に議政壇上に殪れた我が加藤高明伯の死こそ実に政治家として悲絶壮絶の最後であったといはねばならない。

登院の朝、諫止された夫人に向ひ、たゞ一言『構ふな』といひ棄てゝ出られたといふ故伯の俤は、加藤サンの家庭における態度の一切を物語るもので、これが他のことで奥サンが止められたのであったら、或ひは夫君は快くその言に従はれたであらう、しかしあの時『構ふな』の一言は『国事に関して女の発言を許さぬ』といふ故伯平素の信念に発したものであったのである。加藤夫人は大富豪から見へたなどとは決して思はれぬ貞淑サを以て、実にお主様に仕へるが如くその夫君に仕へて居られたが、加藤夫人こそまことに政治家の夫人たるものゝ亀鑑とすべき方である。僕は十何年の間ほとんど一週間に一度位お訪ねしては、度々昼食の御馳走にあづかったりしたが、加藤夫人がその席に出て来られたことは殆となく、況や政治的な要談の中に奥サンが出洒張って来られたといふやうなことは勿論一度もなかった。それならば引っ込思案で、人前にもそう出られぬ人かといふに、決してソーではない。軽井沢や鎌倉の別荘で打寛いで夕飯の御馳走にでもなる時には、特に接待の為め出で来られて四方山の話をされ、心地よく客を遇されたもので、実に聡明でシカモ気のおけない立派な御婦人である。とかく世の中には殊に政治家の夫人、外交官の夫人の間には出洒張に出ることに少しの反省も持たず、寧ろそれが夫を助ける所以のやうに考へて居る夫人が多いやうであるが、加藤夫人などは大いに手本とするがよからう。加藤サンは其高遠な理想を非常に強い意思で敢行した。その一例は故伯の元老に対する態度であった。大隈内閣当時の元老といへば、山県、井上、松方其他の諸公であったが、歴代の外務大臣は外交上の枢要の事項は常に是を元老に報告して其の諒解を求むるを例とした。然るに加藤サンは誰が何といっても元老を訪問されなかった。加藤サンの信念では、外交は外務大臣が全責任を持つべきもので、元老と雖も容喙を許すべきものではない。他人に責を分つやうでどうして補弼の重責が全うし得るものかといふにあって、故伯は終始これを強調力説して居られた。これがために大隈内閣は外交問題に関し少くとも二度危機に瀕したことがあるが、故伯はいかなる目にあっても頑として自説を枉げられなかった。所謂苦節十年中、幾度か当然来るべく予想せられた政権を逸したのは故伯の此態度が相当大なる原因をなしたように思はれる。これは少し余談に亙るが、大浦サン（兼武）といふ人は実に独特の力を持って居た人で、かういふ時にはいつもマア〱と留男を買って出て、元老をなだめ、大隈サンをなだめ、加藤サンをなだめ、とにかくおさまりをつけたものであった。あの人が出て来るとおさまらぬものもおさまった。その人の徳といふか、持味というか、まことにエライものである。

加藤サンがいかに自信の強い人だったかを物語るについいて、こんな話がある。英国ビクトリア女皇の即位六十年祝典の時に、伊藤公は宮様の随員として自身英国に渡って修交の実をおさめようとせられ、このことを当時の駐英公使たる故伯に言ひ送られた。それに対し加藤サンは非常な恩人である伊藤公に向ひ、頗る激越な文字を綴って絶対反対の意思を表示し、『貴下は元勲である。軽挙されてはならぬ、殊に随員として渡来した者が外交にタッチするやうなことは英国の常識では受け取られぬことである』といふ意味の手紙を送って居られるが、加藤サンの肚にしてみれば、英国には自分が公使として厳然と存在して居るのに余人が出洒張るとは何事であるか、といふのであったらう。加藤サンの行き方は大体此調子で、そのためには随分作らぬでもい丶敵も作られたかも知れぬが、我々が何かにつけては故伯を憶ふのもかうした強い信念の人がだん〳〵少くなって来るのが淋しくてたまらぬからのことである。殊に今日国家重大の際、故伯追慕の情に堪へざる者、たゞに僕のみではないであらう。

加藤サンが一党の総裁でありながら、陋劣な党派心など微塵も持たれなかったとは、僕の特にいひたいと思ふところだが、加藤首相は其閣僚に次で最も重大なる人事たる外地の総督長官等の異動に関して如何なる態度を執ったか、即ち故伯は原政友会総裁によって推薦就任された斎藤朝鮮総督に向ひ、先づ辞を低うして留任を懇請された。また政友会員たる川村竹治君の後任として政党政派に全然無関係の枢密顧問官安広伴一郎君を満鉄総才に採用された。関東庁長官の児玉秀雄君は其まゝ留任せしめられた。台湾総督にはかくいふ伊沢多喜男を持って行かれた。即ち憲政会の党員は勿論其系統の者は一人も採用しなかったのであるが、これはいづれも加藤サンに寸毫も陋劣な党派心などの無かったことを証明するものである。この際自分のことについて一寸いはねばならぬが、世間では僕のことを民政系の人間のやうにいって居る者もある様だが、これらは全く僕といふものを知らないのだ。僕の眼中には民政党も無い、政友会もない、たゞより正しき政党より正しい政治家ならば、僕は政党政派の如何にかゝはらずこれを助ける加藤高明伯を助けたのも、故伯が実に敬慕すべき正しき信念の政治家だったからのことで、憲政会の総才であらうがなからうが、僕にとってははじめから問題でなかったのだ。そこがまた故伯の僕を信用された所以であると思って居る。話の序でだからいふが、僕は台湾総督に親任されるや、総務長官心得に後藤文夫君、内務局長に木下信君、警務局長に坂本森一君外数名を抜擢した。処が是等多数の幹部の中に所謂民政系の者は一人も居らぬのみならず首脳部を占むる後藤、木下、坂本の三君が揃ひも揃って世の中から政友系と目される連中であったため、当時の憲政会の人々の中では伊沢総督は怪しからぬといきまき立てたのであったが、加藤サンは是には一顧も与へず一切を僕の任意にまかせて一言もいはれなかった。

この頃政党の信用が落ちて、猫も杓子も政党を攻撃するが、立憲政治に政党の必要欠くべからさるものたるはいふを俟たぬことであって、政党が国民の信用を恢復することの早ければ早いほど、国家のためにこれほど慶幸とすべきことはないのである。しかし政党の堕落といふ概念の中に、加藤総才時代の憲政会をも一しょに含めて、たゞ無暗に過去の政党を悪しざまにいふのはまことに怪しからぬことである。加藤サンの憲政会時代には、其党の経常費も臨時費も今日比すれば実に少額のもので、例之同党の幹部会の如き常に党の事務所で開かれ、各自十銭のウドン、三十銭のウナ丼などで済して居たもので、今日何かといへは必す待合か料理屋に会合するのとは大分違って居たやうである。また加藤内閣の初期には僕は閣議の日に大抵首相官邸に行って閣僚と一しょに昼食をとったのであるが、僕の昼食代だけは特に加藤総理が支払ってくれた。これはいふまでもなく当時の閣僚はみんな昼食代を自弁して居たからのことで、今日大臣は勿論次官局長までが、何か総理大臣官邸で会議でもあると、入費はすべて総理が負担するといふことだそうだが、まことに比較にならぬ相違である。選挙費についても、憲政会時代の候補者に対する補助（加藤サンは決して公認料なる語を用いなかった）の如き今日に比すれば実に少額なものでタカ〴〵今日の公定選挙費の半分か三分一程度のものであったようだ。而して其党費の収入はドーかといふに、其大部分は加藤総才自身の出資であって稀には特志者の浄財もあったであらう。内田君の珍品五箇事件の如き其一例であって、かういふことを深く知らずに、玉石同架に過去の政党をけなすといふことは大きな間違ひである。又一般には加藤サンが三菱から大きな補助を受けて居たやうに思って居るが、これとて自分の知る限りでは非常な間違ひで、加藤サンは三菱から特に鐚一文の援助をも受けては居ない。加藤サンは彼自身相当大きな財産を所有して居られ是から其政治資金を支出したのは勿論だが、此外に仙石君が特殊の基金を保管して居って、故伯を真に国家のためになる大政治家と見立てたために、その基金の趣旨に副ふ様支出したものである。

或政党の総才が『政治は力なり』と強調したに対し、故伯は『政は正なり』と高唱した。故伯は公人としても私人としても徹頭徹尾正義を以て終始された故伯は目的手段両ながら正しからざるべからずとの信念を以て邁進せられた。

そしてその間いかなる迫害にも、いかなる苦艱にも、高遠なる理想と絶大なる意思を以て立ち向ひ、正廉潔白、一点の汚濁に染むことをも潔しとされなかった。真に正を履んで恐れずとは故伯の如き人をいふのであると信ずる。

今日政党不信の時代を招来した大きな原因の一つは、党人が官僚の畛域を犯し、これに対して官僚が尾をふった結果である。大隈内閣の時に参政官の制度が設けられたが、当時に於ても加藤内閣時代に於ても、故伯は政務と事務の区別と政務官と事務官の領域の限界とを最も厳重に主張せられ、いやしくも相犯し相寄るが如きは断乎として排撃されて居たのである。これがその後に至り、党人が事務官を左右するやうになり、事務官はまた自己の栄達と安全とを計るために或は迎合を事とし或は操守を失ふやうになったゝめに、党弊その極に達し、遂に今日のやうな悲しむべきことゝなったのである。加藤サンが生きて居られたら、党人は自らとゞまるべきところにとゞまり、官僚は循吏の理想を堅持して、今日のやうな状態にはならなかったであらうと思ふと、此点に於ても故伯に対して深い愛惜の念を禁じ得ない。

少し柔かい話をしようか、加藤サンは相撲が好きで、よく八代大将と僕がお供をしたが、帰途には大概薬研堀の大又に寄られた。大又の女将が名古屋の出で、加藤サンは特にこの家を贔屓にされたが、よく来た角力は太刀山、鳳、黒瀬川それに年寄の花篭などで、いつも綺麗なのが沢山繰りこんで来て盛んなものだった。加藤サンは例によって一杯も傾けられぬが、八代サンと僕はいける口なので勝手に飲み勝手に酔ひ、揚句の果は大いに美声を張り上げたものである。八代サンもあれで相撲甚句ぐらひは派手にやられた。そんな時加藤サンはいつもニヤ〳〵笑って我々の騒ぐのを見て居られて、大抵十時頃には一しょに引き揚げたものだが、僕の記憶の中で、加藤サンの歌をきいたことは一度もない。しかし加藤サンのその方の造詣は遥かに我々より深いものがあったらしく、また謡、仕舞なども、相当の玄人だったらしいが、一度も人前でやられたことはないやうである。ムッツリした金仏様が相当風流韻事を解されたことについて、これ以上のことはお饒舌りに堕するから、そのかくれたる人間味についての話はこゝではよすことにしよう。

〔註〕手書。原稿用紙36枚。

〔西園寺公望〕

伊沢多喜男

元勲西園寺公の薨去は真に我が日本の一大損失である。この事実は、国を挙げて悼み哀しみても尚且つ尽きる所のない国家の最大不幸である。私は性来どんな場合に当面しても、未だ曾で失望落胆を知らざる人間であるが、老公の訃報には嗚咽禁じ得なかった。それは単に国宝的存在として唯だ一人残された元老を喪った痛惜の情とかいふやうなものとは、本質的にその類を異にするものであることは言を俟たぬ。噫々、風格に於て、識見に於て、倫儔を絶する近代偉大人西園寺老公は今や亡しである。

一体、私は、若い時から幸にも伊藤公や山県公の知遇を忝うし得た。政友会創設時代の伊藤公とは偶然の機会ながら週日余も起居を倶にしたし、山県公にも屢〻椿山荘や古稀庵に於て謦咳に接するの栄を得た。しかし私は奇妙な性で、世に所謂偉い人に対して、尊敬することは勿論人後に落ちないが、畏怖の念に至っては微塵の持ち合せもない人間である。これは士家の出といふ自負心にも因らうが、他面、私が幼少の時から、親にも等しい私の兄が、当時としては非常な高い社会的地位に在った関係上、政界、官界、実業界の偉ら者が兄の家に出入し、その玄関番をやったことが私をして妙な人間に性格づけしめたものであらう。西園寺老公に接近するやうになってからも、私のこの傾向に変化はなかった。が、これが亦偉大な老公の愛情を刺戟する逆効果を呈して、一人知遇を忝うする機縁となったのかも知れぬと思ふ。

桂内閣崩壊の後を承けて、第一次西園寺内閣の成立したのが明治三十九年一月であった。当時私は滋賀県書記官として内務部長の職に居たが、例の警視庁焼打事件が起って帝都治安の総元締の威信が地に墜ちたことから、渺たる一地方官から警視庁の第一部長に抜擢され、続いて翌四十年の一月、御用始の日に和歌山県知事に栄転し、同内閣の倒れる七月まで在任して居たが、固より老公とは何の関係もなく、唯、一地方官として総理大臣西園寺公望侯のお顔を遠くから眺めているか、若くは招待を受けた時に一と言二た言御挨拶するに過ぎなかったのである。

所がそれこそ本当に偶然親しくお言葉を交はす好機が到来したのであった。則ち明治四十四年八月第二次西園寺内閣が成立した時、私は愛媛県知事として地方長官会議に列すべく上京した。こんな時には総理官邸へ知事が挨拶に行くのが慣例であるから、これに従って某日私は西園寺総理大臣官邸へ行つたのである。定めし混雑しているだらうと想像しながら、扨て来てみると、案に相違の車一台とてなく、閑古鳥の啼く寂しさであるから、総理不在と早合点して、玄関子に向って、駿河台（御本邸）の方でせうねと言った。すると「イヤ、こちらでございます」「あゝ、さうか、お客さんがあるかね」「イエ、お客はありません」「さうか」いうふ訳。斯うなると勢ひ、「ではお目に掛りたいが…」と言はざるを得なくなって、刺を通じると、「では、こちらへ」といふことになり、已むなく私もノコ〳〵と通ったのであった。

老公は官邸の居間に唯一人ポツ然とデスクに向って居られて、入って来る私に椅子を与へられた。その光景が私としては又頗る意外だったが、臆面もなく対座して、職責上県治に関する意見を申し述べた。老公は例の無表情さで私の言を聴かれて居たが、恰もその席へ、時の政友会領袖で知恵者として天下に名ある某氏が又面会を求めて来た。私が窃かに思ふに、自分の如き県知事でさへ対座して居るのであるから、嘸かし大政党の領袖である某氏は傲然たる態度で腰を下すであらうなどと考へた。然るに意外にも、私が老公と対座している傍に直立不動の姿勢を保っているのみか、仔細に見ると、その某氏の全身はブル〳〵顫へているのだ。そして老公が何か言はれると、二言三言口の中でモグ〳〵答へその儘引下ってしまったのであった。不思議の念に駆られながら、私は一時間余も県治上のことをお話して辞したのであるが、その際は左程に思はなかったけれども、老公に接することが度重なるにつれて、沁々深く感じたことは、老公に接することは丁度明鏡の前へ立つやうなもので、腹中モシャ〳〵したものが存する者は、公の前へ行くと威圧されて顫へ上ってしまふのである。象牙細工の人形と評されたやうに、無表情で端麗な容姿ではあるが、あたりを払ふ威風は実にえらいものだと思ふ。これが私が老公とユル〳〵お話申上げることが出来た最初の想ひ出である。

その後挂冠して京都の清風荘に住されてからも、私は時折りお伺ひし、老公も快く迎へて下さって、四方山の話をするのであった。御面会の時間は、午前を指定されるので、朝の十時頃から二時間乃至二時間半位は対座を許された。老公は周知の如く、政治を論じ、文学を語り、詩も作れば文筆にも巧で、実に多趣味の方であられたから、自然、話も多方面に亙ったが、総てに於て蘊蓄が深く、何を伺っても敬服せざるなしで、御出身は五摂家に次ぐ名門の公卿さんであったが愛すべき極平民的な御仁であった。

例の文士二十数名を首相官邸に招いて清宴を催された雨声会は、第一次内閣組閣の時で、私など文学を知らず、格別文士を尊敬している訳でもなかったから、これを遠方から眺めて、どうも一国の総理大臣たるものが文士などを集めて暢気なことをやって居る位の気持であったが、この催などは、風流宰相として老公の面目躍如たるものがある。世界各国の文学に通じられては居たが、殊にフランス文学に於ける御造詣は殊に深かったもの丶やうである。読書は第一の御趣味らしく、薨去直前までも書物を手にせられて居た由である。お話をしていて、話題が豊富であり、少しも窮屈を感じさせられなかったのも深い御修養のひらめきである。

　後になって、私は無遠慮に、老公との初対面の時のことを申上げ、実はあの時は自分としてお目に掛るつもりでなかった旨を述べ、尚ほ附加へて、当時、内務大臣の原さんの所へ行くと（芝公園の私邸に居られた）、何時でも十人や十五人の種々雑多の客が応接間に控へていた。中には、どうせ待たされるのだからと、碁盤を持出して烏鷺を闘はしている者もある。面接するにも名前を呼ばず、「お次ぎ〳〵」と言ふ。客は顔を見合はして先客から出かけて行く。すると、医者が患者を診察するやうに、十分か十五分話をして、サッサと訪客を捌いて行く文字通りの千客万来だった。この事をお話して、斯ういふ状況で、原内務大臣の所は門前市をなすが、西園寺総理大臣の官邸は門前雀羅である。「西園寺といふお寺はご利益がありませんからね」と冗談交りにそんな言葉を用いた。老公はニヤリと笑って、「あなたは無遠慮なことを言ふ人だ」といふ意味のことをなか〳〵含蓄ある言葉で仰しやったと記憶している。一体、老公は出が出だけに、非常に言葉の丁寧な仁で、伊沢君とか、君とかは言はず、あなたは〳〵と言って話されるので、私などもつひ親しくお伺ひ出来るやうになり、度々清風荘なり坐漁荘なりへお訪ねしたりするのであった。右の原さんの話などに就ても、老公は総理大臣ではあるが、原さんは政友会総務の筆頭で副総理格でもあり、殊に非常にきれる人だからして、あいつに万事委して、自分は総理大臣としてやって居ればい丶のだといふ誠に一国の大宰相たる態度で臨んで居られたものだらうと推察する。

　大正八、九年の頃から労働運動が盛んになり、所謂無産党なるものが抬頭して来た。私は時の総理大臣浜口雄幸君に対し、無産党の主張中には、採るべからざるものは無論あるけれども、又採るべき政策も相当にある。故にその採るべきはこれを採って、進んで浜口内閣の政策とすべ（ママ）と進言したことがあるが、老公にお会ひした時にも、今後無産党は次第に勢力を増して来て、次の総選挙には相当数の代議士が出て来ると思ふ、といふ意味のことを申上げた所が、老公は、自分もさう思ふと話され、且つ「あなたは達見だ」とひどく感服されたやうな態度で、「あなたのやうに、それ程具体的に私に言うて呉れた人は、今まで一人もありません、御高教を受けて誠に有難うございます」といとも鄭重に述べられ甚だ恐縮した次第であった。

又、私が台湾総督を拝命した時、先づ元老に私の持する台湾統治の根本方針をお話して、御諒解を得て置くことが当然であり必要でもあると思ひ、御挨拶旁々清風荘に老公をお訪ねして、

台湾は、その領台当時からお上に於かせられては一視同仁、島民も亦斉しく陛下の赤子であるとの御思召で、これは聖詔に炳として明かである。然るに歴代の総督は、口でこそさう言って居るけれども、実績に見ると必しもその通りとは断じ得ないものがある。果して然りとすればこれは容易ならんことであり、台湾統治上根本的に再検討をするの要がある。例へばG君の如き、単なる民政長官に過ぎないとは言へ、その治績中には没却すべからざる立派なものがあるにはあるが、根本の考へ方に於て欧米流の植民政策に堕し、動もすれば腐敗政治を行っているとの非難の声をも耳にするし、事実亦さういふ形跡が見えぬでもない。果実は或る時期が来らば熟して必ず地に落ちる。欧米流の植民政策はこれに類するもので、斯くては何時かは台湾は本国から去り行くことになる。イギリスの印度に対する方策がそれである。私の考へ方はこれとは全然別箇のもので、台湾はどこ迄も内地の延長であり、島民は斉しく陛下の赤子であるから、いつの時代かには内地人と全く同じに陛下の宏大無辺の恩沢に浴して忠良な日本臣民となるものと確信する。統治の根本方針といふものは、飽く迄もこの線に沿ひ、恰も日輪が森羅万象を光被するやうに、島民を導くに洽ねく温かく、神武天皇の仰せられた肇国の大精神を以てせねばならぬ。これに副はない事実が若しありとすれば根本的に是正しなくてはならない。

大体こんな意味のことを二時間程に亘って申上げた。老公は、私の説く所に頷づかれ、且つ満腔の賛意を表されたのである。斯くて私は、畏くも陛下の御信任を蒙り台湾総督に任ぜられ、又、元老西園寺公の御支援を受けるを得たので益々この信念を固くしたのであった。

任地へ赴く時の私はさういふ考へ方であったし、その後、総督を罷めた時にも、亦復び在任中のことを報告する義務を感じ、清風荘をお訪ねして、自分は台湾を埋骨の地と決意して赴いたが、この度、若槻総理大臣並に浜口内務大臣から重大事情の下に東京市長たるべく懇請され、已むなく辞め（後欠）

〔註〕手書。原稿用紙23枚。

岩波君を憶ふ

伊沢多喜男

岩波君と余が何時識り合ひになったか、今想ひ出してみてもちょっとはっきりしないが、それ程に余は同君と自然に近づきになったものである。一つには郷里を同じくするので相遇ふ機会も時々あったからであらうが…。

同君が亡る前の十年間位は偶〻余が寒い間は伊東に避寒する慣習となったので同君の熱海の別荘「惜櫟荘」にはよく往来したものである。

大体、余は学者、芸術家との交際が尠く同時に文化人一般に対して一種の軽蔑感の如きものを持っていた。つまり文化人が自らを尊しとして俗世間と彼等が称する実社会と絶縁している態度にあき足らぬものを感じていたのである。しかるに岩波君はそれら文化人と政治家とが相語り合ふ機会を持たぬことは日本乃至は人類の為に決してよいことではないと考へていたので余にしば〳〵その機会を与へて呉れた。元来、惜櫟荘は余のみるところでは岩波君の休息の場所ではなく優秀な文化人の慰安所として建設されたものゝ如くである。岩波君はよく、かはる〳〵一流の文化人を惜櫟荘に連れて来て余と会見せしめられた。お陰で余は当代の一流文化人と意見を交換する好機を得て大に啓発されたし同時に彼等の政治家に対して抱いていた誤解もとき得たと信じている。これはひいては日本乃至は世界人類の為に好結果を齎したもので岩波君の努力には大に尊敬を払ふものである。しかし、岩波君には「文化人崇拝病」といふが如き傾向があったので、この点では余はよく同君が逝くまで論争したものである。同君もこの点になると却て頑強で最後まで譲らなかった。例へば故西田幾多郎博士に対する崇拝は大したものであった。勿論、余とて博士が西田哲学なる独自の哲学体系を樹立した稀にみる碩学である点を認めるに吝かでないのであるがかといって同博士が社会万般の権威者とは認めなかった。殊に政治については何といっても素人である。それがたとへば岩波書店から発兌された「陶庵公清談」に序文を書いている。きくところによると西田博士は園公と一面識すらも無い。然るに其序文を書いた機縁はといふと編纂者の原田熊雄男が教子だからだといふに過ぎぬ。如此態度は決して博士として賞賛すべきではない。といふやうなことをいって余は岩波君の「文化人崇拝病」を攻撃した次第である。

同君は溢るゝばかりの精力と熱情を持って居り正義の為には飽まで闘ふといふ強い信念の人であった。これは氏の出版の態度にも充分に現れ、この点については余よりも委しい方々が細述されるであらうから省略するが、この正義感は社会の不正の為に悲境に陥った人々に対する同情となって現れた。言葉をかへていふなら人の難に赴いて敢然としてゆくとでもいふか、終戦後の混迷に陥ったヂャアナリズムから余があたかも戦犯者の筆頭の如く誹謗された時も岩波君はその批難の根拠が総て無根ノ捏造された事実から生じていることを諸々方々に熱心に説いて廻った。今回の易簀は実はその努力が同君の体に相当の悪影響を与へたのでないかと余は申訳無く思っている。また余が戦災で焼け出された時も、態々火の中を迎へに来て下さり余は好意に甘へて同家に五日間も厄介になった。

この様な強い一面に甚だ細かな人情の美しさを以って人々をホロリとさせる様なやさしさを持っていた。同君が貴族院議員になり鉄道パスを下附されるやそれの使ひ始めには外房の寒駅まで行った。実はそこには同君が高等学校時代に水泳に行き懇にされた八十有余才の婆さんが居ったのであるがその婆さんに久振りに会ひにゆく為であった。余の伊東の別荘の管理人の母親といふ人もやはり同君が若い時にほんの一週間宿泊した宿屋のおかみさんにもかゝはらず何かと心づけて老後を慰めたり死んだ後は冥福を祈って態々墓詣りをしたときいている。

今回の逝去の際は直に伊東に電話があったので余は枕頭に駆けつけたが熱海駅に下車すると岩波君の秘書である木股女史が出迎に出ていて呉れた。余には意外だったので、「何か特別の用があるのか」ときくと「いや主人が生きて居れば必ず彼自身が御出迎するに定っていますから」といふ返事であった。亡った主人の心持を察して出迎へた秘書も見上げたものであるが岩波君といふ人はかういふ人であった。

岩波君が多額納税議員の補欠選挙に打って出たのは昭和二十年のことであった。有権者二百名であったが所謂戦時成金の新興階級で下町人士が大部分であった。岩波君も山の手の知識階級にならば相当の支持者もあらうが下町の街工場《マチコウバ》の親爺達には到底魅力はあるまいといふのが見通しで大分悲観的であった。そこで余は「大砲を打て」と方略を授け有権者には関係なく一流人物に岩波なる人間は如何なる人物であるかを宣伝する様すゝめた。ところが投票日も迫ったころ三月十日に大空襲があり、有権者の大部分が罹災してしまった。これではいよ〳〵票も集るまいと悲観論が高まっているうち、投票日になったが蓋をあけると意外にも一百〇三票対六十一票で美事岩波君は当選した。棄権は僅かに三十余であった。これは勿論岩波君の人望の故もあるが岩波書店の店員諸氏が手分して有権者中の罹災者を歴訪して懇切な見舞を述べたといふ様なことも大に与って力があったと思ふ。こんなところにも岩波君の人格が店員諸氏によく反映ていると思ふ。

余の大学時代の同窓生に高田雄種君といふ人がありガンヂーの研究では非常に深く、ガンヂーの全著作の翻訳も完成している。この高田君がその翻訳を岩波書店から出し度いとて余にその斡旋方を求めて来たので岩波君に取次いだ。暫して岩波君が来ていふにはその方の専門家に色々検討してみたが「あの翻訳は岩波から出すには適さぬ」といふことであったからお拒りするといふことであったが岩波君は高田君の篤学にして赤貧洗ふが如き境遇に痛く同情して当時の金で一千円を贈られた。高田君も感泣していたが、余も出版者としての良心には飽まで厳格で人情には篤い岩波君の態度には全く敬服した次第であった。

同君の設立した財団法人「風樹会」の事は人も知る通りであるが彼の寄附した百万円を基本金とせず全部を運用し計上費その他は別勘定とするといふ様な破天荒なことは一般の人々にはなか〳〵出来ぬことであらう。こゝにも同君の放胆さと文化に対する熱愛とが現れている。

岩波君が第一回の脳溢血に罹ったのは岩波君が出馬を懇請した藤森氏が長野県教育会事務局長に就任して間も無く逝き、その葬儀の式場であった。岩波君は病身の藤森氏を引張り出し結局早く死亡せしめたことに責任を感じていたらしく多忙の中から長野に赴き葬儀万端に、采配を揮った。弔辞を読んでいる最中逆に圧力が嵩じてか卒倒して了った。医師の診断により脳溢血と診断され、暫くは同君も摂養していたが少しく快方に赴くと終戦後の日本の現状に矢も楯も耐らなくなりまた〳〵活動を開始し―例へば先程述べた余に対するヂャアナリズムの総攻撃に敢然と立向ったりして遂に死期を早めてしまふ結果となった。

しかし同君は死する瞬間「ベストを尽した」と観じていたと確信する。全く同君の生涯はどの瞬間を捕へてみても全身全霊を傾けて人類の福祉増進の為に最善を尽していたのであるからである。（終り）

（註）手書。仮綴り7頁。

五、昭和二十年日記

一月一日　月　快晴　寒

午前七時起床、八時半妻と屠蘇、雑煮など型ばかりの新年を祝ふ。

午前九時妻と下婢とを率ひ宮城を遥拝す。

午前十時半署長、町長、中村長五郎（県会議員）等来訪、太田町長昨臘の予の招待会に対し「愉快なる忘年会を催し光栄なりし」云々の挨拶を述ぶ。甚た不可解なるも何か誤解す居るものと認め黙過す。

伊東駅長後れて来り一同と交談す。

署長を別室に招き昨臘の招待会費として金壱百五十円を交付し、適当に処理せしむ。大体七人分一人宛弐拾円当の見積なり。

午後二時杉山直次郎博士来訪、例により愚痴不平ダラ〳〵なり。午後四時頃辞去。

午後四時山下芳夫君来訪。晩餐を共にし種々交談して帰る。

午後八時頃就褥。読書午後十一時に至る。

一月二日　火　快晴

午前七時起床、八時半朝食、新聞閲読。午前十時静岡県警察部長岩沢博君来訪、午餐を共にし午後二時辞去。此間松平斉光君渡辺某を同伴来訪せるも来客中の為メ少時面会他日を約して去らしむ。

午後二時酒井谷平君来訪、午後四時まで閑談。岩沢警察部長は警視庁消防部長時代よりの旧知なる為メ種々打解け交談、予は中央、地方の政情等に関し感想を述べたり。

(一)予の立場は日支事件以来終始政府支持にて現政府に対しても亦然り。

(二)世界を相手に戦ひつゝあり、其困難は当然にて今日は無より有を生ずるの外なし、何人が局に当るも不可能ニ近き難局なり、一億一心協力の外なし。

(三)戦敗るれば日本人全部は絶滅（エキスターミネート）せらるべし、世上降服すれば日清戦争以前の状態に蹴落さるべきも皇室と六七千万の日本国民残存せば再起すべし、是が最悪の場合なりと楽観する者大多数なるも予は如此甘き観察には絶対に反対なり、白晳人特にアングロサクソンの有色人種に対する差別観は熾烈にして特ニ日本人に対して最も甚し、彼等ハ有色人種を犬猫視するも日本人を観ること獅虎の如き猛獣視しつゝあり、犬猫は是を奴隷となすを得れとも獅虎は是を放置すれば人を噛む、彼等の人道観よりすれば猛獣は是を絶滅せざるべからず、過去の歴史に徴するも彼等がアメリカン、イデアンに対し又ニグロに対し将タ又布哇の土人に対し為せる処を見れは思半に過くるものあるべし。

(四)外地処遇問題特に台湾問題

(五)藤原辞職問題、前田運通大臣、大東亜大臣、等々内閣の弱点
(六)東条内閣更迭事情、寺内内閣問題
(七)暴力絶対否認、頭山満ノ玄洋社問題
(八)鮎川、岸一派の売国的傾向
(九)東条前首相の心境は現在大に進歩せり
(十)石原莞爾の一種の卓見を有す
(十一)原敬、加藤高明の礼賛

一月三日　水　快晴　朝七時起床　40度

熱海内田孝蔵と電話。

午前十時武見君来訪、駿豆トラック会社の成立事情等聴取。

午後一時河原田稼吉、横山助成、星野直樹、森山等諸君来訪、時事問題に付交談、右四氏と同行午後二時十分発熱海に向ふ。

同停車場にて近衛、重光両氏に面会、プラットホームにて時事問題交談。

岩波君停車場ニ出迎ふ、相伴ふて同家別邸に行き同邸にて明石照男と会見。

中村政雄之件、南拓の件等懇談、其快諾を得たり。

其後岩波君と鼎座晩餐の饗を受け政治経済文化等各般の問題に就き交談。岩波君には其多額議員出馬之件、出版統制会社問題、長野県教育会之件等に就き進言す。

午後九時辞し内田孝蔵別邸に行き同夜一泊。

此夜「阪本天山」を借見読了、午前一時頃就眠。

一月四日　木　午前七時起床　天気曇

午前十時大麻唯男君来訪、中央政情に就き交談。彼は小磯内閣脆弱性と閣僚の不一致を説き、大体に於て星野、河原田等と同様の意見を述べたり。彼は変転常なき人物にて其言信ずるに足らざるも後継内閣に関してハ梅津、宇垣等を有望ならんと言ひたり。唐沢俊樹の進出を希望すとて頻りニ其推輓を要請せり。後藤文夫君の人物評をなし優柔不断を難じ橋本清之助の相当の人物なるを賞揚せり。

午後一時発伊東に向ふ汽車中木下信君と偶然邂逅共に別邸に来る。

着後中央地方の問題に関し木下君と交談晩餐を共にし午後七時に至る。

午後八時警戒警報あり、静岡県下に来襲焼夷弾を投下せるも約三十分後警報解除せらる。

一月二十八日　日　本晴　5度

午前七時覚む。

午前十一時太田町長来訪、伊東直通線に関し知事ニ面会の

結果報告。

午後停車場方面散歩。

午後四時高安医師来診注射。

午後四時半松平斉光来訪晩餐を共にし故小野塚博士没後の善後ニ付報告、彼の精神動揺を戒む、夜九時辞去。壮年団問題ニ関し館林ニ電話し予の意見を述ぶ。

一月二十九日　月　半晴　4度
昨夜より今晩に亙り空襲警報三回。午前七時覚め午前十時市川清敏往訪、書籍三部借用、大川周明著日本精神研究閲読。

梶井剛君より電話、其友人ニ面会せんことを乞ふ、承諾す。

徳子に金弐百円交付。

市川を館林に紹介し壮年団問題に関する意見を伝へしむ。

〔予定約束欄〕上条勇、山中家貞、森戸五良へ発信謝礼。

一月三十日　火　半晴　3度
朝七時起床、清子へ電話、家族一同無事、枢府翰長へ風邪欠席を伝言す。館林君より電話せよと伝言す。
〔欄外〕帝都空襲四回に亙り有楽町停車場附近被害ありたる模様にて東京電話不通なり。

一月三十一日　水　半晴　3度
朝頃風邪発熱。

午前岩波君の使者栗田某来訪、選挙の件ニ付交談。午餐を共にし予の岩波宛書束を托す。

午後高安医師来診、発熱三十九度肺炎の予防注射ニ咳止メ、解熱等各種の手当をなす。

〔予定約束欄〕枢府会議あるも病気欠席の予定。

二月一日　木　半晴　4度
朝九時起床、朝食、体温三十七度。午後市川来訪、館林と面会の結果を報告す。館林は三原四元等と共ニ翼壮本部長として働く意志なりとのこと、予は翼賛、翼壮、翼政全部解消新体制を以て進むべしと考ふ。
夜十時館林君より電話予の意見を述ぶ。即チ翼賛、翼壮、翼政全部解消すべし。前科者と行動を共にするハ不賛成也。
〔予定約束欄〕岩波、佐藤邇、内藤久寛遺族、次田等ニ発信。伊沢元。

二月二日　金　曇　8度
昨夜十時頃一機来襲直ニ退去。
昨夜来降雨、空気湿度と温度を増す。朝七時覚む体温三十七度。

午前中臥床、午後山下君来訪電熱其他雑用を依頼。

夕富安医師来診注射。

市川清敏君来訪、寝室にて面会。

丸山君明日来訪とのことなり。

二月三日　土　小雪　6度
体温朝三十六度五分。
午後丸山鶴吉君来訪。
〔予定約束欄〕近藤壌太郎、町村金五等へ発信。

二月四日　日　晴　3度　寒気凜烈
午前八時覚む。体温三十七度二分。

午後二時天羽英二君来訪、外交問題其他ニ付交談、予は絶対交戦、敗るれば日本民族はエキターミネードせらるべきを主張し彼は必しも反対にあらず予は外交としてはソ聯と結ぶべしと主張し彼ハ必しも反対せず晩餐を共にし夕五時辞去。

元勲論をも力説せり。

〔予定約束欄〕河井昇三郎、中村正雄、次田大三郎、河井弥八、等《ママ》へ発信。

神戸地相当なる空襲あり。

二月五日　月　晴　2度
八時覚む。体温三十六度五分。
午後山下氏来訪、電熱最大限の件。
午後高瀬来らず、汽車故障の為也。中村正雄君に長文の書を発す。
夕食後書簡を認むるも纏らず疲労甚だし。
夜間二時頃より眠る能はず。
〔予定約束欄〕正力君宛来訪を求むる書。

二月六日　火　晴　3度
朝十時半高瀬逐（春山）来訪、彼ハ梶井剛君の紹介、長く支那ニ在り昭南其他にて陸軍嘱托現ニ参謀本部嘱托、軍人との交際広しとのこと国事に関し予の意見を問はんとせり。

午餐を共にし午後二時辞去、多少獲る所あり。

四時半山下君来訪夕食を共にし去る。

〔予定約束欄〕大坪知事、南原繁、釘本、三橋、今松知事

二月七日　水　曇　4度
午前九時頃覚む。空襲警報（京浜）。午前、午後を通し臥床、身体疲労倦怠。
午後六時高安医師来診注射。夕刻より降雨。

二月八日　木　晴　5度

昨夜来降雨、気候稍や緩む。

午前十時半高橋君正力君の使として来訪、時事を談ず。

㈠戦争は一億殲滅を覚悟し、最後まで必勝を期すること、平和なし。

㈡内閣は危機ニ瀕し救ふべからず。

㈢後継内閣の件、元勲問題等。

㈤《ママ》正力としては鮎川の動静ニ注意すべし。

㈥正力は明日小磯ニ面会、根本的内閣改造を進言すとのこと。

〔予定約束欄〕高橋雄豺君来訪。

二月九日　金　快晴

朝八時半覚む。朝食、平温。

午前書簡数通。

午後一時半市川清敏来訪、翼壮の新陣容ニ就テ意見を聴取す。畢竟三上、軒寮一派を中心とするものにて感服せず。

午後四時田方郡地方事ム所長天野一太郎来訪。

午後七時半香坂昌康君来訪、九時半辞去。大東亜錬成院長就任の協議、予ハ反対す。

〔予定約束欄〕藤原銀次郎、羽田武嗣郎、岡田宇之助、仲田包寛、上山英三、大谷五平、佐藤助九郎、小山松寿等、鷲尾勘解治。

〔欄外　省略〕

二月十日　土

午前十時香坂君来訪、午餐、二時辞去。

午後二時太田町長来訪、伊東線の件、私立工業学校の件等報告。

午後一時半頃より関東地方空襲、編隊五、機数九十機、午後七時頃解除。

〔予定約束欄〕近衛、内田信也、館林、後藤文夫、桜内、桜井。

二月十一日　日　晴

朝八時内田孝蔵君来訪、徳子同道茅ヶ崎須田以素媼の米寿宴に行かしむ。午前十時次田、三橋、大谷、当麻等来訪、次田君と時事問題及岩波選挙等交談。午後一時温泉プールにおける三橋招請の午餐会に臨む、町長斡旋せり。午後二時半山中家貞、藤田同道来訪（市川）、晩餐を共にし数時間交歓、夜九時去る。
〔二月十一日、十二日欄外〕お以素さんの米寿を祝す
喜寿叟龍水いつまでもお姉さまだよおネーさん

二月十二日　月　曇　5度

午前十時山中家貞来訪。翼政会の前途、愛媛新報社長問題、鈎山川隧道（佐藤助九郎等指示す）。

午前十一時市川清敏君来訪、午餐を共にし時事問題人事問題交談、三時辞去。

二月十三日

〔記載事項なし〕

二月十四日　水

空襲数回。

二月十五日　木

朝五時龍作帰京。

二月十六日　金　曇　5度

午前八時より敵艦載機五六百機房総方面其他より関東東北部空襲、午後六時に至る。此間Ｂ29も来襲、敵機動部隊が航空母艦多数を率ひて本格的に本土に来襲せるなり。硫黄島は盛なる艦砲射撃を受けつゝある模様、敵の本土上陸作戦は着々進行しつゝあるならん。

終日龍作とラジオを聴取し焦慮せり。

龍作明朝一番にて帰京の予定なり。

〔予定約束欄〕龍作に持たせ清子ニ壱千弐百円交付。

〔欄外〕関東軍管区大空襲。

二月十七日　土　曇　3度

朝五時半龍作帰京。

午前八時過より空襲、波状数回、午後四時ニ至る。関東東北部及静岡地区なりとのこと。

午後一時松本斎光君来訪、即時辞去。

午後一時半市川清敏君来訪、午後四時まで。

午後四時山下芳夫君来訪、横光君のパン持参。

夜八時半又々警戒警報。

敵機約千機来襲、関東静岡。

二月十八日　日　晴　6度

昨夜三回の警報にて安眠せず、午前八時起床、午前中床中ニ在り。

午前十時頃伊セ環君来訪。堅八郎君の病状を語り、少康とのこと。十一時辞去。

午後二時小柳牧衛君来訪、夕食入浴、一泊。翼政会問題其他時事を談じ夜十時ニ至る。小磯内閣、元勲、翼政問題等に関し彼の意見を聴き又予の意見を述ぶ。

二月十九日　月

午前七時半発、小柳君帰京。

午前十時隣組長浅岡某来訪、大矢石採掘会社の件聴取、愛知県代議士大野大造代理事務、面会せず

午前十一時星野直樹来訪。夕食を共にし午後二十時辞去。

彼は東条内閣論なるが如く態々陸海一致、国軍連立を論ず。予は国軍一体には賛成なるも徹底的政府国民総蹶起、イデオロギー、機構にあらず、政治が戦争を指導すべく軍人はバットルに専心すべきを説けり。東条論は遠慮すべしと説けり。

昨夜空襲なく、

正午頃より四時頃までB29数編隊来襲。

二月二十日

〔記載事項なし〕

二月二十一日　水　曇　3度

午前十時飯島国右衛門君来訪、海魚を贈らる。水産会長問題に関しツマラヌ相剋を止めよと忠告す。

午後二時内田信也君来訪、午後四時去る。広瀬翰長辞任、石渡国相兼翰長、津島蔵相となる。小磯内閣シアネストックなり。

昨夜伊勢堅八郎君死去、往訪。

〔予定約束欄〕午前十時正力小林来訪。午後内田信也君来訪。

〔欄外〕B29三機来襲少時にて脱去。広瀬翰長辞任。硫黄島上陸公報発表。

二月二十二日　木　雪　4度

終日大雪。籠居書状を認む。午後高安医師来訪注射。

〔予定約束欄〕宇垣、松井慶四郎（見舞）、広瀬久忠、光永遺族。

二月二十三日　金　快晴　5度

午前八時覚む。

畑義三君午餐に招く。田村剛君、遠藤君来り午餐を共にし午後二時辞去。午後四時大川勤労班長来り防空壕の件。

〔予定約束欄〕夕刻池田秀雄君来訪。藤原、大坪、昌谷、相馬、山本亀光遺族。

二月二十四日　土　曇　4度

午前八時覚む。

午前十時半理髪に行く。

午後六時半池田秀雄君来訪一泊、午後十一時半まで政局に

付交談。予ハ
㈠七千万決死ラバール的態勢を採るべし。

㈡後継内閣宇垣論、岡田論あり。

㈢小林某の招請には応ずべからず。

〔予定約束欄〕木下、萱場順次、畑市次郎、安藤音三郎、岩波選挙、中村圓一郎遺族、昌谷彰等へ発信。

空襲警報あり一機京浜一機静岡へ。


二月二十五日　日　大雪　3度　降雪積ること一尺。

午前七時起床。池田君と朝食。同君ハ午前十時辞去。

午前十時半米山梅吉君来訪、時事問題に関し交談、午後二時辞去。

午後平山泰君来訪、午後六時辞去。

岩波選挙其他交談。予の進退問題に関し後藤君と協議方依頼す。

午後より大雪積ること一尺余。

艦載機、B29等大挙来襲、京浜大火災。

〔予定約束欄〕熱海山王ホテル午前十時半米山梅吉君来訪。

〔二月二十五日・二十六日欄外〕大雪、大空襲、東京被害大、大宮御所空襲を受く。

敵艦載機六百、B29五六十来襲。主馬寮大宮御所等被害。枢府事務所も亦。

二月二十六日　月　曇　3度
朝八時公二突然来訪、朝食を共にす。寒気甚しく電気不通の為メ午前中床中に在り、午後起床公二と夕食を共にし長時間交談、彼は在隊中なるも何時現地に赴くや知れす暇乞に来れるなり。只管職域奉公を訓戒す。

午後十時就床。

午後七時頃より一機来襲。

夕刻米山君ニ電話安否を問ふ。

〔予定約束欄〕米山梅吉其他へ発信。

二月二十七日　火　快晴　4度
午前十時公二辞去。午後二時市川清敏来訪、午後四時辞去。

二月二十八日　水　快晴　5度　枢府会議。

午前十一時半河井昇三郎突然来訪。

午后一時若槻男往訪、国策の根本方針は死中活を求るの外なし。和平の如きは絶対になし。小磯内閣はシャネストックなり。後継内閣に就き考慮すべし。世上宇垣、寺内、梅津、東条等を云為するものあり、シカシ宇垣が最も常識的にて有望ならん。近衛は最後の切札を以て任じ居れと説けり。

〔欄外〕佐々木隆賢、天野芳太郎。


三月一日　木　快晴　4度　気温高く土方人夫殆働かず。

午前七時起床河井と朝食を共にす。家庭に関する遺言的談話をなす。

後藤文夫君十時半来訪。昼食を共にし午後三時発帰京。中央政界、後継内閣特に宇垣内閣、後藤君の副総理として奮起すべきを力説す。今は新人奮起の時なり。旧物は殆ド全部去るべし。仏国革命の如く明治維新以上の否ナ開闢以来の危機なり。

三月二日　金　雨　5度
今暁来降雨。

午前八時起床。

午前十一時杉山博士来訪。無理解なる批評論を縷陳し是を謝示せるに狂気の如く憤慨し坐を立ちたるも再座せしめ諄々説示せるに多少諒解、昼食してて《（ママ）》辞去せり。固陋なる学者ハ厄介物なり。夕食後田中武雄君宛書簡を認むるも混乱、文をなさず。

〔欄外〕午後七時頃警戒警報、ラジオ不通不安也。

三月三日　土　半晴　5度
朝八時起床。九時署長来訪。防空壕の件、警察情報の件等に就き交談。午後伊勢未亡人来訪滔々彼一流の自慢話をなす。
午後四時山下芳夫君来訪夕食を共にし営電の運営其他交談七時半辞去。昨夕のラジオ混線は敵方の妨碍なるが如し。
午後三時頃遠砲の音数発あり。

三月四日　日　雨　5度
朝気温は高きも寒気甚し床中朝食、夕六時館林君突如来訪（電報延着）夕食を共にし、翼壮本部長就任理由、政治情勢内閣の危機、後継者、近衛論、後藤論、基本国策、陛下の側近、内大臣論、小畑中将論、緒方論等午後十一時まで交談。彼は佐賀人の特色を発揮し大に参考となる。

老物は駄目なり、若人の奮起を要すと激励せり。

〔予定約束欄〕夕館林三喜男君来訪。

〔欄外〕此日巣鴨留守宅附近に焼夷弾落下被害なし。

三月五日　月　曇　9度
午前七時起床、館林君と朝餐、八時出発。午前中再床。
午後二時小幡忠良君来訪。住友陣営、鈴木馬左也論。彼は一億必死敢闘すべし、安易なる平和論は絶対ニ反対なりと説き予は全面的ニ同意見なりと答ふ。軍政を布くべく、軍人殊ニ陸軍々人を中核とすべしと説き予は戦争は為政家戦闘ハ軍人たるべし、ビスマークとモルトケ、クレマンソーとフォシュ、維新前の武士と明治以后の軍人等を引例し反対的意見を述ぶ。小林の招請状に応ずべからすと説く。夕食を共にし夜七時辞去。

〔予定約束欄〕小幡忠良君来訪。

三月六日　火　7度

午前九時小幡君来訪。昨夜ニ引続き交談。彼は住友に復帰の意志なく同志特ニ住友課長級程度の日本国民を陶治したしとの純真の気分を強調せり。

午前十時半正力、小林来訪。巻末記才の重大国家問題ニ付交談。予ハ終始一億一心世界を対手として戦ふべし「死中活あるも活中活なし」を強調し其基本方針確立せバ万事刃を迎へテ解決すべし。彼は近衛ハ如何と問へるにより予は明答せず。

〔予定約束欄〕午前十時正力小林来訪。

〔三月五日・六日欄外〕「カラウカノ族の如く」天野芳太郎君著読了。夜十二時半一機来襲、昨夜十二時前より空襲あり午前二時頃解除。

三月七日　水　曇　5度

午前八時起床、床中朝食。

午後警戒警報。

午後大川勤労班長来訪、防空壕の件。

午後山下君来訪、肩掛カバンノ件依頼。

午後五時高安医師注射、稲畑の件ニ付必要ならば斡旋すべしと話す。

三月八日　木　快晴　5度

昨夜安眠せず午前九時起床朝食。

午後三時頃松平富光男来訪。午後五時辞去。日本精神問題、神社祭礼、部落、露国問題、社会主義仁政等交談、天野君著「アラウカノ族の如く」に就き談話す。

夕食後入浴。

〔予定約束欄〕小坂武雄、昌谷彰君へ発信。

三月九日　金　快晴　5度

午前関東配電熱海支所長来訪。

午前十時星野直樹君来訪昼食二時辞去。彼は津雲、鮎川、太田耕造に面会せよと乞ふ。大体諒解を与ふ。予は死中活あり一億敢闘の国策樹立を力説し彼は全面的ニ賛成せり。後継内閣ニ就てハ明答を避くるも東条を考ふるが如し。

午後二時台湾財務局長高橋衛君来訪。長官代理として処遇問題を詳細報告す。夕食を共にし午後八時辞去。

〔三月九日・十日欄外〕巣鴨宅附近に爆弾落下ニ関し紀より詳細報告来る、被害なし（五日空襲）。

〔欄外〕星野、高橋衛来訪。

三月十日　土　晴　5度

午前八時岩波君来、選挙の件等。

午餐を共にし午後二時熱海ニ帰る。

本日〇時半より二時四十分の間B29約百三十機主力を以て帝都ニ来襲市街地を盲爆せり。

右により都内各所火災、宮内省主馬寮ハ二時半其他は八時頃迄に鎮火、（司法省焼失の模様）。

三月十一日　日　快晴　4度

朝八時起床。

枢府辞任に関する感想、理由等記述。

午後山下芳夫君来訪、白カバン持参。

軽井沢送り荷物の件駅長と協議。

三月十二日　晴　5度

今暁空襲警報の為メ覚め眠る能はず。午前九時頃朝食後臥床半睡。

午前七時後藤文夫君へ電話、枢府顧問官辞意を述ぶ。

午後終日各方へ書信を認む。

河井弥八君に枢府顧問辞職の件。

天野芳太郎君「アラウカノ族の如く」所見。

佐藤助九郎君、岩波選挙応援の件。

田中武雄君翰長辞任其他時事問題。

山中義貞君新党去就の件。

三橋四郎次君焼光波に句集の件。

〔予定約束欄〕午後四時郵便局長安藤及伊藤来訪。

〔欄外〕昨夜名古屋地方大空襲。

三月十三日　火　晴　5度

午前十時後藤文夫君来訪。枢官辞表（白紙）を托し速に実現を希望す。同君ハ必シモ賛成にあらずとのことなるが予の決意固きにより止むを得ず尽力すべしとのことなり。予は心身特ニ体力大に衰へ旅行は勿論邸内の歩行すら困難にして大廟参列、天機奉伺の為メの参内をすらなし得ず臣節を全ふする所以にあらず速ニ辞任したし。勅選議員ならば多少国家に貢献し得べし（是れ矛盾にあらず）。

午前三時発後藤君帰京。

本日防空壕完成、贅沢に過ぐ。

夜十時就褥。

〔欄外〕昨夜より今暁まで名古屋地方大空襲。焼失家屋多数。後藤文夫君来訪。

三月十四日　水　霞　7度
心身疲憊。午前午後臥床懊悩。
午後六時河井弥八君来訪。
〔予定約束欄〕河井君来訪。枢府会議定例日欠席。
〔欄外〕河井君来訪。

三月十五日　木　半晴　9度　終日緩り
午前八時河井君出発帰京。
午後四時高安医師来診。

三月十六日　金
小磯総理大本営に列することゝなる。

三月十七日　土　晴　9度
昨夜午前二時半頃よりB29約六十神戸空襲。相当被害と撃墜あり。
午前より防空壕手直し工事。午後完成。
午後特高主任山本六郎来訪。工事監督指揮をなす。彼は素人なり。
午後書類整理。
午後五時高安医師注射。
午前十時枢府臨時会議。

三月十八日　日　晴　9度
午前八時覚む。午前十二時署長来訪。

午後二時佐々木隆興、内田孝蔵両君来訪、予の病状に就き協議。結局閑地に就き静養するを可とすとのことゝなり、佐々木君より其意見を書面にて送くることを約す。

内田と夕食を共にし家庭問題、及熱海内田別荘に予単独にて当分滞在することを依頼し承諾を得たり（妻君と協議の上）内田夕六時発帰熱せり。

〔予定約束欄〕署長来訪、壕手直の件。午後内田孝蔵君来訪。佐々木隆興同道。

〔欄外〕九州地方大空襲の報あり。

敵大機動艦艇来襲。

三月十九日　月　晴　9度
午前九時覚む。

後藤君ニ電話不在。佐々木、内田両博士の意見伝達を令嬢に依頼す。

昨日天皇陛下戦災地御視察せらせらる。

夜後藤君と電話。佐々木、内田の意見を告げ参考に供す。

三月二十日　火

午後五時高安医師注射。

午後七時武見君来訪。交通、自働車問題、地方問題、等に関し其意見を聴取す。才気横溢又率直にして有望なる青年事業家なり。

〔欄外〕栗林中将以下全員戦死せるものゝ如し悲哉。硫黄島遂に敵手に帰す。

三月二十一日　水　曇　7度

午前八時内田孝蔵君来訪。十時四十分辞去。
(一)熱海別荘に歓迎す（妻帯同も可。
(二)砧別邸にも歓迎す。
午後山下芳夫君来訪。種々親切ニ斡旋せらる。金弐百円を支払の為ニ交付す。

午後。

三月二十二日　木　晴　10度

昨夜終宵不能眠。進退問題ニ付苦悶す。

午前八時朝食。十時半東京よりの定時電話不通。何人よりか遂に不明。

午後書類整理。

三月二十三日　金　晴　C18、65F

昨夜盗汗甚し。暖気の為もあらん。

午前八時朝食。

午前按摩。午後高安注射。

三月二十四日

〔記載事項なし〕

三月二十五日　日

朝龍作来訪。留守宅の情況、鎌倉の状況等聴取。鎌倉は鹿子木家母堂も軽井沢ニ疎開する為メ住居し得ず。巣鴨も危険、埼玉県へと種々述へるも意見なし。

午前十時近藤壤太郎君来訪。予は心身共ニ衰弱辞意最も盛なるを述べ其意見を求む。彼は賛成なり。其細目ニ関し平山君等の斡旋を依頼す。

午後三時辞去。三島市（今松招待）に向ふ。

〔予定約束欄〕龍作と家事ニ付協議。

三月二十六日　月　晴　9度

午六《(ママ)》時龍作帰京。

午前十時小林光政君正力君の使者として来訪。小磯内閣不信、後継内閣ニ関する意見を聴かんとす。巣鴨宅貸付等の件を委嘱す。午後一時辞去。

田中耕太郎君来訪。

午後四時山中義貞等来訪。夕食を共にし時事を談ず。十時辞去。

三月二十七日　火　晴　5度

朝八時覚む。

朝十時山中義貞来訪。時事問題交談。午後〇時十分発随員等と辞去。

午後〇時半田中耕太郎博士来訪。午後四時まで時事問題ニ付交談。

三月二十八日　水　晴　13度

午前十時小林次郎来訪。正午辞去。

午後一時飯島直一判事来訪。

三月二十九日　木　晴　15度

午前十時半後藤文夫君来訪。三時辞去。予の身上の件ニ付親切に考へ強く留任を勧告せるも予は可成辞任したく健康に就き絶対に自信なく荏苒留任するハ臣節を全ふする所以にあらずと信ず。シカシ一旦自己の進退を一任したる今日我意を主張すべきものにあらさるハ勿論なるを以て河井君と協議し適宜処置を乞ふ、云々。其他時局談。

〔欄外〕午後四時市川清敏君来訪。

武藤嘉一君清酒三升を贈らる。

三月三十日　金　晴　14度

昨夜盗汗甚しく疲労又甚し。午前中臥床。午後山上の浅田（組長）氏往訪。組長としての労苦を謝し、家庭談等を聴く。

午後四時八木署長来訪。防空壕完成ニ付検査をなす。附近の横穴壕視察。君塚某の壕可なり此処を使用することを署長より話し承諾せしむ。署長歓迎の意を述べたり。

三月三十一日　土　半晴　15度

午前十一時岩波茂雄君来訪。多額議員当選ニ付報告、感謝の為也。午後三時まで種々交談す。

午後四時町長来訪、病後久潤の為也。

午後五時高安医師来診。夕食を共にし午後七時半辞去。

四月一日　日　晴　18度

昨夜多少盗汗あり。元気なし。

午前、午後を通じて臥床。午後二時入浴。

午後五時浅田義介君（隣組長）と夕食。

四月二日　月　晴　15度

朝八時起床。今暁関東地区空襲。安眠を得ず心気朦朧たり。

午後山下芳夫君来訪。

午後三時八木署長来訪。

午後吉沢課長を煩はし明日上京ニ付正力、留守宅之後藤文夫君に鉄道電話にて通知す（公衆電話不通なり）。

上京は相当危険にて友人等は全部反対なるも予の責任感は是に聴従する能はず。

四月三日　火

午後二時発妻、下婢同道上京。

熱海にて近衛公、佐々木隆興君と同乗。近衛公は小田原下車。佐々木ハ平塚下車。国府津、二ノ宮間火災の為メ汽車二時間遅延東京宅へ七時後着。後藤文夫君五時より待ち居り夕食を共にし時事を談ず。午後十一時辞去。


〔予定約束欄〕午後二時発上京。妻、下婢同伴。

四月四日　水

本日枢府会議の予定なりしも空襲関係にて中止となる。

内閣総辞職の情報正力、内田より来る。鈴木枢相に電話にて是を内報す。重臣方面へ招集発せられ岡田君を先発とし若槻君最後（午後六時）として参集。午後八時半頃鈴木枢相を推薦して散会。枢相と内府と居残り夜半まで会談。

四月五日～十日

〔記載事項なし〕

四月十一日　水　晴　暖

枢府会議午前十一時原案可決散会。

後藤文夫君を訪ふ不在。

岡田啓介君訪ひ十分間面談。組閣不満。迫水翰長必シも感服せす。

〔予定約束欄〕午後三時首相官邸に首相訪問。

四月十二日

〔記載事項なし〕

四月十三日　金

午後十一時頃より大空襲。邸内火の海と化し本邸忽ち火を吐く。

〔欄外〕空襲の為メ巣鴨本邸焼失。九死一生ニて避難す。

妻、紀、下婢。

四月十四日　土

午前七時頃本邸焼跡ニ帰る。防空壕完全ニ残れり。隣人等ニ朝食を振舞ふことを得たるハ天祐神助なり。

小林次郎兄の自働車にて藤田金之丞方ニ避難す。

午後家族等は伊沢元の自働車にて鎌倉。予は単独岩波邸へ。

四月十五日　日

午前十時参内天機奉仕《（ママ）》、玄関にて偶然岡田大将ニ面会。彼も戦災者也。

読売新聞社を訪ひ写真の件依頼。

岩波書店其他を経て岩波邸ニ帰る。

正午岩波貴族院当選祝賀会記念撮影。予は年長者として最も簡単ニ祝辞を述べ、祝歌を唱ふ。

夜間大空襲東京横浜各所大火。

四月十六日・十七日

〔記載事項なし〕

四月十八日　水

午前十時枢府会議。原案可決十一時閉会。

後藤邸訪問、不在。夫人ニ面会告知す。

岩波書店を訪ひ帰邸。

午後三時首相官邸に首相訪問面会。

四月十九日　木

午前八時東京駅発。偶然徳川貴院議長と同乗。横浜にて空襲。貨物線にて二時間遅れて熱海着。午後二時半伊東着。

岩波君熱海まで同乗保護せられ懇情深謝。

四月二十日

〔記載事項なし〕

四月二十一日　土　晴　暖

午前十時内田信也君来訪。内閣更迭の経緯ニ就き談話を交換す。岡田大将の態度は不可解不満なりとのことにて予も同感なり。午前十一時半頃近衛公来訪。三人鼎座時事を談す。鈴木内閣は結局陸軍に引摺らるゝものなり。又鮎川、岸一派の跳梁懸念すべし。新々官僚は岸一派と深き連絡あり。

〔予定約束欄〕近衛公、内田信也来訪。午餐。

四月二十二日　日　晴　暖

朝七時覚む。午前警報一回。

午前八木署長来訪。壕ノ手直ノ件其他。

内田孝蔵来らず終日待ちぼけなり。

今松知事宛退官を惜むの書面。

四月二十三日　月　晴　暖

午前十時妻同道熱海ニ行き内田孝蔵別荘を訪ふ。夫婦共ニ不在。

午後二時半内田信也君来訪。時事談。彼は岡田啓介君ニ対し大に不満也。

午後四時五十分発伊東ニ帰る。

四月二十四日　火　晴　暖

朝七時起床。

午前理髪。高安医師へ行き注射。

午前二回空襲。警戒警報あり。

午後一時半伊東駅長来訪。

夕六時山湖女将来訪。

夕八時小林次郎君へ電話。五島慶太の件依頼。

下田文一君宛発信。来訪を望む。

四月二十五日　水

午前横光君来訪。慰問を受く。

〔予定約束欄〕午後横光君来訪。

四月二十六日〜二十八日

〔記載事項なし〕

四月二十九日　日

午前十時半岩波君来訪。選挙、同成会入会其他協議。又予の住所問題等ニ就き懇切に同情せらるゝ。

午後〇時後平山君下田文一君来訪。平山君は松本市長問題協議、下田君は予の居住問題其他懇切ニ進言せらる。

岩波、下田、平山三氏を伴ひ、山湖ニ夕食を餐す。岩、平、両氏八時熱海ニ帰り、下氏山湖泊。

下氏吾邸にて十時半まで種々協議。

徳子熱海内田を往訪。政恵夫人と交渉せるも彼に何等熱意なく砧居住問題は頗ル不快不安なるべき惧十分なり。

四月三十日　月

午前下田君来訪を予期せるも無断帰京。

午前、午後ニ亙り相当大なる空襲京浜、静岡、浜松を侵す。

午後五島君の秘書西本定喜君来訪。小田急乗車其他の件打合。夕食を共にし午後八時枡屋旅館に投す。

五月一日　火　晴　暖

午前十時星野君来訪。内田信也との会見談。陸海統制の幕僚長問題を力説す。予は機構よりも人なりと説けり。

午前高安医師注射ニ来る。

夕伊東駅長来訪。小田急乗車問題報告。

龍作宛「直ク来れ」と電報す。

五月二日　水　雨　暖

朝六時半小林次郎君ニ電話砧邸手続一時停止の件。下田文一君へ電話。南拓寮使用ノ件。龍作へ電話の件等依頼す。

午前午後ニ亙り就床醒半睡。

午後七時後藤文夫君へ電話。身上の件協議せるハ彼は上京を催せり。

午後内田孝蔵より電話。明朝来訪を約す。

〔予定約束欄〕枢府会議取り止メ。

五月三日　木

午前内田孝蔵君来訪。砧邸借用の件は交通不便其他の理由にて遮絶す。熱海別邸使用の件は孝蔵夫妻の懇請により承諾す。三階全部使用のこと、台所は別々ニ使用のこと、下婢同道のこと、山下家電話利用のこと山下家へ依頼す。

午前十時西本定喜君来訪。小田急乗車ニ関し周到懇切なる措置をなせり。

夜八時龍作来訪。南拓寮の件其他指示す。

〔予定約束欄〕午前内田孝蔵来訪。

午後龍作来訪。

〔欄外〕南拓寮使用の件ニ付下田君に依頼状を発す。

五月四日　金　晴　暖

朝一番にて龍作出発帰京。

南拓寮の件、平山の件、砧邸中止の件等説示。河井宛書面を托し且ツ住友接近の件等伝言す。

午前半醒半睡。

午後前田巳代松君来訪。町政其他交談。彼は旧憲政系にして敢闘精神あり正義派にして太田町長とは相容れざるも男性的也。

夜小林次郎君と電話・戦災ニ就き軽井沢ニ居住の御許可を得べき筋なるや研究を依頼す。

〔予定約束欄〕南拓寮之件ニ就き槙君来訪の筈とのこと。

〔欄外〕午前九時敵機関東東北部偵察。

五月五日　土

〔予定約束欄〕槙有恒君来訪。

五月六日・七日

〔記載事項なし〕

五月八日　火

村上校長朝七時発帰校の途に上る。

午後二時発上京紀随行。夕五時新橋駅着龍作出迎に来る。槙君自働車にて出迎ふ。紀随行。原宿南拓分室に着。後藤文夫君来訪。下田、槙、内田男（正敏の孫）等と晩餐一泊す。

五月九日　水

午前九時半発、枢府会議に出席。

午前十一時南拓分室に帰り、家主松本君と会談。

午後一時頃後藤文夫君往訪。隣家米雄君邸に案内せらる。後藤君は此家を使用せよと勧告せるも遮絶す。

帰途南拓本社を訪ひ、午後四時東京駅発午後八時に伊東別邸着。

五月十日

〔記載事項なし〕

五月十一日　金

午前十時頃中野邦一君来訪。時事ニ付会談。

午後三時中野君同道熱海に行く。内田孝蔵別邸を訪ひ同別邸使用の件ニ付夫婦同席の上快諾せらる。夕食を共にし、一泊す。

五月十二日　土

午前午後昏々として眠る。

午後三時より飯島（国）前田巳代松来訪。ウィスキーを餐し閑談。

五月十三日　日　晴　冷

午前八時起床。

午後三時星野直樹君鮎川義介君同伴来訪。鮎川盛ニ自己宣伝をなす。彼は技術者出身の事業家、高遠なる理想もなく又政治ニ関する智識も見識もなし。想像せる如き悪人にもあらざるべし。

午前松本市の有志上条外三名来訪。平山市長問題ニ付援助を乞ふ。豊田軍需相の態度は驕慢にて説得の余地なしと断りたり。

〔予定約束欄〕健民錬成所長中村君来訪。

五月十四日

〔記載事項なし〕

五月十五日　火

午後二時紀同道上京す。田村真作同車。同人は旧朝日記者陸軍嘱託にて妙ヘン《（繆斌）》事件の張本人なりとのことなり。大なる支那通なりと自称す。午後五時帝国ホテルニ投宿す。後藤文夫君待ち受け居り夕食を共にし、時事を談じ夜九時辞去（丸山君来らず）。紀と同宿せるが予か終夜眠らさる為メ彼も然り。夕食ニ飲料水なし、其他推知すべし。是れ吾東京ニ於ける最上のホテルなり。

〔欄外〕上京、帝国ホテル投宿。

五月十六日　水

午前十時枢府本会議欠席者多数。

午後審議委員会、鈴木首相の答弁は悲哀無智実ニ悵《（ママ）》むべし。痛嘆の外なし。

予は林顧問官ニ賛成し修正せんとせしも同君の弱腰により挫折せり遺憾々々。

午後五時帰宿。丸山君来訪慰問せらる。

松村春次君来訪。

午後八時河井弥八君来訪。小林君と協議諸般の処理を引受けらる。懇情多謝。午後九時半辞去せらる。

五月十七日　木

午前九時桜井国務相来訪。政務官問題等。

午前十時田中前翰長時事談。

午前十一時後藤文夫君下田文一君等と談話中警報あり。下田君急ニ南拓社へ退避すべきを力説し後藤君を首相官邸ニ送り紀と共ニ退避し午後一時までとなる。

ホテルに無断午後二時発伊東に向ふ。内田信也と熱海まで同乗。夕五時半帰邸。

〔勤務欄〕伊東ニ帰る。

五月十八日　金

午前七時紀上京。後藤、正力、龍作等ニ連絡せしむ。疲労終日臥床。

菊池知事、梶井剛君へ発信。

午後山下君来訪。横光君二十五日頃来伊、伊東町長等を招かんとすとのこと其本意を問はしむ。

五月十九日　土　曇　冷

朝八時紀上京。九時より警戒警報。空襲、退避信号等あり入壕す。

午後三時正力、小林光政両君来訪。㈠軽井沢へ転地を強く勧む。㈡戦災慰問を受けられたしと力説す。㈠は感謝し㈡は拒絶す。正力君の懇情は感謝ニ堪えず特ニ一昨日予を帝国ホテルに訪ひ至れり尽せりの方法を以て予を保護せんとせる熱情感激の外なく予は予定変更を通知せざりし罪を謝したり。午後四時発帰京。

午後四時色川すみ子来訪。午後五時熱海ニ帰る。

〔欄外〕空襲警報ニ付入壕退避。

五月二十日　日　曇　冷

午前九時松本市会議長其他四名来訪。平山市長問題ニ付援助を乞ふ。予は大ニ同情せるも平山の立場を考慮し引受けず。彼等は豊田軍需大臣説得ニ力点を置くべしと説示せり。

午前十時半平山君来訪。市長問題ニ付其心境を語り午後二時辞去。松本連中と刀や旅館にて会談せり。午後臥床。

〔欄外〕敵一機伊豆東岸より京浜北東ニ侵入。

五月二十一日　月

龍作来泊。

五月二十二日　火

午後二時発上京龍作随行。大船駅へ岩波君出迎へ共ニ鎌倉別邸ニ行けるも東京本邸ニ電話開通とのことにて急ニ東京行に決し同夜八時頃東京岩波邸着。

〔予定約束欄〕上京、岩波邸宿泊。

五月二十三日　水

午前十時枢府本会議出席。故閑院宮邸伺候。

正午首相官邸午餐会出席。首相邸にて首相、文相、蔵相、内相、軍需相（平山ノ件）等と会談。会食後桜内顧問官と桜井国相室にて懇談。午後二時半貴族院之小林翰長往訪。各所ニ電話。午後四時頃警視庁ニ町村総監往訪。午後五時平山泰君来訪。松本市長問題協議。六時半頃後藤文夫君来訪。紀来訪。

後藤、平山、紀、岩波等と晩餐。

此夜大空襲あり。帝都西南部大被害。後藤邸、辰雄邸等は無事。内田青山邸は罹災。

一時入壕せるも其後屋上より戦災を望見す。紀斎藤方より護衛の為メ来り夜半辞去。

五月二十四日　木　晴
昨夜空襲の為メ鉄道不通。

中谷政一君来訪ニ付居住問題の事務委嘱。正力君来訪。岩波君中谷君等と午餐。正力君大気焔岩波を圧倒す。

明石照男君来訪。銀行家らしき質問をなし又意見を述ぶ。

明石中心に晩餐を共にし彼は午後九時頃辞去。

〔欄外〕此夜空襲ありたるも退避せず。

五月二十五日　金
汽車復旧せるにより午後二時発伊東行。途中故障なく午後五時半帰邸。紀随行。

帝都中央部空襲。B29二百五十機来襲。帝都中央部被害大。宮城、大宮御所炎上恐懼に堪えず。

友人親戚の罹災多数。

〔予定約束欄〕帝都住宅街大部分焼失。

五月二十六日　土
身体甚しく疲労終日臥床昏々たり。
午後市川清敏君来訪。
八木署長来訪。菊池知事の名刺持参。防空壕精算の件、留別会の件。
高木主任某来訪。

五月二十七日　日
終日臥床。
午後山下君来訪。横光君の件、引越荷物の件。

五月二十八日　月　晴
朝八時起床。午前十二時より午後二時まで空襲。B29及P51二十機来襲。帝都ニ入らず。
枢府へ電話。要領を得ず。

五月二十九日　火
午前十時頃より午後二時頃まで横浜川崎及東京空襲。B29五百機P51百機主として焼夷弾投下。横浜は大損害を受けたるか如し。

午前十時内田孝蔵夫婦来訪。午餐を共にす。彼等の青山本邸二十五日戦災に罹れるも荷物は全部疎開、倉庫は安全也。

熱海別邸に歓迎すべしと夫婦同席にて確言せり。

〔予定約束欄〕敵機六百来襲。

五月三十日　水　半晴
午前十時内田信也君来訪。彼は二十五日戦災に罹り翌日上京実況を語る。岡田及近衛の消息を語る。

午後郵便局次席伊藤某来訪。

午後三時八木署長来訪。防空壕建築費として六百八十円外ニ祝代百五十円を交付す。

〔予定約束欄〕一機来襲少時にして去る。

五月三十一日～六月五日
〔記載事項なし〕

六月六日　水　曇　寒
朝六時起床出発準備を為す。

午前八時頃高安医師来訪注射。

午後八時四十分発軽井沢ニ向ふ紀随行。停車場へ高安、町長、署長、山下芳夫、前田巳代松、飯島国右衛門等見送る。

車中富田健次（治）君同車。午前十一時五十分新橋着。平山君の自働車にて上野駅に行き乗車するを得たり。夕五時半軽井沢着。警察署長自働車出迎へ別邸着。八時夕食。雨と冷気。

〔欄外〕軽井沢行。

六月七日　木　強雨
昨夜終宵眠る能はず。
午前十時近衛公往訪。時事を談ず。宮相辞任問題、吉田、原田等取調問題、近衛の上奏問題等々。予は鈴木内閣特に迫水翰長問題ニ就き憂慮せり。鈴木無能、平沼中心、――午後〇時半辞去。松井、石井別荘往訪。慰問と弔問をなす、
午後二時帰宅。
〔予定約束欄〕帝国議会開会。
〔欄外〕Ｂ29ニ百五十大阪焼夷弾攻撃。

六月八日　金　晴
昨夜熟睡を得ず。朝九時起床。
午前邸内一巡。
午後鶴屋主人来訪。
午後杏雲堂医員塩谷博士来訪。午後四時辞去。
午後三時枢府本会議、欠席す。

六月九日　土　晴
午前六時覚む。
午前劉明電君来訪。彼も東京本邸罹災全焼。蔵書万巻焼失可惜。
午後大坪知事来訪。
午後三時伊東治正伯来訪。
〔予定約束欄〕知事来訪。
〔欄外〕Ｂ29百五十機坂神（ママ）方面空襲。
臨時議会開会。

六月十日　日

午前八時起床。

午前枢府書記官より電話。賜物の件、軽井沢居住の才可の件等通知し来る。

松井夫人、別ニ富永夫人来訪。

午後二時署長来訪。

午後四時理髪。五時半帰宅。

〔欄外〕今朝京浜地区空襲。

六月十一日　月

朝八時起床。

午前十時半近衛公往訪。午後〇時半まで各種時事問題交談。過般の重臣会議の際米内の発言に対し陸軍が是か対抗策を講したり云々。十四日重臣会議。若槻に対する自働車発信問題等を議す。

午後柳原、加藤隆正来訪。現居所万平退去問題ニ就き陳述。援助を乞ふ。

六月十二日　火　雨

朝八時起床（昨夜不眠）。

午前十時署長来訪。万平滞在の柳原伯、加藤正隆君等の移転問題ニ就き聴取。清心女学院問題、外人処遇問題等をも聴取。

午後加藤、松平両氏来訪。移転問題ニ就き署長の態度を伝へ諒解せしむ。清心校長及矢津妻来訪。知事紹介を拒絶す。

六月十三日

〔記載事項なし〕

六月十四日　水　晴

朝八時二上兵治君来訪。枢密顧問官の軽井沢居住者其他の汽車、自働車問題等協議。午前十時頃辞去。

松井慶四郎君来訪長時閑談。

午後鶴屋旅館を訪ひ家屋手入等に付協議。

夜八時大工小林来訪。鶴屋と協議。速に着手すべく約す。

〔欄外〕午前十時富田健次（治）君来訪。十一時半まで各般時事問題交談。後に近衛邸に午餐。午後近衛公東京へ向け出発す。

六月十五日　木　半晴

午前八時起床。近藤利兵衛君来訪。住宅立退問題等。

小坂順造君来訪同上問題其他、市村桂三君軽井沢会問題。

午後塩田団平君来訪。土田万助君伝記に題字揮毫の件。

午後三時長野県警察部長大貫元君来訪。県治各般ニ亘り予の意見を述ぶ。

六月十六日　土　雨

午前八時起床。

午後二上君往訪。夕五時帰宅。

六月十七日　日　半晴

昨夜殆ト眠ラズ、康子夜泣ク。

午前十時頃村上徳太郎君来訪。午後三時辞去。

黒河内孟来訪。彼は真面目なる好青年なり。

六月十八日　月

午後後藤隆之助君来訪。夕方六時半辞去。

劉明電君よりフグを贈られたるも危険を感じ断はる。

六月十九日　火　曇

午前。

午後二時半来栖大使来訪。夕五時まで時事問題等交談。彼に加藤高明伝一部を贈呈する。

〔予定約束欄〕来栖君来訪。

六月二十日　水　曇

午前家居臥床。ブリキ屋来る。

午後万平ホテル浅間寮に柳原伯、加藤隆正君を訪ひ其共同生活を見学す。十三世帯約五十名にて頗ル理想的に経営せられつゝあり。午後五時半帰宅。

〔予定約束欄〕浅間寮往訪。

六月二十一日　木

〔予定約束欄〕署長来訪。鶴屋往訪。

〔欄外〕砂田重政君来訪。

六月二十二日　金

〔予定約束欄〕二上君来訪。来栖君往訪。

〔欄外〕砂田、伊東、近藤、野口、一宮、劉歴訪。

六月二十三日　土

〔予定約束欄〕岸倉松君来訪。近藤利兵衛、青木正巳君来訪。

〔欄外〕枢密院書記官諸橋君来訪。晩餐を饗し夜九時辞去。

六月二十四日　日　強雨

岸、松方、等来訪。

〔予定約束欄〕萱場君来訪。鶴屋にて晩餐を共にす。

〔欄外〕小山初太郎君来訪。

六月二十五日　月　朝雨　晴　八十度

昨夜康子終宵泣き眠る能はず。

朝八時萱場君告別の為メ来訪。

午前十時原寛博士来訪。集会堂ニおける東大植物教室分室視察。此分室は原君の懇請により予か斡旋尽力の結果東京より此地に移転し得たるものなり。

午後静臥。正力、平山、等へ発信。

小坂武雄君に依頼したる軽井沢ト居通知の葉書千枚出来、送付し来る。

六月二十六日

〔記載事項なし〕

六月二十七日　水

午前岸倉松君来訪。

午後一時頃外事主任警部補来訪。東京における関係各省協議会の模様を報告す。治安維持、外人保護、防諜の観点より多数の敵性外人の受入は反対なり。北海道に集団疎開せしむべしとの意見は賛成なりと説示す。

午後立花日出雄突然来訪。徳子面会。速かに帰京せしむ。

六月二十八日　木　晴　暑

午前就床。岸倉松君来訪。

午後川崎肇、来訪。

渡辺署長来訪。外人受入問題ニ付協議。岸倉松君の意見書を示したるに大に賛意を表す。

岸君の意見書は知事ニ廻送。

午後後藤文夫君夫人来訪。

午後四時故石井子爵別邸慰問。引続き松井君を訪ひ岸君の意見書を読み聴かせたり。

夕食鶴屋ニ後藤夫人往訪。

六月二十九日　金

午前、午後半醒半睡。

六月三十日　土

午前十時長野県青年師範学校長上条君来訪。各種野菜持参、長野県教育問題其他交談午餐を饗す。午後二時頃木下信君来訪。上条君と鼎坐交談、県視学清水君来訪同席交談。上条、清水五時辞去。木下君と夕食を共にし夜九時まで交談。同君を鶴屋に宿泊せしむ。

原博士来訪。独乙人幼稚園問題に付き陳情。

七月一日　日　半晴

午前七時半木下玄関へ来訪出発。

午前松永（山下嘱託）来訪。邦人疎開者立退問題。

午後松井春生立退問題、農耕会社問題等。

午後三時市村桂三来訪。軽井沢集会場独乙人幼稚園問題其他軽井沢会関係諸問題、岡本書記、本間副理事長批推《ママ》問題等。午後五時辞去。

午後五時二上君往訪。枢府会議欠席の件。

七月二日　月　雨

午前十時原寛博士、独人幼稚園の件。

午前十一時渡辺一雄（千代三郎長男）来訪。

午後二時山下太郎、亀三郎君ノ追憶談其他、軽井沢別邸外人使用の件、熱海別荘使用の件其他交談。午後五時辞去。

午後七時頃山下より海苔を贈らる。

〔予定約束欄〕桂定次郎、上条男、香坂昌康、大谷五平。

〔欄外〕昨夜十時半頃警戒警報あり。

七月三日　火　雨

午後六時覚む。

午前九時鹿島守之助君来訪。竹田武男君の件、戦時建設団の件等聴取。

午後〇時半大久保公使（利隆）来訪。軽井沢外人処遇問題其他特に独乙人問題ニ就き意見交換。

午後四時池田医博来訪。軽井沢病院の件セールカ病院の件等聴取。

〔予定約束欄〕竹田武男（電報）清水正巳弔詞、村田俊彦。

七月四日　水

〔予定約束欄〕朝井上当蔵。内藤頼博。木下信。

七月五日　木

〔予定約束欄〕仲森内政部長清酒二升。午後加藤正隆。弔詞石黒忠彦遺族、久保田小蔵。

七月六日・七日

〔記載事項なし〕

七月八日　日

〔予定約束欄〕午後六時浅間庵柳原伯加藤君招待。

七月九日　月

朝柳原柏崎へ去る。

七月十日
〔記載事項なし〕

七月十一日　水
〔予定約束欄〕修道院長、正親子伯妹尼。

七月十二日　木
平山泰君来訪。
〔予定約束欄〕夕浅間庵内田信也招待。

七月十三日　金
〔予定約束欄〕高野岩三郎、野上弥重子。

七月十四日　土
〔予定約束欄〕夜食鹿島守之助君招待。

七月十五日　日　強雨　霽る
木下君よりブドウ糖注射液50催眠薬五包送付し来る。
藤森清一朗来訪。市長問題。参与問題。
〔予定約束欄〕劉明電、高野岩三郎。
〔欄外〕空襲、艦砲射撃（東北、北海道其他各地）。

七月十六日　月　強雨
午前渡辺署長来訪。外人処遇問題等。
防空壕問題協議。共に弐ヶ処を臨検し改良ニ就き注意す。
午後隣人勝部君来訪。令嬢就職問題疎開問題移住問題等協議。午後四時半天羽英二君来訪。各国際問題等ニ就き意見交換。特ニソ聯及支那問題等。六時半辞去。

七月十七日　火　曇雨
朝六時覚む。京浜空襲（小型機）終日臥床。
午後三時半大坪知事来訪。
小山亮ニ「知事紹介にて面談せよ」と進言す。明燎《ママ》に拒絶せるのみならず大坪自身彼を近くるの有害なるを強く訓戒す。
本県特高警察局の腐敗は前選挙の影響なり。日政と護同問題。
大宮御所其他と外国人問題等々。
〔予定約束欄〕大坪知事来訪。内田信也ニ電話。
午前就床。

七月十八日　水
午前警察署長更迭の電話あり。

七月十九日　木

不眠。

午前十時新署長、次席共ニ来訪。

七月二十日　金

不眠午前就床。

一億一心に付政治を要す、今は政治なし。米英よりもソ聯を可とすべし。

午後一時頃館林三喜男来訪。同時小坂順造君来訪、軽井沢会の件協議。理事推薦者の件、理事候補者の件協議。大体意見一致す。午後四時辞去。

館林と食を共にし夜十時まで国家の事を談ず。彼は屈辱を忍びて皇室、国民を救ふべしと主張し予は一億一心戦ふべしと力説す。遂に一致せず。彼は翼壮副本部長を辞し全然浪人となりたるが此機会に於て成田にて三週間の断食をなし、最近国泰寺にて二十日間の坐禅をなす筈なり。好漢嘱目すべし。

七月二十一日　土

昨夜不眠。

午後、山崎匡輔君来訪。軽井（ママ）会の件。

(一)理事推薦委員、○ハ新。

伊沢、近衛、福井、○山本達雄、○松井慶四郎。

(二)理事候補者

◎前田多聞、松井春生、山崎匡輔、井上当蔵、土屋源一郎、山本達朗、山田文雄（？）、岸倉松　鹿島守之助。

七月二十二日

〔記載事項なし〕

七月二十三日　月

〔予定約束欄〕松本市会議員上条善太郎来訪。

七月二十四日　火

〔予定約束欄〕午後加藤正治、松平忠寿等

七月二十五日　水

藤森清一朗代弁者来訪。

〔予定約束欄〕午後一時一般病院長修道院仏人。午後二時—五時、警察署長。

七月二十六日　木

（中略）

〔予定約束欄〕午後一時平山泰君、永野護、岸井転郎。午前内田信也。夜小坂武雄君来訪。

七月二十七日　金　雨

午前八時下婢たけ母ニ付添帰郷。

午前九時劉明電来訪。鶴岡にて太田政治ニ面会の結果を報告す。「太田は健康十分也」との伝言を托せられたるも彼は耄甚しとの観察也。

午前十一時半原寛君来訪。

鶴屋主人来訪。小竹別荘の件確答。

（中略）

〔予定約束欄〕午後二時小坂順造君往訪。五時辞去。午後五時鶴屋に富永君往訪。

七月二十八日　土

〔予定約束欄〕午後四時近衛公往訪。

七月二十九日　日

午前来栖君来訪。ポツダム会談の結果等論議せるも別に意見なし。米蘇何レを選ふかに関してハ多少予も同感也。

午後富田健治君来訪。近衛公問題に就き協議、（主として首脳人事ニ就き）内田、後藤、安井、河原田、横山、松村（義一）。

七月三十日　月　半晴

昨夜来、粘液便数回アリタルニヨリ朝食を断ち午後六時夕食す。

午後四時塩谷博士来訪。注射。粘液便は悪質にあらずとのことにて腸胃剤を投薬せられたり。終日臥床。

七月三十一日　火　晴

昨夜来各地空襲。此処も二回警戒警報あり。

午前、午後就褥。

午前十一時下田文一君来訪。夕餐。午後三時辞去。彼は山梨県小北巨摩郡穴山村南拓事務所より群馬県安中事務所ニ至る途中特に来訪せるなり。

八月一日　木

午前原寛博士来訪。勝部令嬢採用試問の件。

午後勝部夫人及令嬢来訪。原博士教室へ雇入の件等。

八月二日　水

昨夜各地爆撃空襲警報の時来。

朝八時頃覚む。

午前十一時半井上当蔵君来訪。軽井沢会の件、一、理事推

薦者の件、病院の件、幼稚園の件、岡本主事の件、玉富家葬儀。

午後四時半勝部令嬢来訪。就職謝礼の為メ。訓戒、職域感謝奉公の件。

松井慶四郎君の来訪を求めたるも来らず。

〔予定約束欄〕明石元長、平山泰、増田甲子七、町長男の入営ニ付揮毫を贈る。

八月三日

〔記載事項なし〕

八月四日　土

午後三時近衛公往訪。天下の一大事ニ関し懇談。午後六時より内田信也来会。近衛夫人手打のウドンを喫しつゝ午後八時まで閑談。近公は明日出発自働車にて東上。再会必シモ期し難し。

松井慶四郎来訪せるも頑冥利己一遍の彼は軽井沢会理事推薦者を承諾せず。

八月五日　日

午前井上当蔵君の使者岡本某理事推薦者として委嘱状持参承諾す。

午後署長来訪。外人取締ノ件、市内立木砕伐の件、大宮御所の件、ソバヤ的集会所ノ件等、諏訪市長問題、前衆議院議員選挙問題等種々意見を交換す。

武富前大使来訪時敏翁後室死去弔問の答礼、外交問題等交談。

細川侯来訪二時間許種々懇談。彼ハ出色人物也。

〔予定約束欄〕前田多聞、田島道治両氏来訪。軽井沢会理事長ノ件、其運営ノ件指示す。

〔欄外〕近衛公午前上京。

八月六日　月　晴　暑

朝東郷外相へ電話せるも出発直前の為面会せず。単に久濶を叙す。

午後二時伊東伯、加藤正隆等等来訪。

〔欄外〕空襲関東地区甚し。

八月七日

〔記載事項なし〕

八月八日　水

午前小林光政君来訪。元子《(ママ)》爆発問題、読売地下工作問題。

午後一時後藤文夫君来訪。

八月九日　木　晴　暑

朝栗栖君より電話『日ソ間戦争状態に入る』との状報を伝へ来る。是より先キ警察署次席警部来訪。防空壕の件等協議せるも何の話もなし。

午後二時より予の主催にて鹿島守之助君邸に於て茶会を開く。後藤文夫、細川護立、前田多門、来栖三郎、鹿島守之助とす。散会前伊東治正参席したしとのことにて承諾す。有力爆弾問題、ソ聯問題等。夜後藤君来訪。

〔欄外〕日ソ間戦争状態に入る。

八月十日　金

朝七時後藤君帰京。電話にて告知す。

午前八時松井春生君来訪。軽井沢会理事の件。

午前九時勝部兵助君来訪。令嬢就職ニ就き謝礼の件、等々。

午後四時前田多聞君来訪。軽井沢会理事会開会の結果報告。大体予の意図通り順調に運行せり。理事長前田、副理事長山崎、総務、財務部長井上、生活部長松井、教養部長鹿島、病院部長田島、渉外交事項松永。

夕五時池田博士来診注射。

昨夜来引続き閣議。午後六時尚ホ継続。

〔欄外〕昨日来引続き閣議。対外関係論議中の模様。午後七時の情報にも発表せず。

八月十一日　土

昨日陸相の布告、情報総才の戦争完遂の声明ありたるも、内閣の意思不明。

午後特高（小林）来訪。

午後三時半原邦造来訪。

〔補記欄〕

八月十一日午後七時

当面ノ事態ニ関シ可成在京ノ上御待期《ママ》アリタク依命御通知申シ上グ。尚ホ居所御知ラセ乞フ為念、枢府翰長

目下病気ノ為メ旅行不可能ナルモ可能トナリ次第直ニ上京シ駿河台杏雲堂病院ニ入院滞在ノ上待期ノ予定ナリ、伊沢顧問官　書記官長宛

八月十二日　日

紀、昨夜遅く来着せり。

午後細川侯を往訪。二時間余交談。対談中近藤利兵衛来訪。

帰途原邦造往訪不在。

〔予定約束欄〕安藤円秀、桂定次郎、阿原、上条憲太郎の諸君来訪。

〔欄外〕取消ニ来る。

八月十三日　月

午前十時起床。二上君来訪枢府出席の件協議。両人共旅行不能欠席のこと。

午前十一時青木一男君来訪。中央の情況を語り特に研究会常務会の意見を語る。陸相の布告は大問題なりとのことなり。要之皇室保存の外無条件降伏との意見圧倒的なるが如し。午後四時発北軽井沢ニ向ふ。

八月十四日　火　晴　雷雨

午前六時起床。八時朝食、午前就床。

午前浅間庵女将来訪。喫茶の件。

午前十時来栖君来訪。国家の前途ニ就き情報交換意見交換。

午後二時田島道治君来訪。軽井沢会の件、教育問題其他交談。彼は一種の人物にて直言率直なるか如し。

夕、井上当蔵君来訪、軽井沢会の件。

夕枢府より電話ニ付明日上京せずと答ふ。

八月十五日　水

天皇陛下親しくラジオを以て放送せられ戦争中止の詔勅を賜ふ。

〔欄外〕詔勅降下戦争中止。

八月十六日　木

鈴木内閣総辞職。大命東久邇宮ニ降る。

〔欄外〕来栖君往訪。松井春生君往訪。署長来訪。

八月十七日　金

東久邇内閣着々進行本日午後左の親任式あり。総理東久邇宮、外相重光、内相山崎、蔵相津島、農相千石、運相小日山、軍需中島、厚生兼文相松村、司法岩田、陸相東久邇、海相米内、国相近衛、緒方。

午前十時鹿島君を招き軽井沢会の件協議。

午後一時田島君を招き軽井沢会の件協議。

今朝前田君組閣本部に招集せられたる為メ其善後策に就き協議せるなり。

夜に至るも前田君に関する発表なく大ニ憂慮す。

〔欄外〕東久邇内閣成立。

八月十八日　土　晴　暑

朝八時カメル修道院長と正親町尼僧来訪。

朝九時砂田重政君来訪。故陸相参謀長等会食せることを談す。切腹の前々夜にて告別宴となれりとのこと。新内閣に関し意見交換。午前十一時半辞去。

午前十一時半佐藤通渡名田より自転車にて来る。

午後二時山崎匡輔博士来訪。軽井沢会の件協議午後三時理

事会、同四時総会。予は総会に出席。山崎坐長を援助し総会を進行せしむ。山崎君の責任感と実行力は感服の外なし。

本日文相前田多門君親任せらる。

〔欄外〕前田文相就任発表せらる。

八月十九日　日

六時覚む。午前就寝。

午後市村桂三君来訪。

午後四時浜口儀兵衛君来訪。

浜口君同道一宮君往訪。野口、弥永、松方等囲棋中。

午後六時半帰宅。

山下太郎と電話す。

八月二十日　月　快晴

午前九時来栖君来訪。時事問題等交談正午に至る。

午後二時松井春生君来訪時事問題交談午後五時に至る。

松井、落合両夫人来訪。妻ト共ニ面談。

午後八時長野県知事来訪。自働車に同乗塩坪温泉ニ山崎内相を往訪。夕食を共にし時事を談ず。内相は来訪すべしとのことなりしも是を辞退し当方より往訪せるなり。午後九時内相発帰京。

〔欄外〕内相に近公宛書面を托す。皇太后宮陛下午後六時四十分御邸へ着御。

八月二十一日　火

午前九時半大宮御所に参殿。皇太后宮陛下の御機嫌を奉伺す。同処に於て大谷大夫、大金宮内次官、西村事務官、清栄寺事務官、筧書記官（武者小路子）等と面談十一時まで交談。帰途武者邸を訪ひ交談。原寛邸及岸井寿郎邸、鶴屋、池田博士診療所等歴訪。午後一時半帰邸。

八月二十二日　水

午前十時岩波茂雄、野上豊一郎両氏来訪。時事問題、諏訪市長藤森清一朗問題等交談。昼飯後岩波は去つて松本重治を訪ひ野上は二時頃まで居残り交談。

午後二時二上兵治君来訪。

午後三時弥永君及塩川君来訪。鼎坐時事を談し夕五時半辞去。

午前十時紀帰京。

八月二十三日　木

午後伊東治正君来訪。

八月二十四日　金

午前警察署長来訪。

午後三笠ホテルに大久保公使を往訪。午後五時半まて時事交談。

〔予定約束欄〕広瀬久忠、高村坂彦、赤羽穣、館林三喜男。

八月二十五日　土　低気圧
警察署長来訪。昨夜突然高松宮妃殿下徳川公別邸ニ来泊今朝大宮御所へ御成。午前十一時頃御帰京とのことを報ず。

八月二十六日　日　颱風
吾陸軍部隊は各所ニ於て其蓄積物勝手に分配し帰還兵に持ち帰らしむるのみならず甚しきはトラックに満載して運搬し或は地方人に分配するものあり。乱脈を極むとの風評盛なり。

午後四時原邦造君来訪。近衛師団長暗殺事件其他を語り尚ホ住所移転に関しその意見を問ふ。予は東京本邸帰住を勧む。

山下太郎来訪。鼎坐交談。原辞去後好意を表せるも謝絶す。

〔予定約束欄〕連合軍グライダー部隊着陸。東京、三浦半島等占領進駐颱風の為メ二日延期。

〔欄外〕軍規紊乱。

八月二十七日　日　晴　曇
午前町長来訪。二時間にて辞去。
午後二時半砂田君往訪。時事を談ず。彼は陸軍嘱託を辞したるのみならず政治に対し興味なしと言ひ又何等ニュースも有せざるが如し。三時半頃肥田琢児来会鼎坐。予は少時にして辞す。
午後四時頃田島道治君を往訪。

八月二十八日　火　晴
午後三時外事係長清水喜代雄警部補来訪。外事ニ関し報告す。優秀なる警官也。

午前十時小山邦太郎君来訪。陸軍関係衆議院問題、長野県政状等交談。昼飯後午後三時発小諸ニ帰る。

午前九時頃五計欽吾君来訪。在留外人の動静ニ就き語る。彼等は大ニ慎重にして動揺せずとのことなり。

〔予定約束欄〕進駐部隊百五十厚木着無事。

〔欄外〕前田文相へ発信。

八月二十九日　水
〔予定約束欄〕九時来栖君来訪。

八月三十日〜十月二十五日

〔記載事項なし〕

十月二十六日　金　晴　寒　四十度

紀午後十一時来泊。

十月二十七日　土　晴　寒　四十度

午前八時木下告別ニ来ル。

午前十一時池田秀雄君来訪。午後三時辞去。新政党樹立に関し彼は宇垣論を唱へ予は委員制を唱ふ。

午前十一時半署長来訪。武田身上の件。

大坪保雄、松村農相、増田甲子七へ発信。

十月二十八日　日

午前松井慶四郎一家東京ニ引上ぐ。

十月二十九日　月

午前十時松井家東京へ帰邸。

十月三十日　火

午前発上京、紀同行。

午後一時杏雲堂病院着。午後二時半正力読売社長来訪。

午後六時次田翰長来訪。

十月三十一日　水

午前十時枢府会議。

正午幣原首相招宴。

午後二時半田中運相と同乗帰院。

十一月一日〜十日

〔記載事項なし〕

十一月十一日　日

午後十時起床。午後一時前田農会長来訪。

十一月十二日

〔記載事項なし〕

十一月十三日　火

朝九時半星野直樹君来訪。正午まで時事ニ就き談ず。彼は戦争犯罪人として召喚を予期しつゝあり、東条は死を決し居りて死損ひたるなり、三菱の千万円事件は絶対無根なり等々。

〔欄外〕天皇陛下伊勢大廟参拝終戦御奉告。

十一月十四日　水　曇　寒

午前九時起床。
正午軽井沢へ電報、来伊を命ず。
鈴木謙君市長へ発信。
黒河内へ電話。

十一月十五日〜十二月三十一日

〔記載事項なし〕

〔註〕一月一日〜一月四日記事は「昭和二十年乙酉日誌」（大学ノート版）、二月一日〜十一月十四日記事は「当用日記　昭和二十年」に記載。

Ⅲ　伊沢多喜男関係資料総目録

凡例

一、Ⅰ書翰は、発翰・来翰とも差出人氏名、作成年月日、内容摘記、Ⅱ書類は、表題、作成者、作成年月日、形態・数量を記載した。
一、表題のない資料は〔 〕で仮の表題を付けた。
一、※は、本書に収録した資料であることを示す。
一、書翰の所蔵・所収は左記の番号で示した。書翰すべてが同一所蔵の場合は人名の次に番号を付し、所蔵が異なる場合はそれぞれの書翰に番号を付した。番号が付いていないものはすべて「伊沢多喜男文書」所収である。

【所蔵・所収番号一覧】

① 国立国会図書館憲政資料室
安達謙蔵文書／荒川五郎文書／井上敬次郎文書／宇垣一成文書／大野緑一郎文書／小川平吉関係文書／木村小左衛門文書／坂本俊篤文書／下村宏文書／関屋貞三郎文書／辻新次文書／副見喬雄文書
② 衆議院憲政記念館　末松偕一郎文書
③ 山口県立文書館　湯浅倉平文書
④ 早稲田大学大学史資料センター　堤康次郎文書
⑤ 久保田良一家　久保田政周文書
⑥ 近藤八郎家　近藤壌太郎文書
⑦ 松崎仁家　中村房次郎文書
⑧ 柳瀬正敏家　半井清文書
⑨ 『伊沢多喜男』（羽田書店、一九五一年）
⑩ 森戸吾良「伊沢翁の無字の碑」一～四（『伊那』一九六八年七、八、一〇、一一月）
⑪ 『原敬関係文書』第一巻（日本放送出版協会、一九八四年）
⑫ 『宇垣一成関係文書』（芙蓉書房出版、一九九五年）
⑬ 『鈴木馬左也』（鈴木馬左也翁伝記編纂会刊、一九六一年）

Ⅰ 書翰

一、発翰

明石 元長
※昭和 年2月19日　連日の努力、相当の反響各方面に、貴族院の実相体験は一大収穫。

安達 謙蔵①
※大正(14)年5月15日　愛媛新報衰退は憲政会支部衰退を招く。香川熊太郎株券買収が必要。
※大正14年5月16日　愛媛新報につき、清水氏より別紙のような報告あり。(別紙なし)

荒川 五郎①
※昭和9年6月5日　御親切感謝。しかしヤリカケにて中止することはできず。

池上 秀畝
8月5日　山水画恵贈御礼。浅間会に画家南薫造を加えると。

伊沢 徳子
※昭和3年6月24日　町田、太田、川崎と京都行。軽井沢行は帰京後決定、柴田善三郎へ電話を。
昭和4年4月23日　芦屋河井家に到着、両三日滞在。葉書。
昭和11年12月31日　松山、高知、徳島等を経て帰京。公債買入依頼取消を俊次郎へ電話せよ。
昭和15年8月6日　改年の祝い。
11月13日　香典の指示。絵葉書。

石垣(倉治)
※昭和(11ヵ)年6月6日　総務長官更迭の場合後任に。中川総督に提言、実行困難の様子。

石田 馨
※昭和(11)年8月13日　警視庁官房主事、警務部長より宮沢文作警視に勇退勧告。市役所等への転職に尽力を。

井上敬次郎①
※大正(10)年10月21日　勇退挨拶状御送付感謝。

岩田　宙造

※昭和(20)年(10)月　法相就任めでたし。司法界の革正を希望。草稿。

宇垣　一成⑫

昭和12年1月3日　貴邸電話番号お知らせ下されたし。

昭和20年2月22日　岩波選挙につき岩波、次田にご指導を。

年不詳7月14日⑬　面会したくも世間の評判ウルサク差控え。

年不詳8月10日⑬　晩餐の案内。相客石井菊次郎、福井菊三郎。

大達　茂雄

昭和19年7月28日　日華事変以来全内閣に協力する事に。

大坪　保雄

※昭和(20)年6月2日　宗良親王奉賛会総裁・副総裁選定。長野県国民義勇隊顧問応諾せず。

大野緑一郎①

※昭和10年5月31日　関東局総長就任挨拶に感謝。長岡君らと協戮を。木下君の身上配意を。

※昭和11年8月19日　朝鮮総督府政務総監就任挨拶をうけ恐縮。

大村　⑩

昭和13年11月11日　学校林野経営は愛林思想形成が重要。地方青年層をして治山会等組織を。

岡田　文秀

昭和(15ヵ)年4月27日　(封筒のみ)

小川　平吉①

8月15日　今夕は天上の美人を賞する能はざるべし。

小倉

2月20日　五千巻画詩集恵贈の礼状。

小畑　忠良

※年月日不詳　伊庭、鈴木等諸先輩の住友精神が危機救済の大指針。

風見　章

※昭和(12)年9月12日　幣原台北大学総長親任待遇御配慮を、新聞に森岡長官帰台の記事。近衛首相に避暑を切望。

上山満之進
※大正(15)年7月15日　事務引継は後藤長官が代行。世間が自分の進退で騒がしい。草稿。
昭和(3)年8月1日　小野塚夫人の件。
賀屋　興宣
※昭和(18)年7月15日　台湾統治問題。塩糖会社重役問題、田口君が社長候補者、某重役候補者は岡田現社長の親近。
河井昇三郎
昭和19年3月20日　伊沢高子結婚関係。
年月日不詳　(封筒のみ)
河井　弥八
※昭和11年8月29日　勅撰問題の成否は宮相の熱と力に在る。内府より、叙勲のことは最善尽くすとの回答。
※昭和(21)年9月27日　橋本君同成会入会御同慶。出来得る限り補導致度。
※昭和21年10月30日　神奈川、福島の補欠は同成会系より選出せしむべく努力。
※昭和22年10月23日　甘諸に関する方策大賛成。本運動の副長的協力者容易に適任者を発見せず。
※昭和　年5月28日　吉田首相と交渉の結果来週上京面談となる。
(河井　弥八)
※年月日不詳　一木男に面会、貴族院議員の件宮相に強く迫ると。叙勲は宮内省在勤中の功労に対するもの。
川島　浪速
※昭和23年2月20日　信濃毎日新聞の所報、令嬢芳子様の件御心情恐察。
河田　烈
※昭和(9)年7月11日　岡田首相に挨拶せず失礼。首相に拝晤したい。草稿。
木村小左衛門①
※昭和10年8月26日　ご退院めでたし。御回春祝賀書画帳の用紙送付を希望。
昭和10年8月30日　悪筆ながら筆を揮ったので、貴帳に掲載を希望。
※昭和11年10月28日　昨夜は招待を受け、羽目を外して失礼。
久保田政周⑤
明治(42)年1月2日　厄落としのため本日大廟に参拝。

黒河内　透	
※昭和17年7月28日	前首相平沼の民国派遣非常識。近衛・東条会談を画策中。東京市問題も醜状暴露。
※昭和(20)年5月6日	同期生知事其他勅任に進出焦慮することもあるべし。しかし人生塞馬の如し。
後藤　文夫	
昭和10年12月28日⑨	田川書面同封。選挙粛正に尾崎行雄を先頭に立たせたし。
年月日不詳	(封筒のみ)
近衛　文麿	
※昭和(13)年12月17日	同成会は菅原枢府転出、高田死去で減少存立危うし。勅選八氏中四名へ入会勧誘を希望。
昭和15年6月4日⑨	新党結成のため民政党解散は適当。政治屋、軍部屋、産組屋、実業屋、精動屋等排除すべし。
昭和15年7月16日⑨	陸軍の統制是非必要。この際、御奮起の上、陸軍の横暴を矯正してほしい。
昭和15年7月18日⑨	内閣組織において、松岡洋右外相案には反対。
昭和20年8月　　⑨	大和民族の精神的滅亡救済のため道義と信仰重要。軍隊がなくなるので警察重要。
※年月日不詳	山下使用は一案。精神総動員は中央機関では効果少なく実行運動望む。
小橋　一太	
※昭和(12)年6月29日	東京市政に意見あり。賢台当選はボス退治の逆作用の顕れ、努力尽瘁を切望。
小室　翠雲	
9月12日	南画院、環堵塾のこと新聞紙で承知。
9月13日	南画院、環堵画塾解散のこと新聞紙で承知。
〔小室　翠雲ヵ〕	
年月日不詳	南画院、環堵画塾の件。草稿。
近藤壌太郎⑥	
※大正12年11月15日	成毛君の休職は実に意外にて気毒千万。
※昭和6年12月19日	政変の結果は身上危険之虞あるやの趣驚く外なし。
昭和(15)年6月23日	滋賀県知事に就任とのこと。孫の近藤知事観はお笑い草なのでご覧にいれる。
昭和17年3月5日	歓待を蒙り深謝。
※昭和17年7月24日	精神運動は着々進捗。河野一郎関係の犯罪検挙は周到に敢行を切望。

昭和19年8月4日　賢台之官吏生活における行動に就ては老生が終始敬服。
※昭和19年8月17日　高松宮の御召により参邸種々優渥なる御下問と御言葉を拝す。
昭和19年9月18日　御来訪感謝。
※昭和20年2月3日　今回の町村新潟知事抜擢は賞賛に値す、半井君横浜市長に重任近来の会心事。
昭和20年6月15日　四月中旬戦災に罹り当分伊東に避難。
昭和20年7月24日　一昨日小坂武雄君に面会。
昭和21年6月12日　本月二十日前後御来訪之趣大歓迎。
※昭和21年11月22日　横浜市長後任問題に関し過般横浜に行き半井、平沼、原、中村等と会合。
昭和22年1月21日　御来訪感謝。
昭和22年12月7日　病気見舞い。
昭和23年1月7日　御来訪とのこと鶴首。
昭和　年1月10日　昨日は突然参上長時間御邪魔。
昭和　年5月26日　和田画伯と久松君との御同道は好伴侶。

斎藤　隆夫
※昭和(20)年5月27日　戦災見舞感謝。ヒトラーの終末を知り感慨無量。

坂井　清彦⑩
明治42年　郷土高遠に学校林として寄付金をする。

(坂田　幹太)
※年月日不詳　松尾鉱山、中村正雄への紹介承諾。

坂本　俊篤①
※昭和13年12月31日　太田孝作氏の件御来旨敬承、武井覚太郎君寄付勧誘は小生自信なくお断りする。

阪本
10月15日　一昨日は参道長座奉謝。対外関係懸念。

幣原喜重郎
※昭和(7)年8月4日　大平氏勅選の件。小生見込み立たず大体貴見と同様。
※昭和(20)年10月9日　首相就任めでたし。小生は、背後から貴兄のために応援することに。草稿。

※年月日不詳　午餐快談の礼。五日間の東京忍苦生活と不眠不休の身心虐使のため疲労困憊。

幣原　坦

※昭和(12ヵ)年7月8日　辞職決行、台湾教育前途のため不安。台北大学創立前より十数年の努力尽瘁に敬意。

(幣原　坦)

※昭和22年9月9日　報徳社運動を力説。敗戦デンマークの復興に学び食糧は連合国の補助を受ける要なし。

柴田善三郎

大正(7)年6月18日　伊沢高子結婚関係。

下島　平治

3月1日　天然クラブ総会断り状。葉書。

下村　宏①

大正8年4月1日　法学博士取得、めでたし。

大正13年8月28日　万一正夢と相成候場合には抱負経綸承りたし。

大正14年2月12日　貴書拝見。御上京の砌お会いしてお話したし。

※大正(14)年11月30日　木村氏帰郷の決心。下岡氏長逝痛嘆。製脳会社改革後は約二十万円節約。

大正15年6月14日　明日御指南受けたし。

昭和3年9月2日　「シルバー、キング」まさに入手。今回は宝塚に遠征。

昭和3年11月26日　ゴルフ打ち合わせ。

昭和4年7月19日　下村が伊沢に2ダウンではニュースとならず。

昭和5年7月12日　時期は九月が適当。範囲は上院のみで下院参加は他の会員との協議が必要。

昭和5年10月20日　貴著『盗忠』御送付感謝。

昭和6年8月8日　貴著『刺客漫談』御送付感謝。

※昭和6年9月9日　台湾よりの石井君との連名の葉書拝受。往事追懐し感慨無量のことと存候。

※昭和(7)年2月16日　貴著『呉越同舟』御送付感謝。「建功神社」大体同感。井上君の受難、将来の事深憂。

昭和　年7月17日　貴著『これからの日本、これからの世界』御送付感謝。

城南

1月14日　色川三中の貢献に御懇書、深謝。

末松偕一郎②
3年8月12日　台湾総督説は新聞辞令。貴族院議員として台湾統治の高見拝承致度。

杉山
年月日不詳　（封筒のみ）

須田　以素
7月31日　仰せ越の事柄は小生が立入るは百害ありて一利なし。

住友吉左衛門
※大正(10)年3月12日　渡欧餞別に対する礼状。

関屋貞三郎①
昭和4年9月1日　ゆるゆる面談したし。
※昭和12年1月12日　行啓記念講演御恵贈感謝。
昭和12年1月23日　『皇室と社会事業』御贈与感謝。
※昭和12年9月16日　河井君貴族院入り、最近有望。小生も首相に手配するも、この上とも尽力を。
昭和18年4月29日　御来書の趣了承。
※昭和(20)年4月30日　岩波君を通してズボン拝受、感謝。四十年定住の本拠烏有に帰しマゴツク。
※昭和20年10月4日　近々面談したし。只今松平前宮相と懇談。
※昭和21年4月17日　国家前途多難。総選挙の結果は混沌、しかしこれは生みの悩みで悲観の必要なし。
※9月20日　軽井沢で行き違いになり残念。

添田敬一郎
※昭和(9)年7月20日　文部省政務次官就任のお祝い。役不足の評、松田文相を輔くもの他に適任者なし。草稿。

（館林三喜男）
※昭和(22ヵ)年　河井君の参議院議員立候補は絶対に必要。運動方針協議したし。

田中　武雄
※昭和(20)年3月2日　和平は決してあるべからず。二月二八日付田中書翰返信下書。

（田中　武雄）
※昭和(20ヵ)年　賢台の進退は例の一輩の排斥が原因と想察。

辻　太郎①

大正10年6月22日　当方本日入独。独、墺、匈巡遊しスカンヂナビヤに渡る筈。

堤　康次郎④

※昭和(14)年9月16日　貴族院多額議員選挙で野田君大勝に驚喜。同成会入会に尽力を切望。

※昭和14年10月23日　野田君同成会入会の件大馬力をかけ御勧誘被下度切望。

昭和17年8月27日　粗餐差上たく御光来を願う。

※昭和17年9月19日　明治天皇行幸の聖蹟に於て午餐終生の光栄。

東京憲兵隊本部

昭和19年7月20日　伊沢宛東京憲兵隊照会に対する回答。不穏文書の受領したることなし。

東条　英機

※昭和17年4月2日　本官感ずる処有之辞任致度。

※年月日不詳　枢密顧問官辞任致度。右執奏相成度候也。

永井柳太郎

※昭和(9)年7月15日　拓相在職中の実情承りたし。「にれの家」には後藤文夫・堀切善次郎等来泊あり。草稿。

仲田(傳之𦣪)

※昭和(7ヵ)年9月6日　多額議員選挙無競争で当選確実、同成会入会を切望。一人一党主義、関西実業議員を抱擁。

中村　舜二

昭和(22)年10月10日　御中越の件乍遺憾御断り。

中村房次郎⑦

※昭和2年8月5日　多額納税議員選挙残念。衆議院補欠選挙では「腕の喜三郎」に勝ちたし。

※昭和2年9月15日　横浜市衆議院議員補欠選挙大勝、慶賀の至り。

昭和5年　名刺。敬謝。

※昭和11年4月25日　三渓園へのご案内感謝。

※昭和12年3月27日　三渓園および磯子に案内感謝。早速幣原、大平君に連絡したところ共に喜ぶ。

昭和12年9月16日　小生二十日軽井沢より帰宅予定。

昭和12年12月18日　二十六日には参上。その節、木村小左衛門氏もご招待下されたし。

昭和12年12月27日　昨夜はご招待感謝。
昭和13年6月5日　一昨夕はご招待感謝。余興「菊之露」には感服。
※昭和13年12月18日　本日菊池君往訪、了承を得る。但し第一助役就任は平和を害するので固辞された。
※昭和13年12月18日　菊池君の件、早速同人の交渉相試みるつもり。
※昭和14年2月12日　病床にあるが、議会で気に入らぬ事多く、友人を指図して我が意を主張。
※昭和14年2月23日　御持ち家図面御送付感謝。
※昭和14年2月27日　病後故、古稀祝宴欠席、申しわけなし。
※昭和14年3月29日　市長公舎で青木、菊池君と会談。市長助役間は和気藹々で小生も安心。
※昭和14年4月1日　小島君助役昇進断念の他なし。
※昭和(14)年4月5日　伊東御別荘は去る二日より拝借。当分御厄介に相成る。
※昭和(14)年4月5日　十四日御遭難記念祝宴の件、町田君と小生は絶交中故、同席するは不可。
※昭和14年4月23日　貴持ち家拝借し感謝。若槻男も来訪し余程感心。
※昭和14年6月4日　来十二日にご招待感謝、出席の予定。
※昭和15年7月5日　伊東行きは中止し、軽井沢に滞留。ご来遊を乞う。
昭和15年7月29日　軽井沢は涼しくご来遊を乞う。
※昭和15年8月28日　新営の象山神社参拝、貴兄の人格に感謝。新体制準備委員の顔振れに失望。
※昭和(15)年11月17日　青木市長辞任、半井氏後任の件を青木氏と相談。小生、半井氏が絶望とは思わず。
※昭和(16)年1月5日　横浜市長に半井を据える小生の工作が新聞に漏れ、望みなくなり残念。
※昭和16年5月19日　東京港開設及び米貨債問題有利に解決。半井市長評判よし。二八会員、貴庭園に満足。
※昭和17年6月20日　温泉引湯の件でご迷惑をかけ恐縮、岩田と交渉し処理したい。近藤知事には私心なし。
昭和　年5月16日　二十二日博覧会見物の件、同行者支障あり中止。
※昭和　年7月9日　中タツ鉱山へのお誘い感謝。しかし今回は遠慮したし。
昭和　年7月22日　福井御入山の由、小生お供致し難く、秋季にはおじゃまの予定。
※昭和　年9月1日　今回のご書面のように処理したし。大岡、永田以外を選ぶ可能性もあり。
※昭和　年9月3日　本日大西一郎君と相談の結果、大岡、永田両氏ともに可だが、大岡が適当となった。
※昭和　年11月26日　白米、石鯛を送る。貴中村別荘は快適。

中村　正雄
※昭和(19)年9月9日　中村房次郎御恩賜、慶賀。伊東別荘に第一流人物を迎え御厚意に酬い得た。
(中村　正雄)
※昭和(22)年(7)月　前東京都長官松井春生君を招致し貴電を示し天皇陛下松尾鉱山臨幸懇願方を委嘱。※昭和(22)年(7)月　貴電七月三日当地にて受領。同日当地滞在中の前東京都長官松井春生君を招致。

半井　清⑧
昭和7年7月1日　名刺。敬祝。
※昭和7年10月15日　日光紅葉狩り招待感謝。川崎君も同行の予定。
昭和7年10月18日　ご招待感謝、無事帰京。
昭和8年6月15日　過日の那須塩原への招待感謝。
※昭和8年7月12日　那須での記念写真ご送付感謝。近く軽井沢へ行く予定。
※昭和9年7月25日　宮城県知事栄転めでたし。仙台には息子の紀がおり、監督を願う。
※昭和10年3月30日　愛知揆一氏身上調査書ご内報下され感謝。
※昭和16年1月11日　貴兄の大阪知事後任として大物を考えたが失敗。貴兄の今後の身の振り方に付き奔走中。
※昭和16年2月19日　青木前市長の慰労金につきご配慮を願う。
※昭和(16)年3月2日　横浜市政の状況に付きお話ししたいので、来宅を乞う。
※昭和16年4月26日　青木前市長退職慰労金に付き、ご配慮いただき感謝。
※昭和(17)年9月29日　貴兄と近藤知事との協調融和を見て感激。
※昭和(19)年8月29日　貴兄と近藤君との関係に敬意。中村房次郎君に破格の行賞を。
※昭和20年2月3日　横浜市長重任慶賀。中村正雄君に援助を願う。

新渡戸稲造
※昭和(7)年4月13日　舌禍事件は国民一部の無理解。先覚者の努力不足。今回御渡米。

長谷川　清
※昭和(16)年4月3日　斎藤長官台湾統治方針を縷述。差別観や焦燥強圧的同化政策は是正。別紙台湾より、貴覧に。

浜口　雄幸
※大正(12)年8月20日　加藤子爵来沢面晤。二階墜落が評判。加藤首相重態。江木千之に面会、政友内閣出現に嘆息。

※昭和(4)年7月1日　井上蔵相感服せず。川崎卓吉内閣書記官長、法制局長官塚本清治、警視総監丸山鶴吉は。
※昭和(4)年7月1日　井上蔵相感服せず。小生入閣の下馬評。川崎卓吉内閣書記官長、法制局長官塚本清治。
※昭和(4)年10月12日　若槻氏軍縮会議全権委員を快諾せず。若槻は補佐官、断念を。幣原、斎藤、山本達雄か。
※昭和(5ヵ)年1月19日　革正調査会委員に松平、青木快諾。産業調査会委員の件、公正会は松岡に反感。

原　敬⑪
大正1年12月21日　青木前市長の慰労金にご配慮を。

針塚(長太郎)
※6月5日　内外情勢朝夕変わり、講演出張懸念。

副見　喬雄①
※昭和16年7月7日　台湾統治方針詳細承り感謝。現総督既定方針を堅持し邁進の他なし。

牧野　伸顕
※昭和(22)年　修二の台湾を去る具申書、拙生も追放令該当。清水澄自殺は痛恨。

増田
5月31日　持参品受領の礼。

町田　忠治
※昭和(6)年9月2日　必要なら小生は農政引受け致すべし。鉄道会議員を譲りたし。

水野　昌雄
※昭和(13)年11月30日　東坡南遷図に関し思い違いの点を訂正。

三土(忠造)
9月17日　北堂逝去への弔文。

三村
3月8日　陛下の軍隊が反乱し重臣虐殺痛嘆。石楠木のステッキ贈与への礼。

宮沢
※8月21日　身上の件は辞命を受取るまでは未定、油断なく努力を。

望月
※9月2日　今夕近衛公の招宴で「あかね」に。既に御出発後で拝芝を得ず遺憾。

森　徹夫

※昭和(11ヵ)年8月19日　「涼風清談」の第一回分、マクドナートに対する英国民の態度は訂正取消を。下書。

※昭和(11)年8月31日　「涼風清談」好評に貴下の御満足さこそと存じ候。

森戸　吾良⑩

昭和18年8月3日　小生の関与せる学校林に関し協力いただき感謝。

昭和23年1月　「学校林と伊沢先生」御送付感謝。中央の新聞にも載せたし。信濃宮建設ご尽力感謝。

(山崎　巌)

※昭和(20)年(9)月(12)日　近衛国務相と面談したので、小生の意見を聴取してほしい。草稿。

山下亀三郎

※昭和17年7月21日　浅間庵自由使用は妙案。来軽中の面々は近衛、細川、松井、内田等。

※昭和(18ヵ)年6月25日　貴著「沈みつ浮きつ」精読、好著。

※昭和18年8月5日　川崎卓吉、浜口雄幸、湯浅倉平等の記念事業に没頭。

昭和18年8月6日　疲労執筆不能は当然。名誉冠高輪本邸より入手。

年月日不詳　歓待の礼。禅僧と門徒その内ケリつく。絵葉書。

山本　達雄

※昭和(9)年7月13日　斎藤内閣は綱紀問題で存続許さず。岡田内閣は後藤文夫中心に組閣、奔走し疲弊困憊。

湯浅　倉平

昭和4年4月9日③　政談演説之初舞台結構なるレッスン。

昭和8年9月2日③　無任相、政策報道、国策報道等安達君往訪にて終幕。斎藤首相の為す所感心せざること多し。

昭和11年12月31日③　坂田君に面会之節御病気之故伝承。

昭和12年1月12日③　同成会弧城落日の悲況に在り増員に就ては終始苦心。下村君入会之儀力を借されたし。

昭和12年1月18日③　下村君研究会入会決定。失望遺憾之感なき能はず。

昭和12年2月2日③　第二林出でて珍妙なる内閣組織。文官出身者には首相候補者皆無なるにや遺憾。

昭和12年4月18日③　娘結婚披露宴の祝辞に付新郎新婦之経歴差出す。

昭和(12)年9月16日③　河井弥八君貴族院議員推薦之件御尽力を願う。

昭和13年1月7日③　河井弥八君貴族院議員勅任偏に高配の結果と深謝。

昭和15年5月30日⑨　貴兄後任の内大臣として、平沼、広田、松平よりは木戸幸一がよい。

湯沢三千男

※昭和(18ヵ)年1月4日　山崎次官にも話した台湾の件、枢府本会議で意見開陳、首相同意。

米山　梅吉

※昭和(20)年5月13日　閣僚その他人事感服せず。鈴木首相の成功望む。

宛先不明

※昭和(2ヵ)年　石原健三、山本達雄に面会、十五銀行問題、一木宮相問題を談ず。

昭和9年　伊沢多喜男頌徳碑問題関係。四種類の書翰草稿。

※昭和(9)年　岡田組閣後藤中心に。斎藤内閣綱紀で倒壊。重臣会議に斎藤、高橋の参列許すべきにあらず。

昭和(9)年　高遠閣建設問題関係。

※昭和11年1月　衆議院議員総選挙立候補木下信の推薦状。印刷物。

※昭和(18)年　都長官の件大達茂雄君に内定、最適任者。東条首相へは賢台より伝言を。

※昭和(18ヵ)年　御引見長談義の礼。恩賞院の件は原案作成前に法制局長官と懇談したし。

※昭和(18ヵ)年　御引見長談義の礼。二週間の耐乏生活は重荷。

※昭和(20)年(9)月(14)日　東郷元外相当地出発。東条の場合とは趣を異にし大に満足。草稿。

※昭和(22)年(7)月　天皇御臨幸につき小生に是非骨折られ度き旨同鉱山の中村正雄社長より申越しあり。

※昭和　年3月10日　推薦状(欠)のとおり市会議員に最適任、東京市政革新に不可欠、一票と知友への推薦状を。

※年月日不詳　外交意見。日露独の三角同盟論は不謹慎。

※年月日不詳　満州移民は独立自営の気魄乏しく、土着民軽視し共存共栄妨げる原因。草稿。

※年月日不詳　微力を致せる学校林は捨てて顧みられず長大息を禁ずる能わず。草稿。

※年月日不詳　東京市会議員選挙、投票依頼。

※年月日不詳　枢府は議長、副議長始め追放令に触るる者十名に及ぶ模様。

※年月日不詳　若槻首相引退に関する近衛の見解は小生と大分距離あり。

二、来翰

青木　一男
昭和(15)年12月27日　枢密顧問官親任のお祝い。貴族院で英姿拝せず淋しい。
昭和24年1月5日　祝辞・饗応への礼。

青木　周三
※昭和(14)年　月1日　再選に親書恐縮、菊池君からも意見。平沼君手術の結果宜しく安心。

青木　得三
昭和11年8月11日　饗応への礼、本日淡交会の当日。
※昭和13年2月1日　雑誌拙文に対する書翰への礼。

赤木　朝治
昭和11年9月8日　突然参上、ゴルフと馳走への礼。

明石　照男
※昭和(21)年1月8日　会派の件を次田に相談、次田は同和会へ。小生貴族院追放か。

明石　元長
※昭和20年7月26日　東京邸宅焼失の見舞い、拙宅も五月二十五日戦火を蒙り、内藤家に寄宿。
※昭和22年2月2日　某党より参議院の後援勧誘あるも、衆議院より出直す。楢崎と政治的進退を共に。
※昭和　年2月10日　苦盃を喫す、貴院の実相を体験。

縣　忍
※大正6年8月14日　垂示の件、別紙取調書封入。（別紙なし）

秋元　春朝
※昭和11年8月22日　昨日近衛公が来た。

安達　謙蔵
※昭和6年11月14日　大浦往訪、小生養嗣子就職の推薦願う、別紙履歴書封入。（別紙なし）

安倍　能成
※昭和　年8月20日　仁霊荘一泊の礼。

有田　八郎

※昭和17年11月11日　御来示通り大東亜省は運用如何。若槻男の伊東滞在中に訪問したし。

有吉　忠一

※大正(14)年4月22日　山崎の件、昨日観桜宴で安藤へ本省入りを依頼。河井氏の意見も聴取。

有吉　実

※昭和18年4月21日　尼崎市長退職、在職約九年、理由は複雑。

昭和22年3月3日　舎兄死去への弔問の礼。

安藤　七郎

※昭和12年3月30日　星庫之助教養に関する御厚志拝受。

伊江　朝助

※昭和4年7月7日　浜口内閣成立。辻本正一目下窮困、地方官就任に尽力を。

※昭和17年10月11日　高話の礼。最高諮詢府諸公の政治批判は必要。

※昭和(20)年8月25日　罹災転居通知に同情、小生も同様。大東亜戦争も最悪の場面。

池上　秀畝

昭和11年8月1日　座詁会の顔触面白い、木村君も訪問の由。昨夜小川商相桜井木村と座卓を囲む。

池田　成彬

※昭和21年6月2日　昨年十二月の一身上の問題、今回疑雲一掃不起訴、祝詞感謝。

池田　秀雄

※昭和17年4月24日　弁士戸田・宇賀を差し向けられた礼。諸岡博士応援演説を差止められ困却。

昭和18年8月27日　残暑見舞。

※昭和23年2月15日　田中耕太郎事務所を訪問するも面会できず、中村正雄と面会、伊東別荘は売却。

池田　宏

※昭和7年1月1日　大阪柴田の辞表、大久保が水野次官へ却下の懇請、小橋局長を経て愚見開陳。

※年月日不詳　新聞の維新政府顧問は間違い、現地の懇請で名誉職に。

生駒　高常

※昭和6年8月13日　各外地の行政整理問題等で混雑、貴旨堀切次官に伝える。小河は朝鮮出張中。

※昭和9年9月4日　在満機構問題。明朝橋本陸軍次官に会見。陸軍省は政党勢力を警戒。

※昭和11年9月4日　台湾総督の件は拓務大臣に昨日伝えた。日本青年館に入れぬ事情。

※昭和12年8月6日　公社創立委員に任命さる、青年団を辞退しても支障なき程度の報酬。

9月6日　仁礼館宿泊の礼。

伊沢　修二

明治30年3月4日　母上奉養会の件。

※明治43年2月21日　愛媛赴任は平田内相の頼み、一年間は耐忍を、煙害問題請願は調査未了。

※1月4日　佐々木先生の開示で得たる所あり。貴弟の書状ほどうれしきものなし。

※2月4日　官吏の奉職は信用を得てこそ好位置に、若年輩の運動奔走は片腹痛い。

※3月23日　雑誌日本人に執筆の森田義郎の紹介状。

8月23日　父母墓地石垣改築の件。

伊沢信三郎

明治(32ヵ)年8月18日　父母墓地石垣改築の件。

伊沢多喜男執事

※6月23日　六月十一日から二十二日までの来訪者、電話一覧。

伊沢冨次郎

※明治29年6月4日　辞職時の一時賜金につき判任待遇病院吏員の資格有無の調査を依頼。

石井菊次郎

※大正13年10月24日　台湾御栄任の吉報。臨時聯盟理事会をブラッセルで開催、明後日出発。

石井光次郎

※昭和20年4月11日　下村入閣の跡釜にとの内談辞退、大橋八郎が放送協会長就任か。

※昭和(20)年5月4日　大空襲の罹災見舞。伊東在住で安心。

※昭和22年5月17日　妻木の西日本石炭鉱業会顧問問題。小生追放問題一両日中に決定。

※昭和(22ヵ)年9月25日　下村等戦犯容疑から助かる。先生の追放に嫌な気持。

※昭和　年8月14日　退官追放後伊東に伺う機逸す。妻木の件、色よい返事来らず。

石垣　倉治

※昭和11年9月5日　総督更迭に伴い小生断末魔、前総督退官発表前に辞表提出。

石川　啓

昭和11年7月27日　暑中見舞。

石川　重男

※昭和6年2月12日　太田総督中央・地方視察、高橋総務長官も霧社視察。事件の跡始末も着々進行。

石黒　英彦

昭和12年6月24日　北海道庁転任の祝詞御礼。

石黒英彦・潘光楷・加藤完治・石原静三

※昭和2年9月5日　全島視学講習会・小公学校長講習会開催、加藤完治来島。

石田　馨

※昭和11年8月18日　来示の人事已むを得ず、諒察を願う。今後につき努力継続。

※昭和11年9月14日　宮沢の件希望達し安心、配慮御礼。

石原　健三

※昭和2年4月15日　塚本書記官長より書状、枢府欠員小生を推挙、承諾の返書提出。

昭和(4)年8月7日　芦屋の令孫不慮の不幸のお悔み。

1月14日　幣原の病状留守宅に問合す。胆石でなく盲腸炎。

磯貝　浩

※8月12日　選挙は無風状態、安慮を。

一木喜徳郎

※大正(15)年7月17日　市長就任確定。渋谷徳三郎の件丸山へ話す。宇高寧の紹介。

※昭和12年5月15日　回付の草案文書、原案で結構。

年月日不詳　礼状。

稲畑勝太郎

※昭和12年4月19日　政界への後援は昨年打切り。依頼の品送付、この種のことは今回で打切り。

※昭和(22)年3月17日　貴族院解散に参列を希望。伊沢と若槻に最後の別れを。

※昭和　年3月18日　河井昇三郎に託した煙草拝受。近日中上京、議会出席の予定。

※3月3日　シロゲン受取を。住友化薬に権利移り、今後は入手困難。
※15日　今日の有様言語に尽し難し。河井は最も信用する人格者。
井上　英
※昭和11年9月6日　旭川市会議員等よりの懇請に応諾を決意。有吉副会長も承認。
井上　要
※昭和7年10月12日　貴族院議員選挙は民政政友共仲田傳之𡸂を推し当選、研究会に加盟。
井上　孝哉
　大正15年7月23日　市長就任のお祝い。佐々木亡人来訪、原宿の家東京市の買上利用を依頼。
※昭和11年9月3日　昭和八年の石原武二の件、東京控訴院で無罪、昨日判決確定。
井上準之助
※昭和(6)年9月1日　雑誌社経済知識で浜口の追悼号、伊沢の追悼の辞を掲載希望。
井上匡四郎
※昭和11年4月24日　例之件は滞りなく進捗安心。市政革正は望み難し。
※昭和(12)年4月30日　平生氏の日鉄会長問題、商相と懇談、就任は陸軍の主張、小生は反対。
※昭和(19)年10月15日　対支対蘇関係を善導するより方法なし。宇垣訪支に噂あり。
伊原一郎平
※4月12日　貴族院請願は柴田の努力で通過採択なるも、監督局長答弁は悲観的。
今松　治郎
　昭和20年4月21日　罹災の見舞。静岡県知事退官、二度目の牢人生活に。
※昭和(20)年8月2日　郷里に疎開、松山・宇和島も焼曝。岩沢警察部長に御用をお命じ下さい。
※昭和(20)年8月22日　戦争結末遺憾。鈴木前内閣の無策、罪万死に値、宇垣の出廬を求む。
彌永　克己
※昭和(20)年6月12日　空襲見舞。安倍能成家族と共に長野に疎開。劉明電にも会見。
入沢　達吉
　昭和15年7月24日　恵贈品お礼。良寛上人の屏風みてほしい。
　昭和15年8月25日　良寛上人書幅の真贋見立意見一致せず。

伊礼　肇
　昭和23年7月28日　暑中見舞。目下川崎市で野菜作りと養豚。
色川俊次郎
　昭和18年9月2日　馳走お礼。中付の義竜作と相談。竜作も来週頃貴地へ、意見開陳と。
岩倉　道倶
　※昭和5年1月6日　明日出問通告。「軍縮会議の七割主義について」。
　昭和10年5月24日　(封筒のみ)
　昭和　年3月20日　三十一日錦水へ御来駕を希望。
　※18日　産業合理化委員の顔ぶれ。中嶋を排し松岡を取ることに反対。
岩田　宙造
　昭和20年4月27日　巣鴨宅罹災の見舞。小生内閣顧問拝命。
　※昭和20年9月24日　内藤判事の件、本省も希望。
岩田　博蔵
　昭和11年9月14日　長野県警務課長へ転ず。地方警視西村直己を推薦。
岩波　茂雄
　昭和16年1月2日　年賀の挨拶。
　※昭和20年9月14日　先生喜寿の祝いにウイスキーを。教育会長野県支部初代局長藤森省吾死去。
　昭和21年3月3日　文化勲章拝受の祝辞お礼。活字。
　※9月7日　高山書店の調査報告。
岩波雄二郎
　昭和21年9月3日　父岩波茂雄逝去の弔問お礼。活字。
植原悦二郎
　昭和19年2月17日　饗応お礼。
上山　英三
　昭和　年12月31日　追放後は銀行員の就職斡旋に日を過ごす。
宇垣　一成

※昭和17年4月27日　野口遵への高配お礼。

潮　恵之輔

昭和18年2月16日　腸炎見舞状お礼。

内田　孝蔵

昭和17年8月13日　軽井沢招待お礼、山中湖畔の様子。

昭和18年7月30日　準一武者修行に推参、御指導を。

昭和18年9月7日　準一参上お礼、似顔画帰京後御届。

昭和20年3月17日　熱海内田へ引移承諾。電話の通話禁止につき尽力を。

昭和22年10月3日　娘・倅の縁談。

昭和(23ヵ)年5月14日　お祝い品お礼。

昭和23年5月29日　準一結婚式、妙子結婚式報告。

11年8月18日　軽井沢招待お礼、河口湖ホテルについての感想。

11年8月22日　贈答品発送。

梅谷　光貞

※大正(15)年7月29日　長野県警察署廃合問題、参考書類送付。

浦水　菊三

昭和　年1月5日　挨拶。

江木　翼

※昭和7年2月16日　病状報告。

※昭和7年2月21日　病気見舞、病状報告。

※3月5日　病状報告。

8月10日　避暑静養。

江口　定條

※昭和14年5月3日　如水会館会合通知、小幡酉吉、林久治郎、林三吉等来会。

昭和15年1月23日　見舞状。

昭和　年11月25日　昨夜の小会に同席快心。

海老塚四郎兵衛
　4月7日　東洋医学の効用。
海老塚的行
　4月11日　荒木正胤邸訪問。
大浦　兼武
※大正(4ヵ)年　月29日　交渉委員御当選小生も満足。大審院の方電報あり。
※大正5年12月31日　幸倶楽部・研究会。久保田政周内務次官更迭は実に奇妙。
※大正6年9月27日　例の一件下岡氏と相談の結果御内報拝承、一木氏に良案なきや。
※大正6年9月30日　東京市長選定問題、久保田政周、早稲田大学長選考問題、学制調査会。
※大正6年11月7日　例の市長問題、若槻より久保田推薦の手順は如何。大審院開廷。
※大正6年11月17日　例の市長問題、久保田・一木の入院尽力論は至極結構。
※大正(6)年12月10日　大阪の方は好都合一先安心、西京の方は遺憾。
※大正7年1月11日　例の一件一方に意外の進行、田は最初辞爵を約束、一木と宮相会見の状況は如何。
※大正7年2月20日　意外の出来事唯々驚愕・遺憾千万。
※大正7年5月20日　地方官表送付お礼、例の難問題敬承、太田氏来訪。
※大正7年8月2日　横浜市長選定問題、久保田政周来訪、浜尾男より相談。
※大正7年8月11日　横浜市会全会一致、優遇策好都合に運び欣賀。
※大正(7)年(8)月22日　天下騒然痛歎、米騒動永遠の策を講究する事肝要。
※大正7年8月29日　上院各派議員一致政府に警告纏る、総代の人物心細き感あり、政界混沌。
大久保利賢
　昭和18年3月23日　横浜正金銀行頭取辞任挨拶。
　12月25日　小野・高橋両家結婚式欠席。
大倉　粂馬
　昭和23年2月25日　伊予上代史研究に微力を注ぐ。安倍能成の援助願う。
大島　健一
　昭和(21)年5月7日　枢密顧問官退官挨拶。

太田　資行

大正7年6月11日　伊沢高子結婚関係。

太田　政弘

※昭和4年2月9日　帝都治安に関する決議案湯浅氏と相談。渡辺子よりの伝言、優詔問題に関し伊沢らと会談希望。

※昭和5年4月24日　平山の件水産組合に採用、枢府関係意外に険悪。

※昭和(6)年(2)月　霧社事件顚末。

※昭和(6)年(2)月　総督の女問題、新聞記者買収問題、霧社事件、台南司法官瀆職事件。

※昭和6年12月30日　塚本辞表提出遺憾、小生は自重、議会解散必至、選挙結果を見て進退。

※昭和(7)年1月27日　小生身上に関し御高配深謝、総務長官休職事由糺問書提出、上京予定。

※昭和17年8月11日　平山来訪尊慮敬承、石塚早逝意外、後任希望。

※昭和18年5月8日　小生身上の件欠員の生じた場合高配望む。

大平　駒槌

大正7年11月3日　伊沢高子結婚関係。

※昭和(2)年5月10日　満鉄副社長進退問題、安広社長退任問題。臨時議会無事終了万歳。

※昭和(4)年11月21日　伊沢の中国訪問歓迎、仙石病気回復、小橋事件心配。

※昭和5年3月23日　満鉄人事問題。仙石総裁を助け改革に尽力。

大谷　五平

昭和(20)年6月27日　空襲罹災見舞。

※昭和(21)年8月20日　大政翼賛会局長職が祟り、議員辞職。

大塚　惟精

昭和14年8月14日　ゴルフ欠席。

大坪　保雄

※昭和20年3月6日　伊那高等農林。長野県翼壮団長改任。中部横断鉄道即成。鳥居川水利。

※昭和(20)年5月30日　信濃宮造営奉賛会。長野県国民義勇隊。

※昭和(20)年7月3日　京浜在住外国人軽井沢疎開は大宮御所疎開に支障あり、北海道転換を。

大場鑑次郎

※昭和(9ヵ)年9月8日　軍人の政治活動と憲法との関係、美濃部博士説。
※昭和(10)年10月21日　住友煙害問題、調査廃止と賠償金・寄付金の区別撤廃の意見提示。

岡　正雄

昭和12年8月30日　新潟出向の断り状。
昭和21年11月27日　就職斡旋依頼。
※昭和(22)年4月17日　若槻に面会。戦争慰霊祭典について別紙高覧に供す。

岡　実

昭和11年8月31日　軽井沢に行けず残念。
昭和11年9月4日　病気見舞お礼。

岡田宇之助

昭和(20)年4月19日　空襲罹災見舞。
昭和22年1月1日　年始状。
昭和(22)年8月18日　浅間山爆発見舞、妻逝去見舞礼状。
昭和23年1月31日　順天堂の佐藤老人来訪、同窓の由。

岡田　周造

※昭和(9)年(9)月　別紙(伊沢多喜男建碑に関する報告)進呈。別紙二通あり。
昭和10年3月27日　長女結婚祝品贈答お礼。
※昭和(11)年3月10日　衆議院選挙結果各種統計送付。

岡田　文秀

※昭和(8ヵ)年11月29日　告発事件不起訴決定、省内の誤解遺憾、千葉県民には非難なし。
※昭和9年11月28日　いずれ衛生行政その他の意見拝聴したし。
※昭和(15ヵ)年12月25日　近衛内閣新体制運動の方向痛嘆、企画院と法制局の人事一新必要。
※昭和(19ヵ)年4月29日　熱帯の地より帰還、海軍司政長官退官は海軍に一任、勅選議員推薦を得たし。
昭和(20)年4月21日　空襲罹災見舞、新内閣成功を祈る。
昭和21年12月6日　長男純男結婚挨拶。
昭和22年6月29日　長男純男嫁の外祖父佐藤とは深き御友交の間柄と承る。

岡田　良平

※大正12年10月10日　新潟市長柴崎雪次郎の意見書(火災保険金支払の不可)転送。

小倉　正恒

※昭和3年7月15日　住友製鋼所争議解決祝辞お礼。

※昭和　年5月1日　高木亥三郎川崎市長立候補推薦お礼。

尾崎　敬義

※昭和5年12月22日　財界の神経衰弱、政界波瀾警戒、浜口首相再起必要、満鉄首脳不満。

小高　親

大正7年6月24日　伊沢高子結婚関係。

※昭和18年4月7日　帝国酸素常務辞任挨拶、交易営団に就職希望、石田礼助に表明。

昭和(18)年4月13日　石田総理事に面会お礼。

小畑　忠良

※昭和20年3月8日　面会お礼。

小原　直

※昭和11年9月9日　貴族院院内所属しばらくは静観したし。

※昭和　年4月11日　飯田市役所で準備会開催、浜松市は豊橋ほど熱心でない。

柯　文徳

※昭和6年3月1日　理事官への就職斡旋依頼。不可能なら電力会社へ。

香川熊太郎

※昭和4年9月25日　民政党入党の件、武内氏歓ばず、入党届撤回、了承願う。

梶井　剛

昭和20年5月15日　空襲罹災見舞。

※昭和22年8月15日　小林知事への書翰送付お礼、学校財政苦慮。

片岡　直方

※昭和(21)年6月5日　小林書記官長に面会、会派所属の儀三土氏と約束済にて申し訳なし。

片岡　直温

※昭和8年1月5日　書物送付。

片倉兼太郎

※昭和(14)年8月14日　多額議員選挙順調に進行。

片倉　五郎

昭和22年1月22日　父逝去弔問お礼。

片山　広斗

昭和11年8月25日　気合を入れてシャンシャンとやって欲しい。

片山　義勝

※昭和4年7月9日　弟片山三郎保護依頼。伊沢の朝鮮・満鉄就任期待。

桂　作蔵

※昭和21年12月25日　欠礼挨拶。

加藤　完治

※昭和17年12月25日　華北視察の職員に面会お願い。

加藤　高明

大正6年8月27日　軽井沢別荘の土地と値段について。

金岡又左衛門

※昭和(11)年7月20日　退職積立金手当金法実施準備委員となる。電力国営は国家百年の大計。

※昭和11年7月25日　退職積立金手当金施行調査委員会で質問、新聞切抜同封。

上条憲太郎

10月17日　病気見舞、控訴取り下げ。

上山満之進

※大正15年7月14日　首相より貴兄の後任を勧められ、承諾。

※大正15年10月21日　浜口よりの電報で御辞意動かしがたしと承り、遺憾。

※昭和(2)年8月30日　調査書お礼、台湾人事問題、引き続き在任が台湾のためになると確信。

※昭和3年3月7日　浜口引退、容体一報を請う。台湾大学令閣議・枢府精査委通過し安心。

昭和3年7月24日　伊豆行、小野塚夫人の件。

賀屋　興宣
※昭和13年12月23日　貴族院所属会派研究会に決定。塩糖会社の更新願う、現新重役一致して一任の申出あり、新社長に田口氏決定。

萱場　軍蔵
昭和18年7月29日　欠礼詫状。
昭和20年9月5日　欠礼詫状。

唐沢　俊樹
※昭和6年8月17日　近藤氏の件は本人の人物と次田次官の裁定の結果。
昭和11年9月1日　軽井沢訪問お礼、内務省員ゴルフの結果。
※昭和18年6月25日　都長官人事難航するも第一矢命中し、御叱責あるまじ。塩水港の方の情報入手。
昭和20年4月19日　空襲罹災見舞。

唐沢　信夫
※昭和22年3月4日　活動できることを楽しみにするも黒河内からの電話で失望。御心境を拝察。

河井　重蔵
大正7年11月5日　伊沢高子結婚関係。
※大正12年11月1日　帝都復興意見、人口密集を避けるべし。米の精白について調査報告。

河井昇三郎
※昭和12年12月19日　住友は別子における鷲尾の功績に謝すべき心組あり。鷲尾・小倉書翰同封。
昭和　年1月2日　年賀状、重役昇進挨拶。
昭和　年4月10日　志郎元気、紀文化学院受験許可、龍作の大阪転勤について。
昭和　年5月1日　台湾行、白勢氏の紹介を求む。
※昭和　年9月12日　病状報告。別子渡辺吾一煙害関係で拝参。

河井　弥八
※大正15年8月24日　酒井伯と談話、研究会最高幹部の行動を非とし近衛公の自重を切望。
※昭和4年7月9日　政務官選任・地方官更迭進捗、満鉄総裁大平適当、松岡氏も推賞。
※昭和(11)年8月27日　小生身上(勅選推薦)に関して白根次官・一木の談話。

※昭和12年1月9日　林中将の意見書別便にて送達。
※昭和12年9月15日　小生身上(貴族院勅選)、徳川公爵より推薦有望との内話あり。
昭和(20)年1月18日　病気見舞御礼。
※昭和21年8月19日　長野県立農林学校長より報徳講話依頼。同成会に寺尾農学博士参加。
※昭和21年9月13日　佐藤助九郎氏家屋使用の件、憲法審議容易ならず、同成会三十名。
※昭和(21ヵ)年9月16日　憲法委員会への批評もっとも、参議院に付紛雑免れがたし。伊那農林出講。
※昭和(21ヵ)年9月20日　佐藤氏新築家屋、橋本万右衛門入会、同成会懇親会。
※昭和22年4月22日　今度の選挙お蔭で当選。
※昭和(22ヵ)年8月28日　昨年新聞課長Imboden少佐掛川の報徳社に来訪時の様子。
※昭和(22)年10月16日　甘藷参議院食堂に陳列、首相・進駐軍も来観、食糧自給論につき批評・後援を切望。
※昭和22年11月3日　小生後継者は東大農学部助教授神谷慶治氏最適任、甘藷増産は三年で成功したし。
※昭和22年11月3日　両院にて甘藷展示、農林常任委員会の行動を求む、学者方面、報徳社。
昭和(23)年10月11日　妻逝去弔電感謝。

河合　良成

昭和12年12月　時局感。

川上　親晴

※昭和(12)年8月16日　日支問題につき所感。
昭和15年12月27日　尊台今般御栄官慶賀。

川崎　卓吉

※大正8年8月24日　総督病気、警務局の動揺、川淵君辞表提出後の善後策。
※大正8年9月19日　水野より交渉の京畿道知事は下村長官と協議し謝絶。福島県は政友会に蹂躙さる。
※昭和(3)年9月13日　民政党内の紛擾、相当之金力を要す。浜口総裁全然回復の由。
4年8月30日　御令嬢御三男死去お悔やみ。
4年8月31日　(封筒のみ)

川島　浪速

※昭和23年1月26日　養女芳子に就て深く御同情下され感銘。新聞切り抜き同封。

河村金五郎
※8月28日　広瀬久忠任官に就て御配慮を煩し感謝。

菊池　慎三
昭和18年1月1日　年賀状。

岸　　衛ほか
昭和13年6月　熱海分福温泉土地組合解散の件につき参集案内状。

喜多六平太
※大正14年7月3日　当流認書教授大村武、引見を願う。

北原孝三郎
7月2日　本輩交際費決定。

木下　　信
※昭和17年7月20日　東京市長後任の件。吉永警視総監、後藤翼賛会事務総長、首相秘書官赤松氏。
※昭和(19)年11月14日　伊那電国有は困難との鉄道次官見解を飯田市長より聴く、陳情書案加筆訂正を願う。
※昭和(22)年2月16日　参議院議員選挙御出馬の御意向如何。
※昭和(22)年3月8日　参議院議員として御出馬の件、結局御断念は致し方なし。
※昭和　年8月31日　台湾官界の綱紀弛緩甚し。

草野豹一郎
※昭和(12ヵ)年1月31日　復もや組閣難、法相は帝人事件に無関係な立石名古屋控訴院長が最適任。

久保無二雄
昭和2年9月1日　甥就職に付き御尽力感謝。

久保田政周
※大正7年8月16日　米価問題各地騒擾、新聞差止めで人心不安に。横浜市長優遇問題(別紙あり)。
※大正7年11月19日　例之件佐々木氏に於て精々御尽力中の由。

久保田　譲
※大正14年5月31日　豊岡地方震災御見舞芳情多謝。

久米　孝蔵

※昭和17年12月14日　小生進退の件。津田氏は長谷川総督と大阪にて会見の筈。

来栖　三郎

昭和21年11月25日　無沙汰詫び。

※昭和(22)年1月2日　前田多門氏来訪、尊台示唆もあり軽井沢会の指名委員に。

※昭和22年1月26日　書きものに対する御高見感謝。

黒河内太門

昭和20年4月25日　空襲罹災見舞。

黒沢富次郎

※昭和21年12月12日　今般貴族院議員補欠選挙に際し御推挙を蒙り感謝、慮外の当選。

黒田　長和

※昭和6年11月14日　御書翰落手、愉快に拝誦、国民思想問題は勉強中。

呉　三　連

※昭和17年11月14日　華北民衆に対するスローガンの効果不明。統制厳しく商業も活気に乏しい。

※昭和20年1月3日　帰京の際の御教示御礼。無事着津。

※昭和　年5月18日　三年前天津より台湾に帰来、家族無事。

香坂　昌康

※昭和3年2月11日　演説要旨。

※昭和5年11月21日　陸軍特別大演習並に地方行幸も無事終了。

昭和20年8月15日　終戦感想。

※昭和　年2月28日　先日電話にて依頼の大島に関する冊子別便にて送付。

※8月7日　現地方長官中、生駒氏は青年指導の最適任者。

高村　坂彦

※昭和(20)年6月25日　大阪に転任を命ぜられ空襲下の治安確保に精進。

※昭和22年9月22日　国際総連に於ては米ソ対立愈々表面化。

郡山　義夫

※昭和18年6月12日　学校林創設への寄附感謝。翼壮団長発令。大糸線開通促進。県庁機構改革。

※昭和18年7月30日　大糸線開通促進に付一方ならぬ御厚配を賜り感佩。鉄道当局依然として強硬。
※昭和(21)年3月16日　第一回の知事公選。物部氏出馬、小林氏は出馬せず残念。
※昭和(22)年5月1日　参議院議員に木内四郎、衆議院議員に増田甲子七当選、先生にも御配慮賜候。
昭和22年7月30日　暑中見舞。
※昭和22年8月16日　信濃毎日新聞社の伊東淑太氏に貴慮伝言、その内訪問。

小坂　順造

※昭和11年11月18日　貴革委員初会議に列席、黒田、小野塚、次田、渡辺ら発言要旨。
※昭和(13)年1月20日　末次内相の中央公論の論文と其反響。
昭和16年4月20日　見舞お礼。議会制度審議会、政、民両党の委員は全く意気地なし。
※昭和22年2月20日　長野県知事公選につき、自進両派の懇談会、物部、小林両候補の動向。
※昭和22年3月13日　小林次郎立候補を勧誘。今後の方策。伊沢書翰草稿同封。
※昭和(22)年3月21日　小林、物部候補の動静。尊名無断拝借、失態の経緯。
※昭和(22)年9月19日　月末陛下新潟県御巡幸の際、直江津町の小生経営工場御巡視の光栄を得る由。
※昭和　年10月24日　十三日夜行帰京、幣原吉田両先輩にも面会。山本男鎌倉にて老病、最早回復困難。

小坂順造以下二六名

昭和21年10月15日　健康祝詞、同成会一同連名。

小坂　武雄

※昭和7年1月2日　若槻内閣の崩壊アッケなく民政党の将来心細し。若槻は明治教育弊害の例。
昭和9年9月7日　貴文章をほとんどそのまま新聞に掲載。原稿は返却したい。
※昭和9年9月13日　高遠公園頌徳碑に関する貴文章を返却。新聞切り抜き同封。
※昭和17年4月13日　衆議院総選挙弁士推薦依頼。
昭和20年6月29日　弔問お礼。
※昭和21年12月19日　知事公選、小林、物部両候補、北信・南信の動向報告。

古島　一雄

※昭和15年3月13日　時局所感、政党の腑甲斐なさに呆れる。
※昭和17年7月9日　時局所感、品川以来の陰険的暴挙にかかわらず、衆院、言論界腑甲斐なし。

昭和　年6月4日　此状持参手塚健蔵氏御引見希望。

小瀧　彬

昭和　年9月6日　手紙御礼。近況。

小竹無二雄

※昭和(20ヵ)年7月16日　石川県知事紹介依頼。第六陸軍技術研究所長小柳津中将を頼み。

五島　慶太

※昭和19年4月18日　今度の人事に就て称讃を辱うし感謝。

後藤　新

昭和　年10月8日　上伊那郡高遠町及下伊那郡大鹿村大河原間の道路の件、信濃宮神社問題。

後藤　治子

昭和　年3月30日　巣鴨より便りあり。その後七回面会。

後藤　文夫

※大正(15)年7月22日　阿片、電力会社、林糖問題、台南高商問題等。渋沢大橋両氏へ挨拶。

※昭和2年9月24日　上山総督、小生進退の事。勧銀支店長久米君進展の途なきや、御配慮を切願。

※昭和4年8月20日　御電話の件朝日・報知に申込置く。掲載なきときは朝日に交渉。

※昭和5年2月5日　阿片特許問題、執筆断続申訳無し。生駒君より別紙(阿片問題関係法案並に申請書類ほか)。

※昭和(5)年9月2日　枢府にて海相に質問集中。委員外顧問官の態度有利に導き置く好時期。

昭和　年5月17日　無沙汰詫び。

※10月6日　台湾中等学校長会議、文教局の設置趣旨達成。東京にて小生更迭宣伝あり。

小西　謙

※昭和22年8月29日　信州教育振興に関して今後も御高教賜りたし。

近衛　文麿

※12日　招宴御礼。本日粗餐用意、河井君同道御来臨を得は光栄。

小橋　一太

※昭和7年10月14日　小生その後専ら静養。

※昭和9年7月4日　岡田大将に大命降下は軍縮会議対策か、黒田長和を閣僚に推薦。

昭和　年11月15日　御寵招深謝。
※12月1日　卑見別冊差出、御高閲を得ば本懐。
小林　芳郎
昭和4年10月23日　司法事務に関する事、坂本大田黒二氏身上の事、ご配慮感謝。
※昭和5年9月17日　枢密院条約批准問題、浜口は若槻の二の舞を為す事はない筈。枢府廓清に猛進を祈る。
五明忠一郎
昭和23年8月22日　御礼。
薦田経太郎
昭和20年5月28日　空襲罹災見舞。
小柳　牧衛
※昭和(12)年5月2日　立候補当選につき御礼。民政二名とも当選は欣喜の至り。
※昭和(12ヵ)年8月26日　新潟市長選挙につき、黒崎、千葉、小幡、高橋、高雄、岡正雄、大久保留次郎ら動静報告。
※昭和(12ヵ)年8月31日　新潟市長の件につき黒崎氏を訪問。岡氏は就任意向なく横山氏昇任を希望。
※昭和(14)年9月15日　飯塚氏入会の件につき内藤氏訪問。同氏は研究会に入会希望の様子。丸山鶴吉に面会。
9月6日　御高説拝聴感謝、郷里生駒氏と快談。
近藤　駿介
※昭和11年8月20日　赤石山払下問題、近く上京三矢長官に懇願。
蔡　培　火
※昭和6年6月16日　台湾白話運動に関わる新文字についての報告。
※昭和17年2月17日　伊沢から聞いた関東大震災の回想。
※昭和20年2月3日　対華新政策は二十一ケ条要求の現実化、南京政府の信用落ち、大改造必要。
※11月8日　キリスト教・儒教の成句の調査報告。
斎藤　善八
※昭和7年8月11日　多額議員互選の義、小生今度は引退の事に決意、目下後継者物色中。
斎藤　隆夫
※昭和15年12月27日　枢密顧問就任祝詞。

※昭和20年5月21日　空襲罹災見舞。
※昭和　年11月21日　見舞御礼。議会制度審議会、政、民両党の委員は全く意気地なし。

坂口　昂
大正11年1月22日　恵贈御礼。
大正15年7月23日　辺南鎮護の重任祝詞。

坂田　幹太
※昭和3年4月25日　国民新聞社より釈明書来たり諒承。三品取引所理事長職は成行に随う。
※昭和23年7月22日　留岡組、進駐軍の工事は大体一段落。松尾鉱山中村氏への紹介希望。
※昭和23年8月31日　近日中村社長訪問予定。

坂野鉄次郎
※昭和(7)年9月13日　多額納税者議員に立候補、当選御礼。
※昭和7年10月6日　貴族院所属の件は、貴命に従うこと困難。
※昭和11年9月19日　今井田氏勧誘御下命の件、宇垣大将を通しても依頼する所存。
※昭和(12ヵ)年4月11日　宇氏の件其後一向様子も判らず。撰挙戦何れの方面も軍用金には大困却。
昭和16年12月27日　(封筒のみ)
昭和20年2月24日　玉章久振りに拝受、難有感銘。

阪本釤之助
※昭和(6ヵ)年12月7日　叙勲につき尽力願い。
※1月13日　御厚配願上候一件は順当に進行、陸海両相並びに森氏へ徳川社長より催促。

昌谷　彰
※昭和17年8月30日　貴稿改作延引につき催促を受け恐縮。土方君逝き二八会又一人を減ず。

昌谷　麟三
10月21日　父死去の報告。

桜内　幸雄
※昭和(20)年5月3日　空襲罹災見舞。

佐々木隆興

昭和16年9月24日　東病院婦人科主任秦氏宛紹介状の件。
8月14日　軽井沢よりの御懇書難有拝誦。

佐竹　義文
昭和22年7月1日　無沙汰詫び。

佐藤助九郎
※昭和(20)年7月19日　日本海船渠は今回戦局重要性に鑑み全面的に借上、無条件国家に応召。
昭和23年1月1日　賀詞。

佐藤　清一
10月2日　伊沢秘蔵品恵与御礼。

佐藤　尚武
※昭和22年8月29日　緑風会は政情の安定勢力たるべく努力。
※8月27日　御寵招御礼。

沢田竹治郎
※昭和18年4月16日　遠藤長官は自らの後任は部内昇進希望なるも、森山長官承諾せず、当分退官せぬ筈。
※昭和22年1月31日　諸橋君に相談、賞勲局官制と内閣顧問府官制案の構想。木村法相に伝言。
昭和　年1月12日　引見御礼。
9月10日　(封筒のみ)

三応　無品
※昭和17年12月7日　病気見舞。

塩川三四郎
※昭和(4)年7月6日　民政党内閣成立、芸備銀行は県金庫担当、広島県知事川淵洽馬への紹介依頼。

重松宣雄・藤村信雄・平沢和重
昭和19年1月28日　面会希望。

幣原喜重郎
※大正(14)年6月10日　現内閣に関係なき植民地長官は至難。引続現任務のため努力を。
※大正15年8月12日　東京市長御就任は已むを得ず。奮然挺身難局に当たるも一快事。

※昭和(3ヵ)年10月21日　故加藤伝記編纂委員会開催通知。
※昭和7年6月1日　斎藤内閣組織に付老兄御助言着々実現。小生病患のため議会欠席。
※昭和7年8月4日　過日原田氏来訪。大平氏勅選の件。十分慎重な考量を要す。
※昭和12年6月4日　中外輿論通信の記事(欠)御慰み迄御目にかけます。
　昭和12年6月5日　(封筒のみ)
※昭和(12)年9月30日　蔡培火氏「東亜の子かく思ふ」恵贈感謝、敬聴すべきもの少なからず。
※昭和13年2月10日　松本氏の王安石論面白く披読。茲に返却。
※昭和17年1月7日　ワシントン条約日英米廃棄艦噸数比較表貴覧に供す。
※昭和18年8月20日　数日中に御陪餐参殿の予定。伊東往訪は延期已むなし。
※昭和(20)年4月21日　西巣鴨貴宅類焼、傷心の至に堪えず。戦禍の惨状眉を顰める。
※昭和20年9月2日　皇軍無条件降伏は痛恨の極み。終戦善後策私案封入(欠)。
※昭和(21)年4月7日　貴諭逓信省復活案は選挙結果判明まで見合すよう司令部希望。
※昭和(21ヵ)年5月9日　昨日電話の楢橋氏の読売新聞社告訴状写貴覧に供す。
※昭和22年6月2日　今次政局紛糾。時利あらず。自分の理想と現下世情は距離。
　昭和　年12月18日　青森県栽培のインヂアナ種苹果御目にかけたし。

幣原　坦

※昭和10年4月28日　台北大学について台日新聞種々書き立てるも至極平静。
　昭和10年6月4日　和歌四首。
※昭和(11)年8月15日　開学式後の退官を願うが、容易に承諾得られず。総督更迭の噂あり困却。
※昭和11年9月2日　中川前総督は辞職を許さず、辞表返される。
※昭和(12)年2月28日　総督府の大学に対する態度は依然良好。大学の基礎牢固。
※昭和(12)年10月3日　今回辞任。後任は三田医学部長。
※昭和(13)年12月1日　藤井氏より佐々醒雪人物操行血統御回送。
※昭和(20)年4月20日　岩波宅滞在の伊沢を訪ねるも、伊東へ帰宅の後にて引き返す。
※昭和20年7月30日　ポツダム宣言は主権を認め勝手は出来ぬ。スターリンの挙動嘱目に値。
※昭和21年7月22日　弟は文相との打ち合わせを約する。今日の状態静観すべきか。

※昭和(21)年10月10日	最後の憲法審議会。来年四月憲法の記念祝典あり。本府は廃止。
※昭和(22ヵ)年1月9日	恩賜の鴨、感激。勅許を蒙るも交通地獄のため帰国不可能。
※昭和22年8月30日	国際貿易の開始は国民の愁眉開くも、価格は失望の感あり。
※昭和23年4月9日	追放の番来た。枢府入の際はマ司令官喜んで承認。規則変更か。
※昭和23年12月19日	学生援護協会長の義、中に立つ人容易に承諾せず。
昭和24年5月30日	病気見舞。
昭和　年1月12日	拝借英文草稿極めて有益。台北帝大言及に深謝。
※昭和　年4月15日	台湾では、伊沢兄弟の事業顕著。大学への恵贈の書は貴重。
※昭和　年5月6日	警官の配慮により無事乗車。戦破れて唯堅忍。
※昭和　年5月7日	台日紙の記事は児戯に類する。医学部開設準備で多忙。
※昭和　年7月1日	文政学部長村上辞任、安藤正次任命。
昭和　年9月7日	安藤氏来宅、上条氏心配なし、桂氏引っ掛かり候由。
昭和　年11月18日	郷里をあけて滞京し難く、一まず妻を帰国せしむ。
※1月31日	御進講のお召には当地の人々感激。
年月日不詳	安藤氏は小生の病床に来訪し、前後策は私等にて引受申上度と述ぶ。

柴田　家門

大正(6)年5日3日	令兄永逝の趣驚愕仕候。

柴田善三郎

大正(7)年6月12日	伊沢高子結婚関係。
大正7年6月13日	伊沢高子結婚関係。
大正7年7月15日	伊沢高子結婚関係。
大正(7)年8月25日	伊沢高子結婚関係。
大正7年8月27日	伊沢高子結婚関係。
大正7年8月27日	伊沢高子結婚関係。
大正7年9月30日	伊沢高子結婚関係。

大正(7)年10月8日　伊沢高子結婚関係。
大正7年10月31日　伊沢高子結婚関係。
大正　年　月29日　伊沢高子結婚関係。
※昭和(5)年1月3日　辞職云々の記事は意外にセンセーションを惹起。辞職勧告の事実なし。
※昭和5年3月15日　御指示により内相・首相に面会。親任官待遇は余りの意外にて夢心地。
※昭和6年6月15日　今回満鉄総裁並び朝鮮総督異動は期待外れ。
※昭和7年1月3日　議長らの留任運動却って迷惑。

島田　三郎
※大正　年5月1日　救世軍大佐山室軍平紹介。

清水　重夫
※昭和(2)年3月21日　憲本聯盟の大作者は閣下との風評。首班は浜口氏か床次氏か難問題。
※昭和(18)年1月31日　民政部をバリ島シンガラヂャーに移転。当地方の状勢は容易ならざるものあり。
※昭和21年7月24日　増田甲子七が郷里より知事公選出馬の場合、閣下の御諒解と御支援願う。

下岡　忠一
※昭和21年12月5日　南方より無事帰還。日本銀行に復帰。

下岡　忠治
大正6年8月5日　(封筒のみ)

下岡　松
大正　年10月30日　果物頂戴の御礼。下岡忠治の病状報告。

下条　康麿
※昭和(18)年7月21日　恩賞機関の整備に関する草案を送付。別紙二種類の草案あり。
※昭和(20)年4月27日　伊沢邸災難の見舞。小生来月岐阜上松方へ疎開。

下村　宏
※昭和9年12月18日　シテ役者が払底、も一つ行つまりて局面始めて打開か。化膿時期長すぎ。
※昭和21年6月29日　府県合同の足並も逆戻りしつゝあり。知事公選は各県の対立意識を深めると深憂。
昭和24年5月28日　見舞状。

勝田　主計
※5月25日　小生には不適任と感じ昨日辞退。
※7月16日　小生知人首藤太郎紹介。

生野　団六
※昭和22年8月15日　民間貿易再開五億ドルクレヂット設定、石炭国営に時日を経過し物価上昇、生活困難。

正力松太郎
※昭和17年8月6日　御親書恐縮。過去十七年間悪罵と嫉視の重囲の中に戦うを思うと独り苦笑。
昭和 年10月29日　留守中御親書に接し御礼。

白川　義則
※8月30日　人事に関し御伺恐縮。迂生の信条は公正の二字にて志を実現。

白根　竹介
※大正13年7月14日　今般岐阜県知事を拝命。閣下の推挙の賜と拝承。

杉本　敏夫
※昭和6年8月28日　馬場恒吾氏の「政界人物評論」にて先生を敬仰。

鈴木信太郎
※昭和22年3月7日　教育職員等政変を希望する態度を憂慮。無思慮な社会主義的政策に心痛。
※昭和 年7月2日　前田氏御紹介恐縮の至。
※昭和 年9月17日　地方情勢は政治無関心。民主主義の発展等は到底実現期し難き民度。

鈴木　登
※昭和16年8月12日　信濃宮神社創建奉賛会役員協議会開催通知。
昭和16年10月3日　信濃宮神社関係。
※昭和(21)年3月7日　物部知事へ早速手紙認め候。河井弥八様に御目にかかり候。近々再度上京を決意。
※昭和21年9月15日　復興建築助成会社に勤務致す事に。
※昭和(21)年10月2日　御尋ねの追放該当者の有無は府県翼賛会支部長が該当条項。

鈴木馬左也⑬
大正10年9月1日　欧米の感覚享受され、将来日本、東洋の発展に尽力乞う。住友支店にご用言いつけてほしい。

大正10年11月24日　洋行のお土産いただき感謝。
大正11年1月6日　貴書の通り大平駒槌君住友の重役に就任。今後も別子で活動。

鈴沢　恒啓
※昭和22年2月10日　大臣が変わり私も昨日辞表提出。

須田　以素
※大正(3)年8月17日　警視総監就任は恥つかしく候へとも仏菩薩の深き思いと観念。
6年8月20日　静海は酒のため人望昔の半分位に付袖にすかる次第。

須田　静海
※昭和(13)年8月16日　伊沢入院の件に対する須田宛竹下弥兵衛書翰同封の件。
昭和　年9月18日　老姉死去の件。

須田　卓爾
※昭和4年8月12日　山梨総督辞任は紙上にて想像。医師として健康上兄の出蘆を堅く御止申す。

住友吉左衛門
※大正10年3月10日　万国商事会議参列餞別一万五千円拝呈。

関屋貞三郎
※昭和11年12月30日　御下命の謹話筆記差上。
※昭和　年1月22日　御話の印刷物御覧に供す。
※8月30日　加納久朗君倫敦話の午餐会招待。

妹尾　雲峰
11年7月26日　帰京の節一席相催度。秀畝及び小左右衛門と連記。

相馬　敏夫
※昭和　年1月16日　終戦後県民も役人も虚脱状態。日本は亡国への途を辿りつつあり。

添田　寿一
※大正15年7月20日　市長就任感謝。竹蔵氏推挙依頼を受く。

曽我　祐邦
24日　旧友諸君もボツボツ逝去。誠に淋しく思う。

曽我部俊雄
※昭和14年4月20日　近藤壌太郎氏より閣下の御近状を承り安心。
　昭和　年7月24日　閣下の御健康を祈る。五島慶太と連記。
※昭和　年11月25日　金剛寺を語る会招待。
高木　惣一
　12月2日　経典研究会席上の講演に関する新聞記事につき御来簡辱くなく。
高瀬　青山
※昭和　年8月14日　五島慶太氏主唱の高速鉄道に御力を。梶井氏学校経営に御忠言を。
高田　耘平
※昭和14年3月31日　台湾米移出管理反対の目的達し得ず遺憾、小生は此後の議会でも反対継続。
高橋　作衛
　大正3年12月　児玉果亭翁遺墨謹呈。
高橋　守雄
※昭和2年4月25日　内閣突然更迭も小生貴翰の通り泰然冷然職務に励精致す決心。
高広　次平
※昭和7年8月12日　金岡又左衛門民政党候補として決定。貴意に対し申訳無くも当選の上は同成会入会。
高山　長幸
※大正13年4月10日　小生選挙区第五区。西村一派は本党へ走ると推量、貴党将来の禍。
※大正(13)年4月14日　護憲三派の協調も地方にては中々困難。当区混乱の状態。
※昭和11年7月21日　台湾の問題には大御所として其勢力に驚く。御疎遠御詫。
竹内松次郎
　昭和23年5月29日　小文供高覧、請指教。
建部　遯吾
　昭和16年3月2日　近衛公及び紀元二千六百年紀年式典参列に対する漢詩。
田阪　千助
　昭和11年5月6日　御話之件は身柄一切を当方に引き取る趣旨。

立花小一郎
　大正13年3月5日　戸籍謄本手許に無し。原本一週間後には到着。
※大正(13ヵ)年11月12日　貴族院各団会合頻繁頗る閉口。日出男結婚之義好縁あり。
※大正13年12月17日　浜口蔵相拝顔を得ず。山口商業会議所会頭より陳情致し置く筈、蔵相へ口添願う。
※大正(14)年6月23日　先般は永く滞台公私共御厄介に相成深謝。
※大正14年7月6日　例之芝山巌詩別紙之通決定。修二氏献灯御承諾下され万謝。

館林三喜男
※昭和20年5月6日　国民義勇隊結成と共に翼壮解散し、多分本部長退職。当分野に留まらせて頂きたい。
※昭和22年2月25日　河井父の参議院議員立候補は出馬意思強し。高村君苦戦、有力者への御推挽願う。

田中耕太郎
※昭和17年9月18日　サラザールに関する柳沢氏著書及び拙著ラテン・アメリカ紀行送付の件。
※昭和18年2月16日　伊東御別荘招待御礼。
※昭和(22)年3月14日　此度の立候補につき御激励深く感激。自進社国等の連絡に一層努力。
※昭和(22)年4月23日　新聞報道によれば当選確実。民主党入党は御教示を仰ぎ慎重考慮仕りたし。
　昭和23年1月1日　年賀状。
※昭和(24)年2月4日　此度吉田内閣改造の一環として退官。在官中の御支援御指導に対し御礼。
※昭和　年4月2日　長野県地方青年会に唯物思想相当浸透。一層啓蒙の必要あり。
※昭和　年10月24日　世事憂慮に堪えざるもの多々あり。ことに一般教員の動向は痛嘆至極。
　8月9日　岡山・広島・香川各県夏期大学講演、目下高松に滞在。

田中　武雄
※昭和9年9月21日　御話の件別紙(欠)の通り。後の一件は特に御含み願う。
※昭和14年7月29日　御指示に基づき大臣と打合の結果御面会日を取極むる様命ぜられる。
※昭和(18)年1月24日　内外地一元化の如き重大事の抜打的措置に痛憤。
※昭和(18)年8月30日　朝鮮食糧事情逼迫。旱水害の被害激甚。朝鮮民心の動向表面的には平穏。
※昭和20年2月28日　総理として臣義を完了する途につき具申したるが最も愚劣なる結果に陥る。

田中　俊清

※昭和11年7月18日　今回は御高見の通り決心。其旨塚本様へも拝答。
昭和11年7月21日　御健康祈る。宇部市長紀藤閑之介と連記。
※昭和　年8月24日　後任は小生推薦の人物、小生長男数年後石清水八幡宮へ復帰の条件で辞職。

田中　善立
※昭和4年10月3日　名古屋市会選挙終了後往訪の予定。

田村　新吉
※昭和7年8月12日　形勢尚混沌。他の候補者に比し稍不利の状態。

俵　孫一
※大正15年7月21日　市長就職極めて犠牲的御苦労千万と御同情。

塚本　清治
※昭和6年6月3日　御令嬢様御縁談に関し永田安吉氏取調書至急送付を約束。
※昭和6年6月21日　満鉄総裁後任案外の任命。朝鮮総督後任是亦期待を裏切られ痛恨。
※昭和6年8月10日　閻錫山飛行機にて脱出。外交上不利益の事件を発生せしめ申訳無し。
※昭和6年10月4日　中谷警務局長身上に関し次田内務次官と相談せしも事変勃発。次の機会又周旋。
※昭和10年12月29日　宴会招待。他に幣原、太田、山川、川崎、中谷へも案内。

次田大三郎
※昭和11年8月13日　台湾総督之件広田首相に申上候。有吉氏を煩わすは如何との御挨拶。
※昭和11年9月5日　中川健蔵同成会加入内諾。今井田清徳事前工作済。小生は宇垣前総督に面会予定。
昭和22年5月28日　住居に関する次田宛佐藤書翰送付の件。

妻木　栗造
※昭和(3)年10月31日　製脳会社退職に際し慰労金拝受。謝恩紀念として参千金拝呈したし。
※昭和(3)年(12)月25日　小生の微志御受納被下度。方法に就いては緩々御考慮被遊度。
※昭和(22ヵ)年6月16日　西九州石炭礦業会に出頭。面会の時日待つも何もなし。
※昭和　年1月16日　火災保険代理店開業以来の成績御報告。
※昭和　年10月11日　別紙略歴差出。目下無収入。
※12日　永田隼人君より台湾電力の社長に就職方勧誘さるも、言下に断る。

田　艇吉
　昭和12年6月18日
　揮毫承諾御礼。

東京憲兵隊本部
※昭和19年7月11日
　不穏文書郵送の有無確認。裏面に昭和19年7月20日付東京憲兵隊宛伊沢多喜男の回答。

徳富猪一郎
　昭和7年1月21日
　嫡子結婚御祝。

得能　佳吉
※昭和21年8月14日
　財団法人同和奉公会の清算事務滞りなく完了。
　昭和22年8月14日
　近況報告。

富岡益太郎
　大正11年1月1日
　年賀状。

富田　健治
※昭和14年11月17日
　荒廃林地復旧事業等国の第二期治水事業費予算の既定計画繰延に対し復活方懇願。

内藤　頼輔
※昭和(2)年4月5日
　願くば今一度親任官に相成様願たきも長き御官は御止め申上たし。

内藤　頼博
　昭和20年5月1日
　過般の空襲に際し罹災御見舞。

永井　松三
※昭和20年7月8日
　家族の高遠転住に付御賛成を賜り感謝。別紙裁判所関係勤務場所調査あり。
　昭和24年1月6日
　近況報告。

永井柳太郎
※昭和(8ヵ)年1月22日
　過日来の事件に付小生の意中は堤次官に伝言を托す。
※昭和11年8月15日
　総裁に随行し前総裁訪問。
※昭和18年8月24日
　電力会社設立委員は御期待の方面に及ぼすこと思い止まる。何卒御諒承を。

中井川　浩
※5月26日
　御見舞状賜り感激。其後経過宜しく昨今殆ど平常に復す。

※昭和17年4月26日　本県は風見君の問題で波瀾。第三区は意外の激戦。

長岡隆一郎

※昭和(10)年5月23日　先生中心のグループに於て満洲に長岡閥を作りつゝありとの批難あり。実に意外。

※昭和10年6月23日　品川主計氏小生任命を否決せしめんと運動。満鉄理事木下君割込の余地なし。

中川　健蔵

昭和7年6月16日　新京より御健康を祝す。

※昭和7年12月9日　殖田殖産局長進退の件拓相に急速進行方御願。祝盃問題別紙調査書の通り。

※昭和(7)年12月18日　殖田殖産局長転任の件柴田翰長に総理の意向御尋ね下さる様依頼。

※昭和(8)年11月21日　当地にては東京よりも尚一層濃厚に辞任とか軍人総督とかのデマを飛ばす。

※昭和9年11月7日　朝霞へ御伴の件欠席。

※昭和9年12月24日　白話字調査委員会開催は当分手を触れざることに致したし。

※昭和10年5月10日　管下震災被害甚大なるも復興の善後計画大体順調。

※昭和14年2月18日　田沼氏著「台湾移出米管理案の解剖」精読。有力の反対論たる資質を完備。

※昭和　年2月21日　人事問題に付詳細電報御報告に付、宜敷御配意を願う。

※昭和　年11月7日　総督府試案を踏襲したる特別委員会案を答申として採択。卑見の要点を摘記。

※昭和　年11月21日　伺い残りの件、中根氏の席にて行違と相成遺憾千万。

中川　望

※昭和5年10月28日　勅選議員補充の詮議ありとの報、御推挽に与る様御高配相煩たし。

仲田　包寛

昭和　年12月9日　蜜柑御送り申上く。

中谷　政一

大正10年7月9日　健康を祈申す。

※昭和(6)年2月21日　銀安の影響深刻にて匪賊の出没が近年稀有の害を与える。

※昭和(6)年6月15日　満鉄首脳者の更迭ありて御出馬を確信の処其事なく意外千万。

※昭和(6)年11月20日　長官警備力増員言明するも関東庁の財政は行詰まり。

※昭和(6)年12月14日　小生辞表を直に提出し上京の準備。

※昭和(7)年1月4日　本国の政変心外千万御憂慮拝察。長官には辞表差出す。
※昭和7年1月18日　日本の政治は余りになさけなし。山岡長官とは所詮一所にゆき得ざる性格。
※昭和(7)年1月20日　予て願出の辞表昨日御聴許。
※昭和　年12月30日　関東庁内各警務局関係の大異動断行。

中野　邦一
昭和20年5月5日　巣鴨の御本邸焼失誠に遺憾千万。
昭和22年7月30日　近況報告。
8月16日　御芳翰中の白木某は小生一面識も無之。

中野　正剛
※昭和4年8月13日　友人野溝伝一郎君を尊台麾下にて資質を発揮せしめんことを願う。

中村　是公
※7月29日　腸上部から出血、検査したるも有耶無耶に終る。

中村　舜二
昭和22年9月7日　八十歳以上百人を厳選し健康長寿に関する感想或は体験を伺い度。
昭和22年10月15日　七十八九翁まで切り下げた結果尊台の御一顧を乞う次第。

中村房次郎
※昭和2年8月3日　今回の多額選挙実に言語同断、選挙人の多数は政治的理解なし。
※昭和6年8月27日　浜口氏の御長逝実に痛恨。国家の為め容易ならざる大損害。
※昭和7年9月6日　斎藤内閣は政友会との関係清算すべき。昭和八年二月に総選挙を切望。
※昭和7年9月10日　御来示の件毫も異議無し。御帰京次第三宅氏参上。
昭和12年10月5日　中村邸図面。
※昭和14年4月4日　小生遭難記念日に付き小会催したし。
※昭和14年4月30日　伊東別荘お気に入りの様子喜ばしい。
※昭和14年8月8日　貴族院議員の件進捗。平沼氏再選を内定。
※昭和14年8月30日　永田氏を助役に起用出来れば横浜市のために宜し。
※昭和14年8月31日　助役の件永田氏か大岡氏か青木市長と菊地助役の都合宜敷方に致したし。

※昭和17年10月5日　爾後知事市長御歓談し親敷協調融和。横浜市のため慶賀の至、御配意の賜。

中村　不折

明治42年3月28日　新聞紙上御行動を読し愉快。御申越は委細承知。遷延御許容を。

年月日不詳　(封筒のみ)

中村　正雄

※昭和19年7月28日　先般御恩寵に家族一同感涙。父最後の事業たる鉱業報国に挺身。

※昭和20年9月21日　松尾鉱山にて御大詔拝聴。肥料増産に貢献する松尾鉱山の使命再び重要。

※昭和20年12月1日　神戸在住兄に立ち退き命令。御来伊なければ伊東へ。

※昭和20年12月6日　神戸兄居住御許容も伊東別荘は国家社会に有用に御使用願う。

※昭和22年7月1日　東北巡幸の由承る。松尾鉱山臨御は全山の希望。何卒宜しく。

※昭和22年7月18日　宮内府犬丸課長に好摩駅にて御召列車御奉迎方陳情。

※昭和22年8月1日　天子様の件本日決定。小岩井農場にてお話。好摩駅徐行奉迎。

中村雄次郎

※大正6年6月9日　過般御願の吉田義季氏大倉組へ依頼の趣、門野重九郎氏に面会。

※2月13日　門野重九郎氏に面会。樺太に木炭製造所起業の件。

永安　百治

昭和17年12月15日　本年通常県会は協力体制に終始。高等工業学校設置は欣快。

半井　清

※昭和22年4月1日　市長選は山崎次隆自由進歩推薦。社会党は石河京一。山崎有利。

※昭和22年4月8日　横浜市長選は社会党に敗れ遺憾。石河京一は好ましからぬ噂あり。監視必要。

※昭和22年8月20日　松尾鉱山運営に協力方ご指示あれど、先方に受容の心なく難航。

※昭和23年4月10日　お邸の件中村正雄に相談。中村家債務弁済のため譲渡。

※年月日不詳　浜口・下岡・湯河の三氏で千円に変更。

鍋島桂次郎

※昭和2年10月3日　当地方暴風雨は倒壊浸水家屋あるも死亡者なし。稲作柄も八分。

※昭和(3ヵ)年1月26日　選挙に関し方々に巡遊の由。何とぞ長崎県へも御来駕を願う。

南原　繁
※昭和(20ヵ)年2月18日　御芳書に接し恐縮。御高話拝聴したし。国家危局の砌ご自愛を。

西久保弘道
大正12年1月1日　年賀状。
※大正15年7月19日　東京市長ご就任大慶至極。御病気十二分に御静養を。
※昭和(4)年7月21日　田中内閣倒閣、同慶。八塚利三郎署長は懇意。丸山にも依頼。
※昭和4年8月3日　八塚は将来官吏を止め実業方面に活動する由、やむを得ず同意。

西野入愛一・和田義郎
昭和23年7月19日　近々、小坂君と参上。

西村兵太郎
※昭和(7)年8月23日　貴族院議員候補者は政民妥協し仲田氏推薦内定。単独推薦至難。

新渡戸稲造
※昭和7年3月28日　小生四国舌禍事件に貴兄より松山某新聞社長に御芳志、感謝。

野口　弥三
昭和22年8月18日　インフレ益々悪化し前途痛心。小作人収入なく自作出来ず困る。

野溝　勝
※昭和17年4月15日　郡下の共同戦線運動奏功し異状の成果を信ず。遊説中。
※昭和(17)年5月23日　先日お話の履歴書同封。南方での活躍希望。職域奉公を。
※昭和17年5月31日　帰京後妻の病気により帰郷。先生の原稿整理も出来ずお詫び。

挾間　茂
※昭和13年2月8日　今般転任に付御教示御礼。地方第一線に立つ宿志を遂げ欣快。

橋本清之助
昭和7年7月1日　農村対策多忙のため失礼。
※昭和11年9月11日　紀君の件野村編輯次長に懇請。転任中止は突然。手腕は認識。

長谷川久一
※大正13年7月7日　大阪市電罷業立籠りで多忙。日本労働総同盟は是非絶滅を。

八田善之進

※昭和(22)年1月24日　枢密顧問官の恩命に浴し、御指導の程希いあげる。

八田　嘉明

※昭和14年1月14日　この度商工・拓務兼務に付御懇詞御礼。責任の重さを痛慮。

浜口　雄幸

※大正(14ヵ)年6月11日　幣原君へ内話の件、両人一致の意見を幣原君より一書拝呈。治台に益々邁進を。

※昭和5年1月28日　岩倉男爵御手紙を返却。

浜口　雄彦

※昭和6年8月25日　本月初めまでは父の経過良好。突如発熱。体力・気力衰弱。

※昭和17年9月28日　先考伝記編纂に付御高配感銘。小生明二九日より華北視察。

昭和18年1月28日　広島菜漬物少々お届け。御賞味ください。

原　嘉道

※昭和(17)年1月9日　国内過激派の言議の一端昨夕の報知新聞に。国内攪乱を煽動。

昭和17年6月4日　尊翰拝誦。錦地静養中の趣了承。枢密院に重要案件なし。

※7月24日　林田昨夜半来着。今夕御高話拝聴会食願いたし。

8月20日　今朝来客の為御約束に反き失礼。二十二日御寵招感謝。

年月日不詳　小生本日午後帰京。過日の「信濃の口碑と伝説」をお手元に。

原　良三郎

※昭和22年12月5日　御懇書御厚情感佩。亡父在世中よりの横浜への御高配忝し。

原田　熊雄

※昭和13年8月22日　御殿場老人過般御心配の点全然同憂。右傾の始末大に心配。

昭和18年7月5日　御懇書御礼。山へ御出の由。小生は暑い大磯に留まる予定。

平沢　要

※10月3日　浅川参陵車中にて「風に恨み」を話題に。道中老公の慰めに。

昭和21年10月13日　終戦後の月日の早いのに驚く。法律改正などの機に一気に退任。

平田　吉胤

※昭和7年8月12日　御照会多額議員選挙苦心。小生辞退。沢田氏再出馬期し難し。

平沼　亮三

※昭和(21)年3月12日　勅選に多数補欠、半井市長を推薦願う。小生は追放、辞表提出。

平山　遠

※昭和　年5月22日　小生終戦後も大学に徴用。昨秋帰還。亡弟泰在世中御懇情拝謝。

平山　泰

※昭和(11)年9月17日　森岡氏は取り巻き悪し、台湾のため心配。市長・助役に閉口。

※昭和18年6月25日　田口社長は台湾に無縁。塩糖問題。都制。交通統制関係の委員等に推挙を。

平山　好

※昭和(22)年5月23日　増田・下条当選は御支援のたまもの。故人の御墓参に感激。

広瀬　吉蔵

昭和24年1月1日　詩。書。

広瀬　徳蔵

※昭和(4)年7月3日　光輝ある内閣出現。尊台入閣なしは物足らぬ。適当の機会に推挙を。

広瀬　久忠

※大正6年5月29日　伊藤君の身元等は別紙調書(欠)にて御承知を願う。

※昭和20年9月2日　抑圧より解放され国民は我儘に、指導者の勇気努力を要す。

福井菊三郎

昭和(14)年8月15日　自叙益田孝伝著者長井実氏より一部貴下へ拝贈の旨申し来る。

10日　態々御来示恐縮に堪えず。

福沢　桃介

大正14年4月25日　小生永年贔屓の俳優河合武雄貴地にて興行。御引見を願う。

福島文右衛門

※昭和7年8月14日　多額議員選挙は飛島文吉・山田仙之助競争中。飛島多少優勢。

福原　俊丸

昭和23年9月13日　過日尊容に接し御元気驚き入る。先日赤穂町佐藤孝一君を訪問。

藤岡　長敏

昭和17年1月23日　小生静岡県転出に御祝詞有り難し。伊東御滞在中拝眉を念願。

※昭和　年6月19日　信遠鉄道・中部日本治山治水問題・宗良親王奉賛会等努力中。

藤沼　庄平

※11月2日　同成会より経験者として推薦予定なし。各会派割り当て。

藤原銀次郎

昭和18年6月29日　(封筒のみ)

※昭和18年8月14日　今後相当の余震。収穫は確か。国策会社経営方針一変せば国家の幸福。

※昭和(18)年11月30日　この椅子に座りて視れば国家状勢心配。徐に首相に忠言を。

昭和20年4月19日　過日ご来訪深謝。尊邸ご遭難の由拝承、大いに驚く。

※昭和20年10月28日　正力君新聞問題暫時成り行き観望。食糧困難・人心悪化。

※昭和(23)年9月4日　昨年は慶応大騒動。工業大学復興問題などに引っ張りだされる。

※昭和　年3月1日　大番頭更迭と山下逝去は同様の内情。企業体制大問題。

降旗徳太郎

年月日不詳　先般御来駕御礼。国政の前途多難。

古川政次郎

※大正13年7月25日　上山勘太郎書翰(大正13年7月18日付)同封。鉄道線路変換は際限なし。

報知一愛読者

年月日不詳　報知紙上加藤高明伯に関する御話拝読。私所持の伯の書を同封。

朴　重　陽

※昭和11年8月7日　大野政務総監御紹介下されたし。

細川　護立

※大正13年9月20日　小生同窓石橋茂氏台湾にて弁護士。憲政会代議士六度当選。

※昭和22年4月15日　槇有恒氏頗る気の毒な境地。東京にて然るべき職も。

※昭和　年6月17日　貴書拝読感激。数年来の不健康、重責にあたるは不可能、遺憾。

堀切善次郎

※昭和6年8月22日　糖業代表者と木下長官との懇談会開催。省廃合決定時機近づく。

前田　多門

※昭和(21)年7月15日　拙宅進駐軍に接収、急遽移転。本週国際裁判所証人出廷。

※昭和(21)年10月28日　先般電話にて軽井沢会理事推薦者御辞退の趣に驚く。御翻意を。

※昭和21年11月16日　軽井沢会理事推薦者御辞退の旨拝承、遺憾。事実上の御助勢を。

※昭和(21)年12月29日　軽井沢会後任理事の件。塩川氏監事留任を望み理事辞退。

前田　利定

4月30日　旧藩横尾惣三郎に対する平生甚大の御高庇深謝。

前田　米蔵

※昭和11年8月5日　貴下今度鉄道会議議員任期満了、御留任願いたし。

槇　有恒

昭和21年9月18日　御尊翰拝誦。高原の秋色ご快適の事拝察。御芳志感佩。

※昭和21年9月23日　明二四日よりカーター博士登山案内。GHQ水産部門勤務。

※昭和　年8月9日　当山村に仮寓半年。近頃茅ヶ崎方面借家の見通し、今秋移転の予定。

牧野　伸顕

※昭和22年9月20日　封入の書類(欠)賢兄当時の御心労の程が伺われ、伊沢家にて保存然るべし。

増田甲子七

※昭和15年5月23日　一昨日御見舞感激。小生国家の合法的革新を志すも病に。

※昭和(19)年9月6日　近藤壌太郎氏勇退、内務官界寂寥。清水重夫氏は内務省の柱石。

※昭和19年12月31日　松尾英敏君と清水重夫兄のため御高配を願う。

※昭和(20)年8月5日　平山市長に書面で御願。松尾が市政明朗化に治績を挙ぐる事を確信。

※昭和(20)年10月8日　臥床八年の後健康全快。九月末帰京。難局下御苦闘の段感謝。

※昭和(20)年11月15日　今回福島県知事拝命。平山市長は松尾君を福島にて官吏にと。

※昭和(21)年6月4日　只今上京中、北海道の食糧事情につき委曲奏上。至大の光栄。

※昭和(21)年7月10日　地方長官公選は自治促進。小生も長野で立候補希望。進駐軍大佐支持。

※昭和(21)年8月21日　米国及内地の援助により食料難打開。農産石炭など万事好転。

※昭和21年12月3日　石炭増産、一一月出炭量は五四万五千トン、政府進駐軍大喜び。
※昭和22年6月6日　今般運輸大臣退官、在任中御高配感激。御芳書拝見。何れ拝趨。
昭和　年10月8日　(封筒のみ)

町田　忠治
※昭和(6)年8月14日　浜口氏月初より時々高熱。農林審議会委員人選に付貴意を得たし。
※昭和(6)年8月22日　農林審議会委員は月末迄に選定致したし。浜口氏はよほど衰弱。
※昭和(6)年9月1日　公正会意向御徴の段拝謝。他会派の振合に老台を煩わしたし。
※昭和13年3月24日　池田氏身上につき御厚意拝謝。本人も先輩の勧告に従うことに。
昭和　年1月13日　土佐よりの貴翰拝誦。議会も目睫の間御高見承りたし。
※11月13日　花川氏の事一両日前内々交渉。出来れば同氏の為喜ばしい。

町村　金五
昭和　年10月19日　小坂・近藤両氏のお招きにより信州の風物に初めて接する。

松井慶四郎
4年7月4日　小生は明日より軽井沢に。御出になれば又々お供申すべし。

松井　茂
※大正15年7月25日　丸山君より事情を審かに致す。各方面には誤解の防禦に努力中。
昭和11年8月9日　川崎卓吉君に対する御好誼に御礼。頃日同君郷里で惜別の辞。
昭和16年2月23日　今日は御内祝いの品頂戴し御礼。

松沢　忠太
昭和6年1月8日　『楽石社大阪支部矯正規則』送付。楽石社大阪支部長大矢寧明氏は辞職。

松平　恒雄
※昭和(22)年6月16日　小生参議院議員及議長当選につき御祝詞御礼。

松根　豊
昭和17年9月2日　狂歌送付。

松本　学
※昭和(7)年8月14日　「貴族院多額納税者議員通常選挙立候補確実者調」等御高覧に。

昭和9年2月11日　珍しきからすみを有り難く賞味。御芳志厚く御礼。

松本　烝治

※昭和14年3月3日　「王安石の革新政治　北宋衰亡の因をなす　読書偶感」原稿。

松本　安正

※昭和(4)年10月17日　大浦兼一氏家政整理に付原田老人との面談希望。井上蔵相機智に過ぎる傾向。

丸茂　藤平

※昭和(3)年(8)月12日　浪人のまま再起絶望。鈴木内相に依頼して就職。実に心苦し。

丸山　鶴吉

※大正13年6月11日　小生在鮮五年局面展開の要痛切。内地放浪外遊研鑽に努めたし。

※大正13年6月18日　小生朝鮮人とも因縁、局面展開切要。大嶋君官界より除外すべし。

※昭和(2)年(7)月　ジュネーブ軍縮会議報告。会議いつ終了するとも見込立たず。

※昭和4年7月3日　安達氏と会見、警視総監就任懇談を受け、快諾の返答を致す。

※昭和12年3月16日　昨夜半運動終了。五十五回の演説。政治教育の効果は相当。

昭和17年9月18日　身体は漸次疲労回復。当病院は街の中。終日一室に閑籠。

※31日　貴族院派遣の華北・上海慰問団派遣に希望者なくば参加致したし。

三浦弥五郎

※大正15年7月15日　東京市長御就職に祝意。細目は市会有力者及助役に一任せよ。

三浦碌三郎

※昭和8年9月8日　小生は性急なる日本化思想に対するブレーキとして奮闘。

三沢　寛一

※昭和(11)年9月3日　平生文相に御推薦御礼。本日漸く面会。

昭和21年7月13日　郷里農地処理の必要に迫られ十年にわたる札幌生活を打切り。

※昭和(21)年8月18日　物部知事・教育民生部長に面会。尊稿「岩波君を憶ふ」を拝誦。

※昭和21年12月16日　信濃宮神社封鎖預金解除は半年を要す。知事候補者物部氏有力。

9月29日　奉賛会役員組織着々進行。河合弥八殿に御紹介の御名刺頂き度。

三沢　糾

※昭和(8)年11月21日　高砂寮復興の運び。堅実高尚な青年を内台人より選び中心に。

水野　昌雄
※昭和13年12月1日　御書拝見。拙文改作。台湾総督一条ありて文章上の照応あり。

三土　忠造
※昭和(21)年2月15日　玉翰拝読、御旅行困難の由、御保養専一。その内誰か差し遣わしたし。
昭和　年2月28日　先般来重要問題堆積。本日老生秘書官高倉寛差遣候。
昭和　年2月18日　拙著御贈呈申上候。

三矢　宮松
※昭和11年9月7日　河井弥八氏より拝承、赤石山につき御配慮感謝。

南　弘
昭和17年8月27日　昨夜の漢詩今朝推敲。一応御眼にかけ候。

三橋四郎次
昭和20年5月10日　八十八夜神饌茶御贈申上候。

三淵　忠彦
昭和23年2月23日　本日御高教を賜り有難拝謝。
昭和23年2月26日　検事総長福井盛太郎拝眉御教示を願うと申し居る。

三宅　磐
※昭和7年10月17日　平沼君同成会加入手続き相済み小生も一安心。

三宅　秀
昭和9年12月25日　緊要の節登院の心得。
昭和10年3月11日　海豹にて帽子肩掛け作製。登院の上御一覧願う筈。

武藤　嘉一
※昭和　年5月24日　古屋慶隆代議士よりも県議に運動方勧告される。推薦制ならば決意。

武藤　嘉門
※昭和20年6月10日　兼て御意見の通り、一部専檀時局を困難に。官吏威信失墜の極。
※昭和20年6月18日　当局国民に対する信用喪失。官吏素行暴露の結果。

※昭和(20)年(9)月4日　合成酒製造上銅板必要。住友本店河井氏に御紹介を。
昭和(20)年9月27日　住友河井様御紹介状早速御送付下され感謝。当分拝趨は見合せ。
※昭和21年12月18日　桃井知事在官のまま選挙に臨む、官権濫用は当然の次第。
※昭和22年1月11日　拙生追放該当の件、尊台より資格審査の内詮議ご照会を願う。
※昭和22年2月3日　岸氏より返電、追放令無罪を確信。桃井知事出馬は大野伴睦の暴挙。
※昭和(22)年2月15日　植原新内相は知事立候補賛成。桃井氏狂奔一層目立つ。
※昭和(22)年2月27日　桃井氏現任のまま官権濫用の運動ぶり。如何にも癪に障る。
※昭和(22)年4月25日　過日知事選挙に付御配意恐縮千万。強敵に勝利は天佑。
※昭和(22)年5月27日　片山内閣片鱗も整わず中央との交渉一切停滞。
※昭和24年2月28日　公務員給与規定違反で起訴。飯塚敏夫・牧野良三氏等無罪を確信。
11月8日　小生当夏以来不快気味。昨今全快。上京致したし。

望月　圭介
※昭和14年7月26日　御話申上げた人も老兄との会談非常の希望。御帰京の時一報を。
3月21日　御話申上置候人も老兄との会談非常の希望。御承知下されたし。

本山　彦一
※大正15年7月18日　台湾統治は重大なるも帝都現況より観て東京市長の任務は切要。

本山　文平
※昭和11年7月21日　有吉氏を訪問し、辞意を表明し、井上英君を小生後任の最適任者と推薦。
※昭和18年3月22日　船舶不足のため台湾青果物輸移出減少。島内事業に主力注ぐ。

森　徹夫
※昭和11年8月29日　「涼風清談」は好評。発案者責任者として面目大に揚る。

八木　逸郎
※昭和7年9月10日　民政系山本は出馬一旦断念。当選するも研究会入会は先約。

八代　六郎
※大正5年8月26日　旭日重光章拝受祝賀。
※大正6年12月12日　佐世保鎮守府着任。八四艦隊は艦隊を引率せし事もなき人々の考案。

※大正(14)年7月19日　政友会は愈たまらなく、離別の模様、田中は役落か。

安田耕之助

※昭和7年9月6日　貴族院議員互選に高配を辱くし御礼。一層の援護頂きたし。

※昭和7年9月12日　貴族院議員互選立候補に際し尊慮賜るも意外な敗戦。他日の精進。

安広伴一郎

※大正13年7月30日　満鉄副社長急ぎ任命の要もなし。九月帰京予定。

※大正(14)年8月29日　拓殖局書記官笹川恭三郎御地に出張。小生の女婿にて宜しく。

※大正(15ヵ)年7月13日　明日帰満。市長の儀やむを得ざる事。天岡直嘉閑散にて困り居る。

※昭和9年　月13日　飛躍の時機近き老兄の得意想う。来遊を待つ。

※昭和10年3月19日　幣原に邂逅。不平は老兄の生命。幣原君誘引来遊如何。

昭和10年4月2日　小生、三四日滞京。箱根へ御来遊の時には電話乞う。

柳井　義男

※昭和11年8月15日　岩手県は東北振興その他事務多端。石黒長官更生振興に懸命努力。

山県　治郎

※昭和7年6月4日　推挙を得ば尊台の明を傷つける事致すまじ。

山口　安憲

※昭和5年4月10日　御令息の件如何様にも御預かり申し上ぐ。

※昭和6年9月12日　腸チブスに罹り、天皇鹿児島県行幸に職責全うできず。辞表提出。

山崎　巌

※昭和(20)年5月1日　枢府会議御欠席、お見舞い申上たく存じ乍ら失礼。空襲見舞。

※8月27日　行啓時御来駕御礼。帰京後近衛公へ報告。日夜薄氷踏む感あり。

山崎　匡輔

※昭和(22)年1月30日　小生文部次官兼官として帝大教授辞職。追放問題とは無関係。

山路　一善

※昭和16年5月10日　過去我国を混乱状態に導きたる勢力駆逐のため宇垣を起用すべし。

山下亀三郎

※大正14年11月17日　海防航路の事、大正八年以来台湾産業の輸出に多大の犠牲、調査されたし。
※昭和4年7月3日　このたび入閣なきは不思議。香坂氏とは昨日面会。
昭和(11ヵ)12月21日　愛弟川崎君、老台の心中。
昭和14年1月16日　近況。東山荘に入るも二月に入れば退去。
昭和14年3月31日　近況。明日より東山荘に。
昭和14年6月4日　雑感。
※昭和16年1月14日　明治四十三年知事となり拝顔以来三十有余年、含雪の軸御受領下されば仕合。
昭和17年4月25日　電話行き違い失礼。
昭和17年7月23日　病気見舞。
昭和17年8月2日　病気見舞。
昭和17年8月12日　病気見舞。
昭和17年9月4日　軽井沢よりの諸友の寄せ書き拝受。
昭和17年9月21日　ご機嫌伺い。
昭和17年10月26日　一日も早いご来荘を待つ。
昭和17年11月6日　授与式は今月末に実行、井上三郎を加える。
昭和17年11月12日　授与式は来春まで延期。
昭和18年3月20日　近況。一昨日高輪に参り拝晤の模様承知。
昭和18年6月28日　近況、雑感。
※昭和18年6月29日　神奈川県警察部長高橋三郎引見乞う。
昭和18年8月1日　一昨夜、ご入城のこと。
昭和18年9月8日　御前進講し感激。
昭和　年1月8日　湯河原へ行き関白立ち寄るも時日未定。
昭和　年3月26日　雑感。
昭和　年6月21日　雑感。大磯のガンジーより日本の大ガンジーへ。
昭和　年7月18日　本年の軽井沢行事。
昭和　年8月7日　二日、四日の模様承知。

昭和　年8月11日　浅間庵開所。
昭和　年8月20日　近況。浅間庵、関白、村田。
昭和　年8月22日　近況。
昭和　年8月27日　雑感。
5月9日　近況。天下の日展云々。
5月26日　来月十日頃東山荘に。
6月1日　雑感。
7月3日　病気見舞。
7月21日　雑感。
7月25日　浅間庵にてご引見乞う。
7月29日　雑感
8月18日　伏見よりの酒到着。
8月25日　近況。
8月31日　雑感。
※9月1日　過日お叱りの安達の件遺憾、後藤閣下にも御移し願う。
9月11日　ゴルフほか。
9月11日　坂本氏に面会。
24日　ご慰問感謝。
年月日不詳　雑感。
年月日不詳　雑感。
年月日不詳　雑感。吉田孝太郎名刺同封。

山田　省三

※昭和22年8月19日　伊東市制実施。市長は新人と交代したし。

山本　厚三

※昭和(16)年11月30日　政界閑話タイプ原稿。

山本辰右衛門

※昭和18年11月9日　色紙恵贈賜り有り難く拝受。

山本　達雄
　年月日不詳　到来品之内割愛。

山本為三郎
　昭和22年12月19日　恩賜の鴨拝領恐縮。

山本悌二郎
　昭和　年1月21日　漢詩送付。

湯浅　倉平
※大正12年9月26日　御来庁の際拝晤の予定つかず、身辺危険予見し難し。
※大正(13)年4月25日　憲政会景気宜しきに反し本党振るわず。官吏立候補は政府作戦変更の結果。
※昭和2年12月19日　斎藤総督退官とともに辞表提出するが田中首相に後任選定能力なし。
※昭和4年4月2日　大阪で生来初めての政談。一平漫画への抗議。
※昭和4年4月13日　浜口雄幸氏より東京市長就任打診。小生絶対不承諾の旨回答。
※昭和(7)年11月11日　権藤成卿の弟、朝鮮新聞副社長権藤四郎介紹介。
※昭和(8)年9月5日　内府辞職の取沙汰、あり得べからさる事と小生は確信。
※昭和12年1月15日　「本人」へ児玉伯より研究会、岩田・永田より同和会入会を勧められ居る。
※昭和12年9月25日　河井君のことは困惑。近衛首相にはこれまで人事につき申し出ず。
※7日　対支関係、政府の施措は愚。石塚・添田等の蠢動出来損ない。

湯川　寛吉
　大正6年5月6日　令兄伊沢修二御逝去、痛悼の至り。

湯河　元臣
　大正6年12月18日　病気回復。義太夫に従事することとなる。
※大正15年4月3日　記念日に築地喜楽に案内し懐旧の一会催したく相談したし。

湯河　元威
　昭和　年4月21日　五月一日に上京の由、浜口下岡君に相談、みどり荘に一泊願う。

湯沢三千男

昭和17年4月20日	先夜の御来光有り難く、失礼の段は悪しからず御海容賜りたく。
※昭和18年1月2日	病気にて体力の恢復に努め、新春再起御奉公出来る自信つく。
昭和　年5月15日	(封筒のみ)
湯本武比古	
※大正12年8月19日	大学問題のため焦熱地獄に落ちたる思いも一段落を付け一安心。
※大正14年5月2日	昨日御発台の事承知。病気は遠からず全癒出来得る。
1日	樺山伯爵額の件、揮毫は徳川貴院議長に依頼したし。
楊肇嘉・劉明電	
※昭和　年11月6日	台湾移出米管理案実施は農産品価値下落を招き、台湾統治に悪結果を来たす。
横光　吉規	
※4月6日	伊東に到着。伊沢来演の件。鉄道省、農林省に運動。
横山　助成	
※昭和10年5月15日	会談への招待。水野、望月、秋田も参席承諾。
3月21日	睡眠薬送付。
年月日不詳	十八、九日頃帰倫。十九日過ぎ頃には御伺い申すべく。
芳沢　謙吉	
昭和　年7月23日	微熱臥床のため軽井沢へも遅延。全快後に参向仕るべく。
吉田　茂	
※昭和(20)年12月5日	主権回復第一とせば責任内閣成立急務。老首相を煩わせざるを得ず。
※昭和(20)年12月17日	共産系の活動恐るべきに付、高木海軍少将老閣往訪依頼。
※昭和21年7月10日	来栖三郎へ貴意御伝願う。戦争裁判上目立たない方来栖のため。
※昭和　年7月26日	荻外荘に昨今居る。国家再建のため全国遊説の覚悟。
※年月日不詳	共産分子の活動活発、当局への注意要請。
吉野　作造	
※大正(12)年9月30日	火災保険金支払問題同感。
吉野　信次	

※昭和13年7月28日　亡兄の書翰写し送付御礼。

米原　章三

※昭和7年10月18日　所属会派の件、同成会へ勧誘の懇書拝誦。研究会よりも交渉あり。

米山　梅吉

※昭和14年7月6日　近衛公に一昨日面晤。

※昭和17年9月3日　行政の改組・簡素化は非常時には見合わすべし。

昭和18年1月4日　患部の苦痛何分にも堪え難く閉口。

昭和20年3月2日　和歌。明日、一寸帰村、拝眉。

※昭和(20)年4月28日　空襲火事見舞。

※昭和20年8月8日　情勢甚だ憂慮に堪えず。国民行進曲募集など付け焼き刃。

羅　万俥

※昭和15年10月10日　蔡培火と秋田拓相へ鄙見開陳。米穀政策など要点を報告。

※12月2日　連絡機関創設し、呉を事務に当たらしむる事適切。

劉　明朝

※昭和6年3月31日　殖産局、専売局又は内地の拓務省に推薦を願う。

林献堂・羅万俥

※昭和(7)年1月14日　日刊発行の件、許可指令書公布せられ一同歓喜。

林　献堂

※昭和9年7月10日　満州経営策の参考として台湾統治の治績に関する意見の具申。

※昭和11年　中国旅行中の言動に対し本島では世間の誤解を醸し、恐縮の至り。

※昭和18年1月22日　長谷川総督指導で高度国防国家建設に努力。特別志願兵応募盛ん。

※昭和19年1月11日　国民一人残らず戦闘配置につく可き秋。

※昭和20年1月13日　本島への処遇改善案は微温的乃至は一部階級的に終わらずば幸甚。

※昭和20年4月7日　貴族院議員就任挨拶。

※昭和　年4月4日　台湾米穀管理案の審議への意見。

8月6日　近況挨拶。

若槻礼次郎
※大正(14)年7月12日　台湾の官有原野開墾希望の者紹介。

鷲尾勘解治
※昭和　年10月22日　三石礦山退社挨拶。

渡辺勝三郎
※大正15年6月28日　東京市長受諾の真意察す。助役に青木鉄道次官を推薦。
19日　揮毫依頼。

渡辺　千冬
※昭和4年9月8日　疑獄沙汰、研究会は心配に及ばず、協議員選定は青牧両子と協議。
昭和　年1月8日　萩、九州旅行報告。御送付の珍品落手。
※6月16日　羅漢会病欠の釈明に接し恐縮の至り。

不明(栗山ヵ)
※8月18日　吉田の訪問受け初めて面会。

差出人不明
※10月8日　阪田達と話す。協議合意事項記録、理事諸氏に承認を求める事等。
※10月15日　塩沢海軍大将、長野愛知両県知事、鉄道省課長等に協力を要請。

Ⅱ　書　類

〔地方長官・警視総監〕

伊沢知事閣下和歌山県会ニ於ける御説明（明治四十年通常県会）／和歌山県罫紙仮綴20枚。タイプ。

伊沢知事閣下和歌山県会に於ける御説明（明治四十一年通常県会）／和歌山県罫紙仮綴42枚。タイプ。

『紀伊新報』昭和6年5月20日切抜（紀勢鉄道に関する伊沢の回想）／1枚。

伊沢多喜男閣下和歌山県知事在官中ノ森林行政ニ関スル治績概要／和歌山県罫紙仮綴17枚。ペン書。昭和14年12月29日伊沢宛和歌山県知事封筒付。

昭和十一年九月十五日渡辺吾一君持参　住友鉱業所煙害賠償問題／仮綴6枚（表）。仮綴3枚（グラフ）。用紙1枚（職員表）。封筒付。

愛媛県ノ林政上ニ残サレタル伊沢知事ノ事績／渡辺吾一／昭和14年4月／便箋38枚（表紙含む）。ペン書。

『海南新聞』昭和15年2月27日・29日切抜（元林務課長渡部吾一「県下公有林野整理の跡を顧みて」）／状2。昭和15年3月7日付伊沢宛渡辺吾一封筒付。

公有林野経営品評会審査調書／愛媛県／仮綴56頁（表紙含む）。手書印刷。

〔伊沢警視総監時代の警視庁幹部各署長名簿〕／罫紙仮綴2枚及び4枚。墨書。警視庁罫紙。封筒付。書込有り。

〔台湾・満州〕

〔台湾総督赴任関係書類〕（御赴任ニ伴フ事項・必要持参品一覧・伊沢総督着任当初日程）／（大正13年）／台湾総督府罫紙6枚。カーボン・ペン書。封筒付。

中央研究所善後対策ノ内容ニ関スル件／大正14年9月／台湾総督府罫紙1枚。ペン書。

大正十四年十月調製　学事統計／大正14年10月／仮綴12枚。ガリ版。

台湾拓殖会社設立ノ新聞記事ニ対スル民情ノ件通報／新竹州知事右木章光／大正14年11月21日／仮綴2枚。手書印刷。

大学新営費要求ニ関スル書類／大正14年／台湾総督府罫紙仮綴28枚。ペン書。

就学歩合、入学志願者及児童数／（大正14年ヵ）／台湾総督府罫紙仮綴16枚。ペン書。

大学創設ニ関スル調査／（大正14年ヵ）／仮綴13枚。手書印刷。2部。

大学創設経費ニ関スル調査／(大正14年ヵ)／仮綴43枚。手書印刷。

台湾大学設立ノ主旨／仮綴5枚。手書印刷。

台湾大学ニ文学部併置ノ理由／仮綴3枚。手書印刷。

警察機関独立ニ関スル件／仮綴62枚。手書印刷。

『台湾日日新報』『台南新報』『台湾新報』各紙新聞記事切抜(伊沢台湾総督東京市長就任関係)／大正15年6月8日～28日／仮綴15枚。

〔伊沢総督転任説に対する反響調〕／金田嘱託・台北州知事・台南州知事／大正15年6月25・27・26日／罫紙14枚(ペン書)・台湾総督府罫紙5枚(ペン書)・普通紙5枚(手書印刷)。一括仮綴。

伊沢総督東京市長就任説ニ対スル民情／大正15年6月27日／台湾総督府罫紙仮綴21枚。ペン書。後半部欠。

市長就任賛否調／(大正15年)／台湾総督府出張所罫紙仮綴7枚。ペン書。封筒付。

台湾銀行の救済並にその善後策に就て／赤司初太郎／昭和2年4月27日／罫紙仮綴11枚。タイプ。

自創立当時至昭和五年伊沢財団事業概要、伊沢財団寄付行為／台湾総督府罫紙23頁(表紙含む・墨書)。仮綴3頁(手書印刷)。封筒付。

昭和八年伊沢財団内地視察員感想記／財団法人伊沢財団／仮綴35枚＋6枚。昭和9年7月14日付伊沢宛伊沢財団長平塚広義送付状及び事業概況書付。

台南州下ニ大貯水池ヲ築設スルコトニ関スル意見／台南州知事川村直岡／昭和14年4月／仮綴17枚。タイプ。

台湾問題に関し衆議院論議の跡(2)／(昭和15年ヵ)／仮綴19頁。手書印刷。2部。

台湾工業化ノ経過大様／殖産局／昭和16年2月　仮綴84頁。タイプ。

楊肇嘉ニ関スル件／中支那振興株式会社罫紙4枚。ペン書。封筒付。

台湾統治に関する意見／楊肇嘉／状21枚。ペン書。

塩水港製糖株式会社内紛事件に就いて／仮綴21枚。手書印刷。

教育沿革史　清朝時代蛮人教育(未定稿)／仮綴34枚。手書印刷。

『毎日新聞』昭和28年1月26日切抜(台湾人の伊沢夫人への療養費寄付)／3枚。

朝鮮ニ於ケル憲兵制度ノ考察／仮綴74枚。タイプ。

満洲御視察御参考事項／罫紙仮綴16枚。ペン書。

〔日満議定書〕／昭和7年9月15日／関東庁用紙仮綴3枚。タイプ。

対満機構問題ニ関スル声明其ノ他／(拓務省)管理局／昭和9年10月／拓務省用紙仮綴19枚。タイプ。

八田、森重両課長現地ヨリノ電報及復命書／(拓務省)管理局／昭和9年10月／仮綴24枚。手書印刷
在満機関調整問題／昭和9年11月4日／仮綴30頁。手書印刷。

在満機構改革ノ要綱ト其ノ批判／鵜沢憲／(昭和9年)／仮綴6枚。コンニャク版。

現役軍人の行政部進出に就て／(昭和9年)／仮綴7枚。コンニャク版。2部。

〔貴族院・枢密院〕

錦水会記録／昭和2年9月20日～5年2月2日／一冊。墨書。

昭和五―六年議会中重要事項書類(浜口首相登院に関する意見・貴族院議員ニシテ特殊銀行会社役員調(昭和六、二、四現在))／用紙2枚(ペン書)。大蔵省罫紙1枚(ペン書)。封筒付。

新聞切抜(浜口首相登院問題)／昭和6年／2枚。

貴族院制度調査会職員異動報告(昭和十一、十二、十八第三回総会以後)、貴族院制度調査会委員議席表(昭和十二、七、六現在)、貴族院制度調査会総会議席図／B4各1枚。タイプ。

〔徳川家達貴族院議長の事績に関する質問並回答〕／(伊沢多喜男)／貴族院罫紙仮綴11枚。タイプ及ペン書。

〔昭和会館と協同会・幸倶楽部の所有関係に関する断片書類〕／状1。タイプ。前後欠。

弾正台設置ニ関スル意見／昭和19年1月13日／仮綴9枚。タイプ。

責任当局ノ―特ニ外交面ニ於ケル―「性格切換」ニ関スル意見／昭和19年1月20日／仮綴10枚。タイプ。

〔朝鮮及台湾在住民政治処遇問題関係史料〕／昭和20年／仮綴18枚・タイプ。40頁(後半部欠)・手書印刷。41枚・手書印刷。

〔王公家規範改正案〕／仮綴5枚。手書印刷。

〔憲法改正に関する枢密院審査報告〕／昭和21年6月3日／仮綴10枚。手書印刷。前半部欠。

『枢密院職員録昭和二十一年七月一日現在』／昭和21年7月1日／一冊。書込有り。

〔裁判所法〕／仮綴16枚。タイプ。

参議院議員選挙法施行令案／仮綴14枚。手書印刷。

〔長野県〕

長野県上伊那郡高遠兜城跡公園内ヨリ本郡過半遠望ノ図／伊藤禄三郎著作兼発行／明治32年4月21日／図1枚。

高遠町学校林設置に関する阪井清彦氏宛書翰／伊沢多喜男／明治42年12月19日／状1。活版印刷。

学校林設置助成計画／〔長野県〕／昭和13年11月19日／長野県／罫紙仮綴20枚。タイプ・ペン書。伊沢宛長野県知事大村清一送付状付。

上伊那郡藤沢村学校林施業要領／長野県農林技手池田覚明／昭和14年8月／ノート仮綴1冊。ペン書。

上伊那郡河南村学校林施業要領／長野県農林技手池田覚明／昭和14年8月／ノート仮綴1冊。ペン書。

上伊那郡長藤村学校林施業要領／長野県農林技手笠原伴一郎／昭和14年8月／ノート仮綴1冊。ペン書。

上伊那郡美和村学校林施業要領／長野県農林技手宮崎光治／昭和14年8月／ノート仮綴1冊。ペン書。

上伊那郡三義村学校林施業要領／長野県農林技手宮崎光治／昭和14年8月／ノート仮綴1冊。ペン書。
※〔治山治水に関する講演記録(開会之辞・伊沢先生挨拶・郷土山河の感化力・香坂昌康先生講演)〕／昭和14年9月30日／200字詰原稿用紙112枚。仮綴4。ペン書。
〔学校林関係講演草稿〕／本多静六／帝国森林会用紙仮綴6枚。ペン書。

実地造林上ノ注意　山林樹木の効用／本多静六／帝国森林会用紙仮綴21枚・ペン書。活版印刷2枚。封筒付。

新聞切抜(長野県治山治水期成同盟会総会)／(昭和15年)／2枚。

学校林昭和十六年春季植栽実行状況／長野県／罫紙仮綴2点。罫紙1枚。

学校林施業要領説明書記載資料／(昭和17年ヵ)／長野県／罫紙仮綴3枚。ペン書。

学校林所在箇所及面積／長野県／罫紙1枚。ペン書。

上伊那郡学校林予定地地図／5万分1地図「瀬野市」「高遠町」。

〔上伊那農業学校林関係書類綴〕／長野県上伊那農業学校／罫紙仮綴20枚。前半部欠。

昭和二十一年改定　治山治水事業緊急五ヶ年計画書／長野県／仮綴11枚。ガリ版。

森林治水事業中林野砂防並災害防止林業施設事業計画／仮綴29枚。ガリ版。

『南信林業』第2号(昭和22年4月15日)切抜(「長野県下の学校林と伊沢多喜男先生(其の一)」)／昭和22年4月15日／1枚。

村上龍太郎『山林を護れ』／林野局／昭和24年3月17日／1冊。28頁。

〔信濃宮神社造営に関する会議書類綴〕／昭和16年8月18日／仮綴11枚。手書印刷。

任命状(信濃宮神社奉賛会副総裁)／信濃宮神社奉賛会長永安百治／昭和17年1月28日／1枚。伊沢多喜男宛封筒付。

〔信濃宮神社創建関係書類綴〕／仮綴6枚＋1冊。手書印刷＋タイプ。

信濃宮神社奉賛会規約、信濃宮神社御造営工事配置図／2枚。封筒付。

信濃宮神社御造営計画平面図、信濃宮神社付設修錬場計画図／3枚。

評議員会要領／仮綴2枚。手書印刷。

『信濃毎日新聞』昭和9年9月5日・8日切抜(伊沢多喜男頌徳碑建立問題)／1枚。

新聞切抜(高遠閣建設問題)／昭和9年／2枚。

株式会社高遠閣　創立趣意書・事業説明書・起業予算書・定款／1冊。

『信濃毎日』昭和15年4月15日切抜(辰豊線国鉄移管問題)／1枚。

〔二俣佐久間線建設に関する陳情書及び二俣佐久間沿線調書〕／信煙三国鉄期成同盟会幹事伊原五郎兵衛／昭和17年10月13日／状3＋仮綴4枚。タイプ。

中部日本横断豊糸線沿線資源図(森林)、鉄道線路網図、鉄道線路図／地図3枚。

上伊那社概況　昭和十六年度／蚕種共同施設組合上伊那社罫紙仮綴3枚。ペン書。

〔マッカーサー元帥に対する上書〕／長野県下伊那郡平谷村役場吏員有志／昭和20年11月1日／罫紙仮綴42枚。ペン書。

〔意見書類〕

※〔大浦兼武復権の意見書「大浦氏へ恩命の趣旨」ほか〕／伊沢多喜男／罫紙仮綴9頁。ペン書。
大浦事件証人尋問調書・起訴猶予理由書／仮綴6枚・3枚。タイプ。封筒付
※〔衆議院解散意見書〕／(伊沢多喜男)／(昭和4年ヵ)／墨書1枚(2枚に断)。
※朝鮮総督問題に就て／(伊沢多喜男)／(昭和4年)／便箋16枚。ペン書。封筒付。
演説資料／伊沢多喜男／昭和11年1月／200字詰原稿用紙4枚(ペン書)。便箋1枚(ペン書)。推薦状1枚(墨書印刷)。封筒付。

龍水翁古稀祝賀晩餐会席上挨拶／松村春次速記・伊沢多喜男校正／昭和13年11月24日／200字詰原稿用紙仮綴17枚。ペン書。
※大浦子の人格と本会設立の趣旨／大浦育英会理事伊沢多喜男／昭和15年6月8日／仮綴7頁。タイプ。書込有り。
※新内閣基本要綱／(伊沢多喜男)／昭和16年7月17日／便箋16枚。ペン書。封書「昭和十六年七月十七日　近衛公に対する進言稿」に同封。
※〔上伊那郡における衆議院議員選挙〕／伊沢多喜男／(昭和17年)／200字詰原稿用紙9枚。ペン書。
※〔道義国家再建意見〕／(伊沢多喜男)／(昭和20年)／原稿用紙(3枚)。
〔病中の公案〕／(伊沢多喜男)／便箋2枚。

〔談話・回想〕

※伊沢多喜男氏談話速記／貴族院五十年史編纂委員会／昭和16年6月17日・7月2日／和綴79頁。タイプ。書込有り。
※伊沢多喜男先生の御訓話／長野県上伊那農業学校／昭和16年8月22日／400字詰原稿用紙6枚仮綴。ペン書。
※訓話(昭和十六年九月長野県庁に於て)／枢密顧問官伊沢多喜男／昭和16年9月／400字詰原稿用紙10枚仮綴。ペン書。
追悼之辞(中村房次郎)／伊沢多喜男／昭和19年／横浜市罫紙仮綴31頁(表紙含む)。ペン書。

中村房次郎翁追悼会記録／昭和19年／1冊。74頁。
※〔加藤高明〕／伊沢多喜男／原稿用紙36枚。ペン書。昭和10年7月26日・27日・28日報知新聞連載「巨人を偲ぶ」の伊沢多喜男「加藤高明伯」(上)(中)(下)。
「八代大将逸事　其の三　伊沢多喜男氏談」／275字詰原稿用紙3枚・ペン書。封筒付。書込有り。
※〔西園寺公望〕／伊沢多喜男／200字詰原稿用紙23枚仮綴。ペン書。後半部欠。
故川崎卓吉君追悼演説／伊沢多喜男／ペン書5枚。
次田大三郎君起案　川崎卓吉伝序文　伊沢多喜男校正／状4。ペン書。封筒付。
※岩波君を憶ふ／伊沢多喜男／(昭和21年ヵ)／仮綴8枚。ペン書。

〔日記・手記・覚書〕

懐中日記　伊沢多喜男／明治25年／1冊。ペン書・墨書。
手帳／伊沢多喜男／大正4年／小型手帳1冊。ペン書。
手帳／伊沢多喜男／大正14年／小型手帳1冊。ペン書。
手帳／伊沢多喜男／昭和3年／小型手帳1冊。ペン書。
手帳／伊沢多喜男／昭和4年／小型手帳1冊。ペン書。
手帳／伊沢多喜男／昭和5年／小型手帳1冊。ペン書。
手帳／伊沢多喜男／昭和7年／小型手帳1冊。ペン書。
手帳／伊沢多喜男／昭和8年／小型手帳1冊。ペン書。
手帳／伊沢多喜男／昭和9年／小型手帳1冊。ペン書。
手帳／伊沢多喜男／昭和10年／小型手帳1冊。ペン書。
手帳／伊沢多喜男／昭和11年／小型手帳1冊。ペン書。

手帳／伊沢多喜男／昭和12年／小型手帳1冊。ペン書。

手帳／伊沢多喜男／昭和13年／小型手帳1冊。ペン書。

手帳／伊沢多喜男／昭和14年／小型手帳1冊。ペン書。

手帳／伊沢多喜男／昭和15年／小型手帳1冊。ペン書。

手帳／伊沢多喜男／昭和16年／小型手帳1冊。ペン書。

手帳／伊沢多喜男／昭和17年／小型手帳1冊。ペン書。

手帳／伊沢多喜男／昭和18年／小型手帳1冊。ペン書。

当用日記／伊沢多喜男／昭和18年／1冊。ペン書。1月～7月までのメモ同封。

昭和十九年手帳／伊沢多喜男／昭和19年／小型手帳1冊。ペン書。

手帳／伊沢多喜男／昭和20年／小型手帳1冊。ペン書。

日記／伊沢多喜男／昭和20年／当用日記帳1冊。ペン書。

日記／伊沢多喜男／昭和20・21年／大学ノート1冊。ペン書。

手帳／伊沢多喜男／昭和21年／小型手帳1冊。ペン書。

手帳／伊沢多喜男／昭和22年／小型手帳1冊。ペン書。

手帳／伊沢多喜男／昭和23年／小型手帳1冊。ペン書。

手帳／伊沢多喜男／昭和24年／小型手帳1冊。ペン書。

当用日記／伊沢多喜男／昭和24年／日記帳1冊。ペン書。

龍水手記数種・大浦兼武子爵記念事業会の経過報告案・吾人の富(英文翻訳)・江木千之君と対談・長野県の東宮殿下奉迎批判・〔富岡鉄斎訪問記(未完)〕・大正十二年十月付宛先不明伊沢書簡下書)／(伊沢多喜男)／便箋等15枚。ペン書等。封筒付。

覚書(岐阜、愛知、三重旅行)／(伊沢多喜男)／昭和12年5月29日／ペン書3枚。

〔覚書〕／原稿用紙1枚。

〔覚書〕／(伊沢多喜男)／便箋2枚。

〔頑爺荘即興・畳旧作詩韻〕／(伊沢多喜男)／便箋2枚。墨書。

〔詩文〕／伊沢多喜男／状1枚。墨書。

〔任命状・その他〕

任命状(臨時治水調査会委員)/内閣/大正10年1月31日/状1枚。

任命状(帝都復興院評議会評議員)/内閣/大正12年10月18日/状1枚。

任命状(特別都市計画委員会委員)/内閣/大正13年2月2日/状1枚。

任命状(台湾総督)/内閣総理大臣加藤高明/大正13年9月1日/状1枚。封筒付。

任命状(名誉会員)/西巣鴨町方面事業助成会長佐々木貞七/昭和6年10月30日/状1枚。

授与状(旭日大綬章)/賞勲局/昭和6年12月12日/状1枚。

任命状(伊沢徳子宛・愛国婦人会評議員)/愛国婦人会総裁故依仁親王妃周子/昭和10年6月1日/状1枚。

任命状(鉄道会議議員)/内閣/昭和14年11月25日/状1枚。

免官状(貴族院議員)/内閣総理大臣近衛文麿/昭和16年1月7日/状1枚。

感謝状(記念品贈呈)/財団法人大日本体育協会長/下村宏/昭和17年4月8日/状1枚。

御下賜状/侍従長百武三郎/昭和16年8月13日/状1枚。封筒付。

御下賜状/侍従長百武三郎/昭和17年6月5日/状1枚。封筒付。

御下賜状/侍従長百武三郎/昭和17年8月16日/状1枚。封筒付。

御下賜状/侍従長百武三郎/昭和18年12月6日/状1枚。封筒付。

御下賜状/侍従長百武三郎/昭和18年12月21日/状1枚。封筒付。

御下賜状/侍従長藤田尚徳・宮内大臣松平恒雄/昭和19年12月27・29日/状2枚。封筒付。

招待状/宮内大臣波多野敬直/大正5年1月23日/状1枚。封筒付。

招待状/宮内大臣波多野敬直/大正9年4月15日/状1枚。封筒付。

招待状/宮内大臣牧野伸顕/大正10年11月10日/状1枚。封筒付。

招待状/宮内大臣一木喜徳郎/大正15年11月3日/状1枚。封筒付。

招待状/宮内大臣一木喜徳郎/昭和5年4月16日/状1枚。封筒付。

招待状/宮内大臣一木喜徳郎/昭和5年4月22日/状2枚。封筒付。

招待状/宮内大臣松平慶民/昭和22年4月23日/状1枚。封筒付。

招待状/式部頭松平康昌/昭和24年4月20日/状1枚。封筒付。

〔伊沢家〕

〔伊沢修二米国留学中伊沢家他宛書簡綴〕／伊沢修二／明治8年～11年。／墨書16通・ペン書2通。

明治二十七年東京帝大政治科国際公法答案　第二回受験生伊沢多喜男／伊沢多喜男／法科大学／罫紙仮綴5枚。墨書。封筒付。「昭和17年10月朝日新聞記者大塚喜平持参」。

履歴（伊沢多喜男）／明治28年7月10日～31年5月5日／山梨県／罫紙仮綴6頁。墨書。

欧米旅行券／日本帝国外務大臣内田康哉／大正10年3月12日／仮綴1枚。封筒付。

紹介状（伊沢訪欧時）／Sulzer Brothers　1921／（大正10）年5月6日／英文状2枚。封筒付。

受領証（伊沢とく宛・第三巣鴨尋常小学校新設費寄付）／北豊島郡西巣鴨町長西山安久作／状1枚。

承諾書（東京市長牛塚虎太郎宛。自宅前の道路使用）／伊沢多喜男／昭和10年1月／状1枚。

熱海土地関係（熱海椰山荘温泉土地組合規約・組合加入申込書・領収証）／昭和11年5月／状2枚。仮綴1。領収書1枚。封筒付。

祝詞（鉾持神社刀剣献納式）／昭和14年10月1日／状2枚。

〔伊沢祖父母並修二法要関係書類〕／昭和14年／状2・ペン書、罫紙仮綴3枚・ペン書、葉書1枚・印刷、名刺3枚・印刷。封筒付。

〔古稀祝賀会記念品贈呈礼状〕／伊沢多喜男／昭和15年5月／状1枚。印刷。

履歴書（小高親）／昭和18年4月25日／罫紙仮綴2枚。タイプ。

〔扶助料請求関係書類綴〕／伊沢とく／昭和26年10月31日／仮綴6枚。タイプ。封筒付。

覚書（伊沢家紹介　結婚式関係）／（伊沢多喜男）／便箋2枚。ペン書。

河井家親類書／状1枚。封筒付。

〔黒河内家親族一覧〕／状1。墨書。

臨時収容家屋、移動式住宅、新設設計書／東京市罫紙仮綴6枚。ペン書。

旧道南裏線道路改良工事　土地潰地調書／仮綴3枚。

〔諸資料〕

電話購入書類／大正2年3月17日～3年6月30日／7点。封筒付。

屏風保証書／永井興平・越野徳太郎／大正3年12月20日／状1。墨書。

〔南支視察報告書〕／善隣協会理事高田雄種／大正8年4月／仮綴8枚。タイプ。

倫敦購入書籍受領書、パリー購入絵画受領書／大正10年／状2・ペン書。状1・ペン書。封筒付。

選挙革正会に関する記事〔新聞切抜帳〕／昭和3年1月26～3月13日／仮綴11枚。

選挙運動に関する怪文書事件〔新聞切抜帳〕／昭和3年2月11日～23日／仮綴7枚。

七日会々員名簿(昭和三年十月現在)・地方高等官一覧表(昭和六年五月十一日現在)／状1枚・活字印刷。状1枚・手書印刷。

封筒付。

永井柳太郎氏の幣原全権代表意見／〔永井柳太郎〕／昭和4年／状6。墨書。封筒付。

昭和八年─十二年頃　新聞切抜　伊沢多喜男関係／昭和8年12月19日～13年7月11日／状5枚。封筒付。

昭和九年十一月　二、二六事件ノ予見報告・近衛公ノ改新政策論／昭和9年11月27日／状3・タイプ。／昭和9年頃／状
6・タイプ。封筒付。

陸軍省新聞班ノパンフレット問題／昭和9年／仮綴10枚。タイプ。後半部欠。

『松陽新報』昭和11年6月24日切抜(伊沢の松江訪問)／状1枚。

〔工科大学設立に関する趣意書〕／藤原銀次郎／(昭和13年12月)／罫紙仮綴6枚。

『東京日日新聞』昭和14年4月18・19日切抜(湯沢三千男「新東亜の指標」上・下)／状2枚。封筒付。

主要都市ニ於ケル建築材料及賃金等ノ騰貴状況(昭和十二年六月基準)／厚生省社会局住宅課／昭和15年6月／仮綴10枚。手
書印刷。

主要都市小学校建築費騰貴状況調／〔厚生省〕社会局住宅課／昭和15年／仮綴6枚。手書印刷。

〔仏印産業経済調査報告書〕／(昭和15年ヵ)／仮綴149頁。手書印刷。

『佐々木政吉先生を語る』／小池重／1冊。28頁。『日本医事新報』第910～914号(昭和15年2・3月)別刷。

昭和十六年十一月二十四日下条君調査　実業家授爵調書／状1。ペン書。封筒付。

「あの日受けたる感激、伊沢枢密顧問官と語りて」／戸田千葉／昭和17年1月7日・2月15日／仮綴50頁。タイプ。

昭和十七年四月三十日　支出簿　衆議院議員候補者木下信選挙事務所／罫紙仮綴2(13枚・9枚)。ペン書・墨書。

『米騒動や大震災の思ひ出』／読売新聞社長正力松太郎／昭和19年／1冊。21頁
『敬愛なる小野塚博士を憶ふ』／棚橋寅五郎／昭和19年12月／1冊。13頁。

関東大震災ノ経験ニ基ク治安警備ニ関スル一部ノ教訓／陸軍省防衛課／昭和19年／仮綴5枚。タイプ。

武田次雄「にれのや閑話」(『信濃教育』第725号)／信濃教育会／昭和22年6月10日／1冊。39頁。

報徳同志会設立趣意書／報徳同志会／昭和22年9月／状1。活字印刷。書込有り。

「伊沢先生の思出」／元貴族院書記官長小林次郎／昭和30年9月1日／状1枚。『信州の東京』第362号切抜。

雑誌記事切抜「県外活動の県人　浜口首相の最高顧問伊沢多喜男氏」／藤堂迂人／状3枚。封筒付。

森戸吾良「信州の生んだ偉人―伊沢多喜男翁の書」／1冊。『長野県緑化連盟会報　信山緑化情報』第30号(昭和36年2月25日)

「伊沢さんをお訪ねして」／高田雄種／400字詰原稿用紙7枚仮綴。ペン書。

伊沢多喜男氏に教育を聴く(訪問者城戸幡太郎・留岡清男)／仮綴10枚。タイプ。封筒付。雑誌『教育』初稿。書込有り。

新聞切抜(馬場恒吾「明日の人々(三)伊沢と原敬」)／状1枚
腐敗及不正行為の防止に関する英国の法制／清瀬一郎／仮綴24枚。手書印刷。

全国教化連合団体代表者大会ニ於ケル中央教化団体連合会提出協議事項／仮綴2枚。タイプ。

寄付者名簿／仮綴5枚。タイプ。

(財)進徳館塾則　三沢寛一君起案／200字詰原稿用紙11枚仮綴・同7枚仮綴。ペン書。封筒付。

〔ヤマトタケル論断片〕／状16。タイプ。前後欠。

〔詩文〕／伊沢多喜男・館林三喜男・遠藤隆吉・蔡培火／状9枚。2枚は封筒付。

蜻州庶庵詩書／立花小一郎／大正11年晩秋・大正12年10月・大正13年秋・年月日不明／状5。

貞文百首／関屋貞三郎／昭和20年4月／状1。封筒付。

菫水俳画天地／菫水／1冊。

〔芳友帳〕／昭和18年／1冊。墨書。

頑爺帳／昭和5～17年／墨書。

頑爺帳／其二／昭和18年／墨書。

昭和三年十一月写真(即位式当日の伊沢夫妻)／1枚。複製。

「昭和の政党特別展」協力への礼状／憲政記念館長大友武・金子久男／平成2年4月15日／状1・タイプ・封筒付。葉書1枚・墨書。

父伊沢多喜男の想い出

藤浪みや子

禁止を教える「父親」

私は、父が長年の浮草稼業といわれた地方官生活をおえて、東京の郊外、豊島郡西巣鴨町に住居を新築した大正二年に生まれました。家は市電の大塚駅から徒歩十五分。近くに原っぱがあり、幼稚園にもゆかず、田舎の子のようにのびのび遊んで育ちました。次兄（飯沢匡）と次姉は、伊沢修二の碑が校門内に建っている高等師範学校附属小学校へ通いました。私は、その先の本郷区の女高師（現お茶の水女子大学）附属小学校、女学校へ、市電に乗り一時間半もかけて十一年間通学しました。そのため か体が丈夫となり、テニス、バスケットの選手となって楽しく学生生活を送り、昭和六年女学校を卒業しました。その上には専攻科があり、これを出ると女学校の教師の資格が得られるのですが、そこには同学年百人中十五人位しかゆかず、十人位が他の女子大学や女高師へゆき、大方の同級生は、髪を髷《まげ》に結い、和服を着て、お茶とお花を習って、お嫁にゆくのが当たり前という時代でした。

「みや子は気が強いから、学校の先生になるのではないか」と長兄はいったそうですが、私は、姉いよが三年前から入学していた自由学園の高等科へ入ろうときめていました。伯父伊沢修二の次女、清水和歌が自由学園の創立者羽仁もと子の新教育に共鳴し、創立の時、長女を高等科に、次女を普通科に入学させ、三女もつづいて入学させておりました。そのクラスへ私の姉いよも入学していたので、私は学園のさまざまな行事に早くから接し、又軽井沢の山荘で、羽仁家の人たちや学園の生徒の家族の人々と接していたので、学園の新教育に心ひかれていました。父も少しも反対せず、国立のお茶の水の専攻科へゆけとはいいませんでした。自由学園の三年間の教育で、私の一生の生き方が決定したと思います。

昭和九年、私は自由学園高等科を卒業しました。学園では、羽仁先生の、家庭と両立出来るような女の職業を創り出そうという考えのもとに、消費組合、工芸研究所、食事部などで卒業生が懸命に働き出していました。

私は、そのころ、次々起こる政界、財界の要人の暗殺事件（父の親友の浜口首相など）の不穏な状況を見たり、羽仁吉一先生の「新聞の時間」のお話をきいたり、羽仁五郎先生の唯物史観による世界史の講義で、ベーアの『社会主義通史』を読んだりして、娘心に資本主義経済の行き詰まりを感じ、それを改革するのは消費組合であると気負うようになりました。羽仁恵子リーダーによる学園消費組合が活発に活動していたので、ここで働き出しました。

半年たって、卒業したはずの末娘が毎日学校に行くのに気づいた父は、「何をしているのか」ときくので、「消費組合運動で、日本の国をよくするのです」というと、言下に「私は知事の時に、そのことは試みた。今はそんなことでどうなるという時ではない。妻子は私と共に国家社会のために働け、老いた母を助けるのに何の不足があるか。これがきけないなら家を出ていけ」と叱られました。日に日に軍国化する中で、父は貴族院で必死にそれを阻止しようとしていたのです。

要人暗殺の度に私服刑事の数が増してゆく我が家で、ある日、家に短刀を前に白装束の男が談判に来たこともありました。昭和十一年の二・二六事件のときは、未明に警官四十名が家を囲みました。後でわかったのですが、将校側では動かす兵隊の数が足りず、父は襲撃を免れたのでした。

羽仁先生は、「お父さんのいうことももっともだが、あなたには新しい生活のあることも忘れないように」といわれました。私は泣く泣く、消費組合の責任ある仕事は外してもらい、父の目を盗んで、食事部のお菓子作りに自転車でかけつけ、かろうじて卒業生の働く戦列に入れてもらいました。

そんなある日、突然羽仁先生が、「不定期でよいから、学園新聞と『婦人之友』の記事を書くように」といってくださいました。はからずも、昭和十年四月十五日の自由学園男子部創立の入学式の記事が、私の学園新聞の初の仕事となりました。学園新聞の係は、羽仁恵子とあと三人。新米の私も、その中の一人として入学式に参列しました。入学式がすむと、「明後日までに、皆、記事を書いて来ること」といわれ、新米の私はとにかく書いてもっていきますと、他の三人は、他の仕事もあるので忙しかったのか、誰も書いてきません。それで、私の「自由学園男子部は誕生

宮中参賀を終えて家族と（昭和7年1月）
左から、いよ、多喜男、紀、龍作、とく、みや

した」という記事がそのまま載りました。後にききますと、羽仁吉一先生が、「これでよし」といわれ、そのまま掲載されたということです。未熟でも、生徒の能力をひき出す羽仁夫妻は、真の教育者だとつくづく思います。

一方、父は、「お母さんは、年とって事務能力が足りない。書生は、年もゆかず、田舎から出てきたばかりで役に立たない、お前が家の中心になってやれ」といいます。

父は、前から故郷である高遠の小学校の校長さんに、書生として「一番はよろしくない、正直な子をよこして下さい」と頼んでいました。小学校を出た男の子を、家の近くの、伊沢修二の長女の夫遠藤隆吉（国学者）が創立した巣鴨中学校の夜学へ通わせ、昼間は玄関番と庭掃除と走り使いの仕事をさせていました。

父は、私の生まれたころ、警視総監をしていたのですが、すぐ貴族院の勅選議員となり、その後長く職業につかなかったので、私は学校の書類に「父、無職」と書かされました。議会の開かれる間は父は出かけますが、大方は在宅で、朝から電話がかかり、面会の時間を約束しますと次々に訪問客がきます。時には十二時五分前になると、「飯を出せ」といい、母は二人の女中を相手にお昼御飯をつくって出します。また、「晩飯を食いながらゆっくり話しましょう」と訪問客に父が約束すると、お酒を出し、料理屋のように長い夕食となります。

父の注文でやって来る高遠の山の中から来る男の子は、気立てはいいのですが、小学校出たてでしたのであまり役に立たないのです。ですから私の仕事は、父の留守中にかかった電話の記帳、地方から贈られる果物、名物などに対しての礼状書きなどです。これは父が在任中一切贈り物を受けとらなかったので、退任後各地から送って下さるものへの礼状で、紀州蜜柑は三代にわたり送って下さっているのだとききました。こうした事務的なことも多く、やってみるとなかなか大へんでした。

こんな中で、次々と婦人之友の記事を書けと声をかけていただき、三井の総理大臣といわれた益田孝翁を小田原へ訪ねて記事を書いたり、外泊しなければならない金沢の料理探訪記は、父の関西旅行の間にという具合に、母がうまくとりなしてくれてやることが出来ました。

ところが或る夏、軽井沢で室生犀星のグラビアの仕事をしたことが父にわかり、「お前は、お父さんにぶたれたことがなかろう」といって、生まれてはじめて額をこつんとやられました。力は入っていませんでしたが、その夜は床の中で、涙が止まらなかったのを覚えています。父は、このお転婆娘は一生結婚しないのかと心配していたのです。

一方、羽仁先生は、「近く幼児生活展覧会を開くつもりだが、その時に、全国にもってまわる子供のための映画を作りたいのでそれをしてくれ」と、撮影所へ見学にゆく手配をしてくださいました。そこで、同級の秦八千代さんと二人で、恐る恐る、それでも興味しんしんで、これも父の目を盗んで見学にいっていました。しかし、勘のいい父は、母のとりなしですべてをかくしていても、何かと感じていたようです。

映画製作は、思いがけず私が結婚して京都へ住むことになり、実現しなかったのですが、こんな時代女性映画監督になっていたら、どんなことになっていたかと思います。この十数年後、戦後に初の女性映画監督になったのが羽田澄子氏で、自由学園の卒業生です。

今思うと、父の禁止にはいつも一理ありました。つっぱしろうとする者も、親の禁止があるとはたと考えます。そして工夫します。父がそれをよく理解した上で、時に「禁止」を出してくれたことで、今があると本当に感謝しています。

よき教育者であった父

昭和十一年秋、私の婚約が決まった時、父は次のように書いた色紙を私にくれました。

学而時
習之
昭和丙子秋日為
女宮子
龍水

「お前は物事を素早くする質《たち》だ。熱心にするのもよろしい。だが物事はくり返し、じっくりする必要がある。家庭の仕事というものは、毎日、くり返し、くり返ししなくてはならない。地道にくり返し身につけてゆくことを心がけなさい」といいました。父は、私の二歳上の姉を「いよは正直でよろしい。忠実でよろしい」とよくほめました。控え目で、学校でも大人しい生徒と見られていたようです。私は、小学校では、背は低いのに駆けっこは一番。女学校では、テニス、バスケットボールの選手という元気の良い子でしたので、父は姉を特にほめて、私に教えたのだと思います。

私の苦手は唱歌でした。成績表は、いつも音楽だけが「乙」で、全甲がとれませんでした。

父は夕食によくお客様を招くのですが、そのお給仕は女中にさせず、姉と私にさせました。その席で、床柱の前で私に歌をうたえというのです。「お前の声は腹から出るのでよろしい。高子（十五歳上の長姉）の声は頭のてっぺんから出すのでよろしくない」というのです。私は、調子外れではないのですが、地声と裏声にうつるところがうまくゆかず、ひとりずつうたわされる唱歌の試験の時が本当にいやでした。その私に、お客様の前でうたえというのです。私はそこで考えて、童謡の「大きな雲が大空をお船のように走りゆく」と、上がり下がりの少ない歌をいつもうたいました。今もこの歌の歌詞とメロディをよく覚えています。

このように、父は子供の不得手な事をほめ、自信をつけさせようとしたのです。長姉高は、二、三年毎に任地の変わる父の地方官時代に学校教育を受け、「知事の子だからお贔屓だ」といわれるのがいやで、知っていることも手をあげない、子供らしくない子だった、と述懐したのをきいたことがあります。高は本をよむのが好きな娘で、本を買ってよもうとすると、父は、「まずお父さんがよんでから」と取り上げ、県庁へもっていってしまい、なかなか返してくれないので、催促すると、小使いさんが持ってきてくれたということです。忙しくてよめないのに、よんでやろうとした父の教育熱心からきたことだったと思います。

私が小さいころ、父はいつも座敷でひとりで寝ていて、朝、呼鈴を押すと姉か私が新聞を持ってゆくことになっていました。夜の遅い父は、寝床の中で新聞をよむのです。私が持ってゆくと、「ここへ入れ」と二枚つづきの毛布の中にいれ、頬ずりをします。父の髭《ひげ》が痛かったので、すぐ出てしまいました。こんなことは末子の私だけがされたようです。成人してから、父のきびしい禁止にあった時、それにたえられたのは、知らずしてこんな愛撫が根底にあったからではないかと思います。

私の結婚

二・二六事件の起った昭和十一年は、日本の無産党が大進出した年でもあります。ロシアの五カ年計画成功の実況映画が一般に公開されて、私も観にゆきました。娘心に、日本にも共産革命が起こるのではないかと秘かに思いました。結婚の年齢になっていたのですが、そうした状況をみて、絶対に今の権力側の縁談には乗るまいと心にきめました。母には内々に伝えていましたが、持ち込まれる縁談は、官界、つまり大蔵省とか、外務省とかばかりです。大蔵省の話は、相手側がすっかり調べ上げ、お見合いをしたらきまるということで、絶対に拒否しました。父はこれを強いませんでしたが、「それなら、どういう相手と結婚するのか」と詰問しますので、私は、「学校の先生」と答えました。

昭和十一年春頃、思わぬ所から私の縁談が起こりました。父の三高時代の同級生で京大教授の未亡人（京都在住）が、知り合いの東京の藤浪剛一宅を訪ねると、「京都の兄の次男を養子にしたいので、嫁をさがしている」ときき、その足で私の母を訪ね、「娘さんがいたら写真がほしい」といったそうです。和服など着ないという末娘の私に、母が苦心の末やっと撮らせた和服の写真が一枚あったので、それを渡したそうです。藤浪の義母はすっかり乗り気となり、わざわざ婦人之友社の受付へあらわれていろいろきいたと、後に婦人之友社の友人からききました。彼女はかつて新しい女と世にさわがれた「青鞜社」の仲間でしたから、自由学園にひかれたのでしょう。

一方、うちの方は芦屋に住む長姉の河井夫妻がこの縁談を知り、住友本社勤めの義兄は、始終社用で東京へ来て我が家へ泊まりますので、京都の藤浪家のことを調べた結果を父に報告したらしいのです。又、父の級友で京都在住の大平駒槌氏（満鉄副総裁をされた方で、私を子供のころからよく知っている方）が乗り気となり、この三人が父と母を動かし、とうとう秋ごろに初めて私に知らされました。

書いたものを見ると、職業は京都大学医学部皮膚泌尿器科助手、住所は京都市左京区吉田神楽岡町と書いてあります。

私は医学者とは思ったこともなく、泌尿器科とは性病科のことではないかととっさに思い、身ぶるいし、絶対いやだと思いました。私が「学校の先生」といったのは、歴史や物語の本が好きでしたから、そんな本の沢山ある文科系の先生のことで、夏休みもあって、家庭の団欒もある、そんな家庭を思いえがいていたのです。

まず、父は、「お前は学校の先生ならよいといったではないか」といい、河井の姉は「患者が、家へ来るわけでなく、科学の対象は何でもいいでしょう。それに、専門は皮膚結核ということです」と、理詰めにいいます。しかし、丁度そのころは、「子供のための映画」をつくるため撮影所へ通っていたので、全然心が動きませんでした。ところが、姉高は、次々と知人たちから、京都の藤浪家のことをきかされていました。伝統的な京都とはまるでちがう家。明治時代に国からドイツへ留学を命じられて、父鑑は病理学を、母方の祖父（猪子止戈之助）は外科。二人の叔父は、精神科と薬理学のそれぞれ初代教授とのこと。本人（藤浪得二）の兄は外科の助教授。西洋医学の草分けの家で日本でも珍しい家だということです。

父鑑は東大在学中に基督者となり、京大ＹＭＣＡの会長を長くつとめた人と知り、こんな進歩的な家はめったにないと、河井夫妻は判断し、父と母を動かし、とうとう私に見合いをするようにすすめました。丁度その頃「科学者への道」という外国映画が上映され、それは欧州大戦の戦火をのがれて祖国から脱出し、ひたすら医学の研究をつづけ、黴菌を発見して、人類に貢献したある医師の生涯であったのを観て、感動したことも、私の心をこの縁談に向けるきっかけになったと思います。お見合いをして、まとまらなければそれでよし、まとまっても「映画」をつくることは、半年結婚を待ってもらって完成させれば、羽仁先生にも申し訳がたつと娘心に決心し、やっとお見合いを承諾しました。当時の風習で、まず、つき人つきで、遠くから本人をお互いに見る「一寸見」、次が東京で両家の両親同席で。次は京都で、両家の家族共々。それがすむと初めて当人同士二人だけで話をする。これを数回繰り返し、婚約決定という次第。自由恋愛、恋愛至上主義の今、あきれるような風習と思われることと思います。

まず羽仁先生にお話すると、「京都は因習の強いところだが、大丈夫か」と心配されるので、「医学の研究者ばかりの家で、進歩的な家らしいです」と答えると、「医学者には唯物論者もいるが……」といわれるので、「明治時代からの基督者の家だそうです」とお答えすると、やっと「そうか」といってくださいました。

昭和十二年四月、私は、慶應義塾大学放射線科教授藤浪剛一（叔父）の養嗣子で、京都大学医学部助手の藤浪得二と結婚しました。結局「映画」は出来ず、羽仁先生には本当に申し訳なかったと思っています。周囲の人を唖然とさせたこの思いがけない結婚も、父の深い愛情と純粋な理性的な洞察の結果と思い、感謝しております。

私は結婚後、京都の借家で暮らしはじめましたが、半年後「日支事変」勃発、夫得二は十月に召集され戦乱の中支へ。私は東京の実家へ帰り、翌年長男を出産。昭和十六年、ようやく得二帰還。京都の借家で一年暮らし、夫は長女の顔をみた途端、四月に再度召集され、ソ満国境へ連れ去られました。

「父のわが子の結婚」に対する信条

父伊沢多喜男は、「わが子は、軍人と華族と金持の子とは、結婚させまいと考えていた」と、長女河井高にいったと、私はこの姉から、私の結婚後、はじめてききました。

今改めて考えて見ると、父は、五人のわが子に、この考えを貫き通したと思います。

長女高は、大正八年、静岡県人河井重蔵の五男昇三郎と結婚しています。高は、地方官の父の転任に伴い、七つの県をまわり、その度に転校し、東京で女学校を卒業、女高師附属高女の専攻科へ入学し、卒業間際に河井昇三郎と結婚しました。父は、河井重蔵（代々庄屋）とその息子河井彌八（貴族院で知己であった）の人格を良しとして、仲人からの話を受け入れ、見合いをして本人も納得して結婚したそうです。

私は、姉高の十五歳年下ですので、後年きいた話ですが、河井重蔵は、「嫁入り支度は、簞笥一棹。当座の必要なものだけ」といわれたそうです。重蔵は村の農民が困っていると、着ている羽織を脱いであげてしまうような人。村人が、長く「河井様」、「河井様」と慕っていたと、後年思いがけない所できいたことがあります。昇三郎は、高文も通り官吏になるつもりだったのに、一人位実業に携われといわれ、住友の会社に入り、新婚時代は住友発祥の地である愛媛県新居浜で暮らしました。

長男龍作は、昭和七年、故人となっていた鹿子木小五郎の三女清子と仲人話で、お見合いをして結婚しました。鹿子木小五郎は、官吏で知事をした人とききます。

「貧乏だからもらったと、お父様にいわれた」と、義姉が不服そうにいうのを、きいたことがあります。

次姉いよは、昭和九年、長野県高遠（父の故郷）の人、黒河内太門（小学校長）の二男透と結婚しました。農林省の官吏でした。

紀は昭和十六年、三十四歳で結婚しました。末子の私より四年も後に、やっと結婚しました。ここにも、父の強い指示と洞察があったと思います。紀は、日本ではじめての男女共学の大学、文化学院で美術部を専攻していましたが、語学は文学部の生徒と共に学ぶので、文学部の友人とも交遊していました。

私は、お茶の水の女学生の時、いつもは裏門から出て市電に乗り、大塚終点で下り帰宅するのですが、女高師の正門は反対側の省線、お茶の水駅の方にあり、この省線で大塚駅へゆき帰宅できます。時には、友達とお茶の水駅へ歩いてゆきますと、兄紀がベレー帽をかぶり、ニッカース（ひざ下でしばるスポーツ用半ズボン）を穿いて、ハイカラな洋服姿の女友達を交えて数人で歩いてきます。私は恥ずかしくて、声をかけられないうちに身をかくしたものです。こんな光景は、この時代めったにないことでした。文化学院は、お茶の水橋を渡った駿河台の方にあったのです。

私は女学校を出ると、自由学園高等科に入り、すでに入学していた姉いよ子と共に学園で習う西洋料理、洋菓子を作りますので、美味しいもの、新しもの好きの紀は、大喜びです。その頃、洋菓子は銀座までいかなくては買えず、洋野菜（アスパラガス、セロリ、レタスなど）も、デパートでしか売っていませんでした。

紀は、「友達に洋食をご馳走してくれ」といいますので、姉と二人で材料を揃え、ケーキもオーブンでやき、前菜スープ、魚、肉料理、デザートと一式つくります。

五人位の友達の中に一人女性がいました。勿論ハイカラな洋装ですが、次の時は和服を着てこられました。母など、男の中に女が一人いることで驚いていています。

私は、その方が年老いた母に、気をつかっていられる様な気がしました。私は兄に「あの方と結婚したら」といいますと、「あの人は友達としていい人なんだよ」「結婚する相手ではない」といいます。フランス語が堪能で翻訳が出来る人ということでした。

そして、彼はこういいます。「ぼくはやりたいことが一杯あるので、『もっと愛してほしい』なんていわれては体がもたない。老人夫婦に住んでもらい、食事の世話をしてくれれば、自分は二階に住み、やりたいことを存分にやりたいのだ」と。

私は、昭和十二年、思いがけなく結婚して京都に住みましたが、半年後、「日支事変」が起こり、夫の出征で東京の実家へ帰りました。兄紀は、父のすすめで朝日新聞社に入社、地方廻りの修業で仙台へゆきましたが、そのころは東京へ帰り、本社の学芸部に配属されていました。

父は、私に「お前は、紀と仲良しだから、結婚するようにすすめなさい」といい、「男にも適齢がある。結婚して家庭を持たないと、自分の生活に責任を持たず、放埒になる」といいます。私は、結婚前、紀に誘われ、毎年上野の美術展を観にゆきました。兄は、文化学院在学中に二科展へ二度入選したこともあり、日本画は素通りで、兄に従って二科の洋画ばかり観ていました。東郷青児のキュビズムの装飾的画風には驚きましたが、あまり好きではありませんでした。

　私は、結婚して京都に半年いる間に、婦人之友社から、「上村松園の半生を語るの聞き書きをせよ」といわれた時、有名な松園の名さえ知らず、あわてて画集をしらべたのが、思い出されます。

　文化学院内の美術展へも、誘われて観にゆき、若い女友達にも紹介されましたが、父は「文化学院の女の子などはとんでもない」というのです。

　翌年、私は長男を出産しましたが、夫は帰還せず、四年も父の家におりました。

　折あるごとに、「紀の相手をさがせ」と父はいいます。兄は、仙台の下宿生活で食事などに不自由し、家庭をもつことにやっと少し気が向いたらしく、又、私が赤坊を生んだのを見て、「ヘエ……、みや子のような痩せっぽちが、こんな丸々した赤坊を生むなんて、考えられない……」といって抱きあげ、なめんばかりに可愛がります。

　昭和十六年春、夫得二が四年ぶりに帰還。私は京都へ帰り、夫ははじめて三歳になった吾が子に対面しました。私は、「紀の結婚相手をさがせ」といつも父がいっていたことが頭からはなれず、たまたま本家の隣の汐見家（夫の姉）で、この姉の親友（大学教授の夫人）に会った時、この方に二人の妹さんがあり、この家庭は、京都に珍しいハイカラな家で、長女は上野の音楽学校を卒業されており、次女が汐見の姉の親友、妹さん二人もピアノを習っていて近く発表会があるということ。早くから妹さんたちは洋服を着ていて、靴は神戸まで母上が買いにいかれるとのこと。だんだんきくと、父上は三高時代、父多喜男と同級生（すでに亡くなっていましたが）ということがわかりました。

　これを東京の父に知らせますと、大乗り気で、河井の姉と私に、「そのピアノの発表会へいって、ご本人を見て来なさい」と指示し、「容姿などは、二の次、とにかく紀にすすめるように」といいます。

　父は、この年には枢密院入りをしており、戦争緊迫の中で必死に紀の身を案じていたのです。親の深い愛情と思います。

　先方の親御さんも、紀の型通りでない学歴や、新聞社に居ながら何やら劇作をしているというので、心配だったようです。しかし、紆余曲折の末、昭和十六年末、めでたく紀と西宗常枝（西村久寿馬の四女）さんは結婚。東京の結婚式には、私は残念ながら身重となり出席できませんでしたが得二は出席しました。常枝さんのお兄さんは、夫得二と中学で同級だった由です。

夫得二と紀は同い年で、デリケートな神経、絵が好きなど、共通点があり、よく気があいました。

夫得二も汐見の姉も、紹介しただけで、黙って成りゆきを見ていてくれました。この二人に、私は本当に感謝しております。

年が明けると、私は長女を出産、退院すると、すぐ夫は再召集。ソ満国境へ連れ去られました。

昭和十六年は、得二帰還、長女出産のあわただしい一年でしたが、この一年の間に、父の長年の宿願「紀の結婚」に何とか答えられたのを感謝しております。

兄は、三人の子を与えられ、暖かい家庭に守られて、思う存分自分のやりたいことをやって天命を生きたことを、天で父に感謝し、父も、「よくやった」と喜んでいると思います。

省みて、「父のわが子の結婚」に対する信条は、私たち、兄姉、皆諾《うべな》えるものだったと思います。

父と兄

次兄紀《ただす》（飯沢匡）は、平成六年十月九日に八十五歳で亡くなりましたが、この年、文藝春秋の十二月号に「蓋棺録」と題して記事が載りました。

明治四二年和歌山市で生まれたので紀伊の国の紀とつけられ、父が三高時代に逍遙した糺《ただす》の森（下鴨神社）にちなんで強引に「紀《ただす》」と命名されたことなど、大方は、彼が書いた自序伝的な「権力と笑のはざ間」や、「武器としての笑い」などの著書によってかかれているので諾えるのですが、「士族出身の父は、家庭では厳格で、大きな声で笑うと叱責した。子供に小説はおろか、新聞も読ませなかった」というのは、少しちがいます。

私の小さい頃、末子の私が、兄たちに逆らって大声で泣くと、「泣く子は誰だ」と、自室から出て来て叱りました。「武士の娘は、たとえ目の前で夫が殺されても泣くな」という精神から、感情を押さえることを教えたのでした。

「小説はおろか、新聞を読ませなかった」というのは、明治時代のいわゆる「良家の子女」は当たり前であったので、大正、昭和に入る頃の私たちには父は禁止はしませんでした。

当時、町の映画館へゆくのは「不良」の子といわれ、選ばれた良い映画は何々会館といわれる所で上映され、それを観にゆきました（私の女学生の頃）。

「中学生のとき肺結核を患い、二十歳のとき、旧制武蔵高校を二年続けて留年したため校則によって放校になった」というのは事実ですが、「肺結核」ではなく、生まれた時からの虚弱児で、少年になっても「ラッセルがきこえる」といわれてサナトリウムに入院をする、蓄膿症の手術を二回もするという虚弱な体で、出席日数も足りず、好きでない学課の点数はとれなかったりで、高等学校が卒業出来なかったのです。その時の父の心痛は如何ばかりだったかと、今思います。高等学校を出てなくては、どの大学も入れないのです。

父は、「まず体を鍛えろ」と、静岡県の掛川の河井家の山の樵小屋へいかせ、「樵仕事をせよ」と厳命しました。やさしい母は心配でたまりませんが、父に逆らうことは出来ず、兄はそこで考え、よみたい本を（おそらく絵の道具も持っていったと思います）揃え、山へ登りました。兄の理解者の長姉河井高（当時芦屋に在住）と、我家の向かい側に住む叔父色川三男（母の弟）が、何かと相談相手になっていたらしく、その内に紀はこっそり山から下りて来て、お向かいの叔父の家に泊まり、何やら画策しているようでしたが、そのころ、創立された文化学院の大学部の美術部へ入学することに奔走していたのです。奇しくも文化学院は一九二一年、文部省令にはよらない学校として（高校を出なくてよい）、自由学園と同じ年に創立されていました。

文化学院には、文学部と美術部とがありましたが、彼は美術部をえらびました。二科会の彼の好きな画家、石井柏亭が先生でした。

武蔵高校にいる時から物を書いていましたが、絵も子供の時から好きで上手で、小さい甥たち（河井の姉の子）に、お話をしながら絵を描いてやっていました。彼は、「絵は、技術を習わないと描けないから、美術部をえらんだ」と、後年私にいいました。

父は、紀は山で体を鍛えているとばかり思っていたのですが、彼はこっそり事を運び、母は勿論、叔父と河井の姉という理解者のとりなしで、めでたく父の許可を得ることができました。幸い、国事に忙しい父はこんな家族の動きには感づかず、ここまで自分の進路を考えてきめた紀をよしとし、文化学院美術部の勉学を許容したのでした。

ここにも、私は「父の禁止」の重要さを想わされます。

「昭和八年、文化学院を卒業したとき……父親は『新聞記者になっても絵は描けるが、絵描きでは新聞記事は書けまい』と言った」と書かれていますが、事実はこうです。

彼は、在学中に二回、二科展に入選していますが、当時、絵描きは卒業してもすぐ絵など売れず、生活できません。父は、「大学までの教育はするが、卒業したら自力で食え。一切援助はしない」といいました。そして、父の許に出入りしていた新聞記者から、臨時に行われる朝日新聞の採用試験を知り、前記のようにいって朝日の入社試験を受けさせたのです、父は彼が、「物を書く事もできる」と見抜いていたのです。父が甘く、彼の生活費を出してやり、絵の売れる日まで待ってやって果たして成功したでしょうか。私は、この父のきびしい「自力で食え」ということこそ、その後の飯沢匡を物にしたと思います。

私は、子を理解した上で、親としての真剣な「禁止」こそ大切だと思います。

抜群の運動神経の持ち主

平成四年発行の『三高野球部史—創部一〇〇年記念—』という本が、私宛に届きました。私は、「明治二十五年、三高卒業の伊沢多喜男」の遺族、娘ということでした。

伊沢は、初代部長、ピッチャーと、この本に載っています。私がきき知っていることは、そのころ日本に入ったベースボールをいち早く東京で覚え、京都の三高で野球部をつくり盛んにやったそうです。又三高を卒業して東大へ入ると、輸入された棒高跳びに誰も手を出さないので、「長い棒を使うのだから、背の低い者には有利だ」と判断し、真先に試みたところ、高い所から棒と共に落ちて気絶したということでした。その後テニスをはじめ、卒業後、任地が変わるごとにその地にテニスコートをつくり、暇をみつけてはテニスをし、各地にテニスを広めることになったようです。

大正十三年に台湾総督となり、台湾へいきましたが、外国人がつくったゴルフ場があり、ここでゴルフを覚えたそうです。日本のゴルフの走りです。その後、軽井沢に小さいながら（ハーフの）ゴルフ場が出来、終生ゴルフを楽し

（上）朝霞ゴルフ場のティーグラウンドに立つ父
（下）途中寄ったレストランで　右端は幣原喜重郎氏
（昭和９年６月）

みました。東京でも次々ゴルフ場ができ、朝霞《あさか》ゴルフ場などの最初の会員になって、折があると出かけていきました。父は、運動好き、よき運動神経をもった人と思います。山国育ち、十人兄弟の末の方で、栄養不足で体格は貧弱でしたが、運動神経は抜群だったと思います。この父の運動神経を受けついだのが、長兄龍作と私です。

龍作は長身で、体も丈夫。早稲田大学で硬球部の選手。デヴィスカップ選手の安部民雄氏と同じころで、なかなか上手だったのですが、世界的選手チルデンの本を自分で訳してよみ、ラケットをイースタングリップ（縦もち）に持ち（日本ではまだ誰も試みてない持ち方でした）研究したので、うまくこなせず、とうとうデヴィスカップ戦には出られませんでしたが、住友の会社に入ってからは、よく優勝カップをもらっておりました。又、オール住友の陸上競技では、百米、二百米、四百米、幅跳び、高跳びで、総合優勝の楯をもらっておりました。

私は、小学生の時から、体格、丙、栄養、乙の健康児で、背丈はクラスでビリから三番目でしたが、駆けっこはいつも一番。女学校では、テニスの選手で、四年生、五年生の時、優勝。テニスは、長兄が、小学生の時から裏庭に棒杭を立てて小型のテニスコートをつくり、私に教えてくれました。父は野菜の新しいのが好きで、野菜畑にしていましたのに、テニスコートにするのを止めませんでした。父は根っからの運動好きだったのです。お茶の水では、バスケットも、二流（背の低い者たち）の試合では、五年生の時優勝しました。私はガードなのに、走ってシュートして入れてしまったこともあります。女学校時代、スポーツで体を鍛えたことは、私の一生の健康の素になったと感謝しています。スポーツの観戦を私は好みません。スポーツは、適度に、健康のためにするものと思っています。私のお茶の水時代、教育上、対抗試合は禁止で、校内だけの試合で、これが本当だと思います。

羽仁先生と父のかかわり

高等科一年の時だったと思います。生徒数が多くなり、東京の郊外へ移る計画となり、父母会が学園に寄付をするように呼びかけました。

母の一存ではできないので父に話したらしいのに、なかなか事が運ばないので、私が父に催促しますと、封書を渡し、「これを羽仁先生へ渡しなさい」、「寄付金が入っているが一銭かもしれぬ」というので、「一銭では困ります。学校が建ちません」というと、「おさい銭は、めいめいが心から捧げるもので、いくらなどというものでない」といいます。私は仕方なくそのまま持ってゆきました。

母が父母会へ出席すると、羽仁吉一先生が皆の前で、名前はいわずよまれた手紙は、「寄付金の額は公表するのはよくないと思う。多額の寄付をして、学校の教育に干渉し、創立者がそこを出て、他の学校を創った例がある」という内容だったそうです。

母は前の父母会で、金持の父親が「私は〇〇円出します。皆さんも出して下さい」といったのを父に話したのだと、後にききました。それで父があんな手紙を書いたのでした。

次は、私が高等科二年の夏休みに、軽井沢の山荘に、羽仁先生夫妻と次女の恵子さん（当時は、学園消費組合のリーダー。後に学園長となられた方）が、父を訪問されました。この時、父ははじめて羽仁家の方々を見たのです。羽仁吉一先生が「来年男子部を創める計画ですが、農場を持ち、農業を体験させるつもりです」といわれると、父は大賛成で、「自分は故郷に、母の記念に学校林を寄贈しました。山林の経営をやるといいでしょう」と答えていました。そして最後に、「うちの子は学校では、便所の掃除はするようですが家ではしません」と文句をいうと、ミセス羽仁は笑って「お父さん！　子供が喜んでするようにしなくては駄目です。女中がいてはやる気にならないのでしょう」といわれ、父は一言もいい返せませんでした。

父はこの訪問で、ズーズー弁の、袴もはかず、和服姿のただの小さいお婆さんのミセス羽仁に、予想外の好感を持ったようでした。

昭和十二年、私は結婚して京都に住みましたが、半年で、夫の出征により、又父の許で住む事となり、翌年二月に長男を出産しましたが、丁度この年、羽仁先生が年来考えていた、長女の説子さんが三人の子供に実践してきた乳幼児の画期的な育て方を、幼児生活展覧会として発表しようと着手されたので、その二、三カ月の乳児のモデルとして、私の長男は実験材料にされました。家が目白の学園に近かったのも、その条件にあったのでしょう。

ドイツの幼児体操の本を見て、その通り、係の若い卒業生がうちへ来て、赤ん坊の手足をうごかし、吊るしたりするので、年老いた母はハラハラしておりました。

七月に始まった展覧会の、乳幼児体操の実演会へも出場させられました。父はそんな様子をだまって見ていましたが、「見世物になるのは、教育上よろしくないのではないか」と一言、注意されたのを覚えております。

この展覧会の内容は、婦人之友社から「幼児の生活と教育」と題して長い間全国に売り出されましたが、乳児体操の二、三カ月の赤ん坊の例として、長男曄《あきら》の裸の写真で、お役に立ちました。「夜、窓を開けて寝る」の実験材料の記事も載りました。

夫の帰還がなく、赤ん坊は満三歳まで父の許におり、久しぶりに（長女の孫からはじめて）見る末子の孫を、父が目を細めて眺めていたのは、私の最後の親孝行ではなかったかと思います。

二・二六事件のこと

「母の隣に寝ていた私は、『奥様！奥様！』と母を呼ぶ書生の声に目が覚めた。真暗な中で、『巡査さんがこの名刺を旦那様へ渡してくれといいます。巡査が大勢来ています』という。私は飛び起きて電気をつけ、名刺を見ると、『今晩、軍隊が首相、内相官邸を襲撃し、その後のことは警察電話が切られ、不明です、すぐ署長へ電話して下さい』と書いてある。すぐ父の寝室へ走り、名刺を渡すと、署長と話をした父は、身仕舞いをして、母と私に『署長が、ここへも軍隊が来るかもしれないから、すぐ立ち退いてくれという。わたしは軍人でないから戦うことはしない。ここにいれば、防戦する警官が傷つくだけだから、私は出てゆく。警固するというが断り、一人で出てゆく。もし軍隊が来たら、主人は居ないといって、お隣へ避難しなさい』といい、縁側の高さまで積もっている庭の雪の中を、長靴をはいて、庭木戸から姿を消した。

私は震えが止まらなかった。これは昭和十一年、悪夢のような二・二六事件の起った朝のわが家のことである。何事もないように朝日が闇をはらい、銀世界の庭を照らし出すと、父の靴あとが、くっきりとついている。私ははっとして、書生やお手伝いと二つの木戸へゆく道の雪掻きをして父の足跡を消した。

母は『お父様は何の役もしていらっしゃらないのだから、軍隊など来ませんよ』と落ちついている。そのうち母は『お昼には巡査さんたちに何か出さなくてはね。ライスカレーがいいかしら』とお手伝いたちと相談をはじめる。警官がとりまいていてやっと入れてもらったと、近所の伯母がやって来て、母も事の重大さに気づき、ライスカレーを作るのは思いとどまった。母は、いつも楽観的で、こんな恐ろしい朝も、平静で、やさしく人の身ばかり思いやる人であった。後に分かったことだが、この朝、決行されたより少し多い人数の別案には、父の名が入っていた。」

これは、一九八五年に『明日の友・いつも平静な母』に書いた文章ですが、その後のことを記しておきます。父は、伊勢家の貸家の門から、単身、家を出ていきましたが、その晩は、中野の色川三男家（母の弟）に泊まり、その晩に又、こっそり伊勢家の貸家から、庭づたいに家へ帰ってきました。「帰ったことを誰にもいうな。殊に警備の巡査には絶対いうな」といいます。この乱が成功したら、警官も味方ではないということでした。それからの父は、電話のかけどうしでした。

後藤文夫氏は、なんべんかけても不在で話ができませんでした。私がよく覚えているのは、河井彌八氏（婿の河井昇三郎の兄。当時、侍従次長、彼は襲撃されなかったので、すぐ宮中に参内していたのです。）と連絡していました。私の取次いだ時、「今から大奥へ入りますので……」というのをききました。父は「軍のいう通りになさらず彼等は叛乱者と断定なさってください」といいつづけたらしいのです。

この数日間の父の苦悩と、各方面への働きかけ、食べる事もねる事も、忘れたような、父の姿を、私は忘れることができません。

これが、父の日本の「軍国化」への最初の、阻止の働きだったと思います。

【解説】関係文書にみる伊沢多喜男の政治活動

大西比呂志

一、伊沢多喜男文書

伊沢多喜男が明治二九年以来転々とした地方官生活ののち、東京府豊島郡巣鴨村字宮仲（昭和七年東京市編入、豊島区西巣鴨二ノ二五一七）の地に居を定めたのは、新潟県知事を免じられ休職の身となった大正二年であった。伊沢はこののち昭和期にはこの西巣鴨の本邸と長野県軽井沢町旧軽井沢の別荘、および横浜商人中村房次郎が小泉又次郎から譲り受けた伊豆の別荘（静岡県伊東町松原）に滞在することが多かった。西巣鴨の本邸は昭和二〇年四月一三日空襲によって全焼したが、このことあるを予想した伊沢は、手元の資料類を軽井沢の別荘に疎開させていたため、焼失を免れることができた。伊沢はその後はもっぱら伊豆の中村別荘に滞在し、これらの資料は軽井沢に残されたままになっていたが、二四年八月に伊沢死去後、夫人とくが一年ほど鎌倉雪ノ下の長男龍作宅に身を寄せ、のち女婿黒河内透家の隣家（次男紀氏所有地、東京都練馬区石神井南町）に住むこととなり、これを機に同資料も軽井沢から移送され黒河内氏が管理することになった（藤浪みや子氏談）。

昭和二六年伊沢の三回忌を期して、幣原喜重郎を編纂委員長として後藤文夫ら旧内務官僚を主とする五九名の編纂委員を網羅して、伝記『伊沢多喜男』（羽田書店）が刊行された。同書の編纂にあたっては各方面から「翁の業績記録等貴重な資料」が大量に寄せられ、その内容は「イ、翁の日記、手帳、覚書、書翰下書、翁談速記。ロ、各方面より寄せられた書稿。ハ、伊沢修二氏伝。ニ、丸山幹治氏（毎日新聞記者）手記。ホ、其他翁近親辱知の手記、談話」とされる（同書「凡例」二頁）。編纂委員でもあった黒河内氏から本来の「伊沢多喜男文書」（おそらく右の「イ」や「ロ」）が提供され、さらに関係者から資料（「ハ」「ニ」「ホ」など）が新たに収集、作成されたものと思われる。

やはり編纂委員の一人であった半井清によると「伊沢多喜男伝記編集事業　寄付金ハ今迄大体一一五万円集マリ現

在ハ約八〇万円ノ現金アル。阿子島氏ガ執筆中デアリ、原稿モ進ンデ居ル」（「半井清日記」昭和二五年九月一六日）とある。執筆者の阿子島俊治は新聞記者出身の元代議士（第二一回総選挙、のち進歩党）で、憲政会・民政党代議士で枢密顧問官となった藤沢幾之輔の伝記（『藤沢幾之輔』斗南書院、昭和一〇年）の著者でもある。

『伊沢多喜男』は、随所に原資料が引用され伝記として実証的な叙述となっているが、没後時を経ずして刊行されたこともあって、いくつかの問題もある。例えば同書（二二三頁）で昭和一一年の二・二六事件の際、三月六日伊沢は「後藤君ニ電話シ、政局ニ対スル意見」と記載されているが、日記の原典は「後藤君ニ電話シ、組閣ニ対スル不満」となっていて現存する当事者たちへの配慮か、書き換えがなされている場合がある。また同書で書翰資料として引用されているのは、伊沢の発信書翰のみで、右と同様の理由からか、多数の来信は全く参照されていない。『伊沢多喜男』は編纂期間の短さもあって、残されていた資料は十分活用されているとはいえないのである。

その後、黒河内家に保管されていた伊沢多喜男文書を、歴史研究の立場から初めて本格的に調査を行ったのは、伊藤隆氏（現政策大学院大学教授）であった。伊藤氏は、数多くの政治家、官僚、軍人などの個人資料を発掘し、それらを通じた実証的な政治史分析で先駆的な業績を挙げた研究者として著名であるが、昭和三六年、氏が東京大学社会科学研究所助手時代に「昭和政治史研究」を開拓するため関係者とその遺族の調査を行い、その一人として黒河内氏にも依頼をして「伊沢多喜男文書」閲覧の許可を得たという（伊藤隆『日本近代史―研究と教育』私家版、二、三頁）。その後同氏らのグループによって文書の整理が着手され、仮目録として「伊沢多喜男関係文書」（書翰・書類・日記）が作成され、また氏の主著『昭和初期政治史研究』（東京大学出版会、昭和四四年）の基本史料の一つとして利用された。

平成八年に発足した伊沢多喜男文書研究会は、伊藤氏らの業績に依拠しつつ資料すべてを改めて解読し、発信人、受信人の氏名、日付などを一部修正したほか、一括されていた資料を一点ごと採録し、また書類中に混在していた書翰を分離するなどの作業を行った。「伊沢多喜男文書」の数量は伊藤氏らの目録では「書翰」が九一四点、「書類」は四〇タイトル（一五〇件）、「日記」は三一点であったが、本研究会の整理の結果、書翰一〇二八点（伊沢発信書翰一〇七点、伊沢あて来翰八九八点、その他二三点）、書類（日記類を含む）は二三六件となった。

この中には、右の伝記編纂の際に収集・回収されたと思われる、本来なら手元には残らない伊沢が作成し発送したはずの書翰が含まれている。逆に、伝記にはしばしば引用されている丸山、阿子島、黒河内各氏が伊沢から聞き取り記録した手記など、伊藤氏ら作成の「仮目録」および本研究会の「総目録」でも所在が確認できない資料がある。これらは伝記刊行とともに関係者に返却された可能性もあり、伝記編纂の際に作成されたり収集された資料すべてが、現在の「伊沢多喜男文書」に含まれているわけではない。

本書は、以上のような来歴を持つ「伊沢多喜男文書」を基礎にして、若干の周辺資料を加えて、重要と思われる資料を選択して翻刻したものである。以下に本書の構成に従って、掲載資料を解説し、これらを通じて明らかとなる伊沢の政治活動をみてみたい。引用にあたり、資料の表題、作成年月日の表記は、本書総目録の記載によった。

二、書翰の部

本書書翰は、発翰と来翰にわけて掲載した。

〈発翰〉

伊沢多喜男が作成し発信した発翰は、「伊沢多喜男文書」および他所に所蔵されるものをあわせて二四〇点が確認され、本書には六〇人分一四三点を翻刻掲載した。

伊沢発翰の残存状況は、伊沢と交流のあった人物の所蔵資料の発掘にまつ部分が大きいが、国会図書館憲政資料室には下村宏（一四）、関屋貞三郎（九）、木村小左衛門（三）安達謙蔵、大野緑一郎（各二）、荒川五郎、井上敬次郎、宇垣一成、小川平吉、坂本俊篤、副見喬雄、辻新次（各一）の一二家文書に三七通の伊沢書翰が所蔵されている（カッコ内は書翰点数）。このほか早稲田大学図書館所蔵の宇垣一成宛諸家書翰（二）、同大学大学史資料センター所蔵の堤康次郎文書（三）、衆議院憲政記念館の宇垣一成関係文書、末松偕一郎文書（各一）、地方では山口県文書館の湯浅倉平文書（九）、横浜関係で半井清（柳瀬正敏家所蔵、一四）、近藤壌太郎（近藤八郎家所蔵、一八）、中村房次郎（松崎仁家所蔵、三三）の各文書に伊沢書翰が含まれている（大西「伊沢多喜男と横浜市政」『市史研究よこは館参照)。

発翰のうち最も古いものは、伊沢と帝大卒業同期(二八会)で、内務次官となる久保田政周にあてた明治(42)年1月2日書翰(久保田良一氏所蔵)が確認できるが、大正後半から昭和期が大部分を占めている。

「伊沢多喜男文書」には発信に際し、伊沢が保管した写しや控え、あるいは発信した書翰の草稿と思われる原稿が残っており、本書ではこれらも発翰の部に収録した。その例としては上山満之進(大正(15)年7月15日)、賀屋興宣(昭和(18)年7月15日)、近衛文麿(昭和(13)年12月17日)、幣原喜重郎(昭和(20)年10月9日)などがあり、また昭和9年7月11日〜20日の日付がある河田烈、添田敬一郎、永井柳太郎、山本達雄あての各書翰の草稿は、「書柬原稿」として一括されている。

さらに前述の伝記編纂の過程か、あるいは別の機会に回収されたものと思われる発翰もあり、これらもここに収録した。草稿や控えとの相違の一応の目安は、先方宛に発送された封筒が存在することである。その例としては浜口雄幸あて大正(12)年8月20日、河井弥八あて昭和(21)年9月27日、昭和21年10月30日、昭和22年10月23日、近衛文麿あて年月日不詳書翰などがある。

発翰の内容について少しふれると、右の浜口あて書翰の封筒には「加藤高明氏並ニ加藤(友)首相重症に関する消息等他報」と書き込みがあり、軽井沢での野田卯太郎、高橋是清など政友会幹部の動きを伝え、加藤友三郎内閣の後継問題につき東京雑司ヶ谷の浜口に善後策を相談するものである。また近衛文麿あて書翰は四点が伊沢の伝記に収録されているが、貴族院勅撰議員を同成会に入会させるよう懇願する昭和(13)年12月17日付けの書翰草稿や、「山下御使用之こと」や「精神総動員」運動、「河井弥八君之貴族院議員」の件などについて伝える年月日不詳の書翰などは同書に収録されていない。また幣原あての昭和(20)年10月9日書翰からは、幣原が組閣にあたり軽井沢の伊沢に電話で相談し、伊沢が幣原に『消耗品』たる覚悟を以て奮起せられたしと御勧メ」したことが知られる。

このほか、多数の伊沢書翰が残されている「刎頸の友」中村房次郎にあてた書翰には、「助役之後任に関しても市長より懇談之次第有之」(昭和14年3月29日)とあり、伊沢が横浜市政に深く関与していたことが明らかである。また、内務官僚の後輩であった近藤壌太郎（滋賀県知事、神奈川県知事）や半井清（大阪府知事、横浜市長）への書翰では、「披見致候。政変之結果ハ身上危険之虞有之やの趣驚き入る外なし」（近藤壌太郎あて昭和6年12月19日）、あるいは「老生は地方長官之地位向上之為には半井大坂府知事の後任として超大臣級の人物を以てすべしと主張し、一の具体案を提げて当路者ニ進言致候」（半井清あて昭和16年1月11日）と書き送り、伊沢がこれら後輩の内務官界人事に動き、就任以後も地方政界の動静に絶えず注視していたことが知られる。伊沢が「伊沢閥」と呼ばれる官界人脈を持つ背景には、こうした配下へのきめ細かな配慮によるところが大きかったであろう。

こうした政治向きの事柄とは別に、宮城県知事に就任した半井にあてた昭和9年7月25日書翰では「貴地には拙生の次男伊沢紀なる者東京朝日新聞仙台支局員として勤務（昨年より）致居候。自然彼是御世話に相成り可申、又弱輩に付終始注視御監督被下度偏に願入候」と、めずらしく家族の事を書き送っている。

以上のように伊沢発信の書翰からは、伊沢の政界活動や交流、あるいはその人となりなど様々な側面をうかがうことができるのである。

〈来翰〉

「伊沢多喜男文書」の大部分を占めるのは伊沢あて来翰である。差出人不明分も含めて八九九点が存在し、本書では二七〇人分六〇七点を掲載した。

来翰のなかで最も古いのは、次兄富次郎から高文合格後愛知県属として初めて赴任した名古屋の伊沢にあてた、明治29年6月4日付けの書翰である。このほか長兄修二やすぐ上の兄の信三郎からの書翰はいずれも明治期のもので、これら家族からの書翰は別に保存されていたと考えられる。

来翰がまとまって残されるようになるのは、従妹にあたる須田以素の大正（3）年8月17日付、大浦兼武の大正（4ヵ）年（月不詳）29日付書翰など、前述のように伊沢が地方官生活を終え、東京市外巣鴨村に居を定めた大正期以降である。

これら来翰の封筒には、伊沢自身の手によって「重要」「重要永久保存」「当分保存」「回答済」「ロンドン条約問題」「井上準之助君の紹介状」「岩波茂雄君関係」「台湾総督辞任関係」「製鋼所争議解決之件」「貴族院議員希望之件」「選挙関係」といった書き込みがみられる。現存する来翰は、伊沢自身によってある程度の選別、整理がなされていることが推測される。

次に、差出人の特質について概観しておく。差出人の経歴は種々の重複もあり分類することは難しいが、大別すると伊沢の経歴に対応して、貴族院議員・官僚グループ、憲政会・民政党系の衆議院議員、経済界有力者、長野県関係、その他に分けられる（中島康比古「伊沢多喜男宛書翰発信人の分析」伊沢多喜男文書研究会報告、一九九五年七月一四日参照）。最も多いのは内務官僚で、大浦兼武（一四）、後藤文夫（六）、丸山鶴吉（六）、川崎卓吉（五）、次田大三郎（三）、唐沢俊樹（四）、柴田善三郎（一五）といった内務大臣、次官、警保局長、警視総監などの経歴を持つ有力官僚である。さらに右と一部重複するが、上山満之進（五）、太田政弘（八）、中川健蔵（一一）ら台湾総督、下村宏（三）、後藤文夫、木下信（五）ら総務長官、川崎卓吉、石垣倉治（一）ら警務局長など、台湾総督府の経歴を持つ官僚が多いのは、伊沢の内務官僚人脈の特徴の一つであろう。このほか植民地に関係の深い官僚として、朝鮮総督府政務総監の湯浅倉平（一〇）、有吉忠一（一）、田中武雄（五）、関東庁の中谷政一（九）、満鉄総裁となった安広伴一郎（六）、東拓総裁となった渡辺勝三郎（二）らがいる。

内務省以外の文官では、幣原坦（二五）・喜重郎（一七）兄弟、河井弥八（一六）、坂野鉄次郎（六）、吉田茂（五）がいるが、軍人は少なく伊沢の義兄にあたる立花小一郎（五）のほかは、宇垣一成、大島健一、白川義則（各一）らが目に付く程度である。

貴族院議員経歴をもつものは、上記官僚たちとかなり重複し、なかでも伊沢の属した同成会関係者は、湯浅倉平、次田大三郎、丸山鶴吉、塚本清治（五）、前田多門（四）、江木翼（四）、河井弥八などのほか、米山梅吉（三井合名、六）、岩波茂雄（岩波書店、四）などの民間人もいる。伊沢は同成会の勢力拡大に腐心し、結局不調に終わるが鳥取県で当選した米原章三あて書翰（昭和7年10月18日）では「小生所属会派ノ件ニ関シ同成会ヘ入会方曩ニハ次田大三郎殿態々御来会御勧誘ニ相接シ今又御懇書ヲ賜ハリ正ニ拝誦仕候」とあるように、多額納税者互選議員当選者へ加入の勧誘をしきりと行っている。

衆議院議員では、加藤高明、若槻礼次郎（各一）、浜口雄幸（二）、町田忠治（六）、永井柳太郎（四）、桜内幸雄、俵孫一（各一）ら、憲政会・民政党総裁・幹事長経験者がおり、伊沢が同党系に近かったことはこれでも明らかであるが、政友会でも三土忠造（三）、望月圭介（二）ら実力者の名がみえる。

経済界の有力者としては、藤原銀次郎（七）、稲畑勝太郎（五）、山下亀三郎（四七）、中村房次郎（一一）・正雄（七）父子らがおり、住友関係として鈴木馬左也（三）、小倉正恒（二）、大平駒槌（四）、女婿河井昇三郎（五）ら同社理事がいる。

伊沢は郷里の長野県を生涯愛し、同県関係者との交流も多い。同郷人に前述の岩波茂雄、内務官僚の増田甲子七（一二）らがおり、鈴木登（五）、郡山義夫（六）、大坪保雄（三）ら県知事、小坂順造（九）、木下信ら県選出の衆議院議員からの書翰は、選挙での候補者擁立や開発に係わる地域対立の調整など、様々な要請が伊沢になされており、伊沢が長野県政に大きな影響力を持っていたことがうかがわれる。

以上のほか、槇有恒（三）、岡実（二）、安倍能成、加藤完治、川島浪速、中村不折、新渡戸稲造、吉野作造（各一）などの各界の指導者、文化人からの書翰があり、伊沢の幅広い交友を物語っている。

台湾関係では、前述の台湾総督府関係の官僚のほか、妻木栗造（台湾製脳、六）、岩倉道倶（台湾拓殖会社、四）、福井菊三郎（台湾拓殖製茶、二）など企業経営者、林献堂（台湾総督府評議員・貴族院議員、八）をはじめとして、蔡培火（四）、呉三連（三）、羅万俥（二）、楊肇嘉（一）など、台湾文化協会、台湾新民報社に拠って台湾議会設置請願運動を指導した有力者からの書翰があり、日本の台湾統治について様々な情報を得ることができる。

例えば林献堂（昭和9年7月10日）は、伊沢の「今後の満州経営策を建てる参考資料として過去に於ける台湾統治の治績に関し管見を具申せよ」との要請に対し、「過去四十年に亘る帝国の台湾統治は一言で率直に申せば一視同仁の聖旨に対しては失敗であり在台二千余万の内地人本位の植民政策としては成功した」と断ずる長文の意見書を提出し、また羅万俥（昭和15年10月10日）も、「去る八月小生蔡培火氏と共に秋田拓相を官邸に訪問し台湾問題に就き鄙見を開陳致しました。御参考迄にその要点を録し御高覧に供します」と、意見書を伊沢のもとに提出している。許世楷氏の『日本統治下の台湾』（東京大学出版会、一九七二年）は、総督就任にあたり「内台人の共存共栄」を訓示し、この運動に一定の理解の姿勢を示した伊沢に対する台湾人の期待は、結局は裏切られたとの評価を下しているが（同書二四三頁）、これら書翰をみるかぎり総督離任後もこれら台湾人指導者が伊沢に期待するところは大きかったようである。なお、同書には、伊沢総督在職中に刊行された資料として、伊沢多喜男『台湾統治』（一九二六年、謄写版）が引用されているが、未見である。

また「伊沢多喜男文書」中には、伊沢の赴任・離任に関する書類や、のちに実現する「台湾大学」（昭和三年台北帝大）、「台湾拓殖会社」（昭和一一年）設置に関する資料、楊肇嘉の「台湾統治に関する意見」、殖産局や州知事の調査資料・意見書などが含まれている。右の台湾関係者との来往翰とあわせて、台湾研究の一次史料となるだろう。

三、書類の部

「伊沢多喜男文書」中の書類は、「総目録」に掲げたように二三六件ある。これらを作成時期と形態、内容から、1地方長官・警視総監（九）、2台湾・満州（三四）、3貴族院・枢密院（一四）、4長野県（三五）、5意見書類（一一）、6談話・回想（一一）、7日記・手記・覚書（三四）、8任命状・その他（二四）、9伊沢家（一八）、10諸資料（四六）に分類した。

本書では、これらの中から伊沢の信条・理念など思想面を知る資料として、伊沢自身によって記述ないし口述された資料を選択して掲載した。

伊沢多喜男氏談話速記（和綴79頁　タイプ）

本資料は、昭和一六年六月一七日と七月二日の二回にわたり伊沢邸において、尾佐竹猛と深谷博治を聞き手として行われた伊沢の談話速記録である。これは昭和一三年一一月から開始された貴族院五十年史編纂事業のなかで行われ、尾佐竹は当時編纂長、深谷は編纂主任であった。

この事業は結局未完のまま収集資料は参議院資料課をへて、現在国立国会図書館憲政資料室に「旧貴族院五十年史編纂収集文書」として所蔵され、同文書中にも「伊沢多喜男氏談話速記」が含まれている（資料157-1〜4）。これと対照すると本書に掲載した談話速記には伊沢が校正を加えた手書き部分が残されており、本書ではこの伊沢による修正後のものを収録した。

伊沢の修正は随所に加えられ、例えば明治四〇年和歌山県知事に任命された伊沢に、遊廓設置の上申書を示し「君はどうするか」と問うのが、「清棲前知事」から「時の内務大臣」（すなわち原敬）へと書き換えられている（原典一二頁）。伊沢の校正は、表現の修正に止まらない内容上の重要な変更となっている場合があり、今後伊沢の談話速記は本書掲載版を参照する必要があるだろう。

伊沢への聴取にあたっては、生い立ちから官界経歴に沿って各時代の事蹟を系統的に質問することが準備されていたようであるが（「伊沢多喜男氏への質問要綱案」国会図書館憲政資料室資料157-4付属）、実際には一回目は学生から警視総監時代、とくに第二次大隈内閣下の大浦兼武内相の回顧が中心となり、第二回目は伊沢の初期の地方官時代に話は遡り、岐阜県警察部長時代に来県した伊藤博文の磊落な人柄を伝える逸話や、愛媛県知事として解決に尽力した四阪島煙害問題についての回顧が詳しい。談話は所期の予定通りには行かなかったようであるが、伊藤や大浦の知遇を得た少壮内務官僚時代の伊沢がみた、明治大正期の地方官界の状況がつぶさに描かれていて興味深い。第三回目の談話が収録されたかどうかは不明である。

〈意見書類〉

〔大浦兼武復権の意見書〕（罫紙仮綴9頁　ペン書）

右の談話速記録のなかでも、伊沢は「実に大浦と云ふ人は立派な人でした」と述べ、大浦兼武は伊沢が最も尊敬した先輩の一人であった。伊沢は、大浦事件で失脚後鎌倉に隠棲する大浦をしばしば訪うとともに、その名誉回復に奔走した。「伊沢多喜男文書」の中にもこの事件の関連資料が含まれている（「大浦事件証人尋問調書・起訴猶予理由書」仮綴6枚・3枚。タイプ。封筒付）

本資料は、「事件以来此に一年三月」とあり、村野常右衛門による告発（大正四年五月二五日）から数えれば、作成時期は五年の半ばころと推測される。内容は、すべての公職から退き、家督も譲り謹慎する大浦に対し、「大浦氏恩命の趣旨」「恩命の方法」「大隈内閣に於ける大浦子の功績」などを訴えるものである。

朝鮮総督問題に就て（便箋16枚　ペン書　封筒付）

大正一五年に台湾総督を退官した伊沢は、その後も植民地長官候補にしばしば名が挙がり、とくに朝鮮総督としては文官中の最有力候補であった（加藤聖文「伊沢多喜男と植民地―人事と情報」伊沢多喜男文書研究会報告、平成八年一〇月四日参照）。

昭和四年七月、浜口首相から朝鮮総督への就任要請を受けた伊沢は、これを「承知」し政務総監に近衛文麿案まで用意したが、「軍部、殊に海軍から強硬な反対」が出て、結局浜口はこれを断念することになった（『伊沢多喜男』一八九、一九〇頁）。

本資料は、「朝鮮総督問題重要」と記した封筒に、便箋一六枚にわたりこの問題について、浜口首相、幣原喜重郎外相、鈴木貫太郎侍従長らとの交渉経緯を伊沢自身が書き記したもので、作成時期はこの問題の渦中の8月中旬と思われる。

これによると、8月12日幣原は伊沢を招き、鈴木侍従長より数日前に浜口首相が天皇に拝謁した際に、天皇が「朝鮮総督の後任は政党政派に偏倚せさる者」あるいは「朝鮮総督は恒久的にして、内閣の更迭と共に更迭せさる者」を可とする、という意向をもらしたことを聞き及び、伊沢に自発的に総督推薦辞退を申し出るよう懇願した。右の経緯は、『浜口日記』の昭和四年八月一〇日に「天機奉伺ノ為葉山御用邸ニ伺候拝謁…（中略）…此日鈴木侍従長ヨリ某重大問題ニ付内話アリ、私カニ憂慮ス」、翌一一日「幣原外相ヲ訪問ス」という記載に対応するものと思われる（池井優ほか編『浜口雄幸日記・随感録』みすず書房、一九九一年、二一七頁）。伊沢はこの朝鮮総督就任辞退を勧奨する幣原の「忠言」を拒絶した。それは伊沢からすれば、「予と今回の朝鮮総督問題とは能動的には何の関係もない」うえに、このまま天皇から「伊沢多喜男は政党政派にする者なり」と断ぜられることは、「将来政治に関与するを断念せざるを得」ない重大問題であったからであり、「事実の真相を確かむるの必要あり」として本資料を作成したのであった。

伊沢は本資料において、浜口が伊沢を朝鮮総督に推薦した理由を両者の長年の関係に遡って説明し、また幣原の陳述の「ソゴ」などを詳細に論じているが、結局は幣原の懇願を容れたのであろう、浜口は八月一五日の日記に「幣原外相来邸、用件ハ伊沢氏ノ件也。右落着」と記し（二一九頁）、一七日には斎藤実が再び総督に任命された。しかし、本資料から伊沢の朝鮮総督への就任挫折が、従来いわれた「軍部の反対」だけでなく、天皇および宮中方面での伊沢忌避に起因していることがうかがわれ、直前の田中内閣総辞職でも現れたこの時期の天皇の政局への影響力や、伊沢の政界中枢での評価を知る上で注目される内容である。

新内閣基本要綱（便箋16枚　ペン書　封書「昭和十六年七月十七日　近衛公ニ対する進言稿」に同封）

封筒表記にあるように、本資料は前日第二次内閣を総辞職した近衛に、第三次の組閣にあたり進言する原稿である。第二次内閣の総辞職が松岡外相を閣外に排除するためであったことから、この「進言」も戦時に対応する「国内態勢の整備強化」を提言するものとなっている。すなわち有力な「少数大臣」と、専門的大臣の「インナァキャビネット」からなる「戦時内閣」の採用、中央行政機構の単純化と地方行政に「道長官制」を採用する官界の刷新、総理大臣礼遇の枢密顧問官を銓衡して「重臣制を活用」することなどである。

伊沢は前年来、近衛に「皇族を首班とし重臣総出の態勢を作り内外に対して挙国一致国難に当るべしと説」いており（『伊沢多喜男日記』昭和一五年八月七日）、「重臣総出」の挙国一致内閣はこのころの持論であった。前年七月の第二次内閣の成立にあたって、伊沢は「陸軍の横暴」の統制を託する書翰を近衛に送るなど（昭和一五年七月一六日書翰、『伊沢多喜男』所収）、しばしば近衛と会談してこの種の意見を具申しており、この「進言」も実際に近衛に提出されたものと思われる。

〔衆議院解散意見書〕（墨書、断簡2枚）

本資料は、衆議院の早期解散、政府の選挙干渉の否定、司法権発動による「公正」選挙、「政友会の浄化」により二大政党制の確立を主張するものである。作成時期は、第五七議会が開会した昭和四年末から五年一月ころ、二月二〇日執行の第一七回衆議院議員総選挙直前と思われる。伊沢は組閣以来浜口首相にしばしば面会して各種の情報を提供し、浜口を「背後から支援」し続けたとされる。本書にも組閣に際して浜口に建言する書翰を収録してあり（昭和(4)年7月1日付）、本資料もそうした浜口への意見書の草稿とみられる。

伊沢が昭和三年二月の第一六回総選挙を前に、政友会内閣によって馘首された多数の地方官からなる「選挙革正会」を組織し、各地で与党による選挙干渉の監視活動を行ったことは有名であるが、与党となっても選挙干渉を否定し、むしろ「公正の選挙により政府与党は絶対多数を得ること確実也」としている点は、民政党系であっても官僚派を代表する伊沢らしい主張である。

〔上伊那郡における衆議院議員選挙〕（二〇〇字詰原稿用紙9枚　ペン書）

本資料は、昭和一七年四月の第二一回衆議院総選挙で長野県第三区から木下信が「理想選挙」によって最高点で当選（翼協推薦）したことに対し、これを記念するために伊那郡内の三県立学校に学校林経営資金を寄付し、造成させるとするものである。

伊沢が郷土の景観保存と教育的見地から学校林の造成を熱心に奨励し、資金援助をしたことは伝記にも詳しいが、この選挙後には五千円の資金を提供して、前長野県技師森戸五良に、上伊那農業学校、伊那中学校、伊那高等女学校の三校にあわせて四七町五一〇〇坪の学校林の造成計画の樹立を依頼した。「伊沢多喜男文書」書類の部には、上伊那郡学校林予定地地図、上伊那農業学校林関係書類綴など、この事業に関する一連の資料がある。

木下信は同県出身で、内務官僚として愛媛県知事、台湾総督府総務長官などを歴任、伊沢が郷里の後輩として推挽した官僚の一人である。本書発翰の部には、木下が民政党から出馬し、初当選した第一九回衆議院議員総選挙（昭和一一年二月）では、「木下信君は老生三十年来之相識にして其人格識見閲歴声望等真ニ申分無之全国弐百之候補者中断然群を抜く者と確信致候」とする伊沢の推薦状と思われる書翰草稿がある（あて不明、昭和11年1月）。

〔道義国家再建意見〕（原稿用紙3枚断簡、ペン書）

敗戦後、内務省警保局が占領軍の進駐を前に、いわゆる特殊慰安施設（ＲＡＡ）の設置を各県に通牒したのは昭和二〇年八月一八日、各地で運営される同施設の女性従業員の募集広告が毎日新聞に出されたのは、九月三日であった。本資料で、伊沢はこうした「米国に媚びんと」する政府の姿勢を厳しく批判し、国民道徳の再建を「国家の再建」の急務として説いている。

本資料の作成時期は不明であるが、「本日大坪知事に警告」した旨の記述があり、後掲の伊沢の昭和二〇年の日記の一〇月二七日に、大坪長野県知事へ発信の記載がありこのころと推測される。

〈講演〉

伊沢先生挨拶　昭和十四年九月三十日（手書。原稿用紙33枚）

郷土山河の感化力　同日（手書。原稿用紙19枚）

『伊沢多喜男』によると「翁の治山治水熱は、地方官時代から始まって、その任地のいたるところで、造林計画をたて、それを実現した」（三五二頁）という。とりわけ郷土に対しては植林と勤労精神の涵養のために「学校林」設置を提唱し、寄付金の提供とともにしばしば郷里を訪れては講演を行っている。

伊沢は自らの古希の事業として、前年より郷里の高遠町及び付近六か村（三峰川流域）の小学校に五千円の資金を提供して、学校林造成事業を行った。この講演は昭和一四年九月三〇日高遠町で行われた伊沢学校林設置記念講演会のものである。伊沢のほか帝国山林会会長の本多静六博士、前東京府知事・帝国治山治水会会長の香坂昌康が出席し、高遠町ほか六か村の小学校長、教員、町村長、青年、尋常五年以上の生徒が集会した。なお「伊沢多喜男文書」書類には、当日の本多静六、香坂昌康の講演記録も含まれている。

大浦氏の人格と本会設立の趣旨（仮綴7頁。タイプ）

本資料は、昭和一五年六月八日、財団法人大浦育英会の理事として、同会が採用した貸費生を前にした講演記録である。

大浦没後一周年の大正八年一〇月一日、伊沢ほか一木喜徳郎、上山満之進、安達謙蔵、下岡忠治ら四一人を発起人、山県有朋、松方正義、大隈重信ら二三人を賛成人とし、「育英資金設定、伝記編纂事業を行ひ、以て君の功業を永久に記念し、又其行実を不朽に伝へんとす」るために大浦氏記念事業会が結成された。同会は各界からの寄付金募集を進めたが、戦後不況によって一時事業中止になった。しかし上山、伊沢、下岡らが中心になって事業を再開し、大正一〇年に『大浦兼武伝』を刊行、ついで大正一五年二月財団法人大浦育英会を発足させた（『大浦兼武伝』大正一五年版、博文館、巻末の「大浦氏記念事業会に就て」）。以後、同会は東京帝大法学部ほかから毎年貸費生を採用して育英事業を行い、伊沢はその理事であった。昭和一六年三月までに同会が貸費を支給した人員は一七〇名にのぼった。なお橋本五雄『金竹餘影』（昭和一七年）に、大浦没後二十年祭における「大浦育英会事業の報告」と題する「伊沢多喜男氏談」が収録されている。また「伊沢多喜男文書」書類には、「大浦兼武子爵記念事業会の経過報告案」がある。

伊沢多喜男先生の御訓話　長野県上伊那農業学校　昭和十六年八月二十二日（四〇〇字詰原稿用紙6枚仮綴　ペン書）及び**訓話**（昭和十六年九月長野県庁に於て）（四〇〇字詰原稿用紙10枚仮綴　ペン書）

前者は、昭和一五年上伊那農業学校長村上明彦によって同校内に創設された上農寮での講演である。上農寮は、学科科目のほかに総合訓練として水田、養蚕、畜産などそれぞれ特色ある農家経営を行う修養農場で、村上から話を聞いた伊沢は早速同校を視察に訪れたのであった。（森戸五良「信州の生んだ偉人伊沢多喜男翁の書」長野県緑化連盟会報『信山緑化情報』昭和三六年春季号）。

後者の訓示は同じ時期、長野県庁で職員を前に、自らの経験を素材に地方官としての心構えを説いたものである。これらのなかで伊沢は、実践を通じた人格修養＝「行」を重視し、官僚の独善主義を「善意の悪政」として厳に戒め、さらに「本当の農民と云ふものは大体黙っている」「形無きに見、声無きに聴け」と述べている。これらは官吏生活二三年のうち一九年を地方官として過ごした明治の地方官僚伊沢の、「牧民官」を理想とする統治観を示すものといえる。

〈人物回想〉

〔加藤高明〕（原稿用紙36枚　ペン書）

この回想は、『報知新聞』昭和一〇年七月二六日〜二八日に掲載された「巨人を偲ぶ」第一二〜一四回の伊沢多喜男「加藤高明伯（上）（中）（下）」の原稿である。このシリーズは同年七月一五日から八月二四日までの間、全四〇回にわたり各界名士によって維新の功労者などについての回想が連載された。ちなみに第一回は尾崎行雄による「伊藤博文公」、最終回は金杉英五郎の「近衛篤麿公」である。

本資料のなかで、伊沢は加藤と相識るようになったのは「君が大隈内閣の外務大臣、僕が警視総監の時代即ち大正三年からのことで、伯が大正十五年春に亡くなられるまで、僅々十一二年間の短い交はりに過ぎない」と述べている。しかし憲政会総裁（大正五年）となった加藤は「党外人事は多く伊沢氏などの説を聴」いたといわれ（加藤伯伝記編纂委員会『加藤高明』下、七二頁）、また第一次内閣（大正一三年）では伊沢に内相として入閣を要請、伊沢が辞退したため台湾総督に任命するなどの密接な関係が続き、本資料でも述べられているように、加藤は「僕を信用され、何事も僕に相談されるといふ風で、交遊の期間こそ短かゝつたが、その交情は相当に深いもの」であった。伊沢は昭和四年に刊行された加藤伯伝記編纂委員会編『加藤高明』（上）（下）では、編集委員の一人を努めている。

原稿には伊沢による推敲の跡がみられ、新聞掲載文と対照すると、この原稿後にも削除、加筆、前後入れ替えなどがあって掲載されている。例えば掲載文にある加藤首相による若槻内務大臣、湯浅次官人事の「適材適所」ぶりについての箇所（第一三回）は、原稿には無く、また原稿にある、閣議の日「僕の昼食代だけは特に加藤総理が支払ってくれた」というエピソードは、掲載文では「加藤時代の領袖」という小見出しで、浜口が加藤総裁の演説原稿の浄書をしていた一文に入れ替わっている（第一四回）。伊沢の加藤高明論は、双方を併せ読む必要があるだろう。

〔西園寺公望〕（原稿用紙23枚　手書　後欠）

西園寺公望死去（昭和一五年一一月二四日）の直後に書かれたと推測される追悼文の原稿。掲載紙などは不明。

西園寺の言動などを記した『西園寺公と政局』（岩波書店）には、昭和期の伊沢の動静が様々な形で元老西園寺のもとに寄せられている。しかし、伊沢の動きを策動として捉える批判的な情報が多く、西園寺の発言でも「伊沢系とかなんとか言はれることは面白くない」（昭和一一年一一月一一日、第五巻一八八頁）のように、伊沢及び伊沢派と目される人物（後藤文夫など）の動きに対して終始警戒的である。

伊沢の伝記にも西園寺との関係を示す記述はほとんどないが、本資料では第二次の西園寺内閣の時期に伊沢が愛媛県知事として知遇を得、以後も折にふれ意見を述べる関係が続いていたことが記されており、右書で描かれる伊沢像には「伊沢氏に対してあんまりいゝ感じをもつてゐない」（昭和一三年六月九日、第六巻九、一〇頁）とされる同書の記述者原田熊男の主観も作用しているようである。

岩波君を憶ふ（仮綴7枚　手書）

岩波茂雄死去（昭和二一年五月一八日）の直後に書かれたと思われる追悼文の原稿。掲載紙などは不明。

伊沢と岩波の出会いについて、このなかで「何時識り合ひになったか、今想ひ出してみてもちょっとはっきりしないが、それ程に余は同君と自然に近づきになったものである」と述べている。明治一四年生まれの岩波は伊沢よりひとまわり後輩にあたるが、『伊沢多喜男』によれば、「出版界の岩波茂雄氏は、翁と同郷の諏訪出身、若い頃から翁は氏の人柄に将来を嘱望して居た。そして氏の出版界に於ける異常な進出に、陰に陽に声援して居た」とある（三二五頁）。一方『岩波茂雄伝』（安部能成、昭和三二年、岩波書店）では、岩波は郷里の先輩として「原嘉道、伊沢多喜男に近づき、郷党の事件について協力を求めて居た。その中伊沢とは晩年殊に親しかった」（三四三頁）とある。とくに後述のように岩波の貴族院多額納税議員選挙（二〇年四月）では、伊沢は支援する活動を行い、『岩波茂雄伝』では、伊沢は岩波の選挙の「黒幕」とされている（三三三頁）。

昭和二十年日記（ペン書　1月1日〜1月4日記事は、「昭和二十年乙酉日誌」（大学ノート版）、2月1日〜11月14日は「当用日記昭和二十年」に記載）

伊沢の日記は、伝記に昭和一一年、一五年、一七年、一九年、二四年のものが一部引用されているが、これらは手帳に記述されて記事が少なく、ある程度の分量の記述があるものは、当用日記を用いた昭和一八年と二〇年のものである。

伊沢の戦時下の活動については、伝記に「戦時中の翁」として短い記載があるが、敗戦前後の活動についてはほとんど明らかではない。しかし、昭和二〇年の日記をみるかぎり、伊沢は枢密顧問官として、伊豆伊東あるいは信州軽井沢において様々な活動を行っている。そのいくつかを拾ってみると、伊沢は二月二八日、やはり伊東に滞在していた若槻を訪い、「国策の根本方針は死中活を求るの外なし。和平の如きは絶対になし」との強硬論、小磯内閣の後継には「宇垣が最も常識的にて有望ならん。近衛は最後の切札」と説いている。

さらに三月五日、来訪した小幡忠良の「一億必死敵対すべし、安易なる平和論は絶対に反対」論に、「予は全面的に同意見なりと答ふ」と記しているが、その後健康面に不安を生じたようで、枢密顧問官の「進退問題ニ付苦悶」（三月二二日）し、側近の近藤壌太郎や後藤文夫に「健康に就き絶対に自信なく荏苒留任するは臣節を全ふする所以にあらず」（三月二九日）と洩らしている。

しかし後藤の強い留任勧告もあって、四月三日周囲の反対を押して上京した伊沢は、小磯内閣の総辞職の情報を正力松太郎から得ると、「鈴木枢相に電話にて之を内報す。重臣方面へ招集発せられ岡田君を先発として若槻君最後（午後六時）として参集。午後八時頃鈴木枢相を推薦して散会、枢相と内府と予残り夜半まで会議」（四月四日）と、精力的に対応に奔走している。

さらに前述の岩波茂雄がこの年四月に予定された貴族院議員多額納税者互選議員の補欠選挙に立候補すると、二月一一日に「次田君と時事問題及岩波選挙等交談」、三月一二日「岩波選挙応援の件」など肩入れし、選挙当選後は四月二九日「岩波君来訪、選挙、同成会入会其他協議」と伊沢の主宰する会派同成会に加入を勧誘している。

その直後四月一三日には西巣鴨の自邸が空襲にあい「九死一生」を得る。六月に軽井沢に行くと、同所に滞在する近衛文麿を頻繁に訪問し、近衛上奏問題や重臣会議の模様などを論議している（六月七日、六月一一日）。一時の自信喪失から、伊沢は完全に立ち直ったようである。

伊沢は末期的な戦局のなかでなおも「一億一心戦ふべし」と抗戦論を主張していたが、八月九日、来栖三郎よりソ連参戦の情報を聞き、一三日には青木一男から「中央の情況」を聞くと「要之皇室保存の外無条件降伏との意見圧倒的なるが如し」と、敗戦を受け入れざるを得ない心境になった。一五日の記述は「天皇陛下親しくラジオを以て放送せられ戦争中止の詔勅を賜ふ」と、たんたんと記している。敗戦後八月二六日には「吾陸軍部隊」の「乱脈」を嘆き、しばらくは日記の記載が途絶える。しかし一〇月二七日、池田秀雄が来訪して「新政党樹立に関し彼は宇垣論を唱へ予は委員制を唱ふ」と、翌月に成立する日本進歩党結成への動きに関わるようになると、三〇日には軽井沢を発って上京し、直に正力松太郎読売社長や次田大三郎内閣書記官長らと面談、翌三一日の枢府会議に出席している。伊沢は「戦後」の政治活動を本格的に開始したのである。

伊沢多喜男関係文献目録

本目録は、伊沢多喜男に関して刊行された文献のうち、一、伊沢に関する伝記・小伝・略歴類、二、「伊沢多喜男文書」を用いた研究論文、三、伊沢に関して特に項目を設けている回想・記述、四、特に項目を設けていないが伊沢が登場する記述など、五、本人談話など、六、その他（題字）を掲載した。

一、伝記・小伝・略歴

・伊沢多喜男伝記編纂委員会編『伊沢多喜男』（羽田書店、一九五一年）。
・原早男『上伊那近代人物叢書1伊沢修二・伊沢多喜男』（伊那毎日新聞社、一九八八年）。
・「伊沢多喜男氏」（長野県勢総覧刊行会編『御即位記念　長野県勢総覧』下巻、同刊行会、一九二六年）。
・「伊沢多喜男」（高遠町誌人物篇編纂委員会編『高遠町誌　人物篇』高遠町誌刊行会、一九八六年）。

二、論文など（「伊沢多喜男文書」を引用したもの）

・伊藤隆『昭和初期政治史研究』（東京大学出版会、一九六九年）二〇～二六、七〇、七八、九三、二七一、三四九頁。
・大西比呂志「伊沢多喜男と横浜市政—歴代横浜市長など書簡集」（『市史研究よこはま』第八号、一九九五年）
・吉良芳恵「横浜の米騒動（下）」（『横浜開港資料館紀要』第一四号、一九九六年）一三～一五頁。
・大西比呂志「戦中戦後の横浜市政—半井清と協調市政体制」（『横浜の近代　都市の形成と展開』日本経済評論社、一九九七年）二六六、二七七、二七八頁。
・季武嘉也『大正期の政治構造』（吉川弘文館、一九九八年）一七四頁。
・立命館大学編『西園寺公望伝　第四巻』（岩波書店、一九九六年）四一九頁。

・大西比呂志「伊沢多喜男と宇垣一成―宇垣擁立工作を中心に」(堀真清編著『宇垣一成とその時代』一九九九年、新評論)二四五〜二六三頁。

三、伊沢に関する回想・記述など(特に項目を設けているもの)

・宮川次郎編『台湾・南支・南洋パンフレット第二冊　拓殖会社計画問題　伊沢総督を廻ぐる惑星』拓殖通信社、一九二六年一月。
・安藤盛『台湾・南支・南洋パンフレット第二八冊　伊沢総督の在任史』拓殖通信社、一九二六年一〇月。
・鷺城学人「東京市長と其背景―伊沢多喜男と三木武吉―」(『日本及日本人』、一九二六年七月一五日)。
・「東京市長伊沢多喜男氏評伝」(『東京』、一九二六年九月)。
・「時代の前後を進む人」(『雄辯』、一九二九年四月)。
・「伊沢市長の芝居」(山浦貫一『政治家よ何処へ行く』日本書院出版部、一九二九年)。
・「第十代総督　伊沢総督の事蹟」(橋本白水『台湾統治と其功労者』南国出版協会、一九三〇年)。
・「貴族院議員伊沢多喜男」(報知新聞社通信部編『新人国記名士の少年時代中部編』平凡社、一九三〇年)。
・「伊沢知事の弾圧政策」(栗林貞一『地方官界の変遷―内務畑の新人旧人』世界社、一九三〇年)。
・「明日の人々」(馬場恒吾『政界人物風景』中央公論社、一九三一年)。
・佐々弘雄「伊沢多喜男の政治的立場」(『改造』、一九三二年八月)。
・伊与部輝「官僚政治家の大御所伊沢多喜男をあばく」(『人物評論』、一九三四年三月)。
・「伊沢総督時代」(高浜三郎『台湾統治概史』新行社、一九三六年)。
・拓南新聞社編・発行『台湾を惑乱せる伊沢一派の暴戻』(一九三六年)。
・「国営林業基礎の確立、東部海岸交通線の完成―伊沢総督の治績―」(種村保三郎『台湾小史』東都書籍、一九四五年)。
・黒河内透「報徳と恕庵龍水翁―故伊沢多喜男翁の若干の想出―」(『報徳』、一九四九年一二月)。

・丸山幹治「黒幕の政治家伊沢多喜男の政界秘話」（『毎日情報』、一九五〇年一二月）。
・「伊沢多喜男氏との交誼」（山下亀三郎『沈みつ浮きつ』四季社、一九五三年）。
・小林次郎「伊沢先生の思出」（『信州の東京』第三六二号、一九五五年九月一日）。
・「あとがき」（川崎卓吉伝記編纂会『川崎卓吉』川崎卓吉伝記編纂会、一九六一年）。その他伊沢関係の記述多数。
・森戸吾良「信州の生んだ偉人―伊沢多喜男翁の書」（『信山緑化情報』第三〇号、一九六一年二月）。
・「伊沢多喜男氏と『あれはあれ、これはこれ』」（堤康次郎『太平洋のかけ橋』三康文化研究所、一九六三年）。
・「病院で晩酌三合―強情不屈の伊沢多喜男―」（松村謙三『三代回顧録』東洋経済新報社、一九六四年）。
・森戸吾良「伊沢翁の無字の碑」一～四（『伊那』、一九六八年七・八・一〇・一一月）。
・有竹修二「城南閑話・官僚百態」（『国民サロン』、一九六八年一一月一五日）。
・須藤信喜「大臣をアゴで使った男」（『20世紀』、一九六九年一月）。
・「伊沢多喜男―政界の黒幕、大臣製造業」（坂本令太郎『近代を築いたひとびと』3、信濃路、一九七五年）。
・「伊沢さんの思い出」（石井光次郎『思い出の記』、非売品、一九七六年）。
・「伊沢多喜男―日本の黒幕　一九四五年十二月十九日」（大窪愿二編訳『ハーバート・ノーマン全集』第二巻、岩波書店、一九七七年・増補版一九八九年）。
・「伊沢多喜男総監就任の三条件」（大霞会編『続内務省外史』地方財務協会、一九八七年）。『伊沢多喜男』（羽田書店、一九五一年）からの転載。
・飯沢匡「和製トロッキー」（『朝日ジャーナル』、一九六四年五月一七日）。
・〃「二・二六事件と〝君側の奸〟」（『中央公論』、一九六七年三月）。
・〃「夜遊びと独立、親父の計算」（『現代』、一九七九年七月）。
・〃「官僚政治の幕間話」（『資料日本現代史』第九巻月報、一九八四年一月）。
・長谷川義記「政治を愉しんだ男たち―秋山定輔、小泉三申、伊沢多喜男らの軌跡と行業」（『日本及日本人』第一六二二巻、一九九六年四月）

・藤浪みや子『父伊沢多喜男、思い出すままに』(非売品、二〇〇〇年六月)

四、伊沢が登場する記述など（項目を設けていないもの）

・大浦氏記念事業会編・発行『大浦兼武伝』（一九二一年）一六九・一七四〜一七六・一八〇〜一八二頁。
・伊藤正徳編『加藤高明』下巻（加藤伯伝記編纂委員会、一九二九年）五三八・五六六・六七四・七一九・七二一頁。
・長岡隆一郎『官僚二十五年』（中央公論社、一九三九年）三七〇頁。
・江木翼君伝記編纂会編・発行『江木翼伝』（一九三九年）四二八頁。
・山浦貫一編『森恪』（森恪伝記編纂会、一九四〇年・原書房版一九八二年）七八八〜七九二頁。
・内田信也『風雪五十年』（実業之日本社、一九五一年）三六三頁。
・矢部貞治『近衛文麿』上巻（弘文堂、一九五二年）一七六・一八三・五二三頁。
・中嶋久萬吉『政界財界五十年』（大日本雄弁会講談社、一九五一年）二一七頁。
・山本達雄先生伝記編纂会編・発行『山本達雄』（一九五一年）四七一〜四八二頁。
・幣原喜重郎『外交五十年』（一九五一年・原書房復刻版一九七四年）一三八〜一三九頁。
・一木先生追悼会編『一木先生回顧録』（非売品、一九五四年）四八頁。
・丸山鶴吉『七十年ところどころ』（七十年ところどころ刊行会、一九五五年）一〜五・八〜一四・一七・二三・九六〜一〇〇・一〇五・一一七〜一二一・一二四・一八三〜一八四・二四五・二五〇・二五二・二五五〜二五六・二八一・三四九〜三五一頁。
・肥田琢司『政党興亡五十年』（国会通信社、一九五五年）三〇九〜三一一・三一四・三二九・三三四・三四五頁。
・幣原平和財団編・発行『幣原喜重郎』（一九五五年）一七〜二〇・四三〇・四三七・五一六・五九一頁。
・安倍能成『岩波茂雄伝』（岩波書店、一九五七年）三一一・三三三〜三三五・三四三〜三四四頁。
・永井柳太郎伝記編纂会編『永井柳太郎』（勁草書房、一九五九年）二七三・三一〇〜三一一・三四四頁。

・鈴木馬左也翁伝記編纂会編・発行『鈴木馬左也』（一九六一年）一〇三〜一〇六・四三一〜四三二頁。
・富田健治『敗戦日本の内側―近衛公の思い出―』（古今書院、一九六二年）三六〜三七頁。
・南原繁・蠟山政道・矢部貞治『小野塚喜平次　人と業績』（岩波書店、一九六三年）三四・三七頁。
・「河田烈自叙伝」刊行会編・発行『河田烈自叙伝』（一九六五年）七三頁。
・小林与三次『私の自治ノート』（帝国地方行政学会、一九六六年）一〇九・一一二〜一一三頁。
・星新一『人民は弱し官吏は強し』（文芸春秋、一九六七年・新潮文庫版一九七八年）一四五〜一五二頁。
・林茂『湯浅倉平』（湯浅倉平伝記刊行会、一九六九年）六八〜六九・八一・八五・九六・一〇五・一一二・一三四・一五三・二二一〜二二三・二三七・二七二・三七六・四一五〜四一六・四四五〜四五六・四六五〜四七〇・四七二〜四七三・四八〇頁。
・吉田弘苗編『秋田清』（秋田清伝記刊行会、一九六九年）五三一・五三四・五六六頁。
・吉田茂伝記刊行編輯委員会編・発行『吉田茂』（一九六九年）二〇五頁。
・大霞会編『内務省史』第一巻（地方財務協会、一九七一年）三九八・七〇七頁。
・岡田文秀『怒濤の中の孤舟』（岡田文秀自叙伝刊行会、一九七四年）三〇一〜三〇二・三〇四〜三〇五・三一三〜三一四・三二八〜三三〇頁。
・有竹修二『唐澤俊樹』（唐澤俊樹伝記刊行会、一九七五年）五〜九・八八〜九一・九四〜九五頁。
・石井光次郎『回想八十八年』（カルチャー出版社、一九七六年）二六八〜二七〇頁。
・森有義『青年と歩む　後藤文夫』（日本青年館、一九七九年）一四六〜一五二頁。
・青木一男『わが九十年の生涯を顧みて』（講談社、一九八一年）一七一頁。
・増田甲子七『増田甲子七回想録　吉田時代と私』（非売品、一九八四年）三四七〜三四九頁。
・呉三連述『呉三連回憶録』（自立晩報文化出版部（台北）、一九九一年）九一・九六〜九八頁。

五、本人談話など

・「告別の辞」(『台湾時報』一九二六年八月号)。
・「大浦事件を語る　事件を巡る内務司法両省の啀み合ひ」(東京朝日新聞政治部編『その頃を語る』東京朝日新聞社、一九二八年)。
・「学窓以来の四十一年を回顧して」(三峰会編『三峰下岡忠治伝』非売品、一九三〇年)。
・「伊沢多喜男氏談」(田健次郎伝記編纂会編『田健次郎伝』非売品、一九三二年)。
・「巨人を偲ぶ(12)(13)(14)　加藤高明伯(上)(中)(下)」(『報知新聞』一九三五年七月二六日、二七日、二八日)。
・「伊沢多喜男氏に教育を聴く」(『教育』第四巻第六号、一九三六年)。
・「伊沢多喜男氏の追憶談」(小池重「佐々木政吉先生を語る」『日本医事新報』第九一〇〜九一四号、一九四〇年二〜三月)。
・「上山満之進君の追憶」(上山君記念事業会編『上山満之進』上巻、成武堂、一九四一年)。
・「伊沢多喜男氏談」(橋本五雄『金竹餘影—大浦兼武の追想』冨山房、一九四二年)。
・「本島人内地留学生の先駆(何秋潔と朱俊英)」(井出季和太『南進台湾史攷』誠美書閣、一九四三年)。
・「中村房次郎君　その為人と逸事の二三」(中村房次郎翁追悼会編・発行『中村房次郎翁追悼会記録』一九四四年)。
・武田次雄「にれのや閑話—伊沢多喜男先生訪問記—」(『信濃教育』第七二五号、一九四七年五月)。

六、その他

・蔡培火『東亜の子かく思ふ』(岩波書店、一九三七年)題字。

伊沢多喜男略年譜

年	年齢	経歴
一八七〇	一	明治二年一一月二四日（陰暦）、長野県上伊那郡高遠町に伊沢勝三郎（文谷）、多計の四男として生まれる。
一八七四（明治七）	六	名古屋市の長兄・修二（当時、愛知師範学校長）宅に到り、愛知師範学校附属小学校に入学。
一八七五（明治八）	七	修二の米国留学につき、高遠に戻る。
一八七六（明治九）	八	高遠町東高遠小学校に入学。
一八七八（明治一一）	一〇	修二帰国、父勝三郎死去。
一八八一（明治一四）	一三	修二に招かれ上京し、東京師範学校附属小学校に入学。
一八八四（明治一七）	一六	慶応普通部入学。
一八八七（明治二〇）	一九	慶応普通部を卒業し、大阪第三高等中学校入学。
一八八九（明治二二）	二一	第三高等中学校、京都移転。
一八九二（明治二五）	二四	第三高等中学校を卒業し、帝国大学法科大学に入学。
一八九五（明治二八）	二七	七月、帝国大学法科大学政治学科卒業。
一八九六（明治二九）	二八	三月、愛知県属。一二月、文官高等試験合格。この年、母多計死去。
一八九七（明治三〇）	二九	四月、内務属（内務部第一課長）。 九月、山梨県参事官となる（土木局、道路課勤務）。 一〇月、色川三郎兵衛四女とくと結婚。
一八九八（明治三一）	三〇	七月、岐阜県参事官となる。この年、長女高誕生。
一九〇〇（明治三三）	三二	七月、岐阜県警部長となる。この年、次女常誕生。

一九〇二（明治三五）　三四　二月、福井県書記官（内務部長）となる。この年、長男龍作誕生。

一九〇四（明治三七）　三六　九月、滋賀県書記官（内務部長）となる（同県知事安楽兼道）。この年、次女常死去。

一九〇五（明治三八）　三七　四月、地方官官制改正により、滋賀県事務官（第一部長）となる。

一二月、第三部長兼補。

一九〇六（明治三九）　三八　四月、勲五等双光旭日章を授与される。警視・警視庁第一部長（警視総監安楽兼道）となる。

一九〇七（明治四〇）　三九　一月、和歌山県知事となる。

一九〇八（明治四一）　四〇　一二月、勲四等瑞宝章を授与される。

一九〇九（明治四二）　四一　七月、愛媛県知事に転ずる。この年、次男紀誕生。

一九一〇（明治四三）　四二　二月、土木継続事業費大幅削減を、県会の反対を押し切り原案執行を強行。

一一月、四阪島精錬所煙害問題解決に奔走（第一回賠償契約締結）。

一九一一（明治四四）　四三　この年、三女いよ誕生。

一九一二（大正元）　四四　一二月、勲三等瑞宝章を授与される。新潟県知事となる。

一九一三（大正二）　四五　三月、文官分限令により休職となる（内務大臣原敬）。この年、四女みや誕生、東京府下巣鴨宮仲二五一七に住居を新築。

一九一四（大正三）　四六　四月、警視総監となる。

一九一五（大正四）　四七　八月、警視総監を辞任。

一一月、勲二等旭日重光章を授与される。

一九一六（大正五）　四八　一〇月、貴族院議員に勅選される。

一九一七（大正六）　四九　五月、長兄修二死去。

一九一八（大正七）　五〇　九月、臨時国民経済調査委員となる。

一九一九（大正八）　五一　三月、第四一議会貴族院本会議で「開墾助成法案」について質問演説。

一一月、同成会を結成。この年、長女高、河井重蔵五男昇三郎と結婚。

一九二一（大正一〇）　五三　一月、臨時治水調査会委員となる。この年、第七回万国議院商事会議（リスボン）に列席。

一九二二（大正一一）　五四　二月〜三月、第四五議会で「過激社会運動取締法案」に反対。

一九二三（大正一二）　五五　一〇月、帝都復興院評議会議員（会長阪谷芳郎）となる。

一九二四（大正一三）　五六　二月、特別都市計画委員会委員となる。

九月、台湾総督となる（総務長官に後藤文夫）。

一九二六（大正一五）　五八　七月、台湾総督を辞任し、東京市長となる（助役に丸山鶴吉、山口安憲、松本忠雄）も、体調を崩し軽井沢で静養。

八月、瓦斯事業委員会委員・中央紙業委員会委員となる。

一〇月、勲一等瑞宝章を授与される。東京市長を辞職。

一九二八（昭和三）　六〇　第一六回総選挙（二月二〇日実施）に際し選挙革正会を組織。

一九三〇（昭和五）　六二　一月、衆議院議員選挙革正審議会委員となる。

七月、鉄道会議議員となる。

一一月、浜口雄幸遭難に際し、幣原喜重郎総理大臣臨時代理実現に奔走。

一九三一（昭和六）　六三　五月、文政審議会委員となる。

一二月、旭日大綬章を授与される。この年、近衛文麿貴族院副議長実現へ向け運動。

一九三二（昭和七）　六四　一一月、米穀統制調査会委員となる。この年、長男龍作、鹿子木小五郎三女清子と結婚。

一九三三（昭和八）　六五　七月、鉄道会議議員となる。

一九三四（昭和九）　六六　九月、米穀対策調査会委員となる。この年、三女いよ、黒河内太門次男透と結婚。

一九三五（昭和一〇）　六七　五月、内閣審議会委員となる。

一九三六（昭和一一）　六八　七月、議院制度調査会委員となる。

九月、鉄道会議議員となる。

一九三七（昭和一二）　六九　六月、貴族院制度調査会委員となる。この年、四女みや、藤浪剛一養子得二と結婚。

一九三八（昭和一三）　七〇　六月、議会制度審議会委員・国家総動員審議会委員となる。

一九三九（昭和一四）　七一　一一月、鉄道会議議員となる。

一九四〇（昭和一五）　七二　一一月、枢密顧問官となる。

一九四一（昭和一六）　七三　一月、貴族院議員を辞職。この年、二男紀、西宗久壽馬四女常枝と結婚。

一九四二（昭和一七）　七四　一〇月、大東亜省設置案に枢密院審査委員会内で唯一政府原案に賛成。

一九四三（昭和一八）　七五　八月、近衛文麿らに、皇族内閣・重臣枢密院入り等を説く。

一九四五（昭和二〇）　七七　四月、東京巣鴨の居宅、空襲により罹災。

一九四七（昭和二二）　七九　第一回参議院議員選挙（四月二〇日実施）への出馬を勧められるも辞退。

五月、枢密院廃止により退官。

一二月、公職追放。

一九四九（昭和二四）　八一　八月一三日、東京第一国立病院にて逝去。

八月一六日、葬儀（委員長幣原喜重郎）。

作成にあたり、
伊沢多喜男伝記編纂委員会『伊沢多喜男』（羽田書店、一九五一年）
戦前期官僚制研究会編・秦郁彦著『戦前期日本官僚制の制度・組織・人事』（東京大学出版会、一九八一年）
『枢密院高等官履歴』第八巻（東京大学出版会、一九九七年）
を参照した。年齢は数え年とした。

伊沢多喜男家系図

- 伊沢紋蔵（門）
  - （文谷）勝三郎 ＝ 多計（内田文右衛門次女）
    - 順（東春近那須家へ嫁す）
    - 直子（立石家へ嫁す）
    - 修二（楽石、教育家、東京音楽学校初代校長）
    - 富次郎（東京にて医師）
    - 信三郎（京都にて実業家）
    - ひさ（高遠町牧田高豊へ嫁す）
    - 春（岡沢家へ嫁す）
    - 寛（立花小一郎へ嫁す）
    - **多喜男** ＝ とく（色川三郎兵衛四女）
      - 高（長女） ＝ 昇三郎（河井重蔵五男）
        - 洋一
        - 公二
        - 伸三
        - 志郎
      - 常（二女）
      - 龍作（長男） ＝ 清子（鹿子木小五郎三女）
      - 紀（次男、飯沢匡） ＝ 常枝（西宗久壽馬四女）
        - 康子
        - 春男
        - 夏男
      - いよ（三女） ＝ 透（黒河内太門次男）
        - りん
        - まり子
        - みち子
        - 信
      - みや（四女） ＝ 得二（藤浪剛一養子）
        - 曄
        - 憲子
        - 泰
    - 末五郎（楽石社副社長）

■伊沢多喜男文書研究会

大西比呂志（おおにし　ひろし）
1955年生まれ。1988年早稲田大学大学院政治学研究科博士後期単位取得退学。現在、早稲田大学社会科学部講師。
著書：「伊沢多喜男と宇垣一成」（『宇垣一成とその時代』新評論、1999年）『相模湾上陸作戦』（共著、有隣新書、1995年）

吉良　芳恵（きら　よしえ）
1948年生まれ。1975年早稲田大学大学院文学研究科修士課程修了。現在、日本女子大学助教授。
著書・論文：「横浜と米騒動（上・下）」（『横浜開港資料館紀要』13・14号、1995・1996年）「1910年代の神奈川県政」（『横浜の近代』日本経済評論社、1997年）

広瀬　順晧（ひろせ　よしひろ）
1944年生まれ。1970年早稲田大学大学院政治学研究科修士課程修了。現在、駿河台大学教授。
著書：『近代外交回顧録』共編、ゆまに書房、2000年）『太政官期巡幸史料集成』（共編、柏書房、1999年）

櫻井　良樹（さくらい　りょうじゅ）
1957年生まれ。1988年上智大学大学院文学研究科博士後期課程単位取得退学。現在、麗澤大学助教授。博士（史学）。
著書：『大正政治史の出発』（山川出版社、1997年）『地域政治と近代日本』（編著、日本経済評論社、1998年）『阪谷芳郎東京市長日記』（共編、芙蓉書房出版、2000年）

季武　嘉也（すえたけ　よしや）
1954年生まれ。1985年東京大学大学院人文科学研究科博士課程単位取得退学。現在、創価大学教授。博士（文学）。
著書・論文：『大正期の政治構造』（吉川弘文館、1998年）「戦前期の総選挙と地域社会」（『日本歴史』544号、1993年）

中島康比古（なかじま　やすひこ）
1963年生まれ。1996年早稲田大学大学院政治学研究科博士後期課程単位取得退学。現在、横浜市立大学商学部講師。
論文：「太平洋戦争期の宇垣一成―その対外構想」（『宇垣一成とその時代』新評論、1999年）「皇道派『全盛』期の再検討」（『早稲田政治公法研究』44号、1993年）

加藤　聖文（かとう　きよふみ）
1966年生まれ。1991年早稲田大学社会科学部卒業。現在、早稲田大学大学院文学研究科博士後期課程在学中。
著書・論文：『近代日本と満鉄』（共著、吉川弘文館、2000年）「吉会鉄道敷設問題―『満鮮一体化』の構図」（『日本植民地研究』9号、1997年）

黒川　徳男（くろかわ　のりお）
1966年生まれ。1997年國學院大學大学院文学研究科博士後期課程単位取得退学。現在、國學院大學講師。
論文：「無産派代議士の職能的側面と戦時社会政策」（『日本歴史』579号、1996年）「日米交渉と賀川豊彦」（『近代日本の形成と展開』巌南堂、1998年）

伊《い》沢《ざわ》多《た》喜《き》男《お》関係《かんけい》文書《もんじょ》

2000年11月15日　第１刷発行

編　者

伊沢多喜男文書研究会

（代表 大西比呂志・吉良芳恵）

発行所

㈱芙蓉書房出版

（代表 平澤公裕）

〒113-0001 東京都文京区白山1-26-22

電話03-3813-4466　FAX03-3813-4615

組版／*Kalmia* 印刷／興英文化社 製本／協栄製本

ISBN4-8295-0251-7

《表示価格は税別》

日本陸海軍人名辞典

福川秀樹編著　Ｂ５判　本体25,000円

明治～昭和期の軍人5513人を収録した最大規模の人名辞典。原則として少将以上の軍人全員と重要な事件のキーパーソンを収録。日付まで入った詳細な軍歴と、軍事上の役割に絞った解説で構成。これまでの辞典では調べられなかった人物が満載された辞典として好評。

帝国陸軍編制総覧＜全３巻＞

井本熊男監修／森松俊夫・外山操執筆　Ｂ５判　揃本体95,146円

明治建軍期～太平洋戦争期の80年間の陸軍組織と主要人事の変遷がわかる唯一の資料。①中央機関、軍隊、学校、特務機関の編制と主要人事の詳細データを満載。収録した人名は約７万人。②中央機関は課長級以上、軍隊は聯隊・独立大隊以上の司令官と師団長・団隊長・幕僚、学校は校長などの氏名を補任年月日とともに記載。③戊辰戦争・西南戦争から大東亜戦争まで、すべての戦争・事変の戦闘序列と派遣部隊を収録。④常備団隊配備表、平時と戦時の編制区分図、師団隷属関係一覧など図表を多数収録。⑤組織別の索引完備。

陸海軍将官人事総覧

上法快男監修／外山操編　四六判

陸軍篇　本体19,417円　　海軍篇本体17,476円

明治～昭和の80年間の陸海軍の主要軍人6765人（陸軍4445人、海軍2320人）の履歴集成。「官報」「陸軍停年名簿」「陸軍異動通報」「海軍士官名簿」「海軍辞令広報」などの一次資料から詳細な履歴データを収集し、時代順に編集。個々の人物の解説は付されていないが、『日本陸海軍人名辞典』よりも履歴が詳しい。